高等学校信息管理与信息系统专业系列教材

管理信息系统

戴德宝 ◎ 编著

清华大学出版社

北 京

内 容 简 介

本书为上海市重点课程建设项目"管理信息系统"的重要成果,面向系统工程、敏捷开发、管理提升、开源社区、数字技术、人工智能、大语言模型等多维度的管理信息系统知识和能力培养目标,着力服务于培养现代化管理和信息技术复合型卓越人才,全书分三篇共 15 章。基础知识篇内容包括基本概念、管理基础、信息技术和数字技术。系统开发篇内容包括开发方法和系统架构、规划、分析、设计、实现、实施和运维。这是本书的核心模块,充分体现系统工程理论的思想和方法。发展应用篇内容包括人工智能与网络学习、大模型原理及应用、管理信息系统应用与研究。

本书可以作为信息管理与信息系统、信息资源管理、管理科学与工程、工商管理、会计与财务、经济与金融等商学院各专业以及计算机和通信学科等相关专业的本科生和研究生的教材,对相关研究人员、信息管理专家和顾问也具有很好的参考价值。

图书在版编目(CIP)数据

管理信息系统 / 戴德宝编著. -- 北京 : 清华大学出版社,2025.9.
(高等学校信息管理与信息系统专业系列教材). -- ISBN 978-7-302-70333-4

Ⅰ. C931.6

中国国家版本馆 CIP 数据核字第 2025DR8007 号

责任编辑:刘向威　李薇濛
封面设计:文　静
责任校对:韩天竹
责任印制:丛怀宇

出版发行:清华大学出版社
　　　　网　　址:https://www.tup.com.cn,https://www.wqxuetang.com
　　　　地　　址:北京清华大学学研大厦 A 座　　　　邮　　编:100084
　　　　社 总 机:010-83470000　　　　　　　　　　邮　　购:010-62786544
　　　　投稿与读者服务:010-62776969,c-service@tup.tsinghua.edu.cn
　　　　质量反馈:010-62772015,zhiliang@tup.tsinghua.edu.cn
　　　　课件下载:https://www.tup.com.cn,010-83470236
印 装 者:三河市铭诚印务有限公司
经　　销:全国新华书店
开　　本:185mm×260mm　　印　　张:23.25　　　　字　　数:577 千字
版　　次:2025 年 9 月第 1 版　　　　　　　　　　印　　次:2025 年 9 月第 1 次印刷
印　　数:1~1500
定　　价:79.00 元

产品编号:111778-01

前　言

"教育、科技、人才是中国式现代化的基础性、战略性支撑。"在推进中国式现代化新征程的关键时刻,党的二十届三中全会着眼提升国家创新体系整体效能,以改革驱动创新、以创新引领发展,对构建支持全面创新体制机制,统筹推进教育科技人才体制机制一体改革作出了重要部署,为深化教育综合改革、深化科技体制改革、深化人才发展体制机制改革绘制了新的"施工图"。在这一背景下,STEM 教育理念应运而生,旨在培养创新型技术人才。STEM 源于美国,结合科学、技术、工程和数学,致力于提高国家竞争力和科技创新能力,这与中国当前的教育改革方向高度契合。"管理信息系统"课程在经管、计算机、数据科学等相关专业中占有重要地位,深度融合多学科知识,跨界综合培养大学生对现代企业业务进行规划、分析、设计和重组能力,强化大学生对于企业信息系统开发和项目管理和咨询能力。现代管理信息系统的教学理念是:求新、提能、强思,培养和增强现代大学生创新创业能力、开发实践能力、解决复杂问题能力、快速学习能力以及安全伦理思维,旨在适应以人工智能、大数据和大模型为核心的第四次产业革命的需要以及我国社会对会管理懂技术的复合型人才的需求。

基于国家战略需求和高校专业建设和发展情况,已出版了不少经典且实用的管理信息系统教材,诸如黄体云、陈国青、薛华成等资深教授主编的教材已经服务全国各相关专业教学多年,为师生提供"计算机+管理"方面的教学参考。然而,信息技术和数字技术发展迅速,现有教材难以满足技术更新的教学需求,课堂学习好像在追赶业界和学界的发展。在学习前辈和同行的基础上,面向本科生和研究生,本书试图回答这样一些问题:管理信息系统如何跟上时代的发展? 管理信息系统的方法论是什么? 如何学习好管理信息系统课程? 管理信息系统如何让学生毕业后在提高工作效率和解决工作问题方面多多受益? 如何使管理信息系统在相关专业课程体系中发挥核心功能和承上启下的作用? 为此,本书在编写时把握这样一些原则:积极响应国家一流课程建设要求,保持高阶性、创新性、挑战度;继承国内外经典教材优势,面向未来与发展;创建知识、实践、研究一体化模式,平衡知识和技能的广度、难度和深度。

本书面向系统工程、敏捷开发、管理提升、开源社区、数字技术、人工智能、大语言模型等多维度的管理信息系统知识和能力培养目标,是上海市重点课程建设项目"管理信息系统"的重要成果,着力服务于培养现代化管理和信息技术复合型卓越人才。全书分三篇共15 章。

基础知识篇(第 1~4 章),内容包括基本概念、管理基础、信息技术和数字技术。从概念上,普及系统论、信息论、信息度量和 MIS(管理信息系统)相关概念,回顾管理学理论、方法和模型以及"MRP→ MRP Ⅱ→ERP→ERP Ⅱ"发展历程,明确信息技术体系、数字技术框架以及信息技术和数字技术之间的区别和联系。强调系统论和软件工程的重要性,讲解数字技术新概念、新技术和新产品。

系统开发篇(第 5~12 章),主要讲述开发方法和系统架构、规划、分析、设计、实现、实施和运维。这是本书的核心模块,充分体现系统工程理论的思想和方法。开发方法包括系统结构化开发方法、原型法、面向对象法和计算机辅助软件工程(CASE)以及极限编程开发方法和其他敏捷开发方法等;系统架构设计包括集中式、分布式、C/S、B/S、中台式架构、微服务架构、大数据系统架构等;系统开发过程沿用经典教材内容,包括系统规划、分析、设计、实现、实施和运维等。

发展应用模块:人工智能与网络学习、大模型原理及应用、管理信息系统应用与研究。顺应最新发展需求,本教材及时补充了人工智能和大模型方面的内容,包括人工智能、神经网络和大语言模型的发展历史、概念、学习方法和平台等;保持与应用场景的紧密联系,保留决策支持系统,增加了供应链系统、电子商务和电子政务、商务智能和数字经济等内容。

通过学习本书,本科生和研究生将有不限于以下几点的收获。

(1) 掌握一整套管理科学与计算机科学相关知识,接触最新的技术前沿。管理科学是多维度、多视角和多学派的,有许多实用的逻辑、方法和模型,能够切实提升组织的运行效率、管理水平。计算机科学在这里的体现就是沿袭系统老三论和新三论的思维方法以及信息技术、数字技术的内在发展逻辑和内容。系统开发逻辑则是面向一整套过程:"规划→分析→设计→实现→实施→运维",在技术前沿方面,本书面向人工智能和大语言模型的原理和应用。如此,能够保障管理与计算机相关科学在知识理论和实践方法上无缝对接和综合集成。

(2) 多思维开发和培养。这些思维主要涵盖管理思维、系统思维、架构思维、数据思维、开发思维、开源思维、敏捷思维、研究思维、智能智慧思维。思维的培养不仅包括知识的传授,更注重培养学生在面对问题、处理信息、做出决策时的思考方式与方法。面向相关问题和场景时,学生能够基于管理思想、系统开发流程、数据分析方法、开源平台工具等方面发现问题、分析问题和解决问题,能够将实验和实践问题引入研究范畴,利用相关研究成果服务于工作实践,尽量想着运用 AI 和 LLM(大语言模型)技术解决高端和前沿问题。

(3) 善于信息技术项目管理,把握流程优化和数据治理工作方法。信息技术项目管理包括整套开发过程和运维方法。除了开发语言、平台、数据库、架构、部署等技术方面的选型和设计外,开发过程还包括一系列资源组织过程,需要考虑整个项目实施的范围、进度、质量、成本、人力资源和沟通等多个方面,如果是大型系统,还需要考虑开发模式,比如采用敏捷开发或者 DevOps 模式等。在信息技术项目实施前需要做好流程优化和数据治理工作,在系统实施运维后,能够关注数据分析的成本和收益问题。

(4) 善于自学和利用所有可能的知识、工具和平台。从事信息系统开发和运维以及现代数据分析工作,就真正能够理解什么是学无止境的状态。时时学,时时新。本书提供许多知识和平台连接,可以帮助学生课外延伸学习。学习方法就是深度研究和实践,多编程、多尝试、多总结,尽量将繁杂、重复和平淡的工作运用程序和数据来完成。比如业务批处理问题、实时处理问题和数据可视化问题等。

(5) 通过分析和设计过程,能够发现问题、分析问题和解决问题。除了问卷调查、调研会议、专人访谈和参与业务实践外,管理信息系统提供一套更加全面的调查方法论,那就是对"组织机构＋功能结构＋业务流程＋数据流程"全面综合型的现状调查和分析。这套方法论不仅能够尽快、及时和全面了解组织整体和局部的组织和功能管理，而且能够明确业务系统和信息系统之间的桥接关系，增加对组织各个层面和各个维度的管理和技术方面的适应性。

通过学习本书，现代本科生和研究生将为下列岗位工作打好基础。

（1）系统架构师。现代信息系统不仅将数据和程序的概念分开，而是需要业务、系统、数据、组织等多个层面和多个维度上的结构化分析和设计。原本的系统分析和设计师需要重新掌握系统架构设计的方法并具备相关工作能力。

（2）系统开发工程师。这项俗称"码农"的工作很重要，不同级别的"码农"代码水平高低差别很大，好的"码农"工资也很高。除了写代码，系统开发工程师还应能胜任系统集成、性能优化、故障排查、系统维护、安全管理和文档编写工作。

（3）系统运维工程师。系统运行和维护工作对于大型系统是必需的，例如阿里、腾讯、华为、京东、哔哩哔哩等大数据公司和平台。无论是业务系统还是云平台，系统各层都需要运维工程师保障系统可靠运行并及时进行维护。不少大公司都发生过宕机事件并及时得到恢复，说明了运维的重要性。

（4）数据管理工程师和数据分析师。不同企业可能设置这样一个到两个工作岗位，保障数据管理效率和数据再利用的价值。数据的整理、提取和其他预处理工作并不是一件简单的事情，工作量很大。同时，数据分析的中间环节、后续备份工作都需要数据管理工程师做好相应工作。数据分析师的工作体现在价值发现方面，具有很大的难度和挑战性。

（5）CIO 和 CTO。这两个岗位代表信息化工作的战略层岗位，向 CEO 和更高级别领导层汇报。除了要求具备前面相关的技术和管理基础和能力外，CIO 和 CTO 还要具有系统规划、开发和应用方面的前瞻性眼界和能力。

除了以上岗位外，未来的职业方向还包括供应链管理经理、信息化产品经理、管理信息系统和决策支持系统专家、各类信息化相关的业务和技术咨询顾问。

历经多年，本书终于编写完成。本书原则上坚持"以学生为中心"，提倡思想政治教育，讲好中国故事；内容上，保持高阶性和先进性，通过各类开发方法、相关工具和前沿技术培养学生解决复杂问题的综合能力与高级思维。尽管作者在编著过程中努力追求更好和更高的教育和学习价值，书中难免存在一些错误和不当之处，敬请广大读者给予批评指正。

作　者

2025 年 1 月于上海

目 录

CONTENTS

基础知识篇

系统开发篇

基础知识篇

第 1 章

管理信息系统的基本概念

主要内容：系统、信息、信息系统、管理信息系统相关知识体系
重点掌握：信息度量方法、系统论原理、管理信息系统定义
综合应用：信息度量方法、系统论原理

1.1 系统论

1.1.1 系统论的发展

系统思维可以回溯到古代，从最初的文字交流系统到玛雅数字，从原始建筑技术到埃及金字塔。思想家、哲学家的出现表明人类具备归纳和利用系统思维能力。从古代中国哲学和古希腊哲学到近现代科学技术，基本上共享一个系统思维框架，经历古代系统观萌芽、近代系统观形成和现代系统论的产生三个阶段。

1. 古代系统观萌芽期

古希腊哲学家赫拉克利特在《论自然》中表明"世界是包括一切的整体"，他认为世界万物都在永不停息的火的变化中有规律、有秩序地运动，土死后生水，水死后生气，气死后生火，反过来亦一样。他把事物的规律、秩序称作"逻各斯"(logos)（与 logistic 含义不一样）。德谟克利特认为一切事物都是由原子和虚空组成的，"系统"这个词最早就出现在他撰写的《世界大系统》一书中。亚里士多德系统思想对系统论的形成有重大影响，整体论、目的论、组织论和四因论是古代朴素的系统观点、系统思想的最高表达形式。

我国《易经》八卦从自然界中选取"天、地、雷、火、风、泽、水、山"八种元素，作为世界事物根源。天和地是总根源，为父母，产生雷、火、风、泽、水和山六个子女，这是运用对自然界抽象来解释人类社会关系。同理，《洪范》五行说选取生活中常见的"金、木、水、火、土"五种物质和元素作为构成世界万物不可缺少的元素，与八卦解释和应用相似。八卦说和五行说两种系统观对中国传统文化影响广泛而深刻，包括衣食住行、民风民俗、文学、艺术、医疗、教育、军事、政治等方面。

老子在《道德经》中用"有与无、始与母、阴与阳"的对立统一关系来表达自然界的统一性。周敦颐《太极图》设想了一个描述世界的构成和发展的系统模型。北宋哲学家、易学家邵雍创立系统象数体系，认为万事万物都是由本体"太极"演化出来的。所谓"太极生两仪，两仪生四象，四象生八卦，八卦再续生六十四卦"，演化过程好像"根之有干，干之有枝，枝之

有叶"。两仪(动与静)、四象(阴阳刚柔)、八卦(太阳、太阴、少阳、少阴、太柔、太刚、少柔、少刚)是"象",与这"象"相适应的一、二、四、八、十六、三十二、六十四是"数"。用这种数字逐级演化方法推演出一个神秘的数的系统,用它来解释宇宙形成。邵雍所传的伏羲图有六十四个卦象,其排列方式恰好符合现代二进制数理逻辑,是前无古人的创新。"无中生有"、"从无到有"、"实现从 0 到 1 的突破"、宇宙起源、生命起源、意识形成、物质无限再分、弦理论、引力波等都是一些与系统有关的终极科学问题。

2. 近代系统观形成期

15 世纪下半叶,近代科学开始兴起,天文学、力学、物理学、化学、生物学等从哲学中分离出来,获得迅速发展。自然科学处于初期,主要工作是收集材料、积累经验、初步整理。研究方法主要是分解分析方法,把事物分成各个独立部分,分门别类孤立地考察。这种方法对自然科学发展是必要的,但把这种考察方法移植到哲学中,就成为形而上学的思维方法。它撇开总体联系来考察事物的过程,堵塞了从了解部分到了解整体、洞察普遍联系的道路。尽管这个时期的自然科学在知识上和材料归整上的成就高过古希腊,但是缺乏系统观点和辩证思维,因此在一般的自然观上的成就低于古希腊。

莱布尼茨定义单子"是事物的元素""是一种组成复合物的单纯实体";"复合物不是别的东西,只是一些单纯物的堆积或聚集";宇宙是"被规范在一种完满的秩序中"的统一体系。他还认为任何事物都是在联系中显现出来的,都是在系统中存在的,系统联系规定每一事物;而每一事物又能反映系统和联系的总貌。可见莱布尼茨具有完整的系统思想,他的许多论点与现代系统论很接近,他的系统观点对现代控制论和系统论都产生了重大影响。康德是第一个提出人类知识的系统性问题的人。他把知识理解为一种有秩序、有层次、由一定要素组成的统一整体。在康德看来,用作为系统整体的目的观点来看待和研究事物,对于深入揭示自然奥妙大有好处。黑格尔强调把真理和科学作为有机的科学系统加以考察的重要性,指出系统与要素内在联系的历史性和层次性。称"绝对概念"为"系统",把这种系统理解为一个"过程的集合体"。他认为一切存在都是有机整体。用系统方法构造出完整哲学体系。

马克思、恩格斯唯物辩证法认为:一切事物、过程乃至整个世界都是由无数相互联系、相互依赖、相互制约、相互作用的事物和过程所形成的统一整体。马克思、恩格斯曾明确提出系统概念和系统思想。马克思著作中多次使用了"系统""有机系统""系统发展为整体性"等概念。恩格斯也说:"我们所面对着的整个自然界形成一个体系,即各种物体相互联系的总体",还说"由于三大发现和自然科学的其他巨大进步,我们现在不仅能够指出自然界中各个领域内的过程之间的联系,而且总的说来也能指出各个领域之间的联系了。这样,我们就能够依靠经验和自然科学本身所提供的事实,以近乎系统的形式描绘出一幅自然界联系的清晰图画。"马克思运用系统观去分析社会问题。他论述了原始社会、奴隶社会、封建社会、资本主义社会、共产主义社会等五种社会形态依次更替前进的发展过程,科学而清晰地描述了社会发展的系统化演进形式。

3. 现代系统论的产生

现代系统论思想源自 20 世纪 30 年代前后生物学中的"机体论"。系统论作为一门科学,公认的创立者是理论生物学家贝塔朗菲。1925 年英国数理逻辑学家、哲学家怀德海发表《科学与近代世界》一文,认为分解分析方法把人引入歧途,提出用机体论来代替决定论,主张把科学理论建立在完整机体的概念上。美国生物数学家洛特卡 1925 年发表《物理生物学原理》，德裔美国心理学家科勒在 1927 年发表《论调节问题》，提出系统论的基本原理，启发贝塔朗菲形成了一般系统论思想。

贝塔朗菲在 1925 年和 1926 年提出生物学中的机体概念，强调把有机体当作一个整体或系统来考虑，认为生物科学的主要目标就在于发现种种不同层次上的组织原理。他在 1932 年和 1934 年分别发表《理论生物学》和《现代发展理论》，提出用数学和模型来研究生物学的方法和机体系统论概念。他认为"简单相加、机械运动、被动反应"是机械论的三个错误观点，机械论不能正确地解释生命现象。他从 19 世纪机体论先驱者那里汲取了许多思想，运用协调、秩序、目的性等概念研究有机体，形成系统、动态和等级三个基本观点。在 1937 年的芝加哥大学哲学讨论会上，贝塔朗菲第一次提出一般系统论概念，但由于当时的学界压力而没有发表。在 1945 年的《德国哲学周刊》第 18 期，贝塔朗菲发表了《关于一般系统论》，但因战乱而未引起注意。1947—1948 年，在美国讲学时，贝塔朗菲进一步阐明一般系统论思想，指出不论系统的具体种类、组成部分性质和它们之间的关系如何，都存在着适用于系统的一般模式、原则和规律。虽然一般系统论几乎与控制论、信息论同时出现，但直到 20 世纪 60 年代后才受到重视。

1.1.2　老三论与新三论

牛顿力学支持下的机械认识论是观察机械运动的结果，贝塔朗菲创立的有机系统论是观察生命生存和发展的结果。二者其实在认识内容上都没有错误，只不过职业不同，角度不同，观察结果不同，适用场景不同。后来系统论继续发展的理论也是基于不同视角而言的。随着时间发展，人们将系统论进一步划分为老三论（系统论、控制论和信息论，也称 SCI 论）和新三论（耗散论、协同论、突变论，也称 DSC 论）两大类。老三论是 20 世纪 40 年代先后创立并获得快速发展的三门系统理论的分支学科，新三论是 20 世纪 60 年代末期以来陆续确立并获得极快进展的三门系统理论的分支学科。

（1）系统论。一种世界观和科学方法论，强调整体与局部、局部与局部、系统本身与外部环境之间互为依存、相互影响和制约的关系，具有整体性、目的性、相关性、有机性、动态性、有序性等特征。应用系统论可以综合地、科学地、定量地、精确地观察问题和处理问题。

（2）控制论。主要研究系统的状态、功能、行为方式及变动趋势，控制系统的稳定，揭示不同系统的共同的控制规律，使系统按预定目标运行的技术科学。1948 年，控制论之父——数学家维纳的著作《控制论》的出版标志控制论诞生。控制论是使用新的统计理论研究系统运动状态、行为方式和变化趋势的各种可能性而形成的系统理论，目的是摆脱牛顿经典力学和拉普拉斯机械决定论的束缚，以适应近代科学技术中不同门类相互渗透与相互融合的发展趋势。其特点是撇开研究对象和过程的物质和能量流动的具体形态，研究通过信息流动实现系统动态调节自身状态和功能并适应环境变化的机理。

（3）信息论。用概率论和数理统计方法，从量的方面来研究系统信息如何获取、加工、处理、传输和控制的一门科学。贝尔电话研究所学者香农发表于 1948 年的题为《通信的数学理论》奠定了信息论基础。他的贡献在于第一次从理论上阐明通信机理并提出通信系统基本模型"信源→编码→信道→译码→信宿"；更在于提出度量信息量的数学公式，初步解决信宿从信源提取信息后信息编码、译码和充分利用信道容量等方面的技术问题。信息论能够揭示人类认识活动的飞跃,有助于探索与研究思维规律和进化思维活动。

(4) 耗散论。又称为耗散结构理论,是探索耗散结构微观机制的关于非平衡系统行为的理论。这一理论于1969年由普利高津在一次"理论物理学和生物学"的国际会议上正式提出。在宏观世界中,处于稳定有序结构的系统可有两种状态,一种是通常的平衡结构,如盘上的食盐或杯中的冷水。平衡状态的开放系统会由于许多复杂因素的影响而出现非对称的起伏变化现象,当外界条件变化达到一个特定值时,系统会突然以新的方式出现新的秩序,由原来的无序混沌状态转变为一种有序的稳定状态而成为耗散结构,这正是系统论所要建立的动态稳定结构。

(5) 协同论。处理复杂系统的一种策略。协同论的目的是建立一种用统一的观点去处理复杂系统的概念和方法。相互协调共同作用谓之协同,协同论由德国著名理论物理学家哈肯于1979年建立。它的研究对象是在保证与外界有充分物质与能量交换的情况下,能够自发产生有序结构的远离平衡状态的开放系统。协同论的重要贡献在于通过大量的类比和严谨的分析,论证了各种自然系统和社会系统从无序到有序的演化都是组成系统的各元素之间相互影响又协调一致的结果,因而可以使用理论方案和数学模型予以处理。它的重要价值在于既为一个学科的成果推广到另一个学科提供了理论依据,也为人们从已知领域进入未知领域提供了有效手段。由于协同论正确地反映了从自然界到人类社会的各种系统不断发展和演变的机制,因而获得了广泛应用。

(6) 突变论。突然逆转、瞬间转变谓之突变,系统科学的突变论由托姆于1972年确立。该理论吸收了系统结构稳定性理论、拓扑学和奇点理论的思想,发展出一套研究不连续现象的数学方法。突变论在拓扑学、奇点理论和稳定性数学理论基础之上,通过描述系统在临界点的状态来研究自然界系统和社会经济系统中突然变化现象的发生机制和演变规律。突变论的特点是采用数学模型描述临界点附近外部条件的微小变化引起系统品质突然跃迁而发生质变的机制,在追求系统高效运行和制定优化政策的同时防止突变发生,确保系统行为有益和可靠。

系统论从结构关系上研究如何达成$1+1>2$的效果;控制论则强调从调节方面研究如何使得系统更加稳定和有效,保持和增强$1+1>2$的效果;信息论则对系统内外信息流动进行量化,更加清楚地表现$1+1>2$的效果。系统论的老三论所要研究和描述的是系统处于良好平衡、稳定与可靠的状态的情况,但实际上,系统可能在相应的条件下远离平衡态,进而形成了新三论。耗散论研究的就是系统处于$1+1\ll2$的状态,多个因素的作用力方向不一致而相互抵消的现象;与耗散论相反,协同论则追求$1+1\gg2$的效果,使得系统各环节作用力方向一致,产生正向叠加效应;突变论则研究超协同或超耗散,不仅远离平衡态,而且破坏已有的平衡,产生的是$1+1\gg\cdots>2$或者$1+1\ll\cdots<2$的结果,比如遗传学的基因突变、物理学的核聚变、地质学的灾变、信息系统的拥塞宕机等,有的方面能获得意想不到的好处,有的方面则会碰到意想不到的坏处。

1.2 系统与信息系统

1.2.1 系统的概念

1. 系统的定义

系统(system)这个词最早出现于古希腊语中,是部分组成整体的意思。在系统论产生的历史中,马克思、恩格斯曾多次明确地把"系统"理解为"统一体""集合体""综合的整体"。恩格斯曾指出:"世界不是一成不变的事物的集合体,而是过程的集合体。"系统并不神秘,它广泛存在于自然界、人类社会和思维之中。系统普遍性的定义是:把世界上一切事物看成是由若干相互区别、相互联系、又相互作用的要素所组成,处于一定的环境中,为达到整体目的而存在的有机集合体。系统功能化的定义是:由处于一定的环境中且为达到某一目的的若干相互联系和相互制约的组成部分结合在一起并形成具有某种特定功能的有机整体。有机整体的概念有三层含义:组成部分是为了某个或某些共同目标而结合的;有机结合要遵循某些规则;有机结合还意味着组成部分之间存在着较强的相互依存和相互作用的关系,往往不可轻易分割为独立单元。

系统由输入、处理和输出三个基本要素构成基本而简单的"IPO"结构,此外有些系统含有反馈机制(可简称 IPOF),即通过反馈调整系统输入达到控制目的,这也是管理职能之一"控制"的本源含义。各要素关系如图 1-1 所示。

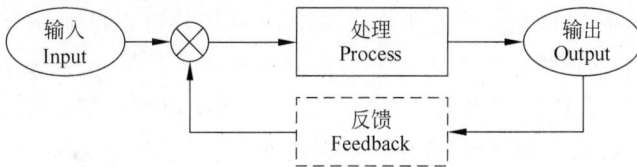

图 1-1 一般系统各要素关系图

"输入"获取和收集进入系统用于加工的元素,如生产所用的原材料、数据、人力等;"处理"是把输入元素转换为输出的转换过程,如制作工艺、数学运算过程、计算机处理程序等;"输出"是输入元素经过处理后所产生的新元素,并被传递到最终目的地,如加工完成的产品、数学运算得出的结果等;"反馈"是有关系统性能的数据,如对城市安全系统来说犯罪率就是反馈,犯罪率越高,说明城市安全性越差。带有反馈的系统又称为闭环系统或控制系统,发挥控制作用。"控制"就是监控和评估反馈以确定系统是否趋于既定目标。控制职能对系统输入和处理进行必要调整以确保能够获得正确的或期望的输出。

2. 系统的特征

(1) 整体性。系统是一个有机的整体,至少有两个或更多的组成部分,而不是各组成部分的简单叠加。系统整体性的目标是:整体系统的功能要比所有子系统的功能的总和还大,具备 $1+1>2$ 的效果。整体性是一切系统最基本的特征。贝塔朗菲认为,一般系统论就是对整体和整体性的科学探索。他把系统的整体性表述为"整体大于它的各个孤立部分之和",并把它作为一般系统论的一个定律,人称"贝塔朗菲定律"。观察和处理事物时,设计、制造和管理各种系统时,要从全局出发综合考虑各种因素,追求系统的整体功能和效应,必要时要"丢车保帅"。

(2) 目的性。系统具有目标指向性、针对性或者方向性。贝塔朗菲称系统的目的性为"果决性",即由结果决定原因,而非因果论强调的原因决定结果。"果决论"则说明所有系统都是为某一目的或完成某项功能而存在的,因为要达到"果",所以就需要制造出能够形成果的"因"。目的性的另一个含义是:整体系统和各个子系统所履行的功能使系统的整体功能最大化。一个系统总的目的就是生存和发展,系统所有特性在主观上就是要维持系统整体的存在和不断壮大。

(3) 结构性。结构就是系统内部各个要素之间相互联系和相互作用的方式或秩序,是系统要素的组织或排列方式。在一定意义上,结构决定功能。系统的最大特点,就是能够产生整体功能。整体功能的产生又与系统内部的相关性结构有着密切的关系,这种关系有一构多功、异构同功、同构同功、异构异功等四种类型。比如,同样是碳原子,不同的排列方式组成的金刚石和石墨的硬度差异巨大。同样以碳(C)、氢(H)、氧(O)为主要元素的有机物形成在外观上多种多样的动植物。

(4) 相关性。系统内的各组成部分之间联系密切,包括结构联系、功能联系、因果联系等,这些联系决定了整个系统的运行机制,分析这些联系是构筑一个系统的基础。例如,公司整体的 ERP 系统包括各子系统——财务系统、采购系统等,采购与财务系统相互区别,但当发生采购行为时,公司的财务数据也会发生变化,牵动着财务系统,体现出它们之间的相互联系。只有合理控制、协调系统各组成部分之间的联系,才能使系统稳定,充分发挥系统的整体功能。

(5) 层次性。系统可以划分为若干个子系统,子系统还可以再细分为更小的子系统,子系统也具有等级性和次序性。一个集团公司可以有多个子公司和分公司,一个子公司或分公司会有多个部门,一个部门也可以有多个子部门。系统内部的层次性结构说明对系统进行层次划分,会使得对系统的分析、设计和研究更加清晰有效。系统的目的或功能是系统进行层次性划分的重要依据,可使系统获得更加优化的结构,比如降低系统的耦合度。因为功能整体性要求,各子系统之间有上下层次和横向连接。

(6) 动态性。赫拉克利特说:"人不能两次踏进同一条河流""太阳每天都是新的""万物是一团燃烧不息的活火"。系统具有运动变化的动态特性,系统的整体和内部都在不断地运动和变化。德国物理学家克劳修斯在 1850 年创造了术语"熵",即能量在空间分布的均匀程度。一种能量在空间分布越均匀,熵越大。热力学第二定律同样说明了熵增原理。克劳修斯由此得出悲观的"热寂说",宇宙在未来因为能量均布、熵增停止而进入热寂状态,人类在未来将灭绝。现在,系统自组织理论很好地反驳了这一论断,要求人们善于应用系统的动态性及时发现问题、分析问题和解决问题,保持系统可持续性发展。

(7) 环境适应性。系统不应该是封闭的,而是在环境中运转,外部环境是一种更高层次的系统。系统与其环境交流,相互影响,进行物质、能量或信息的交换。因为要适应环境,系统就会不断成长和变化,同时也会受到外部干扰。所以环境适应性同时也体现系统的动态性和开放性。不能适应环境变化的封闭系统是没有生命力的。

3. 系统的分类

系统的分类方法在很大程度上是相对的,根据不同分类标准和实际需要可分为不同的系统,很难找到一个统一的标准,以下是系统的几类常规分法。

(1) 按照内容,系统分为物质系统和观念系统。物质系统主要有物化系统、生物系统和社会系统。原子、分子、行星等属于物化系统,细胞、器官、植物、动物等属于生物系统,人、家庭、企业、居民点、城市、国家、联盟等属于社会系统。观念系统则包括人的认识和认识本身的全部内容,例如世界观、政治、道德等。观念系统存在着从属关系,可以划分为大系统(世界观)、中系统(部门科学)、小系统(个别知识)。

(2) 按照大小,系统分为小型系统、中型系统、大型系统、巨大系统。小型系统是指内部结构及要素的相互作用具有协同性的微观、宏观客体,其系统结构或功能较简单,例如原子、分子、个人、家庭等。中型系统有较复杂的组织,在其结构和相互作用中的要素具有隶属性,例如各种生命有机共同体、社会联合体。大型系统是指在本结构中,有效作用于本系统的诸要素的等级数量在两个以上,例如天体系统、陆地、海洋、经济部门、知识领域等。巨大系统是指具有生存、内部调节和自我运动能力的多数结构客体,例如银河系、星体、整个人类社会。

(3) 按照构成与环境,系统分为封闭系统和开放系统。与环境不发生物质、能量、信息交换的系统称为封闭系统,反之则为开放系统。封闭系统是一些具有自我调节或控制特性,在一定时间内,不依赖于任何外界影响而具有稳定生存能力的系统,例如具有燃料储存、能不断填充燃料的动力机。严格意义的封闭系统并不存在。开放系统受外部条件影响,同时对外部条件具有反作用。在外部条件中,重要的是区分决定性的联系和次要的联系。生命就是一个开放系统。有反馈的系统为闭环系统,没有反馈的为开环系统,闭环系统是控制系统的基础。闭环系统不等于封闭系统。

(4) 按照要素,系统分为自然系统、人造系统以及两者结合的复合系统。自然系统是由自然物组成的系统,例如矿物、植物、动物等。人造系统是人工造出来的系统,由人工生成的各种要素组成,例如生产、交通、运输、管理等。人造系统包括3种:用于加工生产的工程技术系统、具备体系的管理和社会系统、长期学习归纳创造的学科和技术体系。多数系统是自然与人造相结合的复合系统,例如管理信息系统被定义为人机系统。发展人造系统可能会破坏自然系统,造成各种公害,这是系统科学伦理议题。

(5) 其他分类。按照运动状态参数与时间的关系,可以把系统分为静态系统与动态系统。按照宇宙自然演化层次,可将系统分为无机系统、生物系统、社会系统。按照具体对象场景,可将系统分为工程系统、管理系统、操作系统、军事系统。按照自控能力,可将系统分为自调整系统、自适应系统、自学习系统、自繁殖系统、自组织系统。按照复杂程度,可将系统分为一般系统和复杂系统。基于网络形态研究复杂系统,就形成复杂网络系统。

4. 系统方法

系统方法是所有采用系统模型和系统思维的方法的总称,具有这些定律:

(1) 整体定律。指处理整体和部分之间的关系,产生整体效应,主要包括正效应、负效应和零效应。从整体上,系统还具有不可简化性、可分解性和不可还原性;

(2) 模式定律。指处理结构和功能之间的关系,产生结构效应。模式定律要求从结构入手,寻求最佳的功能系统,在结构既定的条件下,寻找最佳元素;

(3) 相关定律。指处理系统和环境之间的关系,产生关联效应。相关定律包括规律相关性、层次相关性、要素相关性等;

(4) 优化定律。指处理功能和目标之间的关系,产生协同效应。根据具体情况,采用一定方法,在空间上保持系统整体最优、局部最优、整体满意、整体和局部均衡,在时间上通过功能完善保持系统短期目标、中期目标和长期目标。

系统方法应用的原则是保持整体最优且尽量减少局部损失。系统方法应用的方式是在系统分析过程中使用"化整为零"的方式,而在系统综合时使用"积零为整"的方式,类似"微积分"思维。系统方法应用的步骤是:

(1) 确定任务,明确要解决的问题;

（2）确立目标，构建目标体系；

（3）抓住关键要素，提供方案，构建系统模型；

（4）作出决策，对若干方案进行选择，以期达到系统目标。

（1）、（2）的先后顺序也可由问题和目标的驱动需求变化。

系统方法应用步骤可以简化为：问题任务→目标体系→关键要素→系统备选方案→选择方案→作出决策。实际上，具体系统方法有最优化方法、模型化方法、系统分析方法、系统预测方法、系统决策方法、系统评价方法，这些方法都是解决复杂问题、促进科学整体化、实现国民经济综合平衡和进行科学决策管理的有效工具。

1.2.2 信息系统与管理

1. 信息系统

信息技术的出现改变了传统的信息管理方式，并融入人们的信息管理过程，形成今天的各类信息系统。现代信息系统大幅提高了信息存储量、信息处理效率和准确度，为人们能够高效、准确地生产和运营决策提供重要保障。信息系统是一个人造系统，是根据人类预定的功能需求进行设计和实施的。信息系统的组成部分包括人、硬件、软件和信息资源，它们相互作用，正确和及时地执行收集、存储、加工、传输和输出信息的功能，对各项活动的协调、管理和控制功能进行支持。

在信息时代，信息与物质、能量并称为人类赖以生存的三大元素，越来越受到企业管理人员的重视。信息技术的发展使得全世界经济和文化交流全球化，并形成"地球村"的概念，极大地缩短了人与人之间以及国与国之间的距离。企业与供应商和消费者之间的距离也越来越小，经济活动范围逐渐扩大，信息接收量和需求量骤然上升。在这样全球化的国际背景下，企业必须要有信息系统对其业务活动进行支持，否则难以生存。信息系统在企业各方面的主要作用是：支持企业基本业务活动，支持企业知识工人创造新信息和新知识，支持企业中层管理者的决策，支持企业高层管理者的战略规划。信息系统应用领域广泛，以下四类是常见的信息系统，管理信息系统后续再重点介绍。

（1）军事信息系统。战争具有很大的破坏性，但也会在短时间内催生大量的科学技术和快速高效的物资管理方法，包括武器技术、通信技术、后勤管理等。坦克、导弹、战机、舰艇等武器装备都在战争中得以发明和升级，而且这些武器都安装有先进的信息系统，支持远程打击、巡航制导、编队管理功能。信息技术不仅可以大大提高命中率和活动目标跟踪能力，而且还提升了军事管理能力。现代物流（logistics）一词就来自二战期间的后勤管理，然后与今天的社会大生产相结合形成了今天的供应链概念。可见，军事信息系统整体上是一套实现海陆空联合进攻、防卫和快速转移的复杂综合性技术和管理系统，也是综合国力是否强大的重要体现之一。

（2）经济信息系统。伴随经济发展，就会产生一系列数据和信息。经济信息系统首先是自上而下的宏观经济指标统计系统，比如国内生产总值（GDP）、国民生产总值（GNP）、消费者物价指数（CPI）、生产者物价指数（PPI）、采购经理人指数（PMI）等，这些指标在一定程度上综合反映一国的经济发展状况，指标数据的收集、整理和发布都由相应的经济和管理部门负责。同时，产业数据、行业数据、区域数据都需要进行统计、管理和分析，为相应领域的健康发展发挥重要作用。

（3）金融信息系统。面向资本运作与交易，资本市场每天都会产生巨量数据和信息，对关联机构、部门、区域和个人都有重要影响。作为金融信息系统的一部分,目前股票交易系统相对要成熟得多。国内各个证券交易所都会有自己的交易系统和交易平台,支持计算机和手机等移动端实时查看行情和交易。国内常见的股票交易软件和平台是通达信、同花顺、大智慧和东方财富网等,不少证券公司提供的交易软件使用的是通达信软件内核。另外,期货、期权、外汇和比特币等交易系统也都在快速发展。金融信息系统不仅能够进行多维度可视化的行情浏览和查询,还可以实现多条件组合筛选,为投资者选择投资目标提供了极大便利。

（4）地理信息系统。空间是人类活动的重要依托,地图对于航海、旅行、出游和生产运输作用重大。现代人们已经习惯使用免费的百度地图、腾讯地图、高德地图和谷歌地图等实现位置查询和空间导航。地图不仅是位置信息集合,还成为商业信息载体,富含各种类型的商家,成就了今天的快递、外卖和代驾行业。除了地图应用外,与通信卫星、地面雷达等通信系统组合的地理信息系统（GIS）和全球卫星导航系统（GPS）还会支持和辅助生产生活、抢险救灾和卫生防疫等社会活动。

2. 信息系统与管理

计划、组织、领导和控制是广泛被认可的四大管理职能,但也有学者有不同的观点。管理过程学派的创始人,法国的亨利·法约尔（Henri Fayol）提出管理的职能包括计划、组织、命令、协调和控制;管理过程学派主要代表人物,美国管理科学院院长哈罗德·孔茨（Harold Koontz）则认为管理的职能由计划、组织、人事、领导和控制等构成,而且把协调看作是管理的本质,是五项职能有效综合运用的结果。随后,由于创新不断受到组织和管理者的重视,因此有些学者认为应将创新列入管理职能当中,目前仍没有统一的定义。下面将分别讨论信息系统对计划职能、组织职能、领导职能、控制职能以及创新职能的支持。

（1）信息系统对计划职能的支持。计划管理系统通过多种功能支持企业的计划编制和执行。首先,它能够实现对计划数据的快速存取,建立各类与计划相关的数据库,如劳动定额、设备利用率等,以确保各类计划指标并进行表格管理。此外,系统还支持计划数据的统计分析,通过运用统计方法和计算机运算能力,帮助管理者从大量数据中得出准确的结论。大型组织常使用专业统计软件（如 SPSS 和 SAS）进行分析。信息系统还支持计划编制中的反复试算,帮助管理者利用历史数据和趋势分析,制定多个方案,提升计划的实际可行性。预测是计划编制的重要环节,系统依靠历史数据和对未来环境变化的分析,帮助管理者制定更可靠的决策。预测系统通常结合模型库,能够在面对频繁的预测任务时提供支持。计划的优化也在信息系统中得到体现,尤其是涉及物流配送等复杂问题时,运筹学的数学模型和计算能力发挥着至关重要的作用。借助计算机与信息系统的支持,管理者能够解决多项资源约束下的优化问题,从而提高计划效率,减少资源浪费。

（2）信息系统对组织职能的支持。现代信息技术驱动企业的组织结构逐渐向扁平化、流程化和分权化转变。传统的纵向组织层级被弱化,信息传递更加迅速有效,减少了不必要的中间管理层,管理跨度得以扩展。企业不再单纯依赖部门职能划分,而是围绕工作流程进行组织,各部门之间的功能逐步融合与交叉。此外,现代计算机和通信技术的应用使得信息交流更加便捷,增强了上下级和部门间的沟通能力,能够及时根据环境变化作出快速反应。与此同时,分权化程度的提高使得基层员工拥有更多决策权,能够直接面对顾客并迅速响应市场需求,避免信息失真和错失商机的风险。这种结构变化使企业更加灵活高效,能够更好地应对动态市场环境变化。

（3）信息系统对领导职能的支持。信息系统能够有效增强领导的沟通与凝聚力。通过提供信息共享和沟通支持,信息系统帮助管理者掌握内外部动态,辅助决策并及时解决问题。在加强凝聚力方面,领导通过明确的原则和包容性影响团队。信息系统通过将原则固化于业务流程和操作中,提供规范化标准,满足成员对公平的需求;而包容性则体现在灵活的权限管理和应变处理上,满足环境变化和员工个性化需求。

（4）信息系统对控制职能的支持。信息系统在作业层确保实际操作的顺利进行;在战术层帮助实时掌握作业信息,分析实际与计划的差异,并提供解决方案;在战略层分析纵向和横向数据,预测未来,辅助战略决策。信息系统还支持企业管理,通过监督和控制产品制造过程,确保质量符合标准。使用 MRP（物料需求计划）和 JIT（准时生产制）方法控制库存,并通过信息系统协调和控制人员行为、成本、财务预算等各方面。

（5）信息系统对创新职能的支持。在创新结构方面,信息系统支持有机式结构的沟通与信息传递,促进资源共享和数据挖掘,推动创新活动的发展。对于创新文化,信息系统支持领导职能的容忍性和外部控制,强调快速反应的开放系统,这要求建立灵活、快速的信息系统。在创新人才方面,企业的人力资源系统涵盖岗位管理、人才信息、培训和评估等功能,确保对人才的培训和发展,支持企业的创新能力。

1.3 信息及其度量

1.3.1 信息的概念

1. 什么是信息

信息是现代社会的重要资源,与劳动力、资本、土地并重,与人们的工作和生活息息相关。信息很重要,在研究上需要严格的定义和说明。

控制论创始人诺伯特·维纳（Norbert Wiener）强调信息的特殊性:信息就是信息,既不是物质,也不是能量。美国哈佛大学研究小组提出资源三角形:没有物质,什么也不存在;没有能量,什么也不会发生;没有信息,任何事物都没有意义。这一论述再次肯定了信息的独特性。目前,物质、能量、信息是人类社会赖以生存和发展的三大要素。这一观点为人们广泛认同。早在 1928 年,哈特莱（R. V. L. Hartley）在《信息传输》一文中提出:信息是指有新内容、新知识的消息。1948 年,信息论创始人香农在《通信的数学理论》中认为信息是用以消除随机不确定性的东西,并提出信息量的概念和信息熵的计算方法,奠定信息论的基础。香农与哈特莱的观点基本相同:信息只有包含新内容或新知识才能消除不确定性。基于控制论的思想,诺伯特·维纳认为信息是人与外界相互作用过程以及相互交换的内容的总称,这是基于信息的质的定义,即信息的自身内容属性。钟义信认为信息是事物运动的状态及其变化的方式。黄梯云教授认为信息是关于客观事实的可通信的知识。现代又有人提出逆香农信息定义,认为信息是确定性的增加。在管理信息系统领域,一种被普遍接受的观点认为"信息是经过加工的数据,对接收者有用,并对决策或行为有现实或潜在的价值。"

2. 数据、信息和知识

"信息"常与"数据""知识"相混淆。"数据"是信息的初级形态,是客观事物的符号表示,且该符号具有可鉴别性,例如数字、文字和图形等。数据与信息最大的区别就在于是否具有意义,单纯的数据是没有意义的,例如上证指数3521,单看此数字不一定能得知它的意义。数据只有在被解释后,才有意义,才成为信息。只有当投资者观察此类数据以便做出投资决定时,数据才成为信息。也就是说,信息与数据是相对的,一些数据对某些人是信息,而对另外一些人则可能只是数据。决策者对数据不同的解释会直接影响到其以后的行动,决定事情的成败,关键在于将数据转换为信息的处理过程是否正确。

"知识"是系统化的信息,也是人们加工信息的发展过程。心理学将知识看作个体通过与环境相互作用后获得的信息及其组织,也有学者认为知识是对意识的反映,是对经过实践证明的客体在人的意识中相对正确的反映。数据、信息和知识之间呈递进的关系。数据描述事物的状态,属于语法层面;信息说明事物运动状态的含义,属于语义层面;知识说明决策者的价值和效用,属于语用层面。

知识经济在2000年前后十几年被"热炒",但是并没有出现预期效果,后来发现所谓的知识经济依然是以信息产业为主导的经济形式。后来出现的物联网、云计算和大数据依然是信息经济的主要内容。信息和知识在经济高度上到底是一个什么样的关系呢?数据、信息、知识和智慧之间是层次包含和产出的递进关系。知识是解决问题的结构化信息,工业生产、市场营销、海洋和空间探索、生物医药工程等无不需要相关的实验和调查数据、计算和模拟方法以及科学的生产和项目管理。可以说,知识就是来源于信息的完备的概念体系和成熟的方法论。

3. 信息的特征

根据上述分析的信息的定义和信息与数据、知识的辨析可知,信息具有事实性、价值性、时效性、相对性、依存性、共享性和等级性等特征。掌握信息的这些特征,有助于更加有效地发现和提高信息的使用价值。

事实性或真实是信息的第一和基本的性质,事实是信息的中心价值,不符合事实的数据不仅没有价值,而且可能因为具有副作用而有损个人和社会利益。价值性是指信息的价值所在或一定有用。信息常被看作是影响企业和社会等领域的一种资源,充分和有效地利用信息资源能积极推动企业和社会发展。但要注意的是,信息生成是需要成本的,原则是信息价值不低于加工成本。时效性是指信息的价值是动态变化的,指从信息源发送信息,经过接收、加工、传递和利用的时间间隔及其效率。由于信息是客观事物运动的状态及其变化的方式,而事物本身都在不停地运动变化,信息的效用也将随时间而改变。信息的相对性表现在难以获取信息的全部细节以及认知主体对数据的解释存在差异。客观上不存在两个相同的主体,因此会由于认知主体不同的观察能力、思维能力、个人经验以及切入点等原因,从同一事物所得到的信息会不同,存在不对称性。依存性说明信息本身是看不见和摸不着的,它必须依附于一定的物质形式,不可能脱离物质单独存在。这种物质形式称为信息的载体(语言、文字、图像和其他符号)。由于信息可依附于多种载体,从一种物质形式变换成另一种物质形式,而且信息本身不会因为载体的变换而改变,此种特性在多媒体时代尤为重要。共享性说明信息不同于物质和能源,它不具有独占性,可由多个主体共同享有,提高信息的利用程度。在信息化时代,由于技术的发展,充分发挥信息的共享性,特别是在企业内部,通过信息的共享,就有可能克服信息资源不对称带来的风险。此外,信息的共享也有负面效应,资源以稀为贵,信息的大量共享会造成信息资源的贬值,不利于信息资源的保密。等级性与组织的管理层次一致,也称为层次性。管理信息的需求有不同层次的主体,可分为战略级、战术级和作业级三个层次,下面将详细说明。

战略级信息是关系到全局、重大问题和长期决策的信息,涉及上层决策管理部门要达到的目标,关系到为达到这一目标所必需的资源水平与种类,以及确定获得资源、使用资源和处理资源的指导方针等,例如产品投产、停产或开拓新市场等。战术级信息的需求者一般是中级管理人员,其对信息的需求粒度细于战略信息,粗于作业信息。战术信息是部门负责人使用并关系到局部和中期决策的信息,是使管理人员能掌握资源利用情况,并将实际结果与计划相比较,了解是否达到预定目的,并指导其采取必要措施更有效地利用资源的信息,例如月销售计划完成情况、单位产品的制造成本、库存费用、市场商情信息等。作业级信息的需求者一般是基层的工作人员,这种信息主要来源于日常工作活动,用以解决经常性业务问题。例如超市每日销售数据、工厂生产数据等。因为层次上的差别,信息也会在来源、寿命、加工方法、使用频率、加工精度和保密要求等特征上有较大差异,如表 1.1 所示。

表 1-1　不同层次信息的特征

信息类型	来源	寿命	加工方法	使用频率	加工精度	保密要求
战略级信息	大多外部	长	灵活	低	低	高
战术级信息	内外都有	中	中	中	中	中
作业级信息	大多内部	短	固定	高	高	低

如果对信息质量有更高要求,信息还应该具有可得性、准确性、可靠性、合适性、完整性、呈现性以及低成本等特征。当然,这些都与信息的价值有关。

1.3.2　信息的流转

1. 信息的收集

信息的收集通常采用三种方法:①自下而上的广泛信息收集,例如全国人口普查和宏观经济指标 GDP;②有目的的专项信息收集,例如了解老新产品市场销售情况,了解城市的交通安全状况;③随机积累法,没有明确目标,或是目标很宽泛,只要觉得将来有用,就将相关信息积累下来。信息收集后需要有一定的表达形式,常规的信息表达形式主要是文字、数字、图形和表格等。伴随着存储空间的提高和相关设备设施的改进,图像、音频和视频成了信息的重要表达形式。文字表达要简练、确定,呈现主题,并且要避免歧义;数字要严谨正确,单位、精度和其他要求要明确,例如同比和环比;图形具有整体性、直观性和可塑性等特点,是经济分析、管理决策和科学实验的常用形式。Excel 数据图形、网易"数读"栏目和百度的 Echart 都值得参考。各种框图和流程图也使得表达内容更加直观和清晰。表格表达能给人以确切的总数和个别项目的比较,如果表格内容过多,则可以拆分为多个表格,采用分表和续表的方式;为了保持信息的原有形式,图像、音频和视频也常常被用来进行信息收集,比如交通拍照、录音记录和各种监控视频等。

2. 信息的传输

人类在社会活动中需要信息进行沟通,即通讯,相互传递讯息(message)。现代人们通过计算机网络进行沟通,即通信,相互传递信息(information)。因为传统的电报和电话通讯已经向数字化转化,所以目前通信一词要用得更多。不论是传统的通讯还是现代的通信,都指的是"讯息"和信息传输,而且遵守香农模型(见图 1-2)。

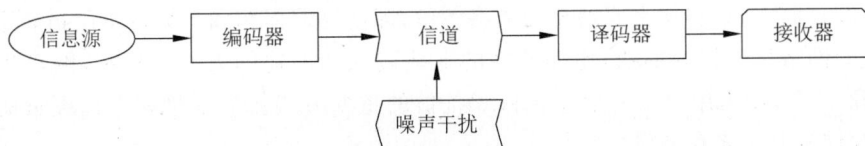

图 1-2 信息传输的香农模型

信源是信息产生的地方,从信源发出的信息经过编码器变成信道容易传输的形式,通过信息传输通道发送到目的地,然后经过译码器进行解码将信号转换为接收器能够识别的信息。由于信道中往往会存在噪声干扰,可以将正确的电信号变成错误信号,因此在信息传输过程中需要提高信道的抗干扰能力。信息传输过程中需要考虑信道的传输速率和抗干扰能力以及编码和译码(传统广播和电视是调制和解调)等几个主要问题。目前的信息系统大都是基于计算机网络的,信息在网络上进行传输。网络选型主要从信道容量大、抗干扰能力强、传输时间短、能够双向传输并且保密性好等方面来考虑,保证信息传输的正确性、高效率和安全性。

3. 信息的处理

信息加工的一般模型如图 1-3 所示,数据需要经过加工才能成为人们所需要的信息,开始称为一次信息,经过变换变成二次信息,再变换变成三次信息,直到满足人们的最终需要。变换的规则可以是选择、查询、排序、归并和转换等。

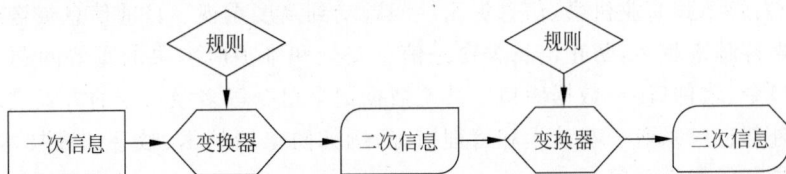

图 1-3 信息加工的一般模型

信息的转换需要使用数学、运筹学、统计学、系统动力学、经济学和管理学等多学科知识,根据大量的数据资料建立各种模型,并通过计算或模拟技术求得某些预测或模拟结果,为各级管理者提供决策信息。目前有很多软件包可以实现这些功能,例如统计学软件包、运筹学软件包和各种算法模拟软件包等。信息处理会不可避免地产生时间延迟,即信息滞后。批处理和实时处理的信息滞后情况是不一样的。在一次处理的信息量较少而且需求频率不高的情况下,可以选择批处理,将许多次需要处理的信息累积到一定量再集中处理。实时处理则应对需求频率高的情况,比如股市行情数据形成五日线、十日线和三十日线等。计算机和人工智能等信息技术的不断发展和应用,极大缩短了信息处理时间,在满足管理者需求的同时让人们摆脱烦琐的手工处理方式。

4. 信息的存储

信息存储是将已获得的信息或者加工过的信息按照一定的格式和顺序保存在特定的载体上,以便用户或管理人员在需要时使用。存储介质主要有纸、胶片和计算机存储器。现今传统纸介质和胶片没有计算机存储实用。计算机存储器允许存储大量的信息,检索方便,并且可以通过网络快速传输以实现信息共享。随着现代存储信息的单位成本不断下降,无纸化信息系统正在普及,例如电子数据交换。网盘是现代网络服务提供商提供的网络存储服务,目前百度网盘的免费空间达到了多个 TB,足够一般网络用户使用。网盘的好处在于节省本地终端存储空间,实现重要信息的网络备份,即便终端损坏和丢失也不用担心重要信息遗失。随着网络化进程的加快,比如网络的随地接入和网速的大幅度提高,网盘将代替软盘、光盘和 U 盘,作为用户个人信息转移和备份的重要方式。大容量和大计算量的网络存储、量子存储都是未来存储发展趋势。

5. 信息的维护

信息维护的目的是保证信息的准确、及时、安全和保密。首先要保证数据更新的状态,数据要在合理的误差范围内且满足唯一性。现代数据库设计都有数据唯一性要求。要保证数据的准确性就是要严格遵守操作规程,保证数据输入正确,避免错误数据、异常数据和数据移位;把常用信息放在易取或易送达的位置,确保各种设备状态良好,操作人员技术熟练,及时提供信息。跨国和跨区域信息系统存在着一定的延迟问题,这需要网络接入提供商及时升级网络传输的设备和设施。大量和大频次交易系统的服务器和软件性能也是信息延迟或中断的一个重要因素。例如,2024 年 10 月,部分交易系统出现不能及时卖出股票的现象。为防止信息受到破坏,要采取一些安全措施,以便万一受到破坏仍能较容易地恢复数据。为了保证信息安全,要保证存储介质的环境防尘和干燥,并要维持一定的温度。为了防止信息丢失,要及时进行备份,尤其是为了应对特殊情况,例如水灾、火灾、地震等。对于一些重要的信息应进行双机或多机备份、异地备份和网络备份等。信息是一种资源,也是无形资产,包括个人隐私和商业机密,信息保密性问题受到高度重视。目前信息被盗或者被非法用户查阅的事件越来越多,防止信息失窃是信息安全和维护应解决的重要问题。机器内部可采用硬件口令、软件口令、数据库口令甚至数据记录口令等多级口令的方式实现信息的保密。在机器外部也应采取一些技术和管理措施,例如防火墙技术、数字加密技术、严格的管理制度和人员的保密教育等。

6. 信息的使用

信息的使用是信息收集、传输、处理、存储和维护等一系列过程的最终目的,使用的有效性和深度主要取决于主要技术水平以及信息价值转化问题。利用信息技术,可以高速度、高质量地为用户提供有用信息。信息提供已由过去的定期报告发展为现在的实时检索,呈现形式由复杂的报表形式到直观的图形图像,乃至音频和视频。人机对话方式的发展使得非专业管理人员也可以直接和机器对话。

信息价值转化是信息使用概念上的深化、信息使用深度上的提高。信息价值转化大体上可分为三个阶段,即提高效率阶段、及时转化价值阶段和寻找机会阶段。第一阶段,信息技术使手工业务处理工作现代化,能够节省人力和提高效率;第二阶段把信息及时用于管理控制,提高管理水平,实现价值转化;第三阶段利用信息系统的信息挖掘能力并借助预测决策技术,从海量信息中寻找机会,是信息使用的高级阶段,例如目前时兴的各类大数据分析。信息资源的价值和作用日益提高和加强,信息资源利用能力已成为国家振兴和企业发展的关键因素。

1.3.3 信息的度量

信息是用以消除随机不确定性的东西,消息可以看作信息的载体,而信息量的大小取决于信宿对消息内容的不肯定程度或者消息内容的不确定性。消息内容的不肯定程度越大,则信宿得到的信息量越大；消息内容的不肯定程度越小，则信宿得到的信息量越小。由于消息内容的不肯定程度是由消息的随机性产生的，因而消息的不肯定程度要依赖于本条消息在整个消息集合中发生的概率。当某个客观事物（事件）发生的概率大时，事先就容易猜到它在某种状态下是发生还是不发生，也就是说这种事件发生的消息的不肯定程度小；反过来讲，如果事件发生的概率小，事先难以预料，则这个事件发生的消息的不肯定程度大。比如飞机失事和汽车相撞这两个事件，在现实生活当中前者发生的概率相对后者要小，所以前者的消息更容易引起人们的关注，因为其带来的信息量要大一些。可以认为概率小的事件（消息）的发生，信息量大。

哈特莱第一个提出用对数单位来度量信息，并用消息概率给出这一度量形式，而香农则首次在通信理论中用信息量作为信息的定义。信息量是对消息不确定性的一种衡量，可以用数学公式表示。

$$H(X) = \log \frac{\text{后验概率}}{\text{先验概率}} \tag{1-1}$$

式(1-1)中，后验概率表示消息被收到后事件发生的概率；先验概率表示消息被收到前事件发生的概率；$H(X)$ 表示从一个消息中所收到的信息。

由此可见，消息中的事件在后验概率越大，先验概率越小时，消息传递的信息量越大。如果人们事先对某件事的知识（信息）很少，收到消息后能使这种知识增加很多，那么消息所传递的信息量就大。一般来说，在无干扰的情况下，传来的消息称某件事已发生，则该事件发生的概率为1，即后验概率为1。此时，式(1-1)可改写为

$$H(X) = \log \frac{1}{\text{先验概率}} = -\log(\text{先验概率}) \tag{1-2}$$

对于某一个事件，它的发生可能有多种可能性，例如扔硬币会出现正反两面的可能，而掷骰子有6种可能性，它的发生概率应该等于各种情况发生的概率与其对数值相乘的结果。其实可以理解为借用物理热力学中熵的概念来度量随机事件（消息）的不肯定程度。熵，实际上是事件发生概率的负对数，又称为负熵，定义是：设一个动态的随机系统 X 存在 n 种可能的状态 $x_1, x_2, \cdots, x_n$，每一种状态或事件出现的概率为 $P_i (i=1,2,\cdots,n)$，即 $P(X=x_i) = p_i$，则称 $H(X)$ 为系统的熵，又称为信息熵，如式(1-3)。

$$H(X) = -\sum_{i=1}^{n} P_i \log_a P_i \tag{1-3}$$

因为概率总是小于或等于1且大于或等于0，底数一般都大于1，因此总有 $\log_a P_i \leqslant 0$，需要添加负号而让计算结果为正值，因为信息量应永远为正数。若取以2为底的对数计算（即 $a=2$），则信息量的单位就是 Bit，音译是"比特"，意译是"位"。

例如，硬币下落有正反两种状态，其概率都是 1/2，即，$P(x_1)=P(x_2)=0.5$，则：

$$H(X) = -\sum_{i=1}^{n} P_i \log_a P_i = -[P(x_1)\log_2 P(x_1) + P(x_2)\log_2 P(x_2)] = 0.5+0.5 = 1(\text{比特})$$

一个存储位上只有0和1两种状态，与硬币正反两面一样，所以一个存储位上存储的0和1的信息量或数据量为1比特。这样，现代存储介质（磁盘、光盘和U盘等）的存储单位的数据量就成了数字量（digital），而且是以比特为最基本单位的。假如一个人能够活到100岁，这个人每秒数一个数（设为1比特）并且从不间断，则这个人一生数到最后的数字是

$1×60×60×24×365×100 = 3153600000 ≈ 2^{31.6}$（比特），再除以 8，等于 $2^{28.6}$（字节）$≈388$（MB），即大约 388MB 的信息量。这也说明，人类所见所听所感所为的空间信息量远超过单一时间维度。和抛硬币一样计算可得，投掷均匀正六面体骰子的信息量 $H(X)$ 为 2.6（比特）。比特是计算机处理信息的最小单位，正是由于这样的关系，计算机才能存储、处理现实世界中的大量数据和信息。

1.4　管理信息系统

1.4.1　管理信息系统的概念

1. 管理信息系统的定义

20 世纪 70 年代，计算机和管理过程联系越来越紧密。解决近代复杂的管理问题不是单独的经济管理学科、计算机学科所能完成的，必须要有系统的观点、数学的方法和计算机的应用。这样就逐渐产生了管理信息系统（MIS）。不同时期的研究者对管理信息系统的研究角度也会不同，而且 MIS 本身也在不断发展和成熟，其定义也在不断发展和变化。

1961 年，加拉格尔在 EDPS 的基础上，提出以计算机为主体，信息处理为中心的系统化和综合性管理信息系统的设想，第一次提出"管理信息系统"一词。1970 年，J. E. Ross 应用系统工程原理提出 MIS 的生命周期设计方法。20 世纪 70 年代计算机性能的提高、远程通信的发展和通信网络的形成，为 MIS 发展争取了充足的时间和空间。进入 20 世纪 80 年代，MIS 随着各种技术特别是 IT 的迅速发展而得到进一步发展。MIS 已经与科学计算和计算机辅助技术 CAX（CAD、CAPP、CAM、CAE、CIMS）一起成为计算机三大应用领域之一，MIS 概念逐步得到充实和完善。1985 年，MIS 创始人，明尼苏达大学卡森管理学院著名教授 Gordon B. Davis 给出的定义是"MIS 是一个利用计算机硬件和软件，手工作业分析、计划、控制和决策模型以及数据库的人机系统，能提供信息支持企业或组织的运行、管理和决策功能"，体现了系统观点、数学方法和计算机等学科的综合应用标志。《中国企业管理百科全书》定义 MIS 是一个由人、计算机等组成的，能进行信息的收集、传递、存储、加工、维护和使用的系统。它能实测企业各种情况，利用过去数据预测未来，从全局出发辅助企业决策，利用信息控制企业行为，帮助企业实现其规划目标。哈佛管理丛书《企业管理百科全书》定义 MIS 为制作、处理及精炼资料，以便产生组织内各阶层为达成管理目标（计划、指导、评估、协调、管制）所需信息的整体体系。

2. 管理信息系统的结构

管理信息系统是一个人机系统（见图 1-4），机器包含计算机硬件、软件（软件包括业务信息系统、知识工作系统、决策和经理支持系统）、办公机器及网络通信设施。人员包括高层决策人员、中层职能人员和基层业务人员。这些人和机器组成一个和谐的、配合默契的人机系统。为了设计好人机系统，系统设计者不仅要懂得计算机，而且要懂得分析人。

另外，MIS 还是一个一体化系统或集成系统，这要求管理企业信息要全面考虑，并保证各种职能部门共享数据，减少数据的冗余度，保证数据的兼容性和一致性。数据的一体化并不限制个别功能子系统保存自己的专用数据。为保证一体化，首先要有一个全局的系统计划，每一个小系统均要在这个总体计划的指导下实现。其次，通过标准、大纲和手续达到系

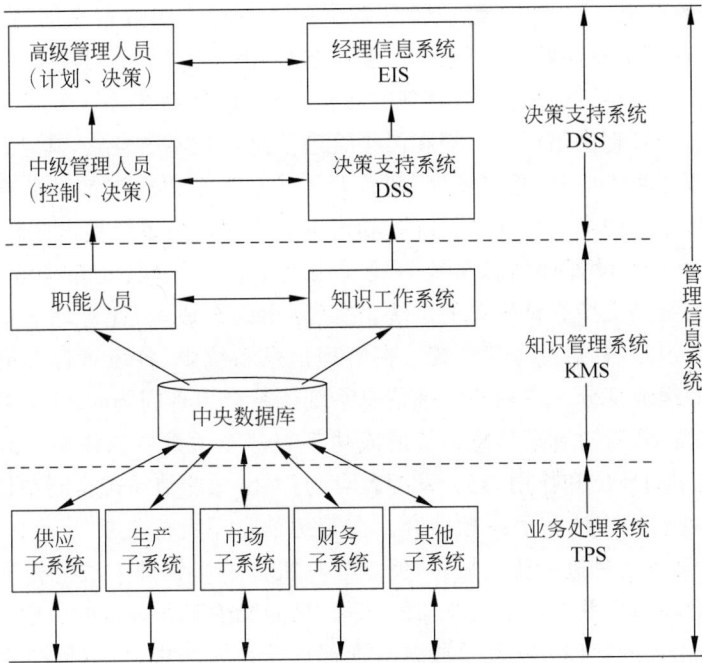

图 1-4 管理信息系统总体概念图

统一体化,数据和程序满足多个用户要求。系统设备应当互相兼容,即使在采用分布式系统和分布式数据库的情况下,也要保证数据的一致性。

集中统一规划的数据库表明 MIS 是经过周密的设计而建立的,它标志着信息已集中成为资源,为各种用户所共享。数据库有自己功能完善的数据库管理系统,管理着数据的组织、输入、存取,使数据为多用户服务。MIS 用数学模型分析数据,辅助决策。只提供原始数据或者总结综合数据往往令管理者不满足,管理者希望直接给出决策的数据。为得到这种数据,往往需要利用数学模型,例如投资决策模型、生产调度模型等。模型可以用来发现问题,寻找可行解、非劣解和最优解。在高级 MIS 中,系统备有各种模型供不同的子系统使用,这些模型的集合叫模型库。高级的智能模型能和管理者以对话的形式交换信息,组合模型并提供辅助决策信息。

3. 管理信息系统的特点

(1) 借助信息技术实现企业信息化。企业的各项主要管理功能(如生产与作业计划、市场预测、财务成本管理等)都应用计算机处理。有关企业管理的数据,通过信息收集技术进行收集,组织后建立企业中央数据库,由数据库管理系统进行管理和控制,并借助计算机网络技术,实现联机实时处理和资源共享,克服地域的限制,全面实现企业信息化,提升企业的管理水平。

(2) 面向管理决策。MIS 是为决策科学化提供应用技术和基本工具,为管理决策服务的信息系统。在 MIS 中普遍使用决策模型,主要是用于解决结构化的决策问题,即决策过程和决策方法有固定的规律可以遵循,可通过规则和公式解决的、例行的和反复进行的决策,通常这些模型被嵌入程序当中,实现决策的自动化。半结构化和非结构化的问题则由高级 MIS(如 DSS)解决。

（3）综合性的系统。广义上，管理信息系统是一个对组织进行全面管理的综合系统。一个组织在建设管理信息系统时，可根据需要逐步应用个别领域的子系统，然后进行综合，最终达到应用管理信息系统进行综合管理的目标，管理信息系统综合的意义在于产生更高层次的管理信息，为管理决策服务。现在由于管理信息系统不断发展，其管理的范畴不再局限于组织内部，而是将供应商、战略伙伴、消费者等乃至整个供应链都融入系统管理的范畴当中，在保证管理信息的全面性、实时性的同时，也对管理信息系统提出更高的要求。

（4）人机系统。建设管理信息系统需要应用大量计算机软、硬件设备，技术性不容小觑，而管理信息系统是支持管理决策的系统，它必须由人组成，因此管理信息系统必定是一个人机系统，或者说是"社会-技术"系统。在管理信息系统中，各级管理人员既是系统的使用者，又是系统的组成部分。在构建管理信息系统或系统出现问题时，应从社会属性和技术属性两方面来考察，两者对管理信息系统的成功都起着至关重要的作用。只有正确界定人和计算机在系统中的地位和作用，充分发挥各自的长处，才能使系统得到整体优化。

（5）与先进的管理方法和手段相结合。在管理信息系统的发展历程中，有两股主要的力量推动管理信息系统更进一步发展，那就是计算机技术和管理方法。如果单纯只靠计算机技术的推动，管理信息系统不会有本质的变化，只能减少工作人员的劳动，提高工作速度，作用有限。而将先进的管理方法和手段融入管理信息系统当中，可以使得管理信息系统更加贴合实际的管理需要，发挥管理作用，推动整个组织向管理科学化迈进。

（6）多学科交叉。管理信息系统是信息系统的重要分支之一，经过 30 多年的发展，已经成为一个具有自身概念、理论、结构、体系和开发方法的覆盖多学科的新学科。但其作为一门新的学科，起步仍然较晚，理论体系尚处于发展和完善的过程中。早期的研究者从管理科学、系统理论、计算机科学与技术、应用数学、管理理论、决策理论、运筹学等相关学科中抽取相应的理论，构成管理信息系统的理论基础，形成一个有着鲜明特色的边缘学科。

1.4.2　管理信息系统的分类

管理信息系统的定义一直都没有统一的规范，其本身也在不断发展变化，而管理信息系统的分类主要有以下几种方法。

1. 按管理层次划分

信息具有等级性，依据信息需求主体层次可以将信息分为作业级、战术级以及战略级。不同等级的管理信息面向不同的管理层次和支持不同的决策，帮助低、中、高等各级管理层完成相应的管理职责。根据信息的等级特点也可将管理信息系统划分为对应等级的子系统：业务子系统、战术子系统和战略子系统。三种子系统形成的金字塔结构如图 1-5 所示。

典型的业务子系统有办公自动化系统（office automation systems，OAS）、交易（或称事务）处理系统（transaction processing systems，TPS）、电子数据处理系统（electronic data processing systems，EDPS）等，主要用来记录、监视、处理和控制企业事务产生的数据，支持业务人员日常作业流程的自动化处理。

战术子系统主要满足中层管理者的需求，用来支持日常的规划、控制与决策，例如，企业资源规划（enterprise resources planning，ERP）、供应链管理（supply chain management，SCM）、客户关系管理（customer relationship management，CRM）以及电子商务（electronic commerce，EC）等。

还有决策支持系统（decision support system，DSS）、专家系统（expert system，ES）以及知识管理系统（knowledge management system，KMS）、经理信息系统（executive information system，EIS）、战略性信息系统（strategic information system，SIS）来支持管理者战略和决策。在这个层次，最新的技术发展还有帮助企业更好地利用数据提高决策质量的商业智能（business intelligence，BI）技术，包含数据仓库（data warehouse，DW）和数据挖掘（data mining，DM）等。

2. 按组织职能划分

现代企业一般具有基本的五大职能业务，包括物资供应、生产制造（或服务运营）、市场销售、财务会计和人力资源（见图1-5）。每一个职能业务都有相对应的管理信息系统支持，据此可将企业管理信息系统划分为物资供应系统、生产制造（或服务运营）系统、市场销售系统、财务会计系统、人力资源系统等不同的职能系统。

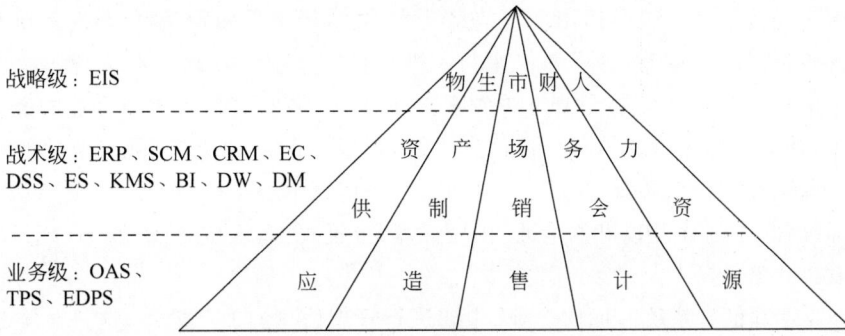

图 1-5 管理信息系统的金字塔结构

通过图1-6中的管理信息系统软件体系结构可以了解管理信息系统的二维交叉分类以及确定管理信息系统的实施方法和逻辑结构。企业每个职能系统都包含四个主要信息处理层次，即业务处理、运行控制、管理控制（战术管理）和战略管理。每个职能系统既可作为一

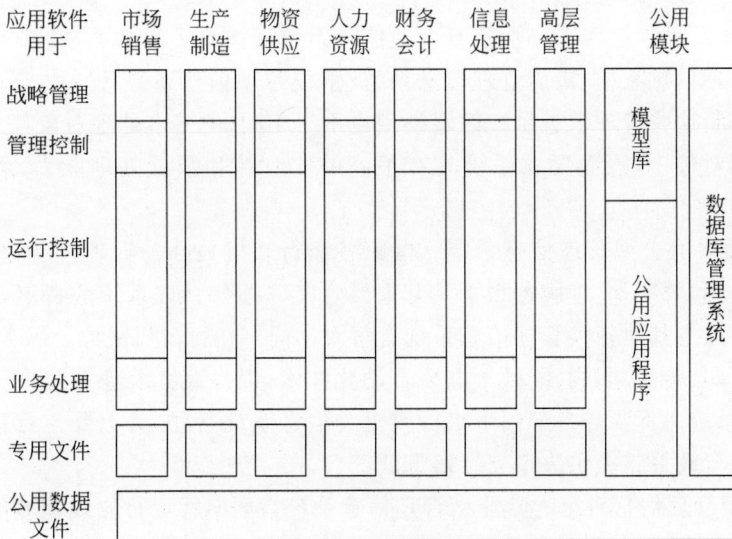

图 1-6 管理信息系统软件体系结构图

个独立的实体,拥有各自的文件、数据库以及专门的程序,支持企业职能的完成,又可有机地结合在一起,相互联系和影响,以一个有机整体的状态满足整个企业的管理信息需求。职能系统并不是绝对完全的分割,而是有相互交叉的部分,因此在划分管理信息系统子系统时,要根据企业自身的实际条件,使用科学的方法划分子系统。

3. 按系统功能和服务对象划分

除了商业企业,社会运行中还有诸多其他类型的组织。不同的系统服务于不同的组织,具有不同的功能,因此根据系统功能及服务对象可将管理信息系统分为国家经济信息系统、企业管理信息系统、业务型管理信息系统、行政机关办公型管理信息系统、专业型管理信息系统等。

(1)国家经济信息系统。1986年经国务院批准建设,由国家、省、地、县四级政府部门信息中心构成的完整体系。按照国务院批准的"国家经济信息自动化管理系统一期工程总体方案",国家经济信息系统是运用现代信息技术、数量经济学和管理科学,对经济和有关社会信息进行收集、加工、存储、分析和传递的人机结合的系统。它是一个包含各综合统计部门的国家级信息系统。这个系统纵向联系各省市、地市、各县直至各重点企业的经济信息系统,横向联系外贸、能源、交通等各行业信息系统,形成一个纵横交错、覆盖全国的综合经济信息系统。国家经济信息系统建设项目由国家经济信息中心主持,在"统一领导、统一规划、统一信息标准"的原则下,按"审慎论证、积极试点、分批实施、逐步完善"的十六字方针,一边建设一边发挥效益。

(2)企业管理信息系统。面向企业,主要进行管理信息的加工处理,这是一类最复杂的管理信息系统,涵盖企业供应、生产(或服务)、销售、财务以及人力资源等职能,一般应具备对企业生产监控、预测和决策支持的功能。企业复杂的管理活动给管理信息系统提供典型的应用环境和广阔的应用舞台,大型企业的管理信息系统都很大,"人、财、物"和"产、供、销"以及质量、技术应有尽有,同时技术要求也很复杂,因而常被作为典型的管理信息系统进行研究,有力地促进管理信息系统的发展。

(3)业务型管理信息系统。业务型管理信息系统面向事业单位,主要进行日常业务的处理,如医院管理信息系统、饭店管理信息系统、学校管理信息系统等。由于不同应用单位处理的业务不同,这些管理信息系统逻辑模型也不尽相同,但基本处理对象都是管理业务信息,决策工作相对较少,因而要求系统具有很高的实时性和数据处理能力,数学模型使用较少。

(4)行政机关办公型管理信息系统。国家各级行政机关办公管理自动化,对提高领导机关的办公质量和效率,改进服务水平具有重要意义。办公管理系统的特点是办公自动化和无纸化,其特点与其他各类管理信息系统有很大不同。在行政机关办公服务系统中,主要应用局域网、打印、传真、印刷、缩微等办公自动化技术,以提高办公业务效率。行政机关办公型管理信息系统对下要与各部门下级行政机关信息系统互联,对上要与行政首脑决策服务系统整合,为行政首脑提供决策支持信息。

(5)专业型管理信息系统。专业型管理信息系统指面向特定行业或领域的管理信息系统,如人口管理信息系统、材料管理信息系统、科技人才管理信息系统、房地产管理信息系统等。这类信息系统专业性很强,信息相对专业,主要功能是收集、存储、加工、预测等,技术相对简单,规模一般较大。

1.4.3 信息系统的发展

信息系统的发展主要表现为结构从简单到复杂,系统功能从单一到综合,从简单数据处理到智能支持,可简单划分为数据处理阶段和管理信息系统阶段。以下对相关理论和我国信息系统的发展阶段进行简要介绍。

1. 诺兰模型

美国管理信息系统专家理查德·诺兰通过对 200 多个公司、部门发展信息系统的实践和经验的总结,提出信息系统发展阶段演化模型,即著名的诺兰模型,如图 1-7 所示。该模型最初在 1974 年将信息系统发展过程分为初装、蔓延、控制和成熟四个阶段,1979 年,又在中间加上集成和数据管理两个阶段。这样,扩展后的诺兰模型共有六个阶段,而且被认为是组织在信息化过程中必然会经历的,从一个阶段走向另一个阶段。

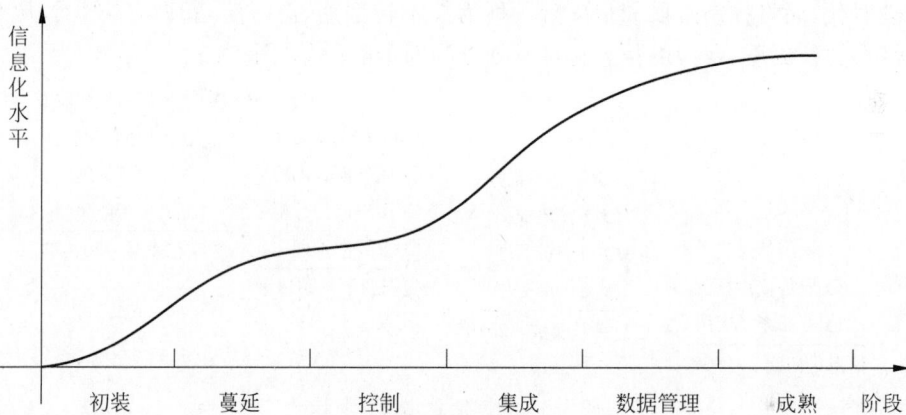

图 1-7 信息化发展阶段理论的诺兰模型

(1)初装阶段。作为起始阶段,初装时期仅有少数人和少量部门使用计算机系统处理业务,例如使用计算机系统处理计费和工资单。那时在局部业务上几乎不需要对信息系统进行规划,用户对计算机技术知之甚少,没有规范的系统分析和设计理论与方法。

(2)蔓延阶段。IT 应用程序增长快,确认检查少,数据处理能力增强,数据冗余和不一致问题多,使用效率不高。用户对计算机系统产生兴趣,觉得可以用计算机解决部分业务功能,但是不了解具体的优缺点。这时,开发问题开始出现,开发预算很少。

(3)控制阶段。组织开始成立信息化部门或管理小组,开始使用数据库和计算机网络。由于大量 IT 应用和项目的计划外增长,需要对信息系统进行管理,也需要对数据处理部门进行重组。数据处理经理更加负责,开发支出会得到合理性论证。但是,无法应用成本效益标准计算收益,项目增长受限。信息系统发展进步和需求实现受阻并存。

(4)集成阶段。组织构建集中数据库系统,期望实现更多的业务集成,费用陡增。在使用部门引入交互式终端,各种业务需求都在信息系统中得到支持。对 IT 应用的需求不断增长,除了费用增加外,数据冗余在数据存储和处理上也形成新的问题。

(5)数据管理阶段。在技术上进一步解决数据冗余、并发操作等问题,组织将数据看作组织的重要资源,对数据实施统一的计划和管理,通过选定统一的数据库平台、数据管理体系和信息管理平台实现各部门、各系统的资源整合、信息共享。IT 系统的规划及资源利用更加高效,用户对数据和信息资源的完整性和适当使用更加负责。

(6)成熟阶段。信息化与组织发展共同趋于完善的阶段,组织把信息系统作为组织运作的重要组成部分,信息系统与组织总体目标相匹配,信息系统的规划也是协调和全面的。信息系统管理者与组织的其他管理者处于同一地位,组织中信息系统开发的规划被纳入组织的整体发展。

2. 我国信息化发展阶段

1979 年前,诺兰模型是组织信息化的阶段模型;后续时期,又是整个产业界信息化的空间分布模型。一个产业或区域的信息化不是整齐划一的,不同的组织可能会处于信息化的某一个阶段。诺兰模型在不同时期对相应组织的信息化建设仍然具有良好的指导意义。我国信息化发展较晚,但发展很快,企事业单位和政府部门都历经各个阶段的信息化过程,类似诺兰模型。因此,有人将诺兰模型的前三个阶段归总为计算机时代,后三个时代归总为数据管理时代,而将控制阶段和集成阶段称为技术转型期,有一定道理。实际上,从今天的数字经济形势往后看,我国的信息化可以划分为四个阶段(见图 1-8)。

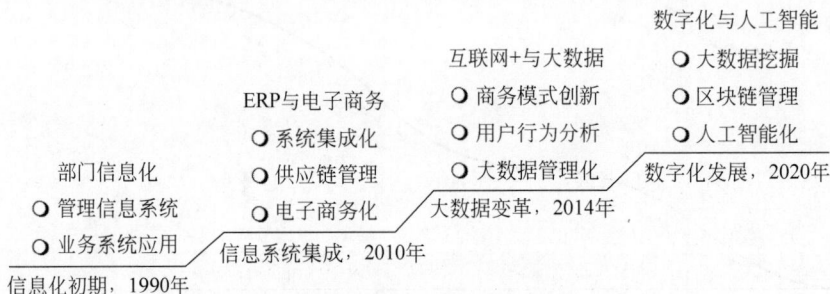

图 1-8　我国信息化发展阶段

(1)信息化初期。这个时期可以称为"e 化"期,处于 20 世纪 90 年代前后。工业企业开始使用计算机进行制图(CAD),独立软件系统开始服务于组织的不同部门,部门的业务效率得以提升;部门之间采用"拷盘式"数据共享和局部网络共享,部门之间共享数据存在信任问题和技术安全问题,而计算机系统仅限于少量人使用。

(2)信息系统集成。新世纪的初期,信息化克服了千年虫的问题,组织内外部信息共享需求强烈。一大批信息系统集成商开始涌现,ERP 克服黑洞效应,开始与供应链一起成为商业应用热点。信息系统咨询、培训、开发、实施、运维开始在大中型企业热火朝天地展开,组织信息化获得上下和业界的一致支持。同时,电子商务也极大地培养了我国消费者网上购物和手机购物的消费习惯,全民走向计算机化、网络化和手机化。这个时期同时具有信息化、移动化和电商化("i 化""m 化""ec 化")特征。

(3)大数据变革。互联网交互技术、物联网技术、视频和图像采集技术、数据存储技术等全面发展,使得数据可获性大幅增强,互联网开始与各个领域相结合。这时,组织信息化就转化为社会全面的信息化,广大网民成为信息内容生成者,组织开始重视并着手利用大数据实现大数据有效管理、用户行为分析、商业模式创新和其他方面用途。这个时期的特征就是"互联网+"和"大数据+"。

(4)数字化发展。在互联网应用得到快速普及后,物联网、大数据、云计算、区块链与

5G 技术相结合成为现在和不远将来的新一代信息技术,称为"数字技术"。数字经济也逐渐将取代信息经济、互联网经济,成为后工业时代发展的代名词。元宇宙也随着数字经济发展脱胎而出,成为未来新商业模式,已经获得众多企业和投资者的关注。现在和未来一段时期的特征是数字化("d 化"),具体数字技术描述可参照本书第 3 章内容。

1.4.4 管理信息系统的发展

管理信息系统的发展阶段是漫长的,而且它还是一个广泛的概念。现存的许多系统几乎都可看作管理信息系统。管理信息系统的发展可分为以下六大阶段。

1. 电子数据处理阶段

电子数据处理阶段的特点是烦琐、重复的人工劳动被计算机化的程序所代替。由于当时计算机技术刚刚兴起,人们充分体会到计算机运算的编辑性及准确性,因此将其运用到数据处理当中,大幅提高了数据处理的效率及准确性,同时也降低了对大量数据进行存储、处理的成本,为人们的工作带来极大的便利。此阶段的信息系统一般称作电子数据处理系统(EDPS)。该阶段又可分为单项数据处理和综合数据处理两个阶段:单项数据处理阶段处于 20 世纪 50 年代中期至 60 年代中期,是信息系统的最初阶段。该阶段主要是用计算机部分地代替手工劳动,进行一些简单的单项数据处理工作,如 1954 年,美国通用电气公司首先使用计算机进行工资和成本会计核算。综合数据处理阶段处于 20 世纪 60 年代中期至 70 年代初期,在该时期计算机技术水平有了很大的提升,出现了大容量、直接存取的外存储器;此外,一台计算机能够带动若干终端,可以对多业务数据进行综合处理。此阶段的信息系统还可以为企业提供基层的各类信息报告。信息报告系统是管理信息系统的雏形,其特点是按事先规定要求提供各种状态报告,如销售数据报告、生产数据报告等。

2. 面向系统化管理阶段

电子数据处理系统虽然为企业的数据处理带来巨大的效率提升,但同时也引入了问题。由于企业内部各部门之间数据不流通共享,但各部分在职能上又有关联,若某一部门的数据存在错误,与相关联部门不符,就会造成业务阻塞;同时由于信息、知识局限于各自部门,还会造成信息孤岛的现象,导致无法充分利用企业内部现有信息,也会造成数据与实际应用脱节的现象。

20 世纪 70 年代初,信息技术有了重大突破,数据库技术及网络技术的出现,从根本上改变了信息孤岛的现象。数据库能够实现企业内部数据信息的集中存储、处理,将网络技术融入其中,各部门能够与数据库相连接,在实现信息调用的同时,也避免了各部门之间信息的重复存储和差错。部门之间也实现了互连,这样能够把组织内部的各级管理连接在一起,实现信息的充分共享,同时也能克服地理、时间上的不利,形成跨地区的各种业务信息系统和管理信息系统。

另一方面,此阶段的科学管理方法也有了较大的发展,信息系统不再停留在数据处理的阶段,而是将科学管理方法融入信息系统,逐渐走向成熟。这时的信息系统称为管理信息系统(MIS),它的特点在于利用定量化的科学管理方法,通过预测、计划优化、管理、调节和控制等手段来支持决策,如 MRP、MRP Ⅱ、ERP 系统。

3. 面向决策支持阶段

管理信息系统虽然解决了电子数据处理系统的弊端,但仍然暴露出一些问题。很多组织在实施管理信息系统之后都以失败告终,这让人们开始质疑实施管理信息系统的必要性。实际上,问题的根源在于 MIS 虽然能够提供大量报告,但管理者却很少使用,原因是这些报告并非经理决策所需信息。

20 世纪 70 年代初,美国的 Michael Scott Morton 在《管理决策系统》一书中首次提出决策支持系统(decision support system,DSS)的概念,该理论在之后得到充分的发展。DSS 系统与 MIS 系统的区别在于 MIS 是在预定义的情况下提供管理报告,但难以满足管理者面对实际多变的决策环境时所需的信息;而 DSS 在管理者与计算机进行交互时,能够为独特的决策风格提供个性化的支持,帮助管理者探索可能的决策方案,提供决策所需信息。MIS 是一个广泛且不断发展的概念,其本身包含决策支持的功能;DSS 是决策支持功能方面的发展,可以认为 DSS 是 MIS 的重要组成部分;同时,DSS 以 MIS 管理的信息为基础,是 MIS 功能上的延伸。

4. 面向战略及终端用户支持阶段

20 世纪 80 年代,计算机技术的多元化发展推动信息系统向智能化、终端化方向发展。首先,微型计算机处理能力、应用软件包和通信网络的飞速发展,导致了终端用户计算的出现。终端用户现在可以自己使用计算资源完成工作,无须等待公司信息服务部门的间接支持。其次,由于人工智能技术的出现,信息系统向智能化迈进了一步。AI 技术在各种领域都得到广泛的应用,例如语言识别、智能机器人、自动驾驶等。专家系统是一个具有大量的专门知识与经验的程序系统,它应用人工智能技术和计算机技术,根据某领域一名或多名专家提供的知识和经验,进行推理和判断,模拟人类专家的决策过程,以便解决那些需要人类专家处理的复杂问题,简而言之,专家系统是一种模拟人类专家解决领域问题的计算机程序系统。信息系统在企业中的广泛实施,不仅能够提高企业的工作效率和决策水平,同时还可以对企业原本的业务流程、方式进行优化和改善。战略信息系统用于制定中长期计划,在实践中有待进一步完善。

5. 面向网络化及电子商务支持阶段

网络化是管理信息系统的一个重要发展趋势。由于网络技术的不断发展,互联网、外联网、内联网及其他相互连接的全球网络将整个世界连接在一起。由于网络使得人们的沟通方式发生转变,新型的沟通工具以及商务模式随即产生。通过对管理信息系统进行再设计,将网络技术充分融入,管理信息系统在组织中的作用越发显著,不仅在物理上不再受限制,可以使组织员工在办公地点之外通过网络连接企业信息系统进行工作,而且还能够突破信息系统在组织内部的范畴,将企业的顾客、供应商、合作伙伴等加入企业信息系统,从而更能正确掌握并实时传递信息,并对供应链组织实现网络化、信息化的管理。伴随着管理信息系统的不断发展,出现了电子政务、电子商务、ERPⅡ、协同商务、虚拟企业、供应链管理信息系统等许多新的概念。

6. 面向移动化及数字技术融合阶段

手机已经在全世界非常普及,在我国使用手机进行商业和生活应用的用户数已经超越

PC 端。第 50 次《中国互联网络发展状况统计报告》显示，截至 2022 年 6 月，我国网民规模为 10.51 亿，互联网普及率达 74.4%。网民的人均每周上网时长为 29.5 小时，较 2021 年 12 月提升 1.0 小时。得益于国产智能手机和移动互联网的发展，手机上网比例以绝对的优势领先，占比达到 99.6%。网民使用传统台式计算机、笔记本电脑以及电视和平板电脑上网的比例分别为 33.3%、32.6%、26.7% 和 27.6%。因此，各大商家纷纷通过 App 进驻用户的手机端信息系统，实现引流、变现、扩大规模和增加利润。从"卡时代"到"码时代"，到社会化数字货币的应用（"链时代"），再到官方试行和推广数字货币，都是 MIS 应用和发展的前沿阶段。"元宇宙"概念的底层当然是多种信息技术支持的综合型管理信息系统。大语言模型（LLM）流行的原因也是使用深度学习模型等先进机器学习技术达到近乎"万能"的问答和生成效果。

※ 思考题

1. 什么是系统？系统有哪些特征？
2. 如何应用系统的新三论来解释生产和生活规律？
3. 什么是信息？数据、信息与知识之间有何区别与联系？
4. 对信息进行度量有何价值与意义？
5. 技术发展的自动化和智能化趋势对未来职业和组织结构有何影响？
6. 信息化进程与职业发展的矛盾如何解决？
7. 大型 ERP 系统是否能够或有必要迁移到云平台？
8. 现代信息技术对企业生产管理模式产生怎样的影响？
9. 组织扁平化需要管理信息系统哪些功能的支持？
10. 信息安全有哪些前沿技术？如何看待黑客的行为和社会影响？
11. 区块链作为信息安全解决方案的适用范围是什么？

第 **2** 章

管理信息系统的管理基础

主要内容：管理思想理论、方法和模型，MRP-MRP Ⅱ-ERP

重点掌握：管理学派、管理模型、MRP-MRP Ⅱ-ERP 原理

综合应用：管理理论、方法和模型融入信息系统

2.1 管理思想理论

2.1.1 管理学派

管理科学是 MIS 的基础科学，MIS 也是管理思想、方法和工具的承载。历经多年的发展，管理科学形成了多个学派，从各个方面丰富和完善管理科学的思想理论。古典管理学派包括科学管理和组织管理两大部分以及泰勒的"科学管理理论"、法约尔的"一般管理理论"、韦伯的"组织理论"三大理论。著名管理学家孔茨将管理总结为经验主义、人际关系、组织行为等 12 个学派。

(1) 管理过程学派(又称传统学派、管理职能学派、经营管理学派)。该学派强调对管理过程和职能进行研究。1916 年，法约尔的《工业管理和一般管理》标志着一般管理理论的形成。他是管理过程学派的创始人，认为管理理论是经过普遍经验检验并得到论证的一套有关原则、标准、方法、程序等内容的完整体系，管理不是专家或经理独有的特权和责任，而是企业全体成员(包括工人)的共同职责，职位越高，管理责任越大。法约尔将管理活动分为五大职能——计划、组织、指挥、协调和控制，划分了六项基本活动——技术、商业、财务、安全、会计和管理(核心)；并且提出了十四条管理原则——分工、职权与职责、纪律、统一指挥、统一领导、公益高于私利、个人报酬、集中化、等级链、秩序、公正、保持人员的稳定、首创精神、集体精神。管理过程学派要求全员统一行动，采用金字塔组织，下属人数不超过 12，自上而下管理，权利和责任共存。

管理过程学派主要代表人物是法约尔、孔茨、韦伯、穆尼、奥唐奈、古利克、厄威克等。主要理论观点是法约尔的一般管理理论、五大管理职能；古利克的七大管理职能(POSDCORB)——计划、组织、人事、指挥、协调、报告、预算；厄威克的组织八条原则、韦伯的行政组织管理理论。

(2) 科学管理学派(又称工业工程学派)。19 世纪末至 20 世纪初是管理科学的初创阶段，科学管理之父泰勒在 1911 年出版《科学管理原则》一书，第一次把科学原则引入管理，形

成工业工程学派。泰勒做过学徒、普通工人、工长、技工长以及钢铁公司的总工程师,毕生主要致力于提高生产效率。他所倡导的动作和时间研究、计时和计件工资、职能管理制度,的确为提高生产效率所必需,但他认为科学管理不是这些,科学管理的原则是依据科学办事,避免粗浅经验;集体行动协调,避免不合;彼此合作,避免个人主义混乱;追求产出最大,避免相应约束;尽力培养工人,使他们和公司都取得更大的成就。

这些都是现代管理的基本思想。泰勒主张劳资双方不要把注意力放在盈余分配上,而应转到增加盈余上(把饼做大),认为科学管理是雇主和工人如何对待工作、同事如何相互共处的一次思想革命。科学管理不仅是生产力的革命,也是生产关系的一场革命。科学管理学派的代表人物主要有泰勒、甘特、吉尔布雷斯。主要观点是制定科学的操作方法;科学选择和培训一流的员工;差别计件工资;与工人亲密合作、改善劳资双方关系。主要特点是标准化、制度化和科学化。

(3) 行为科学学派(又称人际关系学派)。20 世纪 30 年代,管理科学的第二个里程碑是行为科学学派,主张激励人的积极性。哈佛大学的心理学教授梅奥和西方电气公司合作进行著名的霍桑试验发现,照明度的改变对生产效率并无影响。无论照明强弱,生产效率都有提高。分析得出生产效率上升的主要原因是工人参加试验的荣誉感和成员间的良好关系。在试验开始时,6 名参加实验的女工曾被召进部长的办公室谈话,她们认为这是莫大的荣誉。这与新中国成立后通过荣誉性奖励提高生产力的做法具有一致性。除了薪资和报酬外,社会责任感、历史使命感、劳动成果认可度、兴趣一致性等都可能会成为提高劳动积极性的动力。

行为科学学派认为:①工人是社会人,他们除了物质需求,还有社会心理需求,企业应当为社会作贡献并关心职工;②企业存在非正式组织,在工作中,企业成员相互间会产生共同的感情、态度和倾向,形成共同的行为准则和惯例,并左右群体里每一位成员的行为;③满足工人的社会欲望,提高士气是提高生产效率的关键。梅奥认为提高生产效率的主要途径是提高工人对社会因素、人际关系的满足程度。满足度越高,工人的积极性、主动性和协作精神也越高,相应地,生产效率也越高。

行为科学学派的代表人物主要有梅奥、马斯洛、赫茨伯格、弗鲁姆、斯金纳等。主要观点是员工是社会人;在正式组织中存在非正式组织;新领导方式可以提高员工满意度。主要理论包括梅奥人际关系学说、马斯洛需要层次理论、赫茨伯格双因素理论、弗鲁姆期望理论、斯金纳强化理论、斯坎伦和林肯计划、麦格雷戈 X 理论和 Y 理论、莫尔斯和洛希超 Y 理论、大内 Z 理论、勒温提出的群体动力学、阿吉里斯的"不成熟-成熟"交替循环等,这些理论进而延伸出激励理论、群体行为理论、领导行为理论。这些理论的主要特点是重视工人内在思想感情,重视人的作用;管理重点在于对人及其行为的管理,讨论关于人性的理论;群体行为理论又派生出群体行为学派、组织行为学派。

(4) 管理科学学派(又称数学管理学派、计量管理学派、数量管理学派)。20 世纪 40 年代,数学管理学派将生产指挥问题看作数学问题。代表人物主要有曼彻斯特大学教授布莱克特和线性规划之父丹齐克。主要观点是管理作为一个合乎逻辑的过程,研究者可以把这个过程用数学模型和程序系统加以描述和表达,也可以用数学方法求解最优解,以达到企业的目标。主要理论是单纯形法,代表作是《运筹学入门》《运筹学方法论上的某些方面》《生产管理分析》。主要特点是将新理论、新方法与科学管理理论相结合,以定量分析为主要方法,强调数学模型、数学方法、程序系统。

(5) 经验主义学派，又称为经理主义学派。这一学派认为古典管理理论和行为科学不能完全适应企业发展的实际需要，企业管理科学应该从实际出发，以大企业的管理经验为主要研究对象，并加以概括和理论化。代表人物主要有德鲁克和戴尔。该学派重点分析许多组织管理人员的经验，然后加以概括，找出成功经验中具有共性的东西，使其系统化、理论化，并据此向管理人员提供实际的建议。代表作有《管理实践》《有效的管理者》《伟大的组织》等。主要特点是把实践放在第一位，以适用为主要目的，将实践经验高度总结形成纲领性和制度性的管理理论与指导原则。

(6) 社会系统学派(又称社会协作系统学派)。1938年，巴纳德发表著作《经理人的职能》，针对组织和管理理论的基本问题都提出与传统组织和管理理论完全不同的观点。巴纳德被誉为现代管理理论之父。该学派的主要观点是人与人的相互关系就是一个社会系统，它是人们在意见、力量、愿望以及思想等方面的一种合作关系。组织是由两个或两个以上的人组成的，有议事协调活动并产生效力的协作系统。只有组织要求与成员要求相结合，组织发展才具有生命力。组织三要素是协作意愿、共同目标、信息沟通。代表作是《经理的职能》。主要特点是强调个人与组织之间的关系，把决策而不是作业作为研究对象，从系统理论出发，运用社会学的观点，对正式组织与非正式组织、团体及个人做出全面分析。

(7) 社会技术系统学派。该学派可以认为是科学管理学派的衍生。该学派大部分著作都集中于研究科学技术如何影响个人和群体的行为方式以及组织方式和管理方式等，特别注重工业工程和人机工程等方面的问题研究。学派的创始人是特里司特及其在英国塔维斯托克研究所中的同事。主要观点认为：组织既是一个社会系统，又是一个技术系统。技术系统是组织同环境进行联系的中介(组织=技术系统+社会系统=社会技术系统)，个人的态度和行为受技术系统的巨大影响。代表著作主要有《长壁采煤法的某些社会学的和心理学的意义》《社会技术系统的特性》等。主要特点是首次把组织作为一个社会系统和技术系统综合起来考虑，认为技术会反向影响个人和组织的行为以及运作方式和管理技巧。技术被发明出来并转化为产品，还需要接受使用检验，判断是否可用和易用，这就是用于研究各项新技术社会接受程度的技术采纳模型的出发点。

(8) 系统管理学派。更多内容可以参见前述系统论内容，代表人物主要有一般系统理论创始人贝塔朗菲、控制论创始人维纳、信息论创始人香农、耗散结构建立者普里高津、协同学理论创始人哈肯、突变论的创始人托姆。主要观点是：①组织是一个由许多子系统组成的开放的社会技术系统，是由目标与价值、技术、社会心理、组织结构、管理等五个既相互独立、又相互作用且不可分割的分系统构成的整体，这些系统还可以继续分为更小的子系统；②企业是由人、物资、机器和其他资源要素在一定的目标下组成的一体化系统，人是主体，其他要素则是客体。管理人员须力求保持各部分之间的动态平衡、相对稳定、一定的连续性，以便适应情况的变化，达到预期目标；③运用系统观点来考察管理的基本职能，可以把企业看成一个"投入-产出"系统，投入的是物资、劳动力和各种信息，产出的是各种产品(或服务)。运用系统观点可使管理人员不至于只重视某些与自己有关的特殊职能而忽视大目标，也不至于忽视自己在组织中的地位与作用，可以提高组织的整体效率。主要特点是运用系统论来思考组织中的各种关系，侧重于以系统观点考察组织结构及管理基本职能，追求整体目标，强调内外平衡和环境适应性。

（9）决策理论学派。该学派在巴纳德社会系统学派基础上发展起来,综合运用二战以后的行为科学理论、系统理论、运筹学、计算机科学以管理决策问题,形成关于决策和决策方法的完整理论体系。代表人物是西蒙、马奇。西蒙因为决策理论贡献荣获 1978 年度诺贝尔经济学奖。决策理论学派的主要观点是:决策是管理新职能,贯穿于管理全过程,管理就是决策;决策过程包括情报收集、方案制定、方案选择以及行动评价等四个阶段;在决策标准上,用"令人满意"的准则代替"最优化"准则,用"管理人"假设代替"理性人"假设。决策理论学派的主要特点是:强调决策的重要性,强调利用数学工具建模求解问题,行动方案均以经济效果作为评价依据,使用现代计算机系统。

（10）权变理论学派。权变理论就是要把环境对管理的作用具体化,并使管理理论与管理实践紧密地联系起来。环境是自变量,而管理的观念和技术是因变量。代表人物主要有伯恩斯、斯托克、劳伦斯和洛希、卢桑斯、伍德沃德、卡斯特和罗森茨韦克等。主要观点:不存在完美的管理方法与理论,一切只能权宜而变;管理者应该根据不同的环境采取不同的管理方法和手段。主要特点:应权宜之需而变,强调在管理中要根据组织的内外部条件随机应变,针对不同的具体条件寻求不同的最合适的管理模式、方案或方法。

（11）经理角色学派(又称管理者工作学派)。经理角色理论是在现代企业组织理论基础上发展起来的,经理是经营权与所有权分离以后形成的一种职业的产物。该理论不仅对人们理解经理人的角色、工作性质、职能以及经理的培养具有重要意义,而且还对如何提高经理工作效率,尤其是对改革中国传统的经营管理体制(如激励机制、监控机制、决策机制)具有重要的现实意义。代表人物和代表作品主要有:明茨伯格的《经理工作的性质》、乔兰的《小公司的经理》、科斯廷的《工商业和政府中的管理轮廓》、贝克斯的《对变动环境中的经理角色的某些观察》。

明茨伯格认为经理的特点有:工作量大而又要坚持不懈,工作活动简短、多样和琐碎,现实活动优先,口头交谈为主,常常处在组织与联络网之间。明茨伯格根据自己和别人对经理实际活动的研究,认为经理扮演着人际关系(挂名首脑、领导、联系人)、信息(信息接收者、传播者、发言人)和决策(领导、故障排除者、资源分配者、谈判者)等 3 类 10 种角色。

（12）企业文化学派。企业文化是在经营活动中形成的理念、目的、方针、行为、形象、价值观念、社会责任等概念的总和,是企业个性化的根本体现,是企业生存、竞争、发展的灵魂。企业文化学派起始于社会关系学派巴纳德的观点:人的积极性在企业管理中尤为重要。代表作有《日本企业管理艺术》《Z 理论——美国企业界怎样迎接日本的挑战》《寻求优势——美国最成功公司的经验》《企业文化》(20 世纪 80 年代企业文化的"新潮四重奏")以及《组织文化》《赢得公司文化的控制》《组织文化与领导》等。

（13）其他观点。20 世纪四五十年代的热点是利用数学和计算机进行管理。20 世纪 40 年代的苏联,社会欣欣向荣,工人劳动热情高涨,干部认真负责。管理问题主要被认为是计划问题,计划做得好等于生产搞得好,由此数学管理学派诞生。代表作是 1940 年康托纳维奇所著的《生产组织与计划中的数学方法》。同时代,美国有大批运筹学家由军队转向企业,在企业中应用运筹学对生产、计划、市场、运输等各个环节均产生很大影响。1954 年计算机成功地运用于工资运算后,其应用便在会计、库存、计划等方面逐渐展开并掀起高潮。20 世纪 60 年代初期是第一次管理信息系统热潮,当时一些论点比现在激进,认为计算机可代替一切人为管理。但在 20 世纪 60 年代末期,由于大量建设的 MIS 大约有一半不成功,人们于是进行研究和反思,推动 MIS 发展。

20 世纪 80 年代出现的业务流程重组(BPR)是对管理影响最大的思想,完整概念是由美国 Michael Hammer 和 Jame Champy 提出的。BPR 强调以业务流程为改造对象和中心,以关心客户的需求和满意度为目标,对现有业务流程进行根本再思考和彻底再设计,利用先进制造技术、信息技术以及现代化管理手段,最大限度地实现技术上的功能集成和管理上的职能集成,以打破传统职能型组织结构,建立全新过程型组织结构,实现企业经营在成本、质量、服务和速度等方面的巨大改善。

2.1.2　管理定义

社会实践与科学理论发展过程中,出现了前述的许多不同理论体系和派别,对管理的定义也不尽相同。关于管理的定义,学术界一直没有定论,不同视角会有不同的定义:①管理就是实施计划、组织、指挥、协调和控制(法约尔);②管理就是决策,管理就是控制,管理就是通过计划、组织、领导和控制等工作过程来协调所有资源,以便达到既定目标(西蒙);③管理是指同别人一起或通过别人使活动完成得更有效的过程(罗宾斯);④管理是指一定组织中的管理者,通过实施计划、组织、人员配备、指导与领导、控制等职能来协调他人的活动,使别人同自己一起实现既定目标的活动过程(杨文士);⑤管理是社会组织为实现预期目标而进行的以人为中心的协调活动(周三多)。

管理就像其他概念一样,不是一句话就能够定义的,需要根据具体情况说明什么是管理。因而,管理是为实现组织未来的某种目标,应用一切思想、理论和方法去合理地计划、组织、指挥、协调和控制他人,合理配置各种资源,如人、财、物、设备、技术和信息等,以求用最少的投入达到最大的产出的活动。管理信息系统则是通过信息化手段优化管理过程,提高各方面的管理效果,辅助管理决策的人机合成系统,主要工作是实现各个领域的业务流程管理和辅助决策支持,即信息快速、稳定地采集、处理、存储和再利用。熟悉管理的概念、方法和模型对于管理信息系统的开发和运维非常必要。

2.2　管理理念和模型

2.2.1　管理理念

现代管理方法对推动我国企业管理的规范化、科学化有着重要作用,在发展过程中形成一系列管理理念,追求全生产周期快速化、精准化、柔性、均衡化和可持续性。

(1) 准时制生产(just in time,JIT)。它是在丰田汽车公司生产方式的基础上发展起来的一种管理模式。JIT 基本思想可概括为"按时按量准确生产所需产品",要求通过生产计划、控制和库存管理,追求一种无库存或库存最小的生产系统。JIT 的根本目标是彻底消除无效劳动和浪费,具体目标包括零废品、零库存、零准备时间、生产提前期最短、减少搬运时间和搬运量、机器损坏率低、生产批量小等。目标对象是物料、时间、设备。为达到上述目标,JIT 在进行产品和生产系统设计时要考虑三个原则:产品设计要便于生产、尽量采用成组技术与流程式生产、与原材料或外购件的供应者建立紧密联系。

(2) 敏捷制造(agile manufacturing,AM)。它是 20 世纪 90 年代兴起的先进制造技术和管理思想。这种方法面向现代企业集团化、虚拟化的需求,要求建立机动、灵活、富有弹性的生产体系,将工业时代大批量、单一型生产变为由市场驱动的灵活生产,能够极大提高企业对市场反应的敏捷性和适应力。敏捷制造的成功实施离不开三大支柱资源:具有创新精神的组织和管理结构、先进制造技术(信息技术和柔性智能技术)、有技术和知识的管理人员,也就是将技术、能人与合作的灵活管理集中在一起建立柔性基础结构,对市场需求和变化做出快速响应,更灵敏、更快捷。不同的敏捷制造企业有不同的做法,但共同点是设备柔性、组织敏捷性、高素质综合型人才、企业的虚拟化。

(3) 最优化生产技术(optimized production technology,OPT)提出一种新的均衡编制与排产方法,是一种新的管理思想。与传统的强调生产作业优先级的确定、能力计划的编制等的管理方法不同,OPT 强调物流的优化。OPT 方法正确认识到影响制造系统产出率的瓶颈环节,通过优化瓶颈环节的物流,提高制造效率,并对所有支持瓶颈环节的排序计划的工作环节排序。OPT 思想主要有这样几点内容:追求物流平衡,而不是能力平衡;非瓶颈资源利用水平不仅取决于自己的潜力,还包括系统中其他约束;进行生产并不总是等于有效地利用资源;在瓶颈资源上损失一小时,就等于整个系统损失一小时;在非瓶颈资源上节约一小时,并没有多大的意义;瓶颈环节决定系统的产出和库存;传输批量并不总是等于加工批量;加工批量应当是可变的,不是固定的;同时考虑系统的所有约束条件,才能确定优先级;OPT 方法的运用可大幅度减少在制品的数量。

(4) PDCA 循环,又称为戴明环。由美国质量管理专家休哈特首先提出,由质量管理专家戴明博士采纳和宣传而获得普及。PDCA 就是按照 Plan(计划)、Do(实施)、Check(检查)、Action(处理)4 个阶段来开展质量管理活动的一种科学的管理工作程序(见图 2-1(a))。计划阶段包括方针、目标、活动计划;实施阶段要按计划规定的内容去干;检查阶段要求完成工作后检查对错、效果、问题;处理阶段肯定成功经验,形成标准,成为以后工作的参考,总结失败教训并归纳成工作标准,避免重犯。没有解决的问题,再由下一个循环解决。

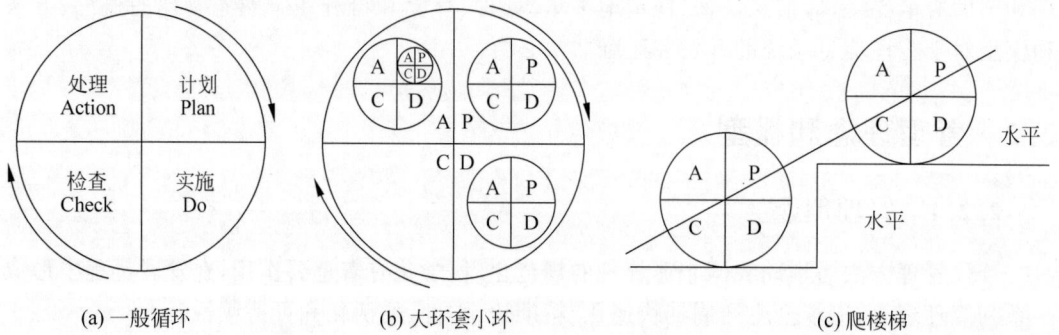

(a) 一般循环　　　　　　(b) 大环套小环　　　　　　(c) 爬楼梯

图 2-1　PDCA 循环图

在实际应用中,PDCA 可以互相促进,形成一个大环套小环的综合循环体系(见图 2-1(b))。PDCA 循环的四个阶段周而复始地运转,每转一次都有新的内容与目标,就意味着前进一步。这就像人们爬楼梯,逐步上升(见图 2-1(c))。在质量管理中,经过一次循环,解决一批问题,质量水平就会有新的提高。在处理阶段,总结经验、肯定成绩、纠正失误、找出差距并避免在下一个循环中重犯错误,这是 PDCA 循环能上升、前进的关键。为了做到这一点,就必须对成绩和错误都加以"标准化""制度化",以便在下一循环中使点滴经验逐步积累起来,质量得到稳步提高。应用 PDCA 循环解决质量问题,可按 PDCA 的 4 个阶段,采取 8 个步骤进行,如表 2-1 所示。

表 2-1　PDCA 循环图的应用步骤

阶　段	步　骤	方　法
P	1 分析现状,找出质量问题	排列图、直方图、控制图
	2 分析产生质量问题的原因	因果图、关联图、矩阵数据分析法
	3 找出影响质量的主要因素	排列图、散布图、关联图
	4 制订措施计划	目标管理、关联图、系统图
D	5 执行措施计划	系统图、矢线图、矩阵图
C	6 调查效果	排列图、控制图、系统图
A	7 总结经验,巩固成果	标准化、制度化、KJ 法
	8 提出尚未解决的问题	转入下一个 PDCA 循环

2.2.2　管理模型

模型是为了方便研究、理解和解决客观世界中存在的种种问题而对客观现实经过反复思维抽象后形成的文字、图表、符号、关系式以及实体模样的集合,是描述所认识到的客观事物的一种直观表现形式。管理模型则是将模型的理念应用于各类管理问题中进行抽象、凝练的实践规范。将众多效率较高的管理模型融入信息系统的设计、开发和实施中更能提高信息系统的效率和实践效果,还能体现管理手段的先进性。

(1) 综合计划模型。综合计划是企业生产、经营、管理活动的纲领性文件。一个切实可靠的综合计划方案,基本上就奠定了企业生产、经营活动的基础,综合计划模型一般由综合发展计划模型和资源限制模型两大部分组成。综合发展计划模型反映企业的近期发展目标,包括利税发展指标、生产发展规模等,常用的有企业的中长期计划模型、厂长(或经理)任期目标的分解模型、新产品开发和生产结构调整模型、中长期计划滚动模型。资源限制模型反映企业现有各类资源和实际情况对综合发展模型的限制情况,常用的有数学规划模型、资源分析限制模型。

(2) 成本管理模型。管理会计和成本会计主要解决成本核算、预测和分析问题。成本核算模型会考虑间接费用(完全成本法和变动成本法)和直接消耗(品种法、分步法、逐步结转法、平行结转法、定额差异法)两方面的计算问题。成本预测模型主要有数量经济模型、投入产出模型、回归分析模型、指数平滑模型等。成本分析模型有很多种,常用方法主要有实际成本与定额成本比较模型、本期成本与历史同期可比产品成本比较模型、产品成本与计划指标比较模型、产品成本差额管理模型、量本利分析模型等。

(3) 经营管理决策模型。经营管理决策涉及企业高层管理人员围绕经营管理目标所进行的努力,包括信息收集、处理(模型算法),决策者经验、背景和分析判断能力,环境条件的约束限制等。经营管理决策模型是整个信息系统的核心和最高层次的处理环节,是决策者最为关心的内容。开发者和用户在系统分析阶段需要反复协商和研究,确定决策体系和决策过程;确定收集、处理、提炼对决策有用信息的渠道、步骤和方法;确定决策模型,对确定性的决策问题使用具体优化模型,不确定性的决策问题可以采用专家系统的方式;确定和选择优化解的方式,对确定性问题求解唯一的解,可代替人的工作,对不确定性问题得到的则可能是若干不同的解,可支持人的决策工作;模拟决策执行过程;决策评价指标体系的

· 35 ·

研究以及反馈控制决策系统运行的方式。

（4）生产计划管理模型。生产计划的制订主要包括编制生产计划大纲和详细的生产作业计划。编制生产计划大纲主要是安排与综合计划有关的生产量指标。常用方法：安排预测和合同订货的生产任务模型、物料需求计划模型、设备负荷和生产加工能力模型、量本利分析模型、投入产出模型和数学规划模型等。详细的生产作业计划要具体给出产品生产数量、加工路线、时间安排、材料供应以及设备生产能力负荷平衡等方面的要素。常用方法：投入产出模型、项目管理模型、计划评审技术（RERT）模型、关键路径法（CPM）模型、排序模型、物料需求模型、设备能力负荷平衡模型、滚动式生产作业计划模型、甘特图（Gantt chart）模型和经验方法等。

（5）库存管理模型。库存和库存系统是企业运作成本很高的环节之一，构建库存管理模型的目的就是帮助管理人员制定库存低成本策略、提高库存运作的效率。各种库存模型应从库存总费用最小化的角度进行分析和构建，通过库存总费用的推导寻求最佳库存配置方案。不同的生产和供应情况采用不同的库存模型。按订货数量和时间分类，库存订货模型可分为定期定量模型、定期不定量模型、定量不定期模型、不定量不定期模型、有限进货率定期定量模型。按供需情况分类，库存管理模型可分为确定型和概率型。确定型模型参数已知，概率型模型参数随机。按目的分类，库存管理模型可分为经济型和安全型。经济订货批量模型（EOQ）目的是节约资金，提高经济效益；安全型模型目的是保障正常的供应，不惜加大安全库存量和安全储备期，使缺货的可能性最小。

（6）财会管理模型。财务管理主要是筹资、投资、资本运营和福利分配等方面的工作，涉及资金的时间价值计算、企业财务结构分析、投融资的方案选择、资本和资产定价等反映企业资金的来源、运作和去向的问题。常用的财务模型主要有财务净现值、内部收益率、投资回收期、投资利润率、期望收益率、资本资产定价模型（CAPM）、杜邦分析法和基于财务报表分析的各个财务比率公式。

（7）统计分析模型。此类模型常用以反映销售状况、市场占有情况、生产质量指标和财务状况等方面的综合或总量变化状况，常用各种分析图表的方式给出。常用的统计分析方法有：产品市场占有率分析、市场消费变化趋势分析、产品销售统计分析、产品销售额与利润变化趋势分析、质量状况及指标分布状况分析、生产统计分析、财务统计分析、企业综合经济效益指标统计分析。美国人戴明博士将统计学成功应用于现代生产管理，他也因此被称为"日本质量管理之父"。因为各类数据的可获性很强，现在统计学被广泛地应用于大数据统计分析、文本挖掘和行为分析等主题研究当中。

（8）预测模型。预测模型主要用于分析和研究生产产量、销售量、市场需求等变化趋势问题，预测模型可以分为定性和定量两种类型。定性预测模型主要包括德尔菲法（专家打分法）、场景描述法和直觉法，适用于在不具备历史数据时进行预测。定量预测模型可以使用时间序列法、因果法（回归分析）和机器学习方法进行预测，时间序列模型又分为移动平均、指数平滑和趋势延伸三种。常见的管理预测方法包括市场调研、德尔菲法、类比法、移动平均、指数平滑、趋势延伸、回归分析、机器学习。定量模型在使用时须满足下列三个条件：一是能够知道待测变量的过去信息；二是信息可以进行量化；三是过去的变动形式将持续到未来，成为一个合理的假设。

2.3 MRP 与 MRP Ⅱ

2.3.1 MRP

物料资源管理(MRP)是 20 世纪六七十年代就流行的管理领域,它不但涉及库存控制,而且还包括采购、运输等事项。物料管理的意义在于为既定的需求作适时、适地、适质、适量的有效支持,在使用最经济的空间、设备、存货、服务的情况下,达到最大供应效率。MRP 的发展大体经历了从订货点法到库存订货计划(即基本 MRP)、从 MRP 到作为一种生产与控制系统的闭环 MRP、从闭环 MRP 到作为一种生产管理信息系统的制造资源计划(MRP Ⅱ)等几次飞跃。

1. 订货点法

传统制造企业的物料管理似乎总是一个很大的问题:库存水准过高、物料短缺情况严重、交货绩效不好、员工忙于赶货、工作负荷过重、供应商绩效不好、制造现场状况不易掌握。因此大量生产和大量采购,一度成为对产、供、销之间的矛盾进行综合协调的法宝。订货点法始于 20 世纪 30 年代初,是一种使库存量不得低于安全库存的库存补充方法。物料逐渐消耗,库存逐渐减少,当库存量降到某个值,剩余的存量可供消耗的时间刚好等于订货所需要的时间(订货提前期)时,就要确定下达订单(加工单和采购单)来补充库存,这一时刻的库存量称为订货点(如图 2-2 所示)。早期的物料库存计划通常采用订货点法。

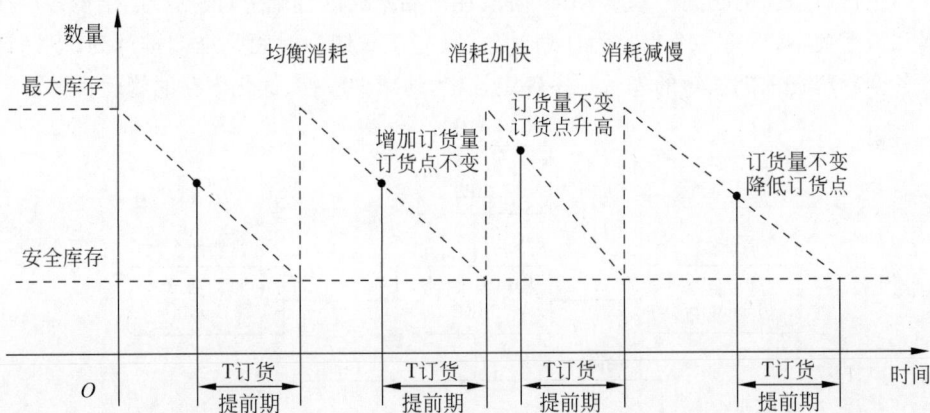

图 2-2　订货点法

在消耗均衡的情况下,订货点是一个固定值。当消耗加快时,如果保持订货点不变,就会消耗安全库存。为了保持一定的安全库存,就必须增加订货量来补充消耗的安全库存。如果不增加订货量,又不消耗安全库存,就必须提高订货点。因此,对于需求量随时变化的物料,由于订货点会随库存消耗速度的快慢而升降,因而无法设定一个固定的订货点。所以订货点法只适用于稳定消耗的情况。订货点法没能按物料真正需用的时间来确定订货日期,会造成较多的库存积压。

订货点应用的条件为:物料的消耗相对稳定;物料的供应比较稳定;物料的需求是独立的;库存消耗之后应立即补充;物料的价格不是太高。这种模型在当时的环境下也起到了一定的作用,然而,在实际生产中,随着市场的变化和产品复杂性的增加,需求常常是不稳定的、不均匀的,在这种情况下使用订货点法便暴露出一些明显的缺陷,它的应用受到一定的限制。

2. 基本 MRP

订货点法存在上述缺陷是因为它没有按照各种物料真正需用的时间来确定订货日期。于是,人们便思考:怎样才能在需要的时间,按需要的数量得到真正需用的物料? 如何消除盲目性,实现低库存与高服务水平并存?

1965 年,美国 Joseph A. Orlicky 博士与 Oliver W. Wight 等管理专家在深入调查企业管理状况的基础上,发现在多变的市场中,物料需求也是随时间而变化的。为了避免物料短缺而对每个项目设置安全库存,使得库存投资增加、生产成本上升。针对物料需求随机性大的特点,为了解决生产中库存量较高的弊端,提高资金利用率,他们提出物料需求计划(material requirement planning,MRP)这种新的管理思想,即基本的 MRP。

MRP 的基本内容是编制零件的生产计划和采购计划。然而,要正确编制零件计划,首先必须落实最终产品(在 MRP 中称为成品)的出产进度计划,即主生产计划(master production schedule,MPS),这是 MRP 展开的依据。其次需要知道产品的零件结构,即物料清单(bill of material,BOM),把主生产计划展开成零件计划;同时需要知道库存数量,才能准确计算出零件的采购数量。因此,基本 MRP 的依据是:①主生产计划(MPS);②物料清单(BOM);③库存信息。它们之间的逻辑流程关系见图 2-3。

MRP 的基本任务主要有两个:①从最终产品的生产计划(独立需求)导出相关物料(原材料、零部件等)的需求和需求时间(相关需求);②根据物料的需求时间和生产(订货)周期来确定其开始生产(订货)的时间。基本 MRP 阶段在产品结构的基础上,根据产品结构各层次物料的从属和数量关系,以每一个物料为计划对象,以完工日期为时间基准倒排计划,下达计划的时间按各个物料提前期长短的先后顺序确定,以达到减少库存、优化库存的管理目标。

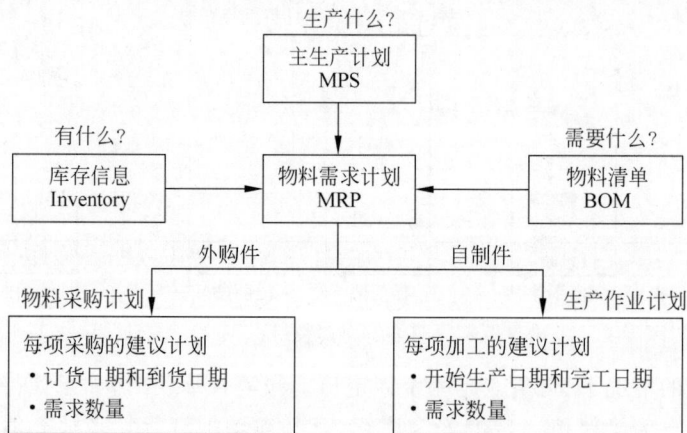

图 2-3　MRP 的基本构成及其逻辑关系

3. 闭环 MRP

在实际生产过程中,企业的制造工艺、生产设备及生产规模都是会变化的,甚至还会受到社会环境因素的影响(如能源的供应、社会福利待遇等)。基本 MRP 制订的采购计划也可能受供货能力或运输能力的限制,而无法保障物料的及时供应。此外,如果制订的生产计划未考虑生产线的能力,执行时就会经常偏离计划。这样,依照基本 MRP 原理制订的生产计划与物料采购计划往往难以执行。于是,20世纪80年代初在基本MRP的基础上发展形成了闭环MRP理论。

所谓闭环有两层含义:其一,它不单纯考虑物料需求计划,还把生产能力计划、车间作业计划和采购作业计划纳入MRP,形成一个封闭系统;其二,从控制论的观点来看,计划制订与实施之后,需要取得反馈信息。因此,在计划执行过程中,必须不断调整能力数据,能力需求计划必须有来自车间、供应商和计划员的反馈信息,并利用这些反馈信息进行计划调整平衡,使生产计划方面的各个子系统得到协调统一。其工作过程是一个"计划—实施—评价—反馈—计划"的过程。

闭环MRP运行过程如下:企业根据发展的需要与市场需求制订企业生产规划;根据生产规划制订主生产计划,同时进行生产能力与负荷的分析,该过程主要是针对关键资源的能力与负荷的分析过程,只有通过对该过程的分析,才能达到主生产计划基本可靠的要求;根据主生产计划、企业的物料库存信息、产品结构清单等信息制订物料需求计划;由物料需求计划、产品生产工艺路线和车间各加工工序能力数据生成对能力的需求计划,通过平衡各加工工序的能力,调整物料需求计划。如果这个阶段无法平衡能力,还有可能修改主生产计划;采购与车间作业按照平衡能力后的物料需求计划执行,并进行能力的控制,即输入输出控制,并根据作业执行结果反馈到计划层。

闭环MRP能较好地解决计划与控制问题,是计划理论的一次大飞跃。基本MRP是开环控制系统,在此系统中,制订主生产计划时,不考虑企业的实际加工能力。因此,在基本MRP系统中,制订的主生产计划有可能与实际情况不符;闭环MRP理论认为主生产计划与MRP应该是可行的,即考虑能力的约束,或者对能力提出需求计划,在满足能力需求的前提下,才能保证物料需求计划的执行和实现。在这种思想要求下,企业必须对投入与产出进行控制,也就是对企业的能力进行校验、执行和控制;闭环MRP理论是建立在基本MRP理论基础上的。

2.3.2　MRPⅡ

1. MRPⅡ的提出

闭环MRP在生产计划的领域中确实比较先进且实用,生产计划的控制也较完善。但其运行过程主要是基于物流的过程,而生产的运作过程(从原材料的投入到产成品的输出)都伴随着企业资金的流通,资金的运作会影响到生产的运作,如采购计划制订后,由于企业的资金短缺而无法按时完成,这样就影响到整个生产计划的执行。对此闭环MRP无法反映。1977年,美国著名生产管理专家Oliver W. Wight提出一个新概念——制造资源计划(manufacturing resource planning,MRP),是广义的MRP,为了与以前的MRP有区别,其名称改为MRPⅡ。MRPⅡ对于制造业企业资源进行有效计划具有一整套方法,它是一个围绕企业的基本经营目标,以生产计划为主线,对企业制造的各种资源进行统一计划和控制的有效系统。

2. MRPⅡ的基本原理

MRPⅡ是广泛应用于制造企业的一种管理思想和模式,它是人们在对生产管理规律进行深入研究,总结大量生产管理经验的基础上形成的。MRPⅡ的基本思想是,围绕物料转化组织制造资源,实现按需要准时生产。有了产品出产的时间和数量,就可以反推出所有零、部件的投入产出时间和数量,进而确定对制造资源(机器设备、场地、工具、工装、人力、资金等)有需要的时间和数量,由此围绕物料的转化过程组织制造资源,实现准时生产。由于MRPⅡ正确反映企业生产中人、财、物等要素和产、供、销等管理活动的内在逻辑联系,能够有效地组织企业的所有资源进行生产,因而获得广泛的应用,如图 2-4 所示。

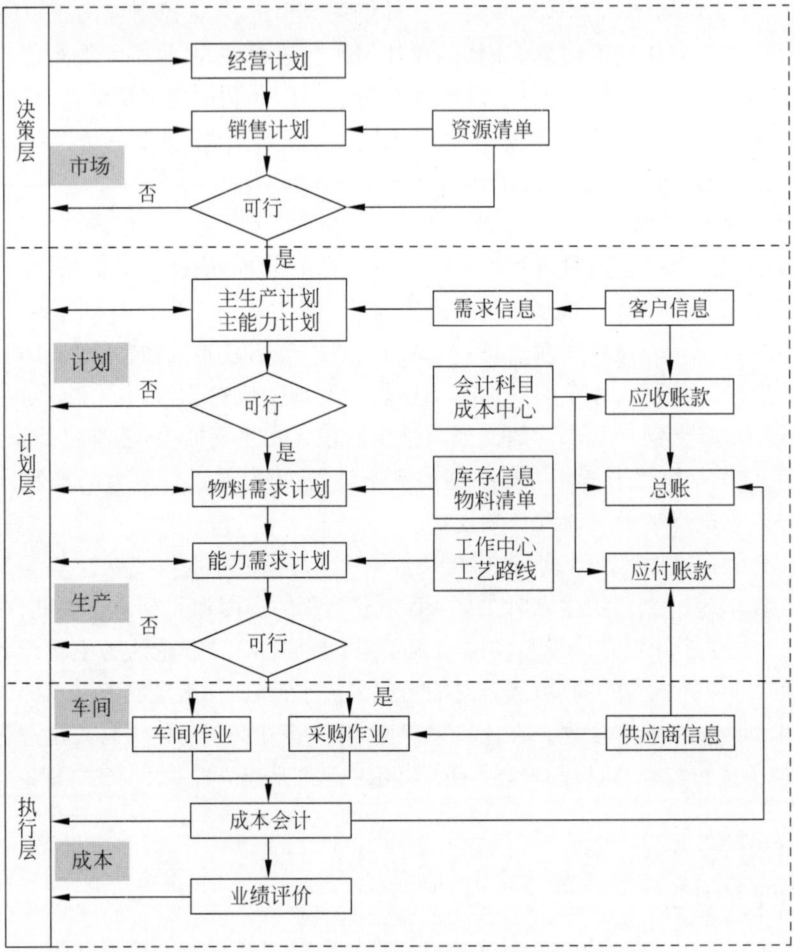

图 2-4　MRPⅡ逻辑流程图

从图 2-4 可知,MRPⅡ包括决策层、计划层和执行层的有关计划,集成应收、应付、成本及总账的财务管理。其采购作业根据采购单、供应商信息、收货单及入库单形成应付款信息(资金计划);销售商品后,会根据客户信息、销售订单信息及产品出库单形成应收款信息(资金计划);可根据采购作业成本、生产作业信息、产品结构信息、库存领料信息等产生生产成本信息;能把应付款信息、应收款信息、生产成本信息和其他信息等记入总账。产品的整个制造过程都伴随着资金流动的过程。通过对企业生产成本和资金运作过程的掌握,调整生产经营规划和生产计划,得到更为可行、可靠的生产计划。

从 MRPⅡ产生的过程可见,它是随着计算机技术和管理理论的发展不断完善和提高的。MRPⅡ利用计算机网络把生产计划、库存控制、物料需求、车间控制、能力需求、工艺路线、成本核算、采购、销售、财务等功能综合起来,实现企业生产的计算机集成管理,全方位地提高企业管理效率。这为以后 ERP 的产生和发展提供了重要的理论和实践基础。

3. MRPⅡ的特点

（1）计划的一贯性与可行性。MRPⅡ是一种计划主导型管理模式，计划从宏观到微观、从战略到技术逐层优化，与企业经营战略目标保持一致。它将三级计划管理统一，计划编制集中在厂级职能部门，车间班组负责执行计划、调度和反馈信息。计划前经过验证和平衡生产能力，及时调整并处理供需矛盾，确保计划可行性和执行力。

（2）管理的系统性。MRPⅡ是一项系统工程，将与生产经营相关的各部门联结成整体。每个员工了解自己的工作质量与其他职能的关系，团队精神取代了条块分割的局面。

（3）数据共享性。MRPⅡ是企业管理信息系统，部门依据同一数据进行管理，数据变动及时反映到所有部门，实现数据共享。通过统一的数据库和规范的程序，消除信息不通和盲目决策的现象。

（4）动态应变性。MRPⅡ是闭环系统，能实时跟踪和反馈实际情况，管理人员根据变化的内外环境快速调整决策，保持生产正常进行，具有较强的应变能力。

（5）模拟预见性。MRPⅡ具备模拟功能，可以预见长期计划期内可能发生的问题，并提前采取措施防范，避免等问题发生后再处理，帮助管理人员进行分析和决策；还实现了物流、资金流的统一。MRPⅡ整合了成本会计和财务功能，将物料流动直接转换为资金流动，确保生产和财务数据一致，财务部门可用资金信息控制成本并参与决策，反映物料和经营情况，指导生产活动。

4. MRPⅡ的局限性

尽管MRP、闭环MRP和MRPⅡ在不同阶段发挥了重要作用，但随着市场竞争加剧、企业管理模式创新和科技进步，企业发展逐步转向以客户为中心、基于时间和面向整个供应链管理。20世纪90年代，企业经营战略发生重大转变，MRPⅡ逐渐暴露出局限性，具体体现在：

（1）企业竞争范围的扩大对管理提出更高要求。现代企业的竞争不仅限于生产，还包括资金实力、市场响应速度等方面。MRPⅡ仅关注制造资源，无法扩展到企业的整体资源（如分销、人力和服务资源）及市场信息、客户资源，也不能处理工作流，无法满足现代企业对综合资源管理的需求。

（2）企业规模不断扩大，多集团、多工厂要求协同作战和统一部署，这超出了MRPⅡ的管理范围。随着企业集团和跨国集团的增多，要求集团内外工厂统一计划、协调生产，MRPⅡ无法实现这种复杂的资源共享和协调管理。

（3）MRPⅡ的管理仅限于企业内部，无法扩展到整个供应链的管理，无法满足全球化竞争中企业间的合作与资源共享需求。因此，MRPⅡ已无法适应现代企业复杂的环境，企业需要寻求更为先进和全面的供应链管理解决方案。

2.4 ERP与ERPⅡ

2.4.1 ERP

ERP系列发展阶段如图2-5所示。虽然ERP已被广泛应用于管理领域，但至今没有统一的概念，可以从管理思想、软件产品、管理系统三个层次去理解。

（1）管理思想角度。ERP是由美国著名计算机技术咨询和评估集团 Gartner Group

阶段	企业经营方式	针对的问题	管理软件发展阶段	管理基础
第1阶段 20世纪60年代	·追求降低成本 ·手工订货发货 ·生产缺货频繁	如何确定订货时间和订货数量?	基本MRP -快-	·库存管理理论 ·主生产计划 ·期量标准
第2阶段 20世纪70年代	·计划偏离实际 ·人工完成车间作业计划	如何保证计划得到有效和及时调整?	闭环MRP -准-	·能力需求计划 ·车间作业计划 ·计划-实施-反馈与控制的循环
第3阶段 20世纪80年代	·追求竞争优势 ·各子系统缺乏联系,矛盾重重	如何实现管理系统一体化?	MRP Ⅱ -集-	·系统集成技术 ·物流技术 ·决策模拟
第4阶段 20世纪90年代	·追求创新 ·要求适应市场环境快速变化	如何在全社会范围内利用一切可以利用的资源?	ERP -链-	·供应链 ·混合型生产环境 ·事前控制

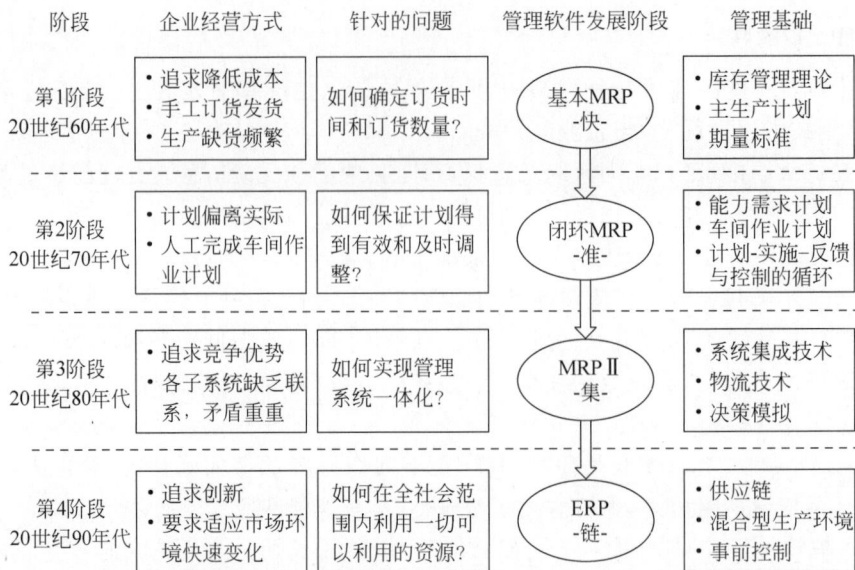

图 2-5 ERP 发展阶段

Inc 最早提出的一整套管理理念,是制造企业管理系统体系标准,其实质是在 MRP Ⅱ 基础上进一步发展而成的面向供应链(supply chain)的管理思想。

(2) 软件产品角度。ERP 是综合应用 B/S、C/S 体系、关系数据库管理系统(RDBMS)、面向对象技术(OOT)、图形用户界面(GUI)、第四代语言(4GL)、网络通信等信息技术成果,以 ERP 管理思想为灵魂的面向企业信息化管理的软件产品。Davenport 于 1993 年把 ERP 描述为一个在全企业范围内(包括财务、人力资源、供应链)流动的、所有信息无缝集成的商业软件包。

(3) 管理系统角度。ERP 是整合企业管理理念、业务流程、基础数据、人力物力等各种制造资源、计算机硬件和软件于一体的企业资源管理系统。

综上所述,ERP 是建立在信息技术基础上,利用现代企业的先进管理思想,全面地集成企业的所有资源信息,并为企业提供决策、计划、控制与经营业绩评估的全方位和系统化的管理平台。ERP 不仅是一种软件,而且是一种先进的企业管理思想和管理模式。

1. ERP 的管理思想

企业的管理都基于以下出发点,即:如何最大限度地创造利润? 如何最有效地降低成本? 如何更快地得到市场信息? 如何增加客户资源? 如何更快地推出有竞争力的产品? 如何更好地提高员工的素质? 怎样才能让员工更少地从事低层次的工作,更多地从事高层次的工作? 如何有效地创新? 如何减少经营风险? 如何更快更好地决策? ERP 正是基于以上管理要求而产生和发展起来的。ERP 的主要宗旨是对企业所拥有的人、财、物、信息、时间、空间等综合资源进行综合平衡和优化管理,围绕市场导向开展业务活动,协调企业各管理部门,使企业在激烈的市场竞争中全方位地发挥足够的能力,取得最好的经济效益。因此,ERP 的核心思想体现在供应链管理、精益生产和敏捷制造、事先计划和事中控制三个方面,以实现有效管理整个供应链和企业内部业务流程的目标。

(1) 体现供应链管理的思想。现代企业竞争已经不是纯粹的企业间竞争,而是供应链与供应链之间的竞争。企业不但要依靠自己的资源,还必须把经营过程中的有关各方(如供应商、制造工厂、分销网络、客户等)纳入一个紧密的供应链中,才能合理有效地安排企业的产供销活动,才能满足企业利用全社会一切市场资源进行高效生产经营的需求,以期获得市场竞争优势。

(2)体现精益生产、并行工程和敏捷制造的思想。精益生产(lean production,LP)的思想要求企业把客户、销售代理商、供应商、协作单位纳入生产体系,同他们建立起利益共享的合作伙伴关系,进而组成一个企业的供应链。LP思想是美国麻省理工学院数位国际汽车计划组织(IMVP)的专家对日本丰田"准时制生产(just in time,JIT)"方式的赞誉之称,精,即少而精,不投入多余的生产要素,只是在适当的时间生产必要数量的市场急需产品(或下道工序急需的产品),即所有经营活动都要有益有效,具有经济性。敏捷制造(AM)的思想要求当市场出现新机会,而基本合作伙伴不能满足新产品开发生产的要求时,企业组织一个由特定的供应商和销售渠道组成的短期或一次性供应链,形成虚拟工厂,把供应和协作单位看作企业的一个组成部分,运用同步工程和并行工程组织生产,用最短的时间将新产品打入市场,时刻保持产品的高质量、多样化和灵活性。

(3)体现事先计划和事中控制的思想。ERP的计划体系主要包括企业战略规划、生产计划大纲、主生产计划、物流需求计划、能力计划、采购计划、销售执行计划、利润计划、财务预算和人力资源计划等,而且这些计划功能与价值控制功能已完全集成到整个供应链系统中。此外,ERP系统通过事先定义事务处理(transaction)相关的会计核算科目与核算方式,在事务处理发生的同时自动生成会计核算分录,保证资金流与物流的同步记录和数据的一致性。实现根据财务资金现状追溯资金的来龙去脉,并进一步追溯所发生的相关业务活动,便于实现事中控制和实时做出决策。

2. ERP的结构原理

ERP理论与系统是从MRPⅡ发展而来的,它除继承MRPⅡ的基本思想(制造、供销及财务)外,还大幅扩展了管理的模块,扩大管理的范围(见图2-6)。它融合离散型生产和流程型生产的特点,扩大管理范围,更加灵活地开展业务活动,实时地响应市场需求。ERP的管理范围涉及企业的所有供需过程,对供应链进行全面管理并构筑企业运作的供需链结构。同时它还融合多种管理思想,进一步提高企业的管理水平和竞争力。ERP中的企业资源包括企业的"四流"资源:商流(业务流)、物流、资金流和信息流。ERP实质上就是对这"四流"资源进行全面集成管理的管理信息系统。

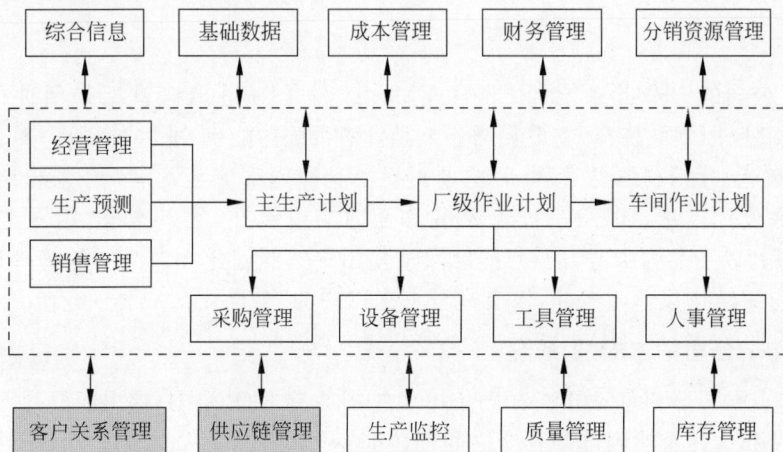

图2-6 基于MRPⅡ的ERP结构图

3. ERP 与 MRPⅡ 的比较

ERP 理论不是对 MRPⅡ 的否认,而是继承与发展,它具有自身的特点。ERP 与 MRPⅡ 的区别主要表现在下述七个方面。

(1) 资源管理的差别。MRPⅡ 主要侧重对企业内部人、财、物的管理,ERP 系统在 MRPⅡ 基础上扩展管理范围,把客户需求、企业制造活动以及供应商的制造资源整合在一起,面向一条完整的供应链上的所有环节(如订单、采购、库存、计划等)进行有效管理。

(2) 生产方式的差别。MRPⅡ 系统把企业生产方式归类为几种典型类型,如重复制造、批量生产、按订单生产、按订单装配、按库存生产等,每种类型都有一套管理标准。20 世纪 80 年代及以后,为了紧跟市场变化,企业主要采用多品种、小批量生产以及看板式的生产方式,向混合型生产发展,ERP 则能很好地适应和满足这种多角化经营需求。

(3) 管理功能的差别。除了 MRPⅡ 的制造、分销、财务管理功能外,ERP 还支持整个供应链上物料流通体系中供、产、需各个环节之间的运输管理和仓库管理,支持生产保障体系的质量管理、实验室管理、设备维修和备品备件管理,支持业务流程管理。

(4) 事务控制的差别。MRPⅡ 通过计划的及时滚动来控制整个生产过程,实时性较差,一般只能实现事中控制。ERP 系统支持 OLAP(联机分析处理)、售后服务即质量反馈,强调企业的事前控制能力,可以将设计、制造、销售、运输等流程通过集成进行并行作业,为企业提供对质量、适应变化、客户满意、绩效等关键问题的实时分析能力。

(5) 财务系统的差别。在 ERP 中,财务系统只是一个信息的归结者,它的功能是将供、产、销中的数量信息转变为价值信息,是物流的价值反映。而 ERP 系统则将财务计划和价值控制功能集成到整个供应链上。

(6) 跨国(或地区)经营事务的差别。现在企业内部各个组织单元之间、企业与外部业务单元之间的协调变得越来越多、越来越重要,ERP 系统应用完整的组织架构,可以支持跨国经营的多国家地区、多工厂、多语种、多币制应用需求。

(7) 计算机信息处理技术的差别。随着 IT 技术的飞速发展和网络通信技术的应用,ERP 系统得以对整个供应链的信息进行集成管理。ERP 系统采用客户/服务器(C/S)体系结构和分布式数据处理技术,支持 internet/intranet/extranet、电子商务、电子数据交换。此外,还能实现在不同平台上的互操作。

2.4.2 ERPⅡ

Gartner 公司的 ERPⅡ 系统和 Charles Moller 的 ERPⅡ 概念框架是两种很典型的设计。传统 ERP 应用领域狭窄,主要局限于制造业;系统功能少、业务处理面窄,系统功能主要是传统的制造、分销和财务管理,且主要偏重于企业内部流程管理;在系统结构上,采用的是面向对象设计技术,而不是面向 Web 和面向集成设计,难以实现"用户定制"。现有 ERP 系统采用"以产品为中心"的设计理念,迫使用户按照固化在产品中的管理理念和思想来调整企业组织结构以适应产品,没有充分考虑用户的"个性化"。

1. Gartner 公司的 ERPⅡ 系统

2000 年,美国调查咨询公司 Gartner Group 扩展原有 ERP 范围,提出新概念——ERPⅡ,它是通过支持和优化企业内部与企业之间的协同运作和财务过程以创造客户和股东价值的一种新商业战略,也是一套面向具体行业领域的高级应用系统。

为了区别于 ERP 对企业内部管理的关注,Gartner 引入"协同商务"概念,描述企业内部人员、企业与伙伴、企业与客户之间的电子交互过程。它是一种各个实体之间实时、互动的供需链管理模式,通过协同商务平台,企业现有数据和应用无缝地集成,定制个性化的数据和应用界面;通过 IT 应用,强化供需链上各个实体之间的沟通和相互依存。ERPII 不再局限于生产与供销计划的协同,而且包含产品开发的协同。

ERPII 通过采用开放式的应用架构,支持全球化的业务处理。立足点是企业向自己的供应商、客户等合作伙伴开放自己的核心系统,这些合作伙伴可以按照约定自由访问企业的核心系统,扩大 ERP 系统的内涵,包括 Internet、SCM、CRM、B2B 和 B2C 等。在协同商务中,传统后台 ERP 系统很重要,但与 ERPII 系统相比,最主要的差别是前端的人性化、内容管理和客户跟踪等。ERP 系统与 ERPII 系统对照表如表 2-2 所示。

表 2-2 ERP 系统与 ERPII 系统对照表

比 较 项 目	ERP	ERPII
角色	企业内部资源最优配置	价值链共享
业务领域	生产、配送	整合企业或其他用户所有的应用领域
功能	制造、销售、流通、财务	跨行业、跨部门进行数据处理
过程	内部的、隐藏的	连接外部系统和网络
架构	具备 Web 意识,封闭的、整体的	基于 Web 的、开放的、单元的系统
数据处理	内部产生并使用	基于互联网进行信息发布和采集

2. Charles Moller 的 ERPII 概念框架

与 Gartner 的 ERP 系统思想不完全相同,ERP 系统专家 Charles Moller 提出一种 ERPII 概念框架(见图 2-7),明确 ERPII 与其他信息系统之间的关系,指出 ERPII 有基础层、流程层、分析层和协同层等四个层次。

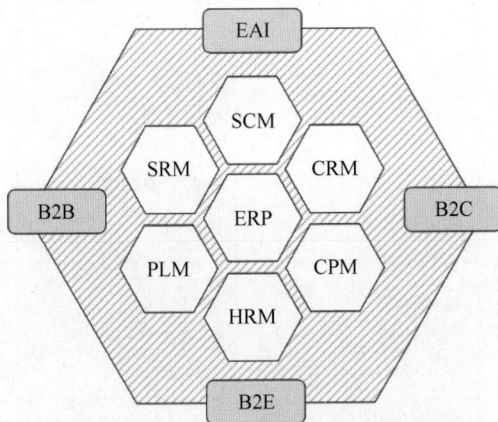

图 2-7 ERPII 的概念框架

基础层是 ERPII 的核心组件和基础结构,包括集成的数据库和应用框架。数据库不一定是唯一的。流程层是 ERPII 的中心,为业务系统。ERP 是整个 ERPII 概念框架的中心,除了包括传统的财务、销售、物流等功能模块之外,质量管理、项目管理、维修管理等也是 ERP 的功能模块。ERPII 的业务流程管理(BPM)可以对业务流程进行设计、执行和评估,相较 ERP 更加灵活。分析层是对 ERP 功能的增强和扩展,图 2-7 的主要模块包括 SCM、

CRM、HRM、CPM(企业绩效管理)、PLM(产品生命期管理)、SRM(供应商关系管理)。协同层的作用是在 ERPⅡ系统和外部角色之间沟通和集成。B2C 面向电子零售,B2B 常用于电子采购,B2E 是为企业员工提供的员工门户,EAI(企业应用集成)则提供在不同 IT 平台、不同应用系统、不同组织之间对自动化流程的支持。

实施 ERPⅡ,关键是要全面整合企业内外资源,建立一套适应协同商务模式的体系。协同商务模式下的 ERPⅡ将使企业适应全球化竞争所引起的管理模式的变革,采用最新的信息技术,呈现出数字化、网络化、集成化、智能化、柔性化、行业化和本地化的特点。在协同商务时代,企业内外部的运作方式、沟通模式发生了很大的变化,企业管理由面向内部资源的管理转变为面向整个供应链的管理,ERPⅡ成为实现这些管理的思想基础,构建于协同商务模式下的 ERPⅡ套件成为实现这些管理的技术基础。

协同商务模式下的 ERPⅡ系统协助企业调整管理模式,提供电子商务方案以迎接数字化知识经济时代的挑战,并支持敏捷化企业的组织形式(动态联盟)、企业管理方式(扁平化组织)和工作方式(并行工程和协同工作)。协同商务模式下的 ERPⅡ系统充分利用互联网技术及信息集成技术,将协同 SCM、协同 CRM、协同 ERP、商务智能(BI)、知识管理(KM)(协同 OA)等功能全面集成优化,以支持产品协同商务等企业经营管理模式。

MRP、MRPⅡ、ERP 和 ERPⅡ是企业管理信息系统发展的不同阶段,前者是后者的基础,后者是前者的一种扩展和提升,信息集成的范围和内容在不断扩大,功能也在不断扩展,如图 2-8 所示。

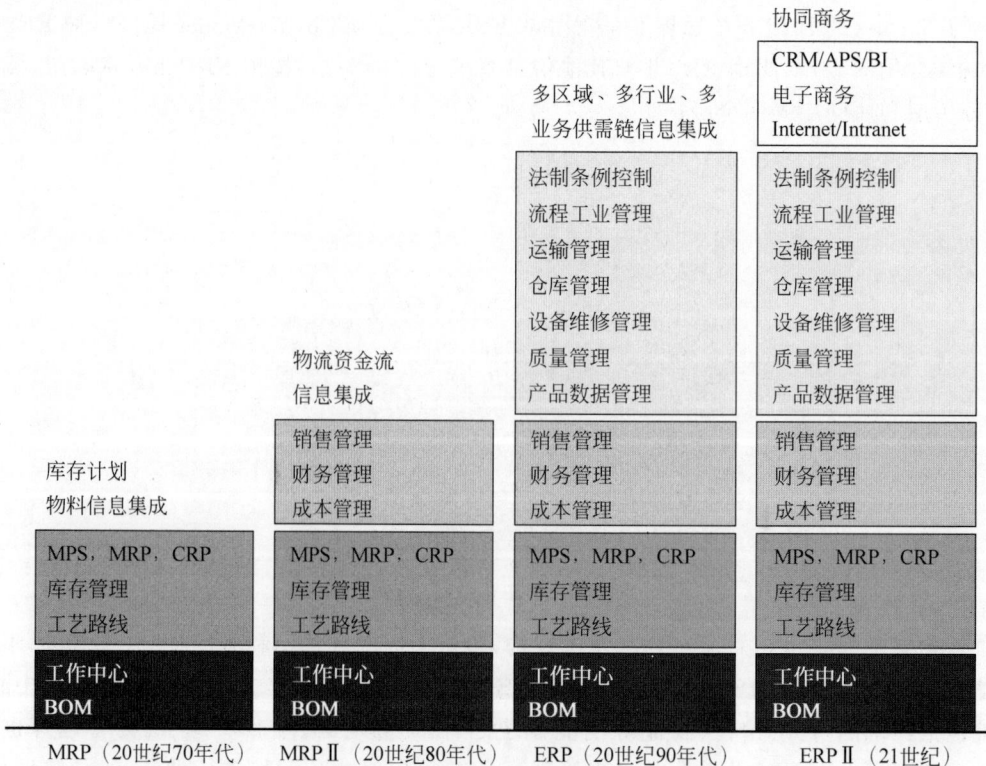

图 2-8 MRP 至 ERPⅡ的功能扩展

※ 思考题

1. 管理思想理论之间有何区别与联系？
2. 已有的管理思想对组织的信息化建设有何意义？
3. 管理理念与管理模型有何区别？
4. 管理模型可以自己创造吗？管理模型会有过失吗？
5. 计算机技术在正式管理上的应用为什么会从 MRP 开始？
6. MRP 有哪些输入和输出？
7. MRP Ⅱ 比 MRP 先进之处有哪几点？
8. ERP 为什么会是企业信息化的重要里程碑？
9. ERP 与供应链之间有何关系？
10. ERP Ⅱ 比 ERP 要多考虑哪些联系？
11. 信息技术与管理思想方法逐渐融合发展，原因和形式有哪些？

第 **3** 章

管理信息系统的信息技术

主要内容: 计算机技术、计算机网络技术、数据库技术、通信技术

重点掌握: 计算机软件分类、计算机网络体系结构、关系数据库及其查询语言

综合应用: 各类软、硬件技术在管理信息系统中的应用,信息化理论应用

3.1 信息技术

3.1.1 信息技术概述

1. 信息技术的组成

信息技术(information technology,IT)也常被称为信息和通信技术 information and communications technology,ICT),是指为了获取、处理、存储、传输和呈现信息而使用的所有技术、软件、硬件和系统的总称。ICT 术语可视为信息技术和通信技术的合写: ICT = IT+CT。信息技术研究涉及科学、技术、工程、经济、教育、医疗以及管理等多个学科,形成 ERP 系统、金融数据系统、在线交易系统、智能投资顾问系统等。计算机技术、网络技术、数据库技术、通信技术和人工智能技术等是信息技术的第一版(IT 1.0),IT 2.0 便是云计算、物联网、大数据、区块链、5G 技术、VR/AR、元宇宙、大模型等新一代信息技术,现在统称为数字技术。在本质上,两代信息技术都是多种硬件和软件技术的总和。人们使用信息技术来进行生产、处理、交换和传播书籍、商业文件、报刊、唱片、电影、电视节目、语音、图形、影像等各种形式的信息,但不局限于此。数字技术加强信息技术的应用深度和广度,包括安全性、大数据量、高处理效率,覆盖更多用户、更多业务和更多领域。

IT 的普遍应用,是人们进入信息社会和数字化社会的标志。如果想进一步了解 IT 的组成和应用,可以基于人类自身的行为功能需求进行理解(见图 3-1)。人类的发明创造基本都是围绕着人类自身行为功能的拓展进行的,比如飞机、汽车用于满足快速出行需求,延伸腿脚功能。人类发明计算机、数据库,就是用于延伸大脑的记忆(存储)和思考(计算)功能。AI 通过仿生人类大脑而延伸和加强信息处理与知识创新的功能。通信技术大幅增加人类沟通距离,帮助人类实现"顺风耳"和"千里眼"的想象。计算机网络技术起初是基于两台以上计算机之间信息的传递,与现代通信技术融合后可以同时作用于人-人、人-机、机-机之间的任意交流通信。现在不少学科正在进行"脑机一体化"研究,试图将外部信息直接利用脑机连接设备与人类大脑自身进行互动,以发现大脑运作机理。基于脑部神经科学的研

究可以视为新一代 AI，为脑部芯片植入提供更多的应用场景。未来的人机系统可能真是人体与计算机及其网络系统的直接植入式复合，实现更多想象。

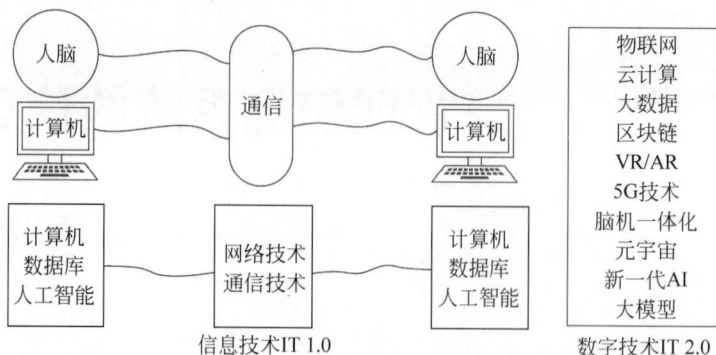

图 3-1　信息技术的行为功能

如此，可以将 IT 分为信息处理、信息传递和信息感知等几个组成部分。信息处理由计算机相关技术完成，信息传递通过通信和网络实现，信息感知由人工智能和传感技术来做。IT 1.0 通过分散技术装备实现人类信息感知、沟通和处理的基本需求，而 IT 2.0 则进一步强化人类社会整体性、全面性的脑部机制。IT 1.0 重点关注人-机互动，而 IT 2.0 则实现社会-机群的互动。数字技术参见第 4 章，人工智能参见第 13 章。

2. 信息技术组织

信息技术组织，即 IT 组织，是公司内部负责建立、监视和维护信息技术系统与服务的部门。在大型组织中，IT 组织可能还负责战略规划，以确保所有 IT 活动支持业务目标。IT 组织结构各不相同，可以根据公司的需要进行集中或分散。在大型企业中，IT 组织通常由首席信息官（CIO）管理。规模较小的 IT 组织可能向 IT 总监运营经理汇报。

IT 组织管理层次的主要层级有：行政或顶层管理、执行或中层管理、主管或下层管理，分别对应的职位是 CIO 或 IT 总监、项目经理、管理员及其他相关职位。分层管理确保了 IT 部门的高效运作，从战略规划到日常执行，各层级各司其职。行政级别是最高层级，主要负责经营管理与重要决策。CIO 或 IT 总监负责明确组织的技术目标，管理技术功能，并确保与公司总体目标一致。IT 科学家从事信息和计算的理论基础研究，为组织提供实验研究和理论指导，常见于大型 IT 企业。执行管理是中层，负责公司日常运营管理。IT 项目经理管理公司技术项目资源，监督项目的开发生命周期。IT 管理员/IT 分析师负责优化网络和计算机系统环境，以支持组织任务。主管或下级管理是最低层级。IT 工程师在特定 IT 技术领域拥有丰富经验，执行规范性任务，是 IT 职业中的关键角色。IT 实习生/助理属于刚完成 IT 学习的人员，处于职业等级最低层，主要在组织中实习和锻炼。

3. 信息化

信息化（informatization 或 informationization）是用信息技术来改造产业、企业和整体社会运作效率的过程。在这个过程中，各种信息技术的组合持续的应用会极大地提升组织效益和变革组织形式。信息技术实际上有三个层次：硬件（计算机主机和网络通信设备）、软件（OS、OA、SAS）和应用（ERP、CRM、MES）。有人把前两层合二为一，统指信息的存储、处理和传输，后者则为信息的应用；也有人把后两层合二为一，划分为前硬、后软。事实上，唯有当信息得到有效应用时，才真正实现了信息化的目标。

信息化本身不是目标，它是实现目标的好手段。在技术方面，IT包括计算机技术、计算机网络技术、数据库技术、通信技术和AI五个部分；在管理方面，企业设置CIO职位，是负责企业IT战略决策与日常运维的高级管理者。像质量管理ISO系列标准一样，信息技术基础架构库（ITIL）是一套指导和规范IT实践的理论框架，为企业IT服务管理实践提供一套客观、严谨、可量化的标准和规范。20世纪80年代，ITIL起源于英国政府CCTA部门，主要用于解决"轻服务和重技术"的管理难题，使IT系统更好地发挥作用。

信息化更广泛的意义在于反映了社会整体的信息技术研究、开发和应用水平。一个国家或地区信息化水平的高低常由网站数、网页数、企业生产和管理的信息系统普及率，服务器和个人电脑、手机等硬件的生产量和销售量，家庭宽带普及率，企业及各类组织的网络普及率等多维度指标和数据反映。在提及信息化概念的同时，人们通常会使用i化（信息化或网络化）、e化（电子化）、M化（移动化）、U化（泛在化）等简称。在社会整体层面，我国目前基本完成U化，即能够实现广泛的网络接入。不仅如此，我国近些年已经进入信息化的第二阶段，即数字化阶段，开始接纳、普及和推广数字技术在社会各个层面上广泛应用。

3.1.2　信息与数字产业

一个产业是很多行业及其企业的组合，大的产业划分为第一、第二、第三产业。第一产业包括农林牧渔等产业，第二产业包括工业和建筑业，第三产业为服务业。IT产业可以认为是围绕IT技术相关的生产、服务和消费应用方面的产业。原有信息产业包含计算机、网络、通信、数据库、人工智能等相关的软硬件制造和服务的产业。新一代信息技术产业，即数字产业，被国家定义为战略性新兴产业之一，是当前和未来的国民经济发展的重中之重。根据《国务院关于加快培育和发展战略性新兴产业的决定》（国发〔2010〕32号）的要求，为准确反映"十三五"国家战略性新兴产业发展规划情况，满足统计上测算战略性新兴产业发展规模、结构和速度的需要，制定《战略性新兴产业分类（2018）》（国家统计局令第23号）。

我国各地方分别制定相关战略新兴产业发展布局，《北京市"十四五"时期高精尖产业发展规划》《上海市先进制造业发展"十四五"规划》《广州市战略性新兴产业发展"十四五"规划》《深圳国家高新区"十四五"发展规划》都根据各自城市的发展特色和目标提出产业发展布局。这些地方发展规划充分体现国家宏观产业经济政策在国民经济发展中正在发挥重要的指导作用，特色是数字转型、产业融合、区域联合，充分发挥新一代信息技术提升产业群的动能。新一代信息技术产业被编写在《战略性新兴产业分类（2018）》《工业战略性新兴产业分类目录（2023）》首位，包括"下一代信息网络产业""电子核心产业""新型软件和新型信息技术服务""互联网、云计算和大数据服务""人工智能"共五个子类。

3.2　计算机技术

3.2.1　计算机系统

1. 计算机的系统组成

计算机（computer）又称电脑，是一种能快速而高效地自动完成信息处理的电子设备。

计算机是可以存储、检索和操纵数据的电子设备,每台计算机基本上都由运算器、控制器、存储器、输入设备和输出设备等核心组件构成(见图3-2)。

(1)运算器,或称为算术逻辑部件,执行各种算术和逻辑运算操作。运算器由算术逻辑单元(arithmetic logic unit,ALU)、累加器、状态寄存器、通用寄存器组等组成。ALU的基本功能包括加、减、乘、除四则运算,与、或、非、异或等逻辑操作,以及移位、求补等操作。计算机运行时,运算器的具体操作及其操作类型由控制器决定。运算器处理的数据来自存储器;处理后的结果数据通常送回存储器,或暂时寄存在运算器中。

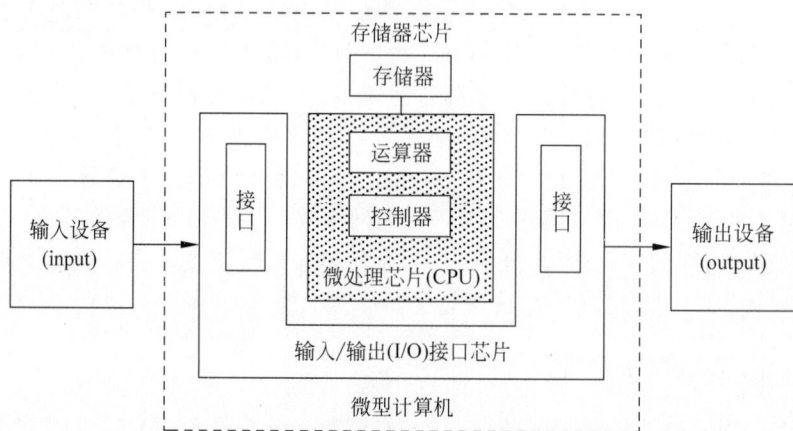

图 3-2　计算机的基本组成

(2)控制器(controller),用于分析和执行指令并统一指挥和控制计算机各个部件按时序协调操作。它由指令寄存器、程序计数器和操作控制器三个部件组成。计算机能够自动、连续地工作依赖于程序,而程序执行则由控制器统一指挥完成。运算器和控制器是计算机的核心部件,这两个部件通常会集成在一块芯片上,称为中央处理器(central processing unit,CPU)。CPU并不仅仅安装在常见的个人电脑、笔记本和服务器等终端设备上,而且被广泛地应用到各种需要智能化的行业产品中。2020年,我国乃至全球经历的"缺芯"困境蔓延至手机、汽车、家电、智能科技等多个行业,不少生产商为此歇工停产。"缺芯"的原因是芯片当前需求剧增,而芯片的研发和生产投入门槛高、投资周期长、回报率低,就形成了近几年的芯片短缺情况。

(3)存储器(memory),是计算机系统中的记忆设备,用来存放程序和数据。计算机中的全部信息,包括输入的原始数据、计算机程序、中间运行结果和最终运行结果都保存在存储器中。它根据控制器指定的位置存入和取出信息。有了存储器,计算机才有记忆功能,才能保证正常工作。存储器根据其组成介质、存取速度及使用上的差别分为内存储器和外存储器。外存储器一般是磁性介质的存储设备,作为外部设备使用;而内存储器是半导体器件的存储器,作为计算机的内存使用。在微型计算机中,内存储器常常与CPU制作在一块线路板上,称为主机。

(4)输入设备(input device),是向计算机输入数据和信息的设备,是计算机与用户或其他设备通信的桥梁。输入设备是用户和计算机系统之间进行信息交换的主要装置之一。键盘、鼠标、摄像头、扫描仪、光笔、手写输入板、游戏杆和语音输入装置等都属于输入设备。输入设备是人或外界与计算机进行交互的一种装置,用于把原始数据和处理这些数据的程序输入计算机。

（5）输出设备（output device），是计算机的终端设备，用于接收计算机数据的输出显示、打印、播放声音、控制外围设备操作等。输出设备也是把各种计算结果数据或信息以数字、字符、图像、声音等形式表示出来。常见的输出设备有显示器、打印机、绘图仪、影像输出系统、语音输出系统、磁记录设备等。

2. 计算机的发展历程

计算机的发展可以分为四个阶段（见表 3-1），每代计算机相对于上代计算机都在速度、容量和体积上提高许多数量级。1937—1941 年，美国爱荷华州立大学教授阿塔纳索夫和他的研究生贝瑞先生开发的阿塔纳索夫-贝瑞计算机，为世界第一台现代通用计算机。1946 年，由电子管组成的计算机 ENIAC 问世，传言其发明者莫克利曾经盗取阿塔纳索夫的研究成果与想法，然而 ENIAC 也为以后的计算机科学的发展奠定了基础。1959 年，IBM 公司生产出全部晶体管化的电子计算机 IBM7090。1958 年，美国工程师基尔比发明集成电路。开始是 3 种电子元件结合到一片小小的硅片上，后来更多元件集成到单一半导体芯片上，使计算机体积更小、功耗更低、速度更快，例如 IBM360、IBM370 系列。现代计算机以超大规模集成电路为基础，向巨型化、微型化、多媒体化、网络化与智能化方向发展。笔记本电脑、平板电脑和手机等微型计算机和复合型通信工具以更高的性价比得到迅速普及。

表 3-1　计算机的发展历程

代序	起止年代	主要元件	运算速度（次/秒）	特　点
第一代	20 世纪 40 年代末至 50 年代末	电子管	5～10k	体积大，速度低，耗电多，容量小
第二代	20 世纪 50 年代末至 60 年代末	晶体管	10～100k	体积小，耗电少，速度高，价格低
第三代	20 世纪 60 年代中期至 70 年代	中、小规模集成电路	100k～10M	体积、功耗减小，可靠性及速度高
第四代	20 世纪 70 年代初至今	大规模和超大规模集成电路	10M～100M	性能大幅度提高，价格大幅度下降

计算机按照其用途可分为通用计算机和专用计算机。按照 1989 年由 IEEE 科学巨型机委员会提出的运算速度分类法，可分为巨型机、大型机、小型机、工作站和微型计算机。按照所处理的数据类型可分为模拟计算机、数字计算机和混合型计算机等。巨型计算机又被称为超级计算机或超级电脑。巨型机有极高的速度、极大的容量，运算速度可达每秒百亿次，用于国防尖端技术、空间技术、大范围长期性天气预报、石油勘探等方面。大型计算机具有极强的综合处理能力和极大的性能覆盖面。在一台大型机中可以使用几十台微机或微机芯片，用以完成特定的操作。大型机可同时支持上万个用户，可支持几十个大型数据库，主要应用于政府部门、银行、大公司、大企业等。小型机规模小、结构简单、设计试制周期短，便于及时采用先进工艺技术，软件开发成本低，易于操作维护。它们已经广泛应用于工业自动控制、大型分析仪器、测量设备、企业管理、大学和科研机构等应用场景中，也可以作为大型与巨型计算机系统的辅助计算机。工作站主要用于特殊的专业领域，如图像处理、计算机辅助设计等。工作站与高档微机之间并没有非常明确的界限，而高档工作站的性能也可以接

近小型计算机。工作站一般要求运算速度快,存储器容量大。微型机技术在 2014 年至今发展迅速,平均每 2~3 个月就有新产品出现,1~2 年产品就更新换代一次。平均每两年芯片的集成度可提高一倍,性能提高一倍,价格降低一半,目前还有加快的趋势。微型机已经应用于办公自动化、数据库管理、图像识别、语音识别、专家系统、多媒体技术等领域,并且已成为城镇家庭的常规电器。

3.2.2　计算机软件

计算机程序(program)就是一系列操作指令的有序集合,计算机执行程序中的指令(instruction)或者命令(order)的过程也是计算机完成程序规定任务的过程。程序编写或编程(programming/coding)是根据具体工作任务有序地编写操作指令的过程。从结构上讲,可以将程序定义为“算法＋数据结构”。程序具有目的性、有序性和有限性特征。目的性是指一个程序的设计和运行要达到一个明确的目的或解决某个问题;有序性体现在计算机解决问题时有顺序地执行相应指令过程;有限性是指一个程序解决的问题是明确的、有限的,不能无穷无尽,否则会陷入所谓的死循环。

编制程序的工作称为程序分析与设计。编写程序的计算机语言比较抽象,所编程序不易阅读。通常需要用自然语言来注释程序中的若干细节,形成程序的文档。文档实际上就是用自然语言描述程序中若干细节并说明程序的文字档案资料,如果是与数据管理相关的软件,还需要数据。这样,可把计算机软件理解为“程序＋文档＋数据”。因此,软件就是包括程序、数据及其相关文档的完整集合。

计算机软件通常分为系统软件和应用软件两大类。系统软件是不需要用户干预的,能生成、准备和执行其他程序所需的一组程序,例如操作系统(Windows、Linux、DOS、UNIX、macOS)、程序设计语言(机器语言、汇编语言、高级语言、非过程化语言和智能语言)、语言处理程序(汇编语言汇编器、C 语言编译、连接器)、驱动程序和数据库管理软件(Oracle、MySQL、DB2、SQL Server)等。还有系统辅助处理程序,也称为软件研制开发工具、支持软件、软件工具,主要有编辑程序、调试程序、装备和连接程序。系统软件的主要特征是与硬件有很强的交互性、能对资源共享进行调度管理、能解决并发操作中存在的协调问题,而且数据结构复杂,外部接口多样化,便于用户反复使用。

应用软件是各用户为解题或实现检测与实时控制等不同功能所编制的应用程序。根据服务对象,计算机软件还可以分为通用软件和定制软件两类。软件具有以下特点:抽象性说明软件是一种逻辑实体,是抽象的表达;创作性说明软件开发是一种“创作”过程,没有明显的制造或创造过程;工艺性说明软件开发至今未完全摆脱手工艺的开发方式;过时性说明软件不存在机械磨损和老化问题,但存在退化问题;有限性说明软件开发和运行受到计算机、网络系统以及需求的约束和限制;复杂性通常表现在软件实际需求和程序逻辑两个方面。应用软件是用户可以使用的各种程序设计语言以及用各种程序设计语言编制的应用程序的集合,分为应用软件包和用户程序。应用软件包是为利用计算机解决某类问题而设计的程序集合,供多用户使用。应用软件满足用户不同领域和不同问题的应用需求,可以拓宽计算机系统应用领域,扩展硬件功能。常用的应用软件包括微软 Office 办公组件、Photoshop 绘图软件、Windows Media Player 视频播放、MSN 和 QQ 网络即时通信软件等。更多的系统软件和应用软件分类可参见华军软件园等软件试用网站或分享平台,读者可以根据各类具体需要学习、应用和开发相关软件。

还有一种软件称为中间件软件,简称为中间件,是连接系统软件、数据资源、用户应用软件的软件。中间件可以帮助开发人员更有效地构建应用,如同系统、应用、数据与用户之间的纽带。中间件有很多种类型,例如:消息代理或业务处理监视器专注于一种类型的通信,Web 应用程序服务器或移动设备中间件提供构建特定类型应用程序所需的全部通信和连接功能,基于集成平台即服务(iPaaS)的云计算产品或企业服务总线(EBS)充当集中式集成中心连接企业中的所有组件,以及其他开发人员构建的自定义中间件。

3.2.3　软件工程

工程学历史悠久,而软件直到 1948 年才首次出现,1952 年被正式称为“软件”。计算机软件包括程序、数据及相关文档,软件工程则是用系统化、规范化、定量的方法开发、运行和维护软件。在软件工程诞生前,简单程序设计和小型系统开发能满足需求。然而,随着计算机技术的发展,软件危机在 1965 年爆发:软件项目超预算、超期限,质量差,难以维护,项目管理复杂,进度无法完成。这表明软件开发是高难度、高风险、高失败率的活动。软件危机的实质是软件开发的复杂性、计算机技术发展水平、组织信息化管理水平与社会对计算机系统的过高期望之间的冲突。

1963—1964 年,为“阿波罗”任务开发制导和导航系统时,汉密尔顿首次使用“软件工程”一词。1968 年,北大西洋公约组织(NATO)在德国的会议上正式提出“软件危机”。为解决困境,NATO 提出软件工程概念。20 世纪 70 年代,软件工程兴起,新思想、语言和硬件被引入。1970 年,Pascal 语言被引入高校和企业;1972 年,C 语言开始开发;1975 年,第一批 PC 出现;1979 年,西雅图大学开始提供计算机工程硕士学位。20 世纪 80 年代,软件危机逐渐消退,软件领域发生巨大变化。新语言和工具推动工程设计进步,面向对象编程兴起。1980 年,Ada 语言首次亮相;1982 年,CASE 工具集出现;1985 年,C++语言发布;1989 年,互联网开始向商业领域拓展。20 世纪 90 年代,软件工程行业继续变革。面向对象编程普及,互联网引入新开发方法,多种流行语言诞生。1990 年,Tim Berners-Lee 开发万维网(WWW);1991 年,Python 语言首次亮相;1995 年,Java 和 JavaScript 发布;1996 年,罗切斯特理工学院推出软件工程学士学位课程;1998 年,美国海军研究生院提供软件工程博士学位课程;1999 年,极限编程(XP)推出。21 世纪初,软件开发重点转向方法论,敏捷开发兴起。2001 年,《敏捷软件开发宣言》发布,Scrum 框架引入。2004 年,软件工程知识体系引入协同工作模式。21 世纪 10 年代,软件工程教育创新,云计算崛起,编程训练营出现。2010 年,云计算推动软件即服务(SaaS)发展;2011 年,编程训练营兴起;2012 年,Hack Reactor 创立;2014 年,推出在线编程训练营;2015 年,电报学院成立;2017 年,兼职课程推出。

软件危机的根源在于硬件发展快、软件跟不上、社会期望高。早期硬件成长率年增长约30%(例如摩尔定律),软件成长率(功能和效率)年增长仅 4%~7%。20 世纪 60 年代,软件开发成本占总成本的 20%以下,20 世纪 70 年代则达 80%以上,维护费用占 65%。1986 年,仅4%外包软件可用,其余 96%不合格。1995 年,Standish Group 调查显示,84%的软件项目无法按时按预算完成,30 被取消,预算平均超支 189%。软件危机并非仅是 20 世纪 60 年代的问题,后期的 ERP、云计算、大数据等技术发展初期也面临困境。大型软件系统开发周期长、费用高、质量难保证、生产率低,复杂性超出人脑控制范围。解决方法是应用工程思维,创新开发和项目管理,使用新工具、方法和模式。软件工程的三要素是方法、工具和过程。其目标是生产正确、可用、成本合理的软件,最终实现软件研制和维护的自动化。研究内容包括软件开发技术和软件工程管理。

3.2.4 计算机应用

计算机的广泛应用是其迅速发展的核心动力,几乎涵盖了人类社会的所有领域。从科学研究到日常生活,从工业生产到公共服务,其影响力无处不在。目前,计算机的主要应用领域包括科学计算、过程检测与控制、信息管理等。

(1)科学计算。计算机最初主要用于科学计算或数值计算,这些如今仍是其重要应用领域。计算机凭借高运算速度、精度和逻辑判断能力,在高能物理、工程设计、地震预测、气象预报和航天技术等领域发挥关键作用。这些能力推动了计算力学、计算物理、计算化学和生物控制论等新兴学科的诞生。

(2)过程检测与控制。计算机可用于工业生产过程中的信号自动检测,计算机检测系统将数据存储并处理。特别是仪器仪表引入计算机技术后,智能化仪器仪表将工业自动化推向更高水平。

(3)信息管理(数据处理)。信息管理是计算机应用最广泛的领域之一,涉及对各类数据的加工、管理和操作,例如企业管理、物资管理、报表统计、账目计算和信息检索等。现在,MIS、ERP、EDI普及,云计算、大数据和区块链系统盛行。

(4)计算机辅助系统。计算机辅助技术广泛应用于工业生产和制造过程,包括CAD、CAPP、CAM、CAE和CAT。这些技术实现了设计、工艺、制造和测试的自动化与智能化,广泛应用于电路、机械、建筑、服装等领域。在教育领域,计算机辅助教学(CAI)帮助教师授课和学生学习,使知识获取更加便捷。

(5)智能家居系统。智能家居系统通过计算机技术实现家庭生活的自动化、智能化和数据管理。现代家电如空调、洗衣机、冰箱、微波炉等能够自动控制时间、温度和机械装置的运动状态。家庭物联网技术允许用户通过移动设备远程控制家电、窗帘、灯等设备,实现智能化管理。

(6)智能穿戴系统。智能穿戴设备与个人健康密切相关,包括智能手表、耳机和眼镜等。智能手表可追踪心率、步数等健康数据,鼓励健康生活方式。虚拟现实(VR)耳机和触觉设备(如背心、手套)为游戏和娱乐提供沉浸式体验。此外,智能穿戴设备已渗透到时尚和运动领域,如智能夹克根据体温调节温度,智能戒指追踪运动和睡眠习惯。

(7)辅助驾驶系统。现代汽车配备多种智能系统,如导航、娱乐、物联网车载系统、安全操作和辅助驾驶,能够实现自动启停、倒车影像、自动泊车、车道偏离预警、主动安全。自动驾驶技术更是将汽车智能化推向新高度,例如萝卜快跑提供的自动驾驶出行服务。

(8)公共管理系统。计算机广泛应用于公共管理系统,服务于交通、医疗、税务等多个领域。在交通领域,计算机系统用于路灯、公交调度、地铁调度等,部分路口可实时抓拍违规行为。公安部12123 App为驾驶员提供违法处理、驾驶证管理等服务;交通卡App和12306 App分别提供公交充值、火车票预订等功能。此外,国家医保服务平台、个人所得税App等也为公众提供了便捷的数字化服务。

3.3　计算机网络

3.3.1　计算机网络的构成

计算机网络是通过通信线路将分布在不同地域的多台计算机或终端设备连接成一个整体，借助网络协议和软件系统实现通信和资源共享的复杂系统。其基本功能包括数据通信、资源共享、分布式协同工作以及提升计算机的可靠性和可用性。计算机网络的发展经历了四个阶段：第一代是远程终端连接网络，20世纪60年代早期，主机作为网络中心，终端通过本地连接访问远程主机，仅支持终端与主机通信，子网间无法互联。第二代是计算机网络阶段（局域网），20世纪60年代中期出现，实现多个主机互联，用户可访问本地及通信子网上的所有资源，采用电路交换和分组交换技术。第三代是计算机网络互联阶段（广域网、因特网），1981年ISO制定的OSI/RM模型和TCP/IP的诞生，使不同厂家的计算机能够实现互联。第四代是信息高速公路，又称宽带综合业务数字网，包括ATM、ISDN和千兆以太网技术等，支持高速、可视化交互，如网上电视、电视会议、可视电话、网上购物、网上银行和网络图书馆等应用。计算机网络系统由网络硬件系统、网络软件系统等组成。

1. 计算机网络硬件系统

网络硬件是计算机网络系统的物质基础。不同的计算机网络系统在硬件方面是有差别的。随着计算机技术和网络技术的发展，网络硬件日趋多样化，其功能更强、更复杂。

（1）网络节点。网络节点就是网络单元，是网络系统中的各种数据处理设备、数据通信控制设备和数据终端设备。网络节点分转接节点和访问节点两类。转接节点是支持网络连接性能的节点，它通过线路来转接和传递信息，如集中器、终端控制器等；访问节点是信息访问的源节点和目的节点，起信源和信宿的作用，如终端、计算机等。常见的网络单元主要有线路控制器、通信控制器、通信处理器、集中器、集线器、交换机、路由器、主机和终端等。根据各节点的作用，网络分为资源子网和通信子网两大部分。

（2）资源子网。资源子网通常由联网的计算机系统、终端机以及可共享的外部设备（如打印机、大容量存储器等）组成，其目标是最大限度地提供用户共享网络的数据处理能力和其他软硬件资源。早期的计算机系统通常包括主机系统与终端机（含终端控制器）；现在的计算机系统通常包括用于工作站节点的客户机（多数为计算机）和用于网络节点的服务器（如Web服务器、数据库服务器、邮件服务器等）。

（3）通信子网。通信子网为网络提供通信功能，它通常由传输介质、通信设备等组成。需要说明的是，局域网因覆盖的地域较小，其通信子网一般为使用局域网的单位所独有；广域网的通信子网往往包含公用的通信网络，如公用电话网、公用数据网等，通常属于多个部门，甚至资源子网也可以由多个部门投资共建。

2. 计算机网络软件系统的构成

网络的运行不仅依赖硬件组件，还需要专门的软件系统来支持其正常运行。网络软件的主要任务包括两方面：①提供网络操作系统（NOS），使计算机和其他设备（如打印机）能够连接到网络；②通过网络管理和监视软件，确保网络的正确、一致和安全运行。因此，网络软件系统涵盖了网络操作系统、协议软件、通信软件、管理软件、监视软件和应用软件等。

网络操作系统(NOS)是一种特殊的操作系统,运行在计算机的操作系统之上,为网络操作提供必要的功能,例如访问局域网资源。运行 NOS 的计算机称为服务器,而联网的计算机用户称为客户。NOS 支持设备与网络通信,最初是独立程序(如 NetWare),如今已被集成到操作系统(OS)中,如 Windows NT 和 Linux,它们既是计算机 OS,也是 NOS。网络协议是一种非独立的特殊软件,融合于其他软件系统中,定义了网络设备之间通信的规则和约定,以及设备相互识别和建立连接的方式。协议还负责消息确认和数据压缩,以实现可靠和高性能的网络通信。现代网络协议通常采用分组交换技术,将数据以数据包形式发送和接收,然后在目的地重新合成。常见的网络协议包括 ARP、ICMP、TCP、UDP、HTTP、FTP 和 SMTP 等。

网络管理软件用于帮助网络管理员确保网络的安全性和可靠性。这些软件可以监视网络性能,帮助管理员重新配置网络以提高速度,并确保所有设备能够正常发送和接收数据。典型的网络管理系统包括 HP OpenView、IBM NetView、ZOHO ManageEngine、Cisco Works 等,它们通过 SNMP 对网络设备进行管理。网络监视软件用于查看网络中传输的数据,分为数据包嗅探器和击键监视器。数据包嗅探器可以帮助管理员监视网络性能,而击键监视器则可以记录用户输入的内容。这些工具常被用于监视员工的工作表现和网络使用习惯。网络应用软件帮助用户解决实际问题。

网络系统的构建需要根据系统的规模和结构选择合适的硬件和软件,包括主机、通信设备、通信媒体、系统软件和用户应用软件。即使是简单的两台计算机互联的网络系统,也需要具备这些基本设施。

3.3.2　计算机网络的分类

1. 按照网络覆盖范围大小分类

按照网络覆盖范围的大小,计算机网络可分为局域网(LAN)、城域网(MAN)、广域网(WAN)和互联网。LAN 是将较小的地理区域内的计算机或数据终端设备连接在一起的通信网络。局域网覆盖的地理范围一般在几十米至几十千米。它常用于组建一个办公室、一栋楼、一个楼群或一个校园和一个企业的计算机网络。MAN 是一种大型的 LAN,它的覆盖范围介于局域网和广域网之间,一般为几千米至几十千米,也就是说,城域网的覆盖范围在一个城市内。WAN 是在一个广阔的地理区域内进行数据、语音、图像信息传输的通信网。广域网覆盖广阔的地理区域,通信线路大多借用公用通信网络(如 PSTN、DDN、ISDN 等),传输速率比较低,这类网络的作用是实现远距离计算机之间的数据传输和信息共享。广域网可以覆盖一个城市、一个国家甚至全球。世界上有许多网络,而且常常使用不同的硬件和软件。一个网络上的用户经常需要和另一个网络上的用户通信。这就要求连接不同的而且往往是不兼容的各类网络。互相连接的网络的结合被称为互联网,通常互联网是通过广域网和互联设备连接起来的局域网的集合。

2. 按照网络拓扑结构分类

网络拓扑结构是计算机网络节点和通信链路所组成的几何形状。它决定网络的工作原理和数据传输方法。一旦选定一种网络的拓扑结构,同时就需要选择一种适用于该拓扑结构的网络工作方法和信息的传输方式。网络的拓扑结构有很多种,主要有总线型、环状、星状、树状、网状等(见图3-3)。

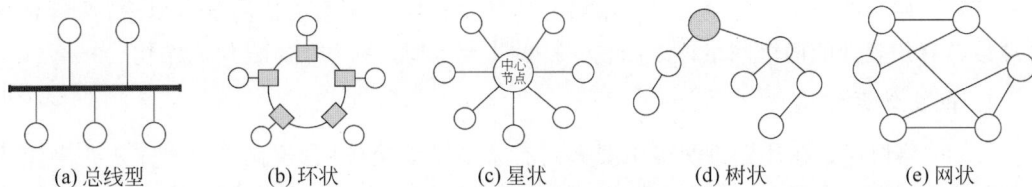

| (a) 总线型 | (b) 环状 | (c) 星状 | (d) 树状 | (e) 网状 |

图 3-3 网络拓扑结构示意图

总线型结构采用单根通信线路(总线)作为公共传输通道,所有节点通过接口连接到总线上,数据通过广播技术传输。所有节点共享通道,只有一个节点可以发送数据,其他节点接收并分析目的地址。典型代表是粗、细同轴电缆以太网。总线型结构的特点包括:结构简单灵活,易扩展;共享能力强,便于广播;响应速度快,但负荷重时性能下降;局部故障不影响整体,可靠性较高,但总线故障会影响整个网络;安装简便,费用低;网络效率和带宽利用率低;采用分布控制,各结点平等。

环状结构通过环接口将各节点连成闭合环,分为单环和双环结构。令牌环(token ring)是单环结构的代表,FDDI是双环结构的代表。环状结构的特点包括:无主从关系,结构简单;信息流沿环单向传递,实时性较好;路由简化,只有一条路径;但可靠性差,任何故障都可能导致全网故障,且故障检测困难,扩展性差。

在星状结构中,每个节点通过点对点链路与中心节点(如交换机、HUB)连接,信息传输依赖中心节点的存储转发。其特点包括:拓扑简单,易于管理与维护;易于结构化布线和扩展;电缆成本高,通信线路专用;可靠性由中心节点决定,中心节点故障会导致全网瘫痪。

树状结构源自总线型和星状结构,具有层次性,顶端为根节点,分支连接其他节点。其特点包括:分级结构,易扩展,可靠性高,易于故障隔离;但电缆成本高,根节点故障会导致全网停运。

网状结构将节点与通信线路互联,每个节点至少与两个节点连接,适用于大型广域网,如 CERNET 和互联网。特点包括:每个节点有冗余链路,可靠性高;多路径选择优化性能,减少时延;结构复杂,管理维护困难;线路成本高。

3. 其他分类

根据所使用的网络协议,可以把计算机网络分为:以太网(Ethernet),使用 IEEE 802.3 标准协议;令牌环网,使用 IEEE 802.5 协议;还有 FDDI 网、ATM 网、X.25 网、TCP/IP 网等。根据网络使用的传输介质,可以把计算机网络分为双绞线网络、光纤网络、同轴电缆网络、无线网络和卫星数据通信网等。根据 NOS,可以把网络分为 Netware 网、UNIX 网、Windows NT 网、3+网等。

根据网络所使用的传输技术,可以把计算机网络分为广播式网络和点到点网络。广播式网络只有一条共享的通信信道,所有站点都可以发送数据分组,数据传到每台机器上并由机器根据目的地址判断接收与否。典型例子是总线型以太网。与之相对,点到点网络由多条专用连接构成,每对机器之间有独立的通信信道,避免了信道共享问题。数据通过中间设备转发,根据目的地址直接传输到目标站点,这种传输方式称为点到点传输。

3.3.3 计算机网络的模型

计算机网络的结构非常复杂。本节将介绍计算机网络体系结构的基本概念,然后介绍全球最具有代表性的两个网络体系结构——OSI 参考模型和 TCP/IP 体系结构。

1. 网络体系结构

(1) 网络协议。在计算机网络中要做到有条不紊地交换数据,就必须遵守一些事先约定好的规则,明确规定交换数据的格式、发送顺序等问题,这些规则、标准或约定就称为网络协议,由三要素组成:语法(syntax)、语义(semantics)、时序(timing)。

语法规定了将若干协议元素和数据组合表达一个完整的内容所应遵循的格式。数据报文格式为:$\boxed{SOH}+\boxed{HEAD}+\boxed{STX}+\boxed{TEXT}+\boxed{ETX}+\boxed{BCC}$。

语义指对构成协议的元素含义的解释,不同类型的协议元素规定通信双方所要表达的不同内容。例如,在基本型数据链路控制协议中,规定协议元素 SOH 的语义表示所传输报文的开始,ETX 表示正文结束,BCC 表示校验码。

时序规定事件的执行顺序。例如,双方通信时,先由发送端发送数据报文,再由接收端反馈信息给发送端。如果接收端收到的是正确报文,就遵循协议规则,发送协议元素 ACK 给发送端,使发送端确认所发出的报文被正确接收;如果接收端收到的是错误报文,同样遵循协议规则,发送 NCK 给发送端,要求发送端重发报文。

(2) 分层体系结构。计算机网络是一个非常复杂的系统,需要解决的问题很多。不同结构的网络,不同厂家的网络产品所使用的网络协议也不一样,而且网络通信需要一套复杂的协议集合或模块层次,并采用分而治之的思想进行管理。分层体系结构模型包括两方面内容:第一,通信双方在每个功能层次模块中,共同遵守相应的协议;第二,层次之间必须有接口协议,即下一层次向上一层次提供接口和功能。接口协议可以是硬件,也可以采用软件实现。计算机网络的各层及其协议的集合称为网络的体系结构,有多种形式,最为重要的是 OSI 模型和 TCP/IP 模型。

2. OSI 参考模型

OSI 参考模型是由国际标准化组织(ISO)经过多年努力在 1978 年提出的,它被称为"开发系统互联参考模型",从此开始有组织有计划地制定一系列网络国际标准。OSI 参考模型把网络体系结构按从高到低分为 7 层,如图 3-4 所示,各层使用国际标准化协议负责各自的功能,下层为上层提供服务。

(1) 物理层(physical layer)。物理层规定激活、维持、关闭通信端点之间的机械特性、电气特性、功能特性以及过程特性。该层为上层协议提供一个传输数据的物理媒体。在这一层,数据的单位称为比特(bit)。属于物理层定义的典型规范代表包括 EIA/TIA RS-232、EIA/TIA RS-449、V.35、RJ-45 等。

(2) 数据链路层(data link layer)。数据链路层在不可靠的物理介质上提供可靠的传输。该层的作用包括物理地址寻址、数据的成帧、流量控制、数据的检错、重发等。在这一层,数据的单位称为帧。数据链路层协议的代表包括 SDLC、HDLC、PPP、STP、帧中继等。

(3) 网络层(network layer)。网络层负责对子网间的数据包进行路由选择。此外,网

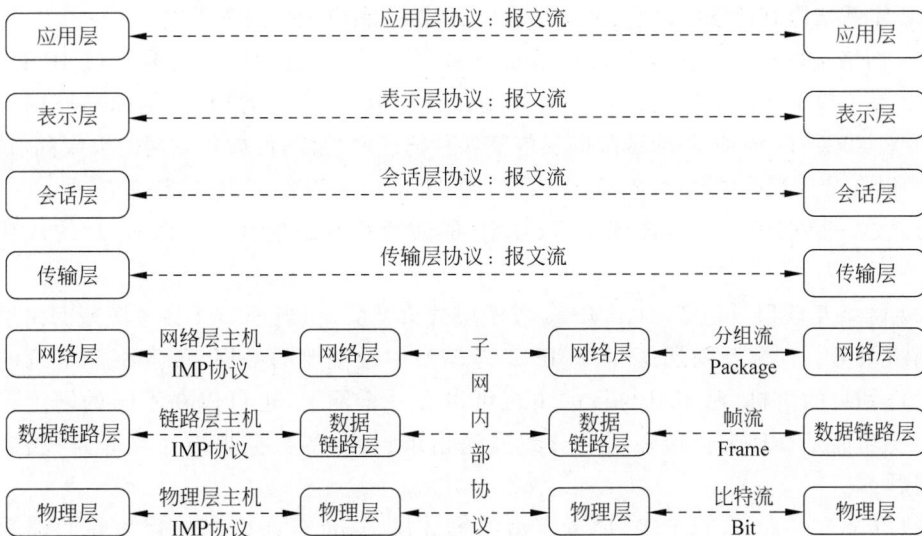

图 3-4　OSI 参考模型的网络体系结构

络层还可以实现拥塞控制、网际互联等功能。在这一层,数据的单位称为数据包(packet)。网络层协议的代表包括 IP、IPX、RIP、OSPF 等。

（4）传输层(transport layer)。传输层是第一个端到端,即主机到主机的层次。传输层负责将上层数据分段并提供端到端的、可靠的或不可靠的传输。此外,传输层还要处理端到端的差错控制和流量控制问题。在这一层,数据的单位称为数据段(segment)。传输层协议的代表包括 TCP、UDP、SPX 等。

（5）会话层(session layer)。会话层管理主机之间的会话进程,即负责建立、管理、终止进程之间的会话。会话层还利用在数据中插入校验点来实现数据的同步。会话层协议的代表包括 NetBIOS、ZIP(AppleTalk 区域信息协议)等。

（6）表示层(presentation layer)。表示层对上层数据或信息进行变换以保证一个主机应用层信息可以被另一个主机的应用程序理解。表示层的数据转换包括数据的加密、压缩、格式转换等。表示层协议的代表包括 ASCII、ASN.1、JPEG、MPEG 等。

（7）应用层(application layer)。应用层为操作系统或网络应用程序提供访问网络服务的接口。应用层协议的代表包括 Telnet、FTP、HTTP、SNMP 等。

在 OSI 参考模型中,每一层都提供特殊的网络功能。高 3 层(应用层、表示层、会话层)以提供面向用户应用的处理功能为主;低 4 层(传输层、网络层、数据链路层、物理层)以提供两节点之间的通信功能为主。网络产品方面,高 4 层的功能由网络操作系统来实现;低 3 层的功能由硬件实现,可直接做到网卡上。

3. TCP/IP 体系结构

传输控制协议(transmission control protocol,TCP)和网际协议(Internet protocol,IP)是目前最流行的商业化的协议,是因特网所使用的各种协议中最重要的两个协议,并被公认为当前的工业标准。TCP/IP 模型实际上是一组协议,TCP/IP 协议族包括上百个协议。不同的协议分布在不同的协议层。由于因特网已经得到全世界的承认,因此因特网所使用的TCP/IP 协议族自然也就成为当今计算机网络领域中使用最广泛的互联网络体系结构。

TCP/IP 体系结构有网络接口层、网络互联层、传输层和应用层四个层次。

（1）网络接口层。作为参考模型的最低层，它负责通过网络发送和接收 IP 数据报。TCP/IP 参考模型允许主机连入网络时使用多种现成的、流行的协议，例如局域网协议或其他一些协议。TCP/IP 的网络接口层包括各种物理网协议，例如局域网的以太网、局域网的令牌环网、分组交换网的 X.25 等。当这种物理网被用作传送 IP 数据包的通道时，就可以认为是这一层的内容。这体现了 TCP/IP 的兼容性与适应性，为 TCP/IP 的成功奠定基础。

（2）网络互联层。位于 TCP/IP 参考模型的第 2 层，相当于 OSI 参考模型网络层的无连接网络服务。网际互联层是 TCP/IP 参考模型中最重要的一层，负责将源主机的报文分组发送到目的主机，源主机与目的主机可以在一个网上，也可以在不同的网上。互联层的主要功能是处理来自传输层的分组发送请求、接收的数据报以及互联路径、流程与拥塞问题。

（3）传输层。位于 TCP/IP 参考模型的第 3 层，它负责在应用进程之间的端到端通信。传输层的主要目的是在互联网中源主机与目的主机的对等实体间建立用于会话的端到端连接。从这点上来说，TCP/IP 参考模型与 OSI 参考模型传输层的功能是相似的。在 TCP/IP 参考模型中的传输层定义了两种协议：TCP 是一种面向连接的可靠协议，它允许将一台主机的字节流（byte stream）无差错地传送到目的主机。UDP 是一种不可靠的无连接协议，主要用于不要求分组顺序到达的传输，分组传输顺序检查与排序由应用层完成。

（4）应用层。作为参考模型的最高层，应用层包括所有的高层协议，并且总是不断有新的协议加入。目前，应用层协议主要有 TELNET、FTP、SMTP、DNS、SNMP、HTTP。

4. 网络互联

网络互联技术是计算机网络发展到一定阶段的必然产物。目前，网络互联越来越受到人们的重视，网络互联技术也正在发生根本性的变化。商业全球化的需求、新的网络应用的不断涌现、信息高速公路的发展等，都促进了网络互联技术的发展。

所谓网络互联，是指将分布在不同地理位置的网络、设备相互连接起来，构成更大规模的网络系统，实现互联网资源的共享。网络互联的目的就是使网络上的用户能够访问其他网络上的资源，不同网络上的用户可以互相通信和交换信息。

网络互联要解决两个层次的问题：首先解决两个使用不同物理拓扑结构、不同传输介质的网络"互联"，通过节点来实现物理连接，这个节点同属于两个网络，即首先解决网络"互连"（interconnection）。其次解决两个使用不同网络协议的网络之间的互联，要求中间节点能实现两个网络之间的互访与通信，其中涉及分组交换、寻址、协议转换等问题，即要解决网络"互联"（internetworking）。"互连"是低层次的、物理的；而"互联"是高层次的、逻辑的。

Internet 将不同的低层网络细节（包括低层次网络细节、拓扑结构等）隐藏起来，向上（包括用户和应用程序）提供一个通用的、一致的网络服务。在用户看来，Internet 是一个统一的超级网络，这是一种虚拟概念，在逻辑上它是独立的、统一的，在物理上则由不同的网络"互连"而成。然而在实际中，网络之间不可能完全连接，也就是说，中间节点不可能提供所有网络之间的直接连接,需要经过若干中间网络。

网络互联采用两种方式:利用网络设备实现和通过互联网实现。网络互联设备主要用于局域网与局域网互联,互联网连接主要用于局域网与广域网互联及广域网之间的互联。利用一般的网络设备可以很方便地实现本地局域网之间的互联;对于远程的局域网之间的互联,可以采用租用专线、X.25 分组交换网、FR 技术、ATM 技术。

3.4 数据库技术

3.4.1 数据库的基本概念

数据库(database,DB)是存放数据的地方,只不过这些数据存在一定的关联,并按一定的格式存放在计算机上。从广义上讲,数据不仅包含数字,还包括文本、图像、音频、视频等。例如,把一个学校的学生、课程、学生成绩等数据有序地组织并存放在计算机内,就可以构成一个数据库。因此,数据库是按照一定的组织方式存储在一起的相关数据与数据关系的集合。它能以最佳的方式,最少的数据冗余为多种应用服务,程序与数据具有较高的独立性。数据库系统(database system,DBS)是由计算机系统、数据库、数据库管理系统(及其开发工具)和有关人员(数据库管理员、系统程序员、用户)组成的具有高度组织的总体。

3.4.2 数据库管理系统

数据库管理系统(database management system,DBMS)是数据库系统的核心,是为数据库建立、使用和维护而配置的软件。它建立在操作系统的基础上,按一定的数据模型组织数据。DBMS 应提供如下功能。

(1) 数据定义功能。DBMS 提供数据定义语言(data definition language,DDL)。DDL 的作用主要是定义数据库的外模式、模式、内模式三级结构及其两层映射。DDL 还用于定义数据的完整性和安全控制等约束。DBMS 把 DDL 所描述的各项内容从源形式转换成目标形式,并且存放在数据字典中方便系统查阅。

(2) 数据操纵功能。DBMS 还提供数据操作语言(data manipulation language,DML),用户可以使用 DML 操纵数据,实现对数据库的基本操作,如插入、删除、修改、查询等。

(3) 数据组织、存储和管理。DBMS 要分类组织、存储和管理各种数据,包括数据字典、用户数据、数据的存取路径等。

(4) 数据库的事务管理和运行管理。数据库在建立、运用和维护时由数据库管理系统统一管理、统一控制,具体包括在多用户环境下事务的管理和自动恢复、并发控制和死锁检测、安全性检查和存取控制、完整性检查和执行、运行日志的组织管理等,以保证数据的安全性、完整性、多用户对数据的并发使用及发生故障后的系统恢复。

(5) 数据库的建立和维护功能。它包括数据库初始数据的输入、转换功能,数据库的转储、恢复功能,数据库的重组织功能和性能监视、分析功能等。这些功能通常是由一些应用程序或管理工具完成的。

(6) 其他功能。主要包括 DBMS 与网络中其他软件系统的通信功能;一个 DBMS 与另一个 DBMS 或文件系统的数据转换功能;异构数据库之间的互访和互操作功能,等等。

数据、数据库、数据库管理系统与操作数据库的应用程序,加上支撑它们的硬件平台、软件平台和与数据库有关的人员一起构成一个完整的数据库系统,如图 3-5 所示。

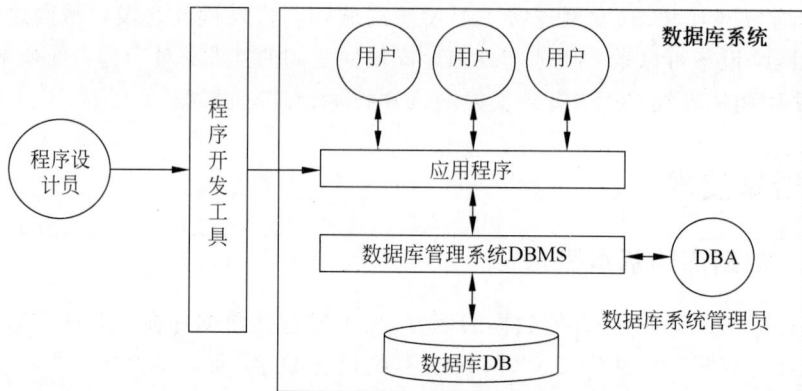

图 3-5　数据库系统的构成

3.4.3　数据库系统的结构

考察数据库系统的结构可以有多种不同的层次或不同的角度。

从数据库管理系统的角度看,数据库系统通常采用三级模式结构,这是数据库系统内部的体系结构;从数据库最终用户的角度看,数据库系统的结构分为集中式结构、分布式结构和客户/服务器结构,这是数据库系统外部的体系结构。

1. 数据库系统模式的概念

模式(schema)是数据库中全体数据的逻辑结构和特征的描述,它仅仅涉及模型的描述,不涉及具体的值。模式的一个具体的值称为模式的一个实例。同一个模式可以有很多实例。模式是相对稳定的,而实例是相对变动的,因为数据库中的数据是不断更新的。模式反映的是数据的结构及其联系,而实例反映的是数据库某一时刻的状态。

例如:学生记录定义为(学号、姓名、性别、系别、年龄),称为记录型,而(001101,张立,男,计算机,20)则是该记录型的一个记录值。模式只是对记录型的描述,而与具体的值无关。

2. 数据库系统的三级模式结构

通常 DBMS 把数据库从逻辑上分为三级,即外模式、模式和内模式。数据库系统的三级模式是对数据的 3 个抽象级别,它们分别反映看待数据库的三个角度。它把数据的具体组织留给 DBMS 管理,使用户能逻辑地、抽象地处理数据,而不必关心数据在计算机中的具体表示方式与存储方式。为了能够在系统内部实现这三个抽象层次的联系和转换,数据库管理系统在这三级模式之间提供两层映像:外模式/模式映像和模式/内模式映像。正是这两层映像保证数据库系统中的数据能够具有较高的逻辑独立性和物理独立性。数据库系统的三级模式二级映像结构如图 3-6 所示。

(1) 模式(schema)。模式也称为逻辑模式,是对数据库中全体数据的逻辑结构和特征的描述,为所有用户的公共数据视图,由数据库管理系统提供的数据模式描述语言来描述、定义的,体现和反映数据库系统的整体观。它是数据库系统模式结构的中间层,既不涉及数

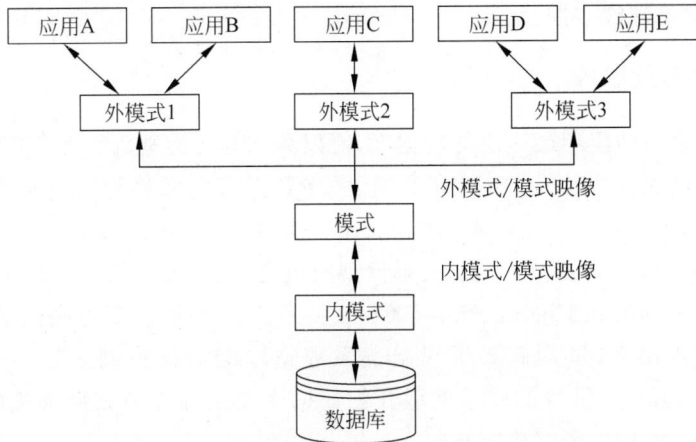

图 3-6　数据库系统的三级模式二级映像结构

据的物理存储细节和硬件环境,也与具体的应用程序、所使用的应用开发工具及高级程序设计语言无关。模式实际上是数据库数据在逻辑级上的视图。在定义模式时,不仅要定义数据的逻辑结构,例如数据记录由哪些数据项构成,数据项的名字、类型、取值范围等,而且要定义与数据有关的安全性、完整性要求,定义这些数据之间的联系。一个数据库只有一个模式。

(2) 外模式(external schema)。外模式也称为子模式(subschema)或用户模式,它是数据库用户能够看见和使用的局部数据的逻辑结构和特征的描述,是数据库的用户视图,是与某一应用有关的数据的逻辑表示。可以通过外模式描述语言来描述、定义对应的数据(外模式),也可以利用数据操纵语言对这些数据进行操纵。外模式反映数据库的用户观。外模式是保证数据库安全性的一个有力措施,每个用户只能看见和访问所对应的外模式中的数据,数据库中的其余数据是不可见的。外模式通常是模式的子集。一个数据库可以有多个外模式。

(3) 内模式(internal schema)。内模式也称为存储模式(storage schema),它是数据物理结构和存储方式的描述,是数据在数据库内部的表示方式。内模式由内模式描述语言来描述、定义,它是数据库的存储观。例如,记录的存储方式是堆存储,还是按照某个(些)属性值的升(降)序存储,还是按照属性值聚簇存储;索引按照什么方式组织,是 B+树索引,还是 Hash 索引;等等。一个数据库只有一个内模式。

(4) 外模式/模式映像。模式描述的是数据库全局逻辑结构,外模式描述的是数据的局部逻辑结构。对应同一个模式可以有任意多个外模式。对于每一个外模式,数据库系统都有一个外模式/模式映像,它定义该外模式与模式之间的对应关系。

当模式改变时(例如增加新的关系、新的属性、改变属性的数据类型等),由数据库管理员对各个外模式/模式的映像作相应改变,可以使外模式保持不变。应用程序是依据数据的外模式编写的,应用程序不必修改,保证数据与程序的逻辑独立性,简称数据的逻辑独立性。

(5) 模式/内模式映像。数据库中只有一个模式,也只有一个内模式,所以模式/内模式映像是唯一的,它定义数据全局逻辑结构和存储结构之间的对应关系。

当数据库的存储结构改变时(例如选用了另一存储结构),由数据库管理员对模式/内模式映像做出相应改变,可以使模式保持不变,应用程序不必改变,保证数据与程序的物理独立性,简称数据的物理独立性。

3.4.4 关系数据库

关系数据库是目前应用最广泛的数据库,能以数学方法为基础管理数据库,与其他数据库相比有突出的优点。1970 年,IBM 研究员、关系数据库之父科德(Edgar Frank Codd)博士在刊物 *Communication of the ACM* 上发表一篇名为 A Relational Model of Data for Large Shared Data Banks 的论文,提出关系模型的概念,奠定关系模型的理论基础。1974 年 IBM 的 Ray Boyce 和 Don Chamberlin 将 Codd 关系数据库的 12 条准则的数学定义以简单的关键字语法表现出来,里程碑式地提出关系数据库结构化查询语言(structured query language,SQL)语言。数据库的关系模型开创数据库关系方法和数据理论的研究,为关系数据库的实践发展和理论研究奠定基础。

关系数据库系统从实验室走向社会实践,已经出现很多性能良好、功能卓越的数据库管理系统,如现在比较流行的数据库管理系统有 IBM DB2、Sybase、Oracle 和 SQL Server 等,以及在个人计算机上广泛使用的小型数据库管理系统 FoxPro、Access 等。

1. 关系数据模型

关系数据模型是用关系(表格数据)表示实体和实体之间联系的模型。可以简单将一个关系理解为一个由行列组成的二维表格,也可以说关系就是二维表格。以下是关系数据模型相关术语。

(1) 元组,指表格中的每一行,也称为记录。关系是元组的集合,一个表由若干个记录组成。

(2) 分量,是对元组中每一个属性值称谓,一个元组由 n 个元组分量组成。

(3) n 元关系。每一列是一个属性,列名为属性名。如果表格有 n 列(n 个属性),则这种关系就是 n 元关系。

(4) 键,又称为码。在众多属性中,可以有多个唯一地标识元组的属性或属性集合,叫候选键或候选码。若一个关系有多个候选键,则选定其中一个为主键(primary key)。候选键的各个属性称为主属性。不包含在任何候选键中的属性称为非主属性。简单情况下,候选键只包含一个属性。极端情况下,关系模式的所有属性是这个关系模式的候选键,称为全键(all-key)。

(5) 域,是属性的取值范围。

关系在简单情况下的直观概念可以理解为:

表(table)——关系;

列(field)——字段、分量或者属性;

行(row)——元组、记录;

值单元格(cell)——数据项。

(6) 关系模式,是对关系的描述。

关系模式表示:关系名(属性 1,属性 2,属性 3,…,属性 n)。

关系应满足性质:表格中的每一列都是不可再分的,每行和每列的相交点仅包含单个值;任何列中的值必须是同一类型的,各列被指定一个相异的名字;各行相异,不允许重复；行、列次序均无关。

2. 关系代数

（1）关系模型基本操作。关系模型基本操作包括查询和更新两类，其中更新主要是对元组进行插入、删除、修改和查询等操作。"插入"在关系中增添一些元组（记录）。"删除"在关系中删除一些元组（记录）。"修改"针对关系中的某些元组（记录），修改其属性值。"查询"在一个关系或多个关系间做查询，查询的结果也为关系。

（2）关系运算定义。以集合代数运算方法对关系进行数据操作，关系运算的三要素分别是运算对象、运算符和运算结果，主要包括两大类运算：借用传统集合运算的并（union）、交（intersection）、差（difference）等运算，完全把关系看作元组集合；专门的关系运算则包括选择（selection）、投影（project）和连接（join）等运算。假设 R 和 S 是同类型关系，以下是一些关系运算相关说明。并运算（$R \cup S$）的结果也是关系，其元组由元组 R 和 S 组成，并去除重复元组。差运算（$R-S$）是由属于 R 但不属于 S 的元组构成的集合。交运算 $R \cap S$ 的结果由那些既在 R 内又在 S 内的有序元组所组成。广义笛卡尔积运算"$\times$"（Extended Cartesian Product）是表示两个关系的合并操作。设有 n 元（即 n 列）关系 R 及 m 元（即 m 列）关系 S，分别有 p、q 个元组（或记录），关系 R 与 S 的笛卡儿积记为 $R \times S$，表示一个 $n+m$ 元关系，元组个数是 $p \times q$，由 R 与 S 的有序组组合而成。在新关系中：列数为两个源关系中的列之和；行数为两个源关系中行数的乘积。选择运算（σ）针对关系中的某些行操作。在关系中选取满足给定条件的所有元组（即记录）：$\sigma F(R) = \{t \mid t \in R \wedge F(t) = '真'\}$。其中，$F$ 为选择条件，是一个逻辑表达式。投影运算（π）针对关系中的某些列操作，就是从关系中取出若干属性（列），组成一个新关系，记作 $\pi X(R) = \{t[X] \mid t \in R\}$，$X$ 为 R 中的属性。自然连接（join）将两个具有公共属性的关系，按公共属性值相等的条件连接成新的关系。

3. 关系数据库规范化理论

建立一个关系数据库系统，首先要考虑怎样建立数据模式，即应该构造几个关系模式，每个关系模式中需要包含哪些属性等，这是数据库设计的问题。关系规范化主要讨论的就是建立关系模式的指导原则，所以有人把关系数据库规范化理论称为设计关系数据库的规范化理论。

1）关系模型的完整性规则

关系模型中有三类完整性约束：实体完整性、参照完整性和用户定义的完整性。其中实体完整性和参照完整性是关系模型必须满足的完整性约束条件，被称为关系的两个不变性，应该由关系系统自动支持；用户定义的完整性是应用领域需要遵循的约束条件，体现具体领域中的语义约束。

（1）实体完整性。关系的实体完整性规则为：若属性 A 是基本关系 R 的主属性，则属性 A 的值不能为空值。如学生关系中的"学号"属性值不能为空。（一个关系对应现实世界的一个实体集，关系中每个元组对应一个实体。实体都具有唯一性标识。）

（2）参照完整性。关系的参照完整性规则是：若属性（或属性组）F 是基本关系 R 的外码，它与基本关系 S 的主码 K_s 相对应（基本关系 R 和 S 不一定是不同的关系），则对于 R 中的每个元组在 F 上的值必须取空值（F 的每个属性值均为空值），或者等于 S 中某个元组的主码值。

（3）用户定义完整性。通常定义除主关键字与外关键字之外的其他属性取值的约束。前两种是任何关系数据库系统均应满足的数据约束条件。用户定义完整性指用户定义具体数据库时，由具体应用环境来决定应满足的约束条件，例如某个属性的值必须唯一，某个属性的取值必须在某个范围内，某些属性值之间应该满足一定的函数关系等。类似于这些方面的约束不是关系数据模型本身所要求的，而是为了满足应用方面的语义要求而提出的，这些完整性需求需要用户来定义，所以又称为用户定义完整性。

2）数据依赖

数据依赖的定义是限定组成关系的各元组必须满足的完整性约束条件，如属性的取值范围，或者属性值间的相互关联（即数据依赖）。

数据依赖的意义在于恰当的数据依赖是必要的，但不必要的数据依赖会对关系模式产生不好的影响（数据冗余、更新、插入出现异常等），进行数据库设计时要深入分析数据间的依赖。

关系模式中的数据依赖有多种，比较重要的是函数依赖、多值依赖、连接依赖。关系模式中属性间普遍存在函数依赖。一个关系模式中，如果某个属性组 X 的值确定，则其他属性的值将唯一确定，称此属性组函数决定其他的属性，或称其他属性函数依赖于此属性组。函数依赖记为 $X \to Y$，具体分类如下。

（1）平凡的函数依赖。在关系模式 $R(U)$ 中，对于 U 的子集 X 和 Y，若 $X \to Y$，但 $Y \subseteq X$，则称 $X \to Y$ 是平凡的函数依赖。

（2）非平凡的函数依赖。若 $X \to Y$，并且 Y 不是 X 的真子集，则称 $X \to Y$ 是非平凡的函数依赖。需要说明的是：对于任一关系模式，平凡函数依赖必然成立，通常更关注非平凡函数依赖。因此若不特别说明，本节总是讨论非平凡函数依赖。

（3）完全函数依赖。在关系模式 $R(U)$ 中，若 $X \to Y$，并且对于 X 的任意真子集 X'，都没有 $X' \to Y$，则称 Y 完全函数依赖于 X。

（4）部分函数依赖。若 $X \to Y$，并且存在 X 的子集 X'，有 $X' \to Y$，则称 Y 部分函数依赖于 X。

（5）传递函数依赖。在关系模式 $R(U)$ 中，若有 $X \to Y$，但没有 $Y \to X$，且有 $Y \to Z$，则 $X \to Z$ 成立，称 Z 传递函数依赖于 X。

3）关系模型的范式

规范化的理论是 E. F. Codd 首先提出的。他认为，一个关系数据库中的关系，都应满足一定的规范，才能构造出好的数据模式，Codd 把应满足的规范分成几级，每一级称为一个范式（normal form，NF）。例如满足最低要求，叫第一范式（1NF）；在 1NF 基础上又满足一些要求的叫第二范式（2NF）；第二范式的有些关系能满足更多的要求，就属于第三范式（3NF）。后来 Codd 和 Boyce 又共同提出一个新范式：BC 范式（BCNF）。后来又有人提出第四范式（4NF）和第五范式（5NF）。范式等级越高，应满足的条件也越严。

（1）第一范式。1NF 要求关系 R 中的每个属性（列）都是不可再分的，或每个属性的域都只包含单纯值，而不是一些值的集合，记为 $R \in 1NF$。判断方法为：关系表中每个属性值是否都是不可再分解的最小数据单位。第一范式规范方法是：依次检查每个属性的取值，如果是组合情况，即不是最小单位，就进行属性值的最小化拆分。

（2）第二范式。2NF 的前提是 $R \in 1NF$，并且每个非主属性都完全函数依赖于关键字，

记为 $R\in 2NF$。第二范式规范方法为：将能完全依赖主键的属性从关系中提取出来，同主键一起组成一个关系；将剩余的属性同能完全依赖的主键的一部分组成一个关系。

（3）第三范式。3NF 的前提是 $R\in 2NF$，且每个非主属性都不传递依赖于 R 的候选码，记为 $R\in 3NF$。若 $R\in 3NF$，则每一个非主属性既不部分依赖于码也不传递依赖于码。

（4）BC 范式。如果关系模式 $R\in 1NF$，且每个属性都不传递依赖于 R 的候选码，那么称 R 属于 BCNF 模式。如果数据库模式中的每个关系模式都是 BCNF，则称为 BCNF 的数据库模式。

这些范式的要求逐级提高，它们之间的关系是：$1NF\supset 2NF\supset 3NF\supset BCNF$。所谓规范化实质上是概念的单一化。范式的规范化过程就是要求消除决定属性集非码的非平凡函数依赖，可以概括为图 3-7。

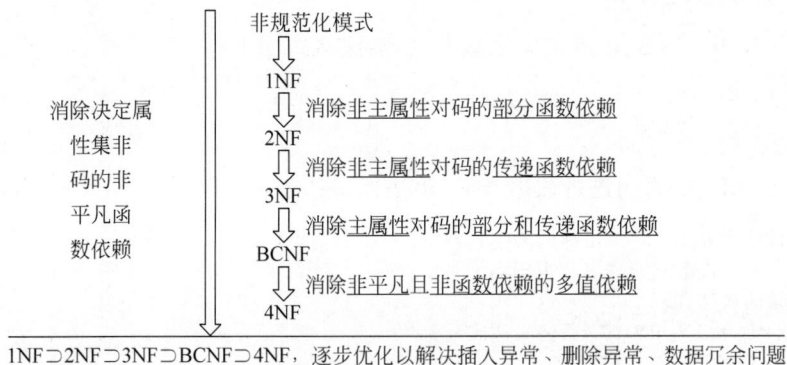

图 3-7　关系数据库的规范化过程

3.4.5　结构化查询语言

1. SQL 基本概念

结构化查询语言（SQL）是 1974 年由 Boyce 和 Chamberlin 提出的。1975—1979 年，IBM 公司研制的关系数据库管理系统原型 System R 实现了这种语言。此后，经过各公司的不断修改、扩充和完善，SQL 最终发展成为关系数据库的标准语言。SQL 是一种介于关系代数与关系演算之间的结构化查询语言，其功能包括查询、定义、操作和控制，是一种通用的、功能极强的关系数据库语言。它的主要特点包括：综合统一、高度非过程化、面向集合的操作方式、以同一种语法结构提供多种使用方式、语言简洁且易学易用。SQL 核心功能只用 9 个动词实现：数据查询（SELECT）、数据定义（CREATE，ALTER，DROP）、数据操作（INSERT，DELETE，UPDATE）、数据控制（GRANT，REVOKE）。

2. SQL 对数据表和数据记录的操作

（1）基本表的建立与删除。

SQL 用 CREATE TABLE 语句定义基本表，语法格式如下：

```
CREATE TABLE <表名>
   (<列名 1><数据类型>
   [,<列名 2><数据类型>]
      ...
   );
```

常用的数据类型有 CHAR(字符型)、NUMERIC(数值型)、DATETIME(日期时间型)、INT(整型)、VARCHAR(变长字符型)、BIT(逻辑型)等。

例如,建立一个"学生"表 Student,它由学号(Sno)、姓名(Sname)、性别(Ssex)、年龄(Sage)四个属性组成,设学号为主键。建立该表的语句如下:

```
CREATE TABLE Student
    (Sno CHAR(4) PRIMARY KEY,
     Sname CHAR(8),Ssex CHAR(2),Sage SMALLINT
    );
```

SQL 用 ALTER TABLE 语句修改基本表,语法格式如下:

```
ALTER TABLE <表名>
    ADD <新列名><数据类型>;
```

SQL 用 DROP TABLE 语句删除基本表,语法格式如下:

```
DROP TABLE <表名>;
```

(2) 数据查询。

SQL 用 SELECT 语句进行数据查询,语法格式如下:

```
SELECT <目标列表达式>[,<目标列表达式>]…
FROM <表名或视图名>[,<表名或视图名>]…
[WHERE <条件表达式>]
[GROUP BY <列名 1>[HAVING <条件表达式>]]
[ORDER BY <列名 2>[ASC|DESC]];
```

整个 SELECT 语句的含义是,根据 WHERE 子句的条件表达式,从 FROM 子句指定的基本表或视图中找出满足条件的元组,再按 SELECT 子句中的目标列表达式,选出元组中的属性值形成结果表。

如果有 GROUP BY 子句,则将结果按<列名 1>的值进行分组,该属性列值相等的元组为一个组。通常会在每组中作用聚集函数。如果 GROUP BY 子句带 HAVING 短语,则只有满足指定条件的组才予以输出。

如果有 ORDER BY 子句,则结果表还要按<列名 2>的值的升序(ASC)或降序(DESC)排序。

例如,求上例基本表 Student 中男同学的每一年龄组(超过 50 人)有多少人? 要求查询结果按年龄降序排列。SQL 语句如下:

```
SELECT Sage,COUNT(Sno)
FROM Student
WHERE Ssex = 'M'
GROUP BY Sage HAVING COUNT( * )> 50
ORDER BY Sage DESC;
```

(3) 数据记录更新。

SQL 用 INSERT 语句进行插入操作,语法格式如下:

```
INSERT INTO <表名>(<列名 1>[,<列名 2>]…)
VALUES (<常量 1>[,<常量 2>]…);
```

SQL 用 UPDATE 语句进行修改操作,语法格式如下:

```
UPDATE <表名>
SET <列名 1> = <表达式 1>[,<列名 2> = <表达式 2>]…
WHERE <逻辑表达式>;
```

SQL 用 DELETE 语句进行删除操作,语法格式如下:

```
DELETE FROM <表名>
WHERE <逻辑表达式>;
```

3.5 通信技术

通信是生物的沟通交流本能,也是人类文明得以快速发展的重要途径。所谓通信,最简单的理解,也是最基本的理解,就是人与人沟通的方法。无论是现在的电话,还是网络,解决的最基本的问题,实际还是人与人的沟通。人类与动物的区别之一就在于通信技术的先进性和通信方式的多样性。在词语表达中,中文"通信"和"通讯"两个词语都对应于英文communication,通讯通常指的是邮件、报纸、电报、电话等传统通讯方式,通信则是基于计算机网络的数字化或数据化通讯。因为计算机网络的普及和其他通讯方式数字化的发展,现在使用"通信"一词居多。从古至今,信息载体和传递方式都发生了很大变化。通信技术是信息技术的另一个重要组成部分。通信技术主要包括网络交换、传输接入、移动通信、无线通信、光通信、专网通信、卫星通信等技术。

现代通信技术,一般是指电信,国际上称为远程通信。电信业务现在从以语音为主向以数据为主转移,交换技术也相应地从传统的电路交换技术逐步转向基于分组的数据交换和宽带交换,并向适应下一代网络基于 IP 的业务综合特点的软交换方向发展。信息传输技术主要包括光纤通信、数字微波通信、卫星通信、移动通信以及图像通信。

通信发展可以分为这样的三个阶段:初级通信阶段(以 1837 年电报发明为标志)、近代通信阶段(以 1948 年香农提出信息论为标志)和现代通信阶段(以 20 世纪 80 年代以后光纤通信应用、综合业务数字网崛起为标志)。基于人类最初的通信历史,通信发展还可以分为另外三个阶段:①通信方式简单和内容单一的语言和文字通信阶段;②涵盖莫尔斯发明的电报机(1837 年)、贝尔发明的电话机(1876 年)以及马可尼发明的无线电设备(1895 年)的电通信阶段;③以数字通信为代表的电子信息通信阶段。

数据网是计算机技术与近代通信技术发展相结合的产物,将信息采集、传送、存储及处理融为一体,并向更高级的综合体发展。通信技术发展虽然只有短短的一百多年历史,变化却翻天覆地。由当初的人工转接到后来的电路转接,历经程控交换、分组交换、ATM 交换机、IP 路由器。由单一的固定电话到现在的卫星电话、移动电话、IP 电话和手机的广泛而深度的使用,以及由通信和计算机结合的各种其他业务,从 3G、4G 再到今天的 5G,人类社会很快从信息化社会进入数字化社会。

1. 有线通信

电报是一种早期的现代通信系统,通过电线将电信号从一个地点传送到另一个地点,然后转换成信息。电报的发明也是循序渐进的,历经 1794 年的字母可视信号电报、1809 年的电解气体电报、1828 年的化学纸带信号电报、1825 年的电磁铁、1835 年的莫尔斯电码等一系列发明和发现,直到 1837 年,摩尔斯发明了现代第一台真正意义上的有线电报机。1844 年,有线电报发送一条消息。1851 年,电报开始商业运营。1900 年,弗雷德里克·奎迪发明了一种将莫尔斯电码转换为文本的电报系统。1913 年,西联汇款公司开发多路复用技术,在一根单线上可以同时传输 8 条消息(每个方向 4 条)。电传打字机在 1925 年开始使用,变路转换器在 1936 年问世,可以让一根导线同时传输 72 个信号(每个方向 36 个)。两年后,西联汇款公司推出第一款自动传真设备。1959 年,西联汇款公司成建电传系统,使电传打印机服务的用户可以直接拨打电话。

亚历山大·格雷厄姆·贝尔是一位生于苏格兰的美国发明家、科学家和工程师,他因在 1876 年发明第一台实用电话、1877 年创建贝尔电话公司、1886 年改进托马斯·爱迪生的留声机而闻名。电报和电话都通过电线来传输电信号,贝尔在电话方面的成功直接得益于他对电报技术的改进。1877 年,第一条从波士顿到马萨诸塞州萨默维尔的常规电话线路已经建成。1880 年年底,美国有 4 万 9 千多部电话。经过一系列的合并,美国电话电报公司(AT&T 的前身)在 1880 年成立。由于贝尔控制着电话系统背后的知识产权和专利,AT&T 实际上垄断了这个年轻的行业。AT&T 一直控制着美国电话市场,直到 1984 年与美国司法部达成和解,迫使 AT&T 终止对国有市场的控制。有线电话发展过程还历经 1866 年的跨海电缆、1878 年的电话交换机、1889 年的投币电话、1891 年的自动电话交换机、1896 年的拨盘电话、1905 年的电话亭、1963 年的按键电话等设备设施的发明和安装。

2. 无线通信

电气通信的发展历程涵盖有线电报、有线电话、无线电报和无线电话四个阶段。尽管电报的信息量不如语音电话丰富,但电报在通信发展的早期阶段和特殊领域发挥了重要作用。

无线电报的起源可追溯至 1895—1900 年,马可尼等人进行了无线传输电报信号的实验,标志着"无线电报时代"的开始。当时的火花式发报机由电报键、电池、电磁振动器、高压感应线圈等组成,使用的波长为 6000m(50kHz)~200m(1.5MHz)。波长小于 200m 的信号被认为低效且不切实际,主要在实验人员和无线电爱好者中使用。

1903 年,丹麦工程师弗拉德马尔·波尔森设计了电弧转换器,用于产生连续波高频信号,其发射机输出功率可达 70kW。随后,美国工程师恩斯特·亚历山大开发了高频交流发报机,逐渐取代了火花和电弧发报机。1910—1920 年,这种高频交流发电机发射机主导了远程无线电报通信。1920 年后,电子管发射机开始广泛应用于无线系统。

无线电报信号的接收始于马可尼等人的实验,最初使用电磁探测器和继电器。1894 年,英国人奥利弗·洛奇使用"COHERER"装置进行了接收无线电波信号的实验,但这些探测器灵敏度较低。为了提高接收性能,研究重点转向谐振电路、线圈和天线耦合,以提升选择性和灵敏度。无线电报对船舶通信产生了巨大影响。在无线电报出现之前,船舶通信仅限于视线范围内的光信号;无线电报使船只在遇险时能够联系岸上电台和其他船只。此外,无线电报在农村地区和航空领域也发挥了重要作用。

移动电话服务(MTS)是一种连接到公共交换电话网(PSTN)的无线电话系统,是最早的移动电话标准之一。MTS 通过运营商进行双向协助,最初设备重达 80 磅(约 36 千克),频道数量有限。1946 年 6 月 17 日,MTS 首次在圣路易斯投入使用,但很快因频率限制达到容量瓶颈。1964 年,改进移动电话服务(IMTS)推出,支持直接拨号和全双工操作,但用户总数仍受限。20 世纪 70 年代和 80 年代初,移动电话服务需求旺盛,用户需等待多年才能获得服务。1947 年,贝尔实验室开始研究现代移动电话网络,提出了通过蜂窝网络实现手机无线连接的概念。1973 年,摩托罗拉推出第一款手持移动电话,开启了蜂窝移动通信的新时代。此后,先进移动电话系统(AMPS)在 20 世纪 90 年代取得进展,逐渐取代了MTS 和 IMTS 系统。

3. 移动通信

现代移动通信技术是无线通信技术的一种,主要采用蜂窝式基站布局,以最有效地传递无线信号。蜂窝网络通信工具主要是手机,英国称为 mobile phone,美国称为 cell phone,现在也常称为智能手机(smart phone)。蜂窝式通信技术如今已经从第一代(1G)发展到第五代(5G),速度加速变快,流量加速变大,功能也变得非常多且强,如图 3-8 所示。

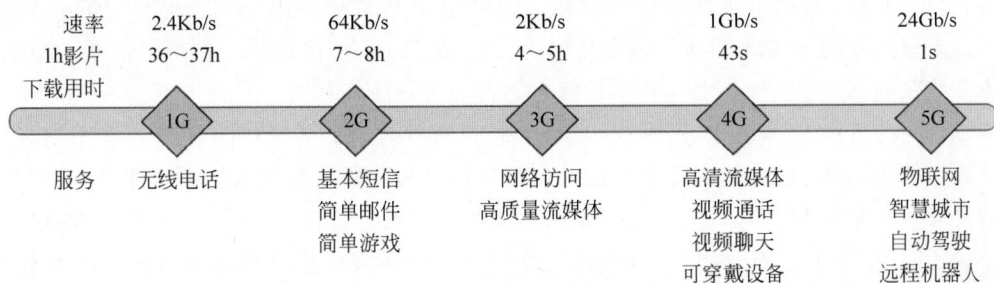

速率	2.4Kb/s	64Kb/s	2Kb/s	1Gb/s	24Gb/s
1h影片下载用时	36～37h	7～8h	4～5h	43s	1s
	1G	2G	3G	4G	5G
服务	无线电话	基本短信 简单邮件 简单游戏	网络访问 高质量流媒体	高清流媒体 视频通话 视频聊天 可穿戴设备	物联网 智慧城市 自动驾驶 远程机器人

图 3-8　1G～5G 移动通信的功能拓展

从 1G 到 5G,移动通信技术经历了从模拟信号到高速数据传输的变革,通信行业飞速发展。1G 技术始于 20 世纪 70 年代末,整个 80 年代逐步完善。1G 采用模拟信号,语音通过调制到更高频率传输,而非数字编码;存在信号退化和通话质量不稳定的问题,但为后续技术奠定了基础。2G 技术在 20 世纪 90 年代初兴起,以全球移动通信系统(GSM)和时分多路访问(TDMA)技术为标准,首次实现数字语音和数据传输,并支持用户漫游。2G 引入加密技术和移动认证,保障通话安全。这一时期诞生了短信、电话会议、呼叫保持等基本服务,还引入码分多路访问(CDMA)技术,允许多个信号共享同一信道。2000—2003 年,2.5G 技术出现,支持高速数据传输和互联网接入。通用分组无线电服务(GPRS)和增强数据速率(EDGE)是这一时期的代表,GPRS 理论速率可达 171.2Kb/s,而 EDGE(2.75G)速率最高可达 473.6Kb/s。这些技术为 3G 的普及奠定了基础。

3G 技术于 2001 年商用,以通用移动通信系统(UMTS)为代表,支持高速宽频上网和固定无线上网,数据传输速度可达 2Mb/s。3G 首次支持视频通话、移动电视、导航地图、电子邮件等数字服务,引入了强大的安全功能。我国电信、联通和移动分别采用 CDMA2000 1x EVDO、WCDMA 和 TD-SCDMA 技术。4G 技术从 2010 年开始普及,以长期演进标准(LTE)为核心,支持全 IP 网络和分组交换。4G 旨在提供高速、高质量的通信服务,支持多媒体和 IP 网络服务,同时降低语音和数据服务成本。由于 LTE 采用分组交换,运营商需要对语音通话网络进行大规模改革。5G 是新一代商用蜂窝网络,显著提升了互联网连接速度、宽带带宽和容量。5G 技术包括毫米波段(如 26GHz、28GHz、38GHz 和 60GHz),理论速率可达 24Gb/s。此外,大规模多输入多输出(MIMO)技术将性能提升至 4G 的 10 倍。5G 还使用 600MHz～6GHz 的低频段和中频段,尤其集中在 3.5～4.2GHz。华为在 5G 研发和推广方面处于全球领先地位。2020 年前,华为已获得 70 多个 5G 商用合同,部署了超过 50 万个 5G AAU(active antenna unit,有源天线单元)。后来,华为提出"5.5G"概念,旨在提升个人实时交互体验,增强蜂窝物联网能力,助力构建智能世界。

3.6 多媒体技术

1. 信息载体

人类社会的沟通交流依赖于信息载体和通信媒介。信息载体包括肢体语言、可视可听信号、自然语言、文字、图形、图片、视频、音频和专业符号等。肢体语言如眼神、手势和动作,常用于面对面交流,辅助情感和意识的表达。古代的狼烟、火把、鼓声和现代的信号弹、军号等可视可听信号,则用于远距离应急通信。自然语言是常见的语音交流载体,通过口耳相传;而文字的发明极大地推动了人类文明的发展,使得经验、技术和文化得以传承。中国和西方文化的延续与发展,分别与汉字和西方语言的传承密切相关。

图形用于几何形体表达,广泛应用于地理、建筑等领域;图片作为直观的静态表现,既是绘画艺术的载体,也是文明发展的记录。视频通过视觉暂留和双眼视差等原理,让观众感受到动态和立体效果。音频则记录声音的声波变化。文学方面,中国古代的诗词歌赋、戏曲和小说通过文字和音律记录情感与生活。现代技术的发展使这些载体形式融入影视作品,电影和电视剧成为自然与人类场景的综合呈现。

如今,影视、电游和元宇宙成为现代文学和文化的继承与发展形式。与古代依靠语言抽象描述不同,现代技术可将生产和生活方式写实地搬入虚拟世界。这种丰富多样的信息载体离不开多媒体技术的快速发展,它使信息传递更加直观和高效。

2. 多媒体技术

多媒体是计算机辅助集成文本、图片、音频、视频、动画等多种信息形式的综合表现,允许用户通过计算机进行交互和创作。它是现代计算机技术发展的产物,分为线性和非线性两种。线性多媒体(如电影、电视剧)以固定顺序播放,适合向大众传递信息;非线性多媒体(如 PC 游戏、网站)提供交互性,用户可自主控制内容,如视频网站的弹幕功能。多媒体技术广泛应用于教育、培训、商业、美术、工程等领域。与人类大脑不同,计算机更擅长处理数字和文本信息,而图像、视频和音频等多维度信息需要更多资源。因此,压缩技术被广泛应用,以减小文件大小,便于存储、传输和显示。压缩的原则是消除冗余,例如在黑白图片中用代码存储重复像素。

最简单的图像编辑软件是 Windows 的画图软件,支持 BMP、Gif、JPG、JPEG、TIFF、PNG、HEIC 等格式。最强大的图像编辑软件是 Adobe 公司的 Photoshop,常用于平面设计、照片设计、照片修复、广告摄影、影像创意、艺术文字、网页制作、项目策划、后期修饰、电子绘画、三维渲染、视觉创意、图标制作、品牌设计和界面设计等多个方面。其他图像软件的功能介于二者之间,有些软件能够实现个别功能的快捷和轻量化,有些软件则用于矢量图转换。矢量图形常用处理软件就是各类 CAD 软件、流程图 Visio 软件、思维导图软件、文图混排软件、数据图表软件等。人们也常将使用 Photoshop 修改图像的过程称为 PS,经过 PS 过的图像常常会带来美化、娱乐效果,甚至形成网络媒体事件。

　　短视频网站和在线视频需求的爆发推动了视频录制、剪辑和格式转换软件的发展。轻量级录屏软件如超级录屏、EV 录屏和轻秒录屏支持全屏和选区录制,无广告且输出文件小,部分还提供简单编辑功能。视频剪辑软件包括爱剪辑、剪映、Adobe Premiere Pro、Final Cut Pro X 等,用户可以循序渐进地学习。格式工厂是一款强大的多媒体格式转换软件,方便对各种照相、录音和录像设备以及各类相关软件输出后的文件再处理。格式工厂软件在图片方面支持 JPG、PNG、ICO、BMP、GIF、TIF、PCX、TGA 等格式,在音频方面支持 WAV、MP3、WMA、M4A、FLAC、AAC、APE、DTS、AC3、MMF、AMR、M4R、OGG、MP2 等格式,在视频方面支持 MP4、MKV、GIF、WebM、AVI、WMV、MPG、FLV、MOV、VOB 等格式,在其他各类文档方面支持 PDF、Pic、Text、Docx、Excel、Mobi、EPub、AZW3 等格式。

※ 思考题

1. CPU 为什么是计算机最核心的部件? 它能够进行哪些运算?
2. 计算机的性能主要体现在哪些方面? 购置计算机时需要注意哪些事项?
3. 系统软件和应用软件有何区别? 常用的系统软件有哪些?
4. 举几个常用的应用软件的例子。它们都有什么样的作用?
5. 软件工程的渊源是什么? 现在从事软件工程行业还需要提高哪些能力?
6. OSI 网络模型与因特网网络模型有何区别与联系?
7. 数据库为什么会成为 IT 中的重要组成部分?
8. 举例说明你使用过的数据库产品。它们之间有何差别?
9. SQL 的先进性体现在哪些方面? 主要有哪些操作?
10. 为什么多媒体技术对于现代社会而言相当重要? 举例说明。
11. 有线和无线通信有何区别? 二者发展趋势如何?
12. 信息技术和数字技术有何区别与联系?
13. 查找数字经济相关政策和学术论文,了解数字产业的现状并把握未来发展趋势。

第 **4** 章

管理信息系统的数字技术

主要内容：数字技术的概念、技术、产品
重点掌握：数字技术的原理和技术需求
综合应用：数字技术产品的应用实践

数字技术(DT)在中国的发展始于 2002 年,中国政府首次在政府工作报告中提出加快信息化建设,推动数字化发展,将其作为现代化建设的重要一环。此后,政策逐渐强化,提出"互联网＋"、大数据、人工智能等战略,推动数字经济与"数字中国"的建设,带动技术创新和应用落地。现代数字技术是信息技术的继承与扩展,包括云计算、物联网、大数据、区块链、5G、元宇宙等,分别应对大规模计算、实时联网、超大数据处理、去中心化交易和高速通信需求。这些技术成为应对社会与技术发展需求的关键支撑,推动全球数字经济快速发展。以下是关于前四种技术的相关概念,5G 技术可以参见第 3 章 3.5.2 节,人工智能技术参见第 13 章。

IEEE(电气与电子工程师学会)定义"数字技术(digital technology,DT)是使用数字信号进行通信和处理的技术"。牛津词典定义"数字技术是指使用二进制位(比特)表示信息的技术"。

4.1 云计算

根据多家市场研究报告和行业分析,在云计算行业发展方面,前 3 大云服务提供商(AWS、Azure、GCP)占据了全球云市场的绝大部分份额。在亚太地区,阿里云和腾讯云的市场份额显著高于全球平均水平,特别是在中国市场表现突出。全球云计算市场的规模在 2024 年达到 5790 亿美元。

美国国家标准与技术研究院(NIST)定义云计算为一种通过互联网按需访问共享计算资源(如网络、服务器、存储、应用和服务)的模型,可以快速提供和释放这些资源,且无须与服务提供者进行大量的管理工作或交互。云计算是分布式计算(distributed computing)、并行计算(parallel computing)和网格计算(grid computing)等技术综合发展的结果,核心是将大型数据中心的计算资源进行虚拟化并向用户提供以计算资源为形式的服务,它将任务分布在大量计算机构成的可自我维护和管理的虚拟计算资源池上,使各种应用系统根据需要获取计算能力、存储空间和软硬件服务。云计算的服务分为基础设施即服务(IaaS)、平台即服务(PaaS)和软件即服务(SaaS)三个层面:

(1) IaaS 提供基础的计算资源,例如虚拟机、存储和网络。用户可以部署和运行任意的软件,包括操作系统和应用程序,典型代表包括 AWS EC2、Google Compute Engine、Microsoft Azure Virtual Machines。

（2）PaaS 提供一个平台，用户可以在其上部署自定义应用程序，而无须管理底层的硬件和软件，例如 Google App Engine、Microsoft Azure App Services。

（3）SaaS 提供现成的应用程序，用户通过浏览器或 API 使用这些应用程序，而无须关注底层基础设施，例如 Salesforce、Google Workspace、Microsoft Office 365 等。云计算的服务功能如图 4-1 所示。

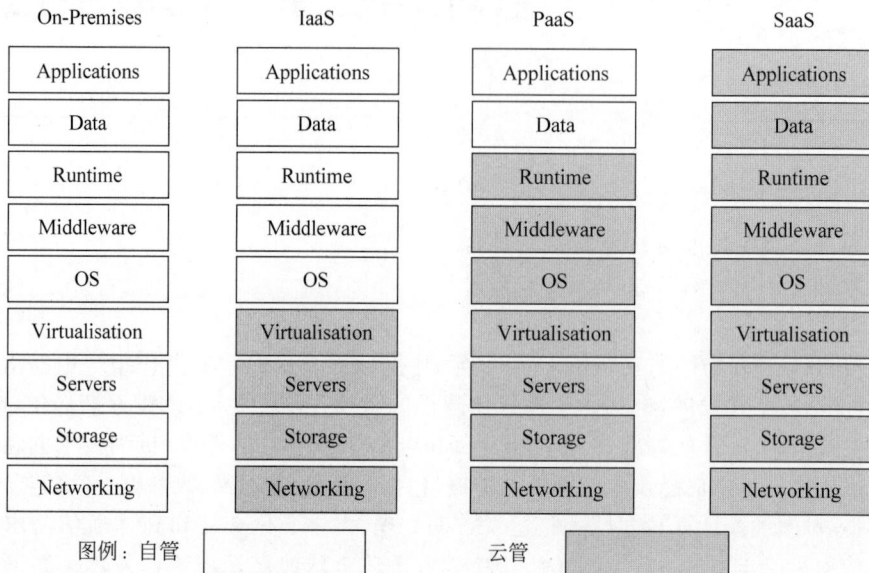

图 4-1 云计算的服务功能

像电子商务领域的内联网（intranet）、外联网（extranet）和互联网（internet）概念一样，云计算在部署方面也可以有这样的模型：

（1）公有云。云基础设施由第三方服务提供商拥有和管理，资源通过互联网向多个客户提供，例如 AWS、Google Cloud、Microsoft Azure 等。

（2）私有云。云基础设施专用于单个组织，可以由该组织或第三方提供和管理，且可以部署在组织内部或外部。

（3）混合云。结合公有云和私有云，允许数据和应用程序在两者之间共享，以实现更大的灵活性和部署选项。

（4）社区云。由几个组织共享云基础设施，支持特定社区，例如具有共同利益或需求的企业联合体。

4.1.1 云计算技术

云计算技术的发展伴随着信息技术的进步，涵盖虚拟化、分布式和容器化等多方面内容，从基础设施到应用层面，为构建、管理和使用云计算平台提供支撑。

（1）虚拟化技术。通过在物理硬件上创建多个虚拟实例，实现资源的更高效利用。它将计算资源（如服务器、存储设备和网络）抽象成虚拟的资源池，允许多个虚拟机（VM）在同一物理硬件上运行。虚拟化的关键目标是优化硬件利用率，提高灵活性，并减少对物理设备的依赖。常用于服务器虚拟化（VMware、Hyper-V）、网络虚拟化（NSX，Open vSwitch）和存储虚拟化（Ceph，VMware vSAN）等。

（2）分布式计算。分布式计算是一种计算模型，多个计算节点通过网络协作完成任务。

任务被分解为多个子任务,在不同节点上并行处理。节点之间通过消息传递协同工作,实现数据处理的高效性和容错性。常用于分布式文件系统(HDFS,GFSystem)、分布式数据库(Cassandra,DynamoDB)和分布式计算框架(MapReduce、Spark)。

(3) 容器化技术。一种轻量级虚拟化技术。容器将应用程序及其所有依赖项打包在一起,以便可以在不同的计算环境中一致地运行。容器通常使用共享操作系统内核,不像虚拟机那样需要完整的操作系统,从而更加轻量。常用于应用的开发、测试和部署。

(4) 自动化与编排。自动化技术指利用脚本、工具或平台自动执行云计算中的常规任务,如资源配置、负载平衡和故障恢复等。编排则协调多个自动化任务,以便在云环境中有效管理复杂应用的生命周期,例如 Kubernetes(容器编排)、Terraform(基础设施即代码)、Ansible 等自动化工具。

(5) 网络与安全技术。网络技术在云计算中负责虚拟网络的配置与管理,支持数据中心间的网络通信。安全技术确保数据、应用和服务在云环境中的机密性、完整性和可用性,常见手段包括身份认证、访问控制、加密、网络安全隔离、入侵检测等,例如虚拟网络(VPC)、防火墙、虚拟专用网络(VPN)、身份管理和加密等。

(6) 弹性与可伸缩性技术。弹性是指系统根据负载的变化自动调整资源(增加或减少)的能力。可伸缩性则是指系统能够根据需求进行水平(增加节点数量)或垂直(提升单节点的处理能力)扩展,以处理更多的工作负载。用于云服务的自动扩展(auto-scaling)、负载均衡等。

(7) 数据管理技术。数据管理技术包括云计算中的数据存储、访问、备份、灾难恢复等。云中的数据管理解决方案通常包括关系数据库、非关系数据库、分布式存储系统以及对象存储等,以确保数据的高可用性、一致性和安全性,例如 Amazon S3(对象存储)、Amazon RDS(关系数据库)、NoSQL 数据库、分布式存储系统等。

(8) 人工智能与机器学习。人工智能(AI)和机器学习(ML)技术在云中广泛应用,云平台提供的 AI/ML 服务可以帮助用户在大规模数据集上进行建模、预测和决策。这些技术通常利用云计算的强大计算能力和大数据处理能力来提升 AI/ML 算法的效率和准确性,例如,Amazon SageMaker、Google AI 平台、Azure AI 等用于机器学习模型训练、部署和预测。

(9) 多租户架构。多租户架构允许多个用户(租户)共享同一个软件实例或硬件基础设施,但各自的数据和配置保持隔离。多租户架构是云计算的重要特性,它通过资源共享降低成本,同时确保租户间的安全性和独立性。例如,Salesforce、Google Workspace 等 SaaS(软件即服务)平台支持多租户架构。

云计算的核心技术包括从基础设施虚拟化到高级数据管理的各个层面。这些技术共同构建现代云计算平台的强大功能,支持灵活、高效、安全的计算服务,以满足不断变化的商业需求和技术挑战。

4.1.2 云计算服务

云计算是当前信息技术领域的重要支柱,提供广泛的 IaaS、PaaS、SaaS、函数即服务(FaaS)、人工智能与大数据服务和安全服务等各方面的服务和产品以满足不同企业和个人的需求。表 4-1 是目前世界主要的一些云服务提供商在云计算领域的服务和产品比较,具体的云计算产品和服务参见各个厂商的网站。

表 4-1　云计算平台和服务

云平台	计算服务	存储与数据库	网络服务	人工智能与大数据
阿里云	ECS、KS、BMS	OSS、RDS、EBS	VPC、CDN、LB	ML-AI、MaxCompute、DataWorks
腾讯云	CVM、SCF、KS	COS、TDSQL、CDB	VPC、CDN、LB	ISR、ML、TBDS
华为云	ECS、BMS、KS	OBS、GaussDB、CD	VPC、CDN、LB	ModelArts、BigData
百度云	BCC、BMS、KS	BOS、CDB、DW	VPC、CDN、LB	飞桨 DL、AI、NLP
亚马逊云	EC2、Lambda、EKS	S3、RDS、EBS、DynamoDB	VPC、CDN、ELB	SageMaker、Redshift、Athena、Rekognition
微软云	VMs、AFun、AKS	BlobS、SQL DB、Cosmos DB	VNet、Azure Front Door、LB	Azure ML、Synapse Analytics
谷歌云	CE、CF、GKE	GCS、BigTable、SQL	VPC、CDN、LB	AI Platform、BigQuery、AutoML
IBM 云	VPS、CF、Kubernetes	COS、Db2、Cloudant	VPC、LB	Watson AI、Cloud Pak for Data、Cognos Analytics

注：弹性计算服务（ECS）、裸金属服务器（BMS；BMC）、容器服务（KS；EKS；AKS；GKE）、对象存储服务（OSS；OBS；BOS；S3；COS；GCS）、Blob 存储（BlogS）、块存储（EBS；CD；CBS）、数据仓库（DW）、分布式数据库（TDSQL）、云数据库（CDB）、专有网络云（VPC）、内容分发网络（CDN）、负载均衡（LB）、弹性负载均衡（ELB）、云虚拟机（CVM）、无服务器计算（SCF；AWS Lambda；AFun）、智能语音识别（ISR）、弹性云服务器（ECS；BCC）、虚拟服务器（VPS）、虚拟机（VMs）、计算引擎（CE）、云函数（CF）。

不同厂商提供的云平台服务大同小异，有些服务会冠以自己的企业名称。阿里云计算和存储服务强大，AI 和大数据工具丰富，适合电商和全球化企业。腾讯云具有社交、媒体和游戏领域优势，计算和网络服务高效，紧密集成腾讯生态。华为云在企业级应用和混合云方面突出，提供稳定的计算服务和领先的 AI 平台。百度云 AI 和大数据服务强大，在深度学习和自然语言处理领域领先。亚马逊云产品种类齐全，计算和大数据服务全面，适合各类企业。微软云与产品无缝集成，企业应用和混合云优势明显，AI 和数据分析能力强大。谷歌云数据和 AI 服务强大，适合大数据分析和机器学习应用。IBM 云聚焦企业解决方案，特别是 AI、数据分析和混合云，依托 Watson AI 提供独特的服务。

4.2　物联网

IT 技术的另一大发展就是物联网（internet of things，IoT）技术。早在 1999 年，物联网概念就在美国召开的移动计算和网络国际会议中被首先提出，当时的物联网概念仅限于 RFID（无线射频识别）技术；2005 年，在突尼斯举行的信息社会世界峰会（WSIS）上，物联网概念扩充融入传感器技术、纳米技术、智能嵌入技术等（见表 4-2）。物联网是现代信息技术发展到一定阶段后出现的一种聚合性应用与技术提升，将各种感知技术、现代网络技术和人工智能与自动化技术聚合与集成应用，使人与物可以智慧对话，创造一个智慧的世界。物联网具有全面感知、可靠传递、智能处理等特点，被称为继计算机、互联网之后，信息产业的第三次革命性创新。物联网的本质特征体现在三方面：实现互联互通（互联网）、具备自动识别与物-物通信（M2M）功能（识别与通信）、能够自动化、自我反馈与智能控制（智能化）。

表 4-2 物联网相关支持技术和功能

关 键 技 术	在物联网领域的功能
传感器技术	采集物理环境中温度、湿度、光线、压力等数据。例如,智能家居中的温度传感器检测室内温度并调节空调温度;环境监测中的空气质量传感器
通信技术	实现设备之间的数据传输和网络连接。例如,智能家居使用 Wi-Fi 连接设备;智慧城市的路灯使用 LoRa 进行远距离通信
嵌入式系统	设备的核心控制单元,负责数据处理、运行控制程序、执行通信任务等。例如,智能手表中的微控制器处理用户数据和传感器信息
云计算	提供强大的存储和计算能力,支持大规模数据分析和应用程序的运行。例如,通过云平台分析智能城市传感器数据以优化交通流量
边缘计算	在接近数据源的地方处理数据,减少延迟,适合需要实时响应的应用。例如,工厂自动化中使用边缘计算进行实时设备监控和故障预测
大数据分析	对大量物联网数据进行存储、处理和分析,提取有价值的信息和洞察。例如,通过分析可穿戴设备数据来监测用户健康状态和运动模式
AI 与 ML	实现智能化的数据处理和决策,自动识别模式并进行预测。例如,自动驾驶汽车通过 AI 分析传感器数据来检测障碍物和规划路线
网络安全技术	保护物联网设备和网络免受未经授权的访问和攻击,保障数据安全和隐私。例如,使用加密技术保护智能家居网络中的数据传输安全
区块链技术	通过去中心化和不可篡改的特性,增强数据传输的安全性和透明度。例如,智能合约在供应链管理中追踪产品的生产和运输过程

4.2.1 物联网技术

IoT 作为一个通过网络将物理和虚拟对象连接起来的系统,旨在实现这些对象之间的信息交换和智能化控制。国际电信联盟(ITU)定义物联网为一个网络基础设施,使物理和虚拟的"事物"通过信息通信技术互联互通。国际标准化组织(ISO)则将物联网描述为一个全球性基础设施,通过信息和通信技术(ICT)提供先进服务,实现物理和虚拟事物的互联互通。IEEE(电气电子工程师学会)和中国物联网标准化协会的定义同样强调物联网的网络特性,侧重于数据采集、交换和智能管理。总体而言,物联网的核心在于通过技术手段,实现万物互联与智能化管理。可见,与其说物联网是一种数字技术,不如说物联网是一种面向万物互联的技术综合应用观念。

4.2.2 物联网产品

目前,中国和世界各地都有许多著名的物联网企业,在不同领域推动物联网技术的发展和应用。表 4-3 是一些在物联网领域具有影响力的企业。

表 4-3 知名物联网企业及其产品

企 业	物联网产品	服 务 功 能
华为技术有限公司	OceanConnect IoT 平台	提供大规模设备管理、连接和数据处理能力,应用于智慧城市、智能交通、智能制造等
阿里巴巴集团	阿里云 IoT 平台	支持物联网设备的连接、管理和数据分析,广泛应用于智能家居、智慧城市、工业物联网等
腾讯控股有限公司	腾讯云 IoT 平台	提供设备管理、数据分析和应用开发服务,特别在智能家居和车联网方面有显著应用

企　　业	物联网产品	服 务 功 能
小米集团	米家智能家居平台	集成各种智能家居产品,实现设备间互联互通,支持智能音箱、灯泡、空气净化器等设备的控制和管理
中兴通讯股份有限公司	IoT 平台	提供端到端物联网解决方案,涵盖设备连接、管理和数据分析,应用于智慧城市、车联网、工业 4.0
海尔集团	U＋智慧生活平台,COSMOPlat 平台	支持智能家电和智能制造的全面互联,实现家居设备的智能控制和工业设备的优化管理
思科系统公司	Cisco IoT 系统	提供网络基础设施、安全防护和数据分析平台,应用于智慧城市、工业自动化等领域
高通公司	物联网芯片组和连接技术	提供芯片组、连接技术和软件平台,支持智能家居、智慧城市、可穿戴设备和车联网应用
亚马逊公司	AWS IoT Core	用于设备连接、数据处理和应用集成,支持从智能家居到工业物联网的各种应用
微软公司	Azure IoT Hub, Digital Twins, IoT Edge	提供设备连接、数据分析和边缘计算服务,应用于工业、零售和智慧城市等多个领域
英特尔公司	物联网处理器、网关、传感器	提供物联网硬件和软件解决方案,支持智能制造、智慧城市和自动驾驶等应用
谷歌公司	谷歌云 IoT Core, Nest 智能家居设备	提供设备管理和数据分析服务,Nest 设备用于智能家居应用,支持边缘计算平台

中国、美国和欧洲的物联网市场近年来都保持稳定的增长趋势。中国在物联网设备制造和应用方面的规模最大,美国在物联网技术创新和软件服务领域领先,而欧洲则在政策规范和物联网应用的多样性方面占据优势。总体来看,全球物联网市场的持续增长反映物联网技术在各个领域的广泛应用和重要性。

中国物联网市场发展非常迅速,其增长得益于 5G 的快速部署、智能制造、智慧城市、智慧交通等领域的应用扩展,已经成为全球物联网市场的重要组成部分。中国信息通信研究院(CAICT)的数据显示,2019 年,中国物联网产业的市场规模达到约 1.7 万亿元人民币。2020 年,市场规模增长至 2.4 万亿元人民币。2021 年,市场规模继续增长,达到 2.6 万亿元人民币。2022 年,物联网市场规模进一步扩大至 2.8 万亿元人民币。

美国是全球物联网技术和市场的重要驱动力,拥有许多领先的物联网企业,市场增长主要集中在智能家居、工业物联网、医疗物联网和智能交通等领域。相关市场研究机构的报告说明:2019 年,美国物联网市场的规模约为 1940 亿美元;2020 年,市场规模增长至 2020 亿美元;2021 年,物联网市场规模达到 2370 亿美元;2022 年,市场规模估计接近 2500 亿美元。

欧洲的物联网市场也保持稳步增长,主要受到智慧城市、工业 4.0 和智能交通等领域的推动。欧洲的物联网发展还受益于广泛的政策支持,尤其是在数据隐私和网络安全方面的法规驱动下,推动了物联网的安全性和可靠性的提高。根据欧盟委员会和市场研究报告的数据可知:2019 年,欧洲物联网市场的产值约为 1900 亿欧元;2020 年,市场规模增长至 2070 亿欧元;2021 年,物联网市场规模达到 2200 亿欧元;2022 年,物联网市场规模估计超过 2300 亿欧元。

4.3 大数据

大数据是从计算机、移动设备和机器传感器中流出的巨大的泽字节(ZB)数据和信息的海洋。组织使用这些数据来驱动决策、改进流程和政策,并创建以客户为中心的产品、服务和体验。大数据的"大",不仅在于数量庞大,而且还包括性质的多样性和复杂性。大数据具有海量(volume)、多样(variety)、速度(velocity)和价值(value)的 4V 特征。价值特性指的是大数据价值密度低,需要借助处理方法从海量的数据中获取有用的价值。后来,大数据特征逐渐扩展到 8V,另外 4V 是准确性(veracity)、动态性(vitality)、可视化(visualization)和合法性(validity)。合法性用于限制对大数据的滥用。

大数据超出了传统数据库捕获、管理和处理数据的能力。大数据可以来自地球上任何能够数字化监控的地方或任何东西,气象卫星、物联网设备、交通摄像头、社交媒体趋势、现场监控等仍然只是挖掘和分析数据源的一部分。大数据的真正价值是由对其分析和理解的能力来衡量的,能够帮助公司将数据运用到工作中,发现新机会并建立更好的商业模式。大数据目前已经完全得到政府和企业认可,获得大规模应用。大数据是大交易数据、大交互数据、大数据处理的总称。2021 年,全球产生 79 ZB 数据,大数据收入的 24%来自软件,16%来自硬件,还有 24%来自服务。2023 年,大数据市场的价值将跃升至 3494 亿美元。国际数据公司(IDC)预测,到 2028 年,全球数据量将增长至 393.8ZB,相比于 2018 年增长 9.8 倍。这些统计说明大数据发展迅速,主要是因为大数据的获取、存储和处理等各方面技术都得到巨大发展。

4.3.1 大数据技术

大数据的核心技术包括从数据采集到存储、处理、分析、可视化和安全等多个方面。关键技术有分布式计算(Hadoop、Spark)、NoSQL 存储(HBase、MongoDB)、数据挖掘(机器学习、数据分析)、可视化工具(Tableau、Power BI)等,构成了大数据技术的基础。云计算的集成和 AI 的融入进一步增强了大数据的处理能力,扩大了应用范围。大数据架构和应用详见第 6 章内容。

1. 大数据采集技术

大数据采集技术是大数据处理的第一步,涉及如何从各种来源高效地获取结构化、半结构化和非结构化数据。这一过程是大数据生态系统的基础,数据采集的质量和效率直接影响后续数据存储、处理和分析的效果。大数据采集的复杂性体现在不同数据源的多样性和实时性要求上,常用的数据采集技术可以根据数据源的类型、数据的实时性和处理方式进行分类。

(1)批量数据采集。用于从数据源中定期或一次性采集大量历史数据或定时产生的数据。它通常用于处理较为静态的数据源,如数据仓库、文件系统或传统的数据库,并且适用于离线分析或批处理任务。

应用场景:

① 数据仓库加载。从企业的关系数据库、ERP 系统中定时导出数据用于数据分析。

② 历史数据分析。定期从存储系统中提取数据,进行离线的分析和挖掘,例如商业智能报表的生成。

③ 系统日志管理,从服务器或应用程序中定期收集日志文件进行分析。

常用技术:

① ETL(Extract,Transform,Load)工具。如 Talend、Informatica,用于从多个数据源提取数据,进行数据转换后加载到目标系统中。

② Apache Sqoop。用于从关系数据库(如 MySQL、Oracle 等)将数据导入 Hadoop 等大数据系统中。

(2) 实时数据采集。用于从持续生成的实时数据流中快速、低延迟地获取数据。它适用于需要实时处理和响应的场景,如金融交易、物联网数据采集、社交媒体数据监控等。实时数据采集的关键在于其低延迟、高吞吐量和高可扩展性。

应用场景:

① 金融交易监控。采集并分析金融交易数据,以检测异常或潜在的欺诈行为。

② 物联网设备数据。实时采集智能设备的传感器数据,用于工业监控、智慧城市、健康监测等应用。

③ 社交媒体数据采集。实时获取来自 Twitter、Facebook 等社交平台的数据,用于情感分析、舆情监控和市场营销分析。

常用技术:

① Apache Kafka。分布式流处理平台,用于高吞吐量、低延迟的数据流处理和消息传输,广泛应用于日志采集和实时数据流处理场景。

② Apache Flume。用于高效地采集、聚合和移动大量的日志数据,特别适合从分布式系统中采集日志。

③ Apache Pulsar。分布式消息流平台,支持多租户和多区域数据传输,适用于实时数据处理。

(3) 网络数据采集(Web 爬虫)。通过 Web 爬虫技术从互联网抓取网页内容,或者通过 API 接口从 Web 服务中获取数据。网络数据采集技术适用于从公开的网页、社交媒体和新闻网站中获取非结构化或半结构化数据。

应用场景:

① 价格监控。从电子商务网站定期抓取商品价格,进行市场分析和价格监控。

② 舆情监控。通过爬虫从社交媒体或新闻网站抓取内容,用于分析用户情感和社会热点。

③ 竞争情报。从竞争对手的网站上提取数据,分析市场趋势和产品信息。

常用技术:

① Scrapy。采用 Python 框架,用于构建和运行高效的 Web 爬虫,适合大规模数据抓取。

② Selenium。用于自动化浏览器操作,适合抓取动态加载内容的网页,特别是在 JavaScript 动态渲染页面时。

③ BeautifulSoup。采用 Python 库,用于解析 HTML 和 XML 文档,通常与其他工具(如 Requests)结合使用进行网页抓取。

(4) 物联网(IoT)数据采集。用于从分布在各处的传感器、设备和机器中获取实时数据。这些设备产生的海量数据需要通过轻量、高效的数据采集技术实时传输至云端或边缘计算平台。

应用场景：

① 智能家居。采集智能家居设备(如温控器、智能灯光系统)的数据，以提供自动化控制和优化能源消耗。

② 工业物联网。从工业设备的传感器中采集实时数据，用于机器状态监控、故障预测和生产优化。

③ 智慧城市。收集交通、能源和环境传感器的数据，用于城市管理和优化服务。

常用技术：

① MQTT(message queuing telemetry transport,消息队列遥测传输)。轻量级消息传输协议，专门为低带宽、高延迟的物联网环境设计。

② CoAP(constrained application protocol,受限应用协议)。为资源受限设备设计的协议，适合在物联网场景下进行高效的数据传输。

③ Apache Edgent。边缘计算框架，用于在边缘设备上采集和处理数据，并将数据传输至中央系统或云端。

(5) API 数据采集。通过 API 接口从第三方数据源或服务中获取数据。这类采集方式通常用于与外部系统进行集成，适合从社交媒体、金融系统、天气服务等获取数据。

应用场景：

① 社交媒体数据分析。通过 API 从 Twitter、Facebook 等平台采集用户发帖、评论和互动数据，用于市场情报、舆情分析等。

② 金融数据采集。通过 API 从证券交易所、银行或金融服务提供商获取实时股票价格、汇率、市场动态等信息。

③ 天气数据分析。通过 API 获取气象数据，用于农业、物流、保险等行业的决策支持。

常用技术：

① Twitter API。用于访问和获取推文、用户信息、互动数据等，广泛应用于社交媒体分析。

② RESTful API。API 通信标准，适用于从公开数据源(如 OpenWeather、Google Maps API 等)采集数据。

③ Postman。用于测试和调试 API 的工具，能够自动化 API 请求，支持批量数据采集。

(6) 数据质量控制与预处理技术。用于确保采集数据的准确性、完整性和一致性，并对数据进行清洗、格式转换和过滤。大数据采集过程中常常需要进行预处理，以确保后续数据分析的准确性和可用性。

应用场景：

① 数据清洗。对不完整、错误或重复的数据进行清理，确保数据质量。

② 数据标准化。将采集到的数据转换为一致的格式，以便进行后续的存储和处理。

③ 异常检测。在物联网或实时监控系统中，对采集的数据进行实时检查，识别和处理异常数据。

常用技术：

① Apache NiFi。支持复杂的数据处理流程，如数据格式转换、数据清洗、过滤等，适合

大规模数据的采集与预处理。

② Python(Pandas、NumPy)。Python 中的数据处理库,广泛用于数据清洗和预处理,特别是在数据科学和机器学习任务中。

③ Talend。开源 ETL 工具,支持从多个数据源提取、转换并加载数据,同时提供数据清洗和转换功能。

2. 大数据存储技术

大数据存储技术是大数据生态系统的核心部分,用于有效存储和管理海量数据,支持高可扩展性、灵活性和高效的查询。由于大数据通常包括结构化、半结构化和非结构化数据,因此存储技术需要满足多样化的数据管理需求。大数据存储技术可以分为分布式文件系统、NoSQL 数据库、数据仓库和云存储等多个类别。

(1) 分布式文件系统。通过将数据分散存储在多个节点上,提供高可用性和容错性。它可以处理海量的非结构化或半结构化数据,特别适合需要存储大规模文件的场景。分布式文件系统具有高度的可扩展性,能够通过增加节点来扩展存储容量。

应用场景:

① 大规模日志存储。适用于存储分布式系统中的日志文件,以备后续分析和处理。

② 非结构化数据存储。如视频、图像、音频等大文件的存储和处理,常用于多媒体内容管理。

③ 备份和归档。分布式文件系统可以用作大规模数据的长期存储,适合用于备份和归档历史数据。

常用技术:

① HDFS(Hadoop distributed file system)。Hadoop 的分布式文件系统,用于大规模数据集的存储。HDFS 通过分片存储数据,并通过冗余方式实现容错性。

② GlusterFS。开源的分布式文件系统,具有高可扩展性,适合企业级数据存储解决方案。

③ Ceph。统一存储系统,支持对象存储、块存储和文件系统存储,适合云存储和大规模数据存储。

(2) NoSQL 数据库。一种非关系数据库,专为大规模、高并发数据存储设计,适合存储半结构化或非结构化数据。它提供高扩展性和灵活的数据模型,不受传统关系数据库的严格结构限制。NoSQL 数据库通常支持分布式架构,能够处理海量数据和高读写吞吐量。

应用场景:

① 实时数据存储。适用于需要低延迟、高并发的应用程序,如在线电商、社交媒体和实时监控系统。

② 文档管理。存储 JSON 或 XML 格式的半结构化数据,适合内容管理系统、博客平台等。

③ 用户行为分析。在互联网服务中,NoSQL 数据库用于存储和分析用户行为数据,以实现个性化推荐和实时广告投放。

常用技术:

① MongoDB 文档型 NoSQL 数据库。支持存储 JSON 格式数据,适用于半结构化数据

和快速原型开发。

② Cassandra 分布式 NoSQL 数据库。具备高可用性和线性扩展能力,广泛用于海量数据存储和实时数据处理。

③ HBase。基于 Hadoop 的列式 NoSQL 数据库,特别适合处理大规模的结构化和半结构化数据,常用于时间序列数据的存储和分析。

（3）数据仓库。用于存储结构化数据的大规模存储系统,专为分析和查询优化设计。它通常用于存储历史数据,并通过 SQL 查询进行复杂的分析。数据仓库系统能够有效处理结构化数据的聚合、过滤和分析,适合商业智能(BI)和大数据分析应用。

应用场景：

① 商业智能分析。用于企业的数据分析系统,帮助企业从大规模的历史数据中挖掘有价值的信息。

② 报表生成。通过数据仓库中的聚合数据生成商业报表,适用于决策支持系统。

③ 复杂查询。支持对大规模结构化数据进行复杂的 SQL 查询,适合金融、零售等行业的客户数据分析。

常用技术：

① Amazon Redshift 云数据仓库。支持快速扩展,适用于大规模数据分析和商业智能。

② Google BigQuery 无服务器的数据仓库。支持 SQL 查询并通过分布式架构加速分析大规模数据集。

③ Apache Hive 基于 Hadoop 的数据仓库。提供 SQL 查询接口,适合存储和处理大规模结构化数据。

（4）云存储。通过云服务提供商提供分布式存储技术,用户可以根据需求动态扩展存储容量。云存储具有高可扩展性、低成本和按需付费的特点,能够存储各种格式的数据,特别适合需要弹性存储容量的应用场景。云存储还提供数据冗余和备份功能,确保数据安全。

应用场景：

① 灾难恢复和备份。用于数据的备份和恢复,确保在数据丢失或灾难情况下快速恢复数据。

② 多媒体内容存储。存储大规模的视频、图片等多媒体文件,适合流媒体平台、社交网络等场景。

③ 大数据分析。云存储与大数据分析工具集成,提供弹性存储,支持大规模数据的快速处理和分析。

常用技术：

① Amazon S3。亚马逊提供的对象存储服务,支持海量数据的存储,广泛应用于大数据分析和云计算。

② Google Cloud Storage。谷歌的云存储服务,提供高可用性和全球分布式数据存储,适合数据备份和存储。

③ Microsoft Azure Blob Storage。微软的对象存储服务,支持非结构化数据的存储,适用于流媒体和备份服务。

3. 其他大数据技术

（1）大数据处理与计算技术。包括批处理和流处理,主要用于对大量数据进行清洗、转换、分析和计算。这些技术的核心在于高效处理大规模数据。

关键技术：

① 批处理框架。如 Hadoop MapReduce,用于大规模数据的离线处理。

② 流处理框架。如 Apache Spark Streaming、Apache Flink、Apache Storm,用于处理实时数据流,适用于实时分析。

③ 内存计算。如 Apache Spark,通过在内存中计算加速大规模数据处理,特别适合迭代和机器学习任务。

(2) 分布式计算框架。用于在多个计算节点上处理大规模数据,这些框架将计算任务分布到不同的节点上以并行化处理,加快计算速度。

关键技术：

① Hadoop。分布式计算框架的代表,基于 MapReduce 模型,支持在廉价硬件上执行大规模数据处理任务。

② Apache Spark。比 Hadoop 更快的分布式计算引擎,支持批处理和流处理,擅长在内存中处理大数据。

③ Apache Flink。专注于流数据处理的框架,支持复杂的实时数据处理应用。

(3) 大数据分析与挖掘技术。数据分析技术用于从大量数据中挖掘有价值的信息和模式,帮助企业和组织进行决策。数据挖掘技术主要通过算法对数据进行深度分析和预测。

关键技术：

① 机器学习。如 TensorFlow、Scikit-learn,用于构建模型,通过大数据训练模型来进行预测、分类和聚类等任务。

② 数据挖掘工具。如 Weka、RapidMiner,用于执行分类、回归、关联规则和聚类分析。

③ 统计分析。如 R 语言、SAS、SPSS,用于处理和分析大规模数据中的统计模式和关系。

(4) 大数据可视化技术。通过图形和交互的方式展示数据分析结果,使决策者能够直观地理解数据背后的信息和趋势。

关键技术：

① 可视化工具。如 Tableau、Power BI、QlikView,通过仪表板、图表和图形化界面展示数据分析结果。

② 开源可视化库。如 D3.js、Matplotlib,允许开发人员自定义图表和可视化界面,适合高度定制化的可视化需求。

(5) 大数据安全与隐私保护技术。随着数据量的增加,数据安全和隐私保护变得至关重要。大数据技术需要确保数据的存储、处理和共享都符合安全性要求,防止数据泄露和未经授权的访问。

关键技术包括：

① 加密技术,如 AES、RSA,用于保护数据的存储和传输安全;

② 访问控制,如 Kerberos、OAuth,确保只有授权用户可以访问敏感数据;

③ 数据去标识化,通过去除或模糊化个人信息,确保在使用大数据时不会侵犯用户隐私。

(6) 云计算与大数据集成技术。云计算为大数据提供灵活的存储和计算资源,可以按需扩展。许多大数据技术与云计算结合,为大数据存储、处理和分析提供高效的解决方案。

关键技术：

① 云存储。如 Amazon S3、Google Cloud Storage,提供高扩展性的分布式存储系统,适合大规模数据存储。

② 云计算平台。如 Amazon EMR(Elastic MapReduce)、Google BigQuery,允许在云端进行大数据处理和分析。

③ 容器技术。如 Docker、Kubernetes,用于构建和管理大数据应用的可扩展部署。

(7) 人工智能与大数据融合技术。大数据为人工智能(AI)提供大量的训练数据,而 AI 则为大数据的分析提供更加智能化的方式。通过结合这两者,企业能够从数据中获得更深入的洞察。

关键技术：

① 深度学习。如 TensorFlow、PyTorch,用于处理大规模数据集的图像识别、语音识别和自然语言处理。

② 强化学习。用于从大数据中进行复杂决策和优化问题的学习。

③ 自然语言处理(NLP)。如 NLTK、SpaCy,用于分析大规模文本数据。

4.3.2　大数据产品

1. 大数据产品

大数据发展很快,并且门类齐全。全球大数据公司形成了各类服务：云服务提供商、大数据处理与分析平台、大数据存储与数据库服务、企业级大数据解决方案,以及开源大数据技术公司。用户可以根据自己的业务需求选择最合适的大数据产品,从数据存储、处理、实时分析到 AI 应用,形成完整的解决方案。

(1) 云服务提供商。这些公司提供基于云的大数据处理和存储服务,帮助企业通过云平台高效管理和分析海量数据。

主要代表：

① 亚马逊云的 EMR(Hadoop)、Redshift(数据仓库)、Glue(ETL)。支持高扩展性的云计算资源,可以处理各类数据。

② 谷歌云的 BigQuery(数仓)、Dataflow(数据流)。适合大规模实时数据处理和分析。

③ 微软云的 ASA(数仓与数分)、Azure HDInsight(Hadoop)、ADLS(数据湖)集成数据仓库和大数据分析。适用于跨平台数据整合和分析。

④ 阿里云的 MaxCompute、DataWorks、EMR(Hadoop/Spark)。为批处理、DM 和数据分析提供稳定、高效的云解决方案。

⑤ 腾讯云的 TBDS、TDSQL、Oceanus。提供灵活的云端数据处理平台,适合海量数据的实时流处理和分析。

⑥ 华为云的 FusionInsight、ModelArts、Data Lake Insight 集成大数据处理和 AI 分析。广泛应用于复杂数据场景,如金融、电信和公共部门。

(2) 大数据处理与分析平台。这些公司专注于大数据的存储、处理和分析,提供分布式数据处理框架、数据仓库以及大规模实时数据处理解决方案。

主要代表：

① Cloudera Data Platform。基于开源 Hadoop 和 Spark,支持多云环境,适合大规模数

据的存储、分析和机器学习。

② Databricks Unified Analytics Platform。基于 Apache Spark,提供从数据工程、数据科学到机器学习的统一平台,专注于处理大规模数据。

③ Confluent Platform。基于 Apache Kafka,专注于实时流数据处理,广泛应用于金融、零售、媒体等需要实时数据处理的行业。

④ Snowflake Data Cloud 云原生数据仓库。支持跨多个云平台进行大规模数据分析,数据存储和处理灵活、易扩展。

⑤ Splunk Enterprise、Splunk Cloud。专注于日志和机器数据分析,提供实时数据监控和可视化,常用于安全和运维领域。

⑥ Baidu AI Cloud Big Data、PaddlePaddle。将大数据和 AI 结合,提供广泛的 AI 应用场景,尤其在自然语言处理和语音识别等领域有强大表现。

(3) 大数据存储与数据库服务。这类公司提供高效的数据存储、分布式数据库和海量数据的事务处理系统,支持结构化、非结构化和半结构化数据的存储与查询。

主要代表:

① MongoDB、MongoDB Atlas。NoSQL 数据库,适合处理非结构化和半结构化数据,具备高度可扩展性和灵活性。

② Apache Cassandra、DataStax Enterprise。分布式 NoSQL 数据库,适合处理大规模的实时数据,常用于电信、金融和社交网络等领域。

③ Elastic Stack。开源的分布式搜索引擎,常用于日志分析、搜索和实时数据监控。

④ Jingdong BigData Platform、Data Lake Storage、StreamCompute 等。京东云提供涵盖数据存储、计算、分析的全方位解决方案,适合电商、物流等领域的数据处理需求。

(4) 企业级大数据解决方案。这些公司为企业提供定制化的大数据平台,帮助企业进行数据管理、风险控制、商业智能以及深度分析。

主要代表:

① IBM Watson、IBM Cloud Pak for Data 结合人工智能和大数据技术,Watson 平台专注于自然语言处理、AI 驱动的数据分析和决策支持;

② Oracle Big Data SQL、Oracle Cloud Infrastructure Data Flow 提供跨云和本地环境的数据分析解决方案,支持大规模结构化和非结构化数据的查询;

③ SAP HANA、SAP Data Intelligence 为实时数据处理和分析的内存数据库,可满足企业的业务数据管理和商业智能需求;

④ 平安云大数据平台、PingAn OneConnect 提供针对金融行业的大数据平台,专注于客户分析、风险管理和信贷评分等领域。

(5) 开源大数据技术公司。这些公司支持开源大数据技术和工具,推动大数据处理和分析技术的普及和应用。

主要代表:

① Apache Software Foundation(Hadoop、Spark、Kafka、Flink)。提供全球主流的大数据处理框架和工具,适用于批处理、流处理和实时数据分析。

② Hortonworks Data Platform(HDP)。专注于 Hadoop 生态系统的开源大数据解决方案,适合企业级大数据存储和处理。

2. 大数据学习平台

大数据和数据科学领域的学习资源与平台有很多,这些平台涵盖了从基础学习到高级实践的多种资源,适合不同层次的学习者和从业者。coursera. org 提供由顶尖大学和公司开设的大数据与数据科学课程,包含视频讲解、实操练习和项目作业,完成课程可获得证书。edx. org 提供相关课程,包括视频讲座、实验室练习和评估测试,部分课程提供认证证书。datacamp. com 是专注于数据科学和大数据技能的在线平台,提供交互式课程,用户可在浏览器中直接编写和运行代码,适合初学者和中级学习者。udacity. com 提供纳米学位课程,由业界专家设计,注重实际应用和项目实践,包含视频教学、实践项目和导师辅导。kaggle. com 是数据科学社区平台,提供数据集、代码示例和竞赛,以及免费的"Notebook"教程,用户可参与竞赛,提升数据分析和机器学习技能。databricks. com 是基于 Apache Spark 的云平台,支持 Scala、Python、R 和 SQL 等语言,提供免费云端 Notebook 环境,适合大数据处理和机器学习。cloud. google. com 是无服务器数据仓库,支持大规模 SQL 查询,提供免费查询额度,适合学习和测试数据分析技能。aws. amazon. com 提供多种大数据和数据分析工具(如 S3、EMR、Redshift),包含免费使用额度,适合让用户体验云环境中的大数据应用部署。azure. microsoft. com 提供 Azure HDInsight、Databricks、Machine Learning 等服务,免费账户包含多种大数据和机器学习工具的使用额度,适合实验和学习。ibm. com 提供 IBM Watson Studio 和 Cloudant 等云服务,"Lite Plan"提供多种云服务的免费访问,适合数据科学和 AI 实践。huaweicloud. com 提供大数据和 AI 相关的云服务,如 ModelArts(AI 开发平台)和 FusionInsight(大数据分析平台),支持大数据全流程开发和管理。aliyun. com 提供大数据处理和分析平台(如 MaxCompute 和 DataWorks),提供一站式的大数据存储、计算、分析和机器学习服务。aistudio. baidu. com 数据科学和 AI 学习平台,提供在线编程和竞赛,免费提供 GPU 资源,支持 Python、TensorFlow 等开发。cloud. tencent. com 提供大数据和 AI 解决方案(如 Tencent Cloud TI 平台),支持多种编程语言和开发框架,适合大数据处理和 AI 应用。kesci. com 是数据科学竞赛平台,提供数据集和竞赛,专注于数据科学竞赛,适合学习和练习数据分析和机器学习技能。datafountain. cn 是数据科学竞赛和学习平台,提供数据挖掘、算法竞赛和学习资源,帮助用户提升数据科学和机器学习技能。

3. 数据生产要素

中国政府已经将数据上升到生产要素的高度,凸显大数据等数字技术和数字经济发展的重要性,这一转变反映中国对数据在现代经济和社会发展中作用的深刻认识和战略规划。《中共中央 国务院关于构建更加完善的要素市场化配置体制机制的意见》(2020 年 3 月)首次明确将数据列为与土地、劳动力、资本、技术并列的第五大生产要素,提出"加快培育数据要素市场,提升数据资源价值"。这是国家层面首次系统性提出数据作为经济增长关键要素的定位;2021 年 3 月,《中华人民共和国国民经济和社会发展第十四个五年规划和 2035 年远景目标纲要》发布,数据再次被正式列为新的生产要素之一,文件明确提出要加快培育数据要素市场,推动数据资源的开发和利用。这一纲要指出,数据应被视为与土地、劳动力、资本等传统要素同等重要的资源,推动数据的市场化配置是提升经济效率和推动高质量发展的关键措施之一;2021 年 12 月,国务院发布《"十四五"数字经济发展规划》,说明"数字经济是继农业经济、工业经济之后的主要经济形态,是以数据资源为关键要素,以现代信息网络为主要载体,以信息通信技术融合应用、全要素数字化转型为重要推动力,促进公平与效率更加统一的新经济形态",进一步确立数据在现代经济体系中的核心地位;《中共中央 国务院关于构建数据基础制度更好发挥数据要素作用的意见》(简称"数据二十条")于 2022 年12 月发布,进一步从战略层面对数据基础制度建设进行系统规划。文件强调,数据作为关键的生产要素,其开发、流通和利用必须建立在完善的基础制度之上。意见明确指出,要通过建立健全数据要素市场来提高数据资源的配置效率和利用水平,这一政策方向体现中国政府对数据在国家发展战略中核心地位的高度重视。

中国政府通过一系列文件逐步明确和强化数据作为与土地、劳动力、资本、技术同等重要的生产要素的地位。通过推动数据要素市场化配置,完善数据基础制度,中国正积极应对全球数字经济竞争,力求在数字化转型中占据主动权,并推动经济社会的高质量发展。这些文件不仅体现国家层面对数据战略的高度重视,也为未来数据要素的市场化配置提供明确的政策方向和实施路径。

中国国务院在 2023 年 3 月 7 日发布的《国务院关于提请审议国务院机构改革方案的议案》,提议设立国家数据局。该机构将作为国家发展和改革委员会(国家发改委)管理的国家局,主要负责推进数据基础制度建设,协调数据资源的整合、共享、开发和利用,并监督数据安全。国家数据局的成立标志着中国在数据治理、数据安全和数字经济发展方面进入一个新的阶段。在 2020 年 3 月 30 日发布的《中共中央 国务院关于构建更加完善的要素市场化配置体制机制的意见》文件中强调:"加快培育数据要素市场。推动政府数据开放共享,提升社会数据资源价值,确保国家数据安全。加强数据资源整合和安全保护,推动各类数据资源有序开发利用。"这段话明确提出数据作为一种新型生产要素的定位,强调要加快数据要素市场的培育,推动数据资源的整合、开发和利用,同时要确保数据安全。文件中对数据要素市场化配置的重视,标志着中国政府在推进数字经济和数据治理方面迈出重要一步。

4.4 区块链

1991 年,科学家 W. Scott Stornetta 和 Stuart Haber 首次提出区块链概念,用于为数字文档加盖时间戳。然而,区块链技术直到 2009 年才真正落地,当时化名中本聪的人在金融危机后推出了比特币。比特币及其背后的区块链技术通过共享公共账本追踪加密货币的所有权。用户转账时,"矿工"通过解决复杂数学问题处理交易,添加新区块并获得新比特币。2015 年,以太坊推出,它不仅是一种加密货币,还是一个可构建其他加密货币和区块链项目的平台。如今,区块链支持者宣布 Web 3.0 时代已经到来。

区块链是一个共享的、不可变的分类账,可记录交易并追踪各类资产,包括有形资产(如房产、汽车、现金)和无形资产(如知识产权、专利、版权)。区块链通过三个基本特征降低风险和成本:

(1) 分布式账本技术,所有网络参与者均可访问账本及其不可变的交易记录,消除传统商业网络中的重复工作;

(2) 不可更改的记录,交易记录后无法更改,若发现错误,需添加新交易进行更正,两个交易均可见;

（3）智能合约，作为存储在区块链上的规则集，智能合约可自动执行，例如定义债券转让条件或旅行保险支付条款。

区块链的工作原理与传统数据库和大数据管理系统有本质区别。区块链中每个交易被记录为一个"数据块"，记录资产的移动和相关信息（如谁、什么、何时、何地、多少）。每个区块与前后区块相连，形成不可逆的链，确认交易的时间和顺序。区块链通过不断添加新区块加强验证，使篡改行为显而易见，增强交易可信度。

现代企业依赖信息运营，区块链提供即时、共享和透明的信息，存储在不可变账本中，仅限授权成员访问。区块链可追踪订单、付款、生产等信息，增强交易信心，带来新效率和机会。传统运营中，重复记录、保存和第三方验证浪费大量精力，且记录系统易受欺诈和攻击，透明度有限。物联网发展使交易量激增，进一步降低业务效率。区块链的出现解决了这些问题，具有三个优势：

（1）更高的信任。作为成员网络的一部分，用户可放心接收准确及时的数据，且机密记录仅与授权成员共享。

（2）更高的安全性。所有成员需对数据准确性达成共识，验证后的交易不可变，任何人（包括管理员）都无法删除交易。

（3）提高效率。通过共享分布式账本，消除对账浪费的时间，智能合约可自动执行，加快交易速度。

4.4.1　区块链技术

区块链技术作为一种分布式账本技术，通过其独特的机制实现数据的去中心化、安全性和透明度。区块链使用的一些核心技术包括分布式账本、密码学、共识机制、智能合约、分片、侧链、零知识证明和状态通道等。

（1）分布式账本。区块链的核心概念之一，它允许所有参与节点持有相同的数据副本。这种结构使得区块链具有去中心化的特性，数据的存储不依赖于单一的中央服务器，而是分布在网络中的每个节点上。分布式账本使用点对点网络（P2P）进行数据的同步和传播，每个节点都有一个完整的账本副本。这种机制可以防止单点故障，提高系统的容错性和安全性。

（2）密码学。在区块链中主要用于确保数据的安全性、完整性和隐私性。通过密码学技术，区块链能够防止数据被篡改和伪造，保证数据的不可否认性和可信性。常用的密码学技术包括①哈希函数，如 SHA-256，用于生成数据的唯一指纹，确保数据完整性和防止篡改；②公钥和私钥加密，如 RSA 和椭圆曲线加密（ECC）算法，用于数字签名和身份验证，确保交易的安全性和不可否认性。

（3）共识机制。区块链网络中节点之间达成一致的方法，它决定如何将交易记录添加到区块链中，确保数据的一致性和有效性。常见的共识机制包括：

① 工作量证明（proof of work，PoW），如比特币，通过计算复杂的数学难题来验证交易，防止双重支付和伪造；

② 权益证明（proof of stake，PoS），如以太坊 2.0，通过锁定加密货币作为权益来参与区块验证，能耗较低；

③ 委托权益证明（delegated proof of stake，DPoS），如 EOS，通过选举代表节点进行区

块验证,提高效率;

④ 拜占庭容错（Byzantine fault tolerance，BFT），如 Hyperledger Fabric,允许网络在存在恶意节点的情况下达成共识。

（4）智能合约。一种自执行的代码,存储在区块链上,能够在满足预定条件时自动执行合约条款。它使得区块链不仅是一个分布式账本,还能处理更复杂的业务逻辑。智能合约通过编程语言（如 Solidity、Vyper 等）编写,并部署在区块链上。智能合约的执行是去中心化的,由网络节点共同验证和运行,保证合约的自动化和不可篡改性。

（5）分片。一种将区块链网络分割成更小的分片（shard）的技术,每个分片处理一部分交易和数据,提高整个区块链的吞吐量和扩展性。通过分片,每个节点只需要存储和处理与其相关的分片数据,而不是整个区块链的数据。这种机制能够显著减少每个节点的负担,提高区块链的可扩展性。

（6）侧链。一种与主区块链并行运行的区块链,允许在两条链之间进行资产转移,同时保持各自的独立性。侧链用于扩展区块链的功能和性能,而不影响主链的稳定性。通过使用双向锚定（two-way pegging）,资产可以在主链和侧链之间自由转移。侧链可以采用不同的共识机制和数据结构,灵活应对不同的应用场景。

（7）零知识证明（ZKP）。一种密码学方法,允许一方在不透露任何附加信息的情况下证明某个陈述的真实性。它在区块链中用于隐私保护和数据验证。常见的零知识证明技术包括 zk-SNARKs 和 zk-STARKs,广泛应用于隐私币（如 Zcash）和其他需要隐私保护的区块链应用。

（8）状态通道。一种链下解决方案,允许两方或多方在区块链之外进行大量交易,只在最终结算时更新区块链上的状态。它旨在提高交易速度和降低链上交易成本。状态通道锁定资金在区块链上,双方可以在链下进行多次交易。最终状态由双方签名确认后提交到区块链上,提高交易效率。

4.4.2　区块链产品

1. 区块链产品

区块链作为一种去中心化、透明且安全的数据管理技术,已经在多个行业和应用场景中得到广泛应用。一些企业级区块链平台可以帮助用户企业根据具体需求提供定制化的区块链解决方案。例如,Hyperledger Fabric、Corda 和 Quorum 更适合金融、供应链等需要隐私和许可控制的场景,而 Ethereum 和 EOSIO 则在去中心化应用和智能合约方面表现强劲。Stellar 和 Ripple 则专注于跨境支付领域,提供低成本和高效的全球支付服务。以下是区块链的主要应用场景。

（1）金融与支付。通过去中心化技术确保金融交易透明、安全,降低交易成本。例如,Ripple 提供跨境支付,Ethereum 支持 DeFi 应用,数字人民币推动国内外支付。

（2）供应链管理。确保商品流通路径透明、真实性,防止假冒产品。例如,IBM Food Trust 和 VeChain 用于食品追溯和商品验证,AntChain 实现供应链金融管理。

（3）医疗健康。确保医疗数据安全与隐私,增强数据共享透明性。例如,Guardtime 和 MediLedger 帮助追踪医疗数据和药品来源,华为提供去中心化医疗数据管理。

（4）数字身份认证。保障身份信息安全,减少身份盗用风险。例如,Civic 和 uPort 提供安全的身份验证与管理,Azure Blockchain 助力企业管理数字身份。

（5）智能合约。自动执行合约条款,无须人工干预,确保透明和高效。例如,Ethereum 和 Chainlink 推动智能合约应用,Hyperledger Fabric 应用于金融和供应链领域。

（6）数据存储与共享。提供去中心化的数据存储和共享,确保数据安全。例如, Filecoin 和 Storj 提供分布式存储解决方案,XuperChain 应用于医疗数据和版权保护。

（7）物联网。为物联网设备提供安全的通信与支付方式,实现自动化。例如,IOTA 和 Watson IoT 提供物联网与区块链结合方案,OceanConnect 确保设备认证和数据安全。

（8）版权保护与数字内容管理。为数字内容创作者提供版权保护,确保合理收益。例如,MediBloc 和 Mycelia 保护医疗数据和音乐版权,网易星球优化数字内容收益分配。

（9）博彩与游戏。确保博彩与游戏中的透明性,防止作弊,支持虚拟物品交易。例如, FunFair 和 Enjin 提供透明的游戏体验,Dapper Labs 将虚拟游戏资产与区块链结合。

（10）公共服务。提高公共服务的透明度和效率,减少腐败。例如,瑞士使用区块链进行电子投票,Bitfury 和格鲁吉亚合作推出土地登记系统。

2. 中国区块链

中国区块链技术在各个领域也有不少应用及其成功案例,例如蚂蚁、腾讯、华为、京东、百度和雄安新区等企业和政府部门的区块链产品及其应用。

蚂蚁区块链应用于金融、捐赠、版权等领域,帮助中小企业进行应收账款融资降本,利用区块链技术记录捐赠全过程,提升公益捐赠的透明度和信任度。腾讯区块链应用于医疗、司法、供应链等方面,在广州市第一人民医院搭建区块链医疗数据共享平台提升医疗服务效率,与中国最高人民法院合作推出电子证据存证平台,提高证据的可信性和审判效率。华为区块链应用于政务、物流、金融等领域,在浙江省智慧城市项目中利用区块链技术提升政务服务效率和数据共享率,实现供应链透明化管理,提高跨境物流信息的可信性。京东区块链应用于食品、金融、版权等方面,通过"京东区块链溯源防伪平台"实现食品全流程溯源、确保食品安全,优化供应链金融服务,帮助中小企业快速获得融资。百度超级链应用于版权、数据、城市等领域,在版权保护领域确保原创内容的版权信息上链和不可篡改,与北京市政府合作推动智能城市建设,优化城市管理和运行效率。雄安新区作为区块链试点,应用在政务服务、工程管理、数据共享等方面。在雄安新区的建设中,通过区块链记录工程项目数据,确保信息透明和真实;在政务服务平台上,区块链提升了公积金管理和住房租赁服务的效率与透明度。

3. 区块链实验平台

有一些免费且实用的区块链实验平台,非常适合初学者和开发者进行区块链实验和项目开发与测试。remix.ethereum.org 开发、部署和调试以太坊智能合约,在线 IDE,支持实时编译和部署,内置调试器和测试功能。trufflesuite.com 构建、测试和部署以太坊区块链应用,提供完整的开发工具链,集成 Ganache 用于本地区块链模拟。trufflesuite.com/ganache 是本地以太坊区块链模拟器,提供易用的界面,支持实时查看交易和区块信息,适合本地调试和测试。hyperledger.github.io/composer/latest/快速开发和部署 Hyperledger Fabric 区块链应用,提供简化的开发框架,支持本地测试和模拟,适用于企业区块链原型开发。ibm.com/blockchain/platform 开发和管理基于 Hyperledger Fabric 的区块链网络,提供全面的管理工具以及用户友好的界面,支持企业级区块链应用开发和部署。cloud. google. com/blockchain 作为区块链沙箱环境,支持 Hyperledger Fabric 和以太坊,提供 30 天免费试用,支持多种区块链框架,适合区块链应用的开发和实验。corda. network/ participate/join-corda-network/是 Corda 区块链平台的公开测试网络,免费访问测试环境, 支持开发者进行分布式应用(CorDapps)的开发和测试。

4.5 元宇宙

人类区别于动物的最明显的特征是大脑的思维能力,人类喜欢想象,并将想象形成文学 作品、艺术作品和科技产品。人类可以先行想象,然后逐步使用科技进行想象实现。元宇宙 从概念到如今的平台化产品,也在遵循这一规律。1992 年,科幻小说作家尼尔·斯蒂芬森 在他的小说《雪崩》中创造了"元宇宙"这个词。在书中,人类化身和软件代理在三维虚拟空 间中交互。今天,元宇宙是一种数字现实,结合社交媒体、在线游戏、增强现实(AR)、虚拟现 实(VR)和加密货币的各个方面,允许用户进行虚拟互动。增强现实将视觉元素、声音和其 他感官输入叠加到现实世界的设置中,以增强用户体验。

尽管各方对"元宇宙"大肆宣传,但它还不是一个单一的实体。相反,今天的元宇宙是由 多种新兴技术组成的。组织在投资特定的元宇宙时应该小心,因为现在确定投资在哪些地 方能够长期有效还为时过早。Meta 公司(原 Facebook)陷入困境正是因为过早地开始了全 盘实现元宇宙的行动。尽管如此,元宇宙技术有望在虚拟和物理世界中实现更高水平的互 动,提供创新的新机会和商业模式。事实上,Gartner 预计,到 2026 年,25%的人每天至少 花一小时在元宇宙中工作、购物、教育、社交媒体和娱乐。

元宇宙是一个集体的,由虚拟增强的物理和数字现实融合而成的虚拟共享空间。它最 初作为个人公告板和独立的在线目的地,而这些目的地最终会成为虚拟共享空间上的站 点——类似于元宇宙的发展方式。元宇宙不是独立于设备的,也不是由单个供应商拥有的, 它是一个独立的虚拟经济,由数字货币和非同质化通证或其他不可替代的代币(NFT)实 现。作为一种组合创新,元宇宙需要多种技术和趋势才能发挥作用。这些技术和趋势包括 虚拟现实(VR)、增强现实(AR)、灵活的工作方式、头戴式显示器(HMD)、AR 云、物联网 (IoT)、5G、人工智能(AI)和空间计算。

元宇宙目前可以说是互联网领域最前沿的概念,广泛的理解可以是原有计算机空间概 念(Cyberspace)的延伸,具体的意思如上所述,为现代多种信息技术、数字技术与社交网络 需求在商业模式、社会自组织上的多维度深度融合和技术升级。目前,简单地将游戏平台、 视频平台和文化艺术平台看成元宇宙,有一定道理,但也不准确。元宇宙还在进一步实现人 们在文学作品里想象的科幻空间。

4.5.1 元宇宙技术

元宇宙使用现有的许多数字技术协同工作来构建一个沉浸式、互动性强的虚拟世界。 以下分别说明这些技术在元宇宙中的使用功能和相应技术情况。

VR 和 AR 用于构建沉浸式虚拟体验和现实增强的互动环境,通过高分辨率显示、三维建 模、计算机视觉和实时渲染来实现虚拟环境的逼真表现。Oculus Quest(VR)和 Microsoft

HoloLens(AR)是这一领域的代表性产品。区块链技术提供去中心化的基础架构,确保数字资产的所有权和安全,使用智能合约、加密货币和 NFT(非同质化代币)来管理和交易元宇宙中的虚拟资产。Ethereum NFT 平台和 Decentraland 虚拟土地是区块链在元宇宙中的典型应用。AI 和 ML 提供智能化的虚拟角色和环境,个性化的用户体验。AI 用于创建虚拟助手、NPC,通过机器学习分析用户行为,预测并提供个性化服务。Siri 虚拟助手和 OpenAI GPT 展示了 AI 在元宇宙中的潜力。IoT 将物理世界与虚拟世界连接,增强互动体验。使用 IoT 传感器和设备实时收集现实世界数据,并将其整合到元宇宙中进行互动。Nest 恒温器和 AR 游戏设备是 IoT 技术的应用实例。5G 和高性能计算支持高速连接和高质量的实时互动,提供低延迟、高带宽的网络环境和强大的计算能力,支持 VR/AR 内容的传输和实时互动。5G 网络和 AWS 是这一领域的核心技术。云计算和边缘计算提供弹性和高效的计算资源,支持大规模数据处理。云计算提供集中式资源和存储,边缘计算在靠近用户的地方进行数据处理,减少延迟,提高用户体验。Microsoft Azure 和 Edge Computing 是这一领域的代表技术。3D 建模和虚拟世界生成用于构建逼真的虚拟环境和互动场景,使用 3D 建模工具和引擎创建虚拟世界,支持物理仿真、实时渲染、动态光照等功能。Unreal Engine 虚幻引擎和 Unity 游戏引擎是这一领域的主流工具。

4.5.2 元宇宙产品

元宇宙的概念虽然还没有被人们完全适应和理解,但已经出现不少应用元宇宙技术的成功产品。随着技术的不断进步和用户需求的增加,元宇宙应用有望在未来实现更大的突破和创新。下列平台展示元宇宙技术在全球和中国的多样化应用,涵盖社交、娱乐、购物、虚拟会议和展览等多个领域,每个平台都利用元宇宙的核心技术创造独特的用户体验,推动虚拟世界的发展和普及。

Roblox 作为用户生成内容(UGC)平台,允许用户创建和分享虚拟游戏及体验,并通过虚拟货币 Robux 进行经济交易,拥有数亿用户,是全球领先的虚拟游戏和社交平台之一。Fortnite 不仅是一款多人在线战术竞技游戏,还提供虚拟音乐会、电影放映等社交互动活动,并与艺人如 Travis Scott、Ariana Grande 合作举办虚拟演唱会,吸引了数百万在线观众。Decentraland 是一个基于区块链的虚拟世界,用户可以购买、开发和交易虚拟土地及资产,基于以太坊区块链的去中心化经济模式让用户能够创建虚拟展览、办公室和活动,促进数字资产交易。Second Life 支持虚拟角色创建、互动和经营虚拟企业等功能,其稳定的虚拟经济活动持续吸引新用户。派对岛是字节跳动推出的 3D 虚拟社交平台,用户可以创建虚拟形象,参加虚拟活动和派对,增强社交体验。该平台特别受年轻一代欢迎,成为虚拟社交的新潮流。超级 QQ 秀是腾讯的虚拟形象互动平台,用户可以定制虚拟形象并参与虚拟活动。该平台支持虚拟物品交易,集成到腾讯的社交网络中,迅速积累大量年轻用户。希壤是百度的虚拟会议和社交平台,利用 AI 和云计算技术,用户可以创建虚拟身份并参与虚拟会议、展览和社交活动,推动了虚拟办公和社交的发展。淘宝元宇宙计划是阿里巴巴的虚拟购物平台,提供沉浸式购物体验,用户可通过 VR 技术进入虚拟商店购物。该计划吸引众多品牌和商家参与,推动了虚拟购物在中国的普及。瑶台是网易的虚拟社交和娱乐平台,用户可以创建虚拟形象,参与虚拟活动、游戏和社交互动。瑶台特别受年轻用户欢迎,成为网易在元宇宙领域的重要布局。这些平台通过虚拟游戏、社交互动、经济交易和沉浸式体验,推动了元宇宙的发展,吸引了全球用户的广泛关注。

※ 思考题

1. 数字技术有什么样的新特点? 它们与原有的信息技术是什么关系?

2. 现在云计算的不同技术之间有何区别? 它们分别能够满足现代哪些商业需求?

3. 举例说明生活中物联网技术的应用。物联网技术在工业上有哪些应用?

4. 大数据有哪些特征? 如何理解大数据的价值密度低的问题?

5. 我国政府为什么会成立数据局? 为什么把数据作为生产要素之一?

6. 为什么比特币是区块链最成功的应用? 区块链适合什么样的场景?

7. 元宇宙为什么没有得到更广泛的普及? 未来元宇宙还会有更大的发展吗?

8. 分布式计算和分布式记账有何本质上的区别?

9. 查找数字化转型的学术论文,说明数字化转型的背景、发展和趋势。

10. Web 3.0 可以定义为"元宇宙＋区块链"吗? 为什么?

11. AR、VA、AI 技术是否为数字技术的一部分? 如何理解数字技术的边界?

12. 有观点说数字技术发展与企业的环境治理存在负相关关系,对吗? 为什么?

13. 有人认为数字化转型不可能成功,主要是顾虑哪些因素和实际情况?

14. 成功应用数字技术的都是一些什么样的企业和组织?

15. 数字技术成功应用的先决条件有哪些?

系统开发篇

第 5 章

管理信息系统的开发方法

主要内容：管理信息系统开发理论、结构化开发方法、敏捷开发方法
重点掌握：结构化开发方法、原型法、面向对象法和 DevOps 方法
综合应用：理解并应用各种开发方法

5.1 结构化开发方法

5.1.1 生命周期和系统工程

1. 产品生命周期理论

生物体的生命历程都有出生、生长、长成、衰老和死亡的过程，然后通过繁衍在下一代重演。人们受此启发发现生命周期规律，并将其逐步拓展到家庭、消费、产品、产业和组织等多个领域，来研究具象事物和抽象概念的发展过程。与生命体经历的过程一样，产品也要经历开发、引进、成长、成熟、衰退的阶段。1966 年，美国经济学家雷蒙德·弗农首次提出产品生命周期概念，产品生命周期是指产品的市场寿命，即一种新产品从开始进入市场到被市场淘汰的整个过程。在不同的国家，产品生命的过程和周期时长存在较大的差距，这些差距能够体现不同国家在技术上的差距，说明同一产品在不同国家市场上的竞争地位的差异，决定国际贸易和国际投资的变化。由此差别，弗农把这些国家依次分成最发达的创新国家、一般发达国家、发展中国家。产品生命周期一般可以分成四个阶段：研发/引入期、成长期、成熟期和衰退期（见图 5-1）。

在引入期，新产品投放市场，顾客认知度低，销量少，企业需投入大量促销费用，通常不盈利甚至亏损。若试销成功，产品进入成长期，需求和销售额迅速上升，成本下降，利润快速增长。但随着竞争者涌入，供给增加，价格下降，利润增长放缓。在成熟期，产品普及且标准化，市场需求饱和，销售增长停滞甚至下降。企业为竞争需在质量、包装等方面增加投入。衰退期到来时，产品因无法满足新需求而被更优的新产品替代，销量和利润持续下滑，高成本企业逐渐退出市场，产品生命周期结束。

系统开发生命周期是一个规划、开发、测试和实施信息系统的过程，适用于各种软件和硬件配置，通常包括六个不同的阶段：规划、分析、设计、实施、运行、维护。根据产品生命周期理论，实际应用的管理信息系统也会经历一个系统阶段到另一个系统阶段的变化，原有系统的结束标志新系统的开始。

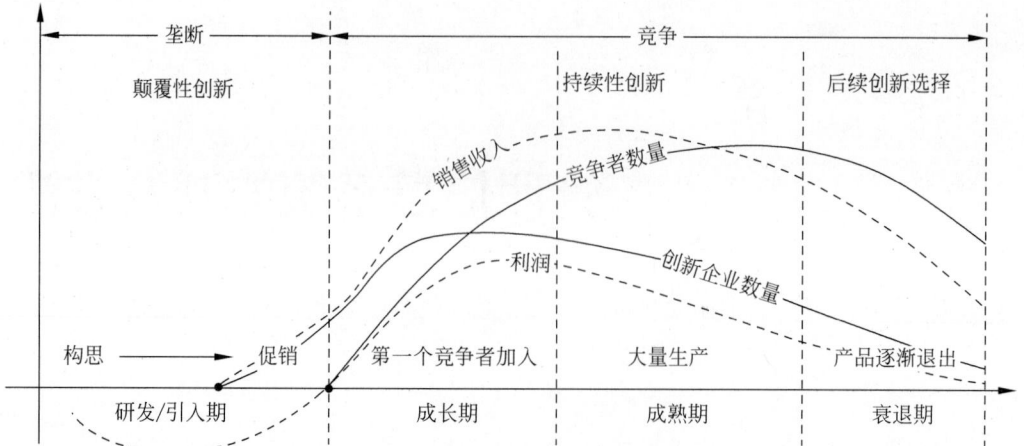

图 5-1　一般产品生命周期

2. 系统工程理论

系统工程(systems engineering, SE)是指在各类工程中应用一系列结构化和协同化的工具、方法、理念以实现科学设计和管理工程项目的过程。NASA 系统工程手册中定义：系统工程是一套对系统(产品或服务)进行定义、实现、集成和操作的科学方法,重点是在计划生命周期内预定的成本和进度下满足用户在功能、物理和操作方面的预期效果。系统工程包括工程活动、技术管理活动,还需要考虑系统、其他系统或作为更大系统组成部分的所有元素之间的接口关系。系统工程公式框架为:SE＝Vee＋11 Functions＋Tools。Vee 模型或 V 模型是一个流程模型(见图 5-2),对于左臂上的每个阶段,应用 11 个 SE 功能来实现目标,流程向下移动,依次完成每一个阶段,然后移向右臂。其中,SAITL 指的是系统装配、集成、测试和发布或上市。

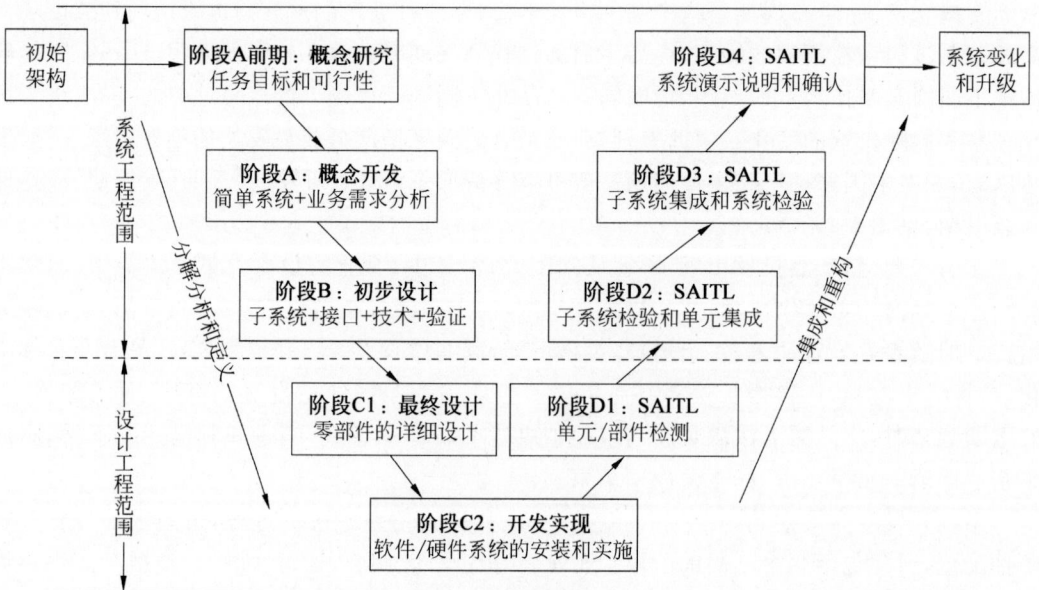

图 5-2　系统工程的 Vee 图

阶段 A 前期进行概念研究,提出广泛的想法;阶段 A 进行概念开发,通过业务场景研究得到一个简单的系统结构;阶段 B 生成初步设计,建立初步设计,解决子系统需求、接口和技术问题;阶段 C 进行详细设计,绘制和管理设计图纸,采购或制造零部件、软件系统;阶段 D 进行 SAITL,组装和集成子系统用来创建系统、测试、验证和确认性能,部署系统。左臂属于规划制定阶段,包括解构和定义,目的是明确完整的系统架构设计。右臂属于系统实施阶段,包括集成和验证。右臂向上移动相当于从各个组件到形成一个完整的功能搭建系统的过程,包括物理组件。同一层的左右阶段属于相同的层级,左侧的需求可以水平地转换为相应需求的实现和验证。V 形图被一条水平虚线所分割,用以区分系统工程任务和设计工程团队执行任务的不同;后者通常用工程设计流程进行子系统的详细设计,主要包含项目定义(确定任务目标,解释相关问题)、需求定义和工程规范(指导设计跟进需求,记录需求并获得批准)、概念设计(产生想法,论证原型,选择有价值的概念)、产品设计、制造和测试,如果满足要求,就开始生产。

系统工程的 11 项功能分别为(1)阶段 A 前期开始确定任务目标,(2)衍生需求,然后进行(3)结构设计,再确定(4)操作概念。(2)、(3)、(4)之间需要进行反复(5)确认和验证,再输出下一阶段任务。(6)～(11)功能属于其他维度的工程管理。系统工程的工具主要包括各个流程阶段的文档记录以及相关阶段的预算模型、失效模式(FMA)、工作任务分解(WBS)、甘特图和系统工程管理计划(SEMP)等。

5.1.2 系统结构化开发方法

管理信息系统的发展经历了三个主要阶段:随意性开发阶段、结构化开发阶段和敏捷性开发阶段。在 20 世纪 60 年代的随意性开发阶段,系统开发无明确方法,程序维护困难。70 年代进入结构化开发阶段,通过分阶段开发和文档记录改善过程管理,但仍存在成本超支和维护困难问题。80 年代起,敏捷性开发阶段兴起,原型法通过快速实现核心功能并结合用户反馈不断完善系统需求,提升开发效率和灵活性。随后,CASE 工具和面向对象的开发方法推动软件开发向现代化、自动化和工程化迈进。

1. 结构化方法工作内容

1970 年,温斯顿·罗伊斯提出瀑布模型,将开发过程分为需求分析与规划、设计、实现与单元测试、集成与系统测试、运行与维护五个阶段。该模型遵循生命周期理论和系统工程思想,类似瀑布级联而得名"瀑布模型"。在 MIS 开发中,瀑布模型通常划分为总体规划、系统分析、系统设计、系统实施和运行维护五个阶段。每阶段任务明确,需交付规范文档作为下一阶段的基础。系统生命周期的各阶段花费的资金、人力和时间因项目和方法不同而有很大差别,早期系统开发时间多一些,系统维护时间少一些,后来系统开发时间逐渐减少,维护时间逐渐增多。有些项目系统开发时间仅占 1/3,而系统维护时间占比达 2/3。说明在整个生命周期中,系统维护工作也越来越重要。

管理信息系统的开发必须由领导、用户和开发人员互相配合,共同承担,这不仅是开发人员一方的事。领导的参加与重视是管理信息系统开发成功的基本保证,管理信息系统项目因而通常有"一把手工程"之称。所开发的系统最终又是交给用户使用的,用户参与开发过程有利于开发者充分理解和准确实现系统需求。

2. 系统开发阶段的工作内容

总体规划是管理信息系统开发的第一阶段,也是整个开发过程的基础阶段。在这一阶段,需要以整个系统为分析对象,明确系统的总目标和功能框架,并对方案的可行性进行论证。总体规划的核心任务包括调查当前系统、分析系统目标和子系统的组成与功能、拟定系统实现方案,以及进行可行性研究。这一阶段的主要目的在于为后续的系统分析、设计和实施奠定基础,同时为领导决策和投资筹集提供依据。此外,由于用户通常需要分期分批实现系统,总体规划阶段还需制订分批开发计划。因此,总体规划是整个开发生命周期的基础工作,必须严谨而周密地完成。

系统分析阶段的主要任务是通过对现有系统的详细调查和分析,明确新系统的用户需求,并将其具体化为书面资料(系统分析说明书),以逻辑模型的形式描述新系统"做什么",暂不涉及"怎么做"。系统分析是从用户需求到系统逻辑模型的关键过渡,用于确保新系统的目标明确、需求清晰。

系统设计阶段将系统分析说明书转化为物理实现方案,最终形成系统设计说明书。该阶段通常包括总体设计和详细设计两个步骤。总体设计任务是划分子系统或子模块;详细设计则进一步明确每个模块的内部处理逻辑、输入输出要求和数据存储方案。系统设计通过逻辑模型到物理模型的转化,为系统实施提供了清晰、具体的实现方案。

系统实施阶段是将设计方案付诸实践的过程,包括程序设计、调试、新旧系统转换等工作。核心任务包括计算机设备安装、程序开发与测试、系统试运行、文档编写、人员培训等。通过严格执行实施过程,可以确保新系统运行顺畅并达到用户需求,同时为后续的运行维护提供支持。系统实施后续工作还有运行和维护两个环节。系统维护是在系统运行过程中,为了改正错误或满足新的需要而修改系统的活动。

结构化方法即是按照系统工程的思想组织开发工作,结构化、模块化、自顶向下地对系统进行分析和设计,最后利用自底向上、逐步实现的方式完成系统实施的一种系统开发方法。与其他开发方法相比较,结构化方法的主要特点是:树立面向用户的观点、加强调查研究、逻辑设计和物理设计分别进行、使用结构化和模块化方法、严格按阶段进行、开发过程文档化。结构化方法是系统开发的一个有效方法,在以后的章节中,将详细论述结构化分析和结构化设计的方法。

5.2　原型法与面向对象法

5.2.1　原型法

1. 原型法的思想与原则

系统结构化开发方法的瀑布模型强调系统开发每一阶段的严谨性,要求在系统设计和实施阶段之前预先严格定义出完整、准确的功能需求和规格说明。如果系统结构复杂和时间要求紧迫,传统结构化开发方法就难以适应。规格说明的难以完善、用户需求的模糊性、快速变化的环境已成为传统的结构化开发方法的重大障碍,原型法正是对上述问题进行变通的一种新的系统开发方法。在 MIS 开发中,用原型来形象地表示系统的一个早期可运行版本,能够反映出新系统的部分重要功能和特征。原型法要求在获得一组基本的用户需求后,快速地实现新系统的一个原型,用户、开发者及其他有关人员在试用原型的过程中,加强通信和反馈,通过反复评价和反复修改原型系统,逐步确定各种需求的细节,适应需求的变化,最终提高新系统的质量。原型法虽然是在研究用户需求的过程中产生的,但主要针对传统结构化方法所面临的困难,因而也面向系统开发的其他阶段和整个过程。

原型化原则为系统提供一套原型开发的思想方法。对于大多数原型化过程来说,只需分析最终系统的某些特殊部分,而大量的功能、结构和用户界面,都能从其他现有的模型得到借鉴和重用,主要体现在以下三个方面。

（1）系统开发通常依赖于基本结构和功能模块,通过调整和补充形成具体应用系统。多数系统的结构可以从一组基本系统模型导出,如数据编辑系统、报表生成系统、数据转换系统和查询系统等。这些模型为系统开发提供基础框架。

（2）常用功能集合是系统构建的关键,包括对数据库记录的增删改、文件显示和表格打印等。这些基本功能在不同系统中可能有具体要求,是原型开发前需重点研究的内容。报表功能和查询功能可以通过统一模块实现,用户通过设置报表格式、表头或查询条件,即可动态生成报表或输出查询结果。这种模块化设计不仅能提高开发效率,也会增强用户在原型开发中的参与感。

（3）快速构建新的系统模型依赖于对成熟模块的充分利用。尽管用户需求可能具有新颖性,但有经验的开发者能够从中提取共性,结合现成模型进行调整和增补,快速构建出满足需求的原型。这种方法极大地提升了原型开发的效率和适应性。

2. 原型法的生命周期

原型法的生命周期过程如图 5-3 所示。原型化生命周期的入口端是可行性分析。在可行性研究中,大多数典型问题已经被说明,如应用和环境方面的主要约束、当前业务的分析、系统边界及交互点等,这些对原型开发人员逐步适应用户环境是有价值的,但是其中大部分问题还需在原型化生命周期中进一步研究和具体化。

原型化生命周期的出口端是初步设计,它的主要任务是分析和解剖原型,因为此时的原型系统与最终系统相比,还有许多需要未被满足,诸如恢复机制、操作文档辅助变换和质量控制等。在最理想的情况下,也可以从原型系统经过演化而直接过渡到最终系统。

图 5-3 的原型法的生命周期由 10 个阶段组成,整个过程的目标是提供一个能被用户和开发人员双方所接受的、较为完善的系统需求。具体说明如下:

（1）方法选择。对于需求不明确且用户积极参与开发的项目,原型法是理想选择,但不适用于扩充已运行的系统。确定原型法是否适用并达成一致意见后可进入下一阶段。

（2）识别基本需求。设计初始原型前需识别基本需求。与传统方法不同,原型法的需求不必完美,只需是合理的设想。识别需求须进行详细调查、与用户交互和业务研究。

（3）开发初始原型。建立有一定深度和广度的初始原型,以便后续迭代和改进。开发时间应控制在 3～6 周内,最长不超过两个月,以保持用户对原型法和最终系统的兴趣。

（4）原型验证。验证系统原型的正确性,开发新需求并修改原有需求,包括用户熟悉和操作原型、总体检查、发现隐含错误、提出改进建议以及优化系统/用户界面。

（5）修正和改进。根据验证阶段发现的问题和用户反馈,对原型进行修正和改进。

（6）判断原型是否完成。判断最终系统的需求是否明确,原型迭代是否可以结束,进而

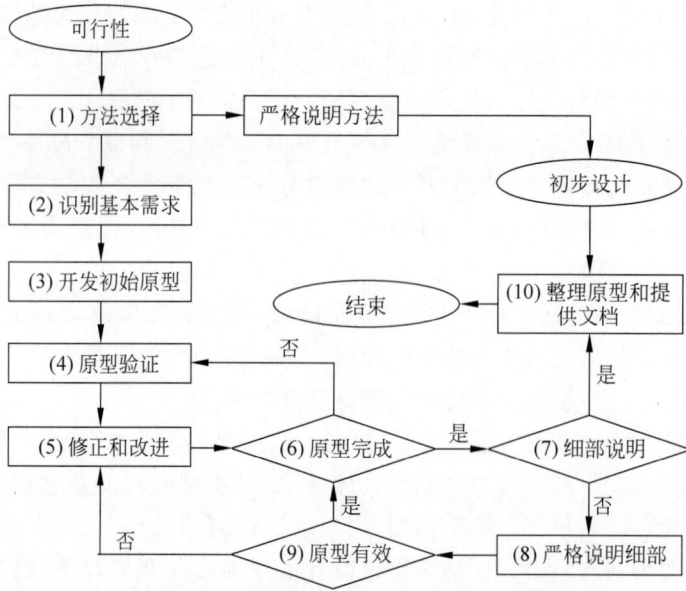

图 5-3　原型法的生命周期过程

决定下一步工作内容,如进行细部说明或继续验证。

(7) 判断是否需要细部说明。对无法通过原型说明的项目,判断是否需要提供详细的文字或其他形式的说明。

(8) 严格说明细部。对无法通过原型说明的项目,用文字、图形等方式进行严格描述,并写入需求说明文档。例如,系统的输入输出、逻辑功能、数据库组织等均需严格说明。在原型法中,可借助屏幕和原型进行讨论和确定,帮助说明细部。

(9) 判断原型效果。检查严格说明是否引起原型失效。如有问题,需修改说明。

(10) 整理原型和提供文档。文档包括最终系统的需求文档和原型说明文档。原型法通过动态演示和用户参与,使需求定义更加合理。

3. 原型法与结构化方法的比较

(1) 原型法是一种迭代、循环型的系统开发方法,而结构化方法严格遵循执行顺序。

(2) 原型法可以使用户在系统开发初期就能看到最终系统的实际工作雏形,而结构化方法只有在系统开发完毕时才能让用户看到最终系统。

(3) 原型法允许用户通过实际使用原型来理解和评价系统,提出改进意见,而结构化方法在系统完成之后一旦改动,工作量将会非常大。

(4) 原型法的用户参与程度比较高,而结构化方法在这方面显然存在不足。

(5) 原型法由于要快速实现新系统的一个原型,因而对开发环境、软件工具要求比较高;结构化方法则几乎任何种语言都可以开发。

(6) 原型法由于要对原型不断修改,因而对开发过程的管理和控制比较困难;而结构化方法各个阶段划分比较明确,只有完成上一阶段的任务才能进入下一阶段,因而比较容易管理。

任何一种技术和方法都不可能十全十美。在 MIS 开发实践中,应该根据具体情况合理使用这两种方法,以便取长补短,开发出更高质量的系统。

5.2.2 面向对象法

面向对象的开发方法起源于面向对象的程序设计,但又不限于程序设计语言,经过发展和演化,已成为一种系统开发方法,贯穿于软件工程的整个过程。面向对象法就是一种按照人们对现实世界习惯的认识论和思维方式来研究和模拟客观世界的方法学,它将现实世界的任何事物均视为对象,认为客观世界由许多不同类的对象构成,每个对象都有自己内部的状态、运行规律,不同对象之间的相互关系和相互作用构成完整的客观世界。到底应该把什么抽象为对象,由所要解决的问题决定。对象指的是一个独立的、异步的、并发的实体,它能"知道一些事情"(存储数据)、"做一些工作"(封装服务)并"与其他对象协同工作"(交换消息),完成系统的所有功能。面向对象法的核心思想包括对象认识论、特征和行为封装机制、抽象归类机制和消息传递机制等。

(1)对象认识论。人类总是通过一个个具体的客观事物来认识世界,包括形状、大小等属性,以及行为、功能、动作等。例如,买东西结账时,有两个主要对象(见图 5-4),一个是收银员对象,另一个是顾客对象。面向对象法与人类世界认识论保持一致,认为客观世界是由各种对象和对象之间的联系组成的,任何事物都是对象,复杂的对象可以由比较简单的对象以某种方式组合而成。

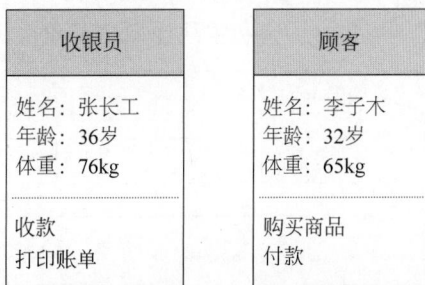

收银员	顾客
姓名: 张长工 年龄: 36岁 体重: 76kg	姓名: 李子木 年龄: 32岁 体重: 65kg
收款 打印账单	购买商品 付款

图 5-4 收银员对象与顾客对象

(2)特征和行为封装机制。每个对象都会定义一组属性和一组方法。图 5-4 中的两个对象都定义了姓名、年龄和体重等属性,还有各自的操作行为,这样的相关属性和行为放在对象里形成封装体,更加方便编程调用、调试和管理。

(3)抽象归类机制。对象按其共性进行归类,类是对对象共性的抽象。图 5-4 中的张长工只是世界上所有收银员中的一个,李子木也只是世界上所有顾客中的一个。这些收银员、顾客都具有类似的功能和相似的属性,但却又不是完全一样的。面向对象思想就可以把收银员、顾客等统称为"类",张长工和李子木则是这两个类各自实例化(instancing)的具体对象。类具有一定结构,若干个对象类组成一个层次结构系统。类可以有子类(派生类)与父类(基类),子类在继承其父类的属性和行为的基础上还可以扩充自己的新属性、新方法和新事件(图 5-5)。

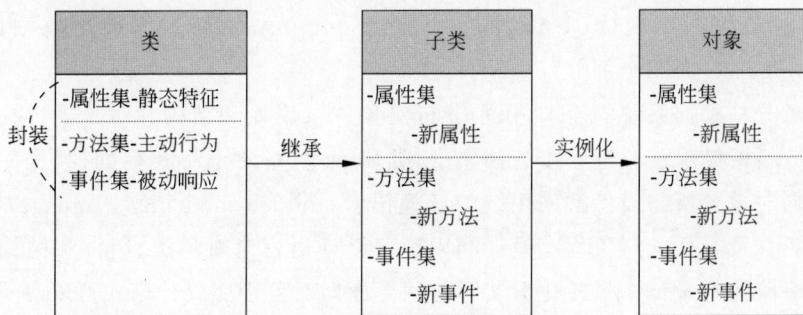

图 5-5 类、子类和对象之间的关系

(4) 消息传递机制。对象彼此之间仅能通过传递消息互相联系。目前,面向对象的方法被广泛应用于各类程序语言设计当中。许多专家根据面向对象的思想,可以对系统分析和设计工作的步骤、方法、图形工具等进行详细研究,提出不同的实现方法,包括数据驱动、过程驱动、事件驱动及责任驱动。数据驱动从对象封装的数据着手,过程驱动从对象封装的过程着手,事件驱动从对象封装的状态和引起状态变化的事件着手,责任驱动则从作为系统零件的对象在整个过程中的责任着手。这些方法在封装与分类的表达和支持上存在着差异,在实现上述策略时所达到的效果也不同。

采用面向对象法进行 MIS 开发,可以提高程序的稳定性、可修改性(数据和操作都封装在对象内部)和可复用性(复用代码以及需求分析、设计、用户界面),可以提高系统开发的质量。面向对象法是由类、对象、属性、方法、事件、消息、继承性、多态性和重载等一系列概念构成的,核心概念是类和对象,消息是连接对象的纽带,继承是抽象类的独特贡献(见图 5-5),而多态性(见图 5-6)和重载使面向对象法更加完美。

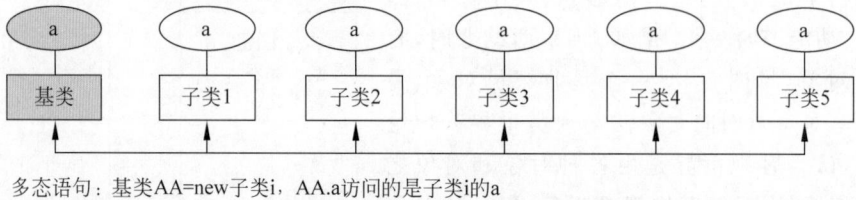

多态语句:基类AA=new子类i, AA.a访问的是子类i的a

图 5-6 面向对象的多态关系

在面向对象的软件技术中,多态性(polymorphism)是指子类对象可以像父类对象那样使用。同样的消息既可以发送给父类对象也可以发送给子类对象。在类等级的不同层次中可以共享(公用)一个行为(方法)的名字,然而不同层次中的每个类却各自按自己的需要来实现这个行为。

重载(overloading)分为函数重载和运算符重载两种。函数重载是指在同一作用域内的若干参数特征不同的函数可以使用相同的函数名;运算符重载是指同一个运算符可以施加于不同类型的操作数。当然,当参数特征不同或被操作数的类型不同时,实现函数的算法或运算符的语义是不相同的(例如 Javascript,"12"+15 的结果是"1215",而 12+15 的结果是 27)。重载进一步提高面向对象系统的灵活性和可读性。

(5) 面向对象法的开发过程。按照开发内容和顺序,面向对象法的开发过程可以分为面向对象分析(object-oriented analysis,OOA)、面向对象设计(object-oriented design,OOD)、面向对象编程实现(object-oriented programming,OOP)、面向对象测试(object-oriented testing,OOT)四个部分。

面向对象分析根据系统的需求,识别分析对象、类、属性和结构并对其进行描述。面向对象设计对分析的结果进行进一步的抽象、归类和整理,并设计人-机界面、数据库及任务管理系统。面向对象分析与设计常采用统一建模语言(unified modeling language,UML),相关内容可见第 9 章。面向对象程序设计利用程序设计语言对对象类、组件和结构进行程序设计。将上一阶段的设计结果转化为实际应用。面向对象程序设计模式可以参见第 9 章相关内容。面向对象测试是对程序、模块进行系统化验证的过程。

5.3 软件开发模型

管理信息系统的开发内容核心是满足业务需求的软件功能开发,其过程遵循系统工程理论,注重范围、进度、成本和质量四个管理目标。常见的软件开发模型包括瀑布模型、增量模型、演化模型、喷泉模型、螺旋模型等。部分模型属于敏捷开发方法,如快速原型、RUP、极限编程等。这些模型各有特点和适用范围,开发人员应根据项目需求进行选择和应用。

5.3.1 生命周期模型

1. 瀑布模型

软件开发的瀑布模型为软件开发和维护提供了一种有效的管理模式,软件开发早期,其在消除非结构化软件、降低软件复杂度、促进软件开发工程化方面作用显著。图 5-7 将软件开发分为计划、开发和运维 3 个阶段和 9 个部分。瀑布模型的特征是:①一个活动的工作对象来自其上一项活动的输出,本活动产出为下一活动的输入;②根据本阶段的活动规程执行相应的任务;③对本阶段活动执行情况进行评审。

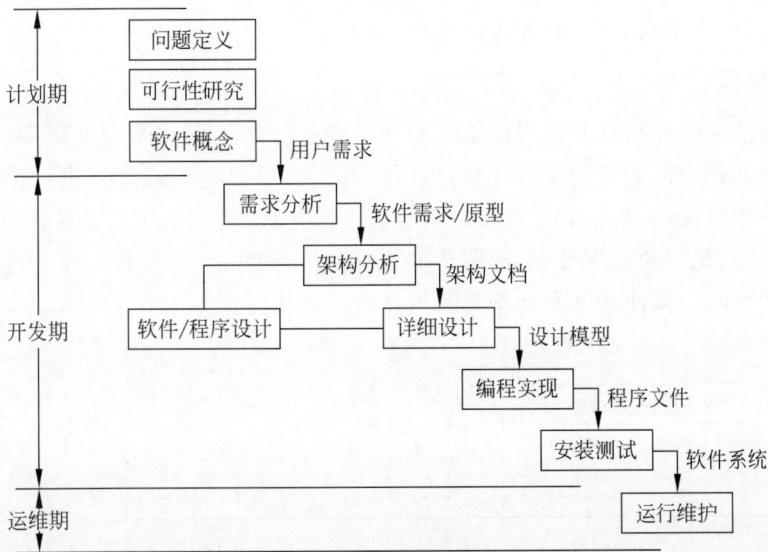

图 5-7 瀑布模型

瀑布模型的适用场景:需求稳定、项目周期短、所使用的工具和技术不变、资源充足可用。瀑布模型的优点:实现简单而所需资源少,需求简单而能明确声明,每个阶段的起止时间固定,开发前能确定产品发布日期和最终成本,报告系统易于客户理解和使用系统。瀑布模型的缺点:风险因子较高而不适合重要和复杂的项目,不能接受在开发过程中更改需求,后续阶段很难倒回到前一阶段,测试在后期进行。

2. 增量模型

在开发过程中,将需求划分为软件开发周期的多个独立模块,每个模块都要经历需求、设计、实现和测试阶段。该模块的每个后续版本都在之前的版本上添加功能——增量,然后持续进行,直到完成整个系统。增量模型如图 5-8 所示。

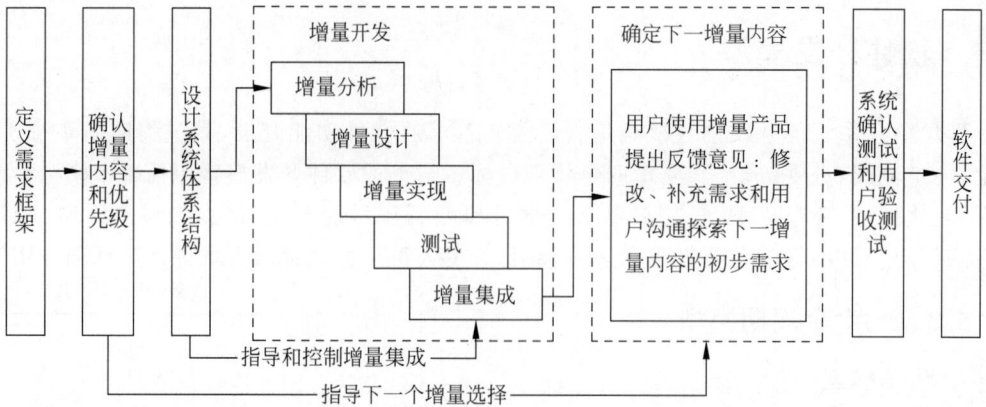

图 5-8　增量模型

增量模型的使用场景：要求高、项目开发时间长、团队缺乏很好的技能和训练、客户要求快速使用、可以开发优先级需求。增量模型的优点：客户尽早使用系统核心功能增强使用信心；同一体系增量开发时错误容易被发现；基于核心功能保障和高优先级开发，总体风险低而重要功能部分可靠性强；风险管理简单而且容易测试和调试。增量模型的缺点：需要详细规划、总成本高、增量粒度难以选择、需要定义良好的模块接口。

3. 迭代模型

迭代是指把一个复杂且开发周期很长的开发任务分解为很多小周期可完成的任务，这样的一个周期就是一次迭代的过程，同时每一次迭代都可以生产或开发出一个可以交付的软件产品。在该模型中，整个软件开发过程分为多次迭代，每次迭代都有设计、开发、测试和评审。其余阶段、规划和需求分析、部署和维护都是一次性的，不涉及交互。这个模型不是从全套需求开始的。设计和开发从基本需求开始。迭代模型如图 5-9 所示。

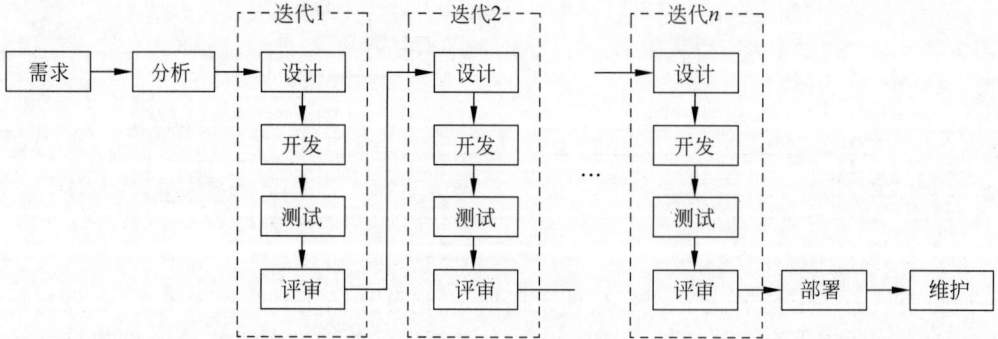

图 5-9　迭代模型

迭代模型的适用场景：系统主要需求可以在最初定义、在设计之前有确定的技术、团队在技术方面的经验较少。迭代模型的优点：有些功能可以在早期快速构建，较小迭代的调试和测试会很容易，在迭代期间识别和解决风险将很容易，更具成本效益，产品可以逐步构建和改进，从每个增量中识别出的问题和风险可以应用于下一个增量。迭代模型的缺点：需要更多资源，不适合频繁更改需求，管理复杂度更高，项目完成日期在开始有未知风险，后期持续收集需求会出现系统架构或设计问题；增量定义需要定义一个完整的系统，需求不断变化,设计必须经常更改,预算容易增加,不适合小型项目,不支持阶段重叠。

4. 演化模型

演化模型又称为进化模型。为了应对需求经常变化和短时间开发完整版本的难度,演化模型将开发周期划分为更小的、递增的瀑布模型,用户可以在每个周期结束时试用限量版产品。用户为下一个周期的计划阶段提供产品反馈,供开发团队改进产品和流程。演化模型解决软件产品长时间交付问题。如图 5-10 所示的演化模型,第一次试验开发得到试验性的原型产品,其目标只是探索可行性,弄清软件需求;第二次产品开发在此基础上获得较为满意的软件产品。

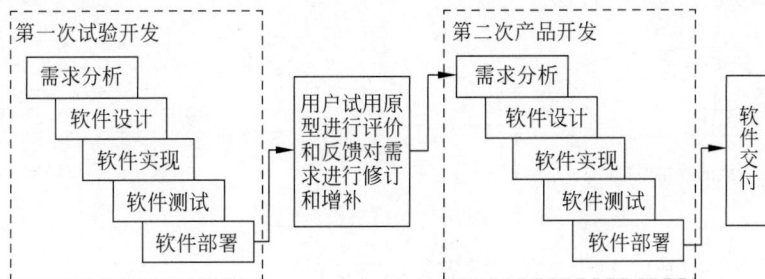

图 5-10 演化模型

演化模型的适用场景:大型项目、系统容易按照对象划分单元、客户开始只想使用核心功能及时解决业务问题。

演化模型的优点:风险分析更好,明确用户需求且支持变化的环境,初始操作时间较短,较早产生试用版本便于客户评估和反馈。

演化模型的缺点:管理复杂性更大,结构较差,技术不成熟,使用起来可能很昂贵;不适合小型项目;可能会抛弃瀑布模型的文档控制优点;风险分析需要高技能的资源。

5. 喷泉模型

喷泉模型,又称为迭代模型,是由 BH Sollers 和 JM Edwards 于 1990 年提出的一种新的开发模型,主要用于采用面向对象技术的软件开发项目。喷泉模型在系统某个部分常常重复工作多次,相关对象在每次迭代中随之加入渐进的系统。由于对象概念的引入,需求分析、设计、实现等活动只用对象类和关系来表达,可以较为容易地实现活动的迭代和无间隙,并且使得开发过程自然地包括复用。传统的喷泉模型如图 5-11(a)所示,认为软件开发过程的各个阶段是相互重叠和多次反复的,就像喷泉一样,水喷上去又可以落下来,既可以落在中间,又可以落到底部。各个开发阶段没有特定的次序要求,完全可以并行进行。改进的喷泉模型以喷泉模型为基础,如图 5-11(b)所示,可以尽早地、全面地展开测试,同时将测试工作进行迭代。改进的喷泉将需求纳入,使得模型完全实现整个开发过程的无边界和交互性。

6. 快速原型模型

快速原型模型(RPD)是增量模型的另一种形式。在开发真实系统之前需要构造一个原型,并在该原型基础上逐渐完成整个系统的开发工作。快速原型模型的第一步是建造一个快速原型,实现未来用户与系统的交互,用户对原型进行评价,进一步细化待开发软件的需求。通过逐步调整原型使其满足客户的要求,开发人员可以确定客户的真正需求是什么;

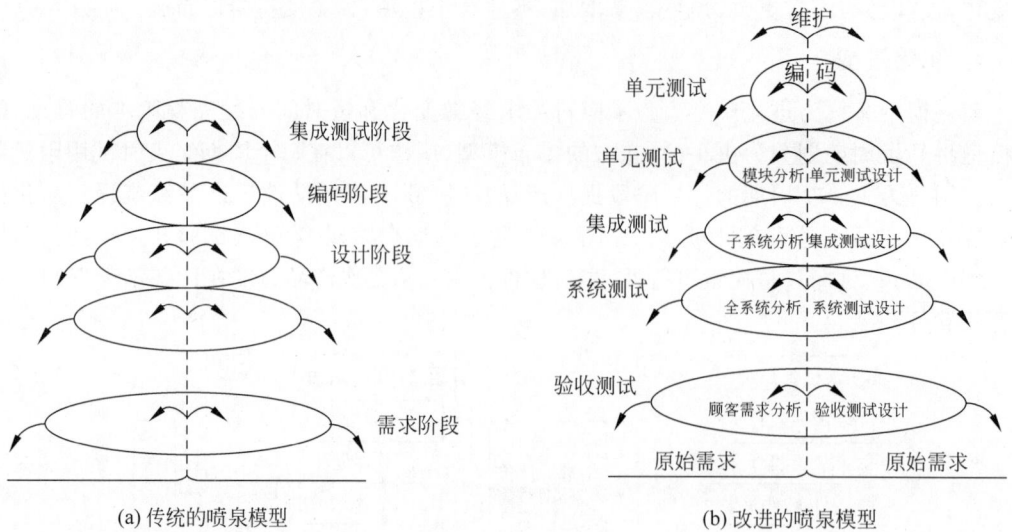

图 5-11　喷泉模型

第二步则在第一步的基础上开发客户满意的软件产品。

根据原型的不同作用,可以将快速原型的原型分为三种类型:

① 探索型原型。用于开发目标模糊,用户与开发人员都对项目缺乏经验的情况,通过原型明确用户需求。

② 实验型原型。主要用于设计阶段,检验实现方案是否合适,能否实现,在开发对设计方案没有把握的大型系统的情况下,可通过这种原型来验证设计方案的正确性。

③ 演化型原型。用于及早向用户提交一个包含框架或主要功能的原型系统,在得到用户使用认可后,再不断扩充演变为最终的软件系统。

快速原型模型的开发(见图 5-12)主要分为五个步骤:

(1) 快速分析。在分析人员与用户密切配合下,迅速确定系统的基本需求,根据原型所要体现的特征描述基本需求以满足开发原型的需要。

(2) 构造原型。在快速分析的基础上,根据基本需求说明尽快实现一个可行的系统。这里要求由强有力的软件工具提供支持,并忽略最终系统在某些细节上的要求。

(3) 运行原型。这是发现问题、消除误解,开发者与用户充分协调的一个步骤。

(4) 评价原型。在运行基础上,考核评价原型的特性,分析运行效果是否满足用户的需求,纠正交流误解与分析错误,增添新要求,适应因环境变化或用户新想法引起的需求变动,提出全面修改意见。

(5) 修改。根据原型评价结果进行修改。若原型未满足需求说明的要求,表明对需求说明存在不一致的理解或实现方案不够合理,则根据明确的要求迅速修改原型。

7. 快速应用开发模型

快速应用开发法(rapid application development,RAD)结合原型和迭代思路,软件代码实现过程本身就涉及规划,不用提前准备具体开发计划。RAD 侧重通过研讨会或专门小组收集客户需求,客户使用迭代概念对原型进行早期测试,实现现有原型和组件的重用,持续集成和快速交付。原型是在功能上等同于产品组件的工作模型。功能模块作为原型并行开

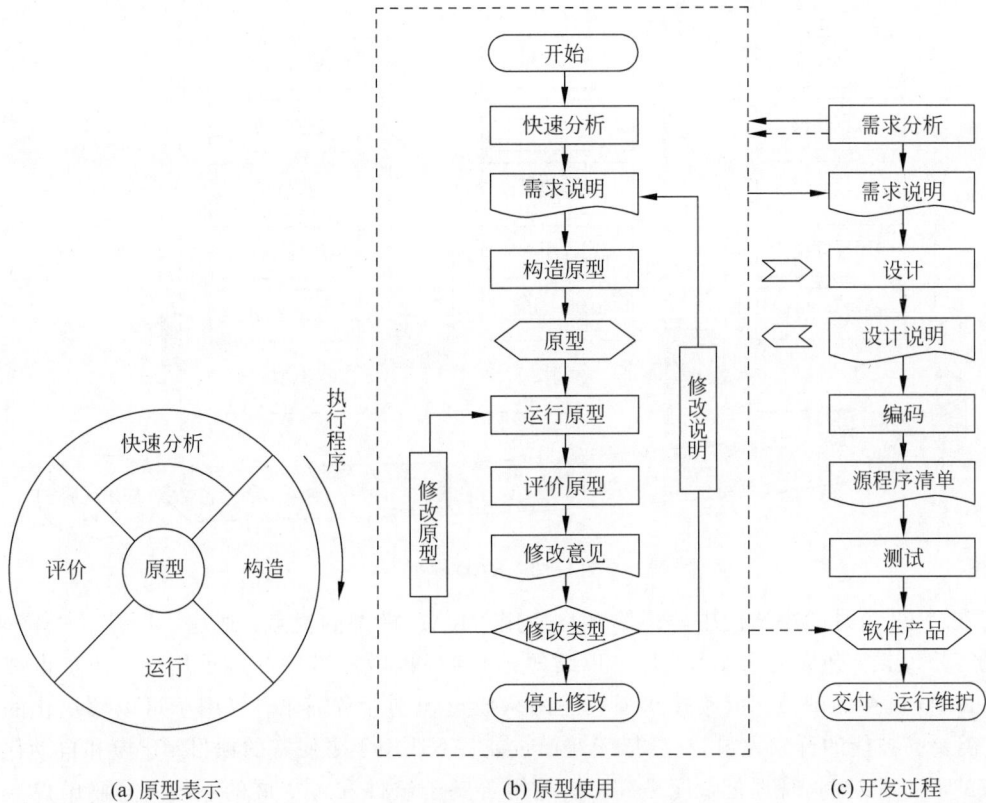

图 5-12 RPD 模型

发,并集成在一起形成完整的产品,可以更快地交付产品。由于没有详细的预先计划,可以更轻松地将更改合并到开发过程中。RAD 模型能够快速交付,是由于组件的可重用性和并行开发而减少了整体开发时间。只有当有高技能的工程师参与,并且客户也承诺在给定的时间范围内实现目标原型时,RAD 才能很好地工作。如图 5-13 所示,RAD 模型将分析、设计、构建和测试阶段分配到一系列短的、迭代的开发周期中。具体分为五个步骤。

(1) 业务建模。完整的业务分析包括重要信息查询、信息获取方法、处理方式和时间以及信息成功流动的影响因素等。

(2) 数据建模。在业务建模阶段收集的信息经过审查和分析,以形成对业务至关重要的数据对象集。

(3) 流程建模。在数据建模阶段定义的数据对象集被转换为实现特定业务目标所需的业务信息流。数据对象集的任何更改或增强的过程模型都在此阶段定义。

(4) 应用程序生成。通过使用自动化工具将流程和数据模型转换为实际原型来构建实际系统并完成编码。

(5) 测试和切换。RAD 模型中的总体测试时间会减少,因为原型在每次迭代期间都进行独立测试。但是,需要对所有组件之间的数据流和接口进行彻底的测试,并具有完整的测试覆盖率。大多数编程组件已经过测试,可以降低出现任何重大问题的风险。

RAD 模型的适用场景:系统可以清晰地模块化并以增量方式交付、建模设计方法的可用性高、允许使用自动代码生成工具、领域专家具备相关业务知识、需求发生变化时工作原

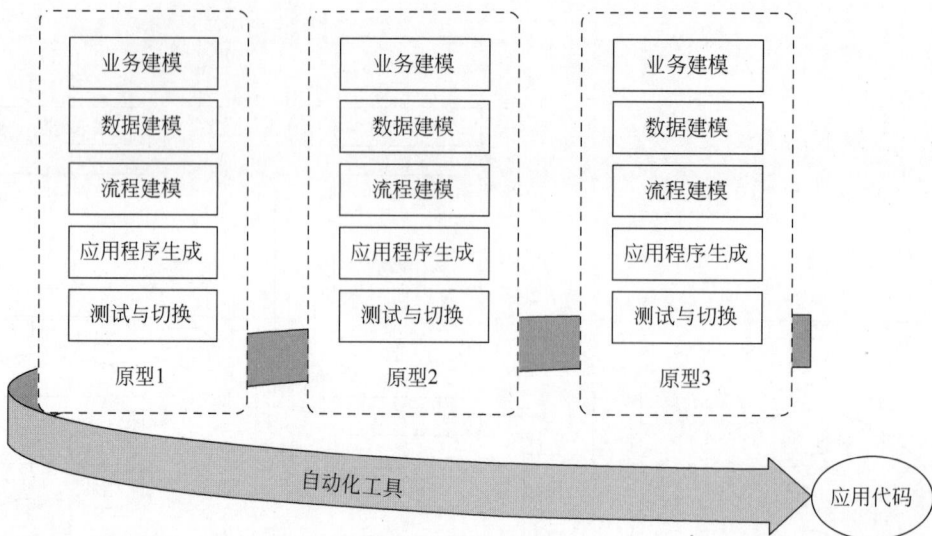

图 5-13　RAD 模型

型将在 2～3 个月的小迭代中呈现给客户使用。RAD 模型的优点：适应不断变化的需求，鼓励客户反馈；强大的 RAD 工具可以缩短迭代时间，增加组件的可重用性；初步审查快速。RAD 模型的缺点：依赖技术强大的团队成员识别业务需求；仅用于可以模块化的系统；需要高技能的开发人员，高度依赖建模技能；不适用于更便宜的项目；建模和自动代码生成的成本非常高，管理复杂度更高；仅适用于基于组件和可扩展的系统；需要用户参与整个生命周期；仅适用于需要较短开发时间的项目。

8. V 模型和 W 模型

V 模型也被称为验证和确认模型，图 5-14 是对图 5-2 的简化，开发周期的每个阶段都必须在下一个阶段开始之前完成。V 模型是瀑布模型的扩展，遵循与之相同的顺序设计过程。左边是开发阶段，右边是测试阶段，强调开发阶段和对应测试阶段的关联，开发的每个阶段都有一个直接关联的测试阶段。

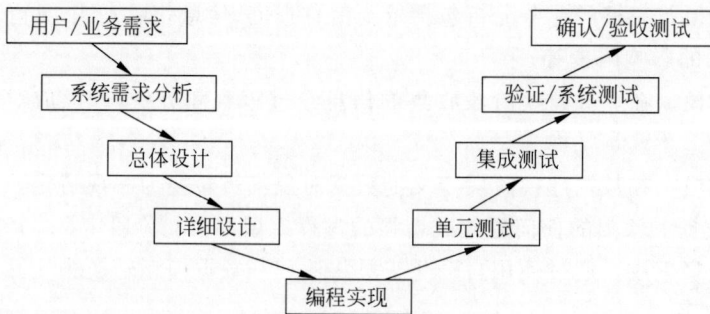

图 5-14　V 模型

V 模型的适用场景：需求容易理解和定义明确的中小型项目，开发团队需要具有基本的技术专长。V 模型的优点：改进瀑布模型，容易理解，节省时间，反应测试活动与分析和设计之间的关系；自底向上多层测试策略能够查验各个开发阶段问题。V 模型的缺点：开发过程不灵活，不适用于复杂项目；测试过程排在所有开发阶段之后；需求分析错误直到后期才被发现；开发过程中有任何更改，必须更新测试文档和其他所需文档；容易被误解为只能通过程序测试寻找错误。

W 模型由 Paul Herzlich 在 1993 年引入，充分关注产品本身的开发，并试图解决 V 模型的缺点。W 模型左侧表示文档，右侧表示测试，二者一一对应（见图 5-15）。W 模型提供一个标准的开发生命周期，每个开发阶段都反映和伴随一个测试活动。W 模型专注于识别产品风险和测试最有效的点，确保测试从项目的第一天开始，以便开发人员可以从软件开发的初始阶段跟踪缺陷。W 模型测试在早期阶段执行，使得开发人员能够尽早发现系统规范和设计的缺陷。早期测试不仅可以改进系统分析，还可以确保在成本效益保证下修复缺陷。因此，W 模型确保最终产品具有最佳质量，并在发布前经过适当的评估、验证和确认。W 模型测试技术分为三种类型，对软件整个开发过程至关重要。

（1）静态测试。在不运行程序的情况下，对软件产品或文档进行检查，以发现缺陷。常用方法是人工检查代码语法错误、逻辑问题和潜在缺陷；检查需求文档和设计文档是否完整、清晰和正确；使用工具检测代码的静态属性，如未使用的变量、潜在的内存泄漏等。特点是节省时间和成本，适合早期发现缺陷。

（2）动态测试。通过运行程序测试其动态行为，验证系统是否符合需求。常用方法是单元测试（如函数或方法）、集成测试（多个模块之间的交互）、系统测试（整个系统的功能和性能）、验收测试（系统是否满足用户需求）。特点是通过实际运行系统发现运行时的错误，适合中后期验证系统功能。

（3）回归测试。在软件修改后，重新测试系统以确认新修改没有引入新的缺陷。常用方法是使用测试工具自动快速执行回归测试；选择重点测试受修改影响的功能模块。特点是确保系统稳定性，适合开发后期和维护阶段。

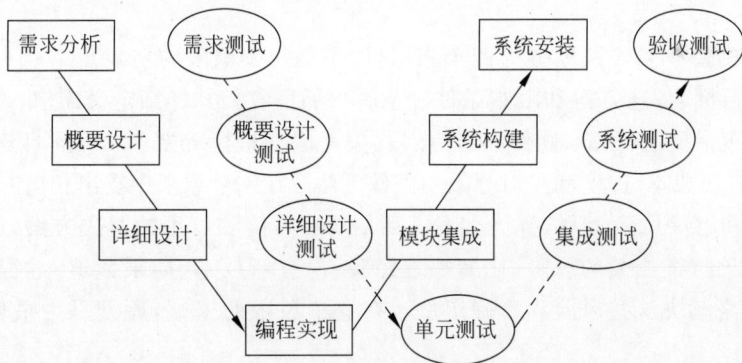

图 5-15　W 模型

W 模型的适用场景：有更多活动要做的复杂系统。W 模型的优点：测试与开发紧密结合，问题早发现和早解决，提高软件质量并降低风险，流程结构清晰并强调用户需求，测试覆盖全面。W 模型的缺点：早期测试的效果依赖于需求质量，资源分配不明确，不适应快速迭代开发。

9. 螺旋模型

1988 年，巴利·玻姆（Barry Boehm）正式发表软件系统开发的螺旋模型，它是瀑布模型和快速原型模型的结合体，重视和强调风险分析，特别适合大型复杂系统。螺旋模型因为包含所有其他 SDLC 模型而被称为元模型。如图 5-16 所示，螺旋模型看起来像一个有许多环的螺旋,循环的确切数量因项目而异。螺旋的每个循环都被称为软件开发过程的一个阶段,在每个阶段的开始建立一个原型,阶段的确切数量由项目经理根据风险动态确定。故而,项目经理在使用螺旋模型开发产品方面扮演重要角色。任何一点的螺旋半径表示项目到目前为止的费用(成本),角度尺寸表示当前阶段到目前为止所取得的进展。

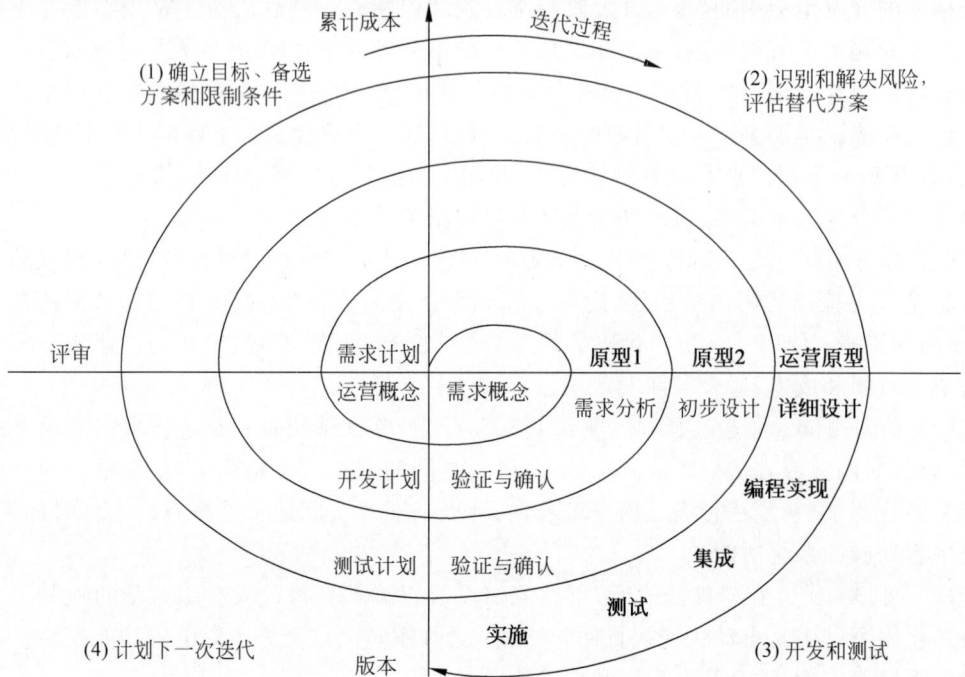

图 5-16 螺旋模型

螺旋模型的每一阶段被划分为四个象限,以下是每个象限的功能。

(1)确定目标、备选方案和限制条件。从客户那里收集并详细定义需求,确定、细化和分析目标。需求包括功能、性能、硬件/软件接口、关键成功指标等要素;确立自建、购买或外包的备选方案;解决成本、进度和接口等限制条件。然后在这个象限中提出相应的备选方案。

(2)识别和解决风险,评估替代方案。评估所有可能和可用的解决方案,选择最佳方案使用。识别与该方案相关的风险,比如缺乏经验、没有新技术、期限紧迫、过程不合理等,然后使用最佳策略解决这些风险和不确定性。在这个象限的末端,原型是为最佳解决方案而构建的。

(3)开发和测试。从原型初步设计开始,测试和验证系统的功能和特性。常规程序是详细设计、编程实现、集成、测试和实施。在第三象限的末尾,软件下一个版本可用。

(4)计划下一次迭代。客户评估当前软件版本或原型的优点、缺点和风险,探究下一阶段原型的需求,并计划和设计第二次原型。

螺旋模型的适用场景:项目规模较大且需要频繁地发布;中高风险项目;需求不明确且需要变更。螺旋模型的优点:风险处理完善;适用于大型项目;可以在后期阶段准确地合并需求中的变更请求;客户在早期可以看到开发过程,在产品完成之前已经习惯使用。螺旋模型的缺点:螺旋模型比其他 SDLC 模型复杂,不适合小型项目;价格昂贵;项目成功依赖于风险分析;在项目开始时的阶段数量未知;时间难以估计。

5.3.2　敏捷开发模型

2001年2月,17位在当时被称为"轻量级方法学家"的软件开发领域领军人物聚集在美国犹他州的滑雪胜地雪鸟雪场。经过两天的讨论,全体聚会者认同使用敏捷(agile)一词概括一套全新的软件开发价值观,并通过一份简明扼要的《敏捷宣言》(agilemanifesto. org)传递给世界,宣告敏捷开发(agile development)运动的开始。敏捷软件开发宣言如下:

我们一直在实践中探寻更好的软件开发方法,身体力行的同时也帮助他人。由此我们建立如下价值观:

个体和互动高于流程和工具

工作软件高于详尽的文档

客户合作高于合同谈判

响应变化高于遵循计划

也就是说,尽管右边选项有其价值,我们更重视左边选项的价值。

敏捷软件开发(Agile Development)起源于20世纪90年代,核心思想是以人为本、适应变化,强调团队与业务专家的紧密合作和频繁的软件交付。与传统的开发方法不同,敏捷开发更加关注人的作用,通过小型跨职能团队、快速迭代和用户反馈来应对需求变化。其哲学理念推崇持续交付、客户满意和尽早增量发布,团队的任务是交付可运行的软件增量。敏捷开发采用轻量级方法,通过多个迭代的增量交付来管理不确定性,关注沟通、策划、设计、交付和评估等基本活动。敏捷开发的核心价值观和12个原则构成了基础框架,方法框架层包括XP,Scrum等开发过程,而敏捷实践层则提供具体的操作实践。与传统的瀑布模型不同,敏捷开发没有详细的规划,而是根据需要开发的功能进行动态适应,注重频繁的客户交互和开放式沟通。团队通常位于同一地理位置,协作密切。虽然敏捷方法具有灵活性较高、开发快速、资源需求低和文档简单等优点,但也存在不适合处理复杂依赖关系、可扩展性风险大、需要高度客户互动等缺点。因此,敏捷方法并不适用于所有产品。

敏捷开发包括一系列方法,主流方法包括:XP、Scrum、crystal、FDD、ASD、DSDM、RUP、LSD。下面分别简要说明。

1. 极限编程

极限编程(extreme programming,XP)由Kent Beck于1996年提出,源自其与Ward Cunningham在软件项目中的合作经历。XP强调与用户需求的快速响应。XP摒弃了传统开发中大量文档的编写,提倡测试先行,以减少后期bug出现的概率。作为一种轻量级、灵活的软件开发方法,XP将开发过程分解为一个个小周期,允许根据实际情况及时调整,具有近螺旋式的开发特征。XP的核心价值观包括沟通、简明、反馈、勇气和谦逊。它通过这些价值观来减轻开发压力,并帮助开发人员激发潜力。XP挑战了传统"重型"软件工程观念,主张开发过程应轻松、灵活,并依靠实践来不断调整与改进。XP精神启发人们如何面对快速变化的技术,强调与团队成员的沟通、简化解决方案、及时反馈和勇气面对挑战。"极限"编程指的是将每个方法和思想推向极限,做到最好,而忽略不重要的部分,比如过于复杂的前期设计。严格实施XP的项目通常高效、快速、平稳,能够在不拖延进度的情况下,保持一周 40 小时的正常工作时间。

2. Scrum 模型

Scrum 是一种迭代的增量化过程,用于产品开发或工作管理。它是一种可以集合各种开发实践的经验化过程框架。Scrum 中发布产品的重要性高于一切。该方法由 Ken Schwaber 和 Jeff Sutherland 提出,旨在寻求充分发挥面向对象和构件技术的开发方法,是对迭代式面向对象法的改进。Scrum 是橄榄球运动的一个专业术语,表示"争球"动作。把一个开发流程的名字取名为 Scrum,就是希望开发团队在开发一个项目时,团队成员像打橄榄球一样迅速、富有战斗激情,人人争先恐后地完成项目。运用 Scrum 流程的目标是实现团队高效的工作。Scrum 开发流程中,有三个角色:产品负责人(product owner,PO)、流程管理员(scrum master,SM)、开发团队(scrum team,ST)。PO 主要负责确定产品的功能和达到要求的标准,指定软件的发布日期和交付的内容,同时有权力接受或拒绝开发团队的工作成果。SM 又称为敏捷教练、项目经理、流程经理、领队,主要负责整个 Scrum 流程在项目中的顺利实施和进行,以及清除客户和开发工作之间的沟通障碍,使得客户可以直接驱动开发。ST 包括开发人员、设计人员、测试人员和运营工程师等人员,主要负责软件产品在 Scrum 规定流程下的开发工作,人数控制在 5~10 人。每个成员可能负责不同的技术方面,但必须有很强的自我管理能力,同时具有一定的表达能力;成员可以采用任何工作方式,只要能达到 Sprint 的目标。

Sprint 原意是短距离赛跑,这里指一次迭代。按月迭代,一次迭代周期是 1 个月,此间以最快的速度完成开发内容,这个过程称为 Sprint。Scrum 开发流程如图 5-17 所示。

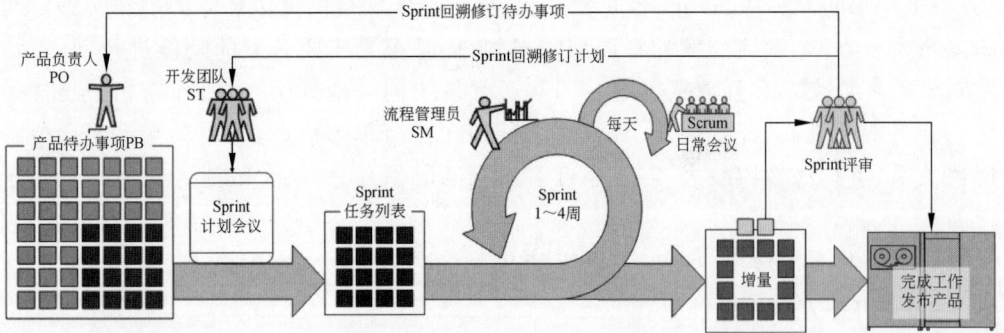

图 5-17　Scrum 开发流程

(1) 首先需要确定一个 Product Backlog(PB),即按优先顺序排列的产品需求或待办事项列表,由 Product Owner(PD)负责。

(2) Scrum Team(ST)根据 PB 列表,做工作量的预估和安排。

(3) 有了 PB 列表,还需要通过 Sprint 计划会议从中挑选出一个用户故事(Story)作为本次迭代完成的目标,这个目标的时间周期是 1~4 个星期,然后把这个 Story 细化,形成一个 Sprint 任务列表(Sprint Backlog,SB)。

(4) Sprint 任务列表是由 ST 完成的,每个成员根据 Sprint 任务列表再细化成更小的任务(细到每个任务的工作量在 2 天内能完成)。

(5) 在 ST 完成计划会议上选出的 Sprint 任务列表过程中,需要进行 Daily Scrum Meeting(每日站会)。每次会议控制在 15 分钟左右,每个人都必须发言,并且要向所有成员当面汇报自己昨天完成了什么,并且向所有成员承诺自己今天要完成什么,同时遇到不能解决的问题也可以提出,每个人回答完成后,要走到黑板前更新自己的 Sprint 燃尽图(Sprint burn down)。

(6)做到每日集成,也就是每天都要有一个可以成功编译并且可以演示的版本。很多人可能还没有用过自动化的每日集成,其实微软的软件开发管理工具 TFS 就有这个功能,它支持每次有成员进行签入操作的时候,在服务器上自动获取最新版本,然后在服务器中编译,如果通过则马上再执行单元测试代码;如果也全部通过,则将该版本发布,这时一次正式的签入操作才保存到 TFS 中。中间有任何失败,都会用邮件通知项目管理人员。

(7)当一个用户故事完成,也就是 Sprint 任务列表被完成,就表示一次 Sprint 完成,这时,要进行 Sprint 演示会议(Sprint Review Meeting),也称为评审会议,产品负责人和客户都要参加(最好公司领导也参加),每一个 ST 的成员都要向他们演示自己完成的软件产品。这个会议非常重要,一定不能取消。

(8)最后是 Sprint 回顾会议(Sprint Retrospective Meeting),也称为总结会议,以轮流发言方式进行。每个人都要发言,总结并讨论改进的地方,放入下一轮 Sprint 的产品需求中。

3. RUP 模型

RUP(rational unified process,统一软件开发过程)是一种统一的软件开发框架,支持多种开发方法,特别是面向对象和网络的开发。它强调迭代和增量开发,是敏捷建模思想的代表。RUP 的开发过程分为四个阶段:初始阶段、细化阶段、构造阶段和交付阶段,每个阶段结束时需要评估决定是否进入下一个阶段。初始阶段的目标是明确项目边界、了解业务场景并制订计划;关键任务包括识别外部角色和用例;输出包括远景、用例模型和风险评估。细化阶段关注问题领域的分析和体系结构的建立,输出包括软件体系结构和风险分析。构造阶段开发技术构件并进行详细测试,输出为可运行的软件和用户手册。交付阶段确保软件可用,输出为最终产品。RUP 采用迭代增量开发模式,以用例为驱动,软件体系结构为核心,支持多个工作流,如需求、设计、测试等。其特点包括模块化设计、复用软件构件、快速反馈和适应性开发。优点是提高开发效率和质量,支持并行开发和分步交付,缺点是缺乏统一的构件标准、构件重用与系统效率之间不易平衡等问题。

4. 其他敏捷方法

水晶法(crystal)由 Alistair Cockburn 提出,强调开发过程为协作游戏,文档目标是帮助团队取得成功。工作文档包括用例、风险列表、迭代计划等,灵活定义团队角色和工作任务,适应不同团队规模和需求。特性驱动开发(FDD)由 Peter Coad 等提出,适用于中小型项目,强调简化、实用和快速迭代,快速适应需求变化,确保高效的功能开发。自适应软件开发(ASD)由 Jim Highsmith 提出,强调开发方法的适应性,基于混沌理论,注重从高层次组织视角管理需求变化,适应快速变化的开发环境。动态系统开发方法(DSDM)以业务为核心,提倡快速、有效的增量开发,注重用户参与、频繁交付和可逆更改,适用于各种规模的项目,强调协作与集成测试。精益开发(LSD)源自丰田的精益管理思想,注重优化流程、减少浪费,提升效率,强调快速交付、团队授权和持续改进,确保软件开发高效、符合客户需求。

5.4 DevOps 方法

2009 年,在第二届 Velocity 大会上,来自 Flickr 公司的 John Allspaw 和 Pauk Hammond 发表演讲"10+Deploys Per Day: Dev and Ops Cooperation at Flickr",生动地表现开发与运维之间的各种冲突,展示如何通过消除开发团队(Dev)和运维团队(Ops)的壁垒、双方通力合作、借助工具和文化改变让软件发布与运维变得持续和高效。这次演讲是 DevOps 发展历程中的标志性事件。它提出正确的问题——为了更快交付和实现价值,必须弥合开发和运维之间的鸿沟;并给出解决方案——在文化、工具和实践等方面的系列变革。同一年,比利时独立 IT 咨询师 Patrick Debois 受此启发,组织第一届 DevOpsDays 峰会,DevOps 正式登上舞台,DevOps 的理念开始流行,相关工具和实践也快速发展。其间以容器化和自动编排调度为代表的云原生技术也极大加速了这一进程。今天,DevOps 已成为企业数字化的核心能力之一,是对 IT 交付和运行的基本要求。

DevOps 生命周期或者持续交付管道(pipeline)是一系列迭代、自动化的开发流程或工作流,在更大的自动化和迭代开发生命周期中执行,旨在优化高质量软件的快速交付。工作流的名称和数量可能因开发场景而不一样,通常可以归结为以下六个方面。

(1)规划构思阶段。团队根据优先的最终用户反馈和案例研究以及所有内部利益相关方的反映情况,确定产品下一版本中的新特性和功能的范围。

(2)发展编程阶段。开发人员在其中根据储备工作中的用户情景和工作项测试、编码并生成新的、增强的功能。

(3)持续集成和持续交付阶段。在此工作流中,新代码将集成到现有代码库中,然后进行测试并打包到可执行文件中进行部署。

(4)持续部署阶段。运行时构建输出(来自集成)被部署到运行时环境,是执行运行时测试以提高质量、合规性和安全性的开发环境。如果发现错误或缺陷,开发人员有机会在最终用户看到任何问题之前拦截并修复所有问题。

(5)运营。若将系统功能部署至生产环境定义为"首日阶段"(day 1),那么功能在生产环境中正式运行后,"持续运营阶段"(day 2)随即开始。通过监控功能、性能、行为表现及可用性,确保软硬件安全正常,功能平稳运行,服务不会中断,并持续为用户创造价值。

(6)学习。有时称为持续反馈,从最终用户和客户那里收集有关特性、功能、性能和业务价值的反馈,以便回过头来规划下一版本的增强功能和拓展功能。

在这些工作流之间还有另外三个重要的连续工作流,使得 DevOps 生命周期更加完善。

(1)连续测试。DevOps 的某些测试元素可以发生在规划(行为驱动开发)、开发(单元、合同测试)、集成(静态代码扫描、CVE 扫描、代码分析或 Linting)、部署(冒烟、渗透、配置测试)、操作(混沌、合规性测试)和学习(A/B 测试)等阶段中。

(2)安全。DevOps 从一开始就规划或纳入安全性,当安全问题最容易解决且成本最低时可以在开发周期的其余部分持续实施。这种安全性方法称为左移,一些组织左移的成功率低于其他组织,导致 DevSecOps 兴起。

(3)合规。法规检查最好在开发生命周期的早期和整个生命周期中得到解决。受监管的行业通常被要求提供一定级别的可观察性、可追溯性以及有关如何在其运行时操作环境中交付和管理功能的访问权限。

　　Amazon 产品 AWS 说明 DevOps 集文化理念、实践和工具于一身,可以提高组织高速交付应用程序和服务的能力,与使用传统软件开发和基础设施管理流程相比,能够帮助组织更快地发展和改进产品。这种速度使组织能够更好地服务其客户,并在市场上更高效地参与竞争。DevOps 的优势在于:高速运转、快速交付、可靠性高、大规模运行和管理基础设施及开发流程、增强合作、安全性高。微软 Azure DevOps 平台支持协作文化,并支持一套将开发人员、项目经理和参与者聚集在一起开发软件的流程。它允许组织比使用传统软件开发方法更快地创建和改进产品。可以使用 Azure DevOps Services 或本地 Azure DevOps Server 在云中工作。Azure DevOps 提供可通过 Web 浏览器或 IDE 客户端访问的集成功能。可以使用 Azure DevOps 中包含的所有服务,或选择补充现有工作流所需的服务。OSCHINA. NET 推出的代码托管平台 Gitee,为企业提供一站式 DevOps 开发管理平台,服务企业 25 万多家,支持项目 330 万多个。Gitee 企业版的 DevOps 功能包括企业洞察(包括合规管理)、代码分析、DevOps 报告、工程能力地图、价值流管理和业务洞察等。项目协同涉及项目计划、时间线跟踪、看板、Scrum、Epics、需求管理、质量管理等工具。代码管理涵盖源代码管理、代码审查、分支策略、Web IDE、代码片段等功能。代码扫描包括静态扫描、依赖扫描、缺陷管理和漏洞扫描等。持续集成提供云端编译、代码质量和规范扫描。持续部署包括制品管理、多云部署等。数据安全方面,企业仓库快照、密钥管理和审计日志等保障信息安全。扩展集成支持小程序办公、公众号推送和各类第三方工具集成,如 Jenkins、微信、钉钉和飞书。

※ 思考题

1. 瀑布模型和原型法有何区别与联系?
2. 面向对象思想与结构化开发理念有何区别?
3. 现在流行的开发方法是什么?
4. 管理信息系统开发过程与软件工程有何关系?
5. 各种生命周期模型有何区别和联系? 它们的共同点是什么?
6. 各类软件开发模型在总体上对管理者有何启示?
7. 敏捷开发方法的共同特点是什么?
8. 敏捷开发方法适用对象需要满足什么样的要求? 是不是所有企业都可使用?
9. DevOps 方法的优势有哪些? 对使用者有何要求?
10. 查找资料,说明哪些 IT 公司有成熟的 DevOps 产品和服务。
11. DevOps 方法对一般工作和管理有何启发?

第 **6** 章

管理信息系统的架构

主要内容： 信息系统网络架构、系统架构体系、大数据和区块链架构、双中台架构
重点掌握： 两种基本系统网络架构、大数据和区块链架构、双中台架构
综合应用： 各类信息系统的架构设计

6.1 信息系统的网络架构

建筑学是一门关于建筑架构（architecture）和结构设计的学问。计算机系统工程、软件工程、电子信息工程、机械工程等多种类型的系统工程都会与建筑工程一样，需要设计和处理整体与局部的关系，即架构设计。计算机语言历经机器语言、汇编语言、结构化语言的发展，不断地实现在逻辑设计上的进化和优化，不仅能够通过软件实现预期的功能，而且还要满足系统开发效率和质量要求。信息系统发展到后来不再是一个或几个简单的程序，仅用于简单求解一个个数学问题；它们被期望和要求实现的业务功能越来越多，需要解决各类组织的各类业务问题。从单个处理的计算，到单个部门的业务管理，再到整个企业的 MRP、MRP Ⅱ 和 ERP，系统需要从里到外、从整体到局部、从上到下实现多层次多维度模块化设计，就像建筑搭建和机械组装一样，形成软件工程和系统工程。本章主要从宏观结构上说明系统架构设计的体系情况，程序设计模式可以参见第 10 章相关内容。

现在为组织开发一个管理信息系统，基于原始架构需要考虑架构和终端两方面的问题。架构问题就是要从开始设想组织的数据管理和业务处理是选择集中式还是分布式。集中式的服务器负责计算和处理的核心工作，终端则执行请求和接收服务器响应结果；分布式则使用主、从结构，主机负责任务分配、调度和管理工作，从机则执行各自分配的计算和处理任务，并将结果返回给主机。终端问题就是需要在交互式界面兼顾用户使用不同的终端，比如PC、平板电脑、手机和其他终端设备。终端设备还存在使用浏览器界面和其他应用界面的选择。

6.1.1 信息系统网络架构图

计算机网络发展初期，信息系统就已经考虑系统的网络化拓扑架构问题。集中式（centralized）、去中心化（decentralized）与分布式（distributed）分别是 3 种原理不同的系统网络结构（见图 6-1）。集中式结构就是由中央服务器承担几乎所有的计算和储存的功能，而终端只负责人机请求和获取相应界面。这样就对服务器的性能和存储空间有很大的需求。

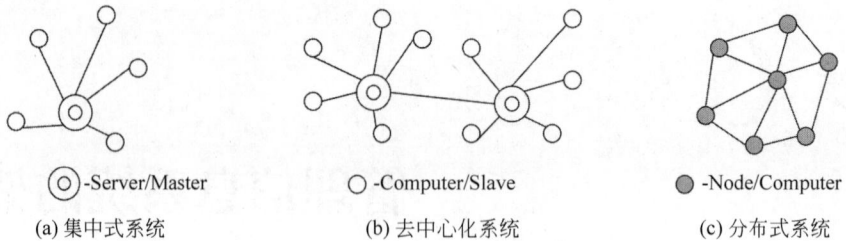

○-Server/Master   ○-Computer/Slave   ●-Node/Computer

(a) 集中式系统   (b) 去中心化系统   (c) 分布式系统

图 6-1 信息系统网络架构图

1. 集中式系统

集中式系统是使用客户机/服务器(client/server,C/S)体系结构的系统,其中一个或多个客户机节点直接连接到中央服务器。组织常用这种信息系统类型实现终端用户的客户端向组织的服务器发送请求并接收响应,进行日常的业务管理。

如果将请求发送到一个大型服务器,服务器会响应请求。例如,在百度百科搜索栏中输入搜索词"管理信息系统"作为请求发送到百度百科服务器,百度搜索服务器会根据相关性响应请求回复搜索后的结果。在这种情况下,使用搜索的用户计算机就是客户端节点,百度百科的服务器是中央服务器。

(1) 集中式系统的特点。

① 有一个全局时钟,所有客户端节点与中心节点的全局时钟同步;

② 只有一个单一的中央单元,为系统中的所有其他节点提供服务和协调;

③ 组件故障具有关联性,中心节点故障会导致整个系统故障;服务器关闭时,无法发送或接收客户端响应或请求;

④ 只能在中央服务器上进行垂直缩放,水平缩放与单一中心单元特征相矛盾;

⑤ 集中式系统的组件包括计算机和移动设备等节点,服务器以及电缆和 Wi-Fi 等通信链路;

⑥ 集中式系统采用 C/S 架构,中心节点为服务器节点,其他节点为客户端节点。

(2) 集中式的系统结构的优势。

① 在物理层面更安全,服务器信息是重点保护对象;

② 个人体验好,终端交互界面独立且可以实现定制,不影响用户个人电脑的使用,不占用 PC 的太多资源(内存、CPU 内核等),只需网络接入和发出请求即可;

③ 资源受限的小型系统更具成本效益优势,因为中央系统需要更少的资金来建立;

④ 可以快速更新,只需更新一台服务器的资源即可;

⑤ 轻松将节点与系统分离,只需从服务器中删除或中断客户端节点的连接即可;

⑥ 集中式数据库便于数据分析,当所有数据都集中在一个地方时,数据管理和分析会更加方便;

⑦ 应用程序开发方便,容易部署中央服务器和响应客户端请求。通过部署测试服务器进行应用程序开发,能够轻松调试、轻松部署、轻松模拟个人电脑,例如 Express server 和 Django server。

(3) 集中式系统的局限性。

① 负荷超过预期,难以实现扩展,服务器维护困难。即使增加服务器节点的硬件和软件功能,性能也不会明显提高,导致成本/收益比升高。中央服务器与个人电脑一样,还存在软件

过时、硬件老化以及软硬件相互兼容和匹配等问题,维护和升级服务器是一件复杂的工作;

② 当流量高峰时可能会出现瓶颈,而且系统不会正常降级,整个系统突然失效。原因是服务器只能有有限数量的开放端口,以供侦听来自客户端节点的连接;当高流量发生时,服务器难以应对高频次访问的并发问题,容易遭受拒绝服务攻击。淘宝网、12306火车购票网站都出现过宕机事件;

③ 高度依赖网络连接。如果节点失去连接,系统可能会失败,因为只有一个中心节点。例如,股票软件与服务器网络中断,就会影响股民买进和卖出股票;

④ 数据备份难度大。如果服务器节点发生故障并且没有备份,则会立即丢失数据;通常的双机备份或多机备份工作量大,难以实时进行。

2. 去中心化系统

不同于集中式系统,如图6-1(b)所示,在去中心化系统中,每个节点都作出自己的决定。去中心化系统的组件包括节点(计算机、移动设备等)、通信链路(电缆、Wi-Fi等)。系统的最终行为是各个节点决策的聚合,并没有单个实体接收和响应请求。区块链系统作为去中心化系统的代表,已经获得普及,许多组织都在试图匹配这种系统的应用场景。去中心化系统的应用可以是对等节点相互连接以形成专用网络,也可以是加密货币。比特币获得大规模应用的主要原因是去中心化,整个系统没有国家银行和商业银行的中心意识,用户按照区块链的合约机制在比特币平台上自由交易。没有一个实体或组织拥有整个比特币网络,比特币系统是所有节点的总和,这些节点相互通信以维持每个账户持有人拥有的比特币数量。

(1)去中心化系统的特点。

① 缺少全局时钟,每个节点彼此独立,各节点运行和遵循不同的时钟;

② 具有多个中央单元(计算机/节点/服务器),可以侦听来自其他节点的连接;

③ 组件的相关故障具有局部性。一个中心节点故障仅导致系统的一部分发生故障,而不是整个系统全部故障;

④ 可以垂直缩放。每个节点都可以向自身添加资源(硬件、软件)以提高性能,进而提高整个系统的性能;

⑤ 去中心化系统的架构主要有点对点结构和主从结构。点对点架构指所有节点都是彼此的对等节点,主从架构则指一个节点可以通过投票和帮助协调系统的一部分成为主节点。

(2)去中心化系统的优势。

① 性能瓶颈问题最小,所有节点上的整个负载都得到平衡,导致瓶颈情况最少或没有瓶颈;

② 高可用性,某些计算机、手机、服务器等节点始终在线工作,实现高可用性;

③ 对资源有更多的自主权,每个节点控制自己的行为,具有更好的自主权,更好地控制资源。

(3)去中心化系统的局限性。

① 可能导致企业层面的协调问题,当每个节点都是自己行为的所有者时,难以实现集中化任务;

② 不适合小型系统,由于成本/收益比高,不利于构建和操作小型分散式系统;

③ 无法规范系统上的节点,因为没有上级节点监督下属节点的行为;

④ 难以完成全球重大任务,因为没有命令链去命令他人执行某些任务;

⑤ 无监管监督,很难知道哪个节点失败,必须 ping 每个节点实现可用性检查,并且必须对工作进行分区,以便通过检查节点的预期输出找到失败节点;

⑥ 很难知道哪个节点响应,当请求由分散式系统提供服务时,实际是由系统中的一个节点提供服务,但很难找出实际由哪个节点为请求提供服务。

3. 分布式系统

如图 6-1(c)所示,分布式系统是计算机程序的集合,它们利用跨多个独立计算节点的计算资源来实现共同的共享目标。分布式系统包括分布式计算和分布式数据库,依赖于单独的节点通过公共网络进行通信和同步。这些节点通常表示单独的物理硬件设备,但也可以表示单独的软件进程或其他递归封装系统。分布式系统旨在消除系统中的瓶颈或中心故障点。

集群计算和网格计算都是分布式系统的应用。集群计算是一种将许多计算机耦合在一起工作以实现全局目标的技术,计算机集群就像一台计算机一样运行;网格计算则是将所有资源汇集在一起共享,本质上将系统变成一台强大的超级计算机,例如谷歌的搜索引擎系统。每个请求都由数百台计算机处理,这些计算机对 Web 进行爬网并返回相关结果。对于用户来说,谷歌看似是一个整体系统,而实际上是多台计算机在协同工作来完成用户搜索请求任务,最后将搜索结果返回给用户。

(1) 分布式系统的特点。

① 资源共享,包括硬件、软件或数据;

② 同时处理,多台机器可以同时处理相同的功能;

③ 系统组件包括计算机和移动设备等节点以及电缆和 Wi-Fi 等通信链路;

④ 系统架构包括完成共同任务目标的点对点结构、带部分协调或仲裁功能节点的 C/S 结构、多层协同工作的 n 层体系结构。

(2) 分布式系统的优势。

① 可扩展性好,系统的计算和处理能力可以根据需要灵活地扩展;

② 可靠性强,服务冗余,在集群工作模式下,其中一台机器崩溃,一般不会影响到其他机器服务;

③ 使用集群工作模式,可以执行大容量数据的计算和存储任务;

④ 透明度好,节点可以访问系统中的其他节点并与之通信。

(3) 分布式系统的局限性。

① 难以为系统设计和调试算法,由于没有通用时钟,这些算法的复杂性随着节点数量的增加而增加;

② 没有通用时钟导致事件或事务的时间排序困难;

③ 节点难以获得系统全局视图,难以根据系统中其他节点状态做出明智的决策;

④ 难以达成共识,不能依照传统方法按事件发生的绝对时间记录事件。

6.1.2 两种集中式系统架构

1. C/S 与 B/S 的系统结构

C/S(client/server,客户端/服务器)和 B/S(browser/server,浏览器/服务器)系统架构是信息系统的两类集中式结构类型。C/S 系统的服务器通常使用高性能 PC、工作站或小型计算机,并使用 Oracle、Sybase、Informix 或 SQL Server 等大型数据库系统,客户端需要安装专用的客户端软件。B/S 系统只要客户端上安装一个 Chrome、Safari、Microsoft Edge、Netscape Navigator 或 Internet Explorer 浏览器,服务器上安装 Oracle、Sybase、Informix 或 SQL Server 等数据库,用户就可以使用浏览器通过 Web 服务器与数据库交互。

如图 6-2 所示的三层结构中,C/S 系统可以充分利用硬件环境的两端优势,将任务分配给客户端和服务器,减少系统通信开销。B/S 系统的用户的工作界面是通过万维网的浏览器实现的,一些事务逻辑也是在前端实现的,但主要事务逻辑在服务器上实现。B/S 系统可以视为特殊的 C/S 系统,B/S 系统能够快速发展并迅速替代不少原有的 C/S 系统,是因为浏览器前端开发语言和浏览器后台服务器语言的快速发展。当然在硬件布局上,如果将业务层和数据库层放在一个服务器上,两种结构从硬件上就变成两层。如果不考虑业务和数据的管理作用,不使用应用服务器,C/S 系统在硬件、软件与数据库的交互上使用两层即可。

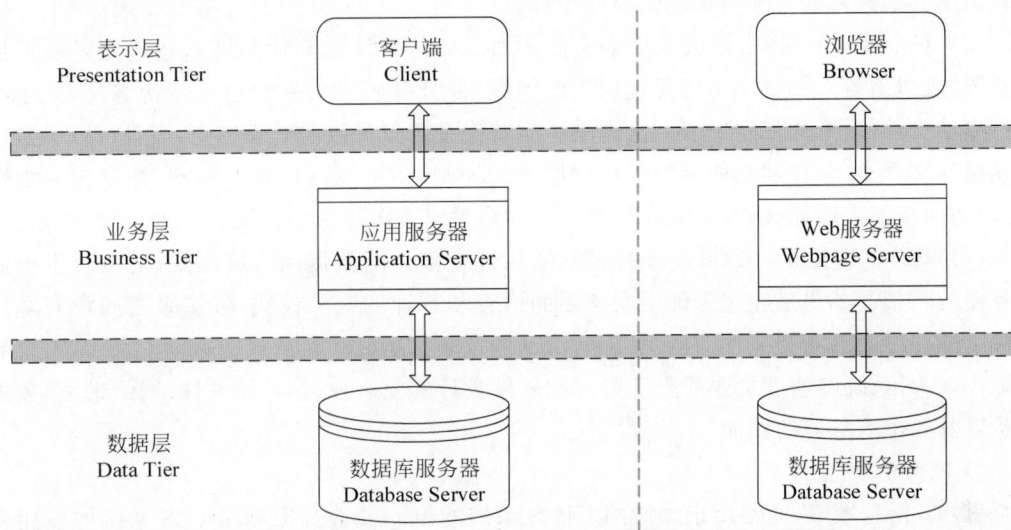

图 6-2　两种三层模式的网络结构

万维网的发明和发展标志性阶段就是从静态信息展示的 Web 1.0 到深度交互的 Web 2.0,再到语义和推荐的 Web 2.5,直至如今定义的基于元宇宙和区块链的 Web 3.0。现在 Web 技术已经使得电子商务网站、直播网站、游戏网站的内容非常丰富,包括复杂而舒适的交互界面、快速且大量的请求和响应、海量的信息内容。网站成为组织信息展示、业务管理、信息收集与管理的重要平台。例如,访问腾讯云的服务器,既可以通过浏览器直接操作自己的云服务器,也可以使用 mstsc 或其他远程连接命令和客户端操作云服务器。B/S 系统得以快速发展,是适应网络需求发展的结果。

C/S 系统是传统软件思维的结果,经历很长时间,至今依然在组织运营和管理当中发挥重要作用。为了解决一个组织问题,计算机公司或工程师首先想到的是开发一个软件,比如微软的 Office 产品。为了解决组织的业务系统集成问题,开发者依然按照传统软件的设计方法,在客户端上通过开发的软件实现网络远程读写数据库。这样不同的需求会开发出多个客户端,用户管理不同业务就需要打开不同的软件。后来,大型的 ERP 软件将各个客户端变成子系统,集成在一个系统入口下,通过一个系统来管理不同的模块和子系统。客户端减少,数据存储和管理集中在一个中央数据库里。所以,实施成熟 ERP 系统的组织,就没有必要再重新开发或购买一整套 B/S 版本的 ERP 系统,除非 ERP 软件商为组织进行免费或低成本升级。转型到 B/S 系统也是软件公司的使命,因为除了方便使用外,系统可移植性毕竟是新的挑战。B/S 系统就可以通过浏览器方式跨平台运行,超越操作系统和硬件终端的限制,包括使用手机访问。C/S 和 B/S 两种集中式系统架构决定了二者各自具有不同的优缺点与相应的适用场景。

2. C/S 和 B/S 的优缺点

1) C/S 的优点

(1) 系统接口和操作非常丰富。C/S 系统有许多成熟的软件开发集成环境(IDE),例如微软的 VSCode、Visual Studio。这些 IDE 都有很多可以拖动的可视化控件,便于设计丰富的交互式界面。IDE 环境还支持动态链接库(DLL 和 OCX 文件)的使用,方便某一种开发语言借用其他开发语言平台构造的类和组件。

(2) 安全性容易保障,多层认证的实施不难。C/S 系统的源代码可以经过编译后形成机器码,难以破解。如果不考虑源代码破解问题,部分开发语言平台也支持伪编译,减小可执行启动文件(通常为 EXE 文件)的大小。系统安全不仅局限于登录口令,而且可以通过源代码设计实现类、组件和功能函数等软件层面的加密,还可以设计硬件加密(加密狗或加密钥匙)访问控制。因此,C/S 系统在开发上更加容易实现多层级的认证。

(3) 系统响应更快。如果设计为客户端软件直接访问数据库两层模式,可以减少中间服务器的转接。如果是经过管理层服务器的检查和管理的三层模式,各层级之间没有客户端和服务器之间的系统文件的调用,中间流动的仅是数据流和信息流。原则上,C/S 系统响应更快,C/S 系统的速度主要受限于客户端软件设计的复杂性、客户端硬件、网络带宽、数据流量以及各个服务器的性能。

2) C/S 的缺点

(1) 应用领域窄,通常用于局域网。B/S 系统的推广和普及限制了 C/S 系统的应用发展。组织为了确保系统源代码、业务处理和数据交换层面的更高的安全性,会优先考虑使用 C/S 系统。

(2) 用户组固定,并需要集中式培训。组织使用的 C/S 系统都是针对相关的业务操作用户开发的,比如人力资源系统、财务和会计系统、生产管理系统等。不仅组织外部人员接触不到系统,而且不同业务部门人员之间也不能相互使用。系统内部功能存在严格的授权机制,并需要组织提供严格的集中式使用培训。

(3) 开发、实施和维护成本高。C/S 虽然开发方便,有不少应用开发平台,但是开发成本依然很高。C/S 开发成本不仅由 IDE 的价格问题决定,而且组织业务的复杂性和多变性也决定了系统在交互式界面、组件版本兼容、开发团队沟通等多方面存在很大挑战,导致开发过程会存在反复甚至返工现象。当然,使用 B/S 系统解决业务运营问题也会存在这样的难处。C/S 系统在实施和维护方面的成本主要是客户端软件的安装与使用成本。在安装和升级系统时,系统管理员需要逐个将客户端软件安装到相应的客户端机器上,例如炒股软件等 C/S 系统能够检测并通知用户升级,但在升级过程中需要退出系统并重新启动。因为可能存在"牵一发而动全身"现象,所以当系统发现问题时,开发维护人员不能随意修改源代码,修改后的源代码需要重新编译、测试和安装。

3）B/S 的优点

（1）便于互联网用户访问。B/S 系统相对于 C/S 系统，更适用于大用户量的访问。因为 B/S 系统可以直接放置在广域网上，通过一定程度的权限控制达到多客户接入、强交互的目的，所以，B/S 系统更适合电子商务、电子政务、网络论坛、搜索引擎、综合媒体（门户）等大用户大数据网站。

（2）系统部署、维护和升级方便。B/S 系统用户不需要安装专用客户端，只需要免费的 Web 浏览器。互联网上的海量信息培养大量网络用户（又称为网民），浏览器成为各类终端的必备品，也成为各大软件公司争相开发的项目，而且各个浏览器产品相互支持又各具特色。B/S 系统部署只需要很好地配置 Web 服务器和数据库服务器即可，但在开发时需要考虑各个知名浏览器之间的兼容性。在维护和升级方面，B/S 系统无须升级多个客户端，无论用户数有多大，只需要更新 Web 服务器的网页文件和资源文件即可，不会额外增加工作量，从而可以为组织大量节省人力、物力、时间和成本。

（3）开发和测试方便，可移植性强。B/S 系统开发不要编译，前端代码由浏览器解释执行，后端代码由服务器解释执行。系统测试也不需要编辑，程序员可以一边写代码一边测试，用户也可以远程实时测试系统功能的实现和界面的舒适度问题。利用一些 Web 语言的可移植性，可以在不同操作系统上搭建 Web 开发环境和配置相应 Web 服务器。各类操作系统在浏览器使用上可以兼容来自不同 Web 语言的网页程序，例如 JSP、PHP 和 ASP，包括 Python 等。

4）B/S 的缺点

（1）浏览器适应性难以调和。B/S 系统很难兼容各种浏览器，且在各种浏览器中都不那么令人满意。用户经常会在使用某一系统时被要求使用某一浏览器，可能的原因是，开发过程是在指定的浏览器下测试的，开发人员会优先使用指定浏览器支持前沿控件。用户还会遇到更新浏览器版本后难以兼容相应系统的问题。为了更好地兼容多种浏览器，开发人员可能会牺牲自己的技术偏好以及放弃新组件或组件新版本的使用。用户为了应对多个应用系统的要求，时常也会在计算机里安装多个浏览器。

（2）性能要达到 C/S 程序的程度，需要付出很大的努力。B/S 性能是客观的衡量标准，是指页面加载到可交互和可响应的程度所消耗的时间以及页面交互时的流畅度，例如滚动是否顺滑，按钮能否点击，弹窗能否快速打开，动画是否平滑，等等。复杂而舒适的界面需要更好更新的组件，可能需要更大更多的网页文件，浏览器加载网页会耗时更多。另外，用户使用 B/S 系统实际上还会受到网络时段和实时访问用户量的影响。因此，国家、地区和组织所支持的网络带宽是 B/S 用户获得良好体验的重要条件。

（3）安全性和速度需要花费巨大的设计成本。B/S 系统的源代码是解释执行的，售卖系统等同于售卖源代码，需要依靠合同进行保证。部分代码可以使用相关加密技术进行加密，或者将关键代码编译成控件，但是大部分源代码依然是透明的。B/S 系统更容易遭受各类攻击，网页数据更容易泄漏或遭受各类网页爬虫抓取。速度慢是因为浏览器需要先将网页文件甚至包括资源全部下载后执行，中间还有域名服务器限速问题。因此，安全性和速度在设计上是 B/S 系统最大的问题。

3. C/S 和 B/S 的比较

综合上述，C/S 和 B/S 两种系统架构对照表如表 6-1 所示。

表 6-1　C/S 和 B/S 对照表

比较项目	C/S 模式	B/S 模式
用户界面	应用独立的窗口界面,可以设计得很复杂	浏览器界面,功能受限于所使用的浏览器,复杂化逐步增强
硬件环境	使用专用网络,小范围局域网,数据交换使用专用服务器	使用广域网,仅需要操作系统和浏览器即可
安全要求	用户群体相对固定,信息安全控制强,保密性高	用于发布公共信息,安全控制相对较弱,适用于未知用户
程序架构	专注于进程,多级权限验证,速度慢	综合考虑安全性和访问速度,使用网络组件技术构建系统
组件重用	软件整体性强,组件复用性差	组件复用性好
系统维护	可维护性差,升级难度大	可维护性好,升级方便
信息流	常用于内部信息流管理	常用于外部信息流,比如电子商务
开发环境	应用软件开发环境,开发和测试难度大,部署不方便,成本高	Web 服务器开发环境,开发和测试难度小,部署方便,成本较低
通信协议	不受 HTTP 等应用协议限制	在应用层上,仅使用 HTTP
适用环境	局限于某种操作系统和个人电脑	跨平台和跨终端

　　C/S 和 B/S 两种架构的集中式系统因为开发过程和布局原理不同而出现很多可比性,但是在结构层级、请求和响应机制、业务运营和管理实现、中央数据库配置等方面依然具有相通之处。两者看似差别很大,但在作用本质上是一致的,就像现在的电动汽车与燃油汽车一样,原理不同,但都是代步工具。二者的发展阶段也不同,客户端程序思维要早于浏览器式网络思维,先行满足组织对信息的管理。虽然二者的客户端有胖瘦之分,但服务器维护和管理都非常重要,服务器性能对整个系统的功能发挥有决定性作用,服务器崩溃,系统就会瘫痪。考虑到安全性,在架构中间还可以增设防火墙、代理服务器等中间件(middleware),这样就形成 N 层模式。

　　管理信息系统的主流界面技术经历三个发展阶段:DOS 字符界面、Windows 图形界面(GUI)、浏览器统一界面。B/S 是大势所趋,现代组织应用还需要支持多平台、多终端、数据处理和 AI。从 20 世纪 90 年代到 21 世纪 10 年代,Sybase 公司的 Powerbuilder 产品在开发 C/S 数据库系统方面非常流行,控件 Datawindow 非常强大,还支持伪编译,但因为难以抵挡 B/S 系统的快速发展,后来淡出开发者视野。1995—1998 年,微软发布 Visual Studio 4.0~6.0 版本,包括 Visual C++、Visual Basic、Visual FoxPro 等多个组件,方便开发 C/S 系统。2002 年,微软发布 Visual Studio.NET 2002,开始走向支持 B/S 开发机制。其中 C♯ 是一门建立在 C++ 和 Java 基础上的现代语言,是编写.NET 框架的语言。2021 年,微软发布的 Visual Studio 2022 支持开发使用任何.NET 实现的应用。在工作负载和项目类型中,可找到对.NET Framework、.NET Core、Mono、适用于通用 Windows 平台(UWP)的.NET Native、C♯、F♯ 和 VB 的支持。除支持.NET 开发外,VS 2022 还支持 Android、iOS、Linux、macOS 等更多平台上的开发,支持 AI 辅助编程。VS Code 则是微软轻量级但功能强大的源代码编辑器,可在桌面上运行,适用于 Windows、macOS 和 Linux。它随附对 JavaScript、TypeScript 和 Node.js 的内置支持,并具有适用于其他语言和运行时扩展的丰富生态系统,例如 C++、C♯、Java、Python、PHP、Go、.NET 等。

此外,平台架构已从单用户发展到文件/服务器(F/S)、C/S 系统和 B/S 系统,还有今天面向移动终端的 App/S 的微服务架构。App/S 系统其实是与 C/S 系统非常相似的集中式架构,只不过 C/S 系统适用于大屏幕的 PC 端,App/S 系统则适用于小屏幕的手机式移动终端。目前,组织系统需要多种架构系统以满足内外多类用户和多类终端的交互功能。除了集中式的集中架构外,微信公众号和小程序、直播平台、专业论坛、电子商务网站也需要给予更好的考虑。

6.2　信息系统架构体系

6.2.1　信息系统架构视图

架构属于各行各业的设计范畴,是对相关领域具体项目开始前在结构上的考虑。例如,构建一个生产企业,就需要考虑这样一些结构关系:企业内部的组织结构、企业与外部联系的接口结构、与组织生产相关的业务流程结构、企业部门的物理地址结构、企业部门建筑的功能结构、部门建筑的整体结构、部门建筑内部的功能结构等。在进行这样的架构设计时,还需要考虑安全性、灵活性、扩展性、外部适应性等需求。一个组织的架构设计同样要考虑多个维度,既要考虑各种要素上下左右的空间层级关系,还要考虑各种要素替代、组合及更新等变动的时间关系。一件复杂的事情、一项复杂的工程、一个系列的产品,都存在一个基于概念、图形、原型和成品的过程,也会伴随资源组织、中间检测和功能实现的过程。这样,架构设计就会因为满足各个阶段的需求而呈现多种视图。在本质上,需求阶段和种类的复杂性决定架构视图的多重性。

1. 信息系统需求结构

任何产品或服务首先要满足用户或消费者对业务功能的需求,例如,自行车要能够骑行代步,订书机要能够装订纸张。满足功能需求是前提,在此基础上,还需要考虑产品和服务的非功能需求,例如,汽车外观好不好看、起步快不快、省不省油等。在设计信息系统架构之前,也需要先考虑系统功能需求的满足,而后再确立系统的一系列非功能需求。如图 6-3 所示,信息系统非功能需求还包括一些质量属性和约束条件等。

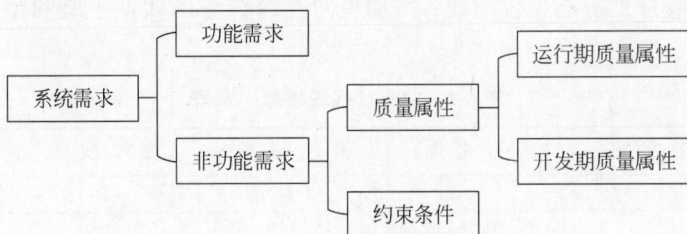

图 6-3　信息系统需求结构

以 B/S 系统为例,上述信息系统需求可以描述如下。

(1) 功能需求,用户能够通过浏览器浏览媒体的发布。开发者据此初步设计出采用浏览器插件的方案,满足用户浏览信息的需求。

(2) 约束条件,要保证网页文件不影响用户浏览器的安全性。开发者需要细化设计方案,对插件进行认证,自动判别插件在客户端是否存在,进行版本比较和自动下载注册等。

（3）运行期或使用期的质量属性，就是在用户使用时，为保证浏览的流畅，应减少中间等待的时间，最好不要有卡顿。因此，应对下一步需使用的媒体做预测。

（4）开发期或制作发布期的质量属性需要保证在遇到较大的媒体时能保持浏览的流畅，应在发布时将视频等文件流式化；还需要考虑页面和插件大小、信息处理的复杂性及其与网速的兼容性等问题。

2. 信息系统架构视图

如图 6-4 所示，一个信息系统视图包括场景视图、逻辑视图、开发视图、处理视图和物理视图，而后四个视图都服务于场景视图，即整体应用场景状况。逻辑视图、开发视图、处理视图和物理视图分别对应满足系统在整体功能、开发期、运行期以及安装和部署四个方面的功能和非功能需求。几种视图的详细信息如表 6-2 所示。

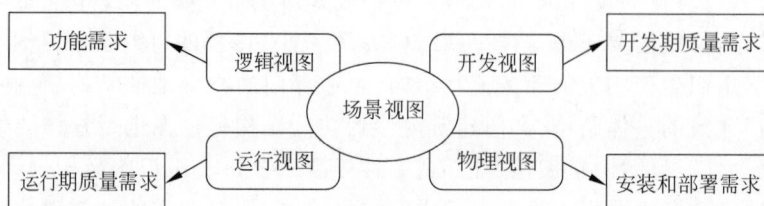

图 6-4　信息系统架构视图

（1）逻辑视图，是用户的最直接功能需求的描述。逻辑视图不仅关注用户可见的功能，还包括为实现用户功能而必须提供的"辅助功能模块"。

（2）开发视图，关注程序包，不仅包括要编写的源程序，还包括可以直接使用的第三方 SDK 和现成框架、类库，以及开发的系统将运行于其上的系统软件或中间件。开发视图和逻辑视图之间可能存在一定的映射关系。比如，逻辑层一般会映射到多个程序包。

（3）运行视图和开发视图的关系。开发视图一般偏重于程序包在编译时期的静态依赖关系，而这些程序运行起来之后会表现为对象、线程、进程，运行视图比较关注的正是这些程序运行时单元的交互问题。

（4）物理视图和运行视图的关系。运行视图特别关注目标程序的动态执行情况，而物理视图重视目标程序的静态位置问题；物理视图是综合考虑软件系统和整个 IT 系统相互影响的架构视图。

表 6-2　"4＋1"视图模型一览表

视图	逻辑视图	运行视图	开发视图	物理视图	场景视图
组件	类	任务	模块、子系统	节点	步骤、脚本
连接工具	关联、继承和约束	会面、消息、广播和 RPC 等	编译依赖性、With 和 Include 语句	媒体、LAN、WAN 和总线等	—
容器	类的总类	过程	子系统/库	物理子系统	Web
受众	最终用户	设计和集成人员	开发人员、经理	设计人员	用户和开发人员
关注点	功能	性能、可用性、S/W 容错、整体性	组织、可重用性、可移植性、产品线	可伸缩性、性能、可用性	可理解性
工具支持	ROSE	UNAS/SALE DADS	Apex、SoDA	UNAS、 Openview DADS	ROSE

基于这些系统开发视图,就可以明确各个视图下的系统架构的作用。逻辑架构关注系统功能模块及其关系的准确描述,确保不同元件之间的协调性。开发架构强调程序包设计和开发阶段的质量属性,如可扩展性、可重用性和易理解性,确保开发过程的灵活性和高效性。运行架构则聚焦于系统在运行时的进程、线程和对象,特别是并发、同步和通信等问题,关注易用性、性能和安全性等质量特性。物理架构涉及软件如何部署到物理设备上,确保系统的可靠性和可伸缩性。最后,数据架构关注数据存储方案,确保数据的持久化和管理能够满足系统的需求。各个架构层面的设计共同作用,确保软件系统的高效、稳定和可维护性。

6.2.2 大数据系统架构

架构不仅是现代系统开发工作者需要具备的技能,也是快速学习的重要途径。掌握现代 IT 技术应用系统,就需要了解响应系统的层级式结构,学习和实践其各项技术。

1. Hadoop 生态系统

麦肯锡定义,"大数据"是指其大小超出典型数据库软件的采集、存储、管理和分析等能力的数据集。目前,大数据的一般规模是从几个 TB 到数个 PB。大数据能够得到广泛关注是与大数据的技术发展分不开的。大数据技术功能表现在大规模数据存储、弹性计算、流式计算、图计算、集群资源调度、数据收集、集群一致性保证。Hadoop 是一个能够对大量数据进行分布式处理的可靠、高效、可伸缩的软件框架,也是最强大的并值得学习和实践的大数据系统。如图 6-5 所示,Hadoop 生态系统包括 HDFS、MapReduce、YARN、Tez、Hive、HBase、Pig、Sqoop、Oozie、Zookeeper、Storm、Flume、Ambari、Kafka、Spark 等一系列软件。这些软件能够很好地实现分布式系统的数据存储、计算和管理功能,包括系统资源管理和调度。因为这些软件,面向Hadoop 和 Spark 的大数据系统能够很好地、高效地离线或实时处理大任务或大数据。

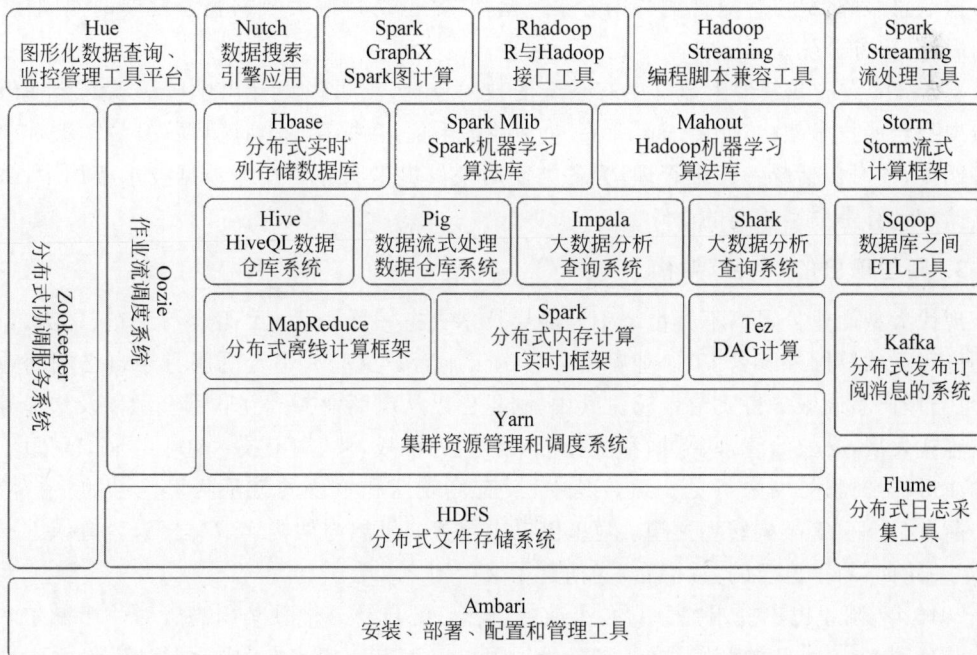

Hue 图形化数据查询、 监控管理工具平台	Nutch 数据搜索 引擎应用	Spark GraphX Spark图计算	Rhadoop R与Hadoop 接口工具	Hadoop Streaming 编程脚本兼容工具	Spark Streaming 流处理工具

Zookeeper 分布式协调服务系统	Oozie 作业流调度系统	Hbase 分布式实时 列存储数据库	Spark Mlib Spark机器学习 算法库	Mahout Hadoop机器学习 算法库	Storm Storm流式 计算框架
		Hive HiveQL数据 仓库系统	Pig 数据流式处理 数据仓库系统	Impala 大数据分析 查询系统 / Shark 大数据分析 查询系统	Sqoop 数据库之间 ETL工具
		MapReduce 分布式离线计算框架	Spark 分布式内存计算 [实时]框架	Tez DAG计算	Kafka 分布式发布订 阅消息的系统
		Yarn 集群资源管理和调度系统			
		HDFS 分布式文件存储系统			Flume 分布式日志采 集工具
Ambari 安装、部署、配置和管理工具					

图 6-5 Hadoop 生态系统

Hadoop 生态系统就是 Hadoop 软件技术架构。一个大数据应用系统在整体上也符合类似 C/S 和 B/S 的三层结构：前端交互式界面、中间层数据分析和其他处理、底层数据存储。大数据系统与传统数据系统一样，其中的数据逻辑就是能够很好地解决数据来源或收集、数据分析和处理、数据存储、数据再分析和处理、结果存储和利用等一系列问题。

2. 中国移动的大数据架构

中国移动设计院文件说明中国移动的数据来源分为 B 域（business support system，业务支持系统）、O 域（operation support system，运营支持系统）、M 域（management support system，管理支持系统）、DPI 域（deep packet inspection，深度包检测）等几部分。

① B 域数据以客户关系、用户行为、产品信息等为主，支撑客户经营和产品营销等；

② O 域数据以设备数据、告警信息和性能信息等为主，支撑网络监控、网络优化、用户投诉处理等；

③ M 域数据以财务、人力资源、供应链和办公信息等为主，支撑企业管理、企业办公信息化等；

④ DPI 域数据以上网日志、内容构成、用户轨迹、网络信令等为主，可支撑流量经营、网络运维和增值服务等；

⑤ 九个业务基地的基地数据以用户信息、用户行为信息等为主，可支撑个性化推荐、优化产品和服务等。无线应用协议（WAP）的短信和彩信数据涉及存储网络日志以及可支撑定位网络及终端问题。像其他电信运营商一样，中国移动在积极探索开发其内部大数据资源，大数据系统用于内部服务。例如，支持内部的客户流失分析、营销分析和网络优化分析等。对外应用服务模式尚未成型，中国移动尝试通过给第三方提供数据产品和服务，进行数据增值。例如，与航空公司合作，建立乘机客户识别模型，提供大数据挖掘、客户发展全流程大数据信息服务，提供针对性的营销方案。当然，这也是其他大数据企业发展的共同模式，先内后外，多方合作。

基于 Hadoop 或其他大数据生态系统的技术支持，就可以设计出中国移动的企业级省大数据平台的技术架构，如图 6-6 所示，包括数据采集、数据存储与计算层、开发框架和应用中心四层，同时包括统一运维管理，为各类使用人员提供服务。在大数据技术架构中，数据的存储和计算是紧密相连的。

3. 阿里巴巴的"中台"架构

现代大型商业公司离不开也绕不开底层技术支撑。目前，BAT 组合与京东、华为，包括亚马逊和微软等国外著名 IT 企业都有自己的云平台。这些云平台既服务于自己的商业逻辑，也当作产品或服务售卖给市场。其中，阿里巴巴从电商业务到互联网金融以及快递等行业兼容式发展，必然给管理、数据和服务带来极大的挑战，从《淘宝技术这十年》和《阿里十年架构演进详细概述》书中可见一斑。其中，最有代表性和争议的就是阿里巴巴的"中台"概念。前有《企业 IT 架构转型之道：阿里巴巴中台战略思想与架构实战》之书，后有南方周末《八年一轮回，阿里巴巴的"大中台"为何建了又拆?》之文。

2015 年，阿里巴巴提出"大中台，小前台"概念，源自马云带领集团高管对位于赫尔辛基的游戏公司 Supercell 的商务访问。这一年，阿里巴巴首次提出"大中台"战略，设立中台事业部，包括原先的搜索事业部、共享业务事业部和数据技术及产品部。后来，许多公司纷纷

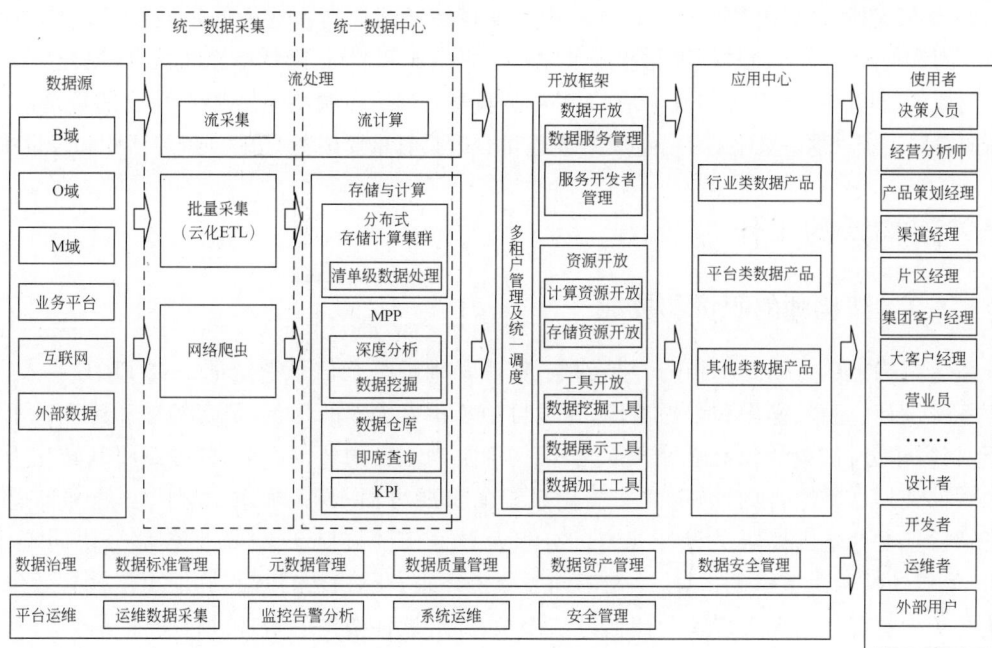

图 6-6 中国移动大数据平台架构

行动,实施中台战略。2018 年 9 月,腾讯宣布打造技术中台。2018 年 11 月,阿里将中台系统与阿里云合体。2018 年 11 月,美团宣布建立自身平台的数据中台。2018 年 12 月,京东决定在系统中增加中台。2019 年 3 月,字节跳动搭建"直播大中台"。同年,阿里巴巴推出双中台系统,采用如图 6-7 所示的"数据中台+业务中台"技术栈,实现集团级的业务协同,数据中台则以数据带动人才、技术、业务的流通,来降本增效。

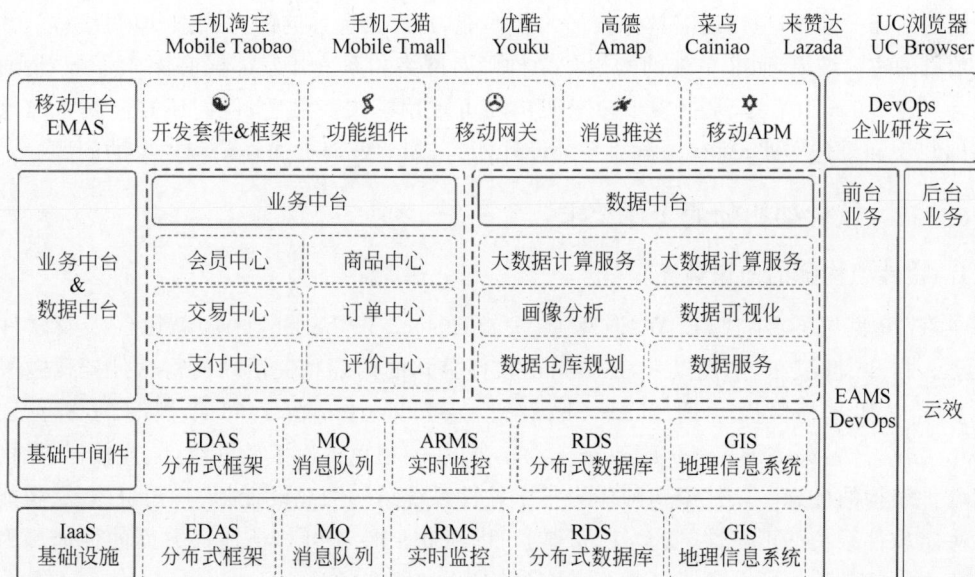

图 6-7 阿里巴巴的双中台技术栈全景

2020 年底,阿里曝出"拆中台"计划。中台的搭建虽能提高新业务的拓展效率,但也需要大量人力和时间。中台通过标准化和服务化封装复杂业务逻辑,降低单元间耦合,提升协作效率。阿里的"拆中台"并非否定其价值,而是根据自身发展阶段调整优化,减少中台的重量化,适应新的发展需求。这一策略对中小企业在建设中台时具有重要参考价值,强调灵活性和轻量化。

6.3　架构师的工作

6.3.1　架构师的职责和技能

系统架构师(system architect)是创建、实施和维护复杂信息系统的一类 IT 专业人员,负责系统设计、配置、操作和维护工作,在项目中承担着关键的角色,负责领导和协调技术活动,包括需求分析、设计和实施等。首先,架构师推动主要的技术决策,并最终将其转化为系统的软件架构。其次,他们确定并文档化系统的重要方面,涵盖需求、设计、实施和部署等"视图"。架构师还需要定义设计元素的分组及其之间的接口关系,确保各部分协同工作。同时,他们为技术决策提供指导,平衡不同受众的需求,化解技术风险,确保决策被有效传达和执行。架构师还需深入理解和评估系统需求,并对软件架构的实现进行验证和确认,确保系统符合设计要求和业务目标。

架构师是一个要求极高的职位,需具备多种核心技能。首先,架构师需具备广泛的技术知识和丰富的经验,能够在信息不完全或复杂的情况下迅速抓住关键问题并做出决策。其次,他们需要具备战略思维能力,能够制订系统架构计划,并在高层次进行全局性思考。此外,架构师还需有出色的分析、解决问题和理解概念的能力,精通项目需求分析和软件工程活动。在工作中,架构师需要能够在压力下确定任务优先级,具备领导能力,推动技术工作,并做出关键决策。优秀的沟通能力也是必不可少的,架构师需要通过有效的沟通来说服、指导团队成员并赢得他们的信任。同时,他们还需具备较强的协作能力,以目标导向的方式推动项目进展,并且注重项目的实际结果,而非单纯的构想。架构师对网络和系统开发部署有深入了解,精通架构设计理论、实践和工具,掌握多个参考架构和可重用模式。最后,他们还需要具备信息处理基础知识和最佳实践,拥有较强的系统设计能力,能够处理更加复杂和抽象的问题。

6.3.2　软件架构师的工作要求

1. 软件架构师的知识体系

早在 20 世纪 60 年代,E. W. 迪克斯特拉(Edsger Wybe Dijkstra)就已经涉及软件架构概念。自 20 世纪 90 年代以来,Rational 软件公司的内部相关活动使得软件架构越来越流行。卡内基·梅隆大学的 Mary Shaw 和 David Garlan 在 1996 年撰写的 *Software Architecture Perspective on an Emerging Discipline* 书里提出了软件组件、连接器、风格等很多软件架构的概念。软件架构师作为整个软件系统结构的总设计师,其知识体系、技能和经验决定软件系统的可靠性、安全性、可维护性、可扩展性和可移植性等方面的性能。因此一个优秀的软件架构师必须具备相当丰富的知识、技能和经验。

通过对比软件架构师和系统分析师在软件开发中的职责和角色,不难发现软件架构师与系统分析师所必需的知识体系也是不尽相同的,系统分析师的主要职责在需求分析、开发管理、运行维护等方面,而软件架构师的重点工作在架构与设计这两个关键环节上。在系统分析师必须具备的知识体系中,对系统的架构与设计等方面知识的要求就相对低些;而软件架构师在需求分析、项目管理、运行维护等方面知识的要求也相对低些。架构师需要掌握许多相关术语及其知识,并根据需要进行自学或者参加专业培训。现代架构师必须掌握. Net、AJAX、AOP、API、Application Development、AWS、Azure、BPEL、Business Process、C++、Class Structure、Cloud、CMMI、Corba 等诸多技术术语和技能。

2. 软件架构师的工作内容和知识结构

软件架构师考虑的是各类软件的架构问题,主要工作内容有:

(1) 思考,思考,再思考。深入理解、准确把握建设的业务需求;分析所有可见的问题、障碍、风险;充分参考已有的成功方案,降低风险。

(2) 交流、讨论、博弈、质疑。对构思中的方案不断提出质疑,避免漏洞;广泛听取各层面的意见,开拓思路;反复质疑、逐步完善已有的设计构思。

(3) 在动手实现之前验证设计方案的正确性。

软件架构师的知识结构主要包括软件知识和业务知识两部分。在软件知识方面,架构师最好要有系统开发全过程经验;对 IT 建设生命周期各个环节有深入了解,包括系统或模块逻辑设计、物理设计、代码开发、项目管理、测试、发布、运行维护等;深入掌握一两种主流技术平台上开发系统的方法;了解多种应用系统的结构;了解架构设计领域的主要理论、流派、框架。在业务知识方面,架构师需要深入了解系统建设的业务需求、系统的非功能需求和运行维护需求,以及企业 IT 公共设施、网络环境、外部系统。

3. 软件架构师的思维方式

思维方式就是人们在工作时具备的一定套路。软件架构师会快速地切入系统结构、周期、技术细节等问题,并能想到风险因素和其他相关因素及沟通协调办法。架构师的主要思维方式包括:

(1) 基于框架思维。明确架构设计的商业和应用层次,IT 的生命周期(5W1H),成功经验以及方法论的指导。

(2) 合理把握技术细节。把握各个层次应有的内容,合理忽略不应有的技术细节。

(3) 风险管理意识。采用成功经验,避免不应有的风险。

(4) 多方位的开放思维。多维度、多方向、包容性、避免排他性;分析、质疑、抽象、归纳;没有绝对好的架构设计,只有相对优秀的方案。

(5) 软件架构必须设计到"能为开发人员提供足够的指导和限制"的程度。

(6) 分而治之的两种方式。一是按照深度分而治之,先不把问题研究得那么深,那么细,浅尝辄止,见好就收;二是按照广度分而治之,先不研究整个问题,而是研究问题的一部分,分割问题,各个击破。

※ 思考题

1. 集中和分布富含怎样的哲学思维?

2. 为什么现代大数据系统要采用分布式系统?

3. 阿里、京东、腾讯、华为等大厂的信息技术和信息系统有何变化规律?

4. 轻终端理念提出得很早,为什么目前还没有完全实现?

5. 微信资料为什么不能大量而长久地存储在微信的服务器上?

6. 网格计算和云计算是什么样的关系?

7. 阿里和亚马逊为何要"去IOE"? 腾讯为何与甲骨文签署合作协议?

8. 如何理解"架构的核心理念就是功能抽象抽取"?

9. 阿里的"中台"架构模式是如何产生的? 对系统开发有何影响?

10. "中台"架构有何优势? 为什么"中台"不是万能的?

11. 系统或软件架构师需要具备怎样的能力?

第 7 章

管理信息系统的规划

主要内容：信息系统战略、信息系统规划方法、信息系统战略咨询与保障
重点掌握：企业系统规划法、关键成功因素法、埃森哲 IT 战略模型
综合应用：信息系统战略规划的应用和实践

7.1 管理信息系统的战略规划

7.1.1 管理信息系统的战略

管理信息系统战略在组织层面上常被称为 IS 战略、IT 战略、技术战略、ICT 战略，是企业战略发展规划的重要组成部分。信息系统战略是一个全面的蓝图，用来表达组织计划如何使用信息技术实现其目标。它使 IT 投资与业务优先级保持一致，并为信息化组织设定战略方向。

1. 管理信息系统战略的重要性

（1）使信息系统与业务目标保持一致。IS 战略可确保投资和计划与组织的业务目标保持一致。这种战略一致性使投资价值最大化，并提高业务绩效和竞争力。

（2）推动创新和竞争优势。信息系统是创新和竞争优势的源泉。借助强大的 IS 战略，组织可以超越竞争对手，跟上新兴技术趋势，抓住新机遇。

（3）管理风险和增强安全性。对数字技术的日益依赖伴随着风险的增加，包括网络威胁、数据泄露和信息系统故障。IS 战略在管理这些风险方面的作用至关重要。

（4）优化信息系统资源和投资。信息系统投资预算占比很大，IS 战略为这些投资提供优化框架，确保它们提供最大价值。这涉及对信息系统的资金和投资优先级做出明智的决策、管理信息系统的成本以及确保支持运营需求和创新的平衡产品组合。通过信息系统投资清晰的实现路径，IS 战略有助于防止浪费并确保资源得到高效利用。

（5）促进变革和转型。信息技术是变革和转型的强大驱动力，而实施新技术或系统可能会造成破坏和挑战。IS 战略提供一种结构化方法来适应管理技术引起的变化，为实施新系统制订明确计划——确定时间表、里程碑和所需资源，还包括管理方面的人性化变革战略，确保工作人员在整个过渡期间得到充分的培训和支持。

（6）加强沟通和协作。IS 战略不仅是信息系统部门的文档，还是整个组织进行沟通和协作的工具。通过清楚地阐明组织的信息系统目标和计划，IS 战略有助于了解和支持各种利益相关者，包括业务领导、IT 人员和最终用户，有助于增强协作并确保每个人都朝着相同

的目标努力。

2. 管理信息系统战略组成部分

信息技术对于推动组织业务成功和转型至关重要,而 IS 战略能够使信息技术计划与组织的总体目标保持一致,确保最佳资源利用率,提高运营效率,实现持续增长。组织必须考虑满足当前和未来技术需求的各种关键组件,以制定全面的 IS 战略:包含技术管理、规划和治理的关键方面,包括服务管理、风险管理、成本管理、人力资源管理、硬件和软件管理以及供应商管理。以下是有效 IS 战略的基本组成部分。

(1) 利益相关者参与。与业务领导、部门主管、最终用户和 IT 专业人员协作,可以识别痛点、业务流程改进机会和新兴技术需求。定期的反馈循环和沟通渠道可培养主人翁意识,并制定更具包容性的 IS 战略。

(2) 约束和资源分析。可以使用 SWOT 方法,分析信息系统的优势和劣势,列出对当前技术要求、创新和未来力量有影响的内部和外部力量。识别需要技术响应的潜在机会和漏洞,寻求资源,增强组织的环境适应性。

(3) 愿景和目标一致性。与业务目标一致的愿景将有助于理解企业当前状态、未来愿望以及信息技术的作用。信息系统战略目标和业务目标的一致性可以帮助组织有效地确定 IS 计划的优先级、分配资源并推动实现可衡量的结果。

(4) 系统组织再思考。审视和修订 IS 或 IT 部门职能,涵盖使命、核心价值、目标及其实现方法。

(5) 企业架构/技术基础架构。IS 战略涉及基础设施评估、确定差距和规划未来需求,相关因素包括网络体系结构、硬件和软件要求、云计算策略、可扩展性和灾难恢复计划。精心设计的技术基础架构可确保无缝运营、最佳性能以及适应业务需求变化的能力。

(6) 应用程序组合管理。应用 IS 战略评估现有应用程序,识别冗余,评估可能的升级或替换工作,使应用程序与业务优先级保持一致。有效的应用程序组合管理可以优化资源利用率,简化流程,并实现技术投资的敏捷决策。

(7) 计划和指标。把握当前和未来的 IS 项目、计划、时间表和里程碑,明确各条时间线上的任务,优化短期计划和指标体系,平衡中长期计划。

(8) 治理和变更管理。治理框架定义决策过程、角色和责任,确保问责制和透明度。变更管理有助于信息系统实施的平稳过渡,最大限度地减少阻力和提高成功率。

(9) 财务计划跟进。明确多年周期 IT 项目的当前预算和支出预测,利于组织提前准备资金和支持项目进展。

(10) 绩效衡量和持续改进。为了衡量 IS 战略的有效性,组织必须建立、定义并监控与目标一致的关键绩效指标(KPI),使组织能够跟踪进度,确定需要改进的领域并做出数据驱动决策。通过培养持续改进的文化,组织可以适应不断变化的技术环境,利用新兴机会并保持竞争优势。

(11) 风险评估和安全。技术进步会带来新机遇,也会带来各种风险和安全挑战。全面的 IS 战略应包括强大的风险评估框架,以识别潜在漏洞、保护敏感数据并实施有效的网络安全措施。通过风险管理,组织可以主动应对威胁,遵守法规,增强整体弹性。

如上所述,IS 战略至少具备这样一些特征:目标明确并保持与业务目标的一致性,面向未来,考虑全面,利益相关人参与,预防风险,定期审查和更新,以及要清晰易懂。如果要战略更加有效,IS 战略还应具备良好的可执行性和灵活性,容易通过组织管理层落实。IS 战略规划内容的制定处处体现平衡与折中的思维,始终需要回答这样四个问题:要做什么? 能做什么? 可以做什么? 应当做什么? 这些问题关乎目标方向、能力资源、条件约束、使命愿景等几个重要方面。

3. 管理信息系统战略规划步骤

管理信息系统战略落实到文件层面就是管理信息系统战略规划,主要涉及企业的总目标、各职能部门的目标以及政策和计划,包括企业信息部门的活动与发展。管理信息系统规划内容应包括组织的战略目标、政策和约束、计划和指标的分析。制定管理信息系统的战略规划的步骤如图 7-1 所示。

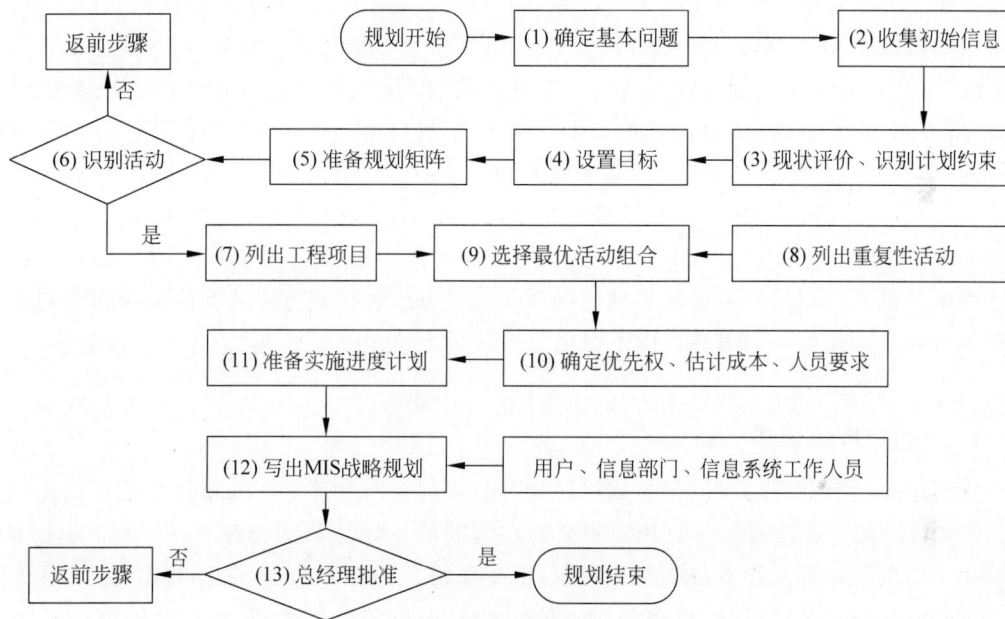

图 7-1 管理信息系统的战略规划步骤

步骤(1)确定基本问题。确定规划年限和方法、规划类型(集中式还是分散式),做好进取或保守的准备。

步骤(2)收集初始信息。信息来源包括各级部门和干部、相关企业、企业内部信息部门、各种文件、资料库、文献库和互联网。

步骤(3)评价现状和识别约束。主要内容包括规划目标、系统开发方法、计划活动、信息部门人员、运行和控制过程、资金、安全措施、人员经验、手续和标准、中期和长期任务的优先顺序、外部和内部关系、现存设备和设施、现存软件及其质量,以及企业的思想和道德状况。

步骤(4)设置规划目标。由总经理和信息化部门设置,包括服务质量和范围、政策、组织以及人员等。规划目标不仅是信息系统的目标,而且应涵盖整个企业的经营目标。

步骤(5)准备规划矩阵。列出信息系统规划内容之间相互关系所组成的矩阵,这些矩阵列出后,实际上就确定了各项内容以及它们实现的优先次序。

通过步骤(6)～(9)可以进一步识别上面所列出的各种活动是一次性的工程项目性质的

活动,还是一种经常重复进行的活动。由于资源有限,不可能所有项目同时进行,只有选择一些好处最大的项目先进行,要正确选择工程类项目和日常重复类项目的比例,正确选择风险大的项目和风险小的项目的比例。

步骤(10)给定项目的优先权和估计项目的成本费用。

依照步骤(11)可编制项目的实施进度计划,然后在第(12)步将长期规划书写成文件,在此过程中还要不断与用户、信息系统工作人员以及信息化部门的领导交换意见。规划经第(13)步的总经理批准生效,整个战略规划任务方能宣告完成。如果总经理没批准,只好再重新进行规划。

7.1.2 管理信息系统的规划方法

自从 20 世纪 60 年代开始,信息系统在各类组织的应用逐渐普及和升级,诞生出不少管理信息系统战略规划的模型和方法:九格矩阵规划法(9CMP)、企业系统规划法(BSP)、关键成功因素法(CSF)、战略目标集合转移法(SST)、信息分析与集成技术(BIAIT)、企业信息特征法(BICS)、应用系统组合法(APA)、信息工程法(IE)、假设前提法(AS)、战略栅格法(SG)、信息质量分析法(IQA)、客户资源生命周期法(CRLC)、扩展的应用系统组合模型(EAPM)、价值链分析法(VCA)、战略系统规划法(SSP)。除了这些方法和模型外,投入产出法(I-O-M)、投资回收法(ROI)、征费法(charge out)、零线预算法、阶石法、IT 价值映射、EFQM 卓越模型、应用信息经济学、功能点分析、AHP 框架、高德纳商业价值模型等一系列方法和模型也可以作为信息系统规划的参考。这些方法和模型可以从不同的视角或侧重点用于分析和建构信息系统战略。以下以信息系统的九格矩阵式框架、企业系统规划法、关键成功因素法为例说明。

1. 九格矩阵规划法

管理信息系统的规划可以分为战略规划和总体规划两个部分。战略规划重在目标和方向;总体规划是为管理信息系统开发和实施而编制的指导性和纲领性文件,更加关注 MIS 开发和实施的总体需求和系统结构性问题,包括系统总体需求分析、文档规范、系统总体结构、系统网络结构、编码设计、接口设计、安全标准、工具和设备选型、运行及维护标准等内容。战略规划也是分层次的,不仅高层有,中层和基层也应有,即组织级、业务级和执行级,层层细化,逐级落实。每一级均有三个要素:方向和目标、约束和资源、计划和指标,这几个要素与层级相结合就构成战略规划矩阵或框架结构(见图 7-2)。总体规划的另一重要任务是统一协调系统的开发与实施,包括各子系统之间、与外部系统之间、系统上下级之间的关系。各子系统设计需在总体规划要求下统一进行。但是,总体规划并非代替各子系统的总体设计,对子系统仅做框架设计和主要功能描述,提出一个指导全局的基本框架和规范,避免重复开发与建设,以便加快系统实施。

在图 7-2 的结构中,唯一比较独立的元素是①,它的确定基本上不受图内其他元素的影响,但仍然受到图外环境的影响,而且和图中的④也有些关系,因为在确立总目标时不能不考虑各种业务目标完成的情况。例如,在确立总的财务目标时,不能不了解公司财务的现实状况。

其他的元素都是互相关联的,当业务经理确定自己的目标④的时候,要考虑上级的目标①,也要考虑公司的约束和政策②。尤其当公司的活动的多样性增加时,公司总目标所覆盖的范围相对降低,必然需要下级有自己的目标。一家运行得很好的公司的领导应当要求

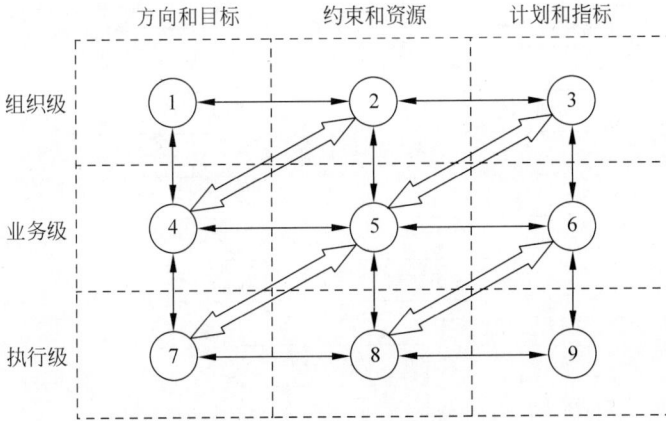

方向和目标　　　　约束和资源　　　　计划和指标

图 7-2　九格矩阵规划法

自己的下属对公司的每项政策具有具体而灵活的实施办法,而不会满意那种"上有政策,下无对策"的下属。同样,这样的公司领导也应当善于合理地确定自己的目标,以及善于发布诱导性的政策和约束。执行经理的目标⑦不仅受到上级目标④的影响,而且要受到上级的约束和政策⑤的影响。

总的结构是上下左右关联,而左下和右上相关,上下级之间是集成关系。这点在"计划和指标"列最为明显,这列由最实在的事物组成,上级的计划实际上也是下级计划的汇总。左右之间是引导关系,约束和资源由目标引出,计划和指标则由约束和资源引出。

2. 企业系统规划法

企业系统规划法(business systems planning,BSP)是 IBM 公司在 20 世纪 70 年代提出的一种企业管理信息系统规划的结构化方法,帮助企业制订信息系统规划,满足企业近期和长期的信息需求。起初,BSP 仅供 IBM 内部使用,后来被提供给客户。BSP 较早运用面向流程的管理思想,影响广泛。

BSP 的工作原理如图 7-3 所示。从企业目标入手,逐步将企业目标转化为管理信息系统的目标和结构,更好地支持企业目标的实现。它摆脱管理信息系统对原组织结构的依赖性,从企业最基本的业务流程出发,分析决策所需数据,然后自下而上设计系统,以支持系统目标的实现。

企业系统规划法是一种能够帮助规划人员根据企业目标制定出 MIS 战略规划的结构化方法。通过这种方法可以做到:确定未来信息系统的总体结构,明确系统的子系统组成和开发子系统的先后顺序;对数据进行统一规划、管理和控制,明确各子系统之间的数据交换关系,保证信息的一致性。

BSP 方法的优点在于保证信息系统独立于企业的组织机构,使信息系统具有对环境变更的适应性。即使将来企业的组织机构或管理体制发生变化,信息系统的结构体系也不会受到太大的冲击。实施 BSP 方法的基本步骤如图 7-4 所示。

(1)研究开始阶段。成立规划组,进行系统初步调查。分析企业的现状,了解企业有关决策过程、组织职能和部门的主要活动、存在的主要问题以及各类人员对信息系统的看法。这些分析旨在使企业各级管理部门中取得一致看法,使企业的发展方向明确,利用信息系统支持这些目标。

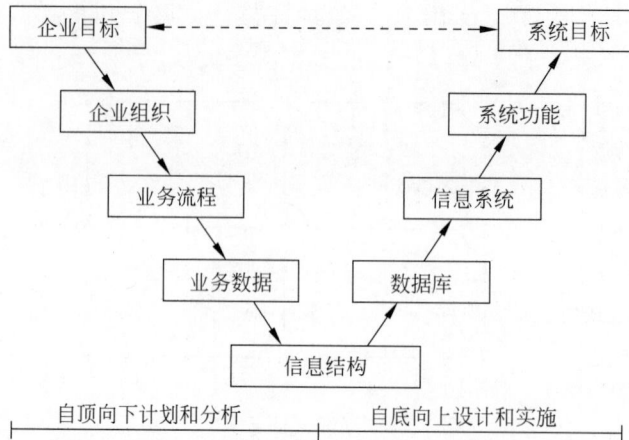

图 7-3　IBM 的 BSP 方法的工作原理

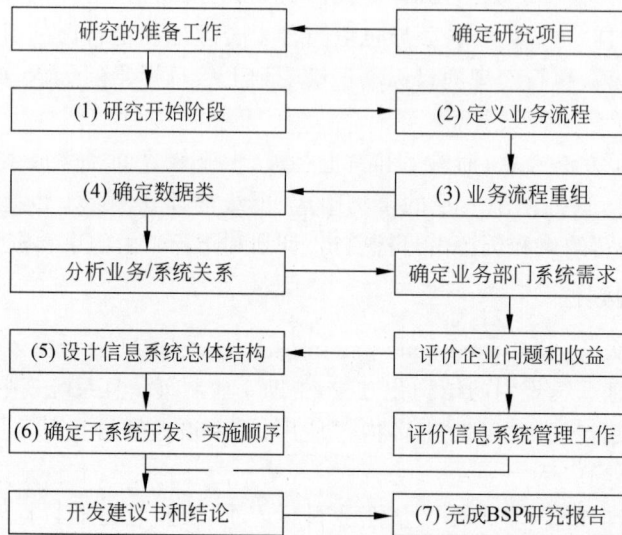

图 7-4　BSP 方法的基本步骤

（2）定义业务流程（又称企业流程或管理功能组）。定义业务流程是 BSP 方法的核心。所谓业务流程就是逻辑相关的一组决策或活动的集合，如订货服务、库存控制等业务处理活动或决策活动。业务流程构成整个企业的管理活动，识别业务流程可对企业如何完成其目标有较深的了解，可以作为建立信息系统的基础。按照业务流程所建造的信息系统，其功能与企业的组织机构相对独立。因此，组织结构的变动不会引起管理信息系统结构的变动。

（3）业务流程重组。在定义业务流程的基础上，分析哪些流程是正确的；哪些流程是低效的，需要在信息技术支持下进行优化处理；哪些流程不适合计算机信息处理，应当取消。检查流程的正确性和完备性后，对流程按功能分组，如经营计划、财务规划、成本会计等。BPR 是伴随 ERP 出现而诞生的，是组织信息化到非集成不可阶段的必需措施，至今对很多企业仍有重要运用价值。

（4）确定数据类。定义数据类是 BSP 方法的另一个核心。所谓数据类就是指支持业务流程所必需的逻辑上相关的一组数据。例如,记账凭证数据包括凭证号、借方科目、贷方科目、金额等。一个系统中存在许多数据类,如顾客、产品、合同、库存等。数据类是根据业务流程来划分的,即分别从各项业务流程的角度将与它有关的输入输出数据按逻辑相关性整理出来归纳成数据类。

(5)设计信息系统总体结构。功能和数据类定义好之后,可以得到一张功能/数据类表格,称为功能/数据类矩阵或 U/C 矩阵。设计管理信息系统总体结构的主要工作就是可以利用 U/C 矩阵来划分子系统,刻画出新的信息系统的框架和相应的数据类。

(6)确定子系统开发、实施顺序。由于资源的限制,信息的总体结构一般不能同时开发和实施,总有个先后次序。划分子系统之后,根据企业目标和技术约束确定子系统实现的优先顺序。一般来讲,对企业贡献大的、需求迫切的、容易开发的优先开发。

(7)完成 BSP 研究报告,提出建议书和开发计划。

3. 业务流程重组

业务流程重组(business process reengineering,BPR)是一种管理实践,要求从根本上重新设计获得特定业务成就所需的相关任务。BPR 的主要目标是分析业务职能内部和他们之间的工作流程,以优化端到端业务流程并消除不能提高绩效或为客户提供价值的任务。BPR 概念是麻省理工学院计算机科学教授 Michael Hammer 在 1990 年《哈佛商业评论》的一篇文章中提出的。哈默认为,提高绩效的通常方法未能产生企业在 20 世纪 90 年代运营所需的改进。许多公司的产品开发周期太慢,订单履行错误太高,库存水平与需求不同步。企业在技术快速变化、客户期望不断提高和全球竞争的时代没有能力取得成功。IT 部门未能改善绩效或客户服务方面的结果,因为它被用于简单地自动化现有的、有缺陷的流程。所以,公司需要彻底重新评估其现有流程是否提供价值,并重新思考如何利用技术来创建全新的流程。事实上,与专注于更新公司现有业务流程的业务流程改进学科相比,BPR 从评估公司的使命及其提供的价值开始。后来,开始实施 BPR 的公司会发现,除了从根本上重新设计业务流程外,他们还需要重新考虑整个商业模式。

哈默和组织理论家詹姆斯·尚皮(James Champy)在《重新设计公司:商业革命宣言》(*Reengineering the Corporation: A Manifesto for Business Revolution*)一书中阐述业务流程重组的原则。为了在质量、时间管理、速度和盈利能力方面取得显著改善,作者敦促企业遵循七项原则:

(1)围绕结果而不是任务进行组织;

(2)确定组织中的所有流程,并按照重新设计的紧迫性顺序确定它们的优先级;

(3)将信息处理工作整合到产生信息的实际工作中;

(4)将地理位置分散的资源视为集中式资源;

(5)链接工作流中的并行活动,而不仅是集成其结果;

(6)将决策点放在执行工作的位置,并在流程中建立控制;

(7)一次捕获信息,从源头捕获信息。

20 世纪 90 年代,商界对业务流程重组的热情产生了许多关于如何实施激进变革的解释。巴布森学院教授达文波特在开发自己的 BPR 方法之前曾与哈默合作,使用业务流程再设计(business process redesign)一词,并为业务领导者提供具体建议,强调原型、模拟和测试的价值。达文波特与詹姆斯·肖特在合著《新工业工程：信息技术和业务流程再设计》中提出根本上改变工作流程的五步方法：制定业务愿景和流程目标、确定要重新设计的流程、了解和衡量现有流程、识别 IT 应用级别、设计和构建新业务的原型。五步流程的一个变体是由业务流程管理专家 Bhudeb Chakravarti 开发的七步 INSPIRE 框架：initiate（启动新的 BPR 项目并准备商业案例）、negotiate（与高级管理层协商批准开始）、select（选择要再设计的流程）、plan（规划项目中的活动）、investigate（调查流程问题）、redesign（再设计选定的流程以提高性能）、ensure（通过监控确保成功）。

在 BPR 运动的高峰期，有一些广泛应用并成功的案例。福特汽车公司通过实施一个在线数据库从根本上改变应付账款流程，该数据库跟踪从采购订单到交付流程，然后自动付款。向无纸化发票转变使员工无须花时间将纸质采购订单与接收文件和发票相匹配。通过重新设计采购流程，福特公司将其应付账款部门的员工人数减少了 75%。IBM 通过让高管团队跟踪公司从申请到批准的信贷发放流程，将发放信贷的周转时间从一周或更长时间缩短到几小时甚至几分钟。他们发现实际工作平均只需要 90 分钟，剩下的 7 天多时间则是通过将表格从一个部门专家交给另一个部门专家而消耗的。IBM 用被称为"交易结构师"的通才办事员取代专家，他们在专家系统的帮助下，从头到尾处理整个过程。

到了 20 世纪 90 年代末，世界范围内的 BPR 一词与当时两个不受欢迎的趋势有关：裁员和外包。这对现在的数字化转型升级阶段工作也有很好的启发以及指导意义。如今，人们对 BPR 作为数字化转型的框架重新产生兴趣。新一代信息新技术的采用，以及人工智能的进步，促使许多公司从根本上重新思考他们的工作流程，并实施 BPR 倡导的技术驱动的激进变革。公司也很清楚，该概念对彻底变革的关注可以补充强调渐进式变革的流程改进方法，例如，持续改进、全面质量管理。

4. U/C 矩阵

U/C 矩阵用来表达过程与数据两者之间的关系。矩阵中的行表示数据类，列表示过程，并以字母 U(use) 和 C(create) 来表示过程对数据类的使用和产生。U/C 矩阵是 MIS 开发中用于系统分析阶段的一个重要工具。U/C 矩阵是一张表格，它可以表示数据/功能系统化分析的结果。它的左边第一列列出系统中各功能的名称，上面第一行列出系统中各数据类的名称。在各功能与数据类的交叉处，填写功能与数据类的关系。

U/C 矩阵需要从三个方面进行正确性检验：①完备性检验，指每个数据类必须有一个产生者 C，至少有一个使用者 U，每个功能必须产生或者使用数据类，否则这个 U/C 矩阵是不完备的；②一致性检验，指每个数据类仅有一个产生者，即在矩阵中每个数据类只有一个 C，如果有多个产生者的情况出现，则会产生数据不一致的现象；③无冗余性检验，指每一行或每一列必有 U 或 C，即不允许有空行空列。有空行或空列则说明该功能或数据的划分是没有必要的、冗余的。

U/C 矩阵可用于划分子系统，步骤如下：

（1）用表的行和列分别记录下企业系统的数据类和过程。表中功能与数据类交叉点上的符号 C 表示这类数据由相应功能产生，U 表示这类功能使用相应的数据类，如表 7-1 所示。

表 7-1　U/C 矩阵初始表

功能＼数据	客户	订货	产品	加工路线	材料表	成本	零件规格	原料库存	成品库存	职工	销售区域	财务	计划	设备负荷	材料供应	工作令
经营计划						U						U	C			
财务计划						U				U		C	U			
产品预测	U		U									U	U			
产品设计开发	U		C		U		C									
产品工艺			U		C		U	U								
库存控制								C	C					U	U	
调度			U											U		C
生产能力计划				U										C	U	
材料需求			U		U										C	
作业流程				C										U	U	U
销售区域管理	C	U	U													
销售	U	U	U								C					
订货服务	U	C	U													
发运		U	U							U						
会计	U		U							U						
成本会计		U				C										
人员计划										C						
人员招聘考核										U						

（2）整理 U/C 矩阵，把功能按功能组排列。然后调换"数据类"的横向位置，移动某些行或列，使得矩阵中 C 最靠近对角线，如表 7-2 所示。

表 7-2　U/C 矩阵重新排列表

功能＼数据	计划	财务	产品	零件规格	材料表	原料库存	成品库存	工作令	设备负荷	材料供应	加工路线	客户	销售区域	订货	成本	职工
经营计划	C	U													U	
财务计划	U	C													U	U
产品预测	U		U									U	U			
产品设计开发			C	C	U							U				
产品工艺			U	U	C	U										
库存控制						C	C	U	U	U						
调度			U					C	U							
生产能力计划									C	U	U					
材料需求			U		U					C						
作业流程								U	U	U	C					
销售区域管理			U									C		U		
销售			U									U	C	U		

数据\功能	计划	财务	产品	零件规格	材料表	原料库存	成品库存	工作令	设备负荷	材料供应	加工路线	客户	销售区域	订货	成本	职工
订货服务			U									U		C		
发运			U				U							U		
会计			U									U				U
成本会计														U	C	
人员计划																C
人员招聘考核																U

（3）将 U 和 C 最密集的地方框起来，按照常规业务综合原则给每个框起个名字，构成子系统，落在框外的 U 说明子系统之间的数据流。这样，就完成了子系统划分的工作。如表 7-3 所示，此 U/C 矩阵可以划分为经营计划、技术准备、生产制造、产品销售、会计人事等几个子系统。U/C 矩阵具有这样一些功能：①通过对 U/C 矩阵的正确性检验，及时发现前期分析和调查工作的疏漏与错误，分析数据的正确性和完整性；②通过对 U/C 矩阵的求解过程最终得到子系统的划分；③通过 U 联系可以确定子系统之间的共享数据。

U/C 矩阵的特点是：①改进结构化分析方法，使得子系统划分更加科学，比传统人工系统划分更加精准。U/C 矩阵方法依据数据使用的密集程度并结合其他一些因素划分子系统，数据操作相对集中在子系统内部，子系统之间数据交换少，子系统之间高内聚、低耦合；②改进 E-R 图方法，实现对数据不同级别的保护。U/C 矩阵方法分析各层面、各子系统所涉及的数据库，有利于数据保护，体现各层面、各子系统对数据的专用性；③将系统结构分析与数据库设计有机结合，缩短系统开发周期。U/C 矩阵方法弥补了结构分析在理解和表达用户数据需求方面的缺陷，克服了数据库设计层次不明确以及与业务相脱离的弱点；④U/C 矩阵方法形象直观。通过 U/C 矩阵，可以形象地描绘出业务处理与数据类数据之间的关系，其形式容易被用户和程序员所接受，成为两者沟通的桥梁，有利于用户和程序员共同合作，一起进行系统分析，弥补原先工作方式的不足。

表 7-3 U/C 矩阵的子系统划分表

子系统	数据\功能	计划	财务	产品	零件规格	材料表	原料库存	成品库存	工作令	设备负荷	材料供应	加工路线	客户	销售区域	订货	成本	职工
经营计划子系统	经营计划	C	U											U			
	财务计划	U	C												U	U	
技术准备子系统	产品预测	U		U									U	U			
	产品设计开发				C	C	U						U				
	产品工艺			U	U	C	U										
生产制造子系统	库存控制						C	C	U		U						
	调度			U					C	U							
	生产能力计划									C	U	U					
	材料需求			U		U					C						
	作业流程								U	U	U	C					

续表

子系统	数据 / 功能	计划	财务	产品	零件规格	材料表	原料库存	成品库存	工作令	设备负荷	材料供应	加工路线	客户	销售区域	订货	成本	职工
销售子系统	销售区域管理			U									C		U		
	销售			U									U	C	U		
	订货服务			U									U		C		
	发运			U		·		U							U		
会计人事子系统	会计	U											U				U
	成本会计														U	C	
	人员计划																C
	人员招聘考核																U

5. 关键成功因素法

关键成功因素法(critical success factors,CSF)是信息系统开发规划方法之一,由哈佛大学教授 William Zani 于 1970 年提出。William Zani 教授在 MIS 模型中使用关键成功变量,这些变量是确定 MIS 成败的关键因素。在 10 年之后,麻省理工学院 John Rockart 教授把 CSF 提升为 MIS 的开发规划战略,将其运用于管理信息系统的战略规划。CSF 指企业根据自身的整体目标,通过分解其目标,识别企业的关键成功因素与核心竞争力,以及这些因素的性能指标,然后根据这些因素确定企业分配资源的优先级别,产生数据字典并为企业发掘新的机遇。关键成功因素法需要识别与系统目标相联系的主要数据类及其关系。CSF 认为一个组织的信息需求是由少数的几个关键成功因素决定的,关键成功因素是帮助企业达到一定的目标所不可缺少的业务、技术、资金以及人力因素,是由工业、企业、管理者和外部环境因素所形成的。Paul J. H. Schoenmmaker 定义关键成功因素:某个产业中,某些活动、资源与能力对成功的影响超过其他的活动、资源与能力。关键成功因素有四个主要来源:个别产业的结构、竞争策略在产业中的地位及地理位置、环境因素、暂时因素。CSF 的特点是能抓住主要矛盾,使得目标识别突出重点,抓住主次。该方法简单,应用范围很广,也是企业信息系统规划最常用的方法。

关键成功因素的主要特征类型有:

(1) 内部型。针对组织机构内部的活动而言,如提高产品质量。

(2) 外部型。与组织的对外活动有关,如与其他企业联系或获得对方的信贷。

(3) 监控型。对现在情况的详细考察,如监测零件缺陷百分比。

(4) 建立型。与组织未来计划的变化有关,如改善产品组合。

提炼企业关键成功因素的方法有许多,一般包括:

(1) 环境分析法。重点分析外部环境对企业的影响,例如 PEST 方法。

(2) 产业结构分析法。以波特所提出的产业结构五力分析架构为基础。

(3) 产业/企业专家法。以相关专家意见为主,确定成功要素。

(4) 竞争分析法。通过分析企业的运作方法,了解竞争环境,发展成功要素。

(5) 产业领先企业分析法。参照产业领先者成功要素,确定本企业的成功要素。

（6）企业本体分析法。根据企业内部优劣势、资源组合及策略能力评估等确定成功要素。

（7）突发因素分析法。考虑各类突发性的机遇和挑战，规划应急战略。

（8）市场策略对获利影响的分析法。

以上这些方法各有利弊，企业可以选择其中某一种或几种方法，但无论采用哪一种方法，一般步骤（见图 7-5）包括：

（1）确定组织的战略目标。

（2）识别组织的所有成功因素。可以采用逐层分解的方法导出影响组织战略目标的各种因素以及影响这些因素的子因素。

（3）确定组织的关键成功因素。对所有成功因素进行评价，根据组织的现状和目标确定关键成功因素，可以采用德尔菲法或模糊综合评价法等。

（4）识别各关键成功因素的绩效指标和标准以及测量绩效的数据，即给出每个关键成功因素的绩效指标与衡量标准，以及用以衡量相应指标的数据。

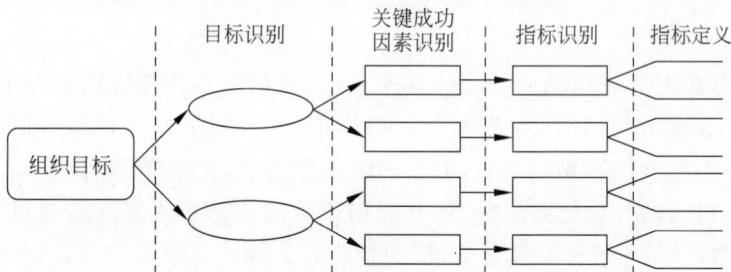

图 7-5   关键成功因素法步骤

在识别具体关键因素时可以运用鱼骨图，又名石川图（Ishikawa diagram），因为它被广泛地应用于各类因果分析，又称为树枝因果图或因果分析图，属于思维导图的一种。比如，企业为扩大产品市场占有率而识别关键成功因素（见图 7-6），影响企业产品市场占有率的关键因素有产品质量的提升、产品制造成本的降低、产品市场营销的改进和产品售后服务的增强等几方面的因素，每个因素可以继续划分成更小的因素。在降低产品制造成本方面，可以通过降低库存、减少人员、实行信息化等办法来降低产品成本。在提高产品质量方面，可

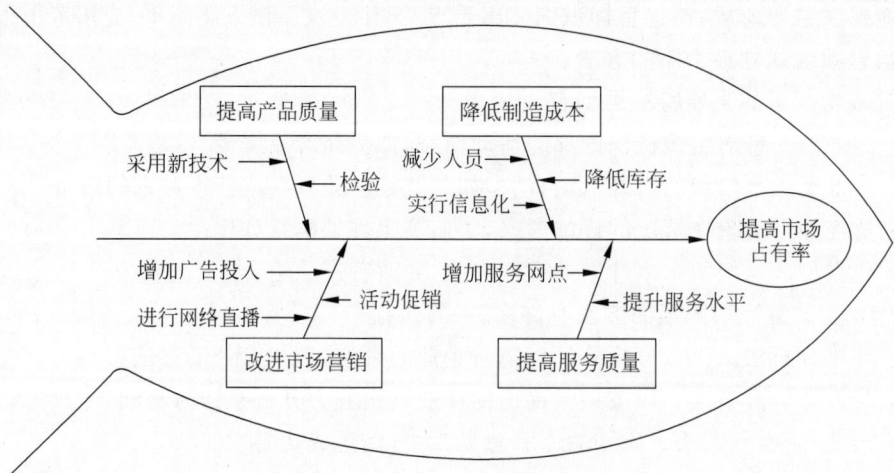

图 7-6   鱼骨图法识别关键成功因素

以采用新技术,加强质量检验。在改进市场营销方面,可以增加广告投入,进行网络直播和增加活动促销。在提高服务质量方面,可以增加服务网点、提升服务水平。

7.2　管理信息系统的战略咨询与保障

7.2.1　埃森哲的 IT 战略规划模型

1. 埃森哲的 IT 战略模型

埃森哲(Accenture)是一家全球知名的管理咨询公司,通过在战略、咨询、数字、技术和运营方面提供优质咨询服务,解决客户面临的挑战。图 7-7 是埃森哲的 IT 战略模型,分为 IT 战略、IT 架构和 IT 管控三层。

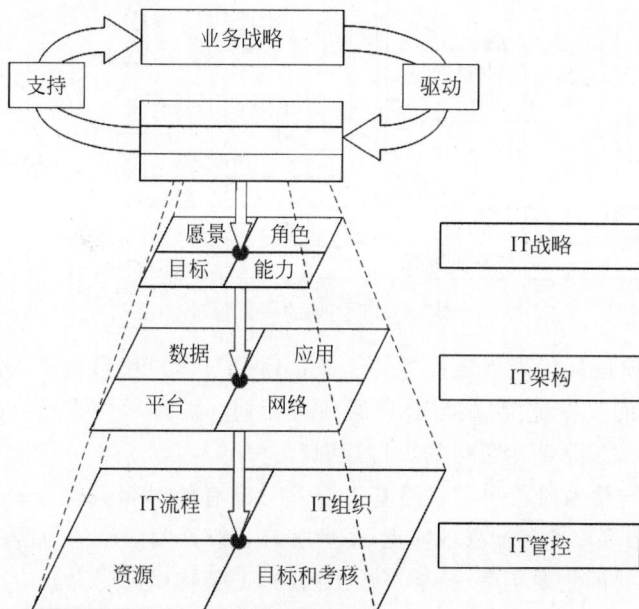

图 7-7　埃森哲的 IT 战略模型

IT 战略用于制定信息化的愿景、目标和需要的能力,并给出信息化建设指导原则;IT 架构用于勾画实现 IT 战略目标所需要的应用系统架构、集成技术架构和基础设施架构目标蓝图;IT 管控用于搭建 IT 总体管控模式,定义 IT 组织结构、职能和关键岗位职责,定义 IT 管理流程框架和 IT 评价及审计机制。埃森哲的 IT 战略模型自顶向下设计,在组织的 IT 计划管理上,很清晰地表达各层的分工。在模型顶部,强调与整个 IT 战略模型与业务战略之间的联动,相互支持,相互驱动。战略层强调目标和能力之间的匹配,在角色上说明 IT 战略在愿景上的定位;架构层将数据、平台、网络放在同等重要的位置,符合现今管理信息系统的数据思维、平台思维和网络思维,这与现在的大数据企业和企业大数据应用高度契合。IT 管控其实属于 IT 战略的实施支持情况,需要在流程优化、组织设计、资源整合及绩效考核等多个维度上进行保障。

2. IT 规划的项目管理

在 IT 项目启动之后,整个规划项目将划分成三个关键的步骤:分析业务与 IT 现状并确定 IT 战略方向、设计未来 IT 蓝图以及制订 IT 战略实施计划(见图 7-8)。各个阶段将分别完成一系列任务,并提交相应的工作成果。在整个项目过程中,最为关键与核心的是未来 IT 蓝图设计阶段。项目组将在理解客户的业务战略、业务现状、IT 现状以及已有的 IT 项目计划的基础上,充分运用对业务发展趋势以及技术发展趋势的深刻理解,参考国内行业机构在实施信息化过程中的各种先进经验,为组织设计出未来的 IT 蓝图。

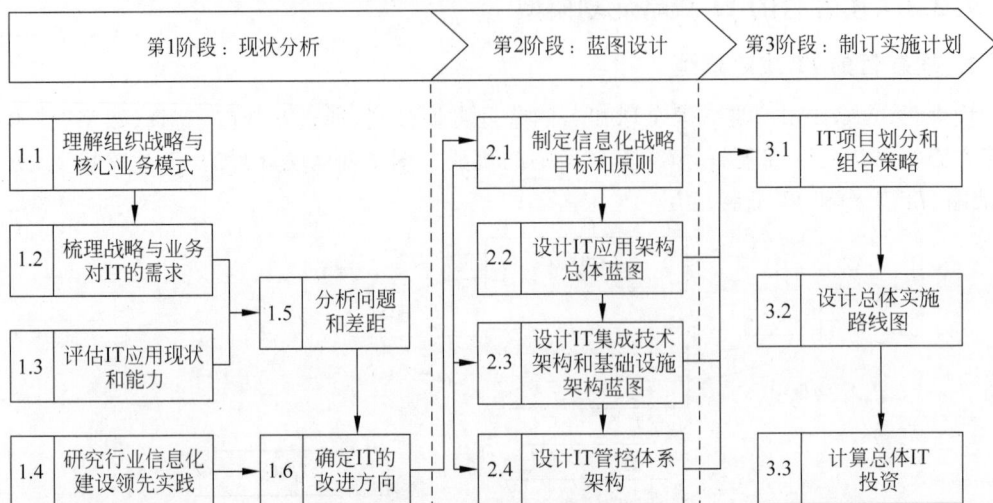

图 7-8　IT 规划的项目管理

(1) 项目启动阶段。埃森哲最重要的任务是通过与客户项目负责人的深入沟通,进一步明确并确定项目的工作范围,制订合理的项目计划。双方尽快为项目配备相应的资源。起始阶段最重要的成果是明确可行的项目计划。

(2) 现状分析与诊断阶段。项目组基于埃森哲已有的对相关业务的理解,比如税务和财务等,进一步了解客户业务流程的特点,了解客户各级部门面临的与信息技术有关的主要问题和需求。更重要的是要了解、分析客户当前的 IT 架构(数据架构、应用系统架构、IT 基础设施架构)和 IT 管控模式(IT 部门的业务流程、IT 部门组织和管控模式),全面把握客户已有的信息技术能力。通过对客户业务与信息技术现状的调研,项目组将会对客户的业务和信息技术条件有基本的理解,并对客户的长处和弱点有所了解。在现状分析与诊断阶段,项目组将会阅读客户所提供的大量的文件、资料等,并会对客户各主要业务部门以及信息技术部门进行一系列的访谈。现状分析与诊断阶段最重要的成果是现状分析报告。这份报告一方面要描述业务现状与信息技术现状的基本情况,另一方面,更重要的是要识别出业务对信息技术提出的最主要的需求,以及信息技术领域面临的一些最主要的问题。

(3) 确定 IT 战略方向。项目组通过对客户主要领导进行访谈,获得对客户业务战略的理解。在分析客户业务与信息技术的现状,并理解客户的业务发展战略的基础上,项目组将结合埃森哲全球业务咨询的经验和对信息技术的深刻理解,并参考国内外的先进实践经验,制定出客户的 IT 战略方向。假设客户已经清楚地定义业务发展战略,并且形成相应的文件。那么访谈只是对有限的问题与客户主要领导进行进一步确认。完成对业务战略和 IT 战略方向的确认和定义后,也将与客户主要领导对该结果进行确认。如前所述,决定客户的 IT 战略实际上就是要分析业务战略对信息技术提出的要求,定义出客户的 IT 愿景、关键的

IT 目标、需要的 IT 能力,以及 IT 在客户业务发展中应该扮演的角色。在确定 IT 战略方向以后,还会根据客户的现状、战略目标以及先进的实践经验,形成制定 IT 蓝图的一些重要的指导原则和一些基本思路。项目组所确定的战略方向、指导原则以及初步的设计思路将会与客户进行充分沟通,得到客户的确认之后,这些原则和初步思路将用于指导下一阶段的 IT 蓝图设计。

(4) 设计未来 IT 蓝图。这个阶段的主要任务是设计客户未来的 IT 架构和与之配套的 IT 管控模型。蓝图设计方法如图 7-9 所示。IT 架构包括数据架构、应用系统架构以及 IT 基础设施架构(硬件设备、系统软件和网络等),而 IT 管控模型则包括 IT 组织、IT 流程以及 IT 绩效管理等。业务对信息技术提出要求,同时,信息技术也会为业务的发展提供新的可能。因此,在设计未来的 IT 蓝图时,有可能会发现,有必要对部分的业务流程进行调整和优化。流程改进的建议也将在这个阶段完成。根据分析结果,项目组将定义客户的信息技术能力蓝图和 IT 架构。定义的 IT 架构覆盖以下三方面:

① 数据——确定主要的数据来源和数据流(数据分布和数据接口),这一方面是为了将应用系统与业务流程对应起来,另一方面是为了支持业务流程以及应用系统之间的信息流;

② 应用系统——既包括各个应用系统的功能描述,也包括应用系统的集成与整合架构;

③ IT 基础设施——对支持应用系统的关键硬件、系统软件、设施加以说明,并勾画出概要的网络结构与网络资源需求。

为了管理、执行和支持所定义的 IT 架构,需要对信息技术进行有效的管控。IT 管控模型主要包括的要素有:

① IT 业务流程——定义 IT 系统的规划、建设、维护等业务流程以及相关的决策和财务方面的责任;

② IT 部门的组织模型——定义 IT 部门的组织结构、角色、职责以及 IT 部门与其他业务部门的关系;

③ IT 部门的绩效目标和考核指标——定义业务绩效指标,指导 IT 组织的管理;

④ IT 业务规范和标准——确定用于指导 IT 系统实施和绩效监控的原则,如定义服务水平、系统开发标准等。

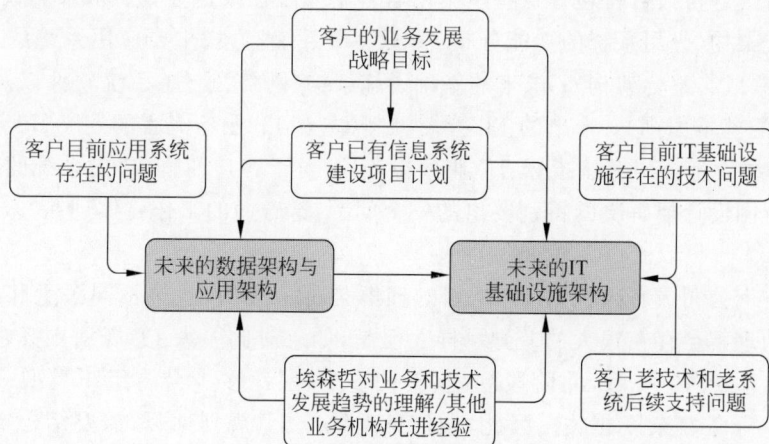

图 7-9 未来 IT 蓝图设计方法

（5）制订 IT 系统实施计划。分析客户未来 IT 蓝图与现状之间的差距，确定这些差距的难度与优先级，提出客户的 IT 系统整合候选方案，并对候选方案进行综合对比分析，提出建议方案。根据整合方案确定在今后三年中客户需要实施的 IT 项目，以及在实施阶段中各个项目的时间顺序、相互依赖关系、项目时间表和需要的资源。项目组还将基于客户的业务战略和业务需要确定适当的实施战略、实施指导原则、实施所需的方法论支持、客户需要提供的保障条件等。

3. IT 战略规划交付成果

在信息系统项目过程中的每个阶段结束以后，项目组都会提交相应的报告，作为该阶段的工作成果，所有这些报告以及相应的过程文件便组成整个项目的交付成果。

（1）项目启动阶段成果：项目计划。主要内容包括项目进度计划、项目资源计划与职责定义、项目质量计划、项目文档模板。

（2）现状分析/确定 IT 战略方向阶段成果：现状分析报告。现状分析阶段的任务一方面是了解客户的业务特点和业务对信息技术提出的需求，另一方面是了解客户现有的 IT 架构和 IT 管控模式。现状分析阶段的工作成果是现状分析报告。在了解了客户业务与信息技术现状的基础上，结合埃森哲对税务行业和信息技术的深刻理解，项目组将提出客户未来的信息技术发展战略方向。相应的结论将包含在现状分析报告中一并提交。现状分析报告内容主要包括：客户业务现状，概述业务对信息技术提出的关键需求；客户现有的 IT 架构，包括数据架构、应用系统架构、基础设施架构；客户 IT 管控的现状，包括 IT 业务流程、IT 部门的组织模型、IT 部门的绩效目标和考核指标以及 IT 业务规范和标准等；客户信息技术发展战略方向、指导原则和初步思路。现状报告的重点是发现问题。除了详细的现状描述以外，现状报告将会对项目组在业务流程、业务需求、IT 架构、IT 管控方面的一些关键发现进行归纳，并有重点、有针对性地提出客户 IT 发展的战略方向、指导原则以及一些初步的思路，为下一步的蓝图设计奠定基础。

（3）设计未来 IT 蓝图阶段成果：蓝图设计报告。蓝图设计阶段的主要任务是基于现状分析的成果，在 IT 发展战略方向与指导原则的指引下，提出必要的业务流程改进或者流程重整的建议，设计客户未来的 IT 架构与 IT 管控机制。蓝图设计阶段的主要工作成果是蓝图设计报告。这份报告将包含这些基本内容：业务流程改进建议；未来的数据架构；未来的应用系统架构（应用系统的功能分布、主要应用系统描述、主要应用系统的迁移路径建议、应用系统集成与整合架构）；未来的基础设施架构（网络、硬件、系统软件以及运行维护、开发、安全等的基本原则）；未来的 IT 管控机制（主要 IT 业务流程的定义、IT 部门的组织结构、IT 部门绩效考核与考核指标、IT 业务规范）。对于客户而言，应用系统的集成与整合将是未来的蓝图设计要解决的特别突出的一个问题，这方面的工作将体现在"未来的应用系统架构"部分。

每一个咨询公司或者组织对 IT 规划的理解是不一样的，就像不同医生和患者对于疾病治疗方案的理解会存在很大的差异一样。但是，如果对比多家 IT 规划方案，就会发现情况大同小异：总的内容一致，而阶段规划、架构多少、层次多少会与组织类型、咨询公司风格、组织规模、业务复杂度相关。因此，做信息系统或 IT 规划项目，需要结合实际，博采多家之长。

7.2.2　战略规划的驱动和实施

1. IT 战略的驱动因素

(1) 信息技术快速变化。信息技术和其他生产技术都在不断快速变化,组织需要快速响应和维护升级系统,且必须近乎实时才能有效。不能忽视而且必须不断响应技术的快速变化,停滞不前就是失败。

(2) 国内外竞争激烈。激烈竞争迫使企业仔细研究并应用 IT 战略保持效率和竞争力。所有新技术首先提供竞争优势,继而成为一种竞争必需品,最后因为老化而被取代。应用和升级信息系统是当下所有组织需要考虑的重要事情。

(3) 社交媒体和网络。社交媒体和网络已成为提供人与人之间的联系和共享信息的一种方式。两者都至关重要,客户正在改变他们研究和寻找业务问题解决方案的方式,组织必须花时间学习并整合社交媒体和其他网络的互动方式以深化信息系统的重要作用。

(4) 聪明花费和成本控制。组织可以使用开源硬件和软件来降低技术成本,也可以投资 IT 或 IS 获取收益。不能认为信息系统仅仅是一种简单的花费,硬件和软件使用得当就会发挥 IS 应有的战略优势。

(5) 绿色 IT。绿色环保技术能够用更少的资源生产更多的产品并节省资金,绿色节能行为还能够向客户表明组织在致力于以负责任的方式经营业务,确保供应商参与并成为 IT 绿色团队的一部分。

(6) 虚拟化。许多公司已经利用服务器虚拟化降低总成本和间接支持成本,提高硬件利用率。利用虚拟化桌面(VDI)可以使得台式机实现与服务器相同的优势。

(7) 移动性。用户越来越精通技术,而且家中有比办公室更新更好的装备和工具,要求能够随时随地工作。IT 战略应该支持员工运用灵活的工作时间在家工作,提高生产力和效率。组织必须在不失去控制的情况下提供最大的灵活性来征聘和留住自己的员工。

(8) 云计算。云的解决方案和 Web 托管应用程序使得工作和合作变得虚拟化,虽然存在安全问题,但如果管理得当,风险就会很小而好处很多。云的可扩展性更高,可以向上扩展和向下扩展,助力组织降本增效。

(9) 知识管理/数据。知识管理在全球经济中至关重要,组织的员工则通过获取信息、增加知识来创造价值。组织应该通过实施信息系统和政策支持实现知识创造,管理和共享知识,集成知识管理到业务流程当中促进创新。

(10) 安全性。安全性花费无止境,因为每天都会出现各种威胁和安全问题,例如勒索软件。最大的安全威胁通常是不知情的员工。教育员工确保业务安全和保护知识产权是基于业务的最佳投资。

综合起来,IT 战略应反映组织对信息化实践的理解,支持组织目标和价值观,必须鼓励全员参与。IT 领导或 CIO 必须熟悉业务,在部门之间达成共识和协同,打破信息孤岛,确定 IT 计划的优先级,以使整个组织受益。CIO 必须使 IT 战略与企业的核心价值观、指导原则和目标保持一致,必须获得公司领导层的支持和承诺,以及获取变革必需的财务资源,权衡各种利弊和平稳推动 IT 决策。IT 评估是识别技术计划并确定其优先级的绝佳方法。推动 IT 服务成功实施的基本要素主要有以下五方面:

(1) 治理。指控制和管理战略并确保实现 IT 战略目标的流程、结构和机制。

（2）运营模式。指业务和 IT 结构以及 IT 供应商群体的功能一致性。

（3）架构。指业务流程和技术图谱,可实现有效的变更交付、业务连续性和战略决策。

（4）流程。指行业框架和模型(例如,用于服务交付的 ITIL),以确保一致的交付,减少返工并提高生产力。

（5）技能和能力。指在使 IT 与业务保持一致,管理业务关系,了解业务战略和计划,提供解决方案和服务以及实现持续改进方面的专业知识和熟练程度。

为了更好地规划、开发和实施信息系统或 IT 服务,需要设计如下的一系列策略组件。

（1）服务策略。为企业和客户提供更好、更具成本效益的服务。

（2）信息/数据战略。用以实现跨业务流程维护业务数据的完整性、可用性和准确性。

（3）平台/应用程序策略。以更低的总成本、更高的易维护性和更短的交付时间提供所需的业务功能。

（4）基础设施战略。提供高性能、可靠、节能且经济高效的环境来运行 IT 服务。

（5）安全策略。通过建立物理和逻辑控制来保护信息的机密性、完整性和可用性。

（6）采购策略。以合适的质量、合适的价格正确地控制采购服务。

2. IT 战略实施

第一阶段的预实施分析 IT 战略和实施环境(如组织结构),体现组织对变革的期望。实施的复杂性、IT 战略质量和可行性研究将影响目标的设定。这一阶段的目标是准备实施工作和人力资源安排,并确定组织中重要的实施责任和载体。

实施规划阶段的目的是通过利益相关者商定执行目标和措施,IT 平衡计分卡(IT-BSC)可作为此阶段的一种技术工具。为了确保目标按时实现,需定义和评估实施计划,并明确每个项目的资源需求和业务案例。这一阶段的重点是制订详细的实施计划,确定协调结构和执行策略,聚集项目团队并解决现有冲突。

实施执行阶段强调根据前期阶段的结果,执行实施计划。初期重点是解决不确定性较大的软性因素,这些因素可能决定实施的成败。为避免抵触情绪和行为阻力,必须根据受影响人员的情况制定适当的对策,并划分目标群体,确保通过全面的沟通计划传递信息。系统的沟通能有效避免人力资源方面的执行问题。

完成实施阶段确保组织内的所有行动落实到位。需要达成一致的实施维度,包括时间维度(已安装、已完成、收益)和细节维度(具体实施内容)。时间维度包括简单安装和用户培训,而细节维度指实施的具体项目或系统。此阶段还包括培训用户、记录经验教训,并解散项目,为新的资源分配做准备。

实施控制阶段重点建立定性和定量的控制措施,以确保实施的持续控制与导航。在实施过程中,随时评估实施状态,及早发现差异并及时纠正。实施控制是核心组件,能影响前后阶段的活动。成功实施 IT 战略可能具有挑战性,需要做到与高管期望保持一致,倾听业务部门需求,检查不同的解决方案,及时分析和修改,更新技术和发展理念。

※ 思考题

1. 为什么计划是管理第一职能? 计划有什么作用?

2. 信息系统战略与组织的业务战略有何关系?

3. 信息系统战略一般情况下包含哪些组成部分？

4. 用于信息系统战略规划的方法有哪些？

5. 使用鱼骨图分析企业数字化转型的成功因素。

6. 埃森哲的战略规划模型有何特点？

7. 如何理解"BPR 是对现有业务流程进行根本再思考和彻底再设计"？

8. 查找并熟悉不同企业(尤其是互联网企业)或组织的信息系统战略规划模型。

9. 根据本章知识内容,尝试为熟悉的企业或组织设计信息系统战略规划。

第 **8** 章

管理信息系统的分析

主要内容：系统可行性分析、管理业务调查、数据流程调查、新系统逻辑方案
重点掌握：业务流程图、数据流图、数据字典、处理逻辑
综合应用：系统分析全过程及报告

8.1 可行性分析与详细调查

8.1.1 可行性分析

根据系统工程理论和方法可知,系统分析阶段是管理信息系统结构化开发方法的重要阶段,主要任务是开发人员同用户一起,通过对当前系统的详细调查和分析,充分地理解新系统目标,即用户的需求,在此基础之上设计新系统的逻辑模型,并将它明确地表达成书面资料——系统分析说明书,回答新系统要"做什么"的问题。系统怎样来实现的问题是系统设计阶段的任务,该阶段的任务是构建实现新系统的物理模型,回答新系统"怎么做"的问题。系统分析阶段的主要工作内容包括系统可行性分析、详细调查、系统化分析、确定管理模型和新系统逻辑方案。

可行性分析是指在目前企业所处的内部状况和外部环境下,调查所提议的管理信息系统是否具备应用的可能性,并且调查是否具有必要性、迫切性和科学性等。系统的必要性来自实现开发任务的迫切性,而系统的可行性则取决于实现应用系统的资源和条件。可行性分析包括技术、经济、管理、计划及资源等方面的分析。可行性分析在特定的时机进行,它介于初步调查与详细调查之间。

系统初步调查就是指系统规划阶段所做的工作,在其基础上才能给出管理信息系统的长远发展的计划,为下一步具体的分析、设计等工作奠定基础。可行性分析在初步调查结果的基础之上,进行较为详细的系统可行性调查,评价系统的必要性和合理性等。可行性分析的结果直接决定后期是否进行详细调查以及确定调查方向。

1. 可行性分析的内容

(1) 必要性与重要性分析。企业开发管理信息系统可能出于合作伙伴的需要、竞争对手的挑战、其他行业信息系统发展水平、新的信息技术出现等一项或多项原因,新的管理信息系统开发的必要性和重要性需要认真分析。如果现行系统没有必要更换,或者业务人员对开发新系统的愿望并不迫切,那么新的信息系统开发就不具备可行性。企业现状、员工情

况、现行系统功能和效率等多个方面决定开发信息系统的必要性。

（2）技术可行性。现有问题和用户期望收益是新系统、新功能的出发点，然而技术实现条件不一定完全具备。企业需要从 IT 的实用性和先进性、技术人员的专业和技术水平两方面论证新系统在技术上实现的可行性，即现有技术及产品能否支持新系统的功能实现。

（3）经济可行性。主要是对开发项目的成本和效益做出评价，即新系统与旧系统相比，其所增加的效益能否超过开发和维护新系统所需要的费用。经济上的可行性包括两方面：①初步估计开发信息系统需要多大投资，目前资金有无落实；②估计系统正常运行时期带来的效益，它包括可以用货币估算的经济效益，以及不能用货币估算的经济效益或者其他间接性效益。

（4）组织和管理可行性。组织和管理可行性分析是在企业文化的基础上，根据所确定的问题及技术和经济可行性分析的内容，对相关的运作、管理问题进行分析和研究，确定新系统的开发是否可管理，其目的就是确定开发的新系统在管理中存在哪些潜在风险。

组织可行性主要考虑的范围包括企业领导是否支持新系统的开发，各级管理部门对开发新系统的态度，其他各级人员对开发新系统的看法和需求侧重点，现行系统能否提供完整、正确的基本信息等。

管理可行性分析要对新系统相关的基础数据、流程、信息载体进行分析。对基础数据的分析包括数据是否完整、正确；对流程的分析包括流程存在哪些问题，是否规范、完整，是否需要改革和调整；对信息载体的分析包括信息载体是否规范、完整。

2. 可行性分析的步骤

可行性分析主要有以下 6 个步骤，如图 8-1 所示。

（1）检查现有系统的缺陷与对新系统的定位。这步工作的目的是确定新系统能实现主要功能，并通过访问关键人员、仔细分析有关材料明确目标系统的一切限制及约束。

（2）新系统与旧系统作比较。企业开发新系统的目的之一是解决旧系统或现行系统中的一些不足之处或较大的问题；目的之二就是帮助企业降本增效，如果新系统不能增加收入或降低成本，不如旧系统经济，就没有必要开发新系统。

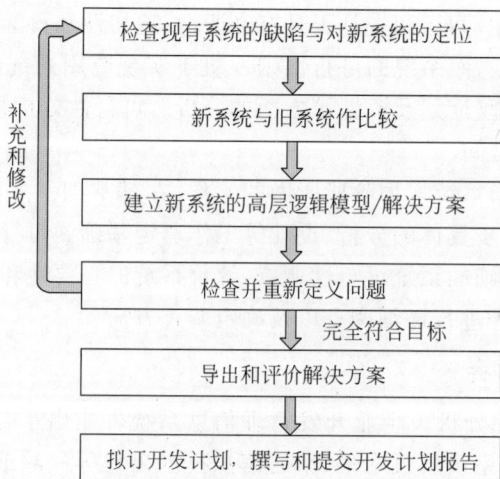

图 8-1　可行性分析的步骤

（3）建立新系统的高层逻辑模型/解决方案。优秀的设计过程通常从现实物理世界的业务系统出发，导出和参考现有系统的逻辑模型，设想目标系统的逻辑模型，最后根据目标系统的逻辑模型开发新的信息系统。通过上述分析，分析人员能够了解目标系统应该具有的基本功能及约束条件，可以使用数据流图描绘数据在系统中流动和处理的情况，概括地绘制出新系统的逻辑模型，即新系统解决方案。

（4）检查并重新定义问题。面向新系统的逻辑模型及其功能，分析人员应该和用户一起再次复查问题定义、工程规模和目标，讨论分析数据流图和数据字典。如果分析人员对问题有误解或用户遗漏了某些要求，就进行相应的改正和补充。可行性研究的前四个步骤实质上构成一个循环：分析问题、导出试探解、再次定义问题、再一次分析问题和修改这个解。通过继续这个循环过程，直到提出的逻辑模型完全符合目标为止。

（5）导出和评价解决方案。首先，分析人员从建议的系统逻辑模型出发，导出若干较高层次的问题解决方案加以比较和选择，研究可选方案的最优化路径以及技术实现的可行性，据此初步排除一些不现实的系统方案。其次，考虑操作可行性，分析人员应根据使用部门事务处理的原则和习惯，检查技术可行的方案，去掉操作过程中用户很难接受的方案。然后，考虑经济可行性，分析人员应该估计每个系统的开发和运维费用，估计基于现有系统的开支节省和收入增加情况，对每个可能的系统进行成本/效益分析，进一步考虑预计投资能带来利润的系统。最后，根据可行性研究结果，做出正确的判断。

（6）拟订开发计划，撰写和提交开发计划报告。这份报告包括工程进度表、成本估计表及各阶段的结果。

3. 可行性分析的报告

可行性分析的结果要用可行性分析报告的形式编写出来，内容包括：

（1）系统简述；

（2）项目的目标；

（3）所需资源、预算和期望效益；

（4）对项目可行性的结论。

可行性分析结论应明确指出以下内容之一：

（1）可以立即开发新系统；

（2）改进原系统；

（3）目前不可行，维持原系统不变，或者需推迟到某些条件具备以后再进行。

可行性分析报告要尽量取得有关管理人员的一致认同，并经过主管领导批准，才可付诸实施，进入对系统进行详细调查的阶段。

8.1.2　详细调查

新系统产生的基础是现行系统，可能还是人工系统（初创公司），或是计算机化的，或是部分计算机化的。现行系统是一个已经在实际运行中受考验的、可行的系统，其中的工作流程、信息需求将成为新系统开发的参考，现行系统存在的缺点和不足正是新系统予以改进、变革和提高的依据。对现行系统了解的程度直接影响新系统逻辑方案的研究质量。

现行系统的详细调查是集中时间和人力，在初步调查的基础上，通过各种途径进行全面、充分和详细的调查研究。通过调查和分析可以明确现行系统或者原有管理信息系统的边界、组织机构、人员分工、业务流程以及各种计划、单据和报表的格式、种类以及处理过程等,查清企业资源及约束情况,明晰用户对新系统的功能及信息要求,为系统开发做好原始资料的准备工作。详细调查工作是设计新系统的功能和逻辑模型的重要基础。

1. 详细调查的原则

详细调查工作量大,所涉及的业务、人员、数据、信息非常多,要想科学地组织和开展这项工作,就必须按一定的原则进行,才能保证调查工作的客观性、正确性,保证信息的翔实、全面。详细调查工作应遵循如下原则。

(1) 自顶向下全面展开。系统调查工作应严格按照自上向下的系统化观点全面展开。首先从组织管理工作的最顶层开始,然后再进行调查,确保最顶层的工作完成,得到第二层管理工作的支持,依次类推,直至理清组织的全部管理工作。

(2) 工程化的工作方式。对于一个复杂的系统来说,没有规范化的工作方式是不可能完成工作的。因此,每一步工作都要事先计划安排好,工作所用的表格、图例都要进行规范化处理,使群体之间都能相互沟通、协调工作。

(3) 全面调查与重点调查相结合。开展全面的调查工作对于开发整个组织的管理信息系统而言是必需的,但是在某时期内,要开发企业某一个局部的信息系统,就应该有所侧重,做到二者相结合。系统调查是一项涉及组织内部管理工作的各个方面、各种不同类型的人的工作。因此,调查者主动与被调查者进行业务沟通十分重要。

(4) 良好的启发性工作方式。调查是开发者通过业务人员获得信息的过程。能否真实地描述一个系统,不仅需要业务人员的密切配合,更需要调查人员的逐步引导,不断启发;尤其在考虑计算机处理的特殊性而进行的专门调查中,更应善于按使用者能够理解的方式提出问题,打开使用者的思路。

系统分析人员的调查过程主要是大量原始素材的汇集过程,分析人员应当具有虚心、热心、耐心和细心的态度。分析者必须对这些内容进行整理、分析和研究,形成描述现行信息系统的文字材料。还可以将有关内容绘制成描述现行系统的各种图表,以便在短期内对现行信息系统有全面详细的了解,且与各级用户进行反复讨论、研究,反复修改,力求真实准确。

2. 详细调查的方法

调查通常由管理信息系统的用户和研发人员一同进行,重点调查企业组织的生产经营部门和企业领导。系统的调查方法主要有以下七种。

(1) 收集材料。就是将各部门科室和车间日常业务中所用的计划、原始凭据、单据和报表等的格式或样本都收集起来,以便对它们进行分类研究。

(2) 开调查会。开调查会是系统调查中最常用、最有效的方式之一。这是一种集中征询意见的方法,适用于对系统的定性调查。

(3) 个人访问。访问是一种个别征询意见的办法,是收集数据的主要渠道之一。调查人员与被访问者自由交谈,充分听取各方面的要求和意见,获得较为详细的信息。

(4) 发调查表。发调查表或调查问卷是一种应用非常广泛的调查方式,利用调查表进行调查可以减轻调查部门的工作负担,得到的调查结果也比较系统、准确。系统调查人员在编制调查表时应充分考虑各种情况,提问全面且明确,使得到的答案完整而准确。

（5）参加业务实践。如果条件允许，亲自参加业务实践是了解现行系统的最好办法。实践的同时还能够增进开发人员和用户的思想交流与友谊，这将有利于下一步的系统开发工作。

（6）电子邮件（E-mail）。如果企业已经具有网络设施，可发电子邮件进行调查，这可大幅节省时间、人力、物力和财力。

（7）网络会议。过去可以利用打电话、召开电视会议进行调查，现在则可以通过网络会议平台（腾讯会议）或工具调查方便，补充信息。

详细调查主要针对管理业务调查和数据流程调查这两部分进行，详见 8.2 节和 8.3 节。

8.2　管理业务调查

开发和建立管理信息系统的根本目的在于提高管理水平，要求管理信息系统与组织的结构、功能以及管理方式相匹配。一个新的信息系统应该首先进行组织的重新设计，把建立新系统看作对组织的一种有目的地改变或优化的过程。所以对管理业务的调查是详细调查的第一个环节，涉及调查和分析现行系统的系统环境、组织结构、组织/业务关系、管理业务功能以及管理业务流程等内容，能够使得系统开发人员充分了解现行系统，提升后期新系统逻辑方案的开发质量。

8.2.1　系统环境和组织调查

1. 系统环境调查

管理系统是信息系统的环境。所谓环境，指不包括在本系统之中，但又对本系统产生较大影响的因素的集合。对于基于计算机的信息系统来说，其环境就是管理系统，它的输入来自环境，输出则交付环境。

系统环境调查的内容包括现行系统的管理水平，原始数据的精确程度、健全与否，用户单位对开发新系统的认识等。更广泛的环境调查可以基于 PEST 模型，了解组织的政策和公共管理、经济市场、社会文化和技术发展的状况以及组织的性质、类型和定位等情况。外部环境和内部环境共同作用决定新开发管理信息系统的服务器规模、操作系统品牌、网络结构、终端形式、运行管理和维护方法等各项要求。

2. 组织机构调查

组织结构是描述组织的框架体系，用于反映组织内部机构的设置情况以及组织机构内各机构之间的关系。它描述了构成组织的各要素的排列组合方式，也体现了组织的组成以及这些组成部分之间的隶属关系或管理与被管理的关系，通常可用组织结构图来表示（见图 8-2）。方框表示一个部门或基本机构，方框内注明该部门或机构的名称，方框的位置高低表示该部门的层次和等级。直线表示部门之间的直接领导和被领导关系，位置较高的部门领导位置较低的部门。组织结构图往往是自上而下呈树形结构绘制的。在图 8-2 中，一个生产厂（factory）下设计划科、生产部、财务部和供销部，计划科下又设计划组和统计组，其他部分也分设功能组，明确上下级关系，方便层层管理。

3. 组织/业务关系调查

组织结构图反映组织内部和上下级关系，但在调查组织结构的过程中还应详细了解各

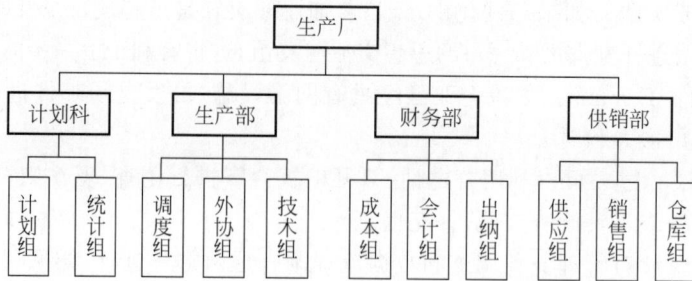

图 8-2　组织结构图

部门人员的业务分工情况以及相关人员的姓名、工作职责、决策内容、存在问题和对新系统的要求等。这些信息在组织结构图中不能完全反映,如果没有调查和分析清楚,将会给后续的业务、数据流程分析等带来困难。为了弥补这方面的不足,通常要进行组织/业务关系分析。组织/业务关系调查用来明确组织内部各部门之间的联系程度和组织内各部门的主要业务职能,可用组织/业务关系表来表示,见表 8-1。

表 8-1　组织/业务关系表

序号	部门 联系 业务	计划科	质量科	设计科	工艺科	机动科	总工室	研究所	生产科	供应科	人事科	总务科	教育科	销售科	仓库	…
1	计划	*					√		×	×				×	×	
2	销售		√											*	×	
3	供应	√							×	*				√		
4	人事									*	√	√				
5	生产	√	×				*		*	×				√	√	
6	设备更新			*	√	√	√	×								
…	…															

注释:"*"表示该项业务是对应组织的主要业务;"×"表示该单位是参加协调该项业务的辅助单位;"√"表示该单位是该项业务的相关单位;空格表示该单位与对应业务无关。

8.2.2　业务功能和流程调查

1. 业务功能调查

业务功能(business functions)指的是为完成某项业务工作(如生产产品、提升服务能力)而做的事情。业务功能调查就是对组织业务关系的调查,通过业务功能图全面的、概括性的和明确的描述来了解组织部门需要做的一系列事情。为了实现系统规划的目标,系统必须对应地具备各种相应功能。业务功能调查结果可以使得信息系统的分析和设计工作更加明确,对划分子系统和系统改进有重要作用。

功能与组织紧密相连。在实际工作中,组织的各部分并不能完整地反映所有业务,组织结构情况会随着功能扩展或缩小、人员变动等因素而变化,然而业务功能是相对稳定的。如果都以功能为准绳设计和考虑系统,那么系统将会对组织结构的变化有一定的独立性,更能够适应未来的发展。所以,在分析组织情况时还应该画出其业务功能一览表,可以采用树形图描述组织内部各部分的业务和功能,画法类似于组织结构图。业务功能图以组织结构图为背景分析清楚各部门的功能后,分层次将其归纳、整理,形成各层次的功能结构图(见图 8-3)。由于原系统可能存在一些不合理的处理设置,需要自上而下地归纳、整理,形成以系统目标为核心的整个系统的功能结构图。在此过程中,要把不合理的流程取消,把功能相似、工作顺序相近的处理功能尽量合并,弄清楚分析归纳后的功能是否达到新系统目标以及应设置的功能是否具备等。

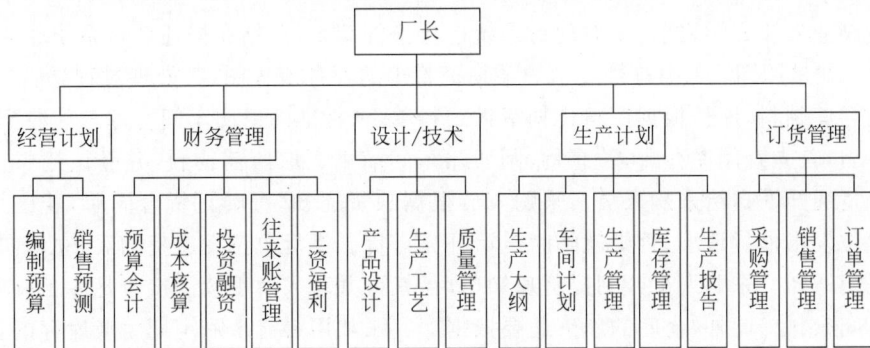

图 8-3 业务功能图

管理业务流程的调查是工作量大、烦琐而又细致的工作。在对系统的组织结构和功能进行分析后,需要从一个业务流程的角度将系统调查中有关该业务流程的资料整理出来,做进一步的分析。

2. 业务流程调查

分析原有系统中存在的问题是为了在新系统建设中予以改进。已有问题的原因可能是管理思想和方法本来就很落后,也可能是新的信息技术可以为管理提供更好的提升方案。无论哪种情况,都需要认真分析现有业务流程并进行业务流程变革,生成新的、更为合理的业务流程。业务流程调查的主要内容是调查原有流程、优化业务流程、确定新的业务流程和新系统的人机界面。

(1) 原有业务流程的调查。分析原有的业务流程的每个处理过程是否具有存在的价值,并确定其中哪些过程可以删除或合并,哪些过程不尽合理,哪些过程可以优化。

(2) 业务流程的优化。分析原有业务流程中哪些过程存在冗余信息处理,可以按计算机信息处理的要求进行优化,减少其中的不必要环节和不必要的各项资源,增补新技术、新方法、新设备和新设施,引进或培养相关管理和技术人才。

(3) 确定新的业务流程。绘制新系统的业务流程图。

(4) 新系统的人机界面。确定新业务流程的人与机器分工,即哪些工作可由计算机自动完成,哪些必须有人的参与。

3. 业务流程图

业务流程图的英文是 transaction flow diagram(TFD)或者 business process diagram/chart(BPD/BPC)。业务流程图是用一些规定的符号及连线来表示某个具体业务处理过程的概念图或示意图。业务流程图基本上按照业务的实际处理步骤和过程绘制,反映现行系统各部门的业务处理过程及其业务分工与联系,表达连接各部门的物流、信息流的传递和流通关系,体现现行系统的界限、环境、输入、输出、处理和数据存储等内容。业务流程图的符号简单明了,非常易于阅读和理解,基本符号如图 8-4 所示。

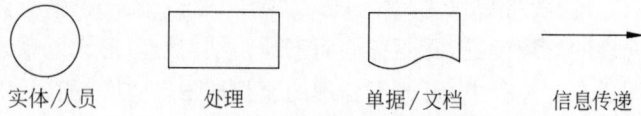

图 8-4　业务流程图的基本符号

实体/人员　　处理　　单据/文档　　信息传递

在绘制业务流程图之前,要对现行系统进行详细调查,总结和描述现行系统业务流程状况。图 8-5 就是用图 8-4 中符号表示的某物资管理的业务流程图,其处理过程是:车间填写领料单到仓库领料,库长根据用料计划审批领料单,未批准的退回车间。库工在收到已批准的领料单后,首先查阅库存账,若有货,则通知车间前来领取所需物料,并登记用料流水账;否则将缺货通知发送给采购人员。采购人员根据缺货通知,查阅订货合同单,若已订货,则向供货单位发出催货请求,否则就临时申请补充订货。供货单位发出货物后,立即向订货单位发出提货通知。采购人员收到提货通知单后,就可办理入库手续。接着是库工验收入库,并通知车间领料。此外,仓库的库工还要依据库存账和用料流水账定期生成库存的报表,呈送有关部门。

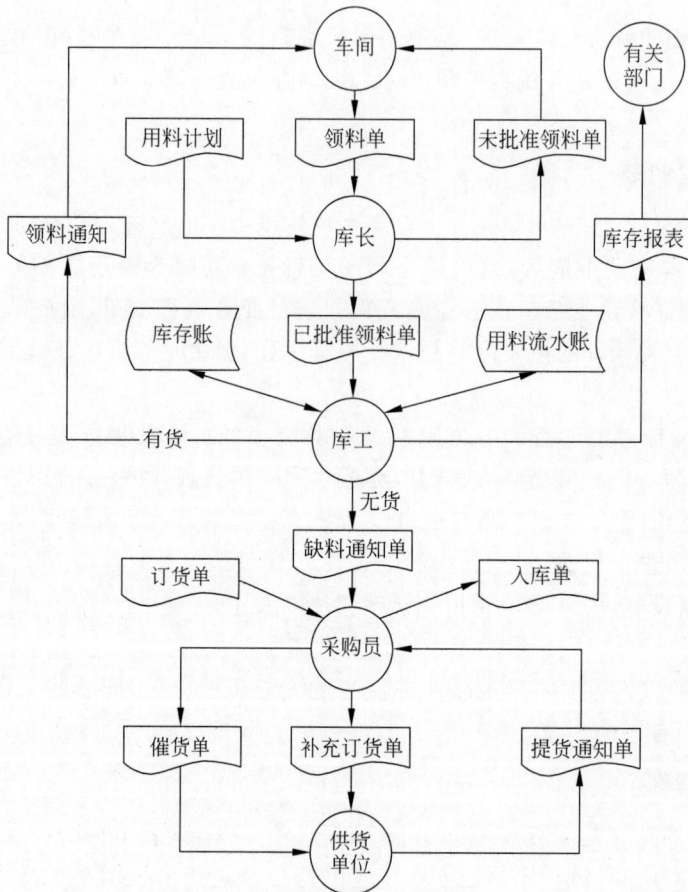

图 8-5　业务流程图

业务流程图的特点:

(1)基本是按业务部门划分的;

（2）描述的主体是票据、账单；

（3）票据、账单的流动路线与实际业务处理过程——对应。

业务流程图的作用：

（1）业务流程图是进一步分析的依据，是系统分析员、管理人员、业务操作人员相互交流思想的工具；

（2）系统分析员可直接在业务流程图上拟出计算机处理的部分。利用业务流程图可分析业务流程的合理性。

绘制业务流程时，可以根据具体情况自定义图例，灵活采用直线、转角线和斜直线，根据业务流程图的复杂程度合理布局。

4. 泳道图

泳道图，早期称为表格分配图，采用条块分割的方式，将业务限定在业务部门和业务阶段内，可帮助分析员分析出系统中各种单据和报告都与哪些部门发生业务关系。图 8-6 是一张能反映采购过程的泳道图，其中每一列表示一个部门，每一行表示一个业务阶段，箭头表示复制单据的流向，每张复制报告上都标有号码，以示区别。采购单一式四份，现实世界的单据会通过编号和颜色区分，第一联交给卖方；第二联交给收货部门，用来登记收货清单；第三联交给财务部门，登记应付账；第四联存档。到货时，收货部门按待收货清单核对货物后填写收货单四联单，其中第一联交财务部门，通知付款；第二联通知采购部门取货；第三联存档；第四联交给卖方。

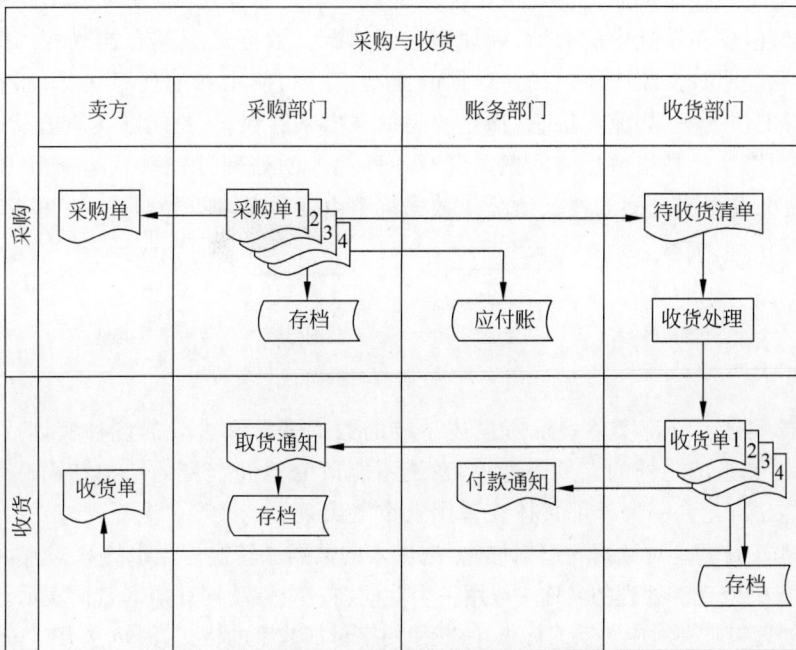

图 8-6　采购与收货业务流程泳道图

采用泳道图表达业务流程显得更加清晰，更容易理解，但是需要严格调研以区分部门业务和相应业务处理阶段，布局上会占用更多的空间。在实际应用中，可以添加更多的处理环节。

8.3　数据流程调查

在管理信息系统中,计算机参与管理业务,是通过其对数据的处理来进行的。因此,在系统分析阶段,为了建立一个满足用户需求的信息系统,系统分析人员应在深入调查、详细收集材料的基础上,集中分析管理活动中信息运动的规律和存在的问题,研究如何改善信息流的运动,满足用户管理决策活动中的信息需求。因此,要对调查材料进行加工、提炼,抽出其中只反映组织中信息运动规律的部分,把用户的需求"翻译"成对信息处理功能的需求,以建立系统的逻辑模型。

数据流程调查将业务流程中实际流动的数据抽象出来,将和数据有关的部门、职能、物资等作为外部属性,单从数据本身的角度来分析数据的处理流程,为新系统数据的处理模式建立基础。

数据流程调查的结果是数据流图(data flow diagram,DFD),它是对组织中的信息运动的抽象并表达系统内部数据流动过程的图形工具,主要功能是能够精确地在逻辑上描述新系统的功能、数据输入、数据输出和数据存储,并且摆脱现实世界中的所有物理业务内容。数据流程图是新系统逻辑模型的重要组成部分之一。

8.3.1　数据流图符号

数据流图是一种能全面地描述信息系统逻辑模型的主要工具,它可以用少数几种符号综合地反映出信息在系统中的流动、处理和存储情况。数据流图具有抽象性和概括性两个特征。抽象性说明数据流图仅仅描述数据的流动、存储、使用和处理等状况,而省略了具体的组织机构、工作场所、物流等信息,描述的是抽象出来的数据,更能够实质地反映信息处理的内在规律。概括性是指数据流图把系统对各种业务的处理过程联系起来考虑,形成一个总体,可反映出数据流之间的概括情况。数据流图由四种基本符号组成,如图 8-7 所示。

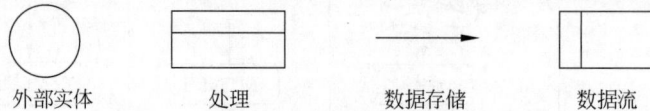

外部实体　　　　处理　　　　数据存储　　　　数据流

图 8-7　数据流图的符号

(1) 外部实体。外部实体表示所描述系统的数据来源和去处的各种实体或工作环节。外部实体通常是系统之外的人员或组织,系统不能改变他们本身的结构和固有属性。为避免数据流的交叉,允许一个外部实体在该图上重复出现。

(2) 处理。处理是对数据的逻辑操作,把流入的数据流转换为流出的数据流,可以是人工处理或者计算机处理。处理的名称一般用一个动词加一个做动词宾语的名词表示,且通常在上方填写与该处理有唯一对应关系的标志,一般使用字母加数字的格式,例如 $P_1,P_2,\cdots,P_H$ 等。

(3) 数据流。数据流是与所描述系统信息处理功能有关的各类信息的载体,是各数据处理环节进行处理和输出的数据集合。数据流用带有名字的箭头线表示,箭头表示流向。数据流可以在外部实体、处理和数据存储之间流动。

(4) 数据存储。逻辑意义上的数据存储是系统信息处理功能需要的、不考虑存储的物理介质和技术手段的一个环节。数据存储既可以是一个实际的账簿、文件夹、一叠登记表等手工文件,也可以是某个计算机文件或数据库等。数据存储用一个右边开口的水平长方条表示。在长方条右部写上该数据存储的名称,再在左部加上一个编号标志,如 D_1, D_2, …, D_N。同外部实体一样,为避免数据流的交叉,允许重复出现相同的数据存储。

8.3.2　数据流图的画法

1. 数据流图的绘制步骤

(1) 确定所开发的系统的外部实体或外部项,即系统的数据来源和去处。

(2) 确定整个系统的输出数据流和输入数据流,把系统作为一个处理环节,画出关联图。一般应把数据来源置于图的左侧,数据去处置于图的右侧,也就是数据流图的顶层(第一层)图,如图 8-8(a)所示。

(3) 确定系统的主要信息处理功能,据此将整个系统分解成几个处理环节(子系统),确定每个处理的输出与输入数据流以及与这些处理有关的数据存储。根据各处理环节和数据存储环节的输出和输入数据流的关系,将外部项、各处理环节以及数据存储环节用数据流连接起来,为各数据流、处理环节和数据存储环节命名、编号,这样就形成了所开发系统的数据流图第二层图,如图 8-8(b)所示。

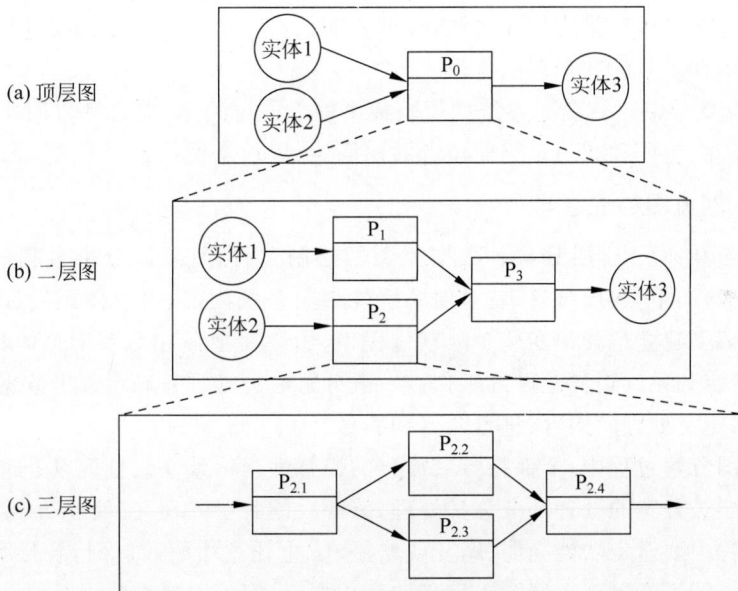

图 8-8　系统各层数据流图

(4) 根据自顶向下,逐层分解的原则,对上层图中全部或部分处理环节进行分解。将需要分解的上一层图的处理环节(子系统)分解成具有明确逻辑功能的数个处理环节,按上一步骤中的做法,对上层需分解的处理环节画出分解后的数据流图草图。一般情况下,一张下层数据流图对应于其上层数据流程图中的一个处理环节,在上层数据流图的处理环节分解成的下层处理环节数量少时,下层一张数据流图亦可对应于上层图中一个以上的处理环节。

(5) 重复步骤(4),直到逐层分解结束。分解结束的标志是:对于每一个最低层的处理,即各层数据流图中不做进一步分解的处理,其逻辑功能已足够简单,明确和具体,然后写出清晰的说明。

（6）对图进行检查和合理布局,主要检查分解是否恰当、彻底,数据流图中各层是否有遗漏、重复、冲突之处,各层数据流图及同层数据流图之间关系是否合理,以及命名、编号是否确切、合理等,对错误与不当之处进行修改。

（7）和用户进行交流,在用户完全理解数据流图的内容的基础上征求用户的意见。系统分析人员根据与用户讨论的结果对数据流图的草图进行修订,直到双方均满意为止。

2. 绘制数据流图的主要原则

（1）明确系统界面。一张数据流图表示某个子系统或某个系统的逻辑模型。系统分析人员要根据调查材料,首先识别出那些不受所描述的系统的控制,但又影响系统运行的外部环境,这就是系统的数据输入的来源和输出的去处。把这些因素都作为外部实体确定下来。确定了系统外部环境的界面,就可以集中力量分析、确定系统本身的功能。

（2）自顶向下逐层扩展。管理信息系统庞大而复杂,具体的数据处理事务可能成百上千,关系错综复杂,不可能用一两张数据流图明确、具体地描述整个系统的逻辑功能。自顶向下的原则为绘制数据流图提供了一条清晰的思路和标准化的步骤。

（3）合理布局。数据流图的各种符号要布局合理、分布均匀、整齐、清晰,使用户一目了然,才能便于交流,免生误解。一般把系统数据主要来源的外部实体尽量安排在左侧,而数据主要去处的外部实体尽量安排在右侧,数据流的箭头线尽量避免交叉或过长,必要时可用重复的外部实体和重复的数据存储符号。

（4）数据流图绘制过程就是系统的逻辑模型的形成过程,必须始终与用户密切接触,详细讨论,不断修改,也要和其他系统建设者共同商讨,以求意见一致。

3. 绘制数据流图的注意事项

（1）关于自顶向下、逐层分解。数据流图的绘制过程,是系统分析过程的重要组成部分,这一过程自顶向下,逐层分解,就是由系统外部至系统内部、由总体到局部、由抽象到具体的系统逻辑模型建立过程。在整个绘制过程中,始终要把握住对系统总体目标与总体功能的要求,在给定的系统边界范围内工作。一般分解后的处理先确定输出数据流,再确定输入数据流,然后定义处理的内容,进行命名和编号。

在数据流图分解过程中,要保持各层成分的完整性与一致性。分解以处理为中心,属于功能分解。上层被分解的处理环节为父处理,分解后的为子处理,父处理功能为子处理功能之和。分解过程中要避免功能削弱、畸变或增添,防止任意增删改,保持各层数据图之间的数据平衡。下层图不能出现上层图未定义的新数据流,但可以新增数据存储环节,因为处理分解可能涉及新的数据存储定义。分解还可能导致外部实体的拆解,若有助于明确系统功能与信息需求,下层图应对外部实体进行定义和命名。

（2）数据流必须通过处理,即送去处理或从处理环节发出。不通过处理环节的数据流(如外部实体之间的数据交换)不在数据流图上表示,因这类数据流与所描述的系统无直接关系。

（3）数据存储环节一般作为两个处理环节的界面来安排。只与一个处理环节有关的数据存储,如果不是公用的或特别重要的,可不在数据流图上画出。直接从外部实体来与直接到外部实体去的数据流应直接与处理环节相连,不应通过数据存储环节相连。

（4）编号。每个数据处理环节和每张数据流图都要编号。按逐层分解的原则,父图与子图的编号要有一致性,子图号是在父图上加上对应的处理编号。顶层图图号为0,各处理

环节按 P_1、P_2、P_3 等编号,依次是 $P_1\{P_{1.1}\{P_{1.1.1}$、$P_{1.1.2}$、$P_{1.1.3}\}$、$P_{1.2}$、$P_{1.3}\}$。数据流、数据存储和外部实体也要进行编号,便于编写、分析与维护。编号方法原则上与处理环节的编号方法相同。为避免混淆,数据流编号以 F 开头,数据存储编号以 D 开头,外部实体编号以 S 开头。同样,在分层数据流图中,如下层图上的数据流或数据存储是上层图某个成分分解得到的。

4. 销售子系统的数据流图

数据流图是分层次的,绘制时采取自顶向下逐层分解的办法。首先画出顶层(第一层)数据流图。顶层数据流图只有一张,它说明系统的总的处理功能、输入和输出。图 8-9 是某厂销售子系统的顶层数据流图。销售科根据用户送来的订货单进行销售处理后向用户发货。图中仅有发货单而没有货

图 8-9　销售子系统的顶层数据流图

物,说明物质要素(货物)已被舍去,有关货物的信息已反映在发货单中。

下一步是对顶层数据流图中的"处理"进行分解,也就是将"销售处理"分解为更多的"处理"。图 8-10 是销售处理被分解后的第二层数据流图,图中包含 3 个"处理",它们是:

(1) 判定订货处理方式。根据用户信用情况(查信用手册)、库存情况(查库存账)和购货金额将订货单按 3 种情况分别处理:① 可以赊物,立即发货同时修改库存账,输出数据流(订货单)为 D_1;② 等有货后再发货,输出数据流(订货单)为 D_2;③ 要求先付款,输出数据流(订货单)为 D_3。

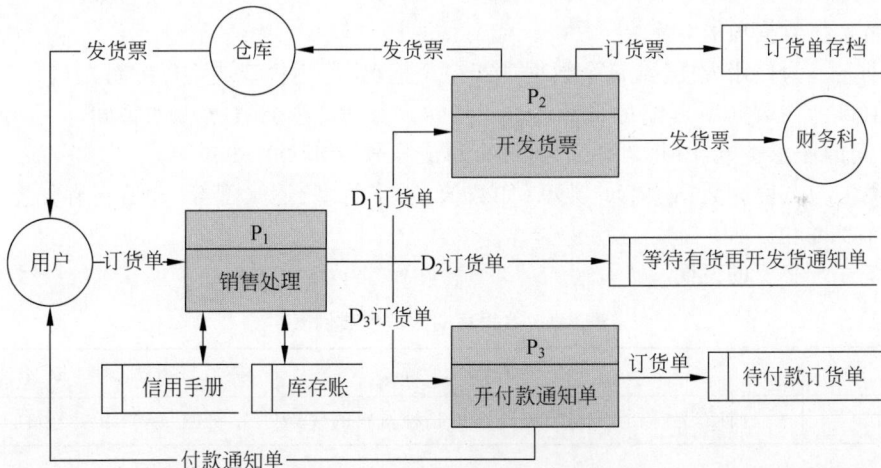

图 8-10　销售处理的第二层数据流图

(2) 开发货票。发货票一式四份,分发仓库、用户和财务科。财务科按此发货票登记应收账。

(3) 开付款通知单。

应当指出,绘制数据流图必须考虑各种特殊情况。这是系统分析中极为重要的一步,因为计算机处理问题时不像人那样能够随机应变。一个只能处理正常情况的信息系统是经不起实际考验的。实际上,图 8-10 还有一些考虑不周的地方,例如,订货单所订货物不属本公司销售产品范围,怎么办?库存账上有货,而库内实际无货,怎么办?所订货物虽属本公司销售产品,但当前缺货,应如何作进一步处理?等等。

数据流图分多少层次应视实际情况而定,对于一个复杂的大系统,有时可分至七八层之

多。为了提高规范化程度,对图中各个元素加以编号就显得尤为重要。

8.3.3 数据字典

数据流图具有形象直观的特点,它描述一个业务流程是由哪几个数据处理部分构成的,以及各个部分之间的联系。但是,数据流图没有说明各个组成部分的含义,例如数据流、数据存储中具体包含哪些内容,在数据流图中是看不出来的。因此,只有将数据流图中的每一个组成元素都定义之后,才能比较完整地描述一个数据流程。为此,还需要使用数据字典对数据流图进行补充说明。

数据字典(data dictionary,DD)是在新系统数据流图的基础上,进一步定义和描述所有数据信息的工具,对数据流图上的所有元素进行详细、具体的定义和描述,是关于数据的数据。数据字典包括对一切动态数据(数据流)和静态数据(数据存储)的数据结构和相互关系等的说明,是数据分析和数据管理的主要工具之一。数据字典主要对数据流图中的数据项、数据结构、数据流、处理逻辑、数据存储和外部实体六方面进行具体的定义,与数据流图的图形方式不同,数据字典以文字和表格的方式来进行描述,以表达数据流图中组成元素的细节。

1. 数据项的定义

数据项又称数据元素,是数据的基本单位,是不可分割的逻辑单位。数据字典中对数据项的描述主要针对数据项的属性,如表 8-2 所示,内容包括:

① 编号。该数据项在数据字典中的编号。编号应具有唯一性,以便检索。

② 名称。数据项的名字。

③ 别名。为使用方便,给每个数据项起一个别名(可用拼音或字母缩写)。

④ 值域。该数据项可能的取值范围,例如,"账号"这个数据项的值可以是 00000~99999 之间的任意整数,因此,"账号"值域可写成账号=00000~99999。

⑤ 类型与宽度。数据项值的类型(如数值型、字符型、逻辑型等)和所占存储空间的大小,以字节为单位。

⑥ 备注。必要的说明。

表 8-2 数据项的数据字典例表

编 号	名 称	别 名	简 述	类型与宽度	取值范围
I02-01	材料编号	材料编码	某种材料的代码	字符型,4 位	0001-9999

2. 数据结构的定义

数据结构用以描述数据项之间的关系,如表 8-3 所示,内容包括:①编号。②名称。③简述。④数据结构的组成。一个数据结构可以由若干个数据项组成,也可以由若干个数据结构组成,还可以由若干个数据项和数据结构组成。

表 8-3 数据结构的数据字典例表

编号	名 称	简 述	组 成
DS03-01	用户订货单	用户情况及订货要求	DS03-02 ＋ DS03-03 ＋ DS03-04

3. 数据流的定义

数据流图虽然指示数据流的步骤和流向,但缺乏对细节的描述。数据字典中的数据流描述包括：

① 编号。

② 名称。

③ 简述。

④ 来源。数据流来自何处。

⑤ 去向。数据流去往何处。

⑥ 数据流组成。指明组成该数据流的所有数据元素和它们的组合状态。

⑦ 简要说明。包括必要的说明和正常流量、高峰期流量。数据流由一个或一组固定的数据项组成。定义数据流时，应指明它的来源、去向和数据流量等。示例见表8-4。

表 8-4　数据流的数据字典例表

编号	名　　称	简　　述	来　　源	去　　向	组　　成	说　　明
D3-08	领料单	车间开具	车间	发料处理模块	材料编号＋名称＋领用数量＋日期＋领用单位	流量为 10 份/时，峰值在 9：00—11：00 为 20 份/时

4. 处理逻辑的定义

处理逻辑的定义仅对数据流图中最底层的基本处理加以说明，包括：

① 编号。

② 名称。

③ 简述。

④ 输入流。输入该处理的所有数据流。包括从前一项输入的。

⑤ 输出流。该处理输出的所有数据流。

⑥ 处理逻辑。用于描述处理，可用结构化语言、判定树或判定表或其他逻辑工具。

⑦ 简要说明。包括必要的说明和处理频率。示例见表8-5。

表 8-5　处理逻辑的数据字典例表

编号	名　　称	简　　述	输　入　流	输　出　流	处　理　逻　辑	频率
P02-03	计算电费	计算应交纳的电费	数据流电费价格来自数据存储文件价格表；数据流电量和用户类别来自处理逻辑的读电表数字处理和数据存储的用户文件	数据流"电费"一是流向外部实体用户，二是写入数据存储用户电费账目文件	根据数据流的用电量和用户信息，检索用户文件，确定用户类别；再根据该用户类别，检索数据存储价格表文件，以确定该用户收费标准，得到单价；用单价和电量相乘得到该用户应交纳的电费	每用户每月1次

对于一些较为复杂的处理逻辑，自然语言常常造成处理逻辑的二义性，而程序设计语言又太专业化，不便于和用户进行交流。因此应借助适当的表达工具。目前，常用的处理逻辑表达工具主要有决策树、判定表和结构化语言。

（1）决策树。决策树又称判断树，是一种图形工具，适用于描述处理中具有多个策略，而且每个策略有若干和条件有关的逻辑功能的情况。结构化分析中所用图形工具决策树是这样的：左边结点为树根，称为决策节点。与决策节点相连的称为方案枝（或称条件枝）。最右方的方案枝（条件枝）的端点（即树梢）表示决策结果，即所采用的策略。中间各节点为分段决策节点。图 8-11 为成绩决策树。

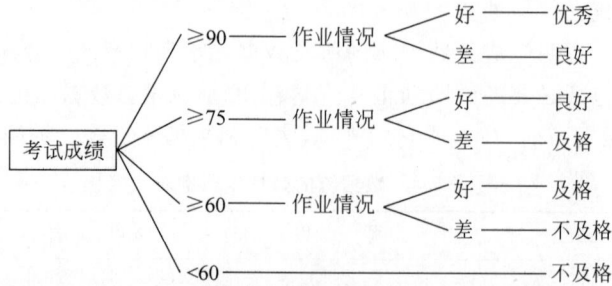

图 8-11 成绩决策树

（2）判定表。在基本处理中，如果判断的条件多，各条件又相互组合，相应的决策方案较多，在这种情况下用决策树来描述，树的结构将比较复杂，图中各项注释比较繁琐。判定表又称为决策表，是采用表格方式描述处理逻辑的一种工具。采用判定表可以清晰地表达条件、决策规则和应该采取的行动之间的逻辑关系，容易为管理人员和系统分析人员所接受。判定表也是一种图形工具，呈表格形。判定表共分四大部分，如表 8-6 所示，其中"-"表示忽略该行条件项，也是该条件项的各种情况合并的结果。

表 8-6 处理订货单的判定表

	决 策 规 则	1	2	3	4	5
条件项	欠款时间≤30 天	Y	Y	N	N	N
	欠款时间＞100 天	N	N	N	N	Y
	需求量≤库存量	Y	N	Y	N	—
行动语句	立即发货	×				
	先按库存量发货，进货后再补发		×			
	先付款，再发货			×		
	不发货				×	
	要求先付欠款					×

左上角为各种条件，左下角为各种决策方案，右上角为条件的组合，右下角为相应条件组合下与决策方案对应的规则。在判定表的编制中，首先要明确处理的功能与目标，然后要识别影响决策的各项因素（条件），列出这些因素可能出现的状态，并制定出决策的规则。

（3）结构化语言。结构化语言是一种模仿计算机语言的处理逻辑描述方法，使用 IF、THEN、ELSE 等词组成的规范化语言。下面是处理订货单逻辑过程的结构化语言表示法。为了使用方便，这里将条件和应采取的行动用中文表示，而且采用 Visual Basic 语法样式，使用 END IF 结尾。

```
IF 欠款时间≤30 天 THEN
    IF 需要量≤库存量 THEN
        立即发货
```

```
ELSE
        先按库存量发货,进货后再补发
    END IF
ELSE
    IF 欠款时间≤100 天 THEN
        IF 需求量≤库存量 THEN
            先付款再发货
        ELSE
            不发货
        END IF
    ELSE
        要求先付欠款
    END IF
END IF
```

5. 数据存储的定义

在数据处理的过程中,原始数据、中间结果和最终结果数据都需要存储。数据字典对这些数据存储的逻辑结构进行描述,但一般不涉及物理存储结构。数据字典中对数据存储的描述内容主要包括:

① 编号。

② 名称。

③ 简述。

④ 组成。即数据存储所包含的数据结构。

⑤ 关键字。存储组织中的关键字段。

⑥ 关联处理。示例见表 8-7。

表 8-7　数据存储的数据字典例表

编号	名称	简　　述	组　　成	关键字	关联处理
F03-08	库存账	存放配件的库存量和单价	配件编号＋配件名称＋单价＋库存量＋备注	配件编号	P02,P03

6. 外部实体的定义

系统的外部实体(源点和终点)是系统环境中的实体。因为它们与系统有信息联系,所以在数据字典中应对它们逐一定义。外部实体定义包括:

① 编号。

② 名称。

③ 简述。

④⑤ 输入输出数据流。从源点流出的数据流或流入终点的数据流。

⑥ 主要特征。说明一些基本情况,如基本组成、处理数据概况等。示例见表 8-8。

表 8-8　外部实体的数据字典例表

编号	名称	简　　述	输　入　流	输出流	特　征
S03-01	用户	购置本单位配件的用户	D03-06,D03-08	D03-01	支付及时

编写数据字典是系统开发的一项重要基础工作。一旦建立并按编号排序,就是一本可供查阅的关于数据的字典,从系统分析一直到系统设计和实施都要使用它。在数据字典的建立、修正和补充过程中,始终要注意保证数据的一致性和完整性。数据字典可以用人工建立卡片的办法来管理,也可存储在计算机中用数据字典软件来管理。

8.4 新系统逻辑方案和系统分析报告

新系统经分析和优化后拟采用的管理模型和信息处理方法,因不同于原有的计算机配置方案和软件结构模型方案,故称为新系统逻辑方案。

系统分析阶段的任务是明确系统功能。通过对现行系统的调查分析,抽象出现行系统的逻辑模型,分析其存在的问题。常见的问题有数据流向不合理、数据存储有不必要的冗余、处理方法不科学。产生这些问题的原因各种各样,包括操作习惯过时、技术落后、管理体制不合理等。

详细了解情况和进行系统分析都是为了最终确立新系统的逻辑方案做准备,新系统逻辑方案是系统分析阶段的最终成果,对于下一步的设计和实现都有基础性的指导作用。

新系统的逻辑方案主要包括对系统业务流程分析整理的结果、对数据及数据流程分析整理的结果、子系统划分的结果、各个具体的业务处理过程以及根据实现情况应建立的管理模型和管理方法。同时,新系统的逻辑方案也是系统开发者和用户共同确认的新系统处理模式以及打算共同努力的方向。

8.4.1 新系统处理方案

在本章前面各节中已经对原有系统进行了大量的分析和优化,分析和优化的结果就是新系统拟采用的信息处理方案,包括以下四部分。

1. 确定合理的业务处理流程

归纳整理业务流程分析中的结果,具体内容包括:

(1) 删去或合并多余的或重复的处理过程。

(2) 对哪些业务处理过程进行优化和改动? 改动的原因是什么? 改动(包括增补)后将带来哪些好处?

(3) 给出最后确定的业务流程图。

(4) 指出在业务流程图中由新系统完成的工作和需要用户参与完成的工作。

2. 确定合理的数据和数据流

归纳整理数据流分析中的结果,具体内容包括:

(1) 请用户确认最终的数据指标体系和数据字典。确认内容主要是指本系统是否全面合理,数据精度是否满足要求并是否可以通过统计得到这个精度等。

(2) 对哪些数据处理过程进行优化和改动? 改动的原因是什么? 改动(包括增补)后将带来哪些好处?

(3) 给出最后确定的数据流图。

(4) 指出在数据流图中的人机界面。

3. 确定新系统的逻辑结构和数据分布

将对系统的组织结构和功能分析结果分两部分给出：

（1）新系统逻辑划分方案（即子系统的划分）。

（2）新系统数据资源的分布方案，如哪些在本系统设备内部，哪些在网络服务器或主机中。

4. 研究和确定管理模式和管理模型

确定新系统的管理模式就是要确定实现系统目标的具体思路和框图，例如采用集中一贯的领导体制，还是松散的管理体制，以及主辅分离（主要业务集中管理，其他业务分流）等管理模式。

确定具体业务的管理模型，就是要结合具体情况来确定今后系统在每一个具体的管理环节上的处理方法。这个问题一般应根据系统分析的结果和管理科学方面的知识来确定，可以参考第2章的管理模型相关内容。

8.4.2 系统分析报告

系统分析阶段的成果就是系统分析报告，它反映这一阶段调查分析的全部情况，是下一步系统设计与实现的纲领性文件。系统分析报告形成后必须组织各方面的人员一起对已经形成的逻辑方案进行论证，尽可能地发现其中的问题、误解和疏漏。对于问题、疏漏要及时纠正，对于有争论的问题要重新核实当初的原始调查资料或进一步地深入调查研究，对于重大的问题甚至可能需要调整或修改系统目标，重新进行系统分析。总之，系统分析报告是一件非常重要的文件，必须进行非常认真的讨论和分析。

一份好的系统分析报告不但能够充分展示前阶段调查的结果，而且还要反映系统分析结果——新系统的逻辑方案，这是非常重要的。下面是系统分析报告的内容或大纲。

---

1. 概　述

（1）系统分析的原则。

（2）系统分析的方法。

（3）组织情况的简述。主要是对分析对象的基本情况做概括性的描述，这包括组织的结构、组织的目标、组织的工作过程和性质、业务功能、对外联系、组织与外部实体间有哪些物质以及信息的交换关系，研制系统工作的背景如何等。

2. 现行系统分析

（1）现行系统现状调查说明：现行系统目标、规模、界限、主要功能、组织机构等。

（2）业务流程分析。

（3）数据流程分析。

（4）系统存在的主要问题和薄弱环节等。

3. 新系统逻辑设计

新系统的逻辑方案是系统分析报告的主体。这部分主要反映分析的结果和对今后建造新系统的设想。

（1）新系统目标。根据薄弱环节,提出更加明确和具体的新系统目标。

（2）系统功能分析。新系统与现行系统比较,在各种处理功能上的加强和扩充,重点突出计算机处理的优越性。

（3）新系统拟定的业务流程及业务处理工作方式。

（4）新系统拟定的数据指标体系和分析优化后的数据流程,以及计算机系统将完成的工作部分。

（5）新系统在各个业务处理环节拟采用的管理方法、算法或模型。

（6）与新的系统相配套的管理模式和运行体制的建立。

（7）系统开发资源与时间进度估计。

（8）遗留问题。根据目前条件,暂时无法满足的一些用户要求或新系统设想,并提出今后解决的措施和途径。

4. 管理模型及说明

说明在某一特定管理业务中所采用的管理模型和处理方法。

5. 用户领导审批意见

系统分析工作完成后,需要得到用户单位的领导审批,审批意见也作为系统分析报告的一部分。系统分析报告通过后,可以进入管理信息系统开发或咨询的系统设计阶段。

※ 思考题

1. 如何理解可行性分析的三个维度?

2. 为什么系统分析第一步是调查现状? 有哪些方法?

3. 历史上,管理信息系统历经哪些根本性的升级阶段?

4. 如何理解系统分析是解决"做什么"的问题,系统设计是解决"怎样做"的问题?

5. 业务流程分析、数据流程分析、系统流程分析的任务与区别是什么?

6. 系统分析人员如何快速了解和深入掌握企业的业务流程?

7. 系统业务流程图和数据流程图在画法上有哪些区别? 为什么?

8. 如何根据业务流程图和数据流程图分析企业的业务和数据状况?

9. 系统分析过程对企业发展和系统开发有什么重要作用?

10. 信息系统分析方法与传统的问卷调查、专家访谈有何区别?

11. 目前,许多企业很重视业务流程治理或改进,为什么?

12. 如何理解"流程为中心"的企业管理方法?

第 **9** 章

管理信息系统的设计

主要内容：系统总体设计、系统详细设计（代码设计、功能设计、物理配置方案设计、存储设计、输入输出设计、系统设计说明书）

重点掌握：系统总体设计、系统详细设计

综合应用：系统设计全过程及报告

9.1 系统总体设计

系统设计是信息系统开发过程中的一个重要阶段。根据系统分析的结果，在已经获得批准的系统分析报告的基础上，需要进行新系统的设计工作。系统设计阶段的主要任务就是将系统分析阶段产生的概念模型转化为用于具体实施的物理模型。系统设计是系统实施的依据，但是物理模型不等于物理实施，系统实施或施工工作需要等系统设计工作完成后，再通过一系列系统实现活动使系统最终得以运行。

9.1.1 系统设计概念

1. 系统设计的目的与任务

系统设计的目的是将系统分析阶段所提出的充分反映用户信息需要的系统逻辑方案转换成可以实施的基于计算机与通信系统的物理方案。如果说系统分析阶段解决的是"做什么"的问题，那么系统设计阶段解决的是"怎样做"的问题。

系统设计的任务是从管理信息系统的总体目标出发，根据系统分析阶段对逻辑功能的要求，并考虑经济、技术和运行环境等方面的条件，确定系统的总体结构和系统各组成部分的技术方案，合理选择计算机和通信的软、硬件设备，提出系统的实施计划。

在系统设计阶段中，根据获批的系统分析说明书内容进行新系统的设计。系统设计包括两方面的工作：①系统总体结构的设计，即把系统的功能分解成许多基本的功能模块，确定它们之间的联系，规定它们的功能和处理流程；②具体的物理设计，即选择具体的技术手段和处理方式实现系统的各项功能。

2. 系统设计的依据

系统设计的主要依据是系统分析报告和系统开发者的知识与经验，主要包括以下四方面的因素。

（1）工作流程。系统设计是系统分析工作的延续，系统设计人员必须严格按照系统分析阶段的成果——系统分析说明书所规定的目标、任务和逻辑功能进行设计工作。对系统逻辑功能的充分理解是系统设计阶段成功的关键。

（2）现行技术。系统设计的现行技术主要指可供选择的计算机技术、数据管理技术、计算机网络及通信技术等。在新系统的技术方案中要尽可能保护已有的投资，又要有比较强的应变能力，以适应未来的发展。

（3）用户需求。系统的最终使用者是用户，用户的满意程度是系统能否获得成功的关键因素。进行系统设计时必须充分尊重和理解用户的要求，特别是用户在操作使用方面的要求，在满足系统功能的前提下，应尽量符合用户以前的工作习惯。

（4）系统运行环境。新系统的目标要与现行的管理方法相匹配，与组织的改革与发展相适应。

3. 系统设计的基本原则

（1）系统性。系统是作为统一整体而存在的，因此，在系统设计过程中，要从系统的角度进行考虑，系统的代码要统一，设计规范要标准，传递语言要尽可能一致。

（2）灵活性。要想使系统具有较长的生命周期，系统必须具有很强的适应性。为了使系统具有灵活性，在系统设计时，应尽量采用模块化结构，提高各模块的独立性，尽可能减少模块间的耦合。

（3）可靠性。系统需要具备抵御外界干扰的能力及受外界干扰时的恢复能力。一个成功的管理信息系统必须具有较高的可靠性，如安全保密性、检错及纠错能力、抗病毒能力等。

（4）经济性。在满足系统需求的前提下，设计要尽可能减小系统的开销。一方面，在硬件投资上不能盲目追求技术上的先进，而应以满足应用需要为前提；另一方面，系统设计中应尽量避免不必要的复杂化，各模块应尽量简洁，以便缩短处理流程，减少处理费用。

9.1.2 系统设计的内容

系统设计阶段的工作技术性强而且涉及面广，包括总体结构设计、详细设计和说明书的编写等诸多活动。

（1）总体结构设计。主要内容包括：系统总体布局方案设计和确定、软件系统总体结构设计、计算机和网络方案选择与设计、数据存储的总体设计。可以参照第5、6章内容。

（2）详细设计。主要内容是：代码设计、数据库设计、输出设计、输入设计、用户界面设计、处理流程设计、程序流程设计。

（3）说明书的编写。系统设计说明书是系统设计阶段的成果，也是系统实施阶段的主要依据。

9.2 系统代码设计

在现代社会中，人们拥有许多独特的信息号码，如手机号、邮箱地址和身份证号等，这些号码是社会管理和通信系统的基础。代码是由数字和字符组成的符号或符号组合，用以表示事物的名称、属性和状态。代码设计是为系统中的实体及其属性分配编码,在管理活动中十分普遍,如合同编号、项目编号等。代码有助于标识实体,便于检索,并能使数据表达标准化,简化程序设计,提高处理效率,减少错误,节省存储空间。代码设计是信息系统顺利运作的关键,旨在优化系统各部分的编码体系。在系统开发过程中,代码设计至关重要。良好的代码系统可以减少信息重复采集、加工、存储的情况,最大限度地消除因对信息的命名、描述、分类不一致所造成的误解和分歧,减少"一名多物""一物多名"等混乱现象,增强组织信息管理的一致性。代码设计的好坏,不仅关系到计算机的处理效率,而且直接影响 MIS 的推广与使用。

9.2.1　代码设计概念

1. 代码设计的作用

(1) 标识。代码是鉴别编码对象的唯一标志。

(2) 分类。当按编码对象的工艺、材料、用途等属性或特征分类,并赋予不同的类别代码时,代码又可以作为区分编码对象类别的标志。

(3) 排序。当按编码对象发现或产生的时间、所占有的空间或其他方面的顺序关系分类,并赋予不同的代码时,代码又可作为编码对象排序的标志。

(4) 统计。设计的代码在逻辑上必须能满足用户的需要,在结构上能与处理方法相一致;例如,在设计用于统计的代码时,为了提高处理速度,往往使之能够在不需调出有关数据文件的情况下,直接根据代码的结构进行统计。

(5) 特定含义。出于某种客观需要采用一些专用符号时,此代码又可提供一定的特定含义。

2. 代码设计的原则

(1) 唯一性。唯一标识要处理的对象是编制代码的首要任务。工号和学号就是简单而常见的例子。在人事档案管理和学籍管理中,很难避免人员重名现象。为了消除因重名而引起的不确定性,单位和学校需要使用工号和学号唯一地标识组织里的每一个人。

(2) 标准性。编码的标准化或规范化是实现信息分类、汇总、统计的基础。国家有关编码标准是代码设计的重要依据,已有标准必须遵循。在一个代码体系中,代码结构、类型、编写格式必须统一。会计科目表一般分类包括资产类、负债类、共同类、所有者权益类、成本类、损益类共 6 大类、162 个小科目,每个科目都有对应的科目代码。其中库存现金和银行存款的科目代码分别为 1001、1002。在标准化的前提下,还需要考虑代码的兼容性或协调性。同样是会计科目体系,一级会计科目由财政部进行标准分类,二级科目由各部委或行业协会统一进行标准分类,而企业则只能对其会计业务中的明细账目,即对三、四级科目进行分类,并且这个分类还必须参照一、二级科目的规律进行。

(3) 扩充性。编码应有一定的灵活性或柔性,能够扩充或拓展。当系统中增加对象、删除对象时,能保持其编码规则不变,并且在编码规则不变的情况下,有足够的容量。若实在不能扩充,可以适当改进编码规则,并向前兼容。比如十进制两位数字的容量是 100 个编码,如果有多个记录超出 100,就可以考虑使用十六进制代替,这样两位数字的容量就增加了一倍半还要多,变成 256 个。

（4）简单性。简单性或间接性是指编码应在满足统计汇总要求的情况下尽可能短，以便于节省存储空间，减少冗余或差错。

（5）适用性或可识别性。代码应尽可能反映对象的特性，最好有帮助记忆、快速识别和便于使用的功能。

（6）通用性。代码的分组规则显得更加合理和系统化，在整个系统中具有通用性。

（7）稳定性。代码规则一旦确定就会保持长时间稳定不变，因为代码作为信息导航唯一性的标准，牵一发而动全身。代码规则的改变容易造成前后数据的不一致性，会极大影响将来的各项数据处理工作量。

（8）非误解性。要注意避免引起误解，不要使用易于混淆的字符，例如，O、z、I、S、V 与 0、2、1、5、U 易混；不要把空格作代码；要使用 24 小时制表示时间等。要尽量采用不易出错的代码结构，例如，字母-字母-数字的结构（如 WW2）比字母-数字-字母的结构（如 W2W）发生错误的可能要少一些。

（9）分段性。当代码长于 4 个字母或 5 个数字字符时，可以分成小段，这样读写时不易发生错误。例如，726-499-6135 比 7264996135 易于记忆，并能更精确地记录下来。

3. 代码设计的类型

（1）**顺序码**。将顺序的自然数或字母赋予编码对象。如，"1"表示男性，"2"表示女性。该编码的优点是简短，缺点是不便于分类统计。

（2）**区间码**。**又称为层次码**，它是以对象的从属、层次关系为排列顺序的一种编码方式，例如，上海大学宝山校区的邮政编码是 200444（图 9-1）。编码时将代码分为若干层级的区间或段位并与分类对象的分类层级相对应，代码从右至左，表示层级由低到高，每个层级的编码可采用顺序码。

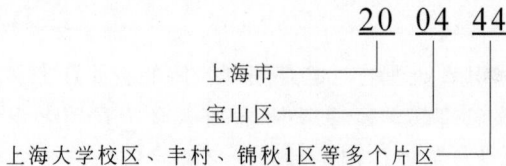

图 9-1　邮政编码示意图

层次码的主要优点是能明确地表示分类对象的类别，编码本身有严格的隶属关系，同时有较好的柔性。主要缺点是当层次较多时编码位数较长，冗余较多。

（3）**多面码**。将分类对象按其特征或特性分成若干个"面"，每个面内的类目按其规律分别编码，"面"与"面"之间的编码没有隶属关系。例如，若将螺钉按材料、直径、形状及表面处理四个指标分类（见表 9-1），则螺钉的编码就是这四个编码的集合。编码"1132"表示螺钉使用的材料是不锈钢，直径是 0.5mm，螺钉头形状为六角形，表面镀铜。

表 9-1　特征码示例

材　料	螺钉直径	螺钉头形状	表面处理
1-不锈钢	1-0.5 mm	1-圆头	1-未处理
2-黄铜	2-1.0 mm	2-平头	2-镀铜
3-钢	3-1.5 mm	3-六角形	3-上漆

特征组合码的主要优点是柔性好,主要缺点是冗余量大。特征组合码又可称为面分类码,而前两种分类法则可称为线分类码。

（4）**特定字符码**。用易于记忆和识别的符号作为编码。例如,用城市拼音的首字符作为城市的编码,BJ 表示北京,TJ 表示天津。该类编码的优点是易于识别、记忆,缺点是不便于进一步分类。

（5）**混合码**。用以上几种方式进行混合编码。

9.2.2　代码校验方法

在数据处理过程中,一些重要的或具有特殊用途的代码,例如,医院患者和处方单代码、银行账户编码等,如果出错就会带来不可挽回的损失。为了尽可能自动发现代码重复转录和键入操作而产生的错误,通常需要在原代码的基础上另加一个校验位,使它事实上变成代码的一个组成部分。校验位通过事先规定的数学方法计算出来。代码一旦输入,计算机便使用同样的数学运算方法,按输入的代码计算出校验位的值,并将它与输入的校验位进行比较,以证实输入是否有错。

这种校验可以发现如下四种错误:

（1）抄写错误。例如,将 1983 错写成 1903。

（2）移位错误。例如,将 1983 错写成 1938。

（3）双移位错误或多移位错误。例如,将 1983 错写成 1389,将 1983 写成 3891。

（4）随机错误。包括以上两种或三种错误的综合性错误或其他错误。

确定校验位值的方法很多,常用来确定校验位值的方法有算术级数法、几何级数法和质数法。计算的过程相似,各个方法都是给原代码的各位分配不同的权数(权数可选成算术级数、几何级数、不同质数序列),用原代码的加权和除以某一个称为模的数(常用素数,例如 11),将所得的余数或模和余数的差作为校验位的值。因此,代码校验位的计算方法就是采用模除运算或者求余运算。例如,以下是计算原代码 12345 的校验位的过程。

算术级数法,权为算术级数:

```
原代码      1  2  3  4  5
各乘以权     6  5  4  3  2
乘积之和     6 + 10 + 12 + 12 + 10 = 50
模除 11      50 ÷ 11 = 4 … 6   校验码为 6
新代码       1  2  3  4  5  6
```

几何级数法,权为几何级数(等比级数):

```
原编码       1   2  3  4  5
各乘以权     32 16  8  4  2
乘积之和     32 + 32 + 24 + 16 + 10 = 114
模除 11      114 ÷ 11 = 10 … 4   校验码为 4
新代码       1   2  3  4  5   4
```

质数法,权为质数:

原编码	1	2	3	4	5	
各乘以权	17	13	7	5	3	
乘积之和	$17+26+21+20+15=99$					
模除 11	$99 \div 11 = 9 \cdots 0$	校验码为 0				
新代码	1	2	3	4	5	0

对于数字代码而言,这样很清晰。模除 11,最大余数是 10,为两位数。如果校验位使用两位代码显得浪费空间,则可以采用字母代替,仅占一位。身份证号码最后一位是 X 的,说明校验位数字是 10。一般情况下,权与模的取值决定校验出错的效率。对于字母或字母与数字组合成的代码,也可以通过设计计算方法使用校验码进行检验。

9.3 功能结构图设计

9.3.1 功能结构图的概念

功能结构图是将系统功能分解并按照从属关系表示的图表。管理信息系统各子系统可以看作系统目标下层功能。其中每项功能还可以继续分解为第三层、第四层等,上层功能包括(或控制)下层功能。上面的功能比较笼统,下面的功能比较具体,功能分解过程就是一个由抽象到具体,由复杂到简单的过程。以工资管理子系统为例,功能结构图如图 9-2 所示。由图可知,工资管理子系统被分解为建立主文件、更新主文件、建立扣款文件以及计算和打印四个子功能,其中每个子功能又继续向下分解成不同的具体功能。经过这样的层层分解,一个复杂的系统就被分解为多个功能相对单一的功能模块。

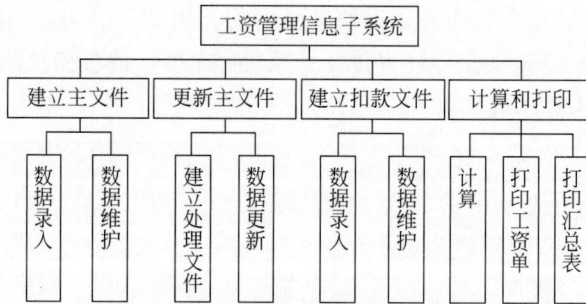

图 9-2 工资管理子系统功能结构图

9.3.2 模块化设计

1. 模块化设计思想

功能结构图设计的任务是把用数据流图表示的系统逻辑模型变为层次化的功能模块,这里涉及模块化的概念。图中每一个框称作一个功能模块,一个功能模块是系统中由计算机完成的某项具体工作。把一个信息系统设计成若干个模块的方法叫模块化。功能模块可以根据具体情况分得大一点或小一点。分解得最小的功能模块可以是一个程序中的每个处理过程,而较大的功能模块则可能是完成某一任务的一组程序。模块化的目的是把一个较大的、复杂的系统划分成若干个相对简单的、功能单一的功能模块,以便于管理和维护。

模块化是一种重要的设计思想。通过模块分解,使各个模块之间具有相对独立性,可以分别加以设计实现;模块之间的相互关系(如信息交换、调用关系)则通过一定的方式予以说明;同时,模块结构整体上具有较高的正确性、可理解性与可维护性;各个模块在这些关系的约束下共同构成一个统一的整体,完成系统的功能。

2. 模块化设计原则

模块化设计的原则大致分为以下七点。

(1) **模块之间低耦合,模块内部高聚合**。模块之间低耦合是指尽量减少模块之间的联系程度,运行其中一个模块时尽量不要牵涉到另一模块,否则就会使得关系复杂。模块内部高聚合是指功能上高聚合,并具有独立性。

(2) **适当的模块大小**。模块太大将会造成程序阅读、测试和维护困难;太小就会增加模块个数,增加模块接口的复杂性。

(3) **硬件相关集中**。尽可能把与硬件相关的部分集中在一起,放在一个或几个模块内。

(4) **变动部分集中**。尽可能把变动的部分集中在一起,以便在变动时能方便地处理,减少影响的范围。

(5) **优先建立和使用公用模块**。尽可能消除重复的工作,建立公用模块,减少冗余,也减少不必要的重复劳动。

(6) **模块出入口归一**。每一模块只有一个入口和出口,每一模块只归其上级模块调用。

(7) **保持合理的模块扇出扇入数**。一个模块的扇出是指其调用其他模块的个数。扇出越大,设计该模块时需要考虑的问题就越多,复杂性就越高。为了控制模块的复杂性,一个模块的扇出不宜过大,一般认为不要超过 7 个模块。如果发现某个模块的扇出较大,如图 9-3(a)所示,可以考虑重新分解,改为图 9-3(b)所示方案。

一个模块被其他模块调用的个数,称为该模块的扇入(如图 9-4 所示)。在设计中应加大扇入数,扇入数大,说明模块分解得好,通用性强,冗余低。

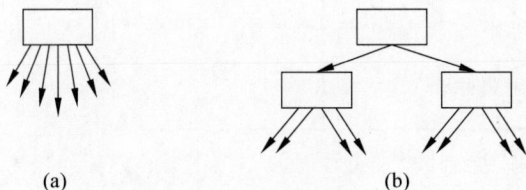

(a)　　　　　　　　　　　(b)

图 9-3　模块的扇出　　　　　　　　　图 9-4　模块的扇入

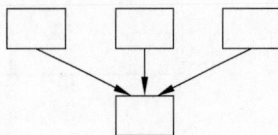

3. 总体功能模块图

系统的总体结构设计可以用 HIPO(hierarchy plus input/process/output)方法描述,即用图形方法表示一个系统的输入和输出功能以及模块的层次。HIPO 技术包含两个方面的内容:H 图(模块层次图)和 IPO 图(输入-处理-输出图)。

(1) H 图。用 H 图表示自顶向下分解所得系统的模块层次结构,图中一个矩形方块代表一个模块,可写上标识此模块的处理功能或模块名称,如图 9-5 所示。

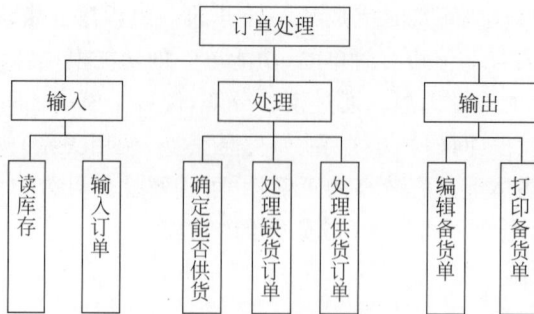

图 9-5　订单处理的 H 图

方块之间的直线表示模块之间的调用关系。该图自顶向下先画综合性强、层次较少的模块结构,然后根据需要一步一步扩充,不断分解,直到分解成为含义明确、功能单一的单元模块,就得到了系统的模块层次图。

（2）IPO 图。H 图只说明一个软件系统由哪些模块组成及其控制层次结构,并未说明模块间的信息传递及模块内部的处理。因此,对一些重要模块还必须根据数据流图、数据字典及 H 图绘制具体的 IPO 图,如图 9-6 所示。

IPO 图实际上是一张图形化的表格。它描述 H 图中每一个模块的输入(input)、处理过程(process)、输出(output)及本模块的内部数据和模块间的调用关系,是系统设计的重要成果,也是系统实施阶段编制程序设计任务书和进行程序设计的出发点与依据。在系统设计中,每一个模块必须有相应的 IPO 图作为设计结果的描述。

名称	订单处理		设计者：刘全
模块名称	确定能否供货		日期：2024/02/05
上层调用模块	处理模块		可调用下层模块：无
输入(I)	处理描述(P)：		输出(O)：
订单订货量：Y	能否供货：U≥Y?		供货类型：Z
产品库存量：U	缺货订单：组织工厂生产Y-U		缺货信息：V
	供货订单：通知发货		

图 9-6　确定能否供货的 IPO 图

9.4　系统物理配置方案设计

管理信息系统是以计算机科学与技术为基础的人机系统。管理信息系统软、硬件运行环境设计是管理信息系统开发与应用的基础,包括计算机处理方式,网络结构设计,网络操作系统的选择,数据库管理系统的选择等软、硬件选择与设计工作。在管理信息系统设计过程中,更多的时间用于探讨软件系统的实现方案,而硬件系统更多的工作是根据软件系统的需求进行选型、采购和部署。

根据系统需要和资源约束,进行计算机软、硬件的选择。计算机软、硬件的选择,对于管理信息系统的功能具有很大影响。大型管理信息系统软、硬件的采购可以采用招标等方式进行。

硬件的选择原则是:选择技术上成熟可靠的标准系列机型;处理速度快;数据存储容量大;具有良好的兼容性、可扩充性与可维修性;厂家或供应商的技术服务与售后服务好;操作方便;在一定时间内保持一定的先进性。

软件的选择原则:是否能够满足用户的需求;软件的灵活性;软件的技术支持;通过考察相关企业对应用软件的选择情况,帮助指导软件的选择。随着计算机科学与技术的飞速发展,计算机软、硬件的升级与更新速度也很快。系统的建设应当尽量避免先买设备,再进行系统设计的情况。

9.4.1　物理配置方案设计依据

(1) 系统的吞吐量。每秒钟执行的作业数称为系统的吞吐量。系统的吞吐量越大,则系统的处理能力就越强。系统的吞吐量与系统硬、软件的选择有着直接的关系,如果要求系统具有较大的吞吐量,就应当选择具有较高性能的计算机和网络系统。

(2) 系统的响应时间。从用户向系统发出一个作业请求开始,经系统处理后,给出应答结果的时间称为系统的响应时间。如果要求系统具有较短的响应及具有较高传递速率的通信线时间,就应当选择CPU运算速度较快的计算机及具有较高传送速率的通信线路,如实时应用系统。

(3) 系统的可靠性。系统的可靠性可以用连续工作时间表示。例如,对于每天需要数小时连续工作的系统,系统的可靠性应该很高,这时可以采用双机双工结构方式。

(4) 集中式还是分布式。如果一个系统的处理方式是集中式的,则信息系统既可以是主机系统,也可以是网络系统;若系统的处理方式是分布式的,则采用微机网络将更能有效地发挥系统的性能。

(5) 地域范围。对于分布式系统,要根据系统覆盖的范围决定采用广域网还是局域网。

(6) 数据管理方式。如果数据管理方式为文件管理方式,则操作系统应具备文件管理功能;如果数据管理方式为数据库管理方式,系统中应配备相应的数据库管理系统。

9.4.2　计算机硬件选择

计算机硬件的选择取决于数据的处理方式和要运行的软件。管理对计算机的基本要求是速度快、容量大、通道能力强、操作灵活方便,但计算机的性能越高,其价格也就愈昂贵,因此,在计算机硬件的选择上应全面考虑。一般来说,如果系统的数据处理是集中式的,系统应用的主要目的是利用计算机的强大计算能力,则可以采用主机-终端系统,以大型机或中小型机作为主机,可以使系统具有较好的性能。对于企业管理等应用,其应用本身就是分布式的,使用大型主机主要是为了利用其多用户能力,则不如微机网络更为灵活、经济。确定数据的处理方式以后,在计算机机型的选择上则主要考虑应用软件对计算机处理能力的需求,包括计算机主存、CPU时钟、输入输出和通信的通道数目、显示方式、外接转储设备及其类型。

由于不同计算机的设计目标不同,因而可能在某一方面具有显著的优点而在其他应用场合却令人无法接受,在系统设计时,应根据应用的需要认真选择。由于现在微机在性能上已经有了很大提高,甚至超过早期大型机的水平,而价格又相对较低,因此一般企事业单位选择微机作为硬件支撑环境较为适宜。

9.4.3 计算机网络的选择

如上所述,在信息系统开发中,应根据应用需要选择主机-终端方式或微机网络方式。对微机网络而言,由于存在着多个商家的多种产品,也面临着网络的选型问题。

1. 网络拓扑结构

网络拓扑结构一般有总线型、星形、环形、混合型等。在网络选择上应根据应用系统的地域分布、信息流量进行综合考虑。一般来说,应尽量使信息流量最大的应用放在同一网段上。

2. 网络的逻辑设计

通常首先按软件将系统从逻辑上分为各个子系统,然后按需要配备设备,如主服务器、主交换机、子系统交换机、子系统集线器(HUB)、通信服务器、路由器和调制解调器等,并考虑各设备之间的连接结构。

3. 网络操作系统

目前,流行的网络操作系统有 UNIX、Netware、Windows 等。UNIX 历史最早,是唯一能够适用于所有应用平台的网络操作系统;Netware 网络操作系统适用于文件服务器/32 位工作站模式,具有较高的市场占有率;Windows 具有软件平台的集成能力,随着 Windows 操作系统的发展和 C/S 模式向 B/S 模式延伸,其无疑是有前途的网络操作系统。在选择网络时,还应着重考虑以下因素:

(1) 网络协议。应具有标准的网络协议(如 TCP/IP 等),便于 MIS 内部及 MIS 与其他系统的互联与集成。

(2) 传输能力。在 MIS 中,传输的信息可能是文本数据、图形、图像、声音等。网络的选择应保证快速、有效、正确地传输可能的信息。

(3) 互联能力。即能连接多种机型和网络系统,为系统集成奠定基础。

(4) 响应时间。所选网络系统对信息传输的响应时间应能满足用户对信息处理的要求。

(5) 环境条件和覆盖范围。根据企业的环境条件和覆盖范围选择网络的类型(如广域网或局域网)以及信息传输媒体,例如用细缆或粗缆或光纤等。

(6) 系统的安全性和可靠性。所选网络产品应非常成熟,运行安全、可靠。

9.4.4 数据库管理系统的选择

管理信息系统都是以数据库系统为基础的,一个好的数据库管理系统或数据库产品对管理信息系统的应用有着举足轻重的影响。在数据库管理系统的选择上,需要考虑这样几方面:数据库的性能、数据库管理系统的可扩展性、数据库管理系统的安全保密性能、数据库产品的成本效益、数据库管理系统的兼容性。

在当今的数字环境中,选择最佳数据库软件对于数据驱动的决策至关重要。数据库可确保数据的完整性、安全性和可扩展性。目前,市场上数据库管理系统较多,流行的有关系数据库 MYSQL、SQL SERVER、ORACLE、POSTGRESQL、SQLITE,它们在可扩展性、数据安全、性能、成本效益、兼容性和实际应用上具有不同之处,在具体应用过程中可以参照表 9-2 中的各项对比。

表 9-2　RDBMS 数据库管理产品功能和优点的对比表

比较项目	MYSQL	SQL SERVER	ORACLE	POSTGRESQL	SQLITE
可扩展性	提供强大水平和垂直缩放选项	支持水平和垂直缩放	复杂设置的可扩展性好	水平和垂直可扩展性强	中小型应用,可扩展性有限
数据安全	安全功能强,包括身份验证和 RBAC	具有 TDE 和数据屏蔽等功能的强大安全性	安全性强,包括 Oracle Advanced Security	安全控制广泛,包括 SSL 和行级安全性	与企业级 RDBMS 相比,安全功能有限
性能	读取性能出色,擅长高并发	在读取密集工作负载中表现出色	复杂应用性能很出色	性能竞争力好,尤其对复杂查询	由于内存存储,读取性能出色
成本效益	具有成本效益选项的开源	许可成本很高,有经济高效版 3	企业版很昂贵,有免费 XE 版	开源且免费,提供成本效益	免费和开源,适合预算有限项目
兼容性	与各种编程语言和平台高度兼容	兼容 Windows,扩展支持 Linux	多平台兼容,与 Oracle 生态系统相关联	与各种平台高度兼容,并具有广泛的 SQL 支持	兼容多种语言和平台,非常适合嵌入式使用
实际应用	用途广泛,适用于 Web 应用程序、内容管理和中小型数据库	非常适合企业应用、数据仓库和 BI	任务关键型应用、大型企业和复杂数据处理的首选	适合各种应用程序,包括 Web 开发、分析和地理空间	最适合移动应用程序、桌面软件和小型项目

在大数据系统和云平台,现代信息系统还可以根据应用需求选择这样一些非关系数据库产品:NoSQL 数据库管理系统(MongoDB、Cassandra、CouchBase、Redis)、基于云的数据库系统(Amazon RDS、Google Cloud SQL、Microsoft Azure SQL)、图形数据库管理系统(Neo4j、OrientDB)、内存数据库管理系统(Oracle TimesTen、SAP HANA)。一般课程实验和小型应用中,也可以使用 Access、Excel 甚至文本文件作为数据存取文件。

9.4.5　应用软件的选择

根据用户需求开发的管理信息系统容易满足用户的一般和特定的业务管理需求,然而,计算机产业发展很快,有不少行业成熟的商业软件能够更快地满足用户应用,这样就面临应用软件选择的问题。例如,用友和金蝶的财务管理软件以及他们与 Oracle 和 SAP 的 ERP 系统在业界都广为人知,这些软件技术成熟、设计规范、管理思想先进,直接应用这些商品化软件既可以节省投资,又能够规范管理过程、加快系统应用的进度。这时,相关企业和组织就不一定要重新开发,而可以选用这些成熟的商品化软件。如此一来,在选择应用软件时可以考虑以下几方面。

1. 软件是否能够满足用户的需求

根据系统分析的结果,在软件功能上应注意:

(1)系统必须处理哪些业务和数据,软件能否满足数据表示的需要,例如,记录长度、文件最大长度等。

（2）系统必须能够产生哪些报告、报表、文档或其他输出？

（3）系统要存储、备份的数据量及业务数。

（4）系统必须满足哪些查询需求？

（5）系统还有哪些不足之处，以后如何解决？

2. 软件是否具有足够的灵活性

由于管理需求的不确定性，系统应用环境不可避免地要经常发生变化，因此，应用软件要有足够的灵活性，以适应应用对软件的输入、输出的要求。系统能否开放数据和功能接口？能否支持二次开发进行功能扩展？是否支持多种类型的数据库？是否支持 Windows、Linux 和 MacOS 多操作系统平台？这些都是系统现在和未来面临的适应性和灵活性问题，可以作为高阶应用系统选型的参考。

3. 软件是否能够获得长期、稳定的技术支持

对于商品化软件，稳定的技术支持是必需的。这一方面是为了保证软件能够满足需求的变化，另一方面是便于今后随着系统平台的升级而不断升级。用户企业或组织选型应用软件时，需要关注软件商的各种资质和品牌实力，及时了解软件商技术支持部门和团队的能力，当然也包括支持成本问题。

9.5　数据存储设计

在系统分析阶段进行新系统逻辑模型设计时，已从逻辑角度对数据存储进行初步设计。到系统设计阶段，就要根据已选用的计算机硬件和软件及使用要求，进一步完成数据存储的详细设计。

管理信息系统总是基于文件系统或数据库系统的，文件是存放在系统中待处理和维护的数据的基本方式，对于整个系统的全局数据管理需使用数据库。无论采用哪种方法，文件都是数据管理的最基本方式。数据文件也可以视为数据库中的数据表，把握文件的类型和设计方法有助于数据库的表设计。

9.5.1　文件设计

1. 文件的分类

文件可以按不同特征进行分类。按文件的存储介质分类，可分为卡片文件、纸带文件、磁盘文件、磁带文件和打印文件等。按文件的信息流向分类，可分为输入文件（如卡片文件）、输出文件（如打印文件）和输入输出文件（如磁盘文件）。按文件的组织方式分类，可分为顺序文件、索引文件和直接存取文件。按文件的用途分类，可把文件分为以下五类。

（1）主文件。主文件是系统中最重要的共享文件，主要存放具有固定值属性的数据。为发挥主文件数据的作用，它必须准确、完整并及时更新。

（2）处理文件。处理文件又称事务文件，是用来存放事务数据的临时文件，包含更新主文件所需的全部数据。

（3）工作文件。工作文件是处理过程中暂时存放数据的文件，如排序过程中建立的排序文件,打印时建立的报表文件等。

（4）周转文件。周转文件用来存放具有固定个体变动属性的数据。例如,工资子系统中的住户电费扣款文件,共有人员代码、姓名、用电量和电费扣款四个数据项。对于用电户,除新搬进和新搬走的用户外,前两项内容基本每月不变,需要输入的仅是用电量一项,为了节省总务部门抄写扣款清单（见图9-7）的工作量和财务部门输入扣款清单的工作量,可以采用周转文件来解决。具体办法是:财务科先制作一个磁盘文件"空周转文件",输入所有住户的代码和姓名,然后可以利用这个空周转文件由计算机打印出空白的住户电费扣款清单,交给总务部门去填写用电量（手工填写）并要求其送回,最后由计算机操作人员读取空的周转文件,将住户姓名一个个地显示在屏幕上,再启动输入程序,根据总务部门的扣款清单逐个地输入用电量。因为扣款清单是从财务科发到总务部门并要求其填好后又返回到财务科的,它既是输出,又是输入,所以叫周转扣款清单。同理,与周转扣款清单格式一致的上述磁盘文件也就被称作周转文件。

住户电费扣款清单

人　员　代　码	姓　　　名	用　电　量	电　费　扣　款
合　计			
			总务科制表人:

图 9-7　住户电费扣款清单

（5）其他文件。在信息系统中,还有一些其他类型的文件及上述文件的其他用法。例如,后备文件是主文件、处理文件、周转文件的副本,用以在文件遭到破坏时进行恢复;档案文件是用于长期离线保存数据的文件,作为历史资料,并通过安全措施防止非法访问。

2. 文件设计

文件设计根据文件的使用要求、处理方式、存储量、数据的活动性以及硬件设备的条件等,合理地确定文件类别、选择文件介质、决定文件的组织方式和存取方法。设计文件之前,首先要确定数据处理的方式、文件的存储介质、计算机操作系统提供的文件组织方式、存取方式和对存取时间、处理时间的要求等。表9-3列出常用文件组织方式的性能比较,表9-4是不同用途文件适宜选用的存储介质和文件组织方式。表中"活动率"指的是更新过程中被处理的记录的百分数。例如,针对10000个记录,需要处理8000个,则活动率为80%。

表 9-3　常用文件组织方式的性能比较

组织方式	处理方式		文件大小	随机查找速度	顺序查找速度	活动率	对软件要求	备注
	顺序	随机						
顺序	很好	不好	无限制	慢	很快	高	低	
索引	好	好	中等大	快	快	低	中	
直接	不好	很好	有限制	很快	慢	低	高	

　　文件设计通常从设计共享文件开始。这是因为共享文件与其他文件的关系密切,用共享文件作为基准,其他文件中与它相同的数据项要尽量与共享文件中的数据项保持一致。文件是由记录组成的,因此设计文件主要设计的是文件记录的格式。设计文件记录时,应填写每一数据项的名称、变量名、类型、宽度和小数位数。记录设计中还应注明记录由哪个程序形成,又输出到哪个程序。文件设计还应该考虑到文件的管理问题,为了进行有效的管理,要确定适宜的文件管理制度。

表 9-4　不同用途文件的特征

文件类型	保存期	活动率	存取方式	存储介质	组织方式	备注
主文件	长	高	顺序	磁盘	索引	
		低	随机		直接	
事务文件	中			磁盘或磁带	顺序	
工作文件	短			磁盘或磁带	顺序	

9.5.2　数据库设计

　　数据库设计是在选定的 DBMS 基础上建立数据库的过程。数据库是以系统分析阶段的成果、数据流图和数据字典为依据设计的。

　　数据库设计除用户需求分析外,大致包含概念结构设计、逻辑结构设计和物理结构设计3 个阶段。

　　第一阶段是数据库概念结构设计阶段。根据数据流图和数据字典进行概念结构设计,设计出数据库的概念模型,这些工作在系统分析阶段进行。概念模型是从用户角度看到的数据库。

图 9-8　E-R 图的基本元素

　　概念模型最常用的表示方法是实体联系法(entity-relationship approach,E-R 方法)。E-R图中 3 种基本成分是实体、属性与联系,其基本符号如图 9-8 所示。此法通过 E-R 图表示实体及其联系,从本质上反映一个信息系统的信息、组织情况,现已被广泛应用于数据库设计之中。

　　实体间联系情况比较复杂,但就其联系方式而言,可分为三种:一对一联系(简记为1∶1)、一对多联系(简记为 1∶n)、多对多联系(简记为 m∶n),如图 9-9 所示。

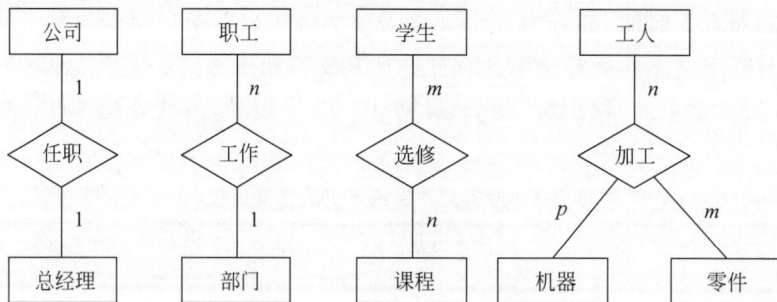

图 9-9　联系的三种类型

　　第二阶段是数据库逻辑结构设计阶段。根据前一阶段建立起来的概念模型,以及选定的 DBMS 特性,按照一定的转换规则进行逻辑设计,设计和建立起该 DBMS 所支持的数据模型。数据模型一般由实体联系模型（E-R 模型）转换而来，转换规则如下：

（1）每一实体集对应于一个关系模式。实体名作为关系名，实体的属性作为对应关系的属性。

（2）实体间的联系一般对应于一个关系，联系名作为对应的关系名，不带有属性的联系可以去掉。

（3）实体和联系中关键字对应的属性在关系模式中仍作为关键字。

通常不同型号计算机系统配备的性能不尽相同。为此数据库设计者还需深入了解具体的性能和要求，以便将一般数据模型转换成所选用的能支持的数据模型。逻辑结构设计阶段提出的关系数据模型应符合第三范式（3NF）的要求。如果选用的 DBMS 是支持层次、网络模型的 DBMS，则还需完成从关系模型向层次或网络模型转换的工作。

第三阶段是数据库物理结构设计阶段。这一阶段根据逻辑结构设计的结果和软硬件运行环境，确定一种高效、可实现的物理存储结构和存取方式，使之既能节省存储空间，又能提高存取速度。物理结构设计的主要内容包括：

（1）库文件的组织形式。如选用顺序文件组织形式、索引文件组织形式等。

（2）存储介质的分配。例如将易变的、存取频繁的数据存放在高速存储器上；稳定的、存取频度小的数据存放在低速存储器上。

（3）存取路径的选择等。数据库设计是在选定的数据库管理系统基础上建立数据库的过程。因为数据库系统已成为一门独立的学科，所以，当把数据库设计原理应用到 MIS 开发中时，数据库设计的几个步骤就与系统开发的各个阶段相对应，且融为一体，它们的对应关系如图 9-10 所示。

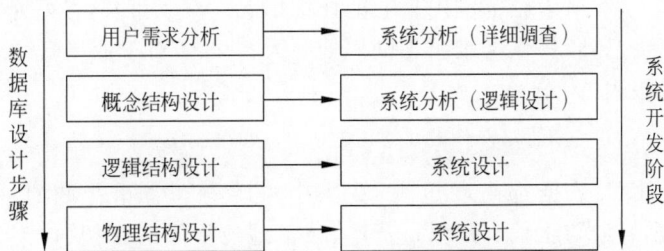

图 9-10 数据库设计与系统开发阶段对照

9.6 系统输入输出设计

9.6.1 输出设计

输出是用户与系统的一个重要接口。输出是系统产生的结果或提供的信息。用户所需要的各种管理业务和经营决策等信息，都是由系统的输出部分完成的。输出设计的主要内容包括输出内容、输出格式和输出方式等。

对于大多数用户来说，输出是系统开发的目的和评价系统开发成功与否的标准。因此，系统设计过程与运行过程正好相反，不是从输入设计到输出设计，而是从输出设计到输入设计。

1. 输出设计的内容

(1) 有关输出使用方面的内容。包括使用者、使用目的、报表数量、有效期、保管方法、复写份数、使用频率、安全保密要求等。

(2) 输出信息的内容。包括输出的项目、位数、数据形式、类型、长度、精度、取值范围等。

(3) 输出形式。如表格、文件、图形。

(4) 输出介质。包括纸张、磁盘、光盘等。

(5) 输出设备。包括显示终端、打印机、绘图仪等多媒体设备。

2. 输出设计的原则

(1) 方便使用者。

(2) 要考虑系统的硬件性能。

(3) 尽量利用原系统的输出格式,如果确实需要修改,必须征得用户的同意。

(4) 输出表格要考虑系统发展的需要。

一个好的输出结果和选择的最终输出方式是密不可分的。常见的输出方式只有两种,一种是报表输出,另一种是图形输出。究竟采用哪种输出形式为宜,应根据系统分析和管理业务的要求而定。一般来说,对于基层或具体事务的管理者,应用报表方式给出详细的记录数据;而对于高层领导或宏观、综合管理部门,则应该使用图形方式给出比例或综合发展趋势的信息。

例如,对于一个城市负责工业的市长来说,他需要的是全市工业、利税、产值、上升幅度、投资规模变化等综合比较信息以及极个别典型的信息。而对于市政府内某个工业局的管理人员来说,他就需要了解所管辖范围内企业的详细情况。对于市长,最好是以图表方式向他提供综合类的输出信息,若提供详细报告则用处不大;反之,对工业局具体管理人员则应提供详细的数据记录报表。

3. 数字大屏

全世界对数据和大数据都高度重视,我国中央政府和省市级政府成立数据管理机构——数据局,数据成为与土地、劳动力、资本、技术地位平等的新型、数字化生产要素。数字化转型和数据资产化成为新型的生产和研究课题。这种背景下,各类型组织都需要通过抓取、集成和转换已有的数据,形成可视化指标。从最开始的管理驾驶舱到如今的数字幕墙,很好地扩展了 EXCEL 数据表格功能,形成了大屏幕和超屏幕上的指标分析型系统,即数智化管理系统,具有一站式、实时、可视化、多指标、预警等特征和功能。早期,数字大屏用于工业监控,例如无人值守的水电站、火电站、稻田和山林。现在,它已经被广泛应用于经济贸易数据可视化、工业制造可视化(自动化工厂)、医疗公共服务可视化、教育机构可视化、公共交通管理可视化、智慧城市可视化、农业生产可视化、金融数据可视化等领域。

阿里、腾讯、用友等许多公司已经提供了数据可视化方面的各类服务,ERP 厂商正在向数据可视化业务衍生,强化数据可视化应用。百度公司在 Apache.org 平台上提供强有力的数据可视化工具 ECharts(echarts.apache.org/zh/index.html),为现代系统的可视化输出提供了很好的免费参考。ECharts 是一个基于 JavaScript 的开源可视化图表库,功能远超 Excel 图表样例,丰富了数据图表的想象,对构造数字大屏很有启发和利用价值,用户可自由选择所需图表和组件进行打包下载或免费安装使用。

9.6.2　输入设计

输入设计对系统的质量有着决定性的影响。输出信息的质量直接取决于输入,如果输入数据有误,即使计算和处理都十分准确,也无法获得可靠的输出信息。因此,要求输出高质量的信息,首先就要求输入高质量的信息。输入设计的目标是:在保证输入信息正确性和满足输出需要的前提下,应做到输入方法简便、迅速、经济。数据输入是用户与计算机的主要接口,其设计内容主要包括输入界面设计、输入方式选择和数据的校验设计。

1. 输入设计的原则

输入数据错误,输出结果必然不对。输入设计的目标是保证在向系统输入正确数据的前提下,做到输入方法简单、迅速、经济、方便。为此,输入设计应遵循下列基本原则:

(1) 最小量原则。数据输入量应保持在能满足处理要求的最低限度,因为输入的数据越多,产生的错误可能也越多,例如过拟合问题。

(2) 不重复原则。系统需要杜绝数据的重复输入,特别是数据能共享的大系统、多子系统,一定要避免重复输入,否则会增加许多的工作量及错误。数据最好是一处一次输入,多次多处使用。

(3) 简单性原则。数据输入准备和过程应尽可能简单,以减少错误的发生,例如现在使用扫描输入,快捷、省事、准确。

(4) 少转换原则。输入数据应尽早地用其处理所需的形式进行记录,以便减少或避免数据由一种介质转换到另一种介质时可能产生的错误。

(5) 早检验原则。在输入数据后,尽早进行数据检验,及时改正错误,以免遗忘和遗漏。

(6) 便于填写原则。在原始单据格式输入界面设计上,需要考虑便于填写的因素,可以增加提示功能、快捷键功能,限制输入的值域、格式、类型,即时校验,保证输入数据精度和正确性。

2. 输入方式设计

输入方式的设计主要根据总体设计和数据库设计的要求来确定数据输入的具体形式。常见的方式如下。

(1) 键盘输入。键盘输入方式包括联机键盘输入和键盘输入两种方式。这种方式主要适用于常规、少量的数据和控制信息的输入以及原始数据的录入,不太适合大批量中间处理性质的数据的输入。

(2) 磁盘传送数据。数据输出和接收双方事先约定好等待传送数据文件的标准格式,然后再通过软盘或光盘传送数据文件。

(3) 光电阅读器。数/模(D/A)-模/数(A/D)是目前比较流行的基础数据转换输入方式。这是一种直接通过光电设备对实际数据进行采集并将其转换成数字信息的方法。这种方法常见的形式有条码输入、扫描仪输入、传感器输入、人体特征输入等。

(4) 网络终端。使用网络终端可以安全、可靠、快捷地输入和传输数据,它既是一种输出信息的方式,也是一种输入信息的方式。网络传输途径可以有多种:计算机网络、有线电话网络、移动通信网络、蓝牙网络。

3. 输入设计的内容

(1) 确定输入数据内容。输入数据的内容设计,包括确定输入数据项名称、数据内容、精度、数值范围。

(2) 确定数据的输入方式。数据的输入方式与数据发生地点、发生时间、处理的紧急程度有关。例如,如果发生地点远离计算机房,发生时间是随机的,又要求立即处理,则采用联机终端输入。

(3) 确定输入数据的记录格式。记录格式是人机之间的衔接形式,因而十分重要。如果设计得好,就容易控制工作流程,减少数据冗余,增加输入的准确性,并且容易进行数据校验。

(4) 输入数据的正确性校验。输入设计最重要的问题是保证输入数据的正确性。对数据进行必要的校验,是保证输入正确的重要环节。

(5) 确定输入设备。设备的选用应考虑的因素包括:①输入的数据量与频度;②数据的来源、形式、收集环境;③输入类型、格式的灵活程度;④输入速度和准确性要求;⑤输入数据的校验方法、纠正错误的难易程度;⑥可用的设备与费用。

4. 数据输入记录格式设计

数据输入记录格式或界面设计方面,既要便于操作人员录入,又要便于填表人员、现场工作人员填写。数据记录格式一般分为两部分:预先印刷部分和插入数据的空格。

供人填写的表格,不仅要附注功能说明,而且在表格下方也要注明代码说明。比较简单的代码可在表中列出,让填表人和读表人不用死记编码或反复翻阅代码表,保证了输入数据的准确性。设计记录格式时,可以采用如下方法:

(1) 块风格。采用容器控件,把相关内容框起来,既达到了归类的目的,又引人注目,每个空格填入的数据仅为其所要求的数据。

(2) 阴影。不用编码员完成的那部分格式使用阴影,且使用 disable 或其他限制属性限制输入框填写内容,可以注释说明。

(3) 选择框。简单的输入方式,填表者只要打勾即完成输入。

(4) 颜色。不同部分用不同的颜色,以明显标示不同字域。注意前景和背景之间的映射关系,应做到美观、得体、易识别、强调重点。

(5) 设立数字域。数字栏应能容纳可能最大的数,标出小数点位置。

(6) 划分。划分区域,如果是 PDF 和 Word 等文档文件,可以注明装订线。

(7) 说明。说明关键部分。

目前,在 Word、PDF 文件里都可以设置限制编辑和保护方面功能,只允许用户在合适的空白处填写信息,交互式系统界面开发可以利用已有开发平台所支持的各类输入控件提供精准、自带校验、便捷的输入功能。

5. 输入数据的校验方法

数据输入正确,因为中间处理环节的问题,结果不一定正确;而数据输入错误,结果肯定错误。数据输入的正确性和完整性是信息管理和处理的基础。然而,在实际工作中,由于各种原因,数据可能会出现错误。数据出错有以下几种类型。

(1) 数据内容的错误。原始数据本身有错误或录入时产生错误。

(2) 数据多余或不足。数据收集过程容易出现这样的错误,例如,原始单据丢失、遗漏或重复。

（3）数据的延误。由于输入数据迟缓导致处理推迟，不仅影响业务工作，还可能使输出结果变得无价值。

为减少输入出错，可根据需要和条件选用数据的校验方法。数据输入的校验方法有由人工直接检查、由计算机用程序校验以及人与计算机两者分别处理后再相互查对校验等多种方法。

（1）重复校验。将相同的内容重复执行多次，比较其结果。例如，由两个或更多操作员录入相同的数据文件，比较后找出不同之处予以纠正。

（2）视觉校验。一般在原始数据转换到介质以后执行。例如，从终端上键入数据，在屏幕上校验之后再送到计算机处理。视觉校验查错率一般可达到 75%～85%。

（3）分批汇总校验。对于重要数据，如传票上的金额，其数量可以进行分批汇总校验。将原始传票按类别、日期等分成若干批，先手工计算每批总值，输入计算机后，计算机再计算总值，二者对照进行校验。

（4）控制总数校验。分批汇总校验是对部分重要数据进行的，控制总数校验则是对所有数据项的值求和进行校验，其出错位置的确定比分批汇总校验精确。

（5）数据类型校验。校验数据是数字型还是字符型，还可组合运用界限检查、逻辑检查等方法进行合理性校验。

（6）格式校验。格式校验也称错位校验，校验各数据项位数和位置是否合乎事先的定义。例如，若规定姓名最大位数是 30 位，那么第 31 位应为空格，否则认为数据错位。

（7）逻辑校验。检查数据项的值是否合乎逻辑。例如月份应是 1～12，日期应是 1～31。逻辑校验检查数值是否合乎业务上的要求，也称合理性校验。

（8）界限校验。指检查某项数据是否在预先指定的范围之内，分范围校验、上限校验、下限校验三种。例如，某商品单价在 50 元以上，1000 元以下，在此范围之外属错误。

（9）记录计数校验。通过记录的个数来检查数据的记录有无遗漏和重复。

（10）平衡校验。校验相关数据项之间是否平衡。例如，检查会计的借方与贷方、报表的小计与总计是否相符。

（11）匹配校验。指核对业务文件的重要代码与主文件的代码。例如，销售业务文件中的顾客账号若在顾客主文件中找不到，就有问题。

（12）代码自身校验。这是最常用的一种校验。

9.7　制定设计规范与系统设计说明书

9.7.1　制定设计规范

完成系统的处理流程图使人们对整个系统有比较完整的认识。系统有多少程序、多少数据文件已历历在目。但是系统内程序、文件、处理方法的种类极多，若不在事前予以统筹命名，统一标准，将来无论在系统的使用、操作方面，或者在管理方面，都会造成极大的混乱。为此，应尽早从系统的角度，全面考虑，切实制定好设计规范。

设计规范是整个系统的"公用标准"，它具体地规定文件名和程序名的统一格式、编码结构、代码结构、统一的度量名等。

9.7.2 编写系统设计说明书

系统设计说明书从系统总体的角度出发,对系统内部主要技术方面的设计进行说明,其着重点在于阐述系统设计的指导思想以及所采用的技术路线和方法。编写系统设计说明书将从技术和指导思想方面为后续系统的发展提供必要的保证。它是系统设计阶段的产物。

1. 编写系统设计说明书的要求

编写系统设计说明书的要求可以概括为:全面、准确、清楚。

全面,即对系统的总体结构、所有功能模块及相应的运行环境都应从技术方面进行说明;准确,即对各功能模块的内部规定、外部说明、接口设计以及相互之间的逻辑关系必须规定明确;清楚,即要求编写的说明书文字简洁、清晰,便于系统开发人员阅读和理解。

2. 系统设计说明书的编写

系统设计说明书内容应包括项目概述、模块设计说明、代码设计说明、输入/输出设计说明、数据库设计说明、网络环境说明、安全保密说明、设计实施方案说明。系统设计说明书的格式可以参考以下的编写大纲。

编写大纲

1 引言

1.1 摘要(系统的名称、目标和功能)

1.2 背景(项目阶段计划、项目关联实体包括项目承担者、用户、其他机构)

1.3 工作中的困难和限制(计算机系统环境、保密和安全限制等)

1.4 参考资料

2 系统总体技术方案

2.1 模块设计(模块结构图,确定系统总体结构)

2.2 代码设计(信息分类、校对、总计和检查的关键)

2.3 输入设计(承担将系统外的数据以一定格式送入计算机的任务,直接影响人工系统和机器系统的工作质量)

2.4 输出设计(输出设计把由计算机对原始数据处理加工的结果按一定格式提供给用户。除格式要求外,输出还必须有必要的介质和设备)

2.5 数据库设计(数据库应用系统设计:需求规定、运行环境要求、设计方案)

2.6 网络设计(系统的网络结构设计)

2.7 安全可靠性设计

2.8 实施方案说明书(确定系统实施方案,编写实施方案说明书,信息系统的研制工作就从系统设计阶段转入系统实施阶段。实施方案说明书就作为系统实施阶段的依据)

※ 思考题

1. 管理信息系统设计主要的作用和阶段成果是什么？
2. 管理信息系统设计与管理信息系统分析的根本区别是什么？
3. 管理信息系统总体设计有何方法？
4. 代码设计为什么在系统设计内容里面非常重要？
5. 系统模块化设计有什么优势？
6. 系统的物理配置方案内容包括哪些？
7. 输入和输出设计的作用和注意事项是什么？
8. 如何选择数据库管理系统？
9. 选择应用软件需要关注哪些内容？
10. 数字大屏与数据可视化有何关系？如何实现数字大屏？
11. 系统设计说明书的作用是什么？

第10章

管理信息系统的实现

主要内容：程序设计历史和方法、软件开发工具
重点掌握：程序设计方法和软件开发工具
综合应用：软件开发方法与工具

10.1 程序设计方法

10.1.1 程序设计的基本概念

1. 什么是程序

计算机的两大强项是计算和存储，计算重在算法设计，算法来自人脑。使用计算机解决问题，就是让计算机代替人脑的部分功能和按照人定的算法对数据进行处理。人类凭借语言和语音符号进行思维，计算机使用机器语言进行"思维"，控制计算机思维的算法必须用机器语言描述以便计算机识别，这种以机器语言描述的算法指令就是程序。使用计算机解决问题时，除了需要使用计算机语言描述算法，还必将涉及数据结构。据此意义，程序是建立在数据结构基础上使用计算机语言描述的算法。因此，程序可以如此表示：程序＝算法＋数据结构。程序是算法在计算机上的具体实现，实现算法时所采用的往往是高级程序设计语言，这种语言的程序是不能直接在计算机上运行的，通常需要经由计算机系统提供的高级语言编译器转换成计算机所能识别的机器语言才能在计算机上运行。概括来说，程序是有逻辑、有顺序的步骤的组合。

2. 程序设计的原则

以往程序设计主要强调程序的正确和效率，但现在已倾向于在保证程序正确性的前提下强调程序的可维护性、可靠性和可理解性，程序效率则放到稍后的位置。设计性能优良的高质量程序，必须遵循以下五个原则。

（1）正确性。程序能够严格按照规定要求，准确无误地提供预期的全部信息。

（2）可维护性。程序在运行过程中可能暴露出隐含错误，需要及时修复；用户也可能提出新需求，要求修改或补充功能。同时，随着软件和硬件的更新，应用程序可能需要调整或移植。程序维护贯穿系统生命周期，修改原因可能包括隐含错误、功能不达标、与实际情况不符、需求变化等。

（3）可靠性。系统的可靠性指标是衡量系统质量的首要标准，主要包括两个方面：一

是程序或系统的安全可靠性,如数据存取、通信和操作权限的安全,这些需要在系统分析和设计阶段严格定义;二是程序运行的可靠性,这依赖于调试过程中的严格把关,尤其是在委托他人编程时,要确保编程质量。

(4) 可理解性。程序的可理解性指的是程序内容清晰、易于理解。编程如同写文章,易于理解非常重要。即使一个程序逻辑上完全正确,但如果排列杂乱无章,无法供他人阅读、分析、测试、排错、修改和使用,它也没有价值。因此,需要通过命名约定、代码格式化和良好的注释来提高可阅读性和可理解性,方便后期维护。对于大型系统,程序不仅要正确执行,还应层次清晰、简洁明了,便于阅读。因为系统通常需要多人协作完成,且后期维护工作量大,程序难以阅读会极大增加设计、检查和维护的难度。结构清晰是提高程序可读性和可维护性的基础。

(5) 高效性。程序效率指计算机资源(如时间和空间)的有效利用。随着硬件价格下降,性能提升,程序效率已不再像以前那样关键。相反,程序设计者的工作效率变得更加重要。提高设计者的工作效率不仅能减少经费开支,还能显著降低程序出错率,进而减轻后期维护工作负担。这使得高效的程序设计过程更加关注设计者的工作流程和方法,而不仅仅是程序运行的性能优化。

3. 程序设计的步骤

对复杂程度稍高的问题,想直接编写程序解答是不现实的,必须从问题描述入手,经过对待解决问题的分析、设计直至程序的编写、调试和运行等一系列的过程,最终得到解决问题的计算机应用程序,此过程称为程序设计,一般传统的简单程序的设计包括以下七个步骤。

(1) 明确方案。设计人员接到一项程序设计的任务时,首先要根据系统设计及其他有关资料,弄清楚该程序设计的条件和要求,如硬件、软件的状况和采用的语言、编码、输入、输出、文件的位置、数据处理等方面的要求,以及和其他各项程序的关系等。只有明确了这些方面的情况,才能进一步考虑程序的设计。

(2) 分析数据。数据是加工处理的对象。要设计好一项程序,就必须对要处理的数据进行仔细的分析,弄清数据的详细内容和特点,才能进一步按照要求确定数据的数量和层次结构,安排输入、输出、存储、加工处理的步骤,以及一些具体的算法。

(3) 确定流程。流程是为完成规定的任务而给计算机安排的具体操作步骤,一般用统一规定的符号,把数据的输入、输出、存储加工运算等处理过程绘成程序流程图,作为编写程序的依据。

(4) 编写程序。采用一种程序设计语言,按其规定的语法规则把确定的流程描绘出来。在程序的编写过程中,必须仔细考虑处理过程中的每个细小环节,严格遵守语法规则,准确地使用各种语句,才能编写出符合要求的程序;否则,稍有疏忽大意就会影响系统正常运行,就不能取得预期的结果。

(5) 程序检查和调试。程序写好以后,还要经过反复仔细的检查。检查内容包括程序结构是否得当,语句选用和组织是否合理,语法是否符合规定,语义是否准确等。发现问题,应及时修改。一项程序往往要经历多次检查、调试、修改后,才能通过。

(6) 程序测试。程序必须经过科学的、严格的测试,才能最大限度地保证程序的正确性。同时,通过测试可以对程序的性能、安全性等方面做出评估。

(7) 编写程序使用文档。说明执行该程序需要使用的设备,输入、输出的安排,操作的步骤,以及出现意外情况时应采取的应变措施等,以便程序有条不紊地运行。

10.1.2 程序设计语言

作为在计算机上实现算法的工具,一种理想的程序设计语言所提供的语法应该能够满足描述算法结构、数据、操作等各方面信息的需要。程序设计语言从最初的机器语言发展到今天流行的面向对象语言,语言的抽象程度越来越高,程序风格越来越接近人类自然语言风格,因此程序设计过程越来越接近人类的思维过程。图 10-1 表明自第一台计算机(这里沿用实体计算机的发明时间——1946 年)发明以来,运行于计算机上的语言系统也有多方向发展,直至当前格局。按照语言的特点与功能,可分为面向机器的过程语言、面向指令的过程语言、面向人类语言的过程语言、面向目标的查询语言、面向人类思维的对象语言、面向问题的智能语言等六代语言。按照时间顺序,程序设计语言的发展阶段大致可以分为高级语言出现前阶段以及高级语言出现后的面向对象语言阶段和可视化语言阶段,其中网络编程语言和关系数据库语言也占据了重要地位。

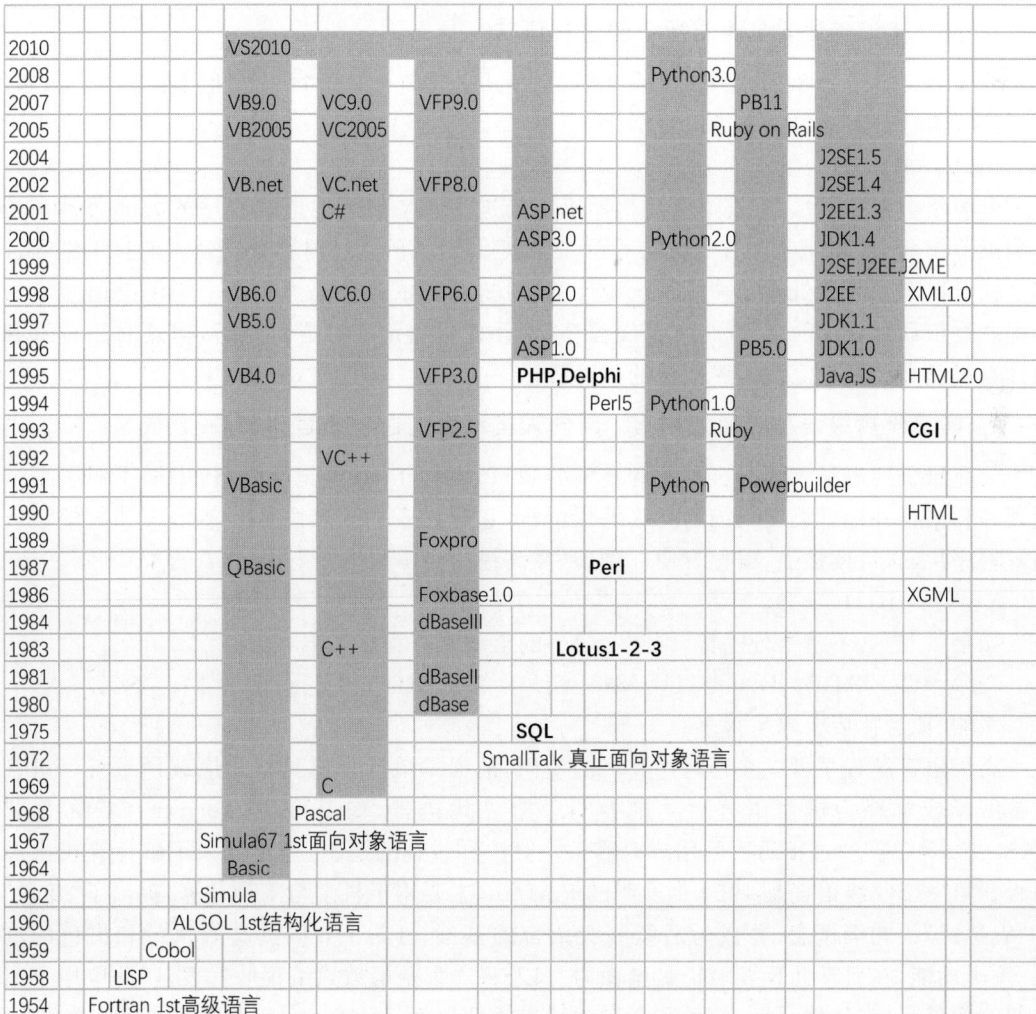

年份	VB/Basic	VC/C	VFP/dBase	ASP/脚本	Python	Ruby/PB	Java/JDK	标记语言
2010	VS2010							
2008					Python3.0			
2007	VB9.0	VC9.0	VFP9.0			PB11		
2005	VB2005	VC2005				Ruby on Rails		
2004							J2SE1.5	
2002	VB.net	VC.net	VFP8.0				J2SE1.4	
2001		C#		ASP.net			J2EE1.3	
2000				ASP3.0	Python2.0		JDK1.4	
1999							J2SE,J2EE,J2ME	
1998	VB6.0	VC6.0	VFP6.0	ASP2.0			J2EE	XML1.0
1997	VB5.0						JDK1.1	
1996				ASP1.0		PB5.0	JDK1.0	
1995	VB4.0		VFP3.0	PHP,Delphi			Java,JS	HTML2.0
1994				Perl5	Python1.0			
1993			VFP2.5			Ruby		CGI
1992		VC++						
1991	VBasic				Python	Powerbuilder		
1990								HTML
1989			Foxpro					
1987	QBasic			Perl				
1986			Foxbase1.0					XGML
1984			dBaseIII					
1983		C++		Lotus1-2-3				
1981			dBaseII					
1980			dBase					
1975				SQL				
1972				SmallTalk 真正面向对象语言				
1969		C						
1968		Pascal						
1967	Simula67 1st面向对象语言							
1964		Basic						
1962	Simula							
1960	ALGOL 1st结构化语言							
1959		Cobol						
1958	LISP							
1954	Fortran 1st高级语言							

图 10-1　计算机程序设计语言发展历程

1. 第一代机器语言：面向机器的过程语言

机器语言是计算机诞生和发展初期使用的语言，表现为二进制的编码形式，是由 CPU 可以直接识别的一组由"0"和"1"序列构成的指令码。这种机器语言从属于硬件设备，不同的计算机设备有不同的机器语言。直到如今，机器语言仍然是计算机硬件所能"理解"的唯一语言。计算机发展初期，人们直接使用机器语言来编写程序，工作相当复杂而烦琐。例如，下面列出的一串二进制编码命令计算机硬件完成清除累加器，然后把内存地址为 117 的单元内容与累加器的内容相加：

011011 000000 000000 000001 110101

可以看出，使用机器语言编写程序很不方便，它要求使用者熟悉计算机的所有细节，程序质量完全决定于个人编程水平。特别是随着计算机硬件结构越来越复杂，指令系统变得越来越庞大，一般的工程技术人员难以掌握程序编写。为了把少数计算机专门人才解放出来，减轻程序设计人员在编制程序工作中的烦琐劳动，计算机工作者着手进行程序设计语言研究和语言处理程序开发。

2. 第二代汇编语言：面向指令的过程语言

汇编语言出现于 20 世纪 50 年代初期，它是用助记符来表示每一条机器指令的。例如，上面的机器指令的汇编语言可以表示为：

CLA　00　017

由于便于识别记忆，汇编语言比机器语言前进一步。但汇编语言程序的大部分语句还是和机器指令一一对应的，语句功能不强，因此编写较大的程序时仍很烦琐。而且汇编语言都是针对特定的计算机或计算机系统设计的，对机器的依赖性仍然很强。用汇编语言编好的程序要依靠计算机的翻译程序（汇编程序）翻译成机器语言后方可执行，但这时用户看到的计算机已是装配有汇编程序软件的计算机。

3. 第三代高级语言和算法语言：面向人类语言的过程语言（1954—1966）

为克服机器码和汇编语言难记和难学的缺点，人们于 20 世纪 50 年代中期发明了不依赖硬件和语言并接近英文单词的高级编程语言，它允许人们用熟悉的自然语言和数学语言编写程序代码，可读性强，编程方便。例如，在高级语言中写出如下语句：

X＝(A＋B)/(C＋D)

如果";"为上下指令分隔符，则与之等价的汇编语言程序如下：

CLA　C；ADD　D；STD　M；CLA　A；ADD　B；DIV　M；STD　X

显然，前者比后者容易得多。

高级语言源程序可以在不同计算机上使用，前提是该计算机具备相应编译系统。语言在被编译或解释为机器语言后才能执行。第三代语言，如 BASIC、Fortran、COBOL 和 PASCAL 等，属于"过程语言"，用户只需关注算法和过程的逻辑，避免深入了解计算机内部逻辑。第一个高级语言是 1954 年发明的 Fortran，主要用于科学与工程计算，提出了"变量"和"表达式"语句等概念，并成为后续高级语言的基础。Fortran 因其高效执行和出色的输入/输出功能，在科学计算领域仍具生命力。LISP 语言是函数式编程的代表，广泛应用于人工智能领域，且在软件开发、商务和金融领域有重要应用。COBOL 则是数据处理的标准语言，提出了与机器无关的数据描述概念，对数据库管理系统的发展的作用重要，也推动了计算机在事务处理领域的应用。ALGOL 语言与普通语言表达式接近，适合数值计算，成为多种现代语言的基础。Simula 语言引入面向对象编程，而 BASIC 则成为微软发展的关键。C 语言由 Bell 实验室开发，克服了其他高级语言不适合开发系统软件的问题，因其简洁的表达式、丰富的运算符及控制结构而广受欢迎。C 语言不仅限于系统软件开发，还成为全球最流行的编程语言之一，虽然它并非为教学而设计，但在计算机课程中被广泛采用。

4. 第四代语言：面向目标的查询语言——非过程化语言（1975 年至今）

用户使用非过程化语言，不必关心问题的解法和处理过程的描述，只需说明所要完成的工作目标及工作条件，就能得到所要结果，其他工作都由系统完成。换句话说，原本费时费力的编程工作主要由系统承担。因此，非过程化语言比过程化语言使用起来更加方便。但是非过程化语言目前只适用于部分领域，其通用性及灵活性不如过程化语言。第三代语言要求人们告诉计算机怎么做，第四代语言则只要求人们告诉计算机做什么。因此，人们称第四代语言是面向目标的语言。SQL 属于第四代语言。

5. 第五代语言：面向人类交流思维的对象语言（1967 年至今）

SQL 语言被视为第四代语言，而面向对象语言则属于第五代语言。1967 年版的 Simula 开启了面向对象思想的先河，而 5 年后的 SmallTalk 才被认为是第一门真正的面向对象语言。后来，主流网络设计语言 Java 及 C++、C♯、VB 等其他语言的高级版本都具备面向对象思想，包括后来的可视化功能。1968 年 Pascal 和 1969 年 C 语言的出现非常重要，尽管两者是面向过程的语言，前者在程序语言教学方面功劳很大，后者则成为许多重要的专业应用软件的设计语言，比如有些 Office 软件和 CAD 软件等。

1985 年，微软推出 Windows 1.0，其本身不是一个操作系统，而是基于 MS-DOS 的一个应用。Windows 3.0（1990）、Windows 3.1（1992）以及 Windows 3.2（1992）也都是面向 DOS 的图形化用户界面，比纯 DOS 指令操作系统更人性化，可以用鼠标实现交互式操作。这期间微软推出 Visual Basic 1.0（1991），标志编程语言 GUI 的产生。创造 GUI 的想法最早要回溯到 20 世纪 60 年代斯坦福大学研究院的一名美国研究员 Douglas Engelbart，后来施乐公司研发人员将鼠标引入到计算机当中，直至 1981 年第一台商用 GUI 计算机的诞生，名叫"施乐之星"。1979 年，苹果公司领导人乔布斯在参观施乐公司的过程中看到还在实验中的 GUI 计算机，回去后就加紧研发并于 1983 年推出苹果第一台 GUI 计算机"LISA"，但因为太贵而滞销。1984 年，苹果又推出自己第一台流行的 GUI 计算机 Macintosh。后来比尔·盖茨参观苹果公司，得到启发后推出自己的 GUI 操作系统。这些公司之间存在竞争与合作的来往，整体上都对推进 GUI 发展有所贡献。

Powerbuilder 语言的出现极大提高了数据库系统软件的开发效率，曾一度流行，但随着 Sybase 公司被 Oracle 公司收购，使用面大幅下降。1995 年对于系统和软件而言也是一个里程碑：Windows 95、Java、PHP、Delphi 相继诞生。1996 年出现 ASP 后，常用 Web 平台开发语言 Java、PHP 和 ASP 都齐全了，当然还包括早期的 Perl、Python 和 Ruby 等。Web 编程语言及架构思想直接让数据库应用系统实现了面向 Web 界面的 B/S 结构。

Java 是目前最为流行的程序设计语言，它的诞生最早可追溯至 1991 年。Sun 公司的绿色计划开始着手发展消费性电子产品，所使用语言是 C、C++ 及 Oak（Java 语言的前身），后因语言本身和市场问题使得消费性电子产品发展无法达到预期目标,万维网的兴起使得绿色计划转向开发 Java。1994 年,Java 崭露头角并成为 Internet 上的世界语,是最佳网络应用开发语言。Java 在根本上解决了 Internet 的异质、代码交换以及网络程序的安全性等诸多问题,这是因为:①Java 是一种与平台无关的语言(跨平台);②Java 采用可移动代码技术,在网络上可以进行无格式数据信息交换以及程序交换;③Java 是比较纯的面向对象语言;④Java 是一种更安全的语言,提供诸多安全保障机制。例如异常处理、代码检查等,比其他语言更适合网络应用软件的开发。

6. 第六代语言:面向问题求解的推理语言——智能性语言

第六代语言从时间上几乎与第三代语言平行问世,区别于第三代语言程序设计自身的便捷化,第六代语言要求语言功能上具有一定智能。智能化语言主要应用于抽象问题求解、数据逻辑、公式处理、自然语言理解、专家系统和人工智能等领域。PROLOG 是第六代语言的代表。

计算机语言发展过程中不断涌现新技术和新思想,在 20 世纪 60 年代的 10 年时间里,人们至少发明了 200 多种高级语言。比较著名的有应用于人工智能领域的 LISP 语言,涉及矩阵运算的科学计算领域的 APL 语言,成功地用于文本处理领域的 SNOBOL 语言,用于处理仿真问题的 SIMULA 语言,以及交互式的解释型程序设计语言 BASIC。20 世纪 70 年代以来,结构化程序设计思想推动了 PASCAL、Ada、C 语言等语言的简化。PASCAL 支持结构化设计并引入数据抽象;Ada 以可靠性、高效率为目标,扩展了数值计算、并发处理等内容,使软件开发和维护更为高效。

统计学是现代社会应用和学术研究的重要途径之一,许多统计学软件成为广大研究者和企业使用的重要工具,比如 SAS、SPSS、EXCEL、R、Minitab、Statitica、Eviews、Matlab、Stata 等,这些软件都支持通用的统计模型函数,而且有些软件支持扩展软件包。除了简便和简单的 Excel 外,时下国内常用的统计软件是 SAS,SPSS 和 R 语言等。其中 SAS 属于大而全的统计分析软件,SPSS 属于中型统计分析软件,R 语言不仅支持统计分析,而且还用于数字计算,目前有流行趋势。Matlab 则是大而全的智能化软件,其他几款统计软件因为小巧灵便,也有不少使用者。

数据挖掘也是目前大数据背景下的重要应用和研究方向之一,这些数据库挖掘软件值得学习和使用。传统的数据挖掘软件套件包括 SAS Enterprise Miner 和 IBM SPSS Modeler,它们通常用于企业级的数据分析和模型构建。而在开源数据挖掘领域,RapidMiner、KNIME 和 Weka 是广泛使用的工具,提供了丰富的功能和灵活性。自动化数据挖掘软件如 SAP KXEN 则致力于简化数据挖掘过程,自动化地完成大部分分析任务。此外,还有一些专门化的数据挖掘软件,针对特定行业或需求提供定制化功能。例如,Viscovery SOMiner 和 Prudsys Discovery/Basket Analyzer 主要用于零售和营销领域的数据分析,DeltaMaster 则更多应用于商业智能和数据可视化。最后,一些 BI 产品也内置了数据挖掘功能,如 SAP NetWeaver 中的 Data Mining Workbench、Oracle 中的 Data Mining 和 Microsoft SQL Server 中的 Analysis Services,这些工具通常与商务智能系统紧密集成,方便数据挖掘与决策支持的结合。除了专用的数据挖掘软件外,Matlab、R 语言、Orange、Python、NLTK、GGobi、Tanagra 等也可用于数据分析和挖掘。

10.1.3 Python

1. Python 的流行与特点

Python 是一种高级编程语言,因其简洁、易读和功能强大而广受欢迎。它由 Guido van Rossum 于 1989 年创建,最初发布于 1991 年。Python 支持多种编程范式,包括面向对象、过程化和函数式编程。Python 之所以流行并形成全民学习的势头,原因是它具有这样一些特点:①语法简单,易于学习和使用;②强大的标准库可以处理各种常见任务(如文件 I/O、系统调用、网络编程、文本处理等);③跨平台支持 Windows、Linux、macOS 等多个操作系统;④动态类型语言的变量在使用前不需要声明类型,而解释器会在运行时确定;⑤解释型语言使得开发更加灵活;⑥广泛的社区支持提供大量的开源库和工具。

Python 广泛应用于各个领域,包括但不限于以下领域:

(1) Web 开发。使用 Django、Flask 等框架,快速开发功能强大的 Web 应用。

(2) 数据科学和机器学习。Python 库如 NumPy、Pandas、Scikit-learn、TensorFlow 和 PyTorch 使 Python 成为数据分析和机器学习的首选语言。

(3) 自动化和脚本编写。简化系统管理和其他重复性任务。

(4) 游戏开发。Pygame 库使得 Python 在 2D 游戏开发中也占有一席之地。

(5) 科学计算工程。SciPy 和 Matplotlib 等库为科学计算和数据可视化提供强大支持。

2. Python 常用的集成开发环境

根据使用量和流行程度,以下是截至 2024 年最受欢迎的几个 Python 集成开发环境 (IDE)及代码编辑器的排名。

(1) PyCharm,由 JetBrains 开发。PyCharm 是专为 Python 开发设计的 IDE,提供强大的代码导航、调试器、集成的单元测试和版本控制支持,包括智能代码补全、代码检查和重构工具。PyCharm 分为社区版(免费)和专业版(付费);适合专业开发者和团队,特别是需要复杂项目管理和集成的用户。

(2) Visual Studio Code (VS Code),由 Microsoft 开发。VS Code 是一款开源、免费且高度可扩展的代码编辑器。通过 Python 扩展,VS Code 可以提供类似于 IDE 的功能,包括智能代码补全、调试、linting 和集成终端。丰富的插件生态系统使 VS Code 成为许多 Python 开发者的首选;适合从初学者到高级用户的各种开发者,特别是需要多语言支持和轻量级编辑体验的用户。

(3) Jupyter Notebook/JupyterLab,由 Jupyter Project 开发。Jupyter Notebook 是一种基于 Web 的交互式开发环境,非常适合数据科学、机器学习和数据分析工作;JupyterLab 是其更为现代化和可扩展的版本,提供更多的界面自定义和扩展功能。它们常用于数据科学研究和教学,特别是数据探索、可视化和快速原型设计工作。

(4) Spyder,由 Spyder Project Contributors 开发。Spyder 是一个针对数据科学和工程的开源 Python IDE,内置强大的数据分析工具(如 Pandas、NumPy、Matplotlib);提供集成的 IPython 控制台、调试器、变量浏览器和数据查看工具。Spyder 主要面向数据科学家和工程师,尤其适合需要科学计算和数据分析的环境。

(5) IDLE,由 Python Software Foundation 开发。IDLE 是 Python 内置的简易 IDE,具

有基本的编辑、调试和执行功能。IDLE 非常轻量,适合快速测试和学习 Python,也适合初学者和需要一个简单编辑器进行快速实验的用户。

其他还有 Sublime Text/Sublime HQ、Atom/GitHub(微软)、Thonny/爱沙尼亚塔尔图大学、Wing IDE/Wingware 等。

Python、Java、MATLAB 和 R 是四种广泛使用的编程语言,虽然不少功能有所重叠,但又各有优势和分工。Python 是一种通用编程语言,因其简单易用的语法和强大的社区支持,成为数据科学、机器学习和 Web 开发等领域的首选语言。它非常适合快速开发、数据分析和自动化脚本编写。Java 则更适合用于大型企业级应用开发。它具有良好的性能和跨平台兼容性,广泛应用于后端服务、Android 开发以及大规模系统开发领域。MATLAB 是一款强大的科学计算和仿真工具,主要应用于工程、物理、数学等科学领域。它适合需要复杂数学计算和可视化的专业人士,特别是在科研和工程项目中发挥重要作用。R 语言专为统计和数据分析而设计,拥有丰富的统计分析包和强大的数据可视化功能。它主要用于学术研究、数据分析和统计学领域,尤其适合数据科学家和统计学家使用。选择合适的编程语言取决于具体的应用场景、性能要求和个人/团队的技能背景。

3. 在线免费学习和实验 Python 平台

(1) Codecademy(www.codecademy.com/learn/learn-python-3)。提供交互式 Python 课程,从基础到进阶,涵盖 Python 的基本语法、数据结构、函数、面向对象编程等,学习过程在浏览器中进行,实时查看代码的运行结果。适用于初学者和希望巩固 Python 基础的用户。

(2) Coursera(www.coursera.org)。提供由知名大学和机构开发的 Python 课程,包括视频讲解、编程作业和测验,部分课程免费提供学习内容,完成课程可获得认证(通常需要付费)。适用于希望系统学习 Python 并获得认证的用户。

(3) edX(www.edx.org/learn/python)。提供来自各大高校的 Python 课程,课程内容包括视频讲解、编程练习和项目,适合各个层次的学习者。适用于想要获得高校级别教育资源的学习者。

(4) Kaggle(www.kaggle.com/learn/python)。提供免费的 Python 教程和练习,内置 Python 环境,用户可运行数据分析和机器学习项目,并参与编程竞赛和社区讨论。适用于数据科学爱好者和希望实践数据分析、机器学习的用户。

(5) Google Colab(colab.research.google.com)。免费的 Jupyter Notebook 环境,运行在云端,适合数据分析、机器学习和深度学习实验,支持 GPU 加速。适用于需要使用在线 Python 环境进行数据科学和机器学习实验的用户。

(6) SoloLearn(www.sololearn.com/Course/Python)。提供交互式 Python 课程,帮助用户掌握 Python 的基础知识,平台包括社区互动功能,便于分享代码和讨论问题。适用于初学者和希望快速学习 Python 基础的用户。

(7) Replit(replit.com)。在线 IDE,支持多种编程语言,包括 Python。用户可以创建、分享和执行 Python 代码,支持协作编程。适用于希望在浏览器中编写和运行 Python 代码,进行协作编程的用户。

(8) FreeCodeCamp(www.freecodecamp.org)。提供 Python 编程课程,包括基础、数

据分析和机器学习等内容,课程包含视频教程和练习。适用于希望学习 Python 并实践编程技能的用户。

(9) Hackerrank(www.hackerrank.com/domains/tutorials/10-days-of-python)。提供 Python 挑战和编程比赛,通过解决实际问题提高编程技能,适合从基础到高级的不同难度的 Python 问题。适用于希望通过实践提高编程技能的用户。

(10) W3Schools(www.w3schools.com/python)。提供免费 Python 教程,包含代码示例和在线编辑器,用户可以直接在浏览器中运行和修改代码。适用于初学者和希望快速了解 Python 基础的用户。

这些平台提供丰富的学习资源和在线编程环境,用户可以根据自己的需求和学习目标选择合适的平台。

10.1.4 结构化和面向对象程序设计

1. 结构化程序设计

结构化程序设计由迪克斯特拉(E. W. Dijkstra)在 1969 年提出,它的基本思想是功能分解并逐步求精。当一些任务十分复杂以至于无法描述时,可将它拆分为一系列较小的功能部件,直到这些完备的子任务可以小到易于理解的程度。结构化编程方法的特点是将任何程序都设计成由顺序结构、循环结构和选择结构组成,如图 10-2 所示。顺序结构是一种线性、有序的结构,它依次执行各语句或模块。循环结构重复执行一个或几个模块,直到满足某一条件为止。选择结构根据条件是否成立选择程序执行的通路。常用结构化编程语言有 FoxPro、C 等。

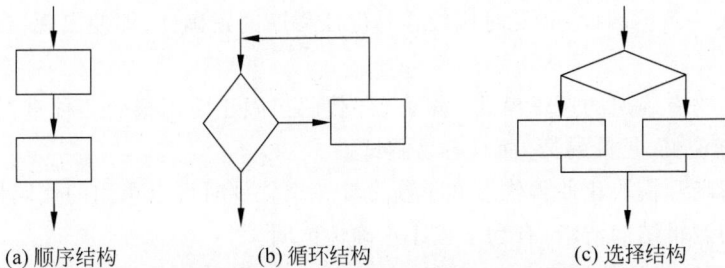

(a) 顺序结构 (b) 循环结构 (c) 选择结构

图 10-2 结构化程序的三种程序结构

1) 结构化程序结构

结构化程序使用顺序、循环、选择三种程序,如图 10-2 所示。顺序结构是一种线性结构,由一系列依次执行的语句或模块构成。循环结构由一个或几个模块构成,程序重复运行,直到满足某一结束条件,如 C 语言的 while 循环、for 循环。在循环结构中最主要的是什么情况下执行循环,哪些操作需要循环执行。循环结构的基本形式有两种:“当型”循环和“直到型”循环。“当型”循环先判断条件,当满足给定的条件时执行循环体,并且在循环终端处流程自动返回到循环入口;如果条件不满足,则退出循环体直接到达流程出口处。因为是“当条件满足时执行循环”,即先判断后执行,所以称为“当型”循环。“直到型”循环从结构入口处直接执行循环体,在循环终端处判断条件,如果条件不满足,则返回入口处继续执行循环体,直到条件为真时再退出循环到达流程出口处,是先执行后判断。因为是“直到条件为真时为止”,所以称为“直到型”循环。选择结构是根据条件成立与否选择程序执行的结构,如 IF-ENDIF 语句。

2）结构化程序设计一般遵循的原则

（1）应遵循自顶向下的原则。即先考虑总体结构,再逐步细化具体细节。设计时应从全局目标入手,逐步明确局部目标,避免过早关注细节。

（2）复杂问题应逐步细化。设计时可设定一些子目标作为过渡,分阶段地将问题具体化,使问题的解决变得更为可行和高效。

（3）模块化设计是另一种有效的设计方法。在面对复杂问题时,可以将其拆解为若干简单问题,每个小问题成为一个模块。通过模块化设计,可以有效组织程序结构,使得问题解决更具条理性和可维护性。

（4）在程序设计中,选用控制结构时应确保每个结构只允许一个入口和一个出口。这有助于提高程序的可读性和可维护性。对于复杂结构,应使用基本控制结构进行组合嵌套来实现,而不是过度依赖复杂的结构,确保代码简洁、清晰。

（5）应限制使用 goto 语句。过度使用 goto 语句会使程序的结构混乱,难以理解和维护,因此应尽量避免其使用,确保程序逻辑的清晰性和可控性。

3）结构化程序设计的优点

（1）自顶向下逐步求精的方法符合人类解决复杂问题的普遍规律,因此可以显著提高软件开发工程的成功率和生产率。

（2）用先全局后局部、先整体后细节、先抽象后具体的逐步求精过程开发出的程序有清晰的层次结构,因此容易阅读和了解。

（3）限制使用受限制的 goto 语句,仅使用单入口的控制结构,使程序的静态结构和动态执行情况比较一致。因此,开发时比较容易保证程序的正确性,即使出现错误也比较容易诊断和纠正。

（4）控制结构有确定的逻辑模式,编写程序代码只限于使用很少几种直截了当的方式,因此源程序清晰流畅,易读易懂,而且容易测试。

（5）程序清晰和模块化使得修改和重新设计一个软件时可以重用的代码量最大。

（6）程序的逻辑结构清晰,有利于程序正确性证明。

4）结构化程序设计的缺点

（1）用户要求难以在系统分析阶段准确定义,致使系统在交付使用时产生许多问题。

（2）用系统开发每个阶段的成果进行控制,不能适应事物变化的要求。

（3）系统的开发周期长。

2. 面向对象的程序设计

面向对象（object-oriented）方法是以面向对象思想为指导进行系统开发的一类方法的总称。这类方法以对象为中心,以类和继承为构造机制来构造抽象现实世界,并构建相应的软件系统。起源于 20 世纪 80 年代,成长和繁荣于 90 年代的面向对象的思想摒弃了“自顶向下”的认识方法,直面要解决的现实对象,由对象的属性、行为表示问题域的静态结构,由对象对事件的响应构成问题域的动态联系,遵循“自底向上”逐步抽象、归纳、综合的方法,寻求对问题域的认识和表达。由于其顺乎人类自然的认识思维,因此得到越来越多的实现工具的支持,成为现今的主流技术,同时标志着计算机界对问题域的认识发展到了一个新的阶段。主要概念包括对象、类、封装、继承、多态、消息通信机制等,详见 5.2.2 节。

面向对象程序设计的优点:

(1) 可重用性。面向对象设计通过类的抽象,抓住事物的实质特征,使其具备普适性,能够在不同问题中重复使用。继承使得新类能够借用已有类的功能,避免从头开始。例如,设计图形类继承圆形类和矩形类,图形类就能重用这两个类的功能;

(2) 可扩展性。面向对象设计要求软件能方便、快速地扩充和修改。例如,如果需要为笔店添加"盘点"功能,只需在笔店类中添加一个方法,而不必重新设计整个程序。相比之下,面向过程的设计修改时通常需要重新考虑整个程序,代价较大;

(3) 可管理性。面向对象的开发方法使用类作为基本单元,使得大型项目更加易于管理。面向过程的设计可能需要成千上万个过程或函数来构建系统,管理起来非常复杂。面向对象的设计则能大大减少需要管理的单元数量,提升开发效率和质量。

面向对象程序设计的缺点:

(1) 容易带有原有系统的不合理成分,面向对象设计往往从局部开始归纳,可能与系统整体最优要求不符;

(2) 思维方式挑战,面向对象设计要求采用形象思维,而不是程序化思维。创建可重用对象尤其具有挑战性,可能比程序化设计更复杂。

10.1.5 面向对象程序设计模式

《设计模式:可复用面向对象软件基础》(*Design Patterns:Elements of Reusable Object-Oriented Software*)是由 Erich Gamma、Richard Helm、Ralph Johnson 和 John Vlissides 四人完成的。这本合著又简称"GOF 设计模式"(gang of four,四人组),是程序设计模式方面最早的贡献。四位顶尖设计师根据面向对象程序设计的丰富经验,将程序设计归纳抽象成一套简洁的解决方案,共 23 种模式,这些设计模式允许设计师创造更灵活、更优雅、最终可重复使用的产品,避免了很多设计上的重复性工作。所有模式都能面向真实编译系统,并具有真实世界的示例。每种模式都有面向对象的编程语言的演示代码,如 C++ 或 Smalltalk。因为 Java 语言与 C++ 语言具有高度相似性,据此,出现了 Java 语言版本的 23 种设计模式,有不少版本的书籍和在线资料可以参考。以下是 GOF 三类和 23 种设计模式的简要说明。

(1) 创建型模式(creational patterns)。有 5 种设计模式,用于提供一种在创建对象的同时隐藏创建逻辑的方式,而不是使用新的运算符直接实例化对象。这使得程序在判断针对某个给定实例需要创建哪些对象时更加灵活。单例模式限制类的初始化,确保只能创建类的一个实例。工厂方法模式将对象的实例化责任从客户端(用户类)转移到具体工厂类中。抽象工厂模式允许为工厂类创建工厂。建造者模式逐步创建一个对象和一个最终获取对象实例的方法。原型模式从另一个类似的实例创建一个新的对象实例,然后根据要求进行修改。

(2) 结构型模式(structural patterns)。有 7 种设计模式,关注类和对象的组合,继承的概念被用来组合接口和定义组合对象获得新功能的方式。适配器模式在两个不相关的实体之间提供接口,以便它们可以协同工作。组合模式在必须实现部分和整体层次结构时使用,例如由其他部分(如圆形、正方形、三角形等)组成的图表。代理模式为另一个对象提供代理项或占位符以控制对其的访问。享元模式为缓存和重用对象实例,用于不可变对象,例如字符串池。外观模式在现有接口之上创建包装器接口以帮助客户端应用程序。桥接模式用于将接口与实现分离,并从客户端程序中隐藏实现详细信息。装饰器模式用于在运行时修改对象功能。

(3)行为型模式(behavioral patterns)。有11种设计模式,关注对象之间的通信问题。模板方法模式用于创建模板方法存根并将一些实现步骤推迟到子类。中介者模式用于在系统中的不同对象之间提供集中的通信介质。责任链模式用于在软件设计中实现松散耦合,其中来自客户端的请求被传递到对象链以处理它们。观察者模式适用于对对象的状态感兴趣并希望在发生任何更改时收到通知的情况。策略模式应用于对特定任务有多种算法并且客户端决定在运行时使用的实际实现场景。命令模式用于在请求-响应模型中降低耦合。状态模式在对象根据其内部状态更改其行为时使用。访问者模式在必须对一组类似类型的对象执行操作时使用。解释器模式定义语言的语法,提供解释器来处理此语法。迭代器模式用于提供遍历一组对象的标准方法。备忘录模式在想要保存对象的状态以便以后可以恢复时使用。

10.1.6　面向对象集成开发环境

管理信息系统最基本的功能是对数据和信息的管理,多以数据库系统形式呈现,具有前后端的概念,最低端就是数据库。如图10-3所示,数据库系统开发框架主要包括用户操作、代码解释执行、与数据库交互进行数据存取三个层次。开发人员开发一个数据库系统的过程就是实现一个数据库系统三个层次集成运行的过程。针对不同的用户要求,会有不同的开发环境和数据库平台的选型,中间就需要不同的系统代码执行环境。

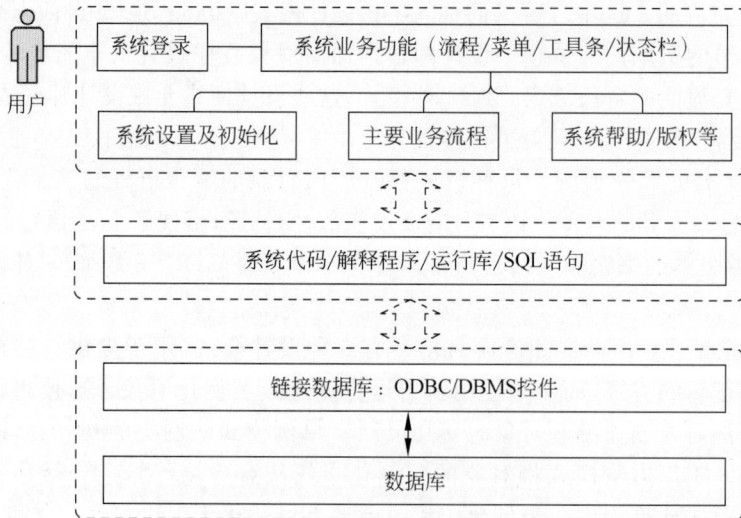

图 10-3　数据库系统开发框架

图10-3中的数据库系统开发框架符合图6-2所描述的两种网络架构模式。用户主界面风格有两种形式,一种形式是像程序设计语言开发系统一样,需要有"菜单""工具条"和"状态栏";另一种形式是主模块通过"按钮"进入子系统,子系统采用菜单样式或者流程式按钮方式进入相应业务功能模块或更下一级的子系统。一个完整的数据库应用系统除了能够实现用户业务功能外,还需要系统配置功能,以帮助实现相应开关功能和变量初始化。系

统的第二个补充功能就是帮助和版权声明,系统帮助通过索引的方式为用户提供操作指导和逻辑处理方法解释,版权声明指明版权归属问题以及软件发布使用日期等。

以上设计适合 C/S 模式,也适合 B/S 模式。原因是浏览器技术发展迅速,尤其是 AJAX 技术,使得浏览器在数据交换方面能够实现界面或页面的局部刷新。面向 B/S 的系统,也能非常好地实现按钮式和菜单式导航,具体情况可以参见各类政府、高校、著名企业官方网站和电子商务官网。在第 6 章两种网络架构模式的对比中已经说明至今 C/S 还依然存在的主要原因是代码的封装、更加安全的要求、局域网系统的快速响应等。

面向对象集成开发环境或者开发语言软件一般都会有这样一些主要功能元素,如图 10-4 所示。完成一段可执行程序少不了数据类型、系统函数、流程控制语法、注释语法、保留字等方面的支持,这些都是编写程序的基本元素。可视化类或者可视化元素主要包括窗体、菜单、工具条、可视化控件,这是现代交互式人机界面必不可少的元素。非可视化类主要用于在无须可视化交互的场景中进行信息处理或者数据管理。开发一个完整系统还需要能够支持低级文件(二进制文件和文本文件)读写操作、数据库支持、通信功能支持以及报表或其他形式的输入输出界面等,更高级的功能就是支持 API 的编译和外部 API 的使用。

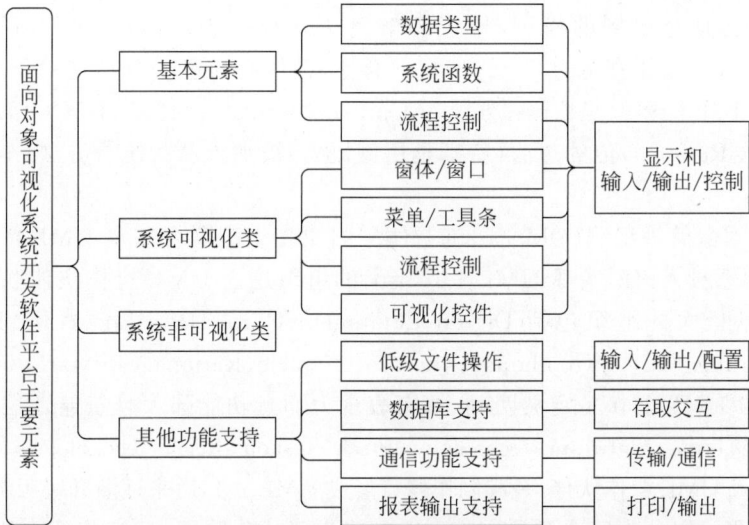

图 10-4 面向对象集成开发环境的主要元素

10.2 建模工具与系统实现

管理信息系统开发过程主要涉及建模分析、报告生成、软件实现、实施和运维等工作。常用的建模工具主要有 UML、Visio、亿图、Rational Rose 等。系统开发软件主要有 Visual Studio、Java 等。为方便学习,可以使用 Visual Basic 6.0 快速体验管理信息系统开发实现过程。

10.2.1 UML 与示例

统一建模语言(Unified Modeling Language,UML)是一种标准化的建模语言,由一组集成的图表组成,帮助系统和软件开发人员指定、可视化、构建和记录软件系统,也应用于业务建模和其他非软件系统的建模。UML 代表一组最佳工程实践,这些实践已被证明在大型和复杂系统的建模中是成功的。UML 是开发面向对象软件的核心工具。UML 主要使用图形符号来表达软件项目的设计。使用 UML 可帮助项目团队进行沟通、探索潜在设计并验证软件的体系结构设计。

1. UML 起源历史

UML 作为标准可视化建模语言,目标是提供所有面向对象法都可以使用的最好的标准表示法,为广泛的系统分析、设计和部署活动提供结构设计支持,应用于银行、金融、互联网、航空航天、医疗保健等各种领域,与所有主要对象和组件软件开发方法以及 J2EE、. Net 等各种实现平台一起使用。UML 是一套符号系统,是业务分析师、软件架构师和开发人员通用的语言,用于描述、指定、设计和记录现有或新的业务流程以及软件系统部件的结构和行为。UML 来自对象建模技术(object modeling technique,OMT),由三位著名的面向对象技术科学家 Grady Booch、James Rumbaugh 和 Ivar Jacobson 共同发起,在 Booch 方法、OMT 方法和 OOSE 方法的基础上,汲取其他面向对象方法的优点,广泛征求意见,几经修改而完成。

1991 年,James Rumbaugh 创建的对象建模技术适用于分析和数据密集型信息系统。1992 年,Ivar Jacobson 提出面向对象的软件工程(object-oriented software engineering,OOSE),是一套具有用例的模型,用于理解整个系统行为。1994 年,OMT 创始人 Jim Rumbaugh 与 Rational 公司的 Grady Booch 合作,将他们的想法合并成一个单一的统一方法,该方法的工作名称就是"统一方法"(Unified Method)。1995 年,OOSE 创建者 Ivar Jacobson 加入 Rational,他的想法(特别是用例概念)被纳入新的统一方法——现在称为统一建模语言。

1996 年,对象管理组织(OMG)发布提案号召更多组织联合制定 UML 标准。Rational 公司与几个愿意投入资源实现 UML 1.0 定义的组织建立 UML 合作伙伴联盟。对 UML 1.0 定义贡献最大的组织包括 Digital Equipment Corp、HP、i-Logix、IntelliCorp、IBM、ICON Computing、MCI Systemhouse、Microsoft、Oracle、Rational Software、TI、Unisys。这次合作产生的 UML 1.0 是定义明确、富有表现力而且功能强大且普遍适用的建模语言。1997 年,ObjecTime、Platinum Technology、Ptech、Taskon、Reich Technologies 和 Softeam 向 OMG 申请加入 UML 合作伙伴,一起制作修订形成 UML 1.1,后来逐渐升级版本(见图 10-5)。UML 形成过程可以分为四个阶段,1995 年以前为碎片化阶段,1995 年开始为统一建模阶段,1998 年开始进一步标准化,1999 年进入工业化阶段。

图 10-5　UML 版本升级图

信息系统或软件系统会增加企业的战略价值,各行业都在正在寻找自动化软件生产、提高质量、降低成本、缩短上市时间的技术。这些技术包括组件技术、可视化编程、模式和框架。系统范围和规模的扩大使得企业还要寻求管理系统复杂性的技术。特别是在认识到需要解决反复出现的体系结构问题,例如物理分发、并发、复制、安全性、负载平衡和容错等的情况下。此外,万维网的发展虽然使一些事情变得更简单,但会加剧相关架构问题。UML旨在满足这些需求。

在面向对象设计中,UML主要目标包括:

(1)为用户提供现成的、富有表现力的可视化建模语言,形成可以开发和交换的有意义的模型;

(2)提供扩展性和专用化机制来扩展核心概念;

(3)独立于特定的编程语言和开发过程;

(4)为理解建模语言提供正式的基础;

(5)鼓励面向对象工具市场的增长;

(6)支持更高级别的开发概念,例如协作、框架、模式和组件;

(7)实现集成最佳实践。

2. UML 概念与图

系统开发人员习惯使用一些不同的图表来表示模型,以从许多不同的角度看待一个系统。软件开发有许多相关人员参与:分析师、设计师、程序员、测试、质量保证、客户、技术作者。相关人员对系统的不同方面感兴趣,而每个人都需要不同程度的细节。例如,编程人员需要了解系统设计,能够将设计转换为低级代码。技术人员对整个系统的行为感兴趣,需要了解产品功能。富有表现力的 UML 使得所有相关人员都会从中受益。

UML 体系有多个不同的概念图,分为结构图(structure diagram)和行为图(behavior diagram)两大类,如图 10-6 所示。结构图显示系统及其部件在不同抽象和实现级别的静态结构及其之间的关系,每个元素表示一个有意义的概念,包括抽象的、现实世界的和系统实现的概念。结构图有七种类型:类图(class diagram)、组件图(component diagram)、部署图(deployment diagram)、对象图(object diagram)、轮廓图/剖面图(profile diagram)、组合结构图(composite structure Diagram)、包图(package diagram)。行为图表示系统中对象的动态行为,可以描述为系统随时间推移的一系列变化。行为图也有七种类型:用例图(use case diagram)、活动图(activity diagram)、状态机图(state machine diagram)、序列图(sequence diagram)、通信图(communication diagram)、交互概述图/交互概览图(interaction overview diagram)、时序图(timing diagram),其中后四种属于交互图。

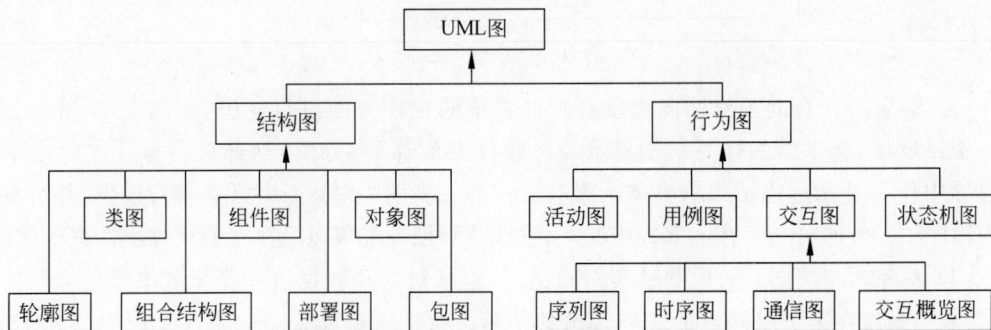

图 10-6 UML 的概念图

(1)类图是一种中心建模技术,贯穿所有面向对象的开发方法。此图描述系统对象类型以及它们之间的各种静态关系,如图 10-7 所示。有三种主要类型的关系很重要:

① 关联。表示类型实例之间的关系(一个人为公司工作,公司有多个办公室);

② 继承。用于补充 OO 的 E-R 图,与 OO 设计中的继承有直接的对应关系;

③ 聚合。面向对象设计的一种对象组合形式。

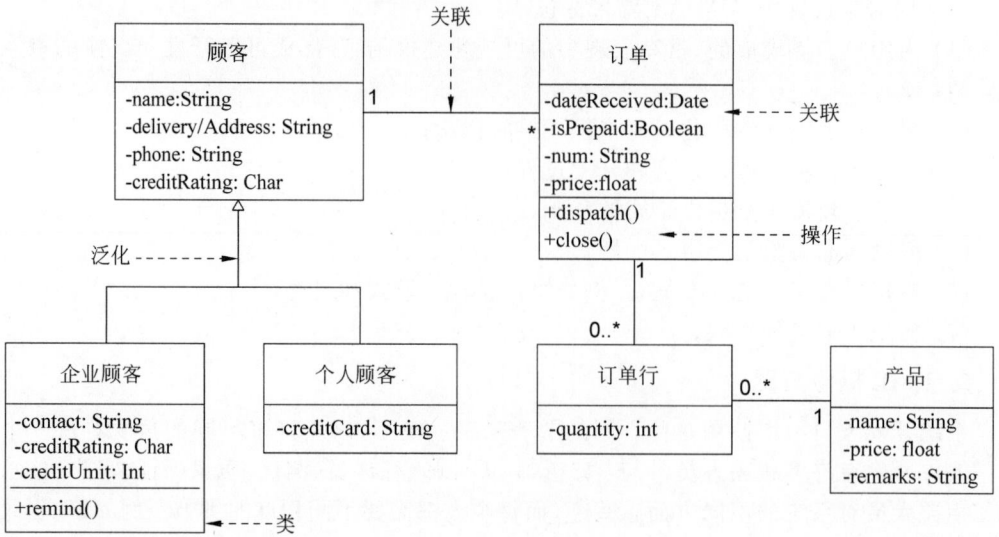

图 10-7　类图示例

（2）组件图。描述组件如何连接在一起以形成更大的组件或软件系统,并说明软件组件的体系结构以及它们之间的依赖关系,如图 10-8 所示。这些软件组件包括运行时组件、可执行组件、源代码组件。

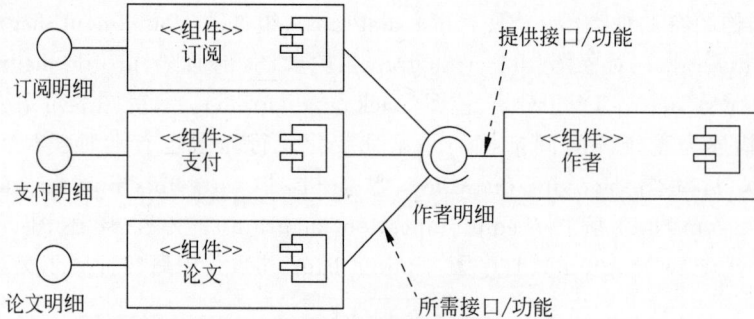

图 10-8　组件图示例

（3）部署图。有助于对面向对象的软件系统的物理方面进行建模,如图 10-9 所示。它是一个结构图,将系统的体系结构显示为将软件工件部署（分发）到部署目标。工件表示物理世界中作为开发过程结果的具体元素。它在静态视图中对运行时配置进行建模,并可视化应用程序中工件的分布。在大多数情况下,它涉及对硬件配置以及存在的软件组件进行建模。

（4）对象图与类图。对象图是实例的图形,包括对象和数据值。静态对象图是类图的实例,它显示系统在某个时间点的详细状态的快照。有些人可能很难理解 UML 类图和 UML 对象图之间的区别,因为它们都由命名的"矩形块"组成,这使得两个 UML 图看起来很相似。但实际上,类图和对象图表示代码库的两个不同方面。UML 对象图可以看作在特定状态下如何使用类（在 UML 类图中绘制）的表示。图 10-10 的类图示例表示用户和附件两个类。用户可以上传多个附件,以便两个类通过关联连接,其中"0.. *"表示作为附件端的多重性。

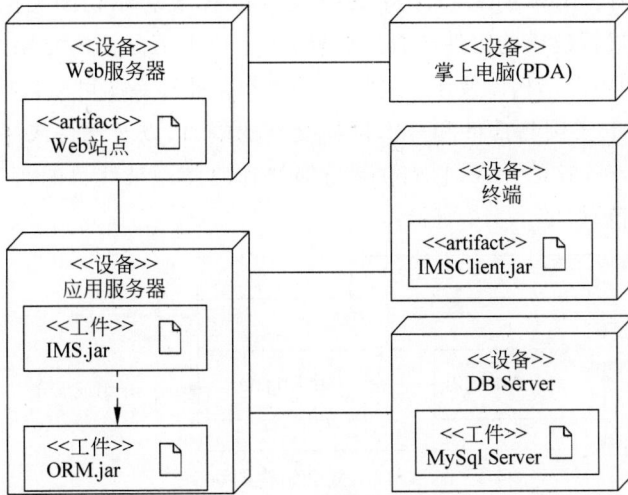

图 10-9 部署关系图示例

图 10-11 为对象图示例,显示 Peter 尝试上传两个附件类的对象实例"外观"。因此,要上传的两个附件对象有两个实例规范。

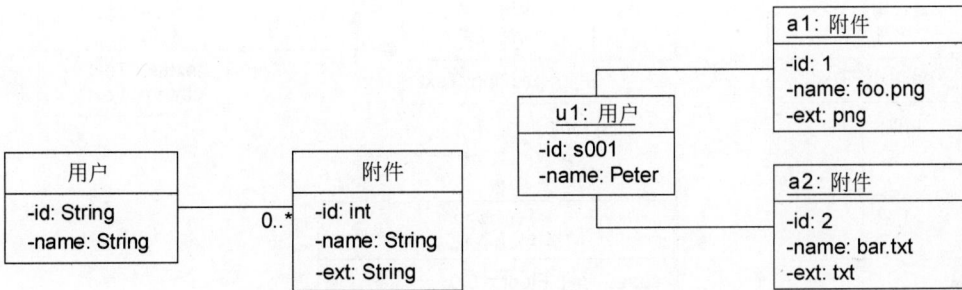

图 10-10 用户与附件类图

图 10-11 对象图

(5)包图。显示包和包之间的依赖关系,允许显示系统的不同视图。例如多层应用程序模型,如图 10-12 所示。

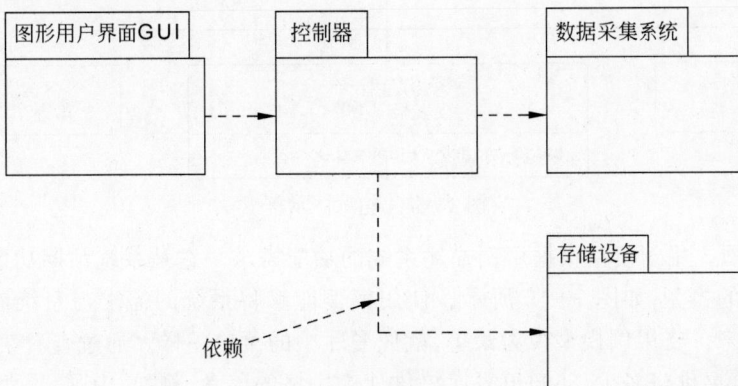

图 10-12 包图示例

（6）复合结构图。作为 UML 2.0 中的新构件之一，复合结构图类似类图，是一种用于从微观角度对系统进行建模的组件图，但它描绘的是单个部分而不是整个类。它是一种静态结构图，显示类的内部结构以及该结构实现的协作。此关系图可以包括内部部件、部件之间交互的端口或类的实例与部件和外部世界交互的端口，以及部件或端口之间的连接器。复合结构是一组相互连接的元素，它们在运行时协作以实现某些目的。每个元素在协作中都有一些定义的角色，如图 10-13 所示。

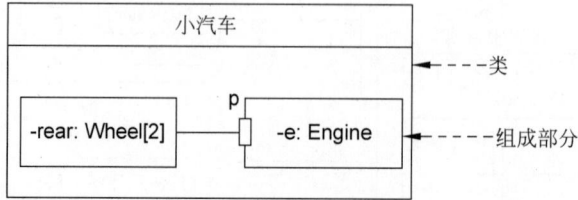

图 10-13　复合结构图示例

（7）轮廓图。创建特定域和平台的构造型（stereotype），并定义它们之间的关系，如图 10-14 所示。通过绘制构造形状来创建构造型，通过以资源为中心的界面将它们与组合或泛化相关联。还可以定义和可视化构造型的标记值。

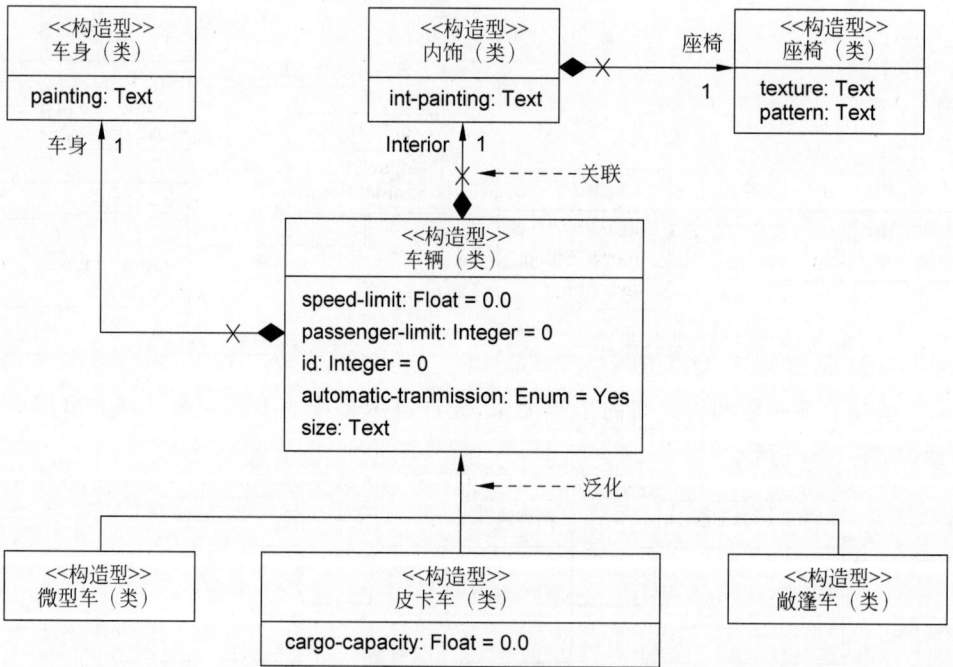

图 10-14　轮廓图示例

（8）用例图。用例模型根据用例描述系统的功能需求。它是系统预期功能（用例）及其环境（参与者）的模型，如图 10-15 所示。使用案例能够将系统的需求与系统满足这些需求的方式联系起来。将用例模型视为菜单，就像餐厅中的菜单一样。通过查看菜单，可以知道有什么菜，每道菜价格多少，还知道餐厅提供什么风格的美食，例如，中国、墨西哥、意大利和印度风味等。通过查看菜单，可以对餐厅顾客的用餐体验有一个整体印象。菜单实际上"模仿"了餐厅的行为。因为它是一个非常强大的规划工具，所以用例模型通常由所有团队成员在开发周期的所有阶段使用。

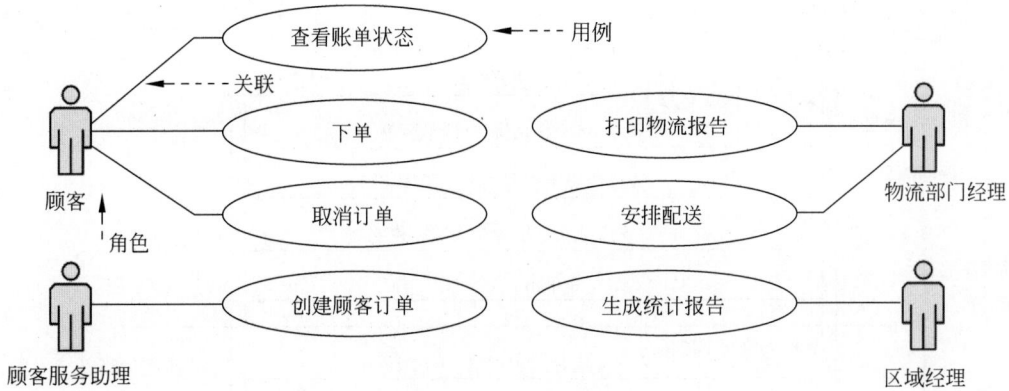

图 10-15 用例图示例

(9) 活动图。表示逐步活动和操作工作流的图形,支持选择、迭代和并发,如图 10-16 所示。它描述目标系统的控制流,例如探索复杂的业务规则和操作,描述用例以及业务流程。在 UML 中,活动图旨在对计算和组织过程(即工作流)进行建模。

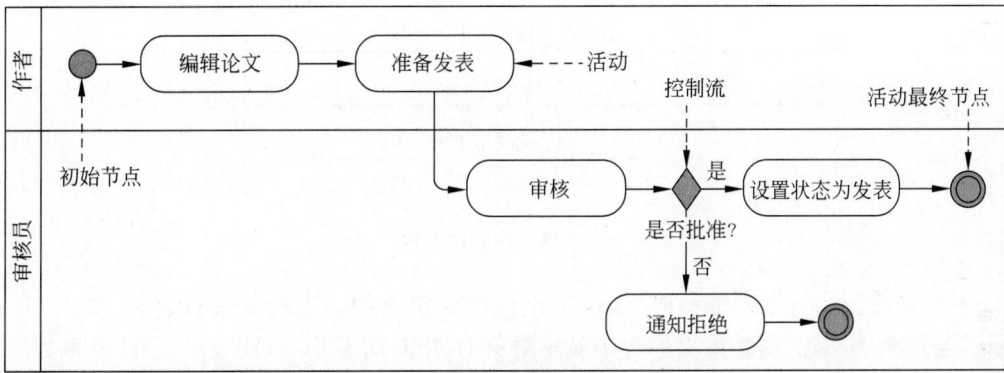

图 10-16 活动图示例

(10) 状态机图。用于描述系统的行为,来自 David Harel 的状态图概念,如图 10-17 所示。状态图描述允许的状态和转换以及影响这些转换的事件。它有助于可视化对象的整个生命周期,有助于更好地了解基于状态的系统。

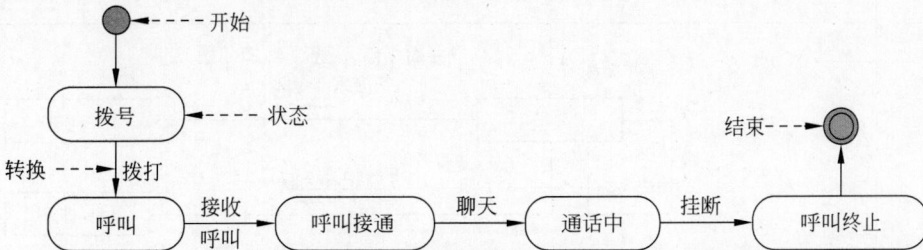

图 10-17 状态机图示例

(11) 序列图。基于时间序列对象的协作进行建模,显示对象如何在用例的特定场景中与其他对象交互,如图 10-18 所示。借助高级可视化建模功能,只需单击几下鼠标即可创建复杂的序列图。此外,一些建模工具可以从在用例描述中定义的事件流中生成序列图。

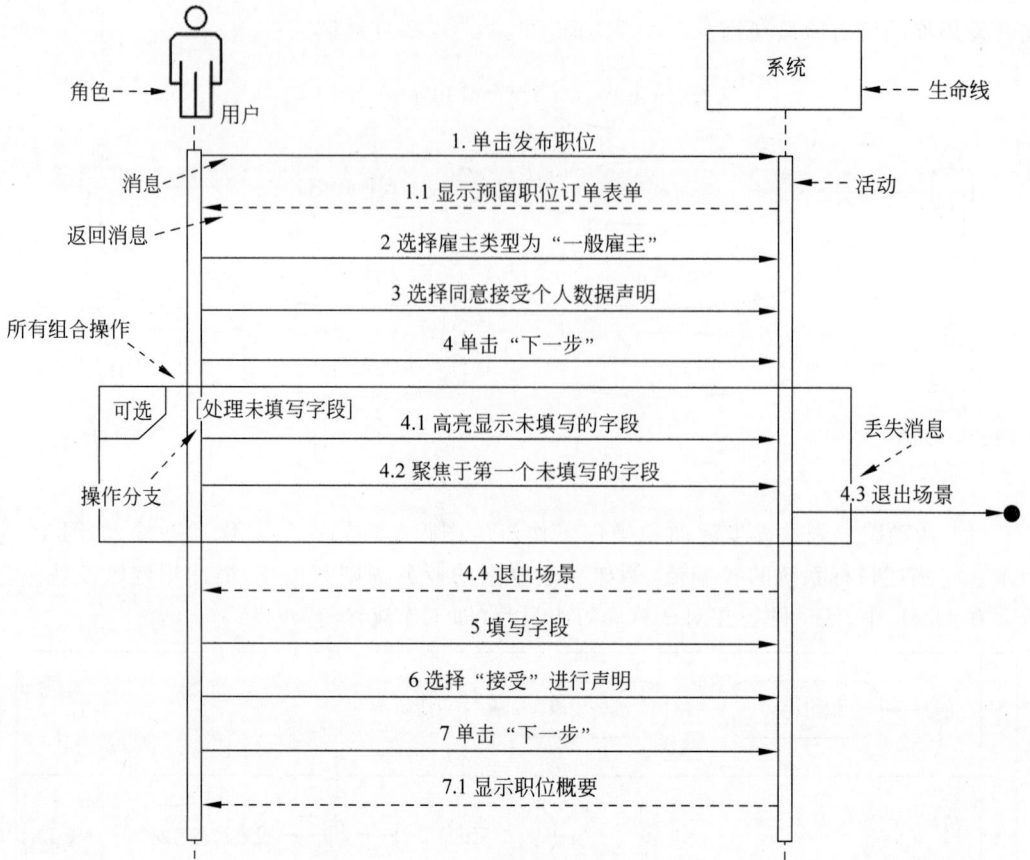

图 10-18 序列图示例

（12）通信图。与序列图类似，通信图也用于对用例的动态行为进行建模，如图 10-19 所示。与序列图相比，通信图更侧重于显示对象的协作，而不是时间序列。它们实际上在语义上是等效的，因此一些建模工具（例如 Visual Paradigm）允许由一个生成另一个。

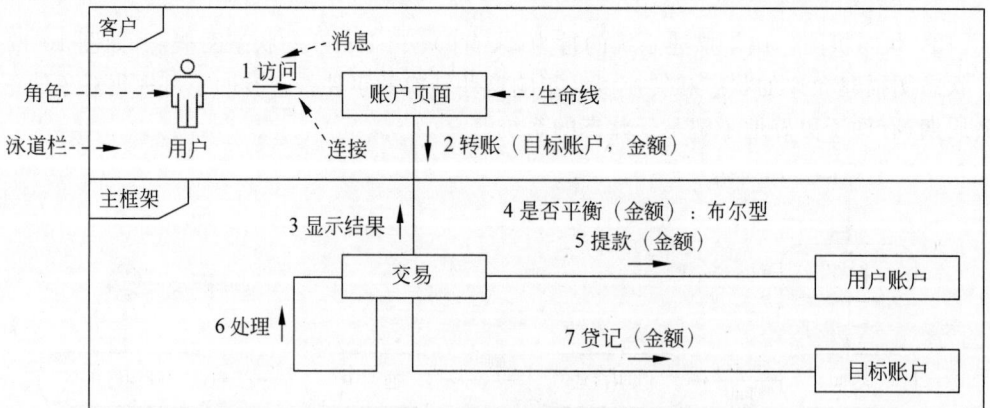

图 10-19 通信图示例

（13）交互概述图。交互概述图侧重于交互控制流的表达，如图 10-20 所示。它是活动图的变体，其中的节点是交互。交互概述图描述隐藏消息和生命线的交互。可以在其中链接"真实"图,并在交互概述图中实现图表之间的高度可导航性。

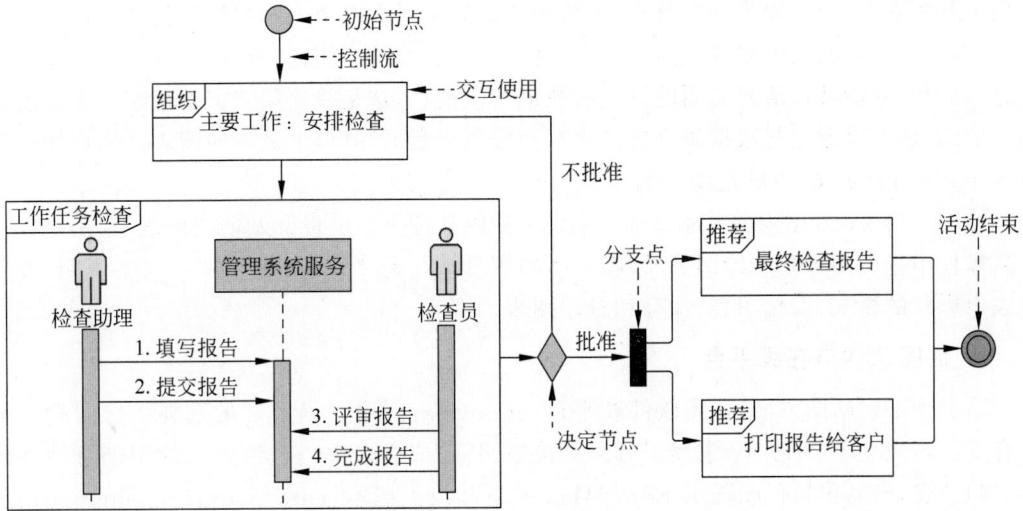

图 10-20 交互概述图示例

(14)时序图。显示对象在给定时间段内的行为,如图 10-21 所示。时序图是序列图的一种特殊形式。与序列图不同,时序图的时间轴是水平的,时间从左到右增加,生命线显示在垂直排列的单独隔间中。

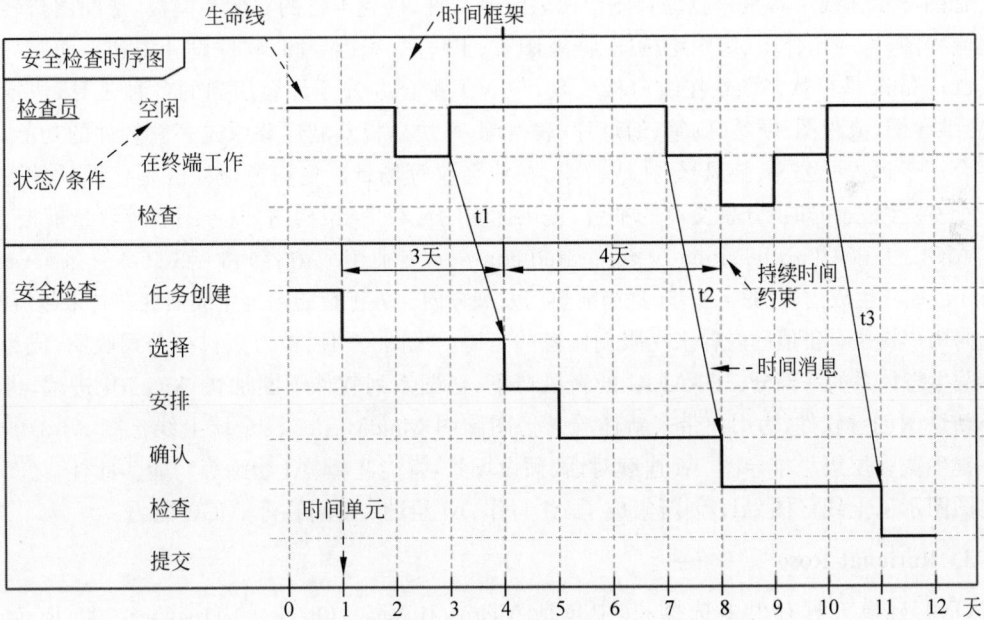

图 10-21 时序图示例

10.2.2 建模工具

1. Visio

Visio 是由 Microsoft 公司推出的一种配有丰富的模板、形状和先进工具的绘图环境,利用 Visio 可以轻松自如地创建各式各样的业务图表和技术图表,适用于商务、工程、日程安排、流程图、网络、软件和数据库等多个领域。利用 MS Visio 绘制的业务图表和技术图表可用于分析业务流程，安排项目日程，形象地表达思维过程以及表示组织结构。

Visio 是专业的建模软件，包含 UML 建模所需的符号。使用 Visio 创建的图表能够将信息形象化，并能够以清楚简明的方式有效地交流信息，这是只使用文字和数字所无法实现的。Visio 还可以通过与数据源直接同步自动形象化数据，以提供最新的图表。用户还可以对 Visio 进行自定义，以满足组织的需要。

绘制一份 Visio 图表的基本程序一般为：使用某种类型模板开始创建图表、利用拖放技巧从样板中拖曳图件置于绘图页面、将产生的图件连接起来、在图表中加注文字说明、设置图表中形状的格式、美化图表、保存和打印图表。

2. 亿图软件与在线平台

除了 Visio，画图方面，亿图软件和平台（edrawmax. cn）也是很好的选择。亿图软件科技有限公司成立于 2014 年，隶属于万兴科技集团，自成立以来一直致力于绘图创意软件的研究和开发，产品包括亿图图示 EdrawMax 线下和线上版本（edrawmax. cn/online/zh）、思维导图软件 MindMaster（edrawsoft. cn/mindmaster，在线版 mm. edrawsoft. cn/）、项目管理软件 EdrawProject（edrawsoft. cn/edrawproject）、组织架构图软件 OrgCharting（edrawsoft. cn/orgcharting/）、协同设计软件 Pixso（pixso. cn）、协同白板（https：//boardmix. cn）和亿图数学公式编辑器 EdrawMath（math. edrawsoft. cn）。

亿图图示在线工具是一款综合图形图表绘制软件，内置丰富的实例和模板，帮助用户轻松创建流程图、网络拓扑图、组织结构图、商业图表、工程图、思维导图、软件设计图和平面布局图等。Boardmix 是一款多场景在线白板工具，包含了集合办公经常会用到的各种工具，包括文档、思维导图、流程图、便签、画笔、幻灯片、表格等，一块白板就能代替原先多款软件的功能，非常适合用于远程办公、头脑风暴、在线教学、在线会议等场景。亿图模板社区是亿图软件提供的一个专业绘图和知识分享交流的平台，提供优质的流程图、架构图、商务图表等海量模板。

AIGC 是 PGC（professionally generated content，专业生成内容）和 UGC（user generated content，用户生成内容）的下一步，是当前热门发展方向。人工智能内容生成器现在越来越流行，通过向用户提供有价值的内容来克服创作者的障碍。亿图公司已被万兴科技公司收购，成为华为鸿蒙生态体系的一部分。在 AIGC 的新风口下，亿图系列软件不断加快 AIGC 化进程，进一步革新绘图创意软件，为用户带来新体验。亿图脑图 MindMaster 已全端上线亿图 AI 3.0，集成一键生成多层级思维导图、AI 连续对话、预设场景、智能注释、AI 绘画等功能。此外，亿图旗下亿图图示已上线亿图 AI，创新集成了 AI 写作、AI 绘图、AI 问答等 AIGC 能力。

3. Rational Rose

UML 建模工具有很多选择，其中包括 Microsoft Visio、Oracle 的 Designer2000、Rational Rose 和 PowerDesigner 等。Rational Rose 是美国 Rational 公司推出的一款面向对象建模工具，2003 年该公司被 IBM 收购，Rational Rose 因此成为 IBM 软件集团的重要品牌。Rational Rose 支持通过 UML（统一建模语言）描述软件系统，能够自动生成和维护 C++、Java、VB 和 Oracle 等语言的代码。该工具的最大特点是模型和代码高度一致，能够帮助开发团队保持系统设计与实现之间的同步。

Rational Rose 包含多个重要模块，如 UML、OOSE（面向对象的软件工程）和 OMT（对象建模技术)。Rational Rose 的优势在于能够支持多种编程语言,支持团队协作开发,提供便捷的模型网络发布功能,生成灵活定制的文档,并且能够进行关系数据库的建模,这些都为大规模软件系统开发提供了便利。

此外,Rational Rose 还提供了多个插件,进一步增强了使用功能。例如,Rational Rose Visual C++插件支持 C++语言的往返工程(代码生成、逆向工程),支持 Microsoft 活动模板库(ATL)和接口定义语言(MIDL)的往返工程;Rational Rose Ada 插件可以根据 Rose 模型生成 Ada 源代码;Rational Rose CORBA 插件则允许将 Rose 模型元素转换为符合 CORBA 标准的 IDL 代码,并能进行逆向工程。除了这些插件外,Rational Rose 还支持多个额外模块,如 Rose ClearCase Add-In、Rose Data Modeler Add-In、Rose Framework Wizard、Rose Oracle8 Add-In 等。这些模块使得 Rational Rose 不仅适用于软件建模,也能与多种开发工具和系统集成。

目前,IBM 已经推出了升级版的产品 Rational Software Architect Designer(RSAD),这款工具在降低设计方案的复杂性、增进理解与协作、风险和合规性管理方面做了进一步提升。RSAD 的集成架构扩展将业务需求与解决方案设计相联系,提供集成的系统结构框架和需求管理,支持其他架构框架的查询,生成视图和报告。通过这些功能,RSAD 极大地优化了开发人员的工作流程。该工具还与 UML 和 Eclipse 集成,能够确保部署方案的正确性,减少开发风险,提高整个开发过程中的沟通效率。面向 SOA 和 WebSphere 的扩展使其能够为 IBM WebSphere 环境设计和交付高效的 SOA 解决方案,进一步提升 WebSphere 投资的效益。通过这些扩展,RSAD 能够支持更复杂的应用程序开发,提供一套完整的核心工具集,并提供实践指南,支持服务识别、规范和转换,优化 SOA 实现。

10.2.3 Visual Basic

虽然 Microsoft 公司的开发软件已经从 VB、VC++、VF 等进化到 Visual Studio 和.net 开发框架下,实现了更多语言、控件和环境的集成式开发,然而在编程训练方面,Visual Basic 仍有不少独特之处。VB 可以单独运作,安装轻便,具有下述不少优良特性,同时还是 ASP 和 VBA 的基础。VB、ASP 和 VBA 三者具有本质上的一致性,学习 VB 后,可以轻松地理解和开发 ASP 应用以及利用 VBA 操纵 Microsoft 的 Office 文档。

Visual Basic 6.0 是一种由微软公司开发的包含协助开发环境的事件驱动编程语言。从任何标准来说,VB 都是世界上使用人数最多的语言——不管是盛赞 VB 的开发者还是抱怨 VB 的开发者的数量。VB 源自 BASIC 编程语言,拥有图形用户界面(GUI)和快速应用程序开发(RAD)系统,可以轻易地使用 DAO、RDO、ADO 连接数据库,或者轻松地创建 ActiveX 控件。程序员可以轻松地使用 VB 提供的组件快速建立一个应用程序。以下分别对 Visual Basic 6.0 的特点、版本、集成开发环境、项目工程、数据库连接、数据记录操作和 Excel 读写进行介绍,并通过小型软件代码实例,说明使用 Visual Basic 6.0 开发数据库系统的简便过程。VB 6.0 开发工具的特点是:提供面向对象的可视化编程工具、事件驱动的编程机制、结构化的程序设计语言、交互式开发、Windows 资源共享、开发的数据库功能与网络支持、得心应手的应用程序向导、完善的联机帮助机制。

1. VB 6.0 集成开发环境

VB 6.0 有学习版、专业版、企业版三个版本,各自存在一些功能差别。学习版用来开发

Windows 9x 和 Windows NT(R)应用程序。该版本包括所有的内部控件(标准控件)以及网格、选项卡和数据绑定控件。专业版向计算机专业人员提供一套功能完整的工具,包含学习版的所有功能,还加上附加的 ActiveX 控件、Internet Information Server 应用程序设计器、集成数据工具和数据环境、Active Data Objects,以及动态 HTML 页面设计器。企业版允许专业人员以小组的形式创建强健的分布式应用程序。它包括专业版的所有特性,加上 Back Office 工具,例如 SQL Server、Microsoft Transaction Server、Internet Information Server、Visual SourceSafe、SNA Server 等。

2. VB 6.0 数据库的两种基本连接

Microsoft Office 从早期至今都保持着 Word、Excel、Powerpoint、Access 和 Visio 等产品功能的内部一致性。在界面上,这几款应用软件可以实现控件或图形直接嵌套;在底层程序控制上,使用 VBA 可以操纵这些应用软件中的元素。因此,Visual Basic 连接 Access 数据库可以有两种方式,一种是针对 Access 97 版本的文件使用 DAO 控件,一种是针对 Access 2000 及以后版本的文件使用 ADO 控件。

(1) DAO 方法,即使用 Data 控件设置连接数据文件。首先,使用 Data 控件的 DatabaseName 属性设置好数据库文件路径名,然后在 Connection 属性里指明数据库类型 (excel/access/foxpro),再设置 recordSource 属性定位数据库中的表或视图。Data 控件设置完毕,就可以关联相关的界面控件。假设 Data 控件的控件名为 data1,控件名为 Textbox1 的文本框控件的属性 dataSource(数据源)可以设置为 data1(数据源控件),dataField 属性设置为相应的连接字段。

(2) ADO 控件则用于连接 Access 2000 以后版本的数据库。有 5 个步骤:①从控件工具箱上添加 ADO 控件到窗体;②右键选择 ConnectionString 属性,单击右边"…"按钮;③在属性页选中字符串连接,单击生成;④在 ADO 控件属性框中选择 RecordSource,单击右边按钮;⑤在属性页里命令类型里选择 2-adcmdTable,选择表或者存储过程。

(3) ADO 代码连接数据库。在本例中需要先在"工程"→"引用菜单"中选中"Microsoft ActiveX Data Objects 2.8 Library",代码如下:

```
Set Coon = CreateObject("ADODB.Connection")
Connstr = "Provider = Microsoft.Jet.OLEDB.4.0;Data Source = " & App.Path & "\DBMDB.mdb;"
'DBMDB.mdb 为数据库文件名字,必须放在工程文件同目录下
Coon.Open Connstr
Set rs = CreateObject("ADODB.recordset")
Sql = "select * from 表名"
rs.Open Sql, Coon, 1, 3
'下面为添加数据(新建记录)
rs.addnew
rs("字段名") = 1
'…………
rs.update '下面为删除数据
rs.delete '下面为关闭连接
rs.close
set rs = nothing
```

3. VB 6.0 对记录集的移动与更新操作

一般对记录的操作有移动、插入、删除、存取和保存几种。假设 ADO 数据管理控件为 Adodc1，则对其记录集的操作代码如下：

```
最前    If Adodc1.Recordset.EOF = False Then Adodc1.Recordset.MoveFirst
向前    If Adodc1.Recordset.EOF = False Then Adodc1.Recordset.MoveNext
向后    If Adodc1.Recordset.BOF = False Then Adodc1.Recordset.MovePrevious
最后    If Adodc1.Recordset.BOF = False Then Adodc1.Recordset.MoveLast
插入新记录    Adodc1.Recordset.addNew
删除记录    Adodc1.Recordset.Delete
字段取值 xx = Adodc1.Recordset.Fields("字段名") '或者 Adodc1.Recordset("字段名")
字段赋值 Adodc1.Recordset.Fields("字段名") = xx
保存记录    Adodc1.Recordset.Update
```

1）VB 对记录集的查询操作

```
'举例密码修改
Adodc1.Recordset.Find "密码 like '" & msg & "'"
If Adodc1.Recordset.Eof Then
    MsgBox ("你无权修改用户密码")：    Adodc1.Recordset.Bookmark = oldmark
Else
    Adodc1.Recordset.Edit
End If '如果查找多条记录,可使用 SQL 条件的记录集
```

2）VB 对记录集的遍历（从前到后顺序访问记录）

```
connstr = "DBQ = " + App.Path + "\test.mdb;" + _
    "DefaultDir = ;DRIVER = {Microsoft Access Driver ( * .mdb)};"
Set conn = CreateObject("ADODB.CONNECTION")
conn.open connstr
set rs = server.createObject("adodb.recordSet")
sql = "select * from 表名"
rs.open sql,conn,1,1 '打开记录集
If rs eof And rs.bof Then
    '没有数据
Else
    Do While Not rs.eof
      变量名 = rs("字段名")：    rs.MoveNext
    Loop
End If
```

4. VB 6.0 读写 Excel

在本例中需要先执行菜单"工程"→"引用"命令，选中 Microsoft Excel 9.0 Object Library 或其他版本。

```
'假设在工程里添加一个 form,form 上添加两个按钮,分别为 open 和 close
'通用声明变量:xlBook、xlSheet
Dim xlBook As Excel.Workbook : Dim xlSheet As Excel.Worksheet
```

```
Private Sub open_Click()
    Set xlBook = GetObject(app.path & "\qq.xls")
    xlBook.Application.Visible = True :    xlBook.Windows(1).Visible = True
    Set xlSheet = xlBook.Worksheets("sheet2")
    '或者 Set xlSheet = xlBook.Worksheets(1)
    xlSheet.Cells(1, 1) = "eee"
    '或者 xlSheet.Range("A1") = "eee"
    Set xlSheet = Nothing
End Sub
Private Sub close_Click()
    xlBook.Save :    xlBook.close :    Set xlBook = Nothing :    Unload Me
End Sub
```

以上是关于 VB 6.0 开发环境的简单说明,如果开发更加复杂的信息系统,可以深入学习 VisualStudio、.Net 相关知识内容。如果使用其他开源体系,可以参考 10.3 节开发社区的相关内容。

10.2.4 ASPMaker

ASPMaker 是一个功能强大的 ASP 代码生成器,可以从 MS Access 数据库、SQL Server 或任何支持 ADO 的数据源快速生成一整套 ASP(活动服务器页面)。使用 ASPMaker 可以立即创建 Web 站点,允许用户查看、编辑、搜索、添加和删除 Web 上的记录。ASPMaker 的设计具有很高的灵活性,它提供许多选项来生成最适合需求的 ASP 应用程序。生成的代码干净、直观、易于定制。ASPMaker 可以节省大量开发时间,适合初学者和有经验的开发人员。

ASPMaker 的主要特色是:先进的安全保障体系、用户注册系统、导出到 CSV/HTML/Excel/Word/XML、文件上传到数据库或文件夹、多个主/明细、自定义视图、报告、可定制的模板、数据库重新同步、查看 ASPMaker 等一系列完整的功能列表。如图所示,ASPMaker 界面的右边包括数据库设置、ASP 文件默认设置、HTML 默认格式设置、安全设置和全局生成文件路径设置,左边是数据库设置导航,包括数据表、视图、用户视图、报表、用户自带文件、关联数据表等。

ASPMaker 适配 Windows 2000 / XP / 2003 / Vista / 2008/7 等以上版本,需要 Microsoft Data Access Components(MDAC)和 Microsoft Jet 4.0 数据库引擎。如果系统正在运行 Windows 2000(或更高版本)或安装了 Access 2000(或更高版本),那么这些组件本已存在。ASPMaker 还需要一些其他的系统文件。目前的 Windows 7 和 Windows 10 都可以很好地使用。ASPMaker 支持所有 Windows 操作系统与 Internet 信息服务(IIS),其他非 IIS Web 服务器不支持。前端脚本语言支持 Javascript、VBScript。

使用 ASPMaker 实现 B/S 系统需要如下步骤:

(1) 在 Windows 系统环境下搭建 ASP 服务器,可以使用 Windows 系统自带的 IIS 平台构建,也可以使用其他 ASP 服务器程序建设;

(2) 搭建数据库服务器环境,可以直接使用 Access 软件,也可以使用 MySQL、Oracle 等其他数据库软件;

(3) 在数据库软件环境里完成数据库中的表、视图和查询等建设;

（4）在 ASPMaker 软件中，新建项目，并通过界面操作连接到指定类型的数据库；

（5）根据功能需求在 ASPMaker 软件中设置代码生成的相关参数；

（6）由 ASPMaker 软件生成源代码；

（7）将源代码移植到或直接复制到 ASP 服务器的根目录中完成 Web 文件发布；

（8）在浏览器中，输入相关地址，测试 B/S 系统的功能和界面，可以继续配置、生成代码和调试，直到满意为止；

（9）如果有云服务器，就可以将代码搬移到云服务器上，前提是云服务器也有如上的 ASP 服务器环境；

（10）在云服务器上配置好相关的 ASP 环境，确保数据库连接、服务器配置正常，最终可以正式部署和运行 B/S 系统。

ASP. NET Maker(aspnetmaker. dev)与 ASPMaker 一样，也是一个功能强大的自动化工具，可以基于 MySQL、PostgreSQL、Microsoft Access，Microsoft SQL Server，Oracle 和 SQLite 数据库快速生成 ASP. NET Core 6. 0 MVC Web 应用程序。ASP. NET Maker 还可以使用 JavaScript（HTML5）图表（列、条、线、饼、区域、甜甜圈、多系列和堆叠图表）创建摘要报告、交叉表报告和仪表板，以总结和可视化数据。使用 ASP. NET Maker 可以立即创建允许用户查看、编辑、搜索、添加和删除记录的网站。ASP. NET Maker 的设计具有高度的灵活性，众多的选项能够生成最适合需要的 Web 应用程序。生成的代码干净、直观、易于定制。与 ASPMaker 一样，ASP. NET Maker 可以节省大量开发时间，适合初学者和有经验的开发人员。

10.3 开发社区

10.3.1 开源软件

开源是指人们可以修改和共享某件东西。作为术语，开源起源于软件开发的背景，用于指定创建计算机程序的特定方法，最初指的是开源软件。现今，"开源"树立了一套更广泛的价值观——"开源方式"（open-source way）。开源项目、产品或计划拥护并推广开放交流、协作参与、快速原型设计、透明度、精英管理和面向社区的发展原则。

1. 免费软件、专有软件与开源软件

在很长一段时间里，开源软件都带有"自由软件"的早期标签。自由软件运动由 Richard Stallman 于 1983 年通过 GNU 工程正式建立。自由软件运动围绕"用户自由"的理念组织，即查看、修改、重新分发源代码的自由——使源代码可用，并以用户需要的任何方式为用户工作。自由软件是作为专有软件或"闭源"软件的对应物而存在的。闭源软件受到高度保护。只有源代码的所有者才有访问该代码的合法权利，并对其保持排他性控制。封闭源代码不能被合法地更改或复制。用户只需按预期使用软件并付费，不能修改它以用于新用途，也不能与社区共享。计算机用户必须同意（通常通过签署他们第一次运行该软件时显示的许可证）不对软件作者未明确允许的软件进行任何操作。Microsoft Office 和 Adobe Photoshop 是闭源软件的例子。

"自由软件"的称呼容易引起很多混淆。自由软件并不一定意味着可以自由拥有，只是

可以自由地按照人们想要使用它的方式使用。一种流行的说法是"像自由一样自由,而不是像啤酒一样自由",表明很大程度上存在自由,但不是绝对自由。克里斯汀·彼得森(Christine Peterson)创造了"开源"一词取代"自由软件"以解决这个早期的定义模糊问题,使得那些刚接触这个概念的人能够关注源代码的关键问题,而不是仅在乎其免费的价值。Peterson 向一个工作组提出用"开源"一词取代"自由软件"的想法,该工作组在一定程度上致力于将开源软件实践引入更广泛的市场。这个小组希望世界知道,软件在共享时会更好——此时它是协作的、开放的和可修改的。它可以用于新的和更好的用途,更灵活,更便宜,并且可以在没有供应商锁定的情况下具有更好的使用寿命。1998 年,Netscape Communications Corporation 开源了 Mozilla 项目,并将源代码作为自由软件发布,该代码后来成为 Mozilla Firefox 和 Thunderbird 的基础。Netscape 对开源软件的认可给开发社区带来更大压力,让他们思考如何强调自由软件运动的实际商业意义。因此,开源软件和自由软件之间的分歧得到巩固:"开源"作为支持自由软件的方法论、生产和业务方面的术语,"自由软件"继续保持开发和使用方面的"自由"思维。1998 年初,开源促进会(OSI)成立,正式确定使用"开源"一词,并建立了一个通用的、全行业的定义。尽管从 20 世纪 90 年代末到 21 世纪 00 年代初,开源运动仍然被企业警惕和怀疑,但它已经稳步从软件生产的边缘发展成为今天的行业标准。

与闭源软件不同的是,开源软件的作者将其源代码提供给想要查看、复制、学习、更改或共享该代码的其他人。LibreOffice 和 GNU 图像处理程序是开源软件的例子。开源软件被设计为可公开访问的代码,任何人都可以根据需要查看、修改和分发代码。然而,与专有软件一样,用户在使用开源软件时必须接受许可条款。但是,开源许可的法律条款与专有许可的法律条款有很大不同。开源许可证影响人们使用、研究、修改和分发软件的方式。通常,开源许可证授予计算机用户将开源软件用于他们希望的任何目的的权限。一些开源许可证(有些人称之为 copyleft 许可证)规定,任何发布修改后的开源程序的人也必须同时发布该程序的源代码。此外,一些开源许可证规定,任何更改程序并与他人共享程序的人也必须共享该程序的源代码,而无须收取许可费。根据设计,开源许可证促进协作和共享。这些许可证允许其他人对源代码进行修改并将这些更改合并到使用者自己的项目中。开源共享用户鼓励计算机程序员随时访问、查看和修改开源软件,而且他们让其他人在分享自己的工作时也这样做。

2. 开源开发模型运作模式

开源软件是以去中心化和协作的方式开发的,依赖于同行评审和社区制作。开源软件通常比与之功能相似的专有软件更便宜、更灵活、寿命更长,因为它是由社区而不是单个作者或公司开发的。开源已经成为一种运动,也是一种超越软件生产的工作方式。开源运动利用开源软件的价值和去中心化生产模式,寻找解决社区和行业问题的新方法。开源开发模型是开源社区项目用于开发开源软件的过程。然后,该软件在开源许可下发布,因此任何人都可以查看或修改源代码。许多开源项目都托管在 GitHub 上,人们可以在其中访问存储库或参与社区项目。Linux[®]、Ansible 和 Kubernetes 是流行的开源项目示例。

红帽社区(Red Hat Community)使用开源软件开发模型来创建企业开源产品和解决方案。红帽开发人员积极参与整个 IT 堆栈中的数百个开源项目。基于社区构建的开源软件会部分或全部满足客户的需求。红帽以这些开源项目为基础,加强安全性,修补漏洞,并增加新的企业功能,然后将这些改进贡献给原始项目,以造福整个社区。当客户使用这些开源软件时,会提交反馈、错误报告,并随着需求的变化请求其他功能。这些输入指导红帽的开发。

3. 开源的价值

人们选择开源而不是专有软件的原因有很多,但最常见的是因为开源具备许多价值。

(1) 同行审查。源代码免费、开源社区活跃,使得开源代码受到同行程序员的积极检查和改进。开源代码被视为活的代码,而不是关闭并停滞不前的代码。

(2) 透明度。可以确切地知道哪些类型的数据正在移动到哪里,或者代码中发生了哪些类型的更改。开源允许开发人员自己检查和跟踪,而不必依赖供应商的承诺。

(3) 安全可靠性。专有代码依赖于控制该代码的单个作者或公司保持其更新、实施修补和维持工作。开源代码的寿命比其原始作者长,因为它通过活跃的开源社区不断更新,任何人都可以查看和修改开源软件,所以有人可能会发现并纠正程序的原始作者可能存在的错误或填补遗漏。开放标准和同行评审确保开源代码得到适当和频繁的测试。

(4) 灵活性。由于开源代码强调修改,可以使用它来解决业务或社区独有的问题。开发者不会被要求以任何特定方式使用代码,在实施新解决方案时,可以依靠社区帮助和同行评审。

(5) 更低的成本。使用开源代码时,代码本身是免费的。当使用红帽这样的公司的产品时,需要支付的是支持、安全强化和帮助管理互操作性等方面的费用。

(6) 无供应商锁定。用户的自由意味着开发者可以随意将开源代码用于任何事情。

(7) 开放式协作。活跃的开源社区使得开发者可以找到超越兴趣小组或公司限制的帮助、资源和观点。

(8) 更多的控制权。人们可以自己检查代码以确保它没有违背开发者的意图,并且可以更改其中不喜欢的部分。非程序员用户也可以从开源软件中受益,因为可以将该软件用于自己希望的任何目的,而不仅是其他人认为应该使用的方式。

(9) 训练自己成为更好的程序员。由于开源代码是可公开访问的,学生在开发软件时可以轻松学习它。学生还可以与他人分享他们的作品,听取他人的意见并发展技能。当人们在程序源代码中发现错误时,可以与他人分享这些错误,以避免自己犯同样的错误。

(10) 有社区保障。开源软件通常会促使用户和开发人员围绕它形成活跃的社区。这并非开源所独有,许多流行的应用程序都是聚会和用户组的主题。但就开源而言,社区不仅是一个精英用户粉丝群,正是这些人生产、测试、使用、推广并最终影响了他们喜爱的软件。

4. 超越软件的开源运动

开源不仅仅是代码,更是一种理念和社会行为,已经得到更多用户、平台和组织参与。红帽(Redhat.com)通过多媒体系列的开源故事和话题宣传社区在开源技术方面所做的工作,旨在通过精英管理和思想交流释放一系列学科的潜力。例如,开放的工具和原则有哪些? 教师和课后俱乐部如何通过开放式领导建立创意社区,改变学校与城市? 开源和社区如何释放年轻程序员的潜力? 开放式硬件运动及其重要性是什么?

来自开源网站（Opensource.com）的观点是，开源不仅是一种开发和许可计算机软件的方式，而且是一种态度。以"开源方式"处理生活的方方面面意味着表达分享的意愿，以透明的方式与他人合作（以便其他人观看和加入），将失败视为改进的手段，并期望甚至鼓励其他人也这样做。只有当每个人都能接触到这个世界的设计方式时，才有可能积极改善世界。这个世界充满"源代码"——蓝图、配方、规则，它们指导和塑造人们在其中思考和行动的方式。人们相信这些底层代码（无论其形式如何）应该是开放的、可访问的和共享的，许多人甚至所有人都可以参与改进它。开源价值观会对生活各个领域产生影响，包括科学、教育、政府、制造、健康、法律和组织动态。开源方式是社区最好的运行方式。

2021年，腾讯首次发布"犀牛鸟开源人才培养计划"，通过打造面向高校学生的开源课程和开源实践培养方案，培育开源人才、普及开源文化。2023年，第三届"犀牛鸟开源人才培养计划"正式开启，腾讯公司同教育部计算机类专业教学指导委员会、教育部软件工程专业教学指导委员会、教育部电子信息类专业教学指导委员会、中国信息通信研究院一起作为联合指导单位，组成专家团参与指导。该计划由腾讯开源（Opensource.tencent.com）和腾讯高校合作主办，分为开源基础课程、开源进阶研学和开源项目实战三个培养阶段，通过进阶式学习不断激发学生持续关注并参与到开源发展建设中，促进年轻开源人才生态的蓬勃发展。

5. 我国对开源的贡献

2023年6月15日，由中国开源推进联盟（COPU）牵头，联合中国开发者社区CSDN、中国科学院软件研究所、开放原子开源基金会、北京开源创新委员会、开源社、开源中国、北京大学、华东师范大学、国防科技大学等106家单位，以及120多位开源专家和志愿者，携手重磅发布《2023中国开源发展蓝皮书》，力图呈现2023年中国开源产业生态全貌，绘制中国开源在技术创新、产业发展方面的真实图谱。在经历过"破土"期、"萌芽"期后，中国开源在2019年迎来"拐点"，并由此开启一个新时代——加速阶段，大量国产开源项目茁壮成长，本土开源社区也随之繁荣发展。中国开源最大的活力来源于数千万开发者，增长速度令人瞩目。其中，开源开发者数量已突破800万，位居全球第二；日常开发工作中，近96％的开发者都在使用开源软件；随着开源的普及，越来越多年轻开源生力军正逐渐加入和成长，开源人才增长空间和潜力巨大。

根据GitHub统计，近5年全球开源总体活跃仓库数量保持着约24％的增速，中国在2022年的开源日志事件和活跃仓库数也有明显增长。中国开源软件的发展从操作系统开始，已发展到数据库、中间件。如今，新技术领域也开始拥抱开源并落地开源产品。例如，在人工智能领域，深度学习已是技术创新与开源落地的主要方向，包括百度、智源在内的诸多国内企业都在积极推动中国大模型底层基础设施的建设。在高度重视各个技术领域在开源方向的前瞻性布局下，中国开源无论是项目活跃度，还是项目影响力，都在快速提升。

从最初单一且独立的社区发展而来，中国的开源社区经过不断演进后稳定增长，为中国开源生态的发展提供强大的动力。不仅有GitCode、Gitee、GitLink、木兰开源社区、Gitlab、Gitea等国内开源代码托管平台逐渐成型迭代，2022年，国内的多场开源社区活动和会议也为开发者提供了许多学习和交流的机会。2023年，中国开源组织的数量和质量不断提升，中国开源产业链也不断完善。各类型开源组织，包括开源基金会、综合型产业联盟、专业型开源组织、地区型开源组织、开源推广型社会组织等不断涌现,对完善中国开源生态建设发挥着积极的贡献。

多年来,开源在中国的逐渐普及,使得开源教育正加速融入并贯穿教育全阶段。国内众多高等院校加大开源基础设施投入力度,知名开源项目及开源企业也纷纷组建专门的技术培训学院等。政产学研用多方协同,从开源文化、开源素质、开源技能三方面"三位一体"协同培养,构建开源教育的生态发展。

在开源商业化方面,中国的开源商业模式也正逐渐演进成型。2022 年 12 月 ChatGPT 的发布引发人工智能新一轮爆发式增长。与过去两年相比,2023 年开源投融资赛道发生显著变化,从数据库为先转为人工智能为先。

整体而言,中国开源开发者、开源项目、开源社区、开源用户数量持续攀升,知识产权、商业模式、投融资、公共服务平台等开源生态快速完善,均彰显出中国开源所爆发的活力、潜力和惊人的加速度,这已成为全球开源界的共识,使得中国开源在国际开源界的地位和话语权持续提升。

10.3.2 开发分享社区

1. GitHub

GitHub 首先是一个在线软件开发平台,用于存储、跟踪和协作软件项目。GitHub 使开发人员可以轻松地共享代码文件并与其他开发人员在开源项目上进行协作。其次,GitHub 还充当一个社交网站,开发人员可以在其中公开交流、协作和推销他们的工作。自 2008 年成立以来,GitHub 已获得数百万用户,并将自己确立为协作软件项目的首选平台。这项免费服务具有一些有用的功能,可用于共享代码和与他人实时协作。除了与代码相关的功能外,GitHub 还鼓励用户为自己建立个人资料和品牌。用户可以访问任何人的个人资料,查看他们拥有和参与的项目。这使得 GitHub 成为程序员的一种社交网络,并促进软件和网站开发的协作方法。在工作上,GitHub 用户创建账户,上传文件,创建编码项目,然后使用 GitHub 平台实现协作开发。虽然任何人都可以独立编码,但团队构建了大多数开发项目。有时这些团队在同一地点办公,但更多时候他们异步工作。与分布式团队创建协作项目存在许多挑战。GitHub 通过几种不同的方式使此过程变得更加简单。这种工作方式恰恰与敏捷开发思想一致。

所有代码和文档都集中在一个地方,会限制想要为项目做出贡献的人的访问。而且,编码比大多数非技术人员认为的更具创造性和抽象性。假设两个开发人员正在处理不同的代码片段,这两段代码应该协同工作。GitHub 通过显示两个文件将如何更改主分支来解决这些问题。它会在推送更改之前捕获这些错误,使编码过程更加高效。基于 Git 的版本控制技术,GitHub 还可以更轻松地跟踪更改并返回到项目的先前版本。Git 是开源版本控制软件,用于管理和跟踪文件修订,虽然可以用于任何文件类型,但最常用于跟踪代码文件。Git 是使用最广泛的开发版本控制系统,GitHub 因此得名。

Google 文档有一个"版本历史记录"工具,可以在其中查看不同时间点对文档的更改。Microsoft Office 的"跟踪更改"功能也类似,用户可能更喜欢保存文件的多个副本并将它们标记为 v1、v2 等。但是,高级版本控制对于软件项目是必要的,尤其是协作项目,因为在构建软件时,多个开发人员会频繁地同时更新代码以添加功能并修复错误,需要将每个人的贡献合并到一个统一的代码库中,或者查看谁贡献了什么更改,而且还必须跟踪和存储每个更改。当出现问题并且需要回溯和恢复以前的版本时,Git 很有帮助。

当开发人员想要对某个软件进行更改时,他们会将源代码的副本从其中央存储位置(称为存储库)下载到其本地系统,安全地修改其副本,将其修订后的副本与存储库中的源文件合并,添加注释,解释更改。Git 跟踪所有这些修改,并将以前的版本存储为备份。GitHub可以更轻松地查看开发人员何时作为一个群体进行更改,而不仅仅是特定的个人更改。这在对复杂项目进行故障排除时很有帮助。

GitHub 允许软件开发人员和工程师在云上免费创建面向公众的远程存储库,或简称"存储库",是编码项目的文件和每个文件的修订历史记录。在 GitHub 上设置存储库后,可以将其复制到设备,在本地添加和修改文件,然后将更改"推送"回向公众显示更改的存储库。使用 GitHub 可以很好地增强协作,轻松管理文件,实现开发社交,推进开源项目,还可以通过私有仓库在 GitHub 付费服务方面赚钱。

2. Apache

Apache 是一款免费的开源软件,允许用户在互联网上部署他们的网站。它是 Apache软件基金会维护的最古老、最可靠的 Web 服务器软件之一,第一个版本于 1995 年发布。Apache.org 则是由 Apache 软件基金会(ASF)创办的软件开发和管理的协作型网站平台。ASF 成立于 1999 年,主要目的是为开放式、协作式软件开发奠定基础,通过提供硬件、通信和业务基础设施来开展项目,以及其他公益性事业。ASF 是世界领先的开源项目的全球大本营,涵盖数据、云、搜索、库、地理空间、物联网等类别,支持众多开源项目(projects.apache.org),包括 Hadoop、Rat、Spark、Storm 等。

Apache 项目及其社区是独特、多样化的,并且专注于项目生命周期特定阶段所需的活动,包括培育社区、开发出色的代码和建立意识。这些项目及其社区具有以下特色:

(1) 赢得的权威。所有人都有机会参与,但影响力则来自对社区的贡献。

(2) 同行社区。个人参与 ASF,而不是组织。ASF 的扁平化结构决定无论头衔如何,角色都是平等的,投票权重相等。

(3) 开放式通信。作为一个虚拟组织,ASF 要求所有与代码和决策相关的通信都可以公开访问,以确保异步协作,这是全球分布式社区所必需的。

(4) 共识决策。Apache 项目由一个自选的活跃志愿者团队监督,他们为各自的项目做出贡献。项目是自动管理的,非常倾向于推动共识以保持软件生产力。

(5) 负责任的监督。ASF 治理模型基于信任和委派监督,不是详细的规则和等级结构,而是基于原则的,自治项目直接向董事会提供报告。

3. 微信开放平台

微信是中国市场目前使用最为广泛的即时通信工具,许多功能对公众和开发者都是免费开放的。《微信开放平台开发者服务协议》声明微信开放平台指由腾讯所拥有、控制、经营的 open.weixin.qq.com 网站及相关各平台网站的下属子页面(以下简称为开放平台或平台)。使用微信开放平台的开发者需要遵守《微信开放平台开发者服务协议》《腾讯服务协议》以及《QQ 号码规则》等相关协议、规则。微信开放平台提供以下服务:

(1) 公众号。为企业和组织提供更强大的业务服务与用户管理能力,帮助企业快速开拓全新的公众号服务市场。

（2）小程序。开发者可以快速地开发一个小程序。小程序可以在微信内被便捷地获取和传播，同时具有出色的使用体验。开发者工具可以帮助开发者简单和高效地开发和调试微信小程序。相关社区是小程序开发和运营等问题的反馈交流平台。微信学堂是小程序开发、产品和运营、行业等线上线下系列课程的学习交流平台。小程序服务商讲师认证号召认可微信小程序生态价值并且在小程序各领域有丰富经验的个人和机构参与"小程序线上课程共创 & 服务商讲师认证"项目行业课程。小程序助手则帮助小程序相关成员在手机端更方便、及时地管理小程序。微信支付可以通过小程序支付产品来完成在小程序内销售商品或内容时的收款需求。小程序广告基于微信小程序生态，利用专业数据处理算法实现成本可控、效益可观、精准触达的广告投放。

（3）小游戏。微信小游戏是无须下载安装即可使用的轻便游戏应用，具备强大的社交传播力。开发者工具简化了小游戏的开发和调试过程，数据助手帮助开发和运营人员查看运营数据。创意小游戏为平台提供无限可能，允许创作者展示才华。虚拟支付功能支持虚拟物品购买，小游戏广告通过精准投放系统实现可控成本和显著效益。

（4）服务商。成为服务商后，可以通过微信开放平台提供全方位服务，如账号申请、小程序创建、技术开发、行业方案定制、活动营销等。服务市场支持模板和定制化开发的小程序、插件发布和营销管理。微信学堂与服务商讲师认证项目旨在通过行业课程推广小程序生态价值。微信支付服务商平台提供移动支付、代金券、红包等技术支持，助力行业精准支付场景，如扫码购和智能收银等。微信广告服务商系统为广告客户提供高效投放管理，支持多账号运营、数据分析与角色管理。

（5）微信支付。微信支付是集成在微信客户端的支付功能，用户可以通过手机完成快速的支付流程。微信支付以绑定银行卡的快捷支付为基础，向用户提供安全、快捷、高效的支付服务。

（6）移动应用。将移动应用接入微信开放平台，可以增加移动应用传播，快速接入微信支付，优化用户体验。移动应用通过微信分享给微信好友，分享到朋友圈，可以被用户进行快速社交传播。移动应用接入微信登录功能，可使用微信账号快速登录移动应用，降低注册门槛，提高用户留存。移动应用接入微信支付功能，用户可以在移动应用中方便快捷地通过微信支付来付款。

（7）网站应用。将网站应用接入微信开放平台，降低网站的用户注册门槛。网站应用接入微信登录功能，可使用微信账号快速登录网站。网站应用接入微信支付功能，用户可以在网站中方便快捷地通过微信支付来付款。

4. CSDN

CSDN（中国开发者网络，csdn. net）创立于 1999 年，是全球知名中文开发者网站。秉承"成就一亿技术人"的使命，为 IT 技术人成长及科技企业发展，提供开发者生态的全方位服务。CSDN 在社区基础上，通过知识云、人才云、开发云三大服务，赋能开发者、研发团队及科技企业在 IT 知识学习、人才招聘、研发效能与协同管理等方面的高速成长与发展。

CSDN 的网站主页设有如下栏目：博客（阅读深度和前沿文章 Blog. csdn. net）、下载（高价值源码课程分享）、学习（系统学习、问答、比赛）、社区（找到志同道合的伙伴）、知道、

GitCode(开源代码托管)、InsCode(让灵感立即落地)。知识领域包括后端、前端、移动开发、编程语言、Java、Python、人工智能、AIGC、大数据、数据库、数据结构与算法、音视频、云原生、云平台、前沿技术、开源、小程序、运维、服务器、操作系统、硬件开发、嵌入式、微软技术、软件工程、测试、网络空间安全、网络与通信、用户体验设计、学习和成长、搜索、开发工具、游戏、HarmonyOS、区块链、数学、3C 硬件、资讯。

5. 菜鸟教程

菜鸟教程(. runoob. com)是一个开发初学者学习平台,栏目内容丰富,包括 HTML/CSS、JavaScript、服务端、数据库、数据分析、移动端、XML 教程、ASP. NET、Web Service、开发工具、网站建设。涉及的具体知识点包括 HTML/CSS、JavaScript(如 jQuery、AJAX、JSON)、服务端(如 Python、Linux、Docker)、数据库(如 SQL、MySQL、Mongo DB)、数据分析(如 NumPy、Pandas、Matplotlib)、移动端(如 Android、Mobile)、XML(如 XSL、Xquery、Xlink)、ASP. NET(如 Web Pages、MVC、Web Forms)、Web Service(如 WSDL、SOAP、RSS)、开发工具(如 Eclipse、Git)、网站建设(网站建设指南、浏览器、网站主机教程)。

除了以上的开发开放和共享学习网站外,许多 IT 企业都有自己的开发者社区,例如 developer. baidu. com、developer. aliyun. com、developer. jdcloud. com、developer. ibm. com、developer. microsoft. com、developer. amazon. com。这些公司提供的开发者社区让更多的企业外技术人员和用户积极参与相关产品功能的开发和改进工作,同时也更加方便用户对新产品和新功能的熟悉和选择使用。

※ 思考题

1. 各种程序设计有哪些共性要求?GOF 对开发人员有什么作用?
2. 面向对象程序不是结构化的,对否?面向对象集成开发环境的常备元素有哪些?
3. 一个软件可能具备哪些基本功能?一种开发语言应该具有哪些元素?
4. UML 有那么多图,相对于业务流程图和数据流程图而言,是不是没有必要?
5. 代码自动生成能完全代替编程吗?为什么?
6. VB 和 Python 在学习过程和方法上有什么不同?
7. 微信小程序开发有什么方便和困难之处?微信小程序与一般的手机 App 有什么不同?
8. 你经常使用的开放和开源平台有哪些?这些平台为你提供了什么样的知识体系?
9. 一个 IT 组织如何更好地发挥开放和开源平台的作用?
10. 如何理解并接受开放和开源思维?大学生如何为开放和开源体系做出积极贡献?
11. 开放和开源对学习能力和学习方法的启发是什么?
12. 如何在相关开放和开源社区上注册账号和拟订相关学习计划?
13. 查看你知道的某家 IT 公司是否存在 developer 的二级域名,如果有则进行访问。

第 **11** 章

管理信息系统的实施

主要内容：系统实施准备、系统调试和切换、系统项目管理和系统评价

重点掌握：系统基础数据准备、系统调试、系统项目管理

综合应用：系统项目管理

系统实施是将系统设计方案转换为应用软硬件系统并部署、安装和调试的过程。系统实施以系统设计的方案为依据。只有通过系统开发文档,对系统目标、总体结构、系统代码设计、输入/输出设计、数据库设计、处理过程设计以及系统运行环境有明确的了解和认识以后,才能开始系统实施活动。系统实施的任务是按照系统设计说明书,组建一个能够实际运行的管理信息系统,即根据用户确认的设计方案,建立可操作的应用系统。它是对系统分析、系统设计阶段工作的校验,对于系统的质量、可靠性和可维护性有着十分重要的影响,是成功实现新系统和取得用户对系统信任的关键。

11.1 系统实施准备

系统实施是一项复杂的工程,管理信息系统的规模越大,实施阶段的任务就越复杂。为此,在系统正式实施开始之前,就要制订出周密的计划,在系统实施过程中要严格监督计划的执行。制订系统实施计划,要明确系统实施的方法、步骤、所需的时间和费用等。制订计划可采用甘特图或网络计划技术,用最短的时间、最少的资源消耗完成预定的目标。

11.1.1 系统实施环境的建立

系统实施环境的建立主要包括两方面的工作。其一是设备购置,即按照系统设计方案中提出的设备清单进行设备购置,包括计算机硬件、软件、计算机外围设备、网络软硬件以及计算机机房的建设与装修所需的材料等;其二是设备的安装、调试,即根据系统设计阶段所确定的技术路线、系统的物理结构与设备配置方案完成布线、机房装修、设备安装、操作系统安装以及网络连通调试等。

1. 设备购置

随着信息产业和计算机技术的不断发展,不同厂家、型号的计算机和网络产品为管理信息系统提供了很大的选择余地,但也给系统实施带来一定的复杂性。购置计算机系统的基

本原则是能满足管理信息系统的设计要求,为此,在购置计算机和网络产品时,需要考虑以下三个问题。

(1) 选择供应商的标准。为了得到系统所需要的硬件、系统软件、数据库管理系统等资源,需要在多家系统供应商中选择。当所需设备的数量少,价格低时,可在一家信得过的供应商那里直接选择。当购置的设备数量较多、金额较大时,一般要求采用招标、竞标方式选择。选择供应商的标准是:实力雄厚、信誉可靠、售后服务好,具有良好的资质与标准。

(2) 选择产品的标准。产品应具有合理的性能价格比,要求质量可靠、价格合理、性能稳定、使用方便。因为计算机网络设备的价格变化非常快,所以购置设备要依据系统软件开发的需要来确定。一般来说,先配置系统的骨干部分,然后根据需要再配置其他的部分。

(3) 可扩充性、兼容性以及先进性。为保证信息系统的使用寿命以及稳定性和可靠性,需要考虑在硬件上兼顾系统的可扩充性及兼容性。现代产品更新换代很快,如果预算允许,应尽量购置配置高的硬件,保持产品规格的先进性。

2. 设备的安装和调试

计算机作为精密电子设备,对周围环境相当敏感,尤其在安全性较高的应用场合,对机房的温度、湿度等都有特殊的要求。计算机系统安装时,系统安装地点的选择应考虑系统对电缆、电话或数据通信服务、工作空间、存储、噪音、安全系统、通信条件及交通情况的要求。同时,计算机系统的安装应满足一些基本要求:机房要安装双层玻璃门窗,并保证无尘;使用专门的地板,让电缆通过地板孔道连接中央处理机及各设备,保证安全;为了防止突然停电造成事故,应安装备用电源设备,如功率足够的不间断电源(UPS),以免丢失数据。如果机房的机器很多,还要安装良好的空调系统。

管理信息系统通常是由通信线路把各种设备连接起来而组成的网络系统。MIS网络有局域网和广域网两种。局域网(LAN)通常指一定范围内的网络,可以实现楼宇内部和邻近的几座大楼之间的内部联系。广域网(WAN)设备之间的通信通常利用公共电信网络,实现远程设备之间的通信。

网络系统的安装主要包括通信设备的安装、通信线路的铺设等。常用的通信线路有双绞线、同轴电缆、光纤电缆以及微波和卫星通信等。网络通信设备包括交换机、路由器、微波设备及其他网络通信的中间件等。

11.1.2 基础数据的准备

基础数据准备就是按照系统分析所规定的详细内容,组织和统计系统所需的数据,是一项既烦琐,劳动量又大的工作。数据准备的注意事项包括①各种数据的归类整理要严格科学化,特别是对基础数据的统计工作,具体方法应程序化、规范化;②计量工具、计量方法、数据采集渠道和程序都应该固定,以确保新系统运行有稳定可靠的数据来源;③各类统计、数据采集、报表应标准化、规范化。

如果新系统是在手工处理的基础上创建起来的,那么就需要用户和系统开发人员共同参与数据的准备过程。因为这些数据要被装入到新系统中,而计算机信息系统对数据的加工处理有自己的要求,所以数据的准备不仅是要归类整理,还要进行编码等工作。由于系统执行需要的可能是一年、几年甚至更长的时间段内的数据,因此,数据输入流程所耗费的人力和时间巨大,相应地也必定耗费一定的财力。

如果新系统是在已有的计算机信息系统上开发的,应尽可能使数据转换工作自动化。这种转换工作也是十分复杂且耗时的,有时要涉及数据库的改组或重建。在数据的转换过程中,必须保证数据的正确性。应该启动所有的系统控制措施,以保护数据不受未经授权的访问的影响,避免错误的输入。

11.1.3　人员培训

系统是由人来操作的,所以系统实施成功与否与使用人员及其管理系统的能力密切相关,为了使新系统能够按预期目标正常运行,应对用户进行必要的培训。

人员培训是管理信息系统开发过程中的重要组成部分。实际上,在系统开发的早期阶段,就应该开始考虑制订一份培训计划。在这份计划中,首先要确定培训人员,然后针对不同的人员确定培训内容。需要进行培训的人员主要有以下三类。

(1) 业务管理人员。业务管理人员(主管人员)的理解和支持,是管理信息系统能够顺利运行并达到预期目标的关键因素。因此,可以通过讲座、报告会的形式对业务管理人员进行培训。培训的主要内容有:系统的目标、功能;系统的结构及运行过程;对企业组织机构、工作方式等产生的影响;采用信息系统后,今后如何衡量任务完成情况等。

(2) 系统操作员。系统操作员是管理信息系统的直接使用者,统计资料表明,管理信息系统在运行期间发生的故障,大多数是由于使用方法错误而造成的。所以,对用户系统操作员的培训应该是人员培训工作的重点。

对用户系统操作员的培训是与编程和测试工作同时进行的,应该给系统操作员提供比较充裕的培训时间。其培训的主要内容有:必要的计算机硬、软件知识;键盘指法、汉字输入等训练;新系统的工作原理;新系统的输入方式和操作方式;简单出错的处置知识;运行注意事项等。

(3) 系统维护人员。除了要求具有较好的计算机硬、软件知识外,系统维护人员必须深刻理解新系统的原理和维护知识。在较大的企业或部门中,系统维护人员一般由计算机中心或计算机室的计算机专业技术人员担任。培训系统维护人员的最好途径,就是让他们直接参与系统的开发工作,这样有助于他们了解整个系统的全貌,为今后的工作打下良好的基础。

对于大、中企业或部门用户,人员培训工作应列入该企业或部门的教育计划中,在系统开发单位配合下共同实施。

11.2　系统调试与切换

11.2.1　程序和系统调试

程序和系统调试的目的是发现程序和系统中可能存在的各类错误并及时予以纠正。如图 11-1 所示,系统调试可以分为四个阶段:程序代码调试、程序功能调试、系统功能调试和系统能行性调试。

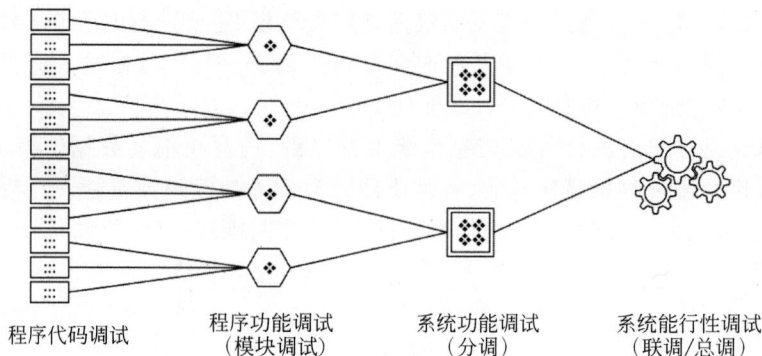

程序代码调试　　　　程序功能调试　　　系统功能调试　　　系统能行性调试
　　　　　　　　　　（模块调试）　　　　（分调）　　　　　（联调/总调）

图 11-1　系统调试阶段

与调试相对应的是测试。测试的目的是发现软件中存在的错误或缺陷，以验证软件的正确性和可靠性；调试的主要目的是修正或弥补软件中已经发现的错误或缺陷，并确保软件能够按预期正常运行。可见，测试是调试各阶段的先行措施。调试和测试往往是反复交互的过程，调试后可能会遇到新的错误，就再行测试和解决新错误。测试后可能立即解决问题，也可能汇总更多问题，通过调试批量解决。这样，测试与调试之间可以存在很长的时间差和空间距离。软件测试与系统开发过程间存在对折对应关系，如图 11-2 所示。这与图 5-14 的 V 模型也是一致的。

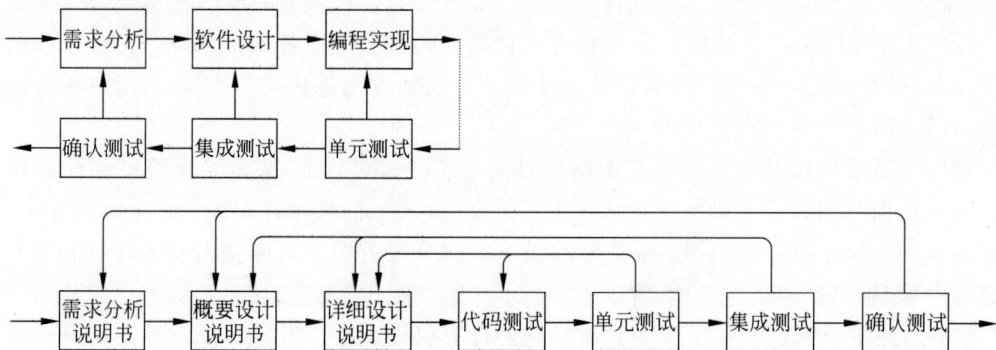

图 11-2　软件测试与系统开发之间的关系

（1）程序代码调试。许多人认为编写程序后就大功告成，但实际上，写完代码只是程序实现的一部分，后续还需检查和验证以找出错误和不足。目前有三种检验手段：正确性证明、静态检查和动态检查。正确性证明利用数学方法证明程序正确性，但这项技术还处于初级阶段。静态检查通过人工评审程序或文档来发现错误，操作简单且有效。动态检查，即测试，通过控制程序运行，从不同角度观察其行为来发现错误。程序的验证通常有理论法和实验法两种。理论法使用数学方法证明程序正确性，虽然有前景，但尚未成熟，仍在研究阶段。目前普遍使用的是实验法，通过测试程序来验证其正确性，虽然能确保程序基本正确，但要确认完全正确，则需要经过长时间的使用。程序代码调试就是经过代码测试后，写出相应的测试报告，然后修改完善。程序测试包括语法调试和逻辑检查。

在逻辑检查之前需要编造测试数据，包括正常数据、异常数据和错误数据，用来考验程序的正确性和可靠性。

① 用正常数据测试程序能否完成系统所要求的各种功能，例如写入文件的各项记录是

否正确(包括首、末记录);输出的数据是否正确,是否有遗漏;各项检验测试是否正确。本系统经过这项工作后,尚难以确定应用程序运行的正确性。

② 用异常数据测试,例如用空数据文件去进行测试,也可以检查程序能否正确运行。

③ 用错误的数据测试应用程序对错误的处理能力,包括显示出错信息以及允许修改错误的可能等,例如输入数据错误时能否及时查出或发出出错信息,并允许修改;操作错误时能否及时查出或发出警告信号,并允许修改。经过运行调试,系统基本具备上述功能。

(2) 程序功能调试。经代码测试正确的程序只是基本验证了程序在逻辑上的正确性,但并不能验证程序是否满足在程序说明中定义的功能,也不能验证数据本身是否完备。程序功能测试则面向程序应用环境,把程序看作一个"黑盒子",认为程序只要满足应用功能上的需求,就是可行的。这个程序可以是子程序,也可是分段函数。因此,程序功能调试,又称为模块调试,对应的是单元测试。

(3) 系统功能调试。系统的应用软件通常由多个功能模块组成,每个模块由一个或几个程序构成。在单个程序调试完成以后,尚需进行系统功能性调试,即为分调,即将一个功能内的所有程序按次序串联起来调试。这种调试的目的是要保证模块内各程序间具有正确的控制关系,同时可以测试模块的运行效率。

(4) 系统能行性调试(联调/总调)。一般包括两部分:

① 主控和调度程序调试,语句不多,但逻辑控制复杂。调试时,将所有控制程序与各功能模块的接口"短路",用直接送出预定计算结果的联系程序替代原功能模块。调试的目的是验证控制接口和参数传递的正确性,以及发现并解决资源调度中的问题。

② 系统总调,就是将主控和调度程序与各功能模块联结起来进行总体调试,对系统各种可能的使用形态及其组合在软件中的流通情况进行能行性测试。总调通常采用所谓"黑盒法",这种方法将程序系统看作不透明的,不考虑内部结构路径,只注重程序系统的整体功能,即输入输出数据转换是否按设计要求进行。这一阶段查出的往往是模块间相互关系方面的错误和缺陷。

(5) 特殊测试。除了上述常规测试和调试之外,系统有必要进行有关性能方面的测试。这些测试往往不是针对程序在正常情况下运行结果的正确与否,而是根据系统需求选择进行的,主要有峰值负载测试、容量测试、响应时间测试、恢复能力测试等。比如,使用各类跑分软件测试计算机和手机的综合性能以及零部件工作效率等。还可以使用相关应用或自编测试程序对系统或模块的功能和性能进行自动化、半自动化测试。

在系统程序调试时,没有必要按完全真实情况下的数据量进行。通常采用"系统模型"法,以便以最少的输入数据量完成较全面的软件测试。通过对数据的精心选择,显著减少输入数据量,不仅可以使处理工作量大为减少,而且也更容易发现错误和确定错误的范围。调试中要严格核对计算机处理和人工处理的两种结果。通常是先核对最终结果,发现错误再回到相应中间结果部分核对,直到基本确定错误范围。

系统测试完成后,在交付用户使用之前,还需要进行实况测试。实况测试以过去手工处理方式下得出正确结果的数据作为输入,将系统处理结果与手工处理结果进行比较。这一阶段除严格核对结果外,主要考查系统运转的合理性与效率,包括可靠性(作业处理的成功率是否高)。

系统调试完成后,应编写操作说明书,完成程序框图并打印源程序清单。

11.2.2 系统切换

系统软件测试调试后,经验收、测试后即可交付使用,所谓交付使用是指新系统与旧系统的交替,旧系统停止使用,新系统投入运行。这个交付过程也称系统切换。系统切换是一个过程,旧系统过渡到新系统应力求平稳,使新系统安全取代旧系统。

这一阶段的工作常常被忽视,但实际上系统切换工作对系统的安全性、可靠性、准确性都非常重要。用计算机辅助的管理信息系统起初是在现行的手工管理系统基础之上建立起来的,后来,也存在更新迭代的情况。因此,必须协调新旧系统之间的关系,否则将造成企业正常工作的紊乱与中断,损害企业的经济效益。

系统的切换方式主要有直接切换法、并行切换法和分段切换法三种,如图 11-3 所示。

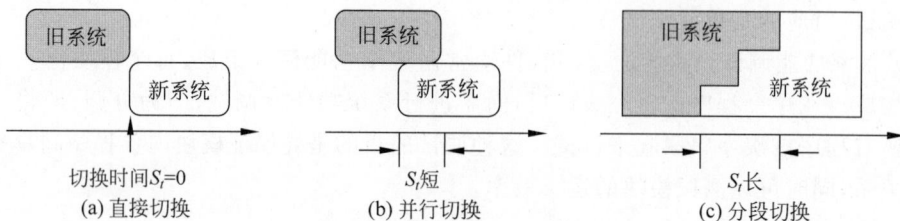

图 11-3 系统切换的三种方式

(1) 直接切换法。直接切换指在旧的系统停止运行的某一时刻,新的系统立即投入运行,如图 1-13(a)所示。这种转换方式简单、易行,但是存在较大的风险,一旦新系统发生问题将造成重大损失。这种系统在老的系统已完全不能使用,或者新的系统不太复杂,而且经过较详细模拟运行的情况下比较适用。

(2) 并行切换法。并行切换指在新旧系统同时运行一段时间后,对照两者的输出,利用旧系统对新系统进行检验,再由新的系统代替旧的系统,如图 11-3(b)所示。这种方式安排了一个新旧系统的并存期,这样不但可以保持系统的业务不间断,而且可以不断地修正新系统出现的问题,使得系统转换的风险较小,是当前经常采用的一种方式。并行处理的时间视业务内容而定,短则 2 至 3 个月,长则半年至一年,在新旧系统的并行期内,系统需要配备两套班子人员,使得切换的费用加大。

(3) 分段切换法。分段切换是指在系统正式运行前,按照子系统的功能或业务功能,一部分一部分地逐步替代旧的系统,如图 11-3(c)所示。分段切换方式又称向导切换方式,实际上是以上两种切换方式的结合。这种结合既保证了系统的可靠切换,又不至于使得费用过大。但是由于系统切换是分步逐渐切换的,所以子系统之间、功能与功能之间的接口成了主要问题,应该做好计划,合理解决。一般在比较大规模的系统切换中多采用这种方式。

图 11-3 中的三种系统切换方式各有自身的特点,应该根据系统规模的大小,难易复杂程度以及企业的具体情况决定选用。在系统切换过程中,应注意解决好以下问题,可以为系统的顺利切换创造条件。

(1) 新系统的投运需要大量基础数据,这些数据的整理与录入工作量特别庞大,应及早准备、尽快完成。旧系统的基础数据需要及时整理,以方便迁入新系统。

(2) 系统切换不仅是机器和程序的转换,更难的是人工的转换,应提前做好人员培训工作。

（3）系统运行时会出现一些局部性的问题，这是正常现象。系统工作人员对此应有足够的准备，并做好记录。若系统只出现局部性问题，则说明系统是成功的，反之，如果出现致命的问题，则说明系统设计质量不好，整个系统甚至要重新设计。

11.3　项目管理与系统评价

11.3.1　系统项目管理

MIS 项目涉及面广，时间长，过程复杂，本身就是一个需要很好地统筹和协调的系统工程，需要多方面人员的密切配合和科学的项目管理。项目管理技术可以使管理人员事先对可能发生的情况做出预测，在问题发生之前及时进行控制和调整，使项目管理工作由被动的事后解决变为主动的事前控制。

为使项目开发获得成功，必须对开发项目的工作范围、可能遇到的风险、需要的人力资源、要实现的任务、花费的工作量以及进度等做好设计和安排，而项目管理可以追踪这些信息。这种管理开始于技术工作之前，在系统从构想到实现的过程中持续进行，最后终止于项目结束。因此，MIS 开发与实施项目管理的内容与一般项目管理一样涉及范围管理、质量管理、成本管理、时间管理、人力资源管理、沟通管理、风险管理与采购管理八个方面。整个信息系统项目管理必须要保障做好人员管理、计划安排、范围确定、进度控制等方面的工作，确保项目质量水平和成本合理化，实现积极沟通，规避可能的风险。

下面介绍系统项目管理的相关方法。

1. 合理管理人员

管理信息系统的开发和应用需要多方面人才，包括：

① 系统工作人员。负责系统分析和设计，他们应当既精通管理业务，又是计算机专家。

② 程序员。负责编写和调试程序。

③ 操作员。包括上机操作人员和数据录入人员。

④ 硬件人员。负责机器维护和保养工作。

⑤ 项目负责人。相当于系统开发的总工程师，应当精通管理业务，熟悉计算机技术并具有相当的组织协调能力。

除此以外，项目开发还应由管理人员参与。这是因为计算机应用人员往往对具体管理业务不够熟悉。没有用户的积极参与和配合，往往导致设计脱离应用需要，不能很好地投入运行。另外，管理人员与计算机技术人员考虑问题的出发点不同，有时会发生矛盾。例如，技术人员习惯于从技术角度考虑问题，而管理人员则从应用角度考虑，首先要求系统应简单易用。这些矛盾需要经过项目管理来协调。

在系统开发中，计算机和用户的关系是计算机为用户服务，而不是用户为计算机服务；计算机应当成为提高用户工作效率的工具和手段，而不应当成为用户的负担。这个简单的要求，却并不易做到。因为对计算机简单的方案，往往意味着用户使用起来较麻烦，甚至根本不愿意用，或者简直就无法使用；而对用户来说非常方便的应用方案，可能意味着系统开发投入的成倍甚至数倍增加。因此，项目管理中应采取措施加强用户和设计人员之间的理解和沟通。

2. 拟订系统工作计划

系统工作计划的目标是提供一个能使项目管理人员对资源、成本和进度做出合理估算的框架，它应该随着项目的进展定期更新。为了有条不紊按计划完成系统开发工作，要制订好项目工作计划，经常检查计划完成情况，分析滞后原因并及时调整计划。

（1）系统工作计划的基本原则。系统开发计划是对整个开发过程进行有效管理的重要依据和成功保证。制订计划要注意遵循这些基本原则：①整体性原则，系统开发计划应符合系统应用环境和建设目标的要求，注意与其他计划的协调一致；②阶段性原则，信息系统开发复杂且不可一步完成，应分阶段进行，每阶段有明确目标、时间和审查成果，以确保进度和质量；③客观可行原则，开发计划应符合实际需求，避免不切实际的设计，特别在人力、财力、物力等方面要有可靠保证，采用成熟技术；④全面性原则，计划的制订应包括各部门人员和领导的参与，从不同角度考虑整个计划，并促进各部门之间的协调和合作。

（2）工作分解结构。工作分解结构（WBS）是为了管理和控制的目的而将项目分解得易于管理的技术。它是直接按层次把项目分解成子项目，子项目再分解成更小的、更易管理的工作单元，直至最后分解成具体的工作（或称工作包）的系统方法。工作分解结构图是工作分解结构的具体表现，是反映项目所包含工作的详细分解示意图。

WBS能够准确说明项目的范围，便于为各工作包分派人员及明确责任，针对各工作包进行时间、费用和资源需要量的估算，提高估算的准确度，为计划、预算、进度计划和费用控制奠定共同基础。因此，WBS是项目管理的骨架，有两种表示方式：插图式（见图11-4）和清单式（见图11-5）。

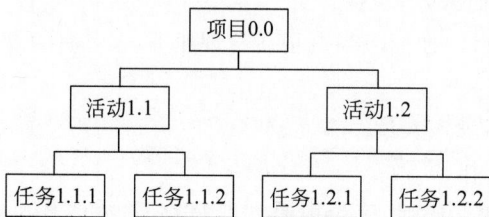

图11-4 插图式

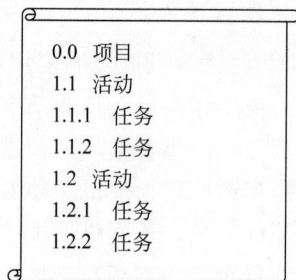

图11-5 清单式

3. 项目的时间管理与进度安排

一般项目的时间管理或进度管理可以使用微软的Project软件动态绘制可视化图表管理，也可以使用Visio等软件静态绘制项目管理图表。对信息系统开发项目的进度安排有两种考虑方式：①系统最终交付日期已经确定，系统开发部门必须在规定期限内完成；②系统最终交付日期只确定大致年限，实际交付日期由系统开发部门确定。后一种方式能够对开发项目进行细致的分析，最好地利用资源，合理地分配工作。但实际工作中常遇到的是前一种方式。常见的进度安排方法有三种。

（1）甘特图。甘特图是较早产生的一种方法，在简单且短期的项目中得到有效的应用。为了创建甘特图，项目经理首先用长方形横道来表示项目的各项活动。横道的长度代表活动的工期。项目经理依据活动完成的顺序沿水平方向在时间跨度上布置横道。在一些情况下,同一时间刻度有几项活动,表示活动可以同时进行。活动进行的次序主要受到资源可利用性的约束(见图 11-6)。

开发进度安排表

ID	工 作 项 目	2023 年									主要承担单位
		01 月	02 月	03 月	04 月	05 月	06 月	07 月	08 月	09 月	
1	系统规划										分析、设计组
2	系统分析										分析、设计组
3	系统设计										分析、设计组
4	硬件安装调试										硬件组
5	设计调试子系统 A										软件组
6	设计调试子系统 B										软件组
7	人员培训										分析、设计组
8	系统实施										各小组
9	系统切换										各小组
10	系统评价										各小组

图 11-6 开发进度安排表

甘特图的缺点是隐藏了很多次序信息,不能分辨出活动的先后;另外,项目经理也不能判断是否最有效地利用资源。甘特图只反映项目经理想完成工作的时机。

(2)网络计划图。PERT(program evaluation and review technique,计划评审技术)的中文简称为网络计划图,用于可视化展示项目的工作流程和详细的项目计划编制,在执行阶段,可以用作进度计划编制备选方案的分析工具和控制工具。构造 PERT 图需要明确三个概念:事件表示主要活动结束的那一点;活动表示从一个事件到另一个事件之间的过程;关键路线是 PERT 网络中花费时间最长的事件和活动的序列。

例如,图 11-7 描述了三个模块 A、B、C 的开发工作安排,模块 A 是公用模块,模块 B 和 C 的测试有赖于模块 A 调试的完成。模块 C 利用现有的模块。开发工作进行到 A、B 和 C 做组装测试为止。工作步骤如图 11-7 所示,各边表示要完成的工作,各节点的数字表明任务的先后,0 号节点是整个任务网络的起点,8 号节点是终点。另外,在组织复杂的项目任务时,可以在此基础上使用分层的任务网络图。

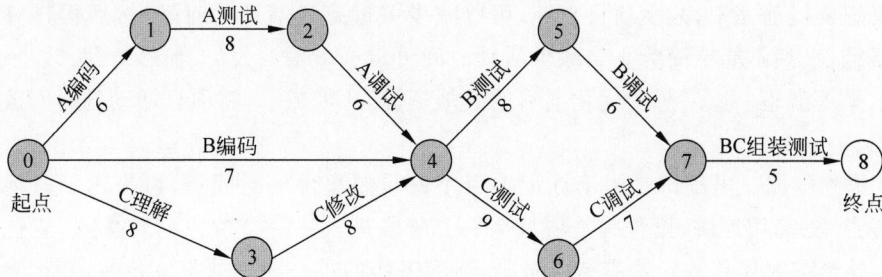

图 11-7 开发模块 A、B、C 的网络计划图

网络计划图可以用作项目进度和资源管理问题的分析工具,根据项目的活动顺序和时间,求解项目周期和关键路径。假设一个项目 PM 的活动编号、时间和紧前活动信息如表 11-1 所示,根据这些信息就可以绘制简单的 PERT 图。

表 11-1 项目活动信息表

活 动 编 号	活动时间(天)	紧 前 活 动
A	2	/
B	2	/
C	7	A
D	5	A
E	9	B
F	5	C
G	2	F
H	2	D、E

绘制过程是,起始活动的最早开工时间和最晚开工时间都是 0,而后求各个活动前的最早开工时间,也是后续活动的最早完工时间,从左向右,遇到多分支入点则取最大值;最后节点的两个数值相等,然后反求最晚开工时间或最晚完工时间,倒推减去活动用工时间,遇到多分支出口,则取最小值。项目工期为最后节点的两个相等的数值,关键路径为左右最早和最晚相同节点的连接,如果有多个关键路径,则选取路径时间综合等于项目周期的路径为关键。如图 11-8 所示,项目 PM 的项目工期为 16 天。项目关键路径的节点表示为 1-2-3-4-7,或者使用活动表示为 A-C-F-G。

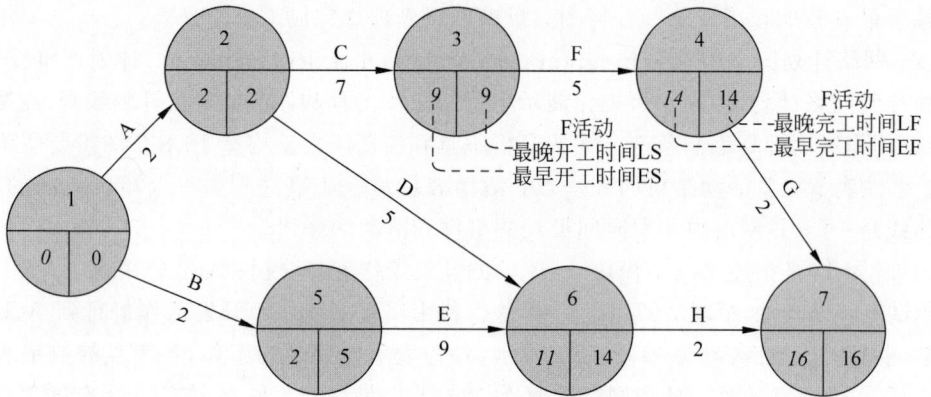

图 11-8 项目 PM 的 PERT 图

如果想要提前完工,减少项目工期,可以减少关键路径活动的时间,然后再计算发现新的关键路径,直到不能精简为止。减少活动时间可以采取增派人员、加班增薪、改进设备、提高技术水平等措施。如果想要优化项目的其他资源,比如成本,将项目活动的时间改为成本数据即可。

(3)里程碑图。里程碑是用于标记项目中的重要事件的时间点,也是用于监视项目进度的参考点,更确切地讲,里程碑是项目从一个阶段进入另一个阶段的转折点,它往往有这些特征:处于重大任务的开始或结束时刻,前后工作的重心和主题明显转换,甚至参与人员都有巨大变化;有明确的成果和交付物;作为重要项目、财务、质量审查点、监控点;重要决策点。项目里程碑的设置能有效地控制经费开支和资源投入,并以此为基点保证项目的成功。根据网络图和 WBS 确定项目的里程碑,形成里程碑图(见图 11-9),并建立里程碑的检查列表。MIS 项目的阶段管理还可以借鉴新产品开发管理的"阶段-门"模型。

确定用户需求	阶段 I	阶段 II	阶段 III	阶段 IV
	系统规划	系统分析	系统设计	系统实施

里程碑-1
批准可行性
分析报告

里程碑-2
批准系统
规划方案

里程碑-3
批准进入系统
设计阶段

…

里程碑-n
管理信息系统
演示

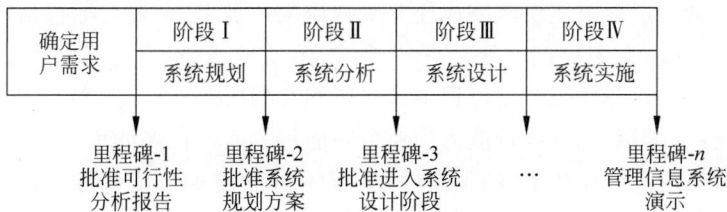

图 11-9 管理信息系统开发里程碑设置图

4. 制定相应文件

在开发 MIS 的每个阶段都应制定好相应的文件,明确工作目标和职责范围。MIS 投入运行后,要在日常运行管理工作的基础上,定期对其运行状况进行集中评价。系统评价的目的是通过对系统运行过程和绩效的审查,来检查系统是否达到预期的目标,是否充分利用了系统内的各种资源(包括计算机资源、信息资源),系统的管理工作是否完善,并提出今后系统改进和扩展的方向。

系统评价的主要依据是系统日常运行记录和现场实际测试数据。通常,新系统的第一次评价与系统的验收同时进行,以后每隔半年或一年进行一次。参加首次评价工作的人员有系统研制人员、系统管理人员、用户、用户单位领导和外来专家。以后的各项评价工作主要由系统管理人员、用户和单位领导参加。

11.3.2 系统评价

1. 系统建设的评价

建设评价是对信息系统开发、运行、维护和管理所做的评价,评价指标包括:

(1)目标实现度。表明系统实现预定目标的程度,需通过数量化方式将实际值与期望值进行比较并描述差异。

(2)经济性。既要保持系统的先进性,又要考虑实用性和经济承受能力,寻找良好的性价比。

(3)资源利用率。管理信息系统集成了多种先进设备,资源利用率应根据系统未来扩张情况设定,发展潜力大的系统可适当降低资源利用率。

(4)开发效率。系统建成后,应评估开发效率,找出低效环节并改进,以提升系统开发能力,开发效率受系统规模、团队经验、资金等多方面因素影响。

(5)系统建设的规范性。应遵循国际、国家或行业标准,确保系统的规范化、标准化,特别是文档要正确、规范、完备。

2. 系统性能的评价

信息系统性能的评价是信息系统的各个组成部分(即人员、计算机软硬件资源、规程)有机地结合在一起,作为一个总体对使用者所表现出来的技术特性。系统性能的评价主要内容包括:

(1)可靠性。包括硬件、软件、数据和容错能力。硬件的可靠性指在指定时间内执行所需功能的成功概率,软件的可靠性指在规定时间和次数内完成功能的无差错概率,数据可靠性要求数据真实、准确、及时,容错能力指系统在错误条件下依然能稳定运行。

（2）系统效率。指系统能快速完成任务或响应用户需求，主要指标包括周转时间（任务完成时间）、响应时间（系统反馈时间，应在 3 秒内）和吞吐量（单位时间内完成的工作量）。

（3）可维护性。强调系统开发过程中的代码和文档质量。

（4）可扩充性。指系统在执行能力和业务功能等方面的扩展能力。

（5）适应性。指系统在环境、约束条件或用户需求变化时的适应能力。

（6）可移植性。指系统从一种环境转移到另一种环境时所需的改动程度。

3. 系统应用效益的评价

信息系统是一个人机互动的项目，系统只有给组织带来以下两方面的效益，才能体现自身的价值。

（1）经济效益。在经济上，信息系统的评价内容主要是系统直接和间接的效果与效益。直接评价内容包括系统的投资额、系统运行费用、系统运行所带来的新增效益、投资回收期等经营数据相关指标，间接评价内容包括信息系统在改观企业形象、提高员工素质、改革企业体制与组织机构、优化管理流程、加强企业各部门各人员间协作精神、提高用户满意程度等诸多层面的作用。

（2）社会效益。指系统为国家、地区和企业的共同利益所做出的贡献。可以从提高社会总效益、加强组织应变能力、减少决策失误损失、改善劳动条件等方面衡量。

※ 思考题

1. 系统实施是一件很简单的事情，这种认识对吗？为什么？

2. 准备基础数据对系统实施有什么样的作用？

3. 系统人员培训工作就是教会用户如何使用系统，对吗？为什么？

4. 为什么项目工期和资源效率要看关键路径？

5. 系统调试对整个系统开发如何实施有何重要意义？

6. 程序测试为什么还要使用错误数据和异常数据？

7. 系统切换方式有哪几种？是不是必须使用最稳妥的切换方式？

8. 为什么沟通是项目团队管理的关键因素？

9. PERT 图与甘特图的区别与联系是什么？

10. 项目团队如何应对客户需求不断变化或者需求不清的问题？

11. 为什么说管理信息系统项目是"一把手"工程？

12. IT 项目与建筑、机械、电子等其他工程项目有何区别与联系？

13. 为什么会有一些第三方公司专门负责信息系统项目实施工作，比如 ERP 实施工作？

第 12 章

管理信息系统的运行与维护

主要内容：日常例行操作、实时性信息服务、运行情况记录、运行结果分析；系统硬件、软件、数据文件和代码的维护；系统人员管理、日常管理、系统文档规范化管理

重点掌握：系统运行情况管理、系统完善性维护、系统日常管理

综合应用：系统日常运行管理与维护

12.1　系统运行

新信息系统经过测试后进入运行阶段，逐步替代旧系统，成为组织日常工作的重要组成部分。在这一阶段，系统软件或硬件故障、通信混乱及人为错误等可能导致系统出错，因此需要采取有效的管理措施，确保信息系统的安全性和可靠性，确保其在预期时间内正常运行并产生效益。运行管理是信息系统开发的延续，重视这一阶段是信息系统工程的基本理念。企业需建立健全的运行管理制度，提升管理人员素质，记录系统状态，监控数据输入输出，进行必要的修改与扩充。运行管理应由熟悉系统功能并能与管理人员直接接触的专业人员负责，目标是优化系统服务，创造经济和社会效益。

12.1.1　系统运行的组织

要对系统运行进行有效管理，需要有相应的组织保证，并将系统运行纳入整个企业的日常工作。系统运行组织的建立是与信息系统在企业的地位分不开的。在信息化过程中，国内企业组织中负责系统运行的大多是信息中心、计算中心、信息处等信息管理职能部门。现在，信息系统在企业中的地位逐步提高，信息系统的组织也越来越健全和庞大。目前企业常见的信息系统运行组织机构主要有四种形式（见图 12-1）。

（1）信息系统部门为企业某业务部门所有（见图 12-1(a)）。这种组织方式较为古老，信息部门仅为某个单位提供计算能力，地位较低，限制系统资源的调配，影响整体效率。

（2）信息系统部门与其他职能部门平行（见图 12-1(b)）。信息资源可共享，但决策能力较弱，系统运行中的协调与决策受到影响。

（3）信息系统部门作为企业参谋中心（见图 12-1(c)）。该方式有利于信息资源共享和向领导提供决策支持，但容易出现脱离管理或服务不佳的情况。

（4）信息系统部门由信息中心与信息室共同构成（见图 12-1(d)）。信息系统不仅从企业的高度研究发展，还能深入了解各部门的需求。

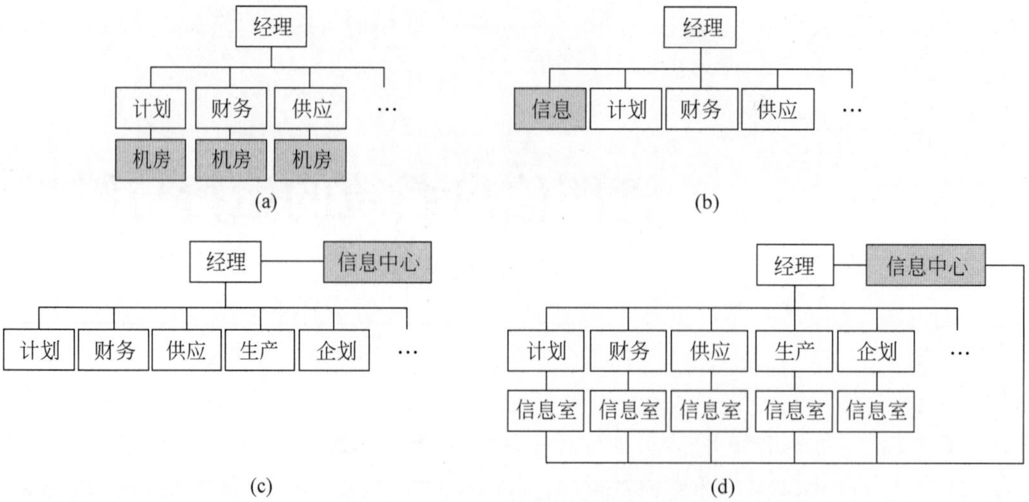

图 12-1　信息系统部门的组织类型

需要强调的一点是信息主管（chief information officer，CIO）的作用。CIO 一般由企业的高层人士来担任，相当于企业的副总经理，甚至更高。企业设置 CIO 这个职位，体现了企业对信息资源和信息技术的重视。以信息主管为首的信息系统部门职责包括：

（1）制定系统规划。对管理信息系统的开发、管理维护和使用、资金计划、人员安排和培训等做出统一规划。

（2）负责信息处理的全过程。与企业领导和有关管理部门一起，确定合理、统一的信息流程，协调各个部门在信息处理方面的关系，负责收集、整理、加工和存储信息，确保信息的准确性和一致性。

（3）信息的综合开发。对各方面的信息进行综合处理和分析，得到对全局更为重要的信息，提供给各个管理部门，尤其是决策层，并由系统以适当的形式发布。

（4）搞好信息标准化等基础管理工作。与有关部门一起，共同搞好系统运行中的基础管理工作，主要是信息编码等标准化、规范化工作。

（5）负责系统的运行和维护。作为系统主要的日常技术性工作，涵盖系统硬件软件维护、数据库管理、数据录入检查、机房管理和用户服务等。

12.1.2　系统运行的人员配置与规章制度

运行期间的信息系统部门内部人员大致包括系统维护管理员、管理人员和操作人员。系统维护管理员包括软硬件维护员、数据库维护员和网络维护员等；管理人员包括耗材管理员、资料管理员、机房值班员和培训规划人员等；操作人员则数量庞大，大部分都是在具体的业务岗位上工作的人员。因此，系统内部人员主要由前两种人员构成。一般而言，在中小型系统中，往往是一个人身兼数职，而在大型系统中，结构复杂，人员较多，分工明确。

为保证信息系统在运行期间正常工作，必须建立并健全信息系统的运行管理制度。一个大型信息系统投入正式运行之后，信息不断地输入系统，加工处理后又不断地传送到各个职能部门。任何不经意的疏忽都可能造成巨大的损失。所以建立严格的系统运行人员的岗位责任制和严格的规章制度十分必要。主要的规章制度包括：系统安全管理制度、系统定期维修制度、系统运行操作规程、用户使用操作规程、信息系统的保密制度、系统数据修改规程、系统运行日志和主要内容、机房管理制度。

12.1.3 系统运行的内容

（1）日常例行操作。包括新数据的录入、存储、更新、复制、统计分析、报表生成以及与外界数据的交流。除此之外，还包括简单的硬件管理和设施管理。这些工作一般是按照一定的操作规程进行的，主要目的是确保数据的准确和及时性。

（2）实时性信息服务。要求信息服务必须能够在线或实时完成，而不是等候多时。例如，即时查询检索并按要求生成一次性的报表、进行某种预测或方案预算等。

（3）运行情况的记录。整个系统运行情况的记录能够反映出系统在大多数情况下的状态和工作效率，为系统的评价和系统的改进提供重要的依据。系统运行情况的记录是十分重要的宝贵资料，因此对系统运行情况的记录一定要及时、正确、完整。需记录的内容主要有：

① 工作量。包括开机时间、单位时间内的数据录入量、数据使用频率、用户临时需求满足程度等，反映系统工作负担和信息服务规模；

② 效率。指完成一次工作所占用的人力、物力和财力，例如完成年度报表的工时和查询时间；

③ 服务质量。指系统服务方式是否被用户认可，满意度如何，所提供的信息是否符合要求；

④ 故障记录和维修情况。对系统运行中的所有故障进行详细记录，包括故障时间、现象、处理方法、结果、处理人员及原因分析等。

（4）系统运行结果分析。系统运行结果分析的目的是得出某种能够反映企业组织经营生产方面发展趋势的信息，以此提高管理部门指导企业经营生产的能力。分析的依据是预定的系统开发目标的完成情况，即对照系统目标和组织目标，检查系统建成后的实际完成情况，例如是否满足科学管理的要求，各级管理人员的满意程度如何，有无进一步改进的意见和建议等。系统分析、评价可借助如下指标：

① 系统运行实用性评价。评估系统是否稳定可靠，用户对操作、管理和运行的满意度。

② 设备运行效率评价。评估设备运行效率、各类设备资源的负荷是否平衡及利用率等。

③ 网络性能分析。包括对多媒体信息的支持和网络流量分析等。提高系统可维护性和强化维护管理是开发者和使用者需特别重视的问题。

12.1.4 系统运行规程

信息系统投入运行后，工作流程和内部控制的重点发生变化。例如，建立会计信息系统后，只需输入凭证，其他工作由计算机完成，控制重点转向数据输入环节，减少重复性工作，让会计人员能更多参与管理和决策。信息系统能同步实现物流、资金流和信息流管理，简化核对控制工作，但提高了对操作规程和业务规范的要求。因此，建立健全信息系统的规章制度，特别是岗位责任制和操作规范，是确保系统有效运行的前提。

按照系统运行管理要求，必要的管理规章制度一般可以归纳为七个方面：

① 系统及系统设备的安全管理制度。

② 系统定期进行检查、维修的制度。

③ 系统运行的必要操作规程。

④ 用户操作使用规程。

⑤ 系统信息安全性、保密性的管理制度。

⑥ 系统修改规程。

⑦ 系统运行日志及填写规程。

除了建立严格的系统使用人员的岗位责任制和相应规章制度外,还要明确规定各类人员的职权范围和责任,努力做到三点:

① 规定各类人员的职权范围和责任,制定相应的用户操作权限,这些操作权限一般都已设定在信息系统中,需要注意的是应严格按照业务要求执行。

② 企业高层负责人(包括 CIO)应及时和定期检查系统运行情况是否达到战略规划要求,发现问题及时处理。

③ 信息管理部门负责人除了负责监督系统运行状况外,还需对本部门各类人员的工作进行监督和检查。

只有这样层层负责、分工明确、协调配合,才能确保建立一套科学、规范的系统运行管理体系。

12.2　系统维护

12.2.1　系统维护的内容及意义

系统维护是为了应对管理信息系统环境及其他因素的变化,保证系统正常工作而开展的一系列活动,包括功能改进和解决运行期间的问题。无论在新系统交付使用前还是之后,系统维护都是必要的,并直接影响系统的使用寿命。维护内容包括硬件、软件、数据文件及代码的维护。实践表明,系统维护与系统运行并存,所付出的代价通常超过开发成本,且维护的质量直接影响系统的运行质量、适应性和生命周期。信息系统维护不仅是确保系统正常运行的必要条件,也是支持和推动企业战略目标实现的关键。总体而言,系统维护的目的是确保新系统正常工作,优化功能,消除潜在错误,并增加新功能,以适应生产发展需求。

系统维护难易程度的度量是系统的可维护性,影响系统可维护性的主要指标有:

(1) 可理解性,表现为新接触系统人员和持续开发人员理解系统的结构、接口、功能和内部过程的难易程度;

(2) 可测试性,表现为对系统进行诊断和测试的难易程度;

(3) 可修改性,表现为对各个部分进行修改的难易程度。

12.2.2　系统维护的原因

系统维护的工作量远比系统开发的工作量要大,MIS 开发工程的工作量只占全部工作量的 33%,而维护工作占 57%(图 12-2)。维护工程的生产效率只有开发工程的 1/40。软件公司一般把 40%～60% 的开发费用用在维护上,而且这个比例还在不断上升。可以说,信息系统就是在不断的维护中得以生存的。系统需要维护的原因至少有三点。

(1) 系统的环境变化。比如,由于市场的变化、政策法规的变化等引起企业管理方式的变化及系统中硬件或软件的更新。要使系统适应新的环境和条件,就要对系统做适应性维护。

(2) 系统自身还隐藏着错误。当错误被发现时,要进行改正性维护。用户对系统提出更高的应用要求,系统需增加新功能、改善原有的功能,由此应对系统进行改善性维护。

(3)版本维护。修改当前的版本,也要修改以前的版本,还要修改将要使用的版本。据500家软件公司的统计,在各类系统维护工作中,完善性维护约占50%,适应性维护约占21%,改正性维护约占25%,其他维护约占4%(图12-3)。

就软件本身而言,造成维护工作量大、维护困难的原因是系统规划和系统设计有缺陷,尤其是对系统的适应性和易维护性的设计不佳。所以,从系统规划阶段开始就应当重视可维护性的设计,在整个开发期中都要重视文档资料的编制、整理和保管。

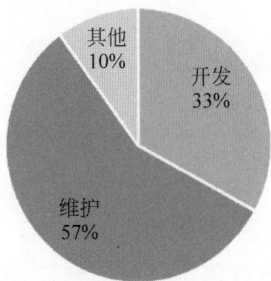

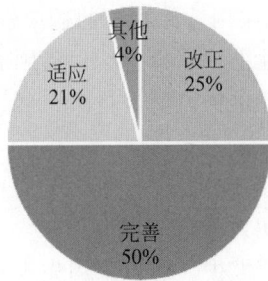

图 12-2　系统开发与维护时间占比　　　　图 12-3　各类系统维护时间占比

12.2.3　系统维护的类型

1. 常规性维护和适应性维护

从维护的目的来说,系统维护可分为常规性维护和适应性维护。常规性维护指的是在固定的时间对系统进行常规性检查和保养。定期地进行系统维护可以减少以后的系统维护工作量,降低维护的费用。

系统的适应性维护指的是为适应环境的变化及克服本身存在的不足而对系统调整、修改与扩充。由于企业的环境处于不断变化之中,企业为适应环境,为求生存与发展,必然要进行相应的变革,作为支持企业实现战略目标的企业信息系统自然也要不断改进与提高。另外,一个信息系统不可避免地会存在一些缺陷与错误,它们会在运行过程中逐渐暴露出来,为使系统能正常运行,所暴露出的问题必须及时解决。

系统的适应性维护是一项长期的、有计划的工作,并以系统运行情况记录与日常维护记录为基础,其内容包括:系统发展规划的研究、制定与调整;系统缺陷的记录、分析与解决方案的设计;系统结构的调整、更新与扩充;系统功能的增设、修改;系统数据结构的调整与扩充;各工作站点应用系统的功能重组;系统硬件的维修、更新与添置;系统维护的记录及维护手册的修订等。

2. 硬件维护、应用软件维护、数据维护和代码维护

系统维护的内容包括硬件维护、应用软件维护、数据维护和代码维护。

(1)硬件维护。硬件维护的目的是减少故障率,并确保在故障发生后迅速恢复工作。为此,需选购高质量硬件设备,配备专业维护人员,并建立完善的管理制度。硬件维护包括:

① 突发性故障维护,集中人力进行检修或更换;

② 定期预防性维护,定期检查和保养系统设备。

硬件维护应注意:

① 日常检查和记录,确保系统正常运行;

② 故障发生时,及时分析并排除故障,恢复系统运行,小故障由本单位负责,大故障需联系硬件供应商;

③ 设备更新、扩充后,系统管理员与维护人员共同安装和调试,确保系统正常运行;

④ 系统环境变化时,及时进行适应性维护。

(2) 应用软件维护。应用软件维护包括改写部分或全部程序,不仅在发现错误或条件变化时进行,也需针对效率低和规模过大的程序开展。通常,管理信息系统的主要维护工作是程序维护。应用软件系统的适应性维护可细分为:

① 改正性维护。修复交付后因测试不彻底而未发现的错误。

② 适应性维护。随着技术发展,外部环境和数据环境出现变化,需修改软件以适应这些变化。

③ 完善性维护。用户提出新的功能或性能要求时,修改或再开发软件以扩充功能,增强性能,提高可维护性。

④ 预防性维护。通过采用先进技术重新设计、编码和测试过时的软件,确保结构更新并为进一步改进做好准备。

对于使用商品化软件的单位,维护工作通常由销售厂家负责,用户单位负责操作维护,用户单位可不配备专职维护员,而由指定的系统操作员兼任。自行开发软件的单位一般应配备专职的系统维护员。系统维护员负责系统的硬件设备和软件的维护工作,及时排除故障,确保系统的正常运行,负责日常的各类代码、标准规范、数据及源程序的改正性维护、适应性维护工作,有时还负责完善性维护。

在整个软件维护阶段所花费的全部工作量中,完善性维护占了几乎一半的工作量。

(3) 数据维护,主要包括三部分:

① 数据备份和恢复。定期或实时备份重要数据。

② 数据的安全性和完整性控制。安全性控制防止数据被恶意破坏或非法使用,通过修改操作权限进行管理;完整性控制防止不当操作导致错误结果,通过增加或修改完整性约束条件来满足用户需求。

③ 存储空间整理。清理系统中产生的临时文件,减少无谓占用,提升系统运行效率。系统的数据维护根据其目的也可分为日常维护与适应性维护。

数据维护包括备份、存档、整理和初始化等,通常由专门软件处理,但功能选择和控制由用户或专业人员完成。硬件维护主要包括设备保养、安全管理、故障诊断、易耗品更换等,由专人负责。信息系统中的突发事件,如操作不当、感染病毒、停电等,可能影响系统功能或破坏数据,甚至导致系统瘫痪。此类事件应由专业人员处理,必要时联系开发人员或供应商解决,并详细记录事件现象、损失、原因和解决方法。

(4) 代码维护。随着用户环境的变化,原代码已经不能继续适应新的要求,这时就必须对代码进行变更。代码的变更(即维护)包括订正、新设计、添加和删除等内容。当有必要变更代码时,应由业务人员和计算机专业人员组成专门的小组讨论决定,用书面格式写清楚并事先组织有关使用者学习,然后输入计算机并开始实施新的代码体系。代码维护过程中的关键是如何使新的代码得到贯彻。

12.2.4　系统维护的过程

许多人认为系统维护比开发容易,认为不需要预先规划或准备。然而,维护往往比开发更困难,需要更多创造性工作。维护人员需要花费大量时间理解他人编写的程序和文档,并且在修改时不能影响程序的正确性和完整性。此外,维护工作通常必须在规定的短时间内完成。因此,应该重视系统的维护工作,并严格按照相应步骤进行(见图12-4)。具体说明如下。

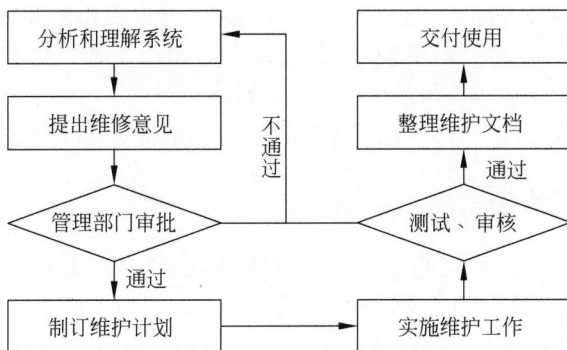

图 12-4　系统维护流程图

(1) 分析、理解要维护的系统。

(2) 提出维护修改意见。修改意见应该以书面形式提出,明确需要修改的内容和需要修改的原因。维护修改要求一般不能随时满足,要在汇集分析后有计划地进行。

(3) 报请管理部门审批。

(4) 制订系统维护计划。包括系统维护的内容和任务、软硬件环境要求、维护费用预算、系统维护人员的安排、系统维护的进度安排等。

(5) 系统维护工作的实施。软件系统的维护方法与新软件的开发方法是相似的。在维护工作实施时,一定要做好准备工作,不能影响系统的正常使用。

(6) 测试、审核。维护是对整个系统而言的,实施维护后,还要对程序和系统的有关部分重新测试,若测试发现重大问题,则要重复上述维护步骤,甚至重新制定维护方案直到测试通过审核。

(7) 整理系统维护工作的文档。在实施系统维护工作时,对系统中存在的问题、系统维护修改的内容、修改后系统的测试、修改后系统的切换及使用情况等均需要有完整、系统的记录。

(8) 交付使用。

12.2.5　影响系统维护的因素

影响系统维护的因素很多,例如人员因素、技术因素、管理因素、程序自身的因素、硬件因素等,还包括:

① 系统的规模,系统规模越大,维护时的困难越多。系统的规模是指输出文件的数量、输出域的数量、输入文件数量、输入域的数量、预定义报告的数量、客户工作站的数量等。

② 系统的年龄,系统运行的时间长,在维护中结构遭受反复修改,会造成维护困难。

③ 系统的结构,不合理的结构会带来维护困难。

影响维护工作量的因素主要有两点:

① 增加维护工作量的因素。包括软件的年龄、大小、结构合理性、程序复杂性、用户数量、应用变化和文档质量等。

② 减少维护工作量的因素。包括结构化技术、自动化工具、数据库技术革新、新的数据管理软件,以及维护经验。

系统维护的影响因素多、涉及面广,通常在实施维护前要考虑下列情况:

① 实际情况。包括系统的当前情况、维护的对象、维护工作的复杂性和规模。

② 维护工作的影响。包括对系统目标的影响、对当前工作进度的影响、对本系统其他部分的影响。

③ 资源要求。包括对维护的时间要求、维护所需费用、维护所需技术人员和技术资料。

12.2.6 维护工作中常见的问题

一个系统质量的高低和系统的分析、设计有很大关系,也和系统的维护有很大关系。在维护工作中常见的绝大多数问题,都可归因于系统开发方法有缺点。在系统生命周期的头两个时期没有严格而科学的管理和规划,必然会导致在最后阶段出现问题。维护工作中常见的问题如下:

(1) 无说明文档。理解别人写的程序通常非常困难,而且困难程度随着软件配置成分的减少而迅速增加。如果仅有程序代码而没有说明文档,则会出现严重的问题。

(2) 需要维护的软件往往没有合适的文档,或者文档资料显著不足。认识到软件必须有文档仅仅是第一步,容易理解的并且和程序代码完全一致的文档才真正有价值。

(3) 当要求对软件进行维护时,不能指望由开发人员来仔细说明软件。由于维护阶段持续的时间很长,因此,当需要解释软件时,往往原来写程序的人已不易找到了。

(4) 绝大多数系统在设计时没有考虑将来的修改。除非使用强调模块独立原理的设计方法论,否则修改软件既困难又容易发生差错。

上述种种问题在现有的未采用结构化思想开发出来的软件中,都或多或少地存在着。使用结构化分析和设计的方法进行开发工作可以从根本上提高软件的可维护性。

12.2.7 系统维护的方法

系统的可维护性对于延长系统的生存期具有决定性的意义,因此必须考虑如何提高系统的可维护性。为此,需从以下五个方面入手:

(1) 建立明确的软件质量目标和优先级。一个可维护的程序应具备可理解、可靠、可测试、可修改、可移植、可使用和高效率等特点。对于管理信息系统,更强调可使用性、可靠性和可修改性,并规定优先级,以提高软件质量并降低维护成本。

(2) 使用提高软件质量的技术和工具。模块化是提高软件质量和可维护性的有效方法,能减少功能修改对其他模块的影响,便于错误定位和纠正。结构化程序设计进一步使模块结构和相互作用标准化,提升可维护性。

(3) 进行明确的质量保证审查。质量保证审查能帮助保持系统各阶段的质量,并及时发现和纠正问题,控制维护成本,延长系统生命周期。

（4）选择可维护的程序设计语言。程序代码要正确无误,重视易读性和易理解性,采用结构化设计和通用性高的编程语言,减少与机器和系统相关的部分。

（5）改进系统的文档。文档是程序设计目标、组件关系、设计策略等的说明,应采用形式化描述语言和自动编辑功能,确保文档质量能有效支持维护工作。

完成各项系统维护工作后,应及时提交系统维护报告,就所做的系统维护的具体内容进行总结,加入系统维护的有关文档中。在系统维护工作中,特别是在进行程序维护、数据维护和代码维护时,由于系统各功能模块之间的耦合关系,可能会出现连锁反应的问题。因此,维护工作一定要特别慎重。系统维护工作的步骤如下:

（1）提出修改要求。由系统操作人员或某业务部门的负责人根据系统运行中发现的问题,向系统主管领导提出具体项目工作的修改申请。

（2）报送领导批准。系统主管人员在进行一定的调查后,根据系统目前的运行情况和工作人员的工作情况,考虑这种修改是否必要、是否可行,并做出是否进行这项修改工作、何时修改的明确批复。

（3）分配维护任务。维护工作得到领导批准后,系统主管人员就可以向程序设计人员或系统硬件负责人员下达维护任务,并制订维护工作的计划,明确要求,完成期限和复审标准等。

（4）实施维护内容。程序设计人员和系统硬件负责人员接到维护任务后,按照维护的工作计划和要求,在规定的期限内实施维护工作。

（5）验收工作成果。由系统主管人员对维修部分进行测试和验收。若通过了验收,则由验收小组写出验收报告,并将修改的部分嵌入系统中,取代原来相应的部分。

（6）登记修改情况。登记所做的修改,作为新的系统版本通报给用户和操作人员,说明新的功能和修改的地方,使他们尽快地熟悉并使用好修改后的系统。

12.3　系统管理

12.3.1　系统管理的人员

系统管理的组织结构确定后,接下来要考虑的是系统管理的人员。人员是管理信息系统三要素中的最重要因素,拥有一支应用开发队伍是企业管理信息系统正常运行并能发挥效益的保证。

运行期间的信息系统管理部门内部人员大致可以分为如下三类(见图 12-5):

（1）系统维护人员或系统管理员。包括硬件维护员、网络维护员、软件维护员和数据库维护员等。

（2）管理人员。包括耗材管理员、资料管理员、培训规划员和机房值班员等,其中培训规划员负责安排全部三类人员特别是系统维护人员和操作人员的培训工作。对于系统维护人员的培训主要依靠"请专家进来"和"派骨干出去"的办法,而操作人员的培训师资则主要依靠系统维护人员。

（3）系统操作人员。这类人员数量最大,除少数在物理意义上的信息中心工作外,大多数在各具体业务部门工作。因而,信息系统管理部门的主要成员由前两类人员组成。

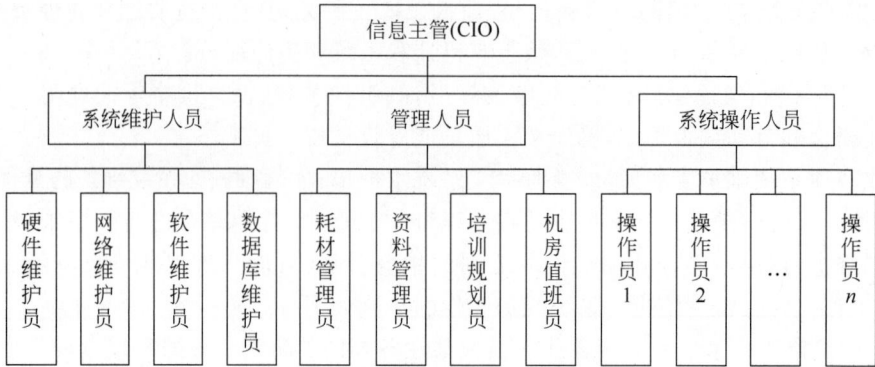

图 12-5　信息系统管理部门的组织结构

12.3.2　系统的日常管理

信息系统管理就是为信息、信息技术设备及用户提供稳定的信息系统运行环境的各项活动。稳定运行的信息系统将提供一致性和可预见性的信息,这对任何一个组织开展有效活动都是至关重要的。信息系统管理包括 3 个重要部分:信息、信息技术设备和用户。在基于信息的现代社会环境中,完善的信息系统管理十分必要,它是组织内部管理的重要组成部分。

1. 信息安全管理

信息系统的安全管理涉及人员、设备和资产的管理,尤其是对企业数据资产的管理。企业数据资产是指信息系统中存储的文件、程序、合同条款、通信、工程设计、人事数据等。保护数据的安全,是要保护这些数据免受未授权的各种破坏、修改、暴露、使用,无论这些动作是故意的还是无意识的。

在管理信息系统中,最宝贵的资源就是信息。这些信息产生于社会组织的长期运作过程中。花费大量时间、资金和人力获得的这些信息对于整个社会组织至关重要,必须防止它们丢失或受到破坏。威胁到信息安全的主客观因素有很多,例如,硬磁盘和其他计算机部件出现的故障、黑客和计算机病毒对信息系统的侵害、系统内部人员对信息的误操作、系统外部人员对信息的窃取或篡改等。同时,由于网络技术的广泛使用,管理信息系统中的关键信息散布在系统的相关节点,也增加了对信息的不正确应用和其他危险性。保障信息安全的具体防范措施有以下四种:

(1) 备份信息。防止信息丢失最容易、最基本的方法是制作备份,系统地、定期地为重要信息进行备份是最重要的信息管理活动之一。信息备份要包括所有的软件及其文档,要保证所有的信息都有备份。备份可以用可移动硬盘、光碟、磁带或其他存储介质完成。备份必须保存在不同的安全地点,安全地点要保证防火、防热、防潮等。要保证备份存放在不同建筑物中,以防止在同一建筑物中受到破坏,也可以存放在专门用来保存信息的保险公司。备份信息可以采用双机或多机备份、异地备份、网络备份。

(2) 防止信息失窃。信息失窃的损失无法估量,且信息失窃的事实不易为信息拥有者察觉,而信息失窃所带来的损失却是巨大的,因此必须严加防范。常用的防止信息失窃的管理手段有:①对信息进行加密,确保被偷窃的信息无法读取,防止窃取者对系统造成伤害;

②制定严格的操作章程,确保只有拥有相关权限的人员可以使用系统信息;③设置全面的操作权限控制,所有授权用户必须经过严格的验证才能操作信息;④为特殊系统或应用增加口令和安全存取限制,限制用户对特定文件的访问,只有授权人员可修改,其他人仅能读取,部分人员甚至不能读取。

(3) 计算机病毒防范。计算机病毒是一些怀有恶意或有意卖弄的人编制的程序,这些程序能够破坏计算机系统或使计算机系统不能正常工作。计算机病毒可以破坏操作系统、数据文件,降低系统执行速度以及破坏打印过程。当计算机执行带有病毒的程序时,可能就会感染病毒。实际上,严格避免错误地使用外来程序和数据本身就是一种防止计算机病毒的好方法。另外,配备有效的计算机病毒防护软件,周期性运行病毒检测程序也是必要的,如此能够检测和清除病毒。

(4) 堵塞 Internet 漏洞。在当今信息社会,越来越多的社会组织应用 Internet 技术构建信息系统、交换重要信息。Internet 为这些社会组织提供信息交换与利用的宽阔平台,同时也使得这些社会组织面临一些非授权人员(或叫黑客)非法窃取信息或破坏信息的危险。

堵塞 Internet 漏洞的技术很多,也得到众多计算机专业人员的广泛研究。对于管理信息系统而言,目前常用的堵塞 Internet 漏洞技术有:①防火墙技术,防止未授权人员非法入侵,防范窃听、篡改、攻击等威胁。防火墙通常安装在企业内部网络和互联网之间,检查用户的可靠性。常见类型包括分组过滤型、应用网关型、状态检测型等,功能包括会话管理、报文解析、安全策略、VPN、DoS 防御、内容扫描等。②入侵检测技术。实时监测数据交换包,通过特征代码判断合法性,检测到非法交换会发出警告。使用入侵检测系统(IDS)可以检测计算机系统、网络或应用程序中的恶意活动和安全漏洞。③入侵防御系统(IPS)。与防火墙和入侵检测不同,入侵防御系统补充了防病毒软件和防火墙功能,能够监视和即时中断不正常或有害的网络行为。

2. 信息技术设备管理

为使系统在发生错误,遇到灾难、计算机犯罪或安全受到威胁时所遭到的破坏最小,必须在信息系统运行的过程中制定规章制度,采取人工和自动化相结合的措施,保护信息系统按照管理标准运行。

(1) 软件管理。对信息系统的各类软件进行管理是必需的。软件管理就是监控软件的使用过程,防止未经许可的人访问系统软件或应用程序。软件管理分为系统软件管理和应用软件管理。系统软件管理负责对操作系统、编译程序、实用程序、运行报告,以及文件建立和传输等过程进行管理。操作系统是管理计算机资源、确保应用程序正确执行的软件,对其进行管理十分重要。应用软件管理是指对已经运行的应用程序进行管理,防止对程序进行未经许可的修改,保证程序正常运行。

(2) 硬件管理。保证系统设备安全和正确运行。计算机控制室应保证只有经过许可才能进入,计算机终端放置在专门和固定的房间里。计算机设备管理应特别注意防火,保持适宜的环境温度和湿度。对计算机依赖性很强的业务必须采取措施,以便在停电或电源发生故障等紧急情况下对数据进行备份,防止数据丢失。

(3) 配置管理。互操作性(也叫标准化)保证信息技术设备或软件互相兼容,它是信息系统设计的目标。由于信息系统过于复杂,很难让所有系统完全兼容。企业信息系统由种类繁多的软硬件组成(计算机、服务器和网络设备),同种产品又有不同的厂家牌号和版本,这些硬件设备的互联可能会产生许多兼容性问题。除此以外,不同的操作系统和网络协议、信息存储的不同表达方式,例如文本、声音、图形和视频,甚至文本信息也可以不同的形式存储。将这些信息组合在一起共同使用时,必然产生互操作管理问题。因此,对于企业信息系统软硬件配置的记录和及时更新,也应当是信息系统管理的一项内容,是系统升级和维护必不可少的。

解决这些问题的最好方法是遵循互联标准或选用国际标准,无论如何,都应该保证这些标准能够使系统完成系统所需的各项功能与服务。

3. 系统操作管理

管理信息系统的标准化十分重要。建立良好的操作环境,保证信息技术使用人员健康和高效工作也十分重要。如果不正确使用计算机,就会对工作人员的身体造成损害。因此,要建立能够获得最大工作效率、保证员工健康和舒适的工作环境,就应该科学管理信息系统操作过程。

(1) 计算机操作管理。计算机操作管理适用于使用计算机的部门,确保相应的规章制度能够始终正确地规范数据存储和处理控制。计算机操作管理包括软件安装管理、软件运行管理、计算机运行管理以及异常情况下数据及程序的备份和恢复管理。

软件运行管理包括为发现和防止错误而设计的手工管理规程,主要有专门的系统软件操作指令、重新启动和恢复程序;对磁带或磁盘的保存和管理、特殊应用程序操作指令等。

系统软件应该建立系统日志,详细记载处理过程中的所有活动。日志可以打印出来,在系统发生故障时,用作分析问题原因的依据,判断该问题是由硬件故障、异常中断,还是操作人员错误操作引起的。

另外,还应为系统备份和恢复设计专门的指令,以便系统软件发生故障时能够恢复系统,又不使系统原有的系统软件、程序和数据文件有较大的改动。

(2) 计算机应用管理。应用管理是对每一个信息系统功能采取的特定的管理措施。应用管理包括自动化管理和手工管理两种管理规程,应用管理应保证:

① 信息的完整性。确保所有处理的信息进入计算机并完整记录到相应文件中。

② 信息的正确性。各类输入数据必须准确记录到相应的计算机文件中。

③ 信息的可维护性。计算机文件中的信息应根据需要修改和完善,以保持其正确性和实时性。

另外,还需要保持计算机中的信息和数据的可读性、可理解性、可处理性、可加密和解密性、可容错性。

计算机应用管理分为输入管理、处理管理和输出管理三部分:

① 输入管理负责在数据输入时检测其正确性和完整性;

② 处理管理负责在数据处理过程中确保数据的完整性和正确性;

③ 输出管理确保计算机处理结果的正确性、完整性和准确传输。

(3) 故障恢复管理。故障恢复管理的目的是在信息系统发生灾难或故障时继续正常工作,需要做到以下四点:

① 采用冗余系统。建立备用系统,确保主系统故障时迅速切换,或安装关键部件备份,

如镜像磁盘和后备电源。

② 具有应急准备预案。信息设备使用人员应了解故障后的应对措施,故障恢复期间可能需要加班,员工应提前安排好其他活动。

③ 坚持日常备份。将备份作为日常业务流程的一部分,确保每个信息系统使用人员都承担保护企业信息的责任。

④ 保障通信系统恢复能力。通信系统故障的主要问题是丧失通信能力,系统恢复的首要任务是恢复通信。

12.3.3　系统文档规范化管理

系统文档是描述系统从无到有的整个发展与演变过程及各个状态的文字资料。在目前尚无国家规范的情况下,系统开发仍应按照规范化的方式进行,以便今后查找。这种规范在本系统内部至少应是严格统一的。系统规范管理的内容包括三方面:

(1) 所有的图形标准系列分类。系统开发过程中所用到的调查、分析、设计图形以及相应的说明文件都必须按照一定的标准分类,以便于今后的查找和调用。在对图形的分类编号中应重点考虑:所有资料最后都应按业务流程来整理;分类要反映业务流程,文档资料出自开发过程的哪一个阶段,文档之间的相互对应关系等。

(2) 分类整理时应该注意说明性文档的分类整理。这些说明文档包括程序模块的基本技术指标、功能、变量说明;系统运行过程中的出错或个性化记录;用户对系统进一步的个性化意见;结构、方案、功能图中关于某个具体问题的解释性说明等。

(3) 电子文档和纸质文档分工适当。所有文档都应该具有电子版本,部分重要文档使用纸质文档备案备份。保存文档应该指定负责人和负责部门,而且有时间戳概念。纸质文档需要装订工整,存放环境必须安全可靠。

※ 思考题

1. 系统运行需要注意哪些事项?

2. 为什么要对系统运行状况进行记录?通常要记录哪些内容?

3. 系统运行管理不当,会造成什么样的后果?

4. 系统维护工作有哪些类型?系统日常维护最多的内容是什么?

5. 系统维护是否全用人工实现?

6. 查询招聘网站,说明系统运维工程师的主要工作内容和岗位要求是什么。

7. 系统备份包括哪些内容和哪些类型?网络备份有哪些优势和局限?

8. 系统日常管理工作需要考虑哪些问题?

9. 系统安全内容有哪些?如何有力保障系统和信息的安全性?

10. 系统管理的日志为什么很重要?如何记录和跟踪系统操作的责任人?

11. 为什么系统文档规范化管理很重要?主要有哪些内容?

12. 结合第5章介绍的系统开发方法,说明如何深入理解DevOps的先进性和实用性。

发展应用篇

第13章

人工智能与网络学习

主要内容：人工智能发展、机器学习类型与过程、神经网络发展和原理、神经网络可视化学习资源

重点掌握：人工智能和机器学习概念、神经网络基本原理

综合应用：学会使用神经网络可视化平台进行功能实现

13.1 人工智能和机器学习

在地球上能够长期生存和发展的生命，一般都具有优质的特征或特化的器官，以实现特定的功能或技能。自20世纪以来，人类已经充分利用各种动植物的特征或器官进行大量仿生发明和创造，这些动植物包括壁虎、蝙蝠、变色龙、苍蝇、刺猬、电鳗、鳄鱼、蜂鸟、海豚、荷叶、蝴蝶、甲虫、鲸鱼、蚂蚁、猫、蜜蜂、企鹅、章鱼、鲨鱼、食肉植物、松树、乌龟、乌贼、萤火虫、蜘蛛、竹节虫，等等。人们也在思考观察人类自身，充分利用和模仿人类自己的耳朵、骨骼、皮肤、手臂、心脏、眼睛，发明一些对人类有用的工具。第一步是普遍仿生，第二步是特定仿人，第三步是专门仿脑。人工智能就是仿脑的出发点和发展方向。

人脑有三大功能：记忆、计算、通信。计算机最初发展的目的就是解决计算和记忆问题，后来发展出计算机网络具有的通信功能，成功与电报和电话网络的发展以及现代通信技术高度融合，实现互联互通，通信终端和计算终端的界限已经模糊。如此，人工智能（AI）首先是计算机科学的一个分支，通过现代计算机、计算机网络和通信网络集成模仿和实现人类本身的感知、学习、推理能力，并设计与人类自然语言能够自由沟通的模式，进而形成商业决策或生活行为。AI致力于开发能够执行传统上需要人类智能才能完成的任务的系统和算法，通过模拟人类的认知功能，如学习和适应，从数据中提取模式，并在新的情境中应用这些模式，以实现智能行为。

13.1.1 人工智能

人工智能已经在人们的生活、工作和学习过程中起着至关重要的作用。个人小工具、智能汽车和家用电器都使用人工智能。企业也使用它来改善客户体验和管理功能。AI是计算机科学的一个分支，旨在创建能够执行通常需要人类智能的任务的系统。这些任务包括学习、推理、问题解决、感知、语言理解和决策。AI可以大致分为两类：狭义AI和广义AI。狭义AI又称为弱AI，主要用于执行特定任务。例如，语音助手如Siri和Alexa，Netflix和

亚马逊的推荐算法,以及用于医疗诊断和社交媒体平台的图像识别系统。广义 AI 则称为强 AI,可以执行任何人类能够完成的智力任务。这是一种更高级形式的 AI,目前尚未实现,GPT 正在向这个方向发展。广义 AI 将具有理解、学习和应用知识于各种任务和领域的能力。

1950 年,英国数学家艾伦·图灵(Alan Turing)提出"机器是否能思考"这一问题,引入"图灵测试"作为衡量机器智能的标准。人工智能被定义为"机器能够执行通常需要人类智能的任务"。强调机器能够通过测试表现出类人智能,即使内部机制不同。1956 年,美国计算机科学家约翰·麦卡锡(John McCarthy)在达特茅斯会议上首次提出"人工智能"术语,定义为"使机器表现出智能行为的科学与工程"。开创性地将"人工智能"作为一个正式的学术领域,注重智能行为的实现。1980 年,John Searle 提出"中文房间"(Chinese room)思想实验,认为"机器可以模拟理解,但不具备真正的理解能力",人工智能被定义为符号操作的系统。强调符号操作与真正理解之间的区别,挑战 AI 的强智能假设。2006 年,Stuart Russell 与 Peter Norvig 将人工智能定义为"通过计算机程序模拟人类智能的行为",强调智能体的"感知、推理、学习和行动"能力,并提出智能体(agent)概念,强调 AI 不仅仅是模拟,而是功能表现。

2017 年,中国国务院《新一代人工智能发展规划》定义说明人工智能是通过模拟人类思维和行为模式,利用计算机系统完成"感知、推理、学习和决策"的技术。重点包括机器学习、深度学习、自然语言处理等领域。该文件聚焦于 AI 技术细节和应用领域,强调中国在 AI 技术发展中的战略方向。2018 年,中国电子技术标准化研究院发布《人工智能标准化白皮书》,认为人工智能是利用数字计算机或者数字计算机控制的机器模拟、延伸和扩展人的智能,感知环境、获取知识并使用知识获得最佳结果的理论、方法、技术及应用系统。《人工智能标准化白皮书》(2021 版)指出:在政产学研用各方共同努力下,我国人工智能产业发展成果显著。人工智能创新能力不断增强,图像识别、智能语音等技术达到全球领先水平,人工智能论文和专利数量居全球前列。人工智能产业规模持续增长,京津冀、长三角、珠三角等地形成了完备的人工智能产业链。人工智能融合应用不断深入,智能制造、智慧交通、智慧医疗等新业态、新模式不断涌现,对行业发展的赋能作用进一步凸显。2021 年,阿里巴巴《阿里云人工智能技术白皮书》说明人工智能是一种通过数据驱动的算法和技术,具备实现自动化决策和优化流程的能力,尤其在电商、金融、物流等领域具有广泛应用。该文件强调 AI 在商业领域的实际应用,尤其是数据驱动的决策优化。同年,腾讯《AI Lab 研究报告》认为人工智能通过机器学习和数据挖掘技术,赋能数字化转型,推动智慧城市、智慧医疗、智能社交等场景的发展。该报告关注 AI 在数字化转型中的角色,突出智慧城市和智能社交等新兴应用领域。

人工智能的关键概念和技术包括机器学习(machine learning,ML)、深度学习(deep learning,DL)、自然语言处理(natural language processing,NLP)、计算机视觉(computer vision,CV)和机器人学(robotics)等。机器学习通过算法从数据中学习来预测或决策,而无须为每个特定任务显式编程。机器学习包括监督学习、无监督学习和强化学习。深度学习是机器学习的一个子集,使用多层神经网络(深层神经网络)进行复杂建模,尤其在图像和语音识别领域应用很成功。自然语言处理专注于计算机与人类语言的互动,使计算机能够理解、解释和生成人类语言。计算机视觉使计算机能够解释和处理来自外界的视觉信息,如图像和视频。机器人学则涉及设计和编程机器人,使其自主或半自主地执行任务。下面描述人工智能的发展历史,后文将重点讲述机器学习和神经网络,在第 14 章安排大模型原理和应用方面的内容。

现代人工智能始于 20 世纪 50 年代,用于解决复杂的数学问题并创造可以帮助人类的智能机器。较为完整的人工智能发展史和里程碑如图 13-1 所示。1950 年,图灵设计了一项"模仿游戏"的测试,以检查机器是否表现出与人类智能相当的智能行为能力。在这种游戏中,人类和计算机将被审讯,审讯者不知道被审讯者是谁,交流完全通过文本信息进行。图灵认为,如果审讯者不能通过提问来区分它们,那么不称计算机为"智能计算机"是不合理的。图灵"模仿游戏"通常被称为智力"图灵测试"。1956 年,约翰·麦卡锡首次采用"人工智能"一词,人工智能被宣布为一个学术研究领域。这一时期相继发明了 FORTRAN、LISP 和 COBOL 等高级编程语言。当时人们对人工智能研究非常感兴趣。

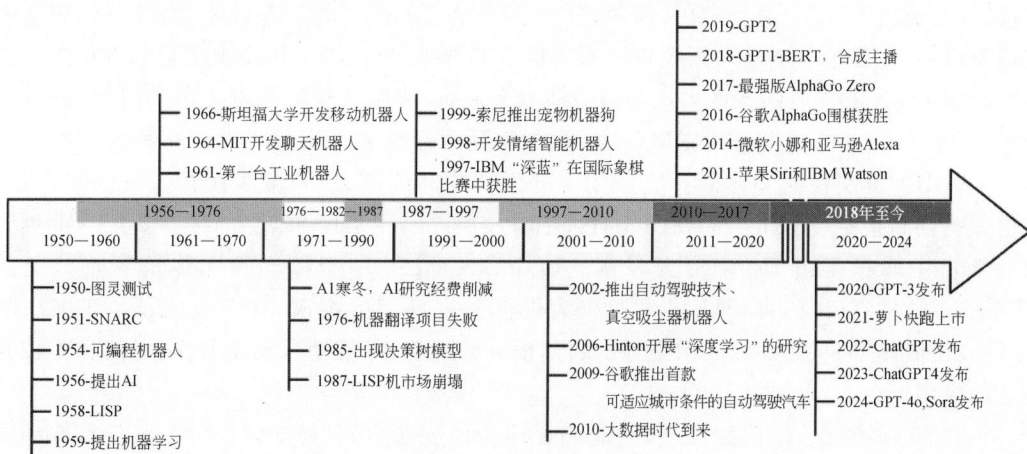

图 13-1　人工智能发展史

20 世纪 60 年代是人工智能的黄金时代,1961 年,约瑟夫·恩格尔伯格(Joseph Engelberger)设计了第一台名为 Unimate 的工业机器人。它是一种机械臂,可以代替装配线上的人类执行手动任务。该发明在通用汽车首次采用后逐步彻底改变制造业。1964 年,MIT 的 Joseph Weizenbaum 开发了一个名为 Eliza 的开创性聊天机器人,这是一个基于自然语言处理概念的心理治疗师聊天机器人。1966 年,斯坦福大学开发了一种有自己行为的移动机器人 Shakey,结合了逻辑、计算机视觉和导航等各个人工智能研究领域的成果。Shakey 可以感知周围的环境,从明确的事实中推断出隐含的事实,制订计划,从计划执行中的错误中恢复过来,并使用普通英语交流。人工智能寒冬在 20 世纪 70 年代席卷全球,在此期间,政府机构和投资者大幅削减了对人工智能研究的资金投入。

1997 年,IBM"深蓝"在国际象棋比赛中击败世界冠军加里·卡斯帕罗夫。这是第一台在常规时间控制下赢得国际象棋比赛卫冕世界冠军的计算机。1998 年,MIT 的 Cynthia Breazeal 博士制造了一个情感智能机器人头 Kismet,用于情感计算的实验,这个机器人头具有听觉、视觉和本体感觉能力的输入设备。Kismet 通过各种面部表情、发声和动作来模拟情绪。1999 年,索尼推出第一只名为 AiBo 的机器狗,它的技能和个性会随着时间的推移而发展,能够了解环境并与人建立关系。

2002 年,iRobot 推出名为 Roomba 的自主吸尘器机器人,它可以自己学习导航和清洁房屋。根据消费者的需求,iRobot 网站上提供许多不同类型的 Roomba。2009 年,谷歌在 Waymo 项目下推出其首款针对城市条件的自动驾驶汽车。

1990—2010 年,自然语言处理领域发生了一场革命,许多著名公司开发虚拟助手。2011 年,Apple 集成了 Siri,这是一款带有语音界面的智能虚拟助手,适用于 iOS、iPadOS、watchOS、macOS 和 tvOS 操作系统。Watson 是一种能够回答自然语言问题的问答计算机系统,由 IBM 在 DeepQA 项目下开发。Watson 以 IBM 创始人兼第一任首席执行官、实业家 Thomas J. Watson 的名字命名。Siri 和 Watson 在底层结构方面非常相似。

2014 年,一个名叫尤金的聊天机器人通过图灵测试。亚马逊推出基于云的语音服务 Alexa,适用于各种设备,例如 Amazon Echo、Amazon Dot、Amazon Studio 和 Amazon Tap 扬声器,能够进行语音交互、音乐播放、制作待办事项列表,设置闹钟,流式传输播客,播放有声读物,并提供天气、交通、体育和新闻实时更新。2017 年,谷歌 AlphaGo 击败一位职业人类围棋选手,它是第一个击败围棋世界冠军柯杰的选手,可以说是历史上最强的围棋选手。

2020 年,人工智能创新助力抗击新冠病毒大流行,将制造新冠病毒疫苗的时间从 10 年缩短到 10 个月。AI 帮助医生正确筛查、跟踪和预测当前和未来的患者。这种人工智能主要用于感染的早期检测和诊断。它还用于开发药物和疫苗,以及减少医护人员的工作量。其他一些创新包括 Moxie、Beehive、trail jectory、BrainBox AI 和增强的推荐系统。世界上第一个自主蜂箱是由 Beewise 开发的。BrainBox AI 是一个用于预测建筑物热状况的 AI 系统。同样在 2020 年,AI 技术迎来大规模语言模型的突破,尤其是 OpenAI 推出的 GPT-3,凭借其 1750 亿参数展示强大的自然语言处理能力,推动自动化写作、对话和生成式任务的应用。

2021 年,多模态 AI 成为热点,它能够处理多种数据类型(如图像、文本、语音),推动图像识别和自然语言处理的融合,OpenAI 的 CLIP 成为典型代表。同时,强化学习在自动驾驶、机器人和蛋白质结构预测等领域取得进展,特别是 DeepMind 的 AlphaFold 2 在生物学领域的应用,展示了 AI 在科学研究中的巨大潜力。2021 年最重要的转变之一是从虚拟会议转向虚拟工作空间,公司将通过创建的数字孪生来改变他们在数字世界中的物理存在,员工将在虚拟企业中拥有化身,同时在家工作。边缘计算概念获得蓬勃发展,彻底改变了智能设备和物联网传感器的使用。这些智能设备原本并不智能,在底层机制中,数据在云和设备之间不断传输。数据传输的这种延迟使设备变得昂贵,边缘计算通过将处理移动到更靠近数据生成位置的设备来弥合这一差距。

2022 年是生成式 AI 的重要一年,OpenAI 的 DALL·E 2 和 Stable Diffusion 等生成模型大放异彩,它们能够根据文本描述生成高质量的图像,推动艺术创作和设计领域的变革。ChatGPT 在 2022 年底的发布引发全球热议,标志着生成式 AI 开始向大众普及,特别是在内容创作、对话系统和自动化任务中表现出色。2023 年,OpenAI 发布 GPT-4,进一步提升大规模语言模型的性能,支持文本和图像输入的多模态处理,广泛应用于教育、编程、医疗等领域。生成式 AI 工具被更广泛地用于行业应用,显著提升企业的效率。同时,AI 技术的普及使得关于 AI 伦理、隐私和监管的讨论逐渐成为全球焦点,各国开始推进相关的政策法规。2024 年,AI 与自动化技术的深度融合推动产业升级,特别是在工业、物流、医疗和金融领域。AI 驱动的自动化决策和优化系统帮助企业提高效率,并实现个性化服务。医疗领域,AI 的应用进一步扩大,助力精准医疗和辅助诊断。在大规模语言模型的广泛应用下,企业客服、编程辅助和智能助手等领域的工作流程发生显著变化。2024 年 5 月 13 日,OpenAI 推出 GPT-4o,它是 GPT-4 的扩展版,具备更强的多模态处理能力,集成了更丰富的工具,适合处理复杂、跨多媒体类型的任务。2024 年 9 月 12 日,OpenAI 推出 GPT-o1,这款模型专注于高级推理能力,特别在处理复杂的多步逻辑推理任务中表现出色。与之前的模型相比,GPT-o1 在解决数学、科学和编程等领域的问题的表现上有显著改善,适用于高难度问题的求解和推理任务。

如表 13-1 所示,人工智能发展历史经历了繁荣、低谷、再繁荣、再低谷、复苏、增长和蓬勃发展等几个阶段,并涉及一系列关键技术和创造性的概念。许多专家在其中作出了里程碑式的贡献,具体如表 13-1 所示。

表 13-1　人工智能发展阶段

发 展 阶 段	关键技术特点	专　　家
第 1 次繁荣期 (1956—1976)	符号主义 AI、逻辑理论家、专家系统:AI 概念提出,早期 AI 系统和专家系统的开发	John McCarthy, Marvin Minsky
第 1 次低谷期 (1976—1982)	感知机:AI 技术局限性暴露,热情下降,进入第一个"AI 寒冬"期	Marvin Minsky,Seymour Papert
第 2 次繁荣期 (1982—1987)	反向传播算法、多层神经网络、专家系统:神经网络研究复兴,专家系统广泛应用	Geoffrey Hinton、Yann LeCun
第 2 次低谷期 (1987—1997)	支持向量机(SVM)、隐马尔可夫模型(HMM):神经网络研究再度低潮,其他机器学习方法兴起	Vladimir Vapnik、Judea Pearl
复苏期 (1997—2010)	深度信念网络(DBN)、大数据、GPU 计算:深度学习的复兴,AI 研究逐渐复苏	Geoffrey Hinton、Yann LeCun
增长爆发期 (2010—2018)	深度学习、卷积神经网络(CNN)、Transformer:深度学习在视觉和自然语言处理中取得突破性进展,广泛应用	Geoffrey Hinton、Yoshua Bengio
蓬勃发展期 (2018 年至今)	Transformer、生成对抗网络(GANs)、大规模语言模型(LLM):AI 广泛应用,伴随伦理与安全性的广泛讨论	Ian Goodfellow、Yann LeCun

13.1.2　机器学习

1. 机器学习的定义

机器学习是人工智能的一个分支,研究如何通过数据和经验自动改进系统的性能。它通过构建算法,使计算机能够从数据中学习,并在没有显式编程的情况下预测或决策。1959 年,Arthur Samuel 定义机器学习是"一种让计算机具备从数据中学习的能力的领域,而不需要显式编程"。Samuel 将机器学习描述为计算机的研究领域,使计算机能够在没有明确编程的情况下学习。在数学方面,1997 年,Tom Mitchell 在他的书 *Machine Learning* 中定义机器学习为:"如果一个程序在某些任务 T 上的表现 P,随着经验 E 而提高,那么该程序被认为是从经验 E 中学习的。"从统计学角度来看,机器学习是从数据中提取模式和知识的过程。它主要关注预测性能和模型的泛化能力,而不是直接描述数据生成的过程。机器学习可以应用到交通、零售、制造、金融、医疗、教育、娱乐等各个行业和众多领域。

2. 机器学习类型

机器学习主要包括这样几种类型:监督学习(supervised learning)、无监督学习

(unsupervised learning)、强化学习(reinforcement learning)、半监督学习(semi-supervised learning)、自监督学习(self-supervised learning)、无模型学习(model-free learning)。以下是这些概念的描述、常见使用算法和相关应用场景。

(1) 监督学习通过已标记数据集训练,预测输出并优化。常见算法包括线性回归(线性回归、岭回归)、支持向量机、决策树、随机森林、神经网络。应用实例有图像分类(如猫狗图片分类)、文本情感分析、疾病预测(诊断疾病的可能性)。

(2) 无监督学习在没有标记的数据上训练,发现数据的隐藏模式或结构。常见算法包括 K 均值聚类(K-means)、主成分分析(PCA)、t-SNE、关联规则(Apriori 算法)。应用实例有客户分群(市场细分)、数据降维(数据可视化)、异常检测(如欺诈检测)。

(3) 强化学习通过试错与环境交互,最大化累积奖励以学习最优行动。常见算法有 Q 学习、深度 Q 网络(DQN)、策略梯度方法。应用实例有游戏 AI(如 AlphaGo)、机器人控制(自动驾驶)、资源分配(动态定价)。

(4) 半监督学习结合少量标记数据和大量未标记数据训练。常见方法有基于图的半监督学习、传递学习。应用实例有图像识别、文本分类。

(5) 自监督学习通过从数据中生成标签学习,通常用于深度学习模型的预训练。常见方法有 BERT、GPT、图像填充、旋转预测。应用实例有自然语言处理(如 BERT、GPT 等模型的预训练)、计算机视觉(如图像填充和旋转预测)。

(6) 无模型学习直接学习行为与结果之间的映射关系,不构建明确模型。常见方法有 Q 学习、策略迭代。应用实例有控制系统(如飞行控制)、复杂策略游戏。

人工智能、机器学习和深度学习,三者关系紧密,但又各不相同(见图 13-2)。强化学习与深度学习在思想、概念和方法方面也一样,但二者可以结合在一起解决一些特定的问题。

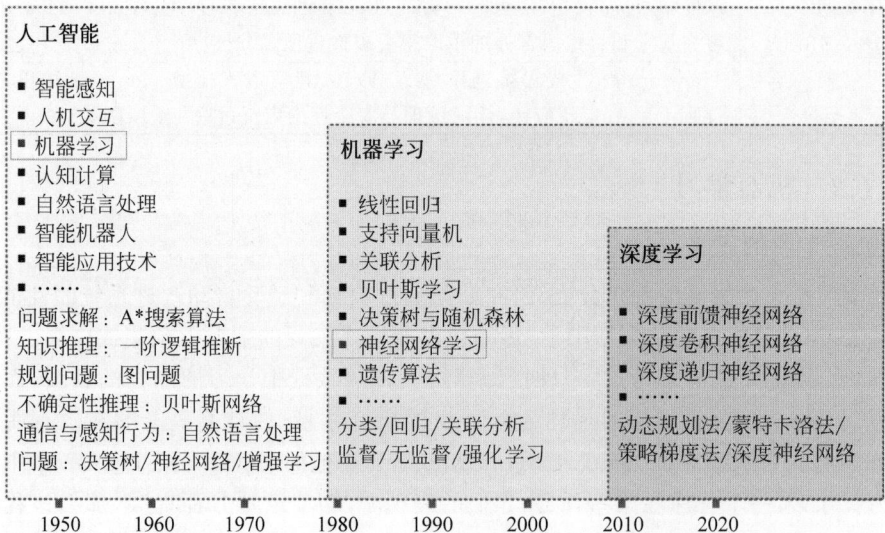

图 13-2　人工智能、机器学习和深度学习三者的关系

3. 机器学习过程

一个典型的机器学习过程包括这样几个步骤:问题定义、数据收集、数据准备、特征选择、模型选择、参数调优、模型训练、模型评估、模型部署、模型监控与维护、结果解释与决策。

如图 13-3 所示,模型选择后的调优是一个可选项,然后与训练形成一个闭环迭代,评估后也一样,与调优、训练也形成一个闭环迭代。如果达到业务需求标准,剩下的工作就是部署和使用模型,并进行后续工作,以发现科学规律或辅助决策支持。

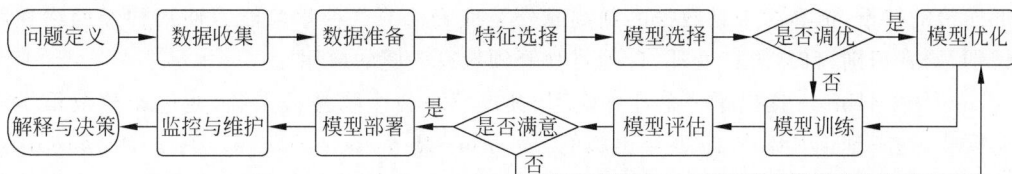

图 13-3 机器学习的流程图

下面介绍机器学习流程各步骤的内容。

(1)问题定义。明确问题,设定目标,理解业务需求。明确要解决的问题,如分类、回归、聚类等;了解问题的背景和业务需求,确定模型输出及其评估标准。

(2)数据收集。获取相关数据,确保数据的数量和质量。相关数据可来自数据库、在线资源、传感器、用户输入等;确保数据量足够,检查数据完整性、准确性和一致性。

(3)数据准备。数据清洗、预处理、特征工程、数据分割。处理缺失值、重复数据、异常值等问题;包括标准化、归一化、特征缩放、编码分类变量、分箱等操作;选择和提取重要特征,可能包括特征组合、特征选择、降维等;将数据集分为训练集、验证集、测试集,通常按70/15/15 或 80/20 比例分割。

(4)特征选择。将原始数据转换为更有信息量的特征的过程。

(5)模型选择。根据问题类型选择合适的机器学习算法,如 LR、决策树、SVM、神经网络等;配置超参数,通过验证集调优。

(6)模型训练。训练模型,调整内部参数,评估模型性能。使用训练集训练模型,调整参数以学习数据中的模式;在验证集上评估模型的性能,依据损失函数或其他指标。

(7)模型优化。参数调优,比较模型性能,选择最优模型。使用交叉验证或网格搜索调优模型相关参数;比较不同模型表现,选择最佳模型。

(8)模型评估。使用测试集评估模型表现,确保泛化能力。确保最终模型在未见数据上的良好表现;使用准确率、精确率、召回率、F1 分数、AUC 等评估模型。

(9)模型部署。将模型部署到生产环境,开始实时预测。生产环境包括服务器、边缘设备或云平台;模型处理实际数据并生成预测结果。

(10)监控与维护。持续监控模型性能,进行模型更新和维护。持续监控模型表现,检测潜在的性能下降(如数据漂移);定期重新训练模型或更新数据以保持准确性。

(11)解释与决策。解释模型决策过程,制定业务决策。特别是对于复杂模型(如神经网络、随机森林),可解释性非常重要;基于模型输出和分析,制定业务决策或调整策略。

13.2 神经网络

13.2.1 神经网络的发展

神经网络(neural network)是一种模拟人脑神经元互联结构的计算模型,旨在通过对数据的学习和训练来进行复杂的模式识别和决策。神经网络由大量的节点(神经元)组成,这些节点通常按层次排列,并通过加权连接进行信息传递。神经网络的输入层接收外部信号,隐藏层(或多个层)通过非线性变换处理这些信号,输出层则生成最终结果。神经网络的核心思想源于对生物神经系统的抽象模拟。通过大量数据的训练,神经网络可以自动调整其内部连接的权重,提高对未见数据的预测或分类准确性。这种学习能力使得神经网络在图像识别、语音识别、自然语言处理、自动驾驶等领域有广泛的应用。

Geoffrey Hinton 提出了一个计算模型,其灵感来自生物神经系统,通过调整权重学习复杂模式,这一理论基础在 1986 年出版的 *Learning Representations by Back-Propagating Errors* 一书中阐述。Simon Haykin 描述神经网络作为并行分布式处理系统,通过训练数据调整连接权重以提升性能,相关内容见于 2008 年出版的 *Neural Networks and Learning Machines*。Ian Goodfellow 强调通过分层表示学习数据模式,特别是非线性变换和多层表示学习,在 2016 年出版的 *Deep Learning* 一书中详细说明。Andrew Ng 提出通过模拟大脑工作方式自动学习特征的模型,能处理复杂的模式识别问题,该内容见于 Coursera 的深度学习课程。Google Brain 开发基于层与层之间权重连接的计算模型,广泛应用于 NLP 和图像识别领域,相关研究发表于 2017 年的"Attention Is All You Need"。中国国务院提出,神经网络模拟大脑神经元结构,通过多层连接进行数据学习和模式识别,并在深度学习中具有重要作用,内容见于 2017 年《新一代人工智能发展规划》。百度 AI 研究院则强调,深度学习通过大规模数据进行学习和优化,特别在 NLP 和语音识别领域表现出色,详见 2019 年《ERNIE 模型白皮书》。阿里巴巴认为神经网络通过多层网络结构处理数据,特别在 NLP 和图像识别方面表现强大,相关内容可见于 2021 年《阿里云人工智能技术白皮书》。腾讯则指出,神经网络通过模拟生物神经元进行数据分析和模式识别,是智能社交和推荐的核心技术,相关研究见于 2021 年《腾讯 AI Lab 研究报告》。

与人工智能发展历史相关,不少科学家和企事业单位在其中作出卓越贡献。1943 年,Warren McCulloch 和 Walter Pitts 提出第一个神经元数学模型——McCulloch-Pitts 神经元。1949 年,Donald Hebb 提出 Hebbian 学习规则,为神经网络学习奠定基础。1958 年,Frank Rosenblatt 提出感知机(Perceptron),这是第一个神经网络模型。1960 年,Bernard Widrow 和 Marcian Hoff 开发 ADALINE 和 MADALINE 模型。1969 年,Marvin Minsky 和 Seymour Papert 在 *Perceptrons* 一书中指出感知机的局限性。20 世纪 70 年代,感知机的局限性导致神经网络研究热情下降,AI 进入第一个"寒冬"。1980 年,Paul Werbos 提出反向传播算法,有效地训练多层神经网络。1986 年,Geoffrey Hinton、David Rumelhart 和 Ronald Williams 普及反向传播算法,推动神经网络研究的复兴。1989 年,Yann LeCun 和 AT&T 贝尔实验室使用反向传播算法训练 CNN,并用于手写数字识别。1995 年,神经网络研究再次进入低谷,支持向量机(SVM)和隐马尔可夫模型(HMM)兴起。2006 年,Geoffrey Hinton 和谷歌提出深度信念网络(DBN),标志着深度学习的复兴。2009 年,李飞飞和斯坦福大学推出 ImageNet 数据库,为深度学习模型提供重要基准。2012 年,Alex Krizhevsky、Ilya Sutskever 和 Geoffrey Hinton 开发 AlexNet,显著提高图像分类精度。2014 年,Ian Goodfellow 和谷歌提出生成对抗网络(GAN),开辟无监督学习的新领域。2015 年,何恺明和微软研究院开发 ResNet,推动深层神经网络的发展。2016 年,DeepMind 和黄士杰开发的 AlphaGo 击败李世石,展示人工智能的强大潜力。2017 年,Vaswani 和谷歌 Brain 提出 Transformer 架构,推动 NLP 领域的重大进展。2019 年,谷歌 AI Language

和百度 ERNIE 提出 BERT 模型,显著提升 NLP 任务的效果。2020 年,OpenAI 发布 GPT-3,树立 NLP 领域的大型语言模型新标杆。2021 年,Google AI 推出 MUM 和 LaMDA,提升语言理解和对话能力。2022 年,OpenAI、Google、Meta 和百度等在多模态学习(CLIP 和 DALL-E)及自监督学习方面取得显著进展。2023 年,AI 技术与生物医学、气候科学等领域深度融合,推动跨学科研究的发展。2024 年,OpenAI 和 DeepMind 继续改进大规模语言模型(LLM),如 GPT-4,并推动强化学习和因果推理的研究。

13.2.2　神经网络的结构

1. 简单的回归分析

给出两点坐标 $(5,8)$、$(12,20)$,就可写出一个二元一次方程组 $\begin{cases} 5a+c=8 \\ 12a+c=20 \end{cases}$,求解得:

$\begin{cases} a=2.43 \\ c=-4.14 \end{cases}$,得出直线方程为: $y=2.43x-4.14$。

可见,两点决定一条直线,系数 a 和截距 c 有固定值解。如果有三个点呢? 三点能不能决定一条直线呢? 这就需要形成拟合和回归的思维。超过三个点可以形成多条直线,也就是有多条穿过多个点形成区域。那么,是否可以有一条假想直线,这条假想直线具有什么规律呢? 这就是回归分析的由来。回归分析的方法之一就是最小二乘法,求解一条直线,目标是所有的点与这条直线的距离之和最小。如表 13-2 所示数据和图 13-4 所示的回归直线,每增加一个点,可以看见回归直线可能会有所变化,因为新增点不一定就在上次回归的直线上。

表 13-2　线性回归参数表

序列	y	$\hat{a}$	x	$\hat{c}$	$\hat{y}$	估计方程
1	8	/	5	/	/	/
2	25	2.43	12	-4.14	/	$\hat{y}=2.43x-4.14$
3	27	1.81	16	0.13	34.74	$\hat{y}=1.81x+0.13$
4	40	2.01	20	-1.66	36.33	$\hat{y}=2.01x-1.66$
5	56	1.91	30	-0.47	58.64	$\hat{y}=1.91x-0.47$
6	70	1.21	55	9.88	104.58	$\hat{y}=1.21x+9.88$

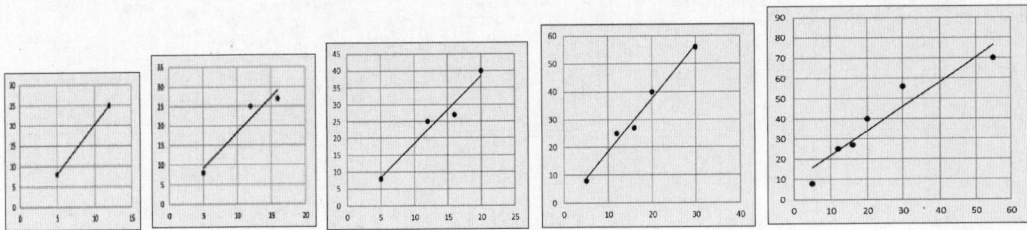

图 13-4　线性回归图

假如使用神经网络,能不能得到相关的回归分析结果呢? 就是让神经网络来学习并不断生成可能为直线的结构(系数 a 和截距 c),也是神经网络结构。随着后面数据点的大量增加,如果最终数据集能够符合直线状态,神经网络就会学习得到大致(拟合)的结果。单变量的回归拟合使用一个神经元就可以解决。

2. 简单的神经网络

神经网络是一种模拟人脑神经元工作原理的计算模型。最简单的神经网络由单个神经元组成,叫"感知器"模型,它由输入层、隐藏层(可选)和输出层组成(见图 13-5)。下面对神经网络原理进行简单说明。

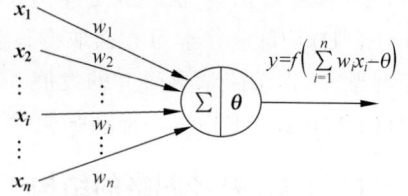

$$y=f\left(\sum_{i=1}^{n}w_ix_i-\theta\right)$$

(1)输入层。作为神经网络的起点,它接收来自外界的数据。这些数据可以是任何类型的输入,例如图像的像素值、文字的编码或者其他数值。输入层中的每个节点代表一个特征或输入变量。

图 13-5 单个神经元的神经网络

(2)隐藏层。位于输入层和输出层之间。它们对输入数据进行复杂的非线性变换,使神经网络能够学习和表示复杂的模式。隐藏层中的每个节点接收输入层传来的数据,进行加权求和,再通过激活函数(如 ReLU、Sigmoid)进行处理。神经网络可以有一个或多个隐藏层。

(3)输出层。作为神经网络的终点,它产生最终的输出。输出可以是分类任务中的类别(如猫或狗),也可以是回归任务中的连续值(如房价预测)。输出层中的每个节点对应于一个预测类别或输出变量。

(4)权重和偏置。每条连接线都有一个权重,表示输入的重要程度。神经元在计算时,会将输入乘以权重,再加上一个偏置值。然后将这个结果传递给激活函数,决定神经元的输出。

(5)激活函数。用于引入非线性变换,使神经网络能够处理复杂的模式。常见的激活函数包括 ReLU、Sigmoid 和 Tanh 等。

(6)前向传播。在前向传播过程中,输入数据通过神经网络层层计算,最终在输出层得到预测结果。

(7)反向传播。在训练过程中,通过计算输出与实际结果的误差,使用反向传播算法来调整权重和偏置,不断优化神经网络的性能。

在方程 $y=ax+c$ 中,将 (a,c) 换成 $(\omega,-\theta)$,它就变成一个简单的神经网络模型 $y=\omega x-\theta$,神经网络经过训练,就可以得到 $(\omega,-\theta)$ 结构参数值。图 13-6 是一个神经元的神经网络结构图,可以视为多元回归模型,得到的参数是一组系数和单个截距值。如果要表达非线性关系就需要构建多层次的神经网络。表 13-3 以激活函数的逻辑运算示意神经网络原理。

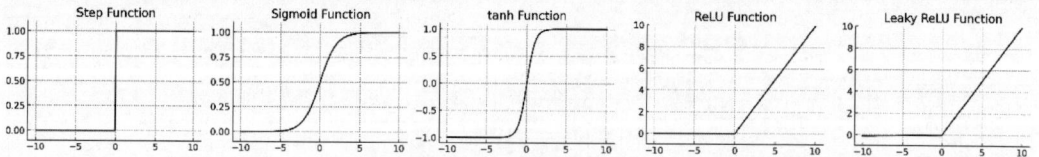

图 13-6 激活函数图

表 13-3 激活函数表

激活函数	数 学 表 示	描　　述
Step	$f(x)=\begin{cases}1, & x\geqslant0\\0, & x<0\end{cases}$	输出为 0 或 1,适用于简单的二分类问题;在 $x=0$ 处,函数从 0 突然跳到 1
Sigmoid	$f(x)=\dfrac{1}{1+e^{-x}}$	将输入映射与 0 与 1 之间,适用于二分类问题;在 x 轴远离 0 的两端接近 0 和 1,曲线呈 S 形

激活函数	数 学 表 示	描　　述
tanh	$f(x)=\dfrac{e^x-e^{-x}}{e^x+e^{-x}}$	将输入映射到-1与1之间,对称于原点;在x轴远离0的两端趋于-1和1,曲线呈S形
ReLU	$f(x)=\max(0,x)$	将负值截断为0,正值保持不变,广泛用于深度学习模型;在$x>0$时为$y=x$的直线,在$x<0$时为0
Leaky ReLU	$f(x)=\begin{cases}x, & x>0\\ ax, & x\leqslant 0\end{cases}$	类似ReLU,但允许负值通过一个较小的斜率α;在$x<0$时为斜率为α的直线,在$x>0$时为$y=x$的直线
Softmax	$f(x_i)=\dfrac{e^{x_i}}{\sum\limits_j e^{x_j}}$	用于多分类问题,将向量转换为概率分布,所有输出和为1;将输入映射为多个曲线集合,每个值为$(0,1)$区间的概率值

新的神经网络架构时不时地出现,很难跟踪它们的所有架构,而且缩写有很多,为了让人们快速清楚了解这些结构,Fjodor van Veen 编写了一份神经网络体系图,并配图说明(asimovinstitute.org/neural-network-zoo)。希望继续学习神经网络的同学可以深入了解并进行学习和实践。

13.2.3　逻辑运算的神经网络

逻辑运算是数字逻辑中的基本概念,通常在计算机科学和电子工程中使用。逻辑运算涉及的是二进制值,通常是 0 和 1,其中 0 通常代表“假”或“未激活”,而 1 代表“真”或“激活”。逻辑运算包括与(AND,$A\cdot B$)、或(OR,$A+B$)、非(NOT,$\bar A$ 或 $\neg A$)、异或(XOR,$A\oplus B$)、同或(XNOR,$\neg(A\oplus B)$ 或 $A\downarrow B$)。计算机的逻辑运算或位运算符号为与“&”、或“|”、非“~”、异或“^”等。相应逻辑运算的真值表数值如表 13-4 所示。

表 13-4　逻辑运算真值表

A	B	$\neg A$	$A\cdot B$	$A+B$	$A\oplus B$	$\neg(A\oplus B)$
0	0	1	0	0	0	1
0	1	1	0	1	1	0
1	0	0	0	1	1	0
1	1	0	1	1	0	1

逻辑门运算的 NN 模型通常使用单层或多层感知器(perceptron)。如图 13-7 所示,可以使用一个感知器来实现与、或、非运算。激活函数使用 Sigmoid 函数 $y=f\left(\sum\limits_{i=1}^{n}\omega_i x_i+\theta\right)$。表 13-5 列出了三种运算的参数和真值。

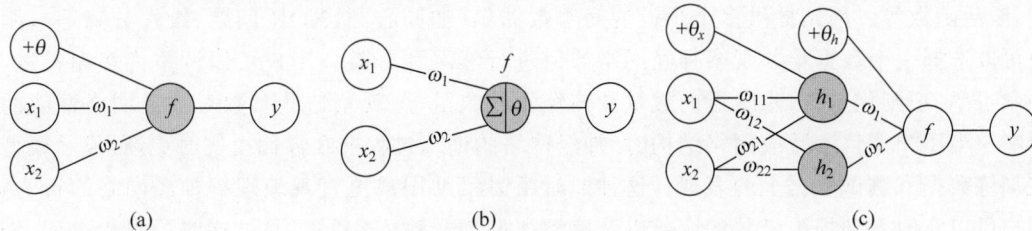

(a)　　　　　　　　　　(b)　　　　　　　　　　(c)

图 13-7　逻辑运算神经网络模拟示意图

表 13-5　非、与和或运算的神经网络参数表和真值表

A	B	$\neg A$	$A \cdot B$	$A + B$
—	—	$\omega_1, \omega_2, \theta = -1, 0, 0.5$	$1, 1, -1.5$	$1, 1, -0.5$
—	—	$y = -x_1 + 0.5$	$y = x_1 + x_2 - 1.5$	$y = x_1 + x_2 - 0.5$
0	0	1	0	0
0	1	1	0	1
1	0	0	0	1
1	1	0	1	1

可以看出,异或运算可以看成"非与"和"或"两种运算后再进行与运算的结果(见表 13-6),同或则将异或取反即可。通过以上逻辑运算的神经网络模型,可以看出神经元的工作原理,即,使用简单的代数权重求和模型模拟对应的运算。不论是线性的还是非线性的都可以模拟。线性运算使用单个神经元即可,非线性运算则需要使用多个神经元和多层神经网络表达。如果人们只知道输入和输出的一系列对应值,不知道数据背后的准确的模型结构,比如直线、圆、抛物线、三角函数等规律特征,则可使用神经网络训练,形成神经网络内部的结构以适应外部数据的规律。因此,神经网络非常适合数据量大而模型未知或特征难以描述的场景,比如语音、图像和文本识别等领域。

表 13-6　异或运算和同或运算的神经网络参数表和真值表

A	B	$\neg(A \cdot B)$	$A + B$	$A \oplus B$	$\neg(A \oplus B)$
—	—	$\omega_1, \omega_2, \theta = -1, -1, 1.5$	$1, 1, -0.5$	$1, 1, -1.5$	$-1, -1, 1.5$
—	—	$h_1 = -x_1 - x_2 + 1.5$	$h_2 = x_1 + x_2 - 0.5$	$y = h_1 + h_2 - 1.5$	$y = -h_1 - h_2 + 1.5$
0	0	1	0	0	1
0	1	1	1	1	0
1	0	1	1	1	0
1	1	0	1	0	1

13.3　神经网络可视化学习

13.3.1　TensorFlow Playground

TensorFlow Playground(playground. tensorflow. org)是一个交互式的可视化工具,由谷歌 TensorFlow 团队开发,用于展示和实验验证神经网络的基础概念,帮助人们理解深度学习模型的工作原理,特别是神经网络在不同数据集和参数设置下的表现。

用户可以在网站上直观地创建和调整神经网络的结构,包括选择层数、每层的神经元数量、激活函数等。网站提供多个预设的简单数据集(如同心圆、XOR 问题、线性分离等),用户可以选择一个数据集并观察神经网络如何进行学习和分类。用户可以调整许多超参数,如学习率、正则化系数、隐藏层的数量和神经元的数量等,观察这些参数对神经网络性能的影响。当用户调整参数或网络结构时,神经网络的训练过程会在界面上实时更新,显示模型在训练数据和测试数据上的表现。这种即时反馈帮助用户更直观地理解神经网络的行为。用户可以实时看到损失函数的变化以及模型如何划分输入空间。通过这些可视化过程,用户可以理解神经网络如何通过多次迭代调整其权重以优化结果。

TensorFlow Playground 主要用于教育目的,特别适合那些对机器学习和神经网络感兴趣的初学者。它通过直观的方式展示复杂的概念,使得用户无须编写代码就可以体验和理解深度学习模型的基本原理。TensorFlow Playground 是学生学习机器学习和神经网络基础的理想工具。教师可以将其用作课堂教学的辅助工具。研究人员可以用它快速测试模型并演示神经网络概念。

13.3.2 ConvNetJS 与在线演示

ConvNetJS 是一个基于 JavaScript 的深度学习库,可以在浏览器中运行神经网络。它由 Andrej Karpathy 开发,旨在为用户提供一个轻量级、不依赖后端服务器的神经网络实验平台。通过 ConvNetJS,可以在浏览器中直接进行神经网络的训练和推理,无须安装任何软件。

ConvNetJS 完全在浏览器中运行,所有计算都是通过 JavaScript 完成的。这意味着用户无须下载或安装任何软件,只需打开浏览器即可开始使用。ConvNetJS 支持多种类型的神经网络,包括卷积神经网络、全连接网络、回归模型等。用户可以配置不同的层次结构和参数,观察不同模型在特定任务上的表现。ConvNetJS 提供训练过程的实时可视化功能,包括损失函数、准确率等指标的曲线图。用户可以直观地看到模型在训练过程中的学习进展。ConvNetJS 的 API 设计简单明了,非常适合初学者使用。通过少量代码,用户就可以构建和训练一个神经网络模型,并进行预测。ConvNetJS 提供一些经典的机器学习任务和数据集的演示,如 MNIST 手写数字识别、CIFAR-10 图像分类等。用户可以直接加载这些示例,观察神经网络的工作原理。

ConvNetJS MNIST demo(cs. stanford. edu/people/karpathy/convnetjs/demo/mnist. html)是一个基于 JavaScript 的在线演示,展示如何使用卷积神经网络(convolutional neural network,CNN)在浏览器中直接进行手写数字识别的训练和推理。这个演示特别针对 MNIST 数据集,MNIST 是一个广泛使用的手写数字数据集,包含 0~9 的手写数字图像。用户可以看到网络如何通过多次迭代逐渐提高识别准确率。ConvNetJS CIFAR-10 Demo(cs. stanford. edu/people/karpathy/convnetjs/demo/cifar10. html)是 ConvNetJS 库的另一个在线演示,展示如何在浏览器中使用卷积神经网络对 CIFAR-10 数据集分类。用户可以在页面上看到模型的结构,并实时运行分类任务。CIFAR-10 是一个更复杂的图像分类任务,包含 10 个类别的彩色图像。ConvNetJS 允许用户在浏览器中训练一个简单的卷积神经网络来完成这个任务。ConvNetJS 2D Classification Demo(cs. stanford. edu/people/karpathy/convnetjs/demo/classify2d. html)互动在线展示卷积神经网络(CNN)在二维分类任务中的应用。目的是帮助用户通过可视化和互动的方式理解神经网络的基本工作原理,尤其是在分类任务中的表现。ConvNetJS Regression Demo(cs. stanford. edu/people/karpathy/convnetjs/demo/regression. html)交互式在线展示神经网络如何用于解决回归问题。在这个演示中,用户可以观察神经网络如何学习拟合一组数据点的函数。该演示对于理解神经网络在回归任务中的应用非常有帮助,特别是预测连续输出值的过程,而非离散分类。ConvNetJS CNN Visualization Demo(cs. stanford. edu/people/karpathy/convnetjs/demo/cnnvis. html)在线演示卷积神经网络(CNN)内部的工作原理。这个演示旨在帮助用户通过可视化和互动的方式理解 CNN 是如何处理和分类图像的。通过这个演示,用户可以直观地看到 CNN 如何逐层提取图像特征,并最终对输入图像进行分类。

神经网络可视化学习平台也有不少值得参考。TensorFlow Playground(playground. tensorflow. org)交互式在线展示神经网络在二维数据集上的分类过程,允许用户调整网络参数;ConvNetJS(cs. stanford. edu/people/karpathy/convnetjs/)演示多个神经网络的可视化,如二维分类、MNIST、CIFAR-10 图像分类;Deep Visualization Toolbox(yosinski. com/deepvis)展示 CNN 内部工作原理;Distill. pub(distill. pub/)为在线期刊,专注于深度学习的可视化解释;GAN Lab(poloclub. github. io/ganlab)交互式工具帮助用户理解 GAN 的工作原理;NN-SVG(alexlenail. me/NN-SVG)是神经网络可视化工具,用户可以通过拖放方式设计神经网络架构,并生成可视化图表;Teachable Machine(teachablemachine. withgoogle. com)是谷歌开发的网页工具,允许用户通过摄像头录制图像、声音或姿势,训练神经网络模型并实时测试;Playground for Deep Learning(deeplearning. mit. edu/MIT)在线工具可供用户创建和训练简单的神经网络,通过可视化理解神经网络的学习过程。

※ 思考题

1. 人工智能等于神经网络吗? 二者是什么样的关系?
2. 为什么机器学习在现在的学术和商业领域应用越来越广、越来越深入?
3. 机器学习有哪些方法? 它们的适用性有何不同?
4. 神经网络发展有什么样的历程? 为什么今天在应用上会突然爆发?
5. 说明一般神经网络的结构。它是如何适应线性计算和非线性计算的?
6. 为什么神经网络可以实现在网页上的可视化学习? 你对此有何感想?
7. 自行寻找数据集,分别使用统计分析软件和机器学习工具进行回归分析,并比较二者的区别。
8. 查找资料,区别分析 DNN、CNN、RNN、GNN、LSTM 等神经网络概念。

第 14 章

大模型原理及应用

主要内容：大语言模型概念与发展、LLM 主要任务和进化树、LLM 技术、Transformer
工作原理、LLM 应用、其他大模型

重点掌握：LLM 的概念、任务、进化、技术和 Transformer 原理

综合应用：LLM 的综合应用解决相关行业问题

14.1 大语言模型发展过程

14.1.1 什么是大语言模型

大语言模型(LLM)是自然语言处理(NLP)领域的一项基于深度学习的技术，通常由大量参数构成，并通过庞大的文本数据集训练。LLM 的核心目标是理解、生成和操作人类语言，能够完成文本生成、语言理解、问题回答、翻译等多种任务。当前的典型大语言模型，如GPT 系列、BERT、T5 等，基于 Transformer 架构，通过预测文本中的下一个单词或生成特定语言输出来实现这些目标。

大语言模型通常拥有数十亿甚至数千亿个参数，使其能够捕捉到语言中的复杂模式和关系。例如，GPT-3 包含 1750 亿个参数，这种庞大的参数量使得 LLM 能够从大量数据中学习并理解深层次的语言结构。LLM 的训练基于大规模文本数据集，包括网络文章、书籍、百科全书、对话记录等多种来源。这些数据为模型提供广泛的知识基础，使其在处理不同语言任务时，能够展现出较强的上下文理解能力和知识关联能力。LLM 的训练涵盖多种语言任务，因此能够在多个任务之间转换。例如，GPT-3 不仅能够进行文本生成，还能够完成语言翻译、摘要生成、问题回答等任务。通常这些模型不需要针对特定任务进行微调，而是能够自动适应不同的任务要求。LLM 在生成连贯且符合语法规则的自然语言文本方面表现突出。其生成能力在写作、对话生成等任务中尤为重要，能够在多个领域内生成高质量的文本，例如新闻稿、产品描述、创意写作等。许多 LLM 采用无监督或自监督学习方式训练，这意味着它们通过分析大量未标记的文本数据来学习语言的潜在结构和语义关系。这种训练方式使得 LLM 能够从海量数据中自动提取规律，而不依赖于人工标注的数据。

LLM 的历史可以追溯到 20 世纪 60 年代，当时 MIT 的 Joseph Weizenbaum 开发了第一个聊天机器人 Eliza。尽管 Eliza 的表现简单，它通过模式识别模拟人类的对话，标志着NLP 研究的起步。随着技术进步，LLM 的关键创新逐渐涌现。1997 年，长短期记忆网络的

引入,使得神经网络能够处理更加复杂的数据模式。2010年,斯坦福大学推出的CoreNLP套件为研究人员提供处理复杂NLP任务(如情感分析、命名实体识别)的工具和算法。2011年,Google Brain提供强大的计算资源和数据集,推动NLP系统的进步,尤其是在单词嵌入技术上的突破。2017年,Transformer架构的推出使得更大、更复杂的LLM成为可能。这一架构不仅提高了模型的处理效率,还能处理更长的文本序列。Transformer架构的成功为生成式预训练模型(如GPT系列)奠定基础,开启LLM的广泛应用。

根据任务的不同,LLM大致可以分为三种类型:

(1) 预训练模型。例如GPT-3、T5和XLNet等模型通过大量文本数据预训练,使得它们能够学习语言的各种模式和结构。这些模型擅长生成连贯且语法正确的文本,广泛用于各种语言任务,如文本生成、翻译等。

(2) 微调模型。如BERT、RoBERTa和ALBERT等,这些模型在大型数据集上预训练后,再在小规模数据集上微调,针对特定任务优化。这些模型在情感分析、问答系统和文本分类等任务中表现尤为出色。

(3) 多模态模型。如CLIP和DALL-E,这些模型将文本与图像或视频等其他模态数据相结合,使其能够理解文本和图像之间的关系。这类模型不仅可以生成图像的描述,还能从文本描述生成图像,极大地增强模型的能力和应用场景。

LLM已经在多个NLP任务中取得显著的成果,具有不少应用场景。

(1) LLM在对话式AI中表现尤为突出,能够生成与上下文相关的响应,并保持对话的连贯性。Google的Meena模型就是一个例子,它能够在26亿个参数的训练下,处理各种社交对话并生成高质量的回复。LLM还被用于提高语音识别系统的准确性,为对话式AI应用程序提供更好的支持。

(2) LLM能够生成各种形式的文本,包括新闻文章、产品描述、创意写作等。GPT-3在生成连贯且创造性的文本方面表现尤其出色,且可以显著减少内容创作所需的时间和资源。

(3) LLM在情感分析任务中表现良好,能够从文本中识别并提取情感、观点和态度。在客户反馈分析、品牌监控和社交媒体分析中,LLM被广泛应用。例如,GPT-3能够准确识别推文的情感,无论是积极、消极还是中性,这一能力为公共卫生官员和社会科学研究提供有力支持。

(4) 与传统的机器翻译方法相比,LLM提供更为高效和准确的翻译。Google翻译的神经机器翻译(NMT)系统就由LLM提供支持,能够为100多种语言提供接近人类质量的翻译。这一技术打破语言障碍,促进全球知识和文化的交流。

尽管LLM展现出巨大的潜力,但它们仍然面临一些挑战和局限性。

(1) LLM的训练数据通常来自庞大的网络数据集,这些数据集可能包含敏感信息。如何确保这些信息得到合乎道德的处理,以及如何避免侵犯隐私,成为当前研究的重点。

(2) 由于LLM基于大量的互联网文本进行训练,模型可能会在无意中学习并强化数据中的偏见,例如性别、种族或地区偏见。这样的偏见可能导致不公平的决策,尤其在招聘、借贷等领域,模型的偏见输出可能会影响决策的公正性。

(3) LLM的训练需要庞大的计算资源,耗费大量电力,并产生显著的碳排放。比如训练GPT-3的成本就高达数百万美元,而其碳足迹也不容忽视。这给很多小型公司和研究机构带来巨大的经济压力。

14.1.2　LLM 发展的动因和应用

1. LLM 发展的动因

LLM 的出现好像很突然，从 2018 年至今也不过几年的时间，是继比特币后又一个成功的广泛应用。那么 LLM 突然流行的主要动因有哪些呢？

（1）计算能力的提升。GPU、ASIC 和 Tensor Processing Units(TPU，张量处理器)等硬件飞速发展，研究人员能够训练越来越大的深度学习模型。硬件进步为 LLM 提供强大的支持。

（2）深度学习的突破。21 世纪 10 年代初，深度学习在计算机视觉和语音识别领域取得突破，研究者开始将这些技术应用于 NLP，推动基于神经网络的语言模型的快速发展。

（3）大数据的普及。互联网的普及带来海量的文本数据，如维基百科、新闻文章、社交媒体内容等，成为训练 LLM 的重要资源。大量训练数据是大语言模型成功的关键。

（4）词嵌入和序列模型的进步。早期的词嵌入技术(如 Word2Vec 和 GloVe)使模型能够更好地理解词语间的语义关系。随后，循环神经网络(RNN)和长短期记忆网络(LSTM)等序列模型的引入进一步推动语言模型的发展。

（5）Transformer 架构的引入(2017 年)。Vaswani 等人提出的 Transformer 架构，通过完全基于注意力机制，解决传统序列模型的并行化问题和长距离依赖问题，成为后续 LLM 发展的基础。

（6）BERT 的出现(2018 年)。Google 推出的 BERT(Bidirectional Encoder Representations from Transformers)是第一个双向 Transformer 模型。BERT 的预训练与微调方法在多个 NLP 任务中设立新标准，迅速成为行业标准。

（7）GPT 系列的推出(2018—2020 年)。OpenAI 推出基于 Transformer 架构的生成式语言模型 GPT。GPT-3 的 1750 亿参数和强大生成能力引发全球关注。GPT-3 展示了 LLM 在少样本学习和生成任务上的强大能力，进一步推动研究热潮。

（8）实用性和社会影响的讨论。LLM 广泛应用，生成文本和对话系统等任务的成功应用引发关于伦理、偏见和滥用的讨论。如何避免数据中的偏见，如何解释和控制模型输出，以及如何应对误导性信息，成为新的研究课题。

2. 大语言模型的应用

大语言模型的发展不仅体现了技术进步，它还改变了人们与计算机互动的方式。从早期简单的句子生成和翻译，到今天复杂的对话系统、内容创作工具，大语言模型在多个领域展现出巨大的应用潜力。同时，关于这些模型的社会影响、道德伦理问题也在不断引发广泛讨论。GPT-3 模型的发布标志着 NLP 的一个重要里程碑，它不仅在学术界引起轰动，也在商业应用中掀起新的浪潮，如自动写作、代码生成、智能客服等，逐渐渗透到各行各业。大语言模型是技术、应用和社会影响交织的产物，它展现人工智能发展的惊人速度和广阔前景，也提醒人们在推动技术进步的同时，需对其潜在影响保持警惕。大语言模型(LLM)在自然语言处理(NLP)中有广泛应用，涉及多个领域。

（1）文本生成。利用 LLM 根据给定输入生成连贯自然语言文本，广泛应用于自动写作和内容生成，例如 GPT-3 和 Jasper 等工具。

（2）语言翻译。通过 LLM 将一种语言翻译为另一种语言，Google Translate 和 DeepL

等工具为跨语言沟通提供实时翻译。

(3) 问答系统。依托 LLM 根据用户问题提供精准回答,广泛应用于搜索引擎和虚拟助手,例如 Google 搜索的问答框和 IBM Watson Assistant。

(4) 对话系统。使得 LLM 能与用户进行多轮对话,保持语境连贯,广泛应用于智能客服和虚拟助手,如 ChatGPT 和 Google Assistant。

(5) 情感分析。通过 LLM 分析文本的情感倾向,广泛用于社交媒体监控和客户反馈分析,IBM Watson Natural Language Understanding 可识别社交媒体情绪。

(6) 文本摘要。是 LLM 将长文本压缩为简短摘要的技术,用于文档摘要和新闻聚合,如 SummarizeBot 为长文档生成简短摘要。

(7) 命名实体识别(NER)。通过 LLM 提取文本中的命名实体(如人名、地名、组织名),支持信息抽取和知识图谱构建,Spacy 和 Stanford NER 是常用工具。

(8) 语法纠正。利用 LLM 自动检测并纠正文本中的语法错误,应用于写作助手和语言学习,Grammarly 和 Microsoft Word 提供语法检查。

(9) 文本分类。将文本归类为预定义类别,如垃圾邮件分类、主题分类,Gmail 的垃圾邮件过滤功能便是基于 LLM 的技术。

(10) 填充与完形。通过 LLM 自动补全不完整文本,应用于自动完成功能和代码提示,GitHub Copilot 和 Google Docs 为常见工具。

14.1.3　大语言模型进化树

Yang Jingfeng 和 Jin Hongye 等人的论文"Harnessing the Power of LLMs in Practice: A Survey on ChatGPT and Beyond"(arxiv.org/pdf/2304.13712v2)提供 LLM 在下游 NLP 任务中的使用指南。论文总结当前语言模型,并讨论预训练数据、训练数据和测试数据的影响;分析 LLM 在各类 NLP 任务中的应用和局限性,包括知识密集型任务、自然语言理解、生成任务及涌现能力;探讨数据的重要性和每个任务的挑战,同时关注虚假偏见对 LLM 的影响,以及效率、成本和延迟等基本问题。因此,该论文作为综合指南,可以为研究人员和从业者提供使用 LLM 的宝贵见解和最佳实践,使这些模型能够在广泛的 NLP 任务中成功实施。读者可以从论文网页(github.com/Mooler0410/LLMsPracticalGuide)上找到定期更新的 LLM 实用指南资源的精选列表。论文的最大贡献之一就是建立了 LLM 进化树(见图 14-1),并在网上和学界流行。图 14-1 为现代 LLM 进化树追溯近年来语言模型的发展,并突出一些最著名的模型。同一分支上的模型具有更紧密的关系。基于 Transformer 的模型以非灰色显示:仅解码器(Decoder-only)模型位于蓝色分支中(最右边大分支),仅编码器(Encoder-only)模型位于粉红色分支中(左起第 3 分支),编码器-解码器(Encoder-Decoder)模型位于绿色分支中(左起第 4 分支)。模型在时间轴上的垂直位置表示其发布日期。开源模型由实心方块表示,闭源模型由空心方块表示。右下角的堆叠条形图显示来自不同公司和机构的模型数量。可以通过扫描图中的二维码找到原论文和此图的彩色版本。

在数据实践、自然语言理解、任务生成等不同主题下,LLM 具有不同的适用情况。

(1) 数据实践。LLM 在面对分布外数据和有限注释数据时,通常表现出比微调模型更好的泛化能力,特别是在应对对抗性样本和领域偏移时。LLM 的零样本和少样本学习能力也证明了这一点。在特定任务中,当有丰富的注释数据时,微调模型和 LLM 均可选择,但

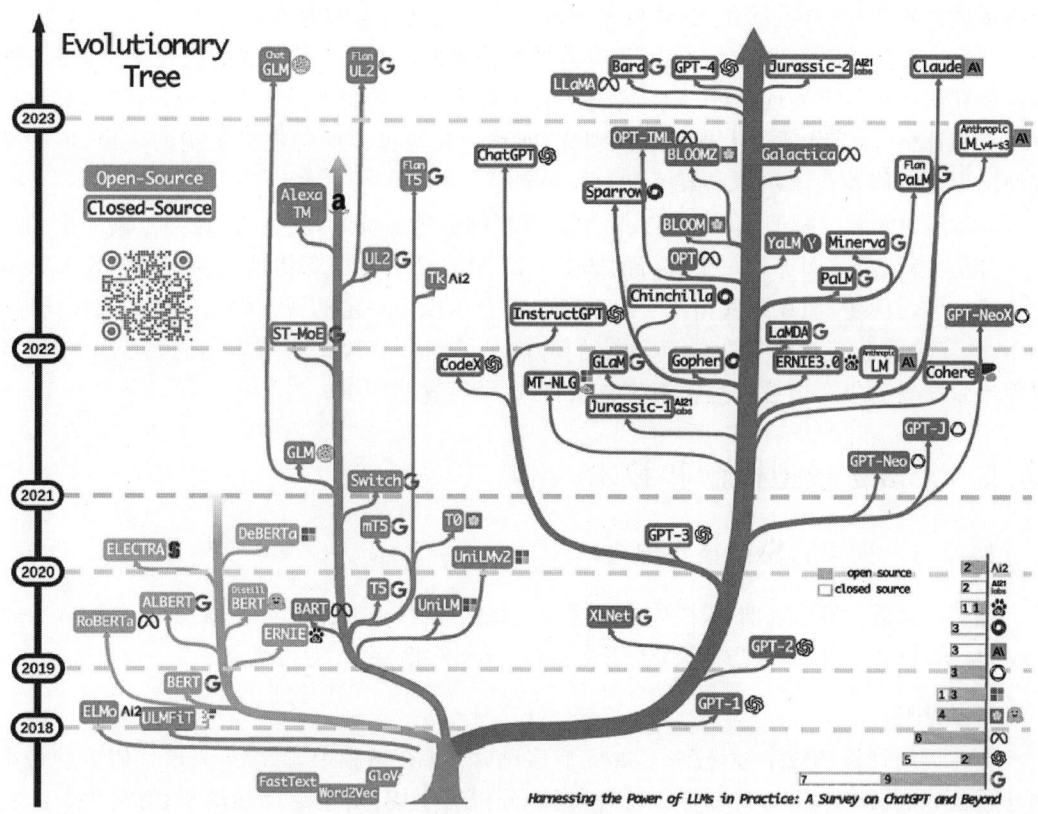

图 14-1 LLM 进化树

LLM 通常更适用于数据少且要求较高泛化能力的任务。建议选择在与下游任务相关的数据集上预训练的 LLM 模型,以获得更优的结果。

(2) 自然语言理解(NLU)任务。在传统的自然语言理解任务中,微调模型通常比 LLM 表现更好,特别是在需要精确任务特定优化的场景下。然而,LLM 可以提供更强的泛化能力,作为补充工具来提升微调模型的表现。

(3) 任务生成。LLM 在生成任务中表现出色,尤其是在文本生成、摘要、翻译、编码等任务上,这得益于其强大的生成能力和创造力。尽管资源限制有时会影响其表现,但在多数生成基准测试中,LLM 通常展现出显著优势。

(4) 知识密集型任务。LLM 由于包含丰富的知识库,因此擅长处理知识密集型任务,如通用问答等。然而,在面对与其训练数据不匹配或仅需上下文知识的任务时,LLM 的表现可能会受到影响。在这种情况下,微调模型可以与 LLM 一样工作,通过知识检索管道可以有效缓解问题。

(5) 扩展能力。随着模型规模的扩大,LLM 在推理能力上展现出特别的优势,如算术推理和常识推理等。此外,扩展能力还表现为偶然的涌现能力,如单词操作和逻辑推理能力。但需要注意的是,LLM 的性能不总是随着模型规模的增大而稳定提升,有时较大的模型并不总是更可取。

(6) 多任务处理。尽管 LLM 在多种任务上表现优秀,但在一些远离其预训练目标和数据的任务中,微调模型仍然具有优势,尤其是在数据对齐不足的情况下。LLM 擅长模仿人类进行数据标注和生成,且在 NLP 任务质量评估方面具有可解释性。

(7) 现实世界任务。LLM 在处理现实世界任务时,通常具有更强的泛化能力,相比微调模型在某些场景下表现更好。然而,这类任务的有效评估仍然是一个挑战,且往往难以正确定义和评估。LLM 通过大规模的预训练,能够为现实世界问题提供更优的输出,但在某些情况下也可能存在潜在的局限性。

(8) 其他方面。对于成本敏感或对延迟有严格要求的场景,轻量级、局部微调的模型可能更合适,参数高效调优是一个可行的选择。LLM 的零样本学习方法避免了特定任务数据集的捷径学习问题,但在某些情况下,LLM 仍然会表现出一定的捷径学习问题。与此同时,LLM 的安全性也需要高度关注,因为它们的输出可能带有偏见或有害信息,且 LLM 幻觉可能导致严重后果。通过人类反馈等方法,可以缓解这些问题。

14.2 大语言模型概念和技术

14.2.1 大语言模型技术概念

在熟悉大语言模型之前,需要先弄懂这样一些概念: Token、Encoder、Decoder、Parameters、Transformer 架构、预训练与微调、上下文窗口、自回归模型、注意力机制。

1. Token

在广泛的计算和数字领域中,Token 有多种含义:在编程中,Token 是源代码中的最小语法单位,如关键字、运算符和标识符,由词法分析器生成,用于编译和解析代码。例如,在 "int x = 10;"中,int、x、=、10 和 ";"都是 Token。它们被解析器用来构建抽象语法树(AST)。Token 在加密货币领域指通过智能合约在区块链上发行的数字资产。它们可以作为支付手段或用于去中心化金融(DeFi)应用中的交易,如 DAI 和 NEO 平台上的 Gas 代币。API 令牌用于身份验证和授权,帮助客户端安全地访问服务。开发者通过 API 令牌与服务交互,而不需要暴露敏感信息。在 NLP 中,Tokenization 是将文本分解为单独单位(如单词、标点符号或短语)以便后续分析的过程。中文句子"你好,今天天气怎么样?"分词后得到的 Token 包括"你好"","今天"等。

对于大语言模型(LLM),Token 是其处理语言的基本单位。与字符相比,Token 更贴近语言结构,且能有效表示语义单位。GPT 等大语言模型通过 Token 处理和收费,因为 Token 反映计算开销,并且提供跨语言的通用性,使得计费更加公平且一致。根据机器学习和 LLM 场景的定义,Token 常被翻译成"标记""词元""词节""分词"等。

2. Encoder 和 Decoder

在计算机科学和信息技术中,编码器(Encoder)和解码器(Decoder)是数据压缩、信号处理、网络通信和机器学习中的关键概念。编码器是将原始数据转换为另一种形式的过程或设备,通常用于数据压缩、加密或信号处理,以便更高效地存储、传输或保护数据。例如,在视频编码中,编码器将原始像素值转换为压缩格式。解码器与编码器相反,负责将经过编码的数据还原为原始形式。它通常用于数据解压、解密或信号恢复,例如,在视频解码中,将压缩格式的视频帧转换回原始像素值。在深度学习中,编码器与解码器常用于处理序列到序列的任务(Seq2Seq)。应用场景包括自动翻译、语音识别和图像到文本。例如,编码器将一种语言的句子转化为向量,解码器再将其转换为另一种语言的句子。

在大语言模型中,编码器和解码器是构成许多现代自然语言处理(NLP)模型的关键组成部分。这些模型通常用于解决一系列复杂的语言理解和生成任务。

编码器负责将输入文本(通常是序列化的单词或标记)转换为一系列密集的向量表示,这些向量能够捕捉输入文本的语义和上下文信息。编码器通常由多层神经网络组成,如循环神经网络(RNN)、长短期记忆网络(LSTM)、门控循环单元(GRU)或转换/变形器(Transformers)等。用于对输入文本编码,以捕获其语义和上下文信息,以及生成可以用于后续任务的中间表示。例如,BERT 是一个基于转换/变形器架构的双向编码器。它通过在大量未标注文本上进行预训练学习丰富的语言表示,之后可以微调到各种下游任务上,如问答、情感分析等。

解码器负责使用编码器产生的中间表示来生成输出文本。它同样可以由多层神经网络构成。解码器的工作是根据编码器提供的信息逐步生成目标序列。用于基于编码器的输出生成新的序列。可以通过注意力机制(attention mechanism)与编码器交互,以更好地利用输入信息。例如,GPT(generative pre-trained Transformer)系列模型主要使用解码器结构完成文本生成任务。GPT-2 和 GPT-3 都是单向的解码器模型,它们在大规模文本数据集上预训练,之后可以用于生成连贯的文本。

如图 14-2 所示,输入一个序列,输出另一个序列,Seq2Seq(序列到序列)强调模型的目的是将输入序列转换为输出序列。Encoder-Decoder(编码器-解码器)则强调模型实现方法,即提供实现这一目的的具体方法或架构。e_0、e_1、e_2 和 d_0、d_1、d_2 在实际上是一系列数字串。

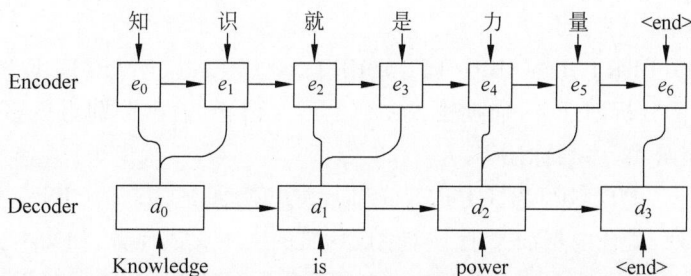

图 14-2　中英文翻译的编码和解码原理

3. Transformer 架构

Transformer 架构是由 Vaswani 等人在 2017 年提出的一种深度学习模型架构,最初用于机器翻译任务。之前的语言大模型受循环神经网络(RNN)或卷积神经网络(CNN)的局限,完全基于注意力机制来处理序列数据,如文本、语音等。Transformer 架构则因其高效的并行化能力和卓越的性能,迅速成为自然语言处理(NLP)领域的标准。

(1) 自注意力机制(self-attention mechanism)。Transformer 架构的核心思想,它允许模型在处理每个输入位置时,动态地关注序列中的其他位置,捕捉长距离依赖关系。在机器翻译时,帮助模型在翻译每个单词时关注句子中其他相关的单词。

(2) 多头注意力机制(multi-head attention)。为了增强表示能力,Transformer 模型并行地计算多个不同的注意力分布,并将结果结合在一起,捕捉更多样化的特征。

（3）编码器-解码器结构（encoder-decoder structure）。Transformer 的标准版本由编码器和解码器组成。编码器将输入序列编码为高维表示，解码器根据编码器的输出生成目标序列。二者各自由多个相同的层堆叠而成，每层包含注意力机制和前馈神经网络。

（4）前馈神经网络（feed-forward neural network，FFN）。在每个编码器和解码器层中，注意力机制之后会连接一个前馈神经网络。这个网络包含两个全连接层，用于进一步处理注意力机制的输出。

（5）残差连接和层归一化（residual connections and layer normalization）。Transformer 在每层中使用残差连接（跳过连接）和层归一化（layer normalization），以帮助训练更深的网络并稳定学习过程。

（6）位置编码（positional encoding）。因为 Transformer 架构不依赖于循环或卷积，所以需要通过位置编码来引入序列中每个位置的信息。

Transformer 的优势在于：

（1）并行化处理能力强。与 RNN 不同，Transformer 可以同时处理序列中的所有元素，显著加快训练速度；擅长捕捉长距离，自注意力机制使得 Transformer 能够更好地捕捉输入序列中远距离的依赖关系；

（2）扩展性强。Transformer 架构能够很好地扩展到大规模模型，如 BERT、GPT 系列等，都基于该架构搭建。Transformer 架构最初用于机器翻译，目前已经被广泛应用于各种 NLP 任务，如文本生成、分类、问答系统、情感分析等；

（3）Transformer 在计算机视觉、语音处理等领域获得广泛的应用。如用于图像分类中的 ViT。

Transformer 有三大家族：

Encoder-only（BERT、DistilBERT、RoBERTa、ALBERT、XML、ELECTRA）适合处理输入到输出一致的分析型任务，捕捉输入序列上下文信息，输出分别为标签、实体或固定长度的向量，如文本分类、序列标注等。

Decoder-only（GPT、GPT-2、GPT-3、GPT-4、CTRL、GPT-Neo、GPT-J-6B）在自回归方式下生成输出序列，适合根据前文上下文生成后文的文本生成任务，如文本生成、翻译等。

Encoder-Decoder（原始 Transformer、T5、BART、M2M-100）输入序列经过编码器，再通过解码器生成输出，适合输入与输出结构不同的任务，如机器翻译、摘要生成等。

4. 其他概念

语言模型（language model）通过计算词的出现概率预测下一个词，GPT 通过分析前文预测接下来的词。参数规模（model parameters）指模型中可学习的权重数量，参数越多，模型的表达能力越强，但也需要更多计算资源。大规模模型如 GPT-3 拥有 1750 亿个参数，能生成强大的文本。预训练（pre-training）是在未标注数据上进行初步训练，学习语言结构，为微调奠定基础。微调（fine-tuning）则是在特定任务上调整模型，通常使用少量标注数据。自回归模型（autoregressive models）逐步生成词，利用前面的词预测下一个词，适用于文本生成任务。自编码模型（autoencoder models）将输入编码为低维表示，再重构输入，适用于分类或生成任务。注意力机制（attention mechanism）通过动态关注不同词，捕捉序列中的依赖关系。生成式模型（generative models）生成新数据，如文本或图像，判别式模型

(discriminative models)则侧重于分类任务。上下文窗口(context window)定义模型考虑的最大文本长度，零样本学习(zero-shot learning)让模型无示例推断任务，少样本学习(few-shot learning)则通过少量示例推断。模型推理(inference)是用训练好的模型预测，迁移学习(transfer learning)则是将已有模型应用于新任务。对齐(alignment)确保模型生成的输出符合人类期望，伦理和偏见(ethics & bias)关注模型在训练中产生的不当偏见，需引入机制保证公平性和伦理性。

图 14-3 显示 NLP 和 LLM 领域内的关键词汇，主要包括 Transformer、BERT、GPT、神经网络、注意力机制、嵌入、Word2Vec、自然语言处理、预训练、注意力机制、无监督学习、微调、自注意力机制、编码器、解码器、Seq2Seq、迁移学习、机器翻译、分词、语言建模、问答系统、上下文嵌入、循环神经网络、句子嵌入、文本生成等，都是很常用的词汇或术语。

图 14-3　NLP 和 LLM 合并概念词云

14.2.2　大语言模型主要技术

1. 神经网络架构

Transformer 是一种特殊类型的神经网络架构，专门用于处理序列数据，特别是 NLP 任务。它结合了自注意力机制和前馈神经网络的优势，能够高效地处理和生成序列数据。与传统的 RNN 和 CNN 架构相比，Transformer 在处理长序列和捕捉全局上下文信息方面表现更出色，因而成为现代自然语言处理模型(如 BERT、GPT 等)的基础。LLM 广泛采用 Transformer 模型架构，依赖于自注意力机制，能够并行处理数据，适合处理大规模文本数据。Transformer 是 BERT、GPT 系列等许多先进模型的基础。在 Transformer 中，自注意力机制允许模型在生成或理解每个词时考虑上下文中的所有词，优化文本处理的效果。

2. 预训练与微调

预训练和微调是现代自然语言处理模型开发的两个关键阶段。预训练通过在大规模无标注文本数据上学习语言知识，捕捉语言结构和语义关系，为下游任务提供通用的语言理解能力。这一阶段减少对标注数据的依赖。微调则是在特定任务或领域数据上对预训练模型进行进一步训练，使其适应特定任务需求，并通过监督学习提升表现。

预训练技术主要包括：

(1) 无监督学习。通常采用自回归语言模型(ARLM)或掩码语言模型(MLM)，模型无需人工标注数据。

(2) 语言模型训练。通过预测下一个词学习语法和语义，例如 GPT 系列使用自回归语言模型。

（3）掩码语言模型。如 BERT，通过随机掩盖句子中的部分词来学习词与上下文的关系。

（4）大规模数据。预训练在大量文本数据集上进行，帮助模型学习广泛的语言知识，适用于不同任务。

微调技术包括：

（1）监督学习。使用带标签的数据训练模型，以完成特定任务，如分类、问答等。

（2）调整模型参数。在微调过程中，模型的参数根据新任务数据调整，以更好地适应任务需求。

微调具有以下特点：

（1）适应性。通过优化模型，显著提高特定任务的表现。

（2）高效性。通过在少量任务数据上训练，提升性能。

（3）灵活性。同一预训练模型可以通过微调适应不同任务，展现极大灵活性。

3. 大规模数据与训练

LLM 训练依赖于海量数据集和高性能计算资源。处理海量数据需要强大的分布式存储和数据处理能力，并配合高效的数据加载和清洗机制。训练 LLM 对计算资源要求极高，通常需要大量 GPU/TPU 和支持分布式训练的高效框架。此外，高速网络通信和优化显存管理策略在大规模训练中也至关重要。

（1）数据存储与管理。分布式存储系统（如 HDFS、Amazon S3）能够高效处理 PB 级数据，确保数据的可靠性与快速访问。TFRecord 和 Parquet 等高效数据格式支持压缩和快速读取，优化数据处理与训练。

（2）数据预处理与加载。利用 Apache Spark 等工具进行并行数据处理，加速数据清洗和特征提取；通过 TensorFlow DataLoader 等工具进行分布式数据加载，确保训练过程中的高效数据供应。

（3）数据清洗与增强。使用自动化工具（如正则表达式、NLP 方法）进行数据清洗和标注，减少人工干预；通过数据增强技术（如同义词替换、语序打乱）扩展数据集，防止过拟合，提升模型的泛化能力。

（4）计算资源。使用高性能 GPU（如 NVIDIA A100）或 TPU 加速模型训练。对于特定任务，ASIC 或 FPGA 等定制化硬件能够提供更高效的计算，优化处理速度。

（5）分布式计算。利用 Horovod 和 DeepSpeed 等分布式训练框架，将训练任务分配到多个计算节点并行处理，进一步提高训练效率。

（6）内存与显存管理。使用高显存 GPU/TPU 处理大规模数据；通过混合精度训练和梯度检查点技术优化内存使用，提升资源效率。

（7）网络通信。采用 InfiniBand、NVLink 等高速互联技术减少节点间通信延迟，使用 Ring Allreduce 等通信优化算法降低通信开销，提升训练效率，满足大规模训练需求。

4. 优化与并行计算

为了高效处理超大规模的模型和数据，训练过程中采用模型并行和数据并行策略，将计算任务分散到多个节点以提升效率。同时，混合精度训练（结合 16 位和 32 位浮点数）减少内存占用和计算负担，保持模型性能。LLM 的优化与并行计算技术确保大规模模型的高效训练。

优化技术方面，混合精度训练通过结合 FP16 和 FP32，减少显存占用并加速计算；梯度累积在多个小批次上累积梯度,适合显存有限的情况。AdamW 优化器通过分离权重衰减(替代 L2 正则化),提升大规模训练的收敛性。LAMB 优化器调整每层学习率,加速大批量训练;ZeRO 优化器减少模型参数冗余,支持更大规模模型训练。并行计算方面,数据并行将数据集分成多个子集并行处理,提升大数据集训练效率;模型并行将模型的不同部分分配到不同节点,支持超大模型训练;混合并行结合数据并行和模型并行,最大化计算资源利用;流水线并行将模型的不同层级分配到不同节点,提升深层模型计算效率。使用 Horovod 和 DeepSpeed 等分布式训练框架简化大规模模型训练。通信优化方面,Allreduce 算法高效同步多个节点间的数据,提升数据并行训练效率;通信延迟隐藏技术减少通信延迟,进一步提高训练速度。

5. 模型压缩与优化

模型压缩与优化技术是 LLM 发展的关键手段,能够在保证模型性能的同时,显著降低计算资源需求,提升推理速度和存储效率。这些技术不仅在云端大规模模型训练中至关重要,在部署到边缘设备和移动端时同样关键,使 LLM 能够更广泛地应用于实际场景。

知识蒸馏通过将大模型的知识压缩到小模型中,减少计算复杂度和存储需求,同时尽量保留性能。模型量化将权重和激活量化为低比特数(如 8 位),以减少内存和计算需求,特别适合移动设备和资源有限的环境。其他压缩技术包括:

(1)剪枝移除不重要的权重或节点,减小模型体积,提高推理速度,减少内存占用。

(2)权重量化将权重转为低精度,进一步提升推理速度。

(3)模型稀疏化通过设零减少计算和内存需求,尤其在稀疏矩阵计算中表现良好。

(4)低秩分解通过分解权重矩阵为低秩矩阵,减少参数量和计算量,适用于线性层压缩,并在某些情况下加速推理。

LLM 的优化技术包括:

(1)混合精度训练,结合高精度和低精度计算,减少显存占用并加速训练,使得在现有硬件下能够训练更大规模的模型。

(2)分布式训练与并行计算,通过将训练数据和模型分配到多个计算节点并行处理,显著缩短训练时间并有效利用多节点的计算资源。

(3)自动混合精度,自动选择合适的精度(如 FP16 或 FP32)训练,优化性能并保持模型精度,尤其在 NVIDIA 硬件上能实现显著加速。

(4)梯度累积,在多个小批次上累积梯度后更新模型参数,适用于显存有限的环境,模拟大批次训练效果,提升模型泛化能力。

(5)优化器改进,通过调整学习率和权重衰减策略,提升大规模训练中的收敛性。

6. 生成与推理技术

LLM 的生成与推理技术是模型在实际应用中生成文本和执行推理任务的核心。这些技术不仅决定生成内容的质量和连贯性,还直接影响推理速度和效率。例如,温度采样和不同的采样策略(如贪心算法、束搜索、Top-k 采样)可以控制生成文本的多样性和质量。

为了提高文本生成效率与质量,LLM 采用多种生成技术,包括自回归生成、并行生成、Top-k 采样和温度采样。自回归生成逐步预测下一个词,并将其作为输入依次生成整个序列,保证文本连贯性和上下文一致性,但生成长序列时可能较慢。并行生成同时预测多个词,显著提高生成速度,但可能影响局部一致性。Top-k 采样从输出概率分布中选择最高的 k 个词,避免生成低概率词,提高生成质量。温度采样通过调整温度控制文本的随机性,较高温度值带来多样化输出,较低温度值则生成更具确定性的内容。

为了提升推理效率并满足实时应用需求,LLM 采用多种优化技术,包括实时推理优化、批量推理、多任务推理和低延迟推理。实时推理优化通过调整模型结构和推理流程降低延迟,使 LLM 能够在低延迟环境中运行,涉及模型压缩、量化和高效内存管理等技术。批量推理同时处理多个输入,特别适用于高吞吐量场景,通过批量化减少平均推理时间。多任务推理使模型在单次推理中处理多个任务,如文本生成与分类,提升整体效率。低延迟推理技术减少计算和通信开销,结合剪枝、量化和并行计算等优化推理性能,满足实时需求。

7. 安全性与伦理

LLM 的安全性和伦理问题是其广泛应用中的核心挑战,涉及内容过滤、偏见检测和公平性等方面。内容过滤在推理阶段对生成的文本检测和过滤,以避免有害内容的产生。偏见与公平性问题则源于模型可能继承并放大训练数据中的偏见,因此需要进行偏见检测和公平性优化,确保模型的公正性。

为确保 LLM 的安全性与合规性,开发人员采用多种安全技术,包括对抗攻击防御、模型滥用检测、数据隐私保护等。对抗攻击防御通过对抗训练和输入扰动检测,增强模型对恶意输入的鲁棒性,防止模型生成错误输出。模型滥用检测结合内容过滤、滥用行为监测与人工审核策略,防止生成有害内容,如仇恨言论和虚假信息。数据隐私保护通过差分隐私和联邦学习技术,保护用户数据隐私,并支持在不集中存储数据的情况下训练。

模型行为控制通过道德编程、偏见检测与修正、内容约束策略来限制模型生成不当内容或输出偏见。偏见检测与消除采用偏见检测工具、数据去偏和对抗性去偏方法,减少性别、种族或文化偏见。透明性与可解释性通过可解释性算法(如注意力机制)和模型审计技术提升模型决策透明度,帮助用户理解和信任模型输出。

责任归属与问责机制通过决策记录、使用日志和问责框架明确责任归属,确保在出现错误或滥用时追责。数据来源与伦理审查确保训练数据合法性和伦理性,通过数据审查和伦理委员会的介入。

8. 多模态学习

多模态技术通过将不同类型的数据(如文本、图像、音频、视频等)结合,实现跨模态的理解和生成能力。该技术使得模型不仅能处理单一数据类型,还能融合多种模态信息,提供更全面的输出,广泛应用于视觉问答(VQA)、图像生成、视频理解等任务。

为提升多模态数据处理能力,开发者采用多种技术,如跨模态表示学习、联合编码器、注意力机制和多模态对比学习。跨模态表示学习将不同模态的数据映射到一个共同表示空间,使模型能整合多模态信息,广泛用于跨模态检索和生成任务。联合编码器同时处理多种模态数据,生成统一表示,适合图像生成和文本生成等任务。注意力机制通过对齐模态特征与特定部分,提升跨模态理解和生成的准确性,广泛应用于多模态翻译、视觉问答等任务。多模态对比学习通过构建正负样本对,增强模型对不同模态间对齐关系的理解,提升跨模态检索和生成效果。

多模态任务如视觉问答要求模型理解图像并根据文本问题生成合理回答,涉及图像和文本的对齐问题。文本生成图像根据文本描述生成匹配的图像,挑战在于准确捕捉文本细节并保持视觉一致性。图像描述生成要求模型生成符合图像内容的自然语言描述,涉及图像理解和文本生成的协同工作。多模态情感分析通过整合文本、图像和音频信息,更准确地分析用户情感,面临有效融合不同模态信息的挑战。

14.3 Transformer 工作原理

2017 年,Ashish Vaswani 等人发表论文"Attention Is All You Need",提出 Transformer 模型。此论文在 NLP 领域产生深远影响,还推动了深度学习和人工智能的广泛应用,被引次数很多,在学术界具有重要地位。论文提出自注意力机制(Self-Attention Mechanism),能够有效捕捉序列数据中的长程依赖关系,解决 RNN 和 LSTM 等传统方法难以处理的长期依赖问题。Transformer 模型通过自注意力机制和完全并行计算,去除对序列处理依赖。与 RNN 不同,Transformer 能够同时处理序列中的所有元素,大幅提高训练速度。其架构如图 14-4 所示。

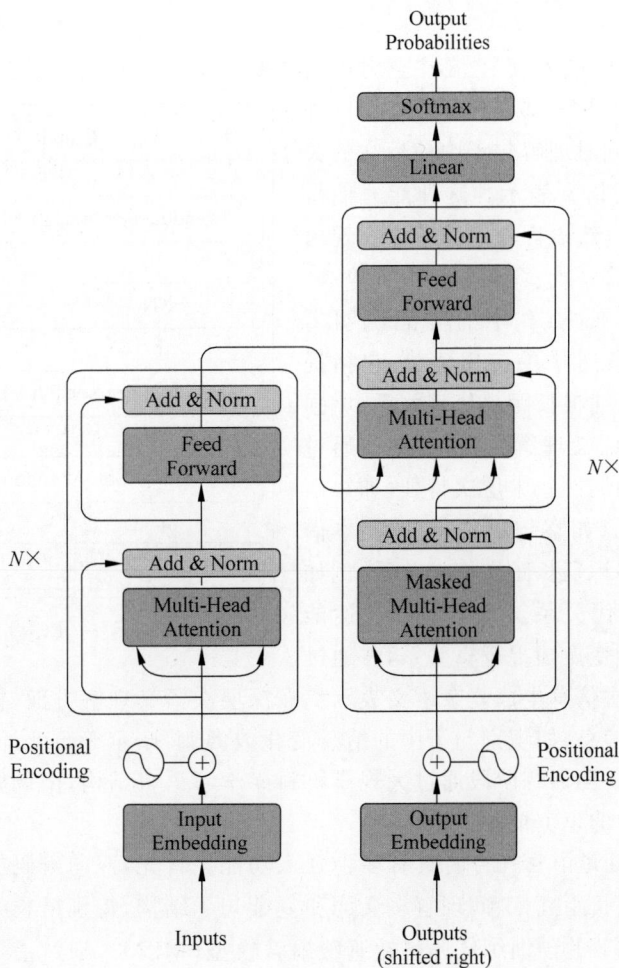

图 14-4 Transformer 架构

Transformer 模型迅速成为 NLP 领域的基础架构,被广泛应用于翻译、文本生成、语言理解等任务中,并成为许多后续模型的基础(如 BERT、GPT、T5 等)。Transformer 应用已经超越 NLP,扩展到图像处理、时间序列预测、强化学习等多个领域,证明了其在各种任务中的适用性。Transformer 模型在各种 NLP 任务中性能显著超过 RNN 方法,也能够更高效地训练和推理,并行处理能力在大规模数据上表现尤为突出。由于其结构上的简洁性和模块化设计,Transformer 容易扩展和调整,适应不同的任务需求和数据规模。通过放弃传统的递归结构,Transformer 模型简化网络设计,使得网络结构更易理解、实现和优化。这一设计思路正在影响后续许多深度学习模型的开发。

自 Transformer 发布以来,基于其架构的各种模型如 BERT、GPT-3、T5 等相继出现,这些模型均很出色。尽管 Transformer 取得了巨大成功,但它对计算资源的高需求也提出了新挑战。如何优化 Transformer 模型以提高其效率和可扩展性,成为研究人员持续关注的热点。

14.3.1 BERT 模型

1. BERT 功能

BERT 通过分词、嵌入表示、自注意力机制和多层 Transformer 编码器逐步生成输入文本的上下文表示(见图 14-5)。BERT 模型的强大之处在于其能够同时理解句子中前后文的关系,生成更加准确的语义表示。这种能力使得 BERT 能够在各种自然语言处理任务中表现出色,如文本分类、问答系统、命名实体识别等。

深度学习模型在 NLP 中的功能说明了 BERT 模型在不同任务中的应用优势,包括提取不同层次的特征、捕捉长距离依赖关系、增强表达能力和深层次语义理解。首先,模型通过识别低层次特征(如词性)、中层次特征(如短语结构)和高层次特征(如整句语义)提取文本信息。其次,模型能够识别长距离依赖关系,例如通过上下文理解指代关系。为了增强表达能力,模型利用非线性变换捕捉逻辑关系,并通过信息组合融合多层次信息生成复杂语义表示。在深层次语义理解方面,模型能够理解复杂的情感反转和隐含信息,如识别句子中的情感变化或讽刺、暗示等。此外,模型具有灵活的预训练和微调能力。预训练阶段通过大规模语料库学习语言结构,微调则让模型适应具体任务,如情感分析中的正负情感识别。

图 14-5　BERT 结构图

BERT 模型在处理语言任务时具有多项强大功能。首先,双向编码能够同时考虑词汇的前后文信息,捕捉长距离依赖,理解多义词和复杂句子结构,特别擅长处理长句子中的依赖关系。其次,BERT 的预训练任务包括遮蔽语言模型(MLM),通过上下文预测被遮蔽的词,如预测句子中缺失的"阳光",以及下一句预测(NSP),判断两句是否相邻,如"我去上班"和"今天很忙"之间的关系。BERT 还采用多头注意力机制,每一层使用多头注意力机制处

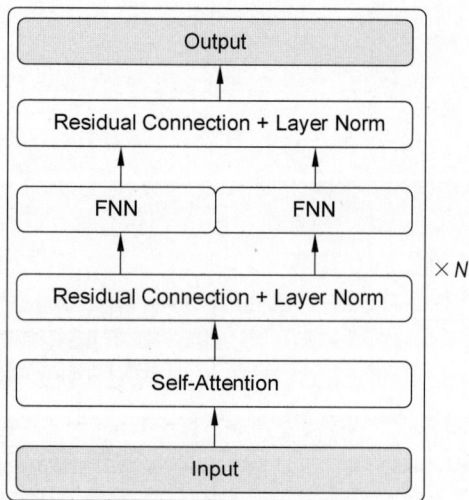

理信息,帮助模型处理多义词的不同含义,例如"BANK"既可指金融机构,也可指河岸。深层架构包括多个 Transformer 层,逐层提取不同层次的特征,从简单的词汇信息到复杂的语义表示,进一步增强模型的表达能力。

2. BERT 工作原理

为了清晰地展示 BERT 的工作原理,这里通过一个例子说明 BERT 从输入到输出的处理过程。例子要求处理句子 "我爱中国。"。

(1) 输入表示。首先,BERT 对输入预处理,将句子转换为模型可以理解的格式。这包括以下几个步骤:

① 分词,即将句子分割成单字或子词(tokenization)。句子 "我爱中国。" 会被分割为 ["我","爱","中","国","。"]。

② BERT 在句子开头添加 [CLS]标记,在句子末尾添加 [SEP]标记。最终输入序列为 "[CLS]我 爱 中 国。[SEP]"。

③ 对句子使用 token embedding(词元嵌入)、position embedding(位置嵌入)和 segment embedding(段落嵌入)。每个 Token 被映射到一个固定维度的向量(如 768 维)。假设这里的 "我" 被映射到 3 维向量 [0.1, 0.2, 0.3]。表就是所有词元映射。结果,输入矩阵将会是一个 4×3 的矩阵。编码过程如表 14-1 所示。

表 14-1　BERT 编码示例

词　元	token embedding	position embedding	segment embedding	最终嵌入表示		
我	[0.1, 0.2, 0.3]	[0.01, 0.02, 0.03]	[0.1, 0.1, 0.1]	0.21	0.32	0.43
爱	[0.4, 0.5, 0.6]	[0.04, 0.05, 0.06]	[0.1, 0.1, 0.1]	0.54	0.65	0.76
中国	[0.7, 0.8, 0.9]	[0.07, 0.08, 0.09]	[0.1, 0.1, 0.1]	0.87	0.98	1.09
。	[0.2, 0.3, 0.4]	[0.10, 0.11, 0.12]	[0.1, 0.1, 0.1]	0.40	0.51	0.62

(2) Transformer 编码器层。BERT 模型由多个 Transformer 编码器层堆叠而成,每一层主要工作原理说明如下,计算过程如表 14-2 所示。

① 使用自注意力机制。BERT 每个编码器层中都使用自注意力机制来计算每个 Token 与序列中其他 Token 的关系。在这个机制下,模型为每个 Token 生成一个注意力分布,用于计算该 Token 与其他 Token 的加权平均值。这个加权平均值帮助模型理解上下文中每个 Token 的重要性。例如,BERT 会计算 "爱" 这个 Token 与其他 Token(如 "我"、"中国")的关系,理解 "我爱中国" 这个短语的整体含义。

自注意力机制的核心思想是:对于句子中的每一个词元,它不仅依赖于自身的表示,还需要考虑句子中其他词元对它的影响。这种影响通过计算注意力分数来实现。首先,从输入矩阵 X 中计算出三个矩阵:Query(Q)、Key(K)和 Value(V)。这些矩阵通过乘以训练得到的权重矩阵来计算。假设有权重矩阵 W_Q、W_K、W_V,那么,Q、K 和 V 矩阵的计算方式为: $Q = X \times W_Q, K = X \times W_K, V = X \times W_V$。假设这些权重矩阵的维度都是 3×3,那么 Q、K 和 V 也将是 4×3 的矩阵。接下来,通过将 Query 矩阵与 Key 矩阵转置相乘来计算注意力分数矩阵,通常称为"相似度"。这里 K^T 是 Key 矩阵的转置,d_k 是 Key 的维度,在这个例子中是 3,用于缩放分数。注意力分数矩阵形状将是 4×4,其中每个元素表示句子中一个词元对另一个词元的注意力强度。后续按照表 14-2 计算注意力权重矩阵,仍然是 4×4 矩阵,表示每个词元对其他词元的关注程度。最后得出输出注意力机制,等于权重矩阵与 $\boldsymbol{V}$ 矩阵乘积后的加权和矩阵,表示在考虑句子中其他词元的影响之后,每个词元的新的表示。

表 14-2　编码层计算过程

计算过程	中间计算结果
Query、Key 和 Value 矩阵	$\boldsymbol{W}_Q = \begin{bmatrix} 0.1 & 0.2 & 0.3 \\ 0.4 & 0.5 & 0.6 \\ 0.7 & 0.8 & 0.9 \end{bmatrix}, \boldsymbol{W}_K = \begin{bmatrix} 0.2 & 0.3 & 0.4 \\ 0.5 & 0.6 & 0.7 \\ 0.8 & 0.9 & 1.0 \end{bmatrix}, \boldsymbol{W}_V = \begin{bmatrix} 0.3 & 0.4 & 0.5 \\ 0.6 & 0.7 & 0.8 \\ 0.9 & 1.0 & 1.1 \end{bmatrix}$
注意力分数	$\boldsymbol{Q} = \boldsymbol{X}\boldsymbol{W}_Q = \begin{bmatrix} 0.21 & 0.32 & 0.43 \\ 0.54 & 0.65 & 0.76 \\ 0.87 & 0.98 & 1.09 \\ 0.40 & 0.51 & 0.62 \end{bmatrix} \begin{bmatrix} 0.1 & 0.2 & 0.3 \\ 0.4 & 0.5 & 0.6 \\ 0.7 & 0.8 & 0.9 \end{bmatrix} = \begin{bmatrix} 0.524 & 0.652 & 0.780 \\ 0.880 & 1.105 & 1.330 \\ 1.236 & 1.558 & 1.880 \\ 0.668 & 0.844 & 1.020 \end{bmatrix}$ $\boldsymbol{K} = \boldsymbol{X}\boldsymbol{W}_K = \begin{bmatrix} 0.624 & 0.788 & 0.952 \\ 1.046 & 1.322 & 1.598 \\ 1.468 & 1.856 & 2.244 \\ 0.830 & 1.190 & 1.550 \end{bmatrix} \quad \boldsymbol{V} = \boldsymbol{X}\boldsymbol{W}_V = \begin{bmatrix} 0.724 & 0.924 & 1.124 \\ 1.212 & 1.548 & 1.884 \\ 1.700 & 2.172 & 2.644 \\ 0.992 & 1.348 & 1.704 \end{bmatrix}$
注意力分数矩阵 $\boldsymbol{Q}\boldsymbol{K}^T / \sqrt{d_k}$ 假设:$d_k = 3$	$\boldsymbol{Q}\boldsymbol{K}^T = \begin{bmatrix} 0.524 & 0.652 & 0.780 \\ 0.880 & 1.105 & 1.330 \\ 1.236 & 1.558 & 1.880 \\ 0.668 & 0.844 & 1.020 \end{bmatrix} \begin{bmatrix} 0.624 & 1.046 & 1.468 & 0.830 \\ 0.788 & 1.322 & 1.856 & 1.190 \\ 0.952 & 1.598 & 2.244 & 1.550 \end{bmatrix}$ $\text{Attention Scores} \approx \begin{bmatrix} 1.082 & 1.814 & 2.546 & 1.439 \\ 1.818 & 3.050 & 4.282 & 2.422 \\ 2.554 & 4.286 & 6.018 & 3.405 \\ 1.385 & 2.318 & 3.251 & 1.840 \end{bmatrix}$
注意力权重:对上述的每一行进行 Softmax 操作,假设为归一化处理,除以行和	$\text{Softmax}(x_i) = \dfrac{\mathrm{e}^{x_i}}{\sum\limits_j \mathrm{e}^{x_j}}$ $\text{Attention Weights} = \begin{bmatrix} 0.1132 & 0.2353 & 0.4898 & 0.1617 \\ 0.0555 & 0.1903 & 0.6525 & 0.1017 \\ 0.0244 & 0.1379 & 0.7806 & 0.0572 \\ 0.0864 & 0.2198 & 0.5575 & 0.1363 \end{bmatrix}$
输出注意力机制:加权和	$\text{Output} = \text{Attention Weights} \times \boldsymbol{V} = \begin{bmatrix} 1.3602 & 1.7507 & 2.1411 \\ 1.4810 & 1.9002 & 2.3194 \\ 1.5686 & 2.0086 & 2.4486 \\ 1.4119 & 1.8147 & 2.2175 \end{bmatrix}$

② 加法与归一化(Add & Norm)。自注意力机制的输出与输入 Token 的嵌入向量相加,然后通过归一化层处理,确保输出在数值上稳定。

③ 前馈神经网络(FFN)。每个 Token 的向量通过一个前馈神经网络进行进一步的变换和处理。FFN 由两个全连接层组成,通常带有激活函数(如 ReLU)。

④ 重复堆叠。BERT-Base 模型有 12 层这样的编码器,而 BERT-Large 有 24 层。每一

层的输出都会传递给下一层作为输入。在多层堆叠的过程中,BERT 逐步生成更加高级和抽象的表示,使得模型能够理解句子的复杂语义关系。

(3)输出表示。经过所有编码器层的处理后,BERT 生成每个 Token 的最终上下文表示。BERT 第一个 Token[CLS]的输出向量通常被用作整个句子的表示。在分类任务中,最终的输出通常基于这个向量。在处理句子"我爱中国"时,BERT 可能会利用这个向量来判断这个句子是否表达积极情感。还有可能通过上下文表示完成序列标注、问答等任务。例如,在命名实体识别任务中,BERT 可能会将 "中国" 识别为一个地名实体。

(4)任务应用。BERT 最终输出可以用于多种自然语言处理任务。

① 在分类情况下,使用[CLS]标记的输出向量作为句子整体表示,接入全连接层分类。例如,判定句子 "我爱中国" 是否表达积极情感。

② 在问答系统中,用于定位答案的起始位置和结束位置。例如,对于问题 "谁爱中国?",BERT 可以识别 "我"作为答案。

③ 在命名实体识别(NER)场景里,对每个 Token 输出进行标注,识别文本中的实体。例如,识别句子中的 "中国"为一个地名。

3. Python 代码

要使用 BERT 模型来判断句子"我爱中国。"是否具有积极情感,就可以使用预训练好的 BERT 模型,并在情感分析任务上微调。Hugging Face 的 transformers 库提供现成的工具来实现这个任务。以下是一个完整的 Python 代码示例,展示如何使用 BERT 模型来判断"我爱中国。"的情感。首先,需要安装 transformers 和 torch 库。如果还没有安装,可以通过以下命令安装:"bash:pip install transformers torch"。

```python
from transformers import BertTokenizer, BertForSequenceClassification
from transformers import pipeline
# 初始化BERT模型和分词器,用于情感分类任务
model_name = 'nlptown/bert-base-multilingual-uncased-sentiment'
tokenizer = BertTokenizer.from_pretrained(model_name)
model = BertForSequenceClassification.from_pretrained(model_name)
# 使用pipeline简化流程
classifier = pipeline('sentiment-analysis', model=model, tokenizer=tokenizer)
# 输入句子
sentence = "我爱中国。"
# 执行情感分析
result = classifier(sentence)
# 打印结果
print("句子:", sentence)
print("情感分析结果:", result)
```

使用 nlptown/bert-base-multilingual-uncased-sentiment 进行模型和分词器初始化,这是一个多语言版本的 BERT 模型,已经在情感分析任务上微调。BertTokenizer 用于将句子分词并转换为模型所需的格式。第一步使用 Pipeline 简化。pipeline 是 Hugging Face 提供的一个高级 API,它简化使用模型推理的流程。这里使用 pipeline 来执行情感分析任务。后续输入句子、执行情感分析和打印结果等过程很好理解。结果将显示句子的情感分析结果,包括情感标签(如 positive 或 negative)及其概率。

```
句子: 我爱中国。
情感分析结果: [{'label': '5 stars', 'score': 0.9988}]
```

在这个结果中,label 是模型给出的情感分类标签(例如 5 星表示积极情感),score 是模型对这个预测的置信度。

14.3.2　T5 模型

BERT 和 T5 编码器在结构上相似,但在设计目标、用途和训练方式上存在明显差异(见表 14-3)。BERT 编码器主要用于理解任务,生成高质量的上下文表示,用于下游任务,如文本分类和问答。T5 编码器则专注于生成任务,将输入文本编码为解码器生成目标文本的语义表示。BERT 通过掩码语言模型(MLM)训练,强调语义理解,而 T5 通过 Span Corruption(跨度掩码/破坏)训练,更适合生成类任务,如翻译和摘要生成。

表 14-3　BERT 和 T5 在编码器方面的差别对照

对比维度	BERT 编码器	T5 编码器
模型目的	理解任务:生成高质量的上下文表示,用于下游任务	生成任务:为解码器生成适合生成任务的上下文表示
设计目标	捕捉输入文本双向上下文信息,强调理解和表示生成	为解码器生成生成任务所需语义表示,强调输入到输出的转换
训练任务	掩码语言模型(MLM)和下一句预测(NSP)	Span Corruption,统一视为文本到文本的转换
输出用途	直接用于下游任务,如分类、问答等,作为最终表示	传递给解码器,用于生成目标文本,作为中间表示
适应任务	理解任务专用,特别适合分类、序列标注等理解类任务	生成任务专用,适用于翻译、摘要生成等生成类任务
上下文处理	双向自注意力机制,考虑输入序列的完整上下文信息	同样使用双向自注意力机制,但目的在于生成解码器所需的表示
特殊标记	使用 [CLS] 和 [SEP] 标记用于任务区分和整体表示	不使用 [CLS] 和 [SEP] 标记,更加简化

T5(Text-To-Text Transfer Transformer)模型是由 Google 开发的一种基于 Transformer 架构的模型,它能够将各种 NLP 任务统一为文本到文本的任务,比如翻译、摘要生成、问答等。下面将详细介绍 T5 模型在执行翻译任务时的工作过程,并以将句子"中国是世界上最伟大的国家"翻译成英文为例。

1. 工作过程

(1)编码器。T5 模型的编码器部分类似于标准的 Transformer 编码器。它的主要任务是将输入的文本(即源语言句子)编码为一组上下文丰富的表示向量。

① 输入处理。将句子分词并转换成对应的词嵌入(embedding)。每个词嵌入是一个向量,表示该词在上下文中的意义。这些嵌入加上位置编码(position encoding),以便模型知道词汇在句子中的相对位置。

② 多头自注意力机制。每个词嵌入会与其他词嵌入交互,通过自注意力机制生成一个新的表示。自注意力机制通过计算每个词与其他词之间的相关性(即注意力得分),使得模型能够关注到句子中的重要信息。经过多个自注意力层和前馈神经网络(FNN)层的处理,编码器生成一个包含上下文信息的序列向量。

(2)解码器。负责将编码器生成的表示向量转换成目标语言的文本。

① 输入处理。解码器的输入通常是目标语言的起始标记(例如< s >),表示开始生成目

标文本。

② 自注意力机制。解码器首先使用自注意力机制处理它已经生成的词,以便每个词都能与解码器当前的部分输出相关联。

③ 交叉注意力机制。解码器使用交叉注意力机制,从编码器的输出中提取信息。这部分允许解码器关注到编码器生成的表示向量,并根据源语言句子的上下文生成目标语言的词。

④ 生成输出。解码器最后将通过前馈神经网络对注意力机制处理后的表示进行处理,输出一个新的词。这个词被附加到解码器的输出序列中,并继续用于下一步的解码过程,直到生成结束标记。

(3) 编码器与解码器的连接。在 T5 模型中,编码器与解码器的连接是通过交叉注意力机制实现的。编码器生成的序列向量作为解码器中间层的输入,解码器通过交叉注意力机制与编码器的输出进行交互,利用源句子的上下文信息来生成目标语言的词。

2. 翻译示例

下面以 T5 模型在翻译任务中的各个步骤,详细说明如何从输入文本"中国是世界上最伟大的国家"生成英文翻译 China is the greatest country in the world,包括中间的向量、矩阵操作和相关的数学公式。

---

1. 编码阶段

1.1 输入标记化

①文本输入:输入句子"中国是世界上最伟大的国家";②分词与映射:首先,模型将句子分解为子词单元,并将这些子词映射为整数 ID。假设分词和对应的 ID 为:["中","国","是","世","界","上","最","伟","大","的","国","家"]、[101, 102, 103, 104, 105, 106, 107, 108, 109, 110, 102, 111]。

1.2 嵌入层

①标记嵌入:每个整数 ID 通过嵌入矩阵 E 转换为一个 512 维的嵌入向量。例如,"中"的嵌入向量 $= E[101] = [0.25, -0.13, 0.48, \cdots, 0.12]$。对于句子中的其他词语,也会得到类似的 512 维嵌入向量。②位置嵌入:位置嵌入通过正弦和余弦函数计算出来,并与标记嵌入相加。假设第一个位置的向量为 P_1,则"中"的最终输入向量 $= E[101] + P_1 = [0.27, -0.11, 0.50, \cdots, 0.13]$。

1.3 多头自注意力机制

① 计算查询、键和值向量:对于每个输入向量,模型通过线性变换计算查询向量 Q、键向量 K 和值向量 V。假设权重矩阵为 W_Q, W_K, W_V,那么"中"的向量计算:$Q_中 = W_Q \times [0.27, -0.11, 0.50, \cdots, 0.13]$,$K_中 = W_K \times [0.27, -0.11, 0.50, \cdots, 0.13]$,$V_中 = W_V \times [0.27, -0.11, 0.50, \cdots, 0.13]$。②计算注意力得分:"中"的查询向量 $Q_中$ 和其他词语的键向量 $K_国$,注意力得分 $= \dfrac{Q_中 \cdot K_国}{\sqrt{d_k}}$。这里 d_k 是键向量的维度。得分经过 Softmax 归一化得到注意力权重 $\alpha_{中,国}$。③计算加权和:使用注意力权重对值向量加权求和,得到"中"的新的表示 $= \sum_j \alpha_{中,j} W_j$,这里 j 遍历所有词语。

1.4 前馈神经网络

①扩展与非线性激活。512 维的注意力输出被扩展到 2048 维：$FFN1(x) = W_1 \times x + b_1$。经过 $ReLU$ 激活：$h = ReLU(FFN1(x))$。②压缩回 512 维。激活后的向量再被压缩回 512 维：$FFN2(h) = W_2 \times h + b_2$。

1.5 编码器输出

编码器为每个词生成一个 512 维向量，这些向量构成编码器输出。对于"中国是世界上最伟大的国家"，编码器输出是 12 个 512 维向量的序列。

2. 编码-解码交互阶段

2.1 解码器初始化

解码器从起始标记（如 $<sos>$）开始，生成的第一个向量是这个标记的 512 维表示。

2.2 交叉注意力机制

①交叉注意力计算：解码器在生成每一个单词时，会参考编码器的输出。假设解码器生成第一个单词 China 时，使用的交叉注意力机制是 $\boldsymbol{Q}_{\text{China}} = \boldsymbol{W}_Q \times$ 解码器向量，得分 $= \dfrac{\boldsymbol{Q}_{\text{China}} \cdot \boldsymbol{K}_{\text{中}}}{\sqrt{d_k}}$。得分经过 Softmax 归一化，生成注意力权重 $\alpha_{\text{China}, j}$。②计算加权和：使用这些权重对编码器输出的值向量加权求和，生成新的解码器向量。

3. 解码阶段

3.1 生成词汇表的概率分布

① 映射到词汇表：解码器的输出向量（512 维）通过线性变换映射到目标语言词汇表的维度（假设词汇表有 50000 个单词）：映射向量 $= \boldsymbol{W}_o \times$ 解码器向量。②softmax 计算：映射后向量经过 softmax 操作，生成一个 50000 维概率分布：$P(w) = \text{softmax}(\boldsymbol{W}_o \times$ 解码器向量)。例如，China 的概率可能是 0.7，is 的概率可能是 0.1。

3.2 选择下一个单词

模型选择概率最高的单词作为当前输出。例如，解码器选择"China"作为第一个生成的单词。

3.3 重复过程生成整个句子

解码器将生成的 China 加入到已经生成的句子中，然后继续生成下一个单词，如 is，并重复上述过程，直到生成整个句子 China is the greatest country in the world。

通过编码器处理，源语言句子的每个词被转换为 512 维的语义表示。这些表示被传递给解码器，在生成每个目标词时，利用编码器的表示和自身的输出，通过复杂数学运算（如注意力得分计算、线性变换和 Softmax），最终生成目标语言句子。在这个过程中，编码器和解码器的各个组件紧密协作，通过多个步骤将中文句子"中国是世界上最伟大的国家"翻译为 China is the greatest country in the world，可以使用 Hugging Face 的 transformers 库实现以上过程。

3. Python 代码

要实现上述 T5 翻译过程的 Python 代码，可使用 Hugging Face 的 transformers 库，该

库已经实现 T5 模型的所有复杂机制。以下是一个完整的 Python 代码示例,展示如何使用 T5 模型将中文句子"中国是世界上最伟大的国家"翻译成英文。首先,需要安装 transformers 库。如果没有安装,可以通过命令安装:"Bash:pip install transformers"。

```python
from transformers import T5Tokenizer, T5ForConditionalGeneration
# 初始化模型和分词器
model_name = 't5-base'
tokenizer = T5Tokenizer.from_pretrained(model_name)
model = T5ForConditionalGeneration.from_pretrained(model_name)
# 输入文本
input_text = "中国是世界上最伟大的国家"
# 将输入文本格式化为模型输入所需的形式
input_ids = tokenizer("translate Chinese to English: " + input_text, return_tensors="pt").input_ids
# 使用模型生成翻译
outputs = model.generate(input_ids)
# 解码生成的token为文本
translated_text = tokenizer.decode(outputs[0], skip_special_tokens=True)
print("原始文本:", input_text)
print("翻译结果:", translated_text)
```

输出结果:

```
原始文本: 中国是世界上最伟大的国家
翻译结果: China is the greatest country in the world
```

14.3.3 GPT 模型

1. 工作过程

要更详细地反映 GPT 的结构流程,可以将其拆解成更多的具体步骤,涵盖模型架构的关键组件、数据流,以及各个模块的交互过程。以下是一个更复杂的流程图说明以及对应的步骤描述(见图 14-6)。

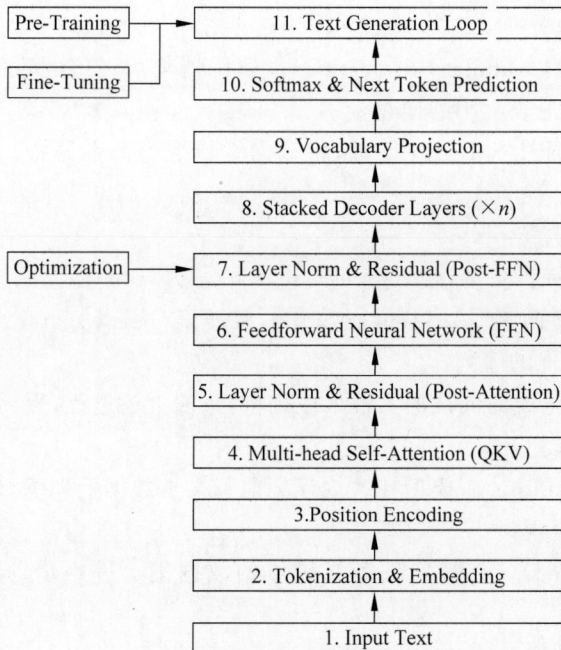

图 14-6　解码器工作过程

(1) 输入处理。

① 文本输入(input text)。输入的文本首先被分割为词或子词(Tokenization)。

② 词嵌入(embedding)。每个词/子词被转换为一个高维度的向量,表示该词在语义空间中的位置。

③ 位置编码(position encoding)。由于 Transformer 架构没有内置的序列信息,位置编码会加到词嵌入中,以表征每个词在序列中的位置。

(2) 堆叠的 Transformer 解码器层。

① 多头自注意力机制(multi-head self-attention)。每个词的嵌入向量通过线性变换生成 Q、K 和 V 向量,计算查询与键的点积并通过 Softmax 得到注意力权重,使用注意力权重对值向量加权求和生成新的上下文表示,利用多头机制让多个独立的自注意力头并行计算,将它们的输出连接起来,并通过线性变换映射回原始维度。

② 层归一化(layer normalization)。自注意力机制的输出经过层归一化,标准化处理。

③ 残差连接(residual connection)。层归一化的输出与原始输入相加,以帮助梯度流动并避免梯度消失。

④ 前馈神经网络(FFN)过程。第一层线性变换将输入向量映射到一个更高维的空间,通过非线性激活函数(如 ReLU)引入非线性特征,第二层线性变换将激活后的向量映射回原始维度。

⑤ 层归一化与残差连接。再一次经过层归一化和残差连接,以增强深度学习的效果。

(3) 堆叠多层解码器。

① 重复堆叠。解码器由多层堆叠而成,每一层都独立应用上述的多头自注意力机制、前馈神经网络、层归一化与残差连接。

② 逐层处理。每一层都会进一步处理输入的向量表示,提取更高层次的语义特征。

(4) 输出层与概率分布。

① 投影到词汇表(vocabulary projection)。解码器最后一层的输出被投影到词汇表维度,生成一个长度为词汇表大小的向量。

② Softmax 层。通过 Softmax 函数,将该向量转换为概率分布,表示每个词作为下一个词的可能性。

(5) 文本生成过程。

① 下一个词的选择。贪婪搜索(greedy search),选择概率最高的词;采样(sampling),根据概率分布随机选择词,生成多样化的文本;束搜索(beam search),同时考虑多个候选词序列,并选择语义最优的序列。

② 自回归生成。生成的词被加入输入序列中,重复上述过程,直到生成完整的文本。

(6) 预训练与微调。

① 预训练(pre-training)。模型在大规模无监督文本数据上训练,通过最大化预测下一个词的概率来学习语言模型。

② 微调(fine-tuning)。在特定任务或领域的数据集上进一步训练,使模型适应特定应用。

(7) 模型优化与推理。

① 损失函数。使用交叉熵损失函数,衡量模型预测的词分布与真实分布之间的差异。

② 优化算法。通常使用 Adam 或 AdamW 优化器,通过反向传播算法来调整模型参数。

③ 推理加速。为了提升推理效率,可能会应用模型压缩、量化或其他优化技术。

为了更细致地反映这些步骤,流程图可以包括以下元素:

① 模块化。将每个解码器层细分为多头自注意力机制、前馈神经网络、层归一化等子模块。

② 数据流。展示输入向量如何通过各个模块,并逐步转换为输出文本的过程。

③ 交互过程。突出各个子模块之间的交互,以及层与层之间的数据传递。

④ 生成路径。明确每个生成步骤如何依赖于之前的生成结果,并通过概率分布选择下一个词。

2. Python 代码

要使用 GPT-3 的 Python 代码,可以通过 OpenAI 的官方 API 来调用 GPT-3。以下是一个简单的示例代码,展示如何使用 Python 与 GPT-3 交互。

(1) 安装 OpenAI Python 库。如果没有安装 OpenAI 的 Python 库,可以通过命令安装:“Bash:pip install openai”。

```python
import openai

# 设置API密钥
openai.api_key = '你的API密钥'

# 调用GPT-3生成文本
response = openai.Completion.create(
    engine="text-davinci-003",  # 使用GPT-3的text-davinci-003引擎
    prompt="Explain the process of photosynthesis in simple terms.",
    max_tokens=100,  # 控制生成文本的长度
    temperature=0.7,  # 控制生成文本的随机性, 0.0到1.0之间
    top_p=1,  # 只考虑最高概率的词
    frequency_penalty=0.0,  # 减少重复词的频率
    presence_penalty=0.0  # 提高生成新词的概率
)

# 打印GPT-3的响应
print(response.choices[0].text.strip())
```

代码说明:

① openai. api_key,在代码中,需要将自己的“API 密钥”替换为从 OpenAI 平台获取的实际 API 密钥。

② engine,这里使用的是 text-davinci-003,这是 GPT-3 的一个版本。如果想使用其他模型,可以更改这个参数,例如使用 text-curie-001 或 text-babbage-001。

③ 如果是 GPT-4 或 GPT-4-Plus,则 engine 分别带入“gpt-4”“gpt-4-plus”即可。

④ prompt,这是提供给 GPT-3 的输入文本,模型将基于此生成相应的响应。

⑤ max_tokens,这个参数决定生成响应的最大字符数。可以根据需要调整它的大小。

⑥ temperature,控制文本生成的随机性。较高的值(如 0.9)会产生更多样化的输出,较低的值(如 0.2)会产生更确定的输出。

⑦ top_p,控制模型选择词汇的方式。值越小,模型越会选择最高概率的词。

⑧ frequency_penalty 和 presence_penalty,用于减少重复词语或增加新词语的使用频率。

(2) 运行代码。运行该 Python 代码后,会看到 GPT-3 根据提供的 prompt 生成的文本

输出。可以根据自己的需求修改 prompt 以及其他参数,来生成不同类型的文本。

(3) 进一步使用。OpenAI API 不仅限于文本生成,还可以处理问答、翻译、代码生成等任务。可以参考 OpenAI API 文档来探索更多功能。

14.3.4 模型比较

1. 翻译场景

从表面上看,T5 和 GPT-3 在翻译任务上的表现确实有相似之处,因为它们都能够将一个句子从一种语言翻译成另一种语言。然而,它们在设计、架构和使用方式上有显著的区别,这些差异导致它们在翻译任务中的表现和应用场景也有所不同。以下是对这两者在翻译功能上差异的详细解释。BERT 主要用于理解任务,没有内置翻译功能,需要与其他模型结合使用。T5 具备内置翻译功能,能够直接处理翻译任务,将输入语言文本转换为目标语言文本。GPT-3 可以通过提示生成翻译结果,虽然它不是专门的翻译模型,但在明确提示下也能执行翻译任务。以下是对三者的比较。

(1) 架构和设计目标的差异。T5 是一个编码器-解码器(encoder-decoder)架构的模型,专门用于处理文本到文本的任务。T5 将所有 NLP 任务(包括翻译)都转换为文本转换任务,例如从一种语言的文本转换为另一种语言的文本。T5 的翻译能力通过预训练和微调而形成,预训练时会使用大规模的双语平行语料,微调时可以进一步针对特定翻译任务调整。因为 T5 的设计本质就是文本转换,这使得它在各种文本转换任务上都有较好的表现;GPT-3 是一个生成式的 Transformer 模型,它的设计目标更为通用,旨在生成各种形式的自然语言文本。GPT-3 没有专门的编码器部分,也不专门处理文本到文本的转换任务。它通过大量的未标注文本预训练,并依靠上下文和提示来执行任务,包括翻译。虽然 GPT-3 在提示下可以生成高质量的翻译,但它的翻译能力并不像 T5 那样专门针对文本转换任务而优化。

(2) 训练数据的差异。在预训练阶段,T5 模型通常会使用专门的平行语料库(如英文-法文的平行语料)训练。这种数据可以让模型学习到更细致的语言转换能力。因此,T5 在翻译任务上的性能通常较为稳定和准确,尤其是在经过微调后;GPT-3 的预训练数据是大量的未标注文本,涵盖互联网的各种信息。虽然其中也包括大量的双语文本,但这些文本并不是专门为翻译任务设计的。因此,GPT-3 依靠上下文来执行翻译,而不是基于专门的平行语料训练,这使得它在翻译任务中的表现可能不如 T5 一致。

(3) 任务执行方式的差异。在 T5 中,翻译是模型的自然任务之一。通过简单地输入一个命令(如"Translate English to French:…"),T5 可以直接生成翻译结果。这个过程不需要额外的提示工程或上下文设计,模型的架构和预训练已经为这种任务优化;GPT-3 需要明确的提示来执行翻译任务,例如"Translate the following sentence to English:…"。它的翻译效果依赖于提示的质量和上下文,因此需要仔细设计提示以获得最佳结果。这使得 GPT-3 的翻译能力更加灵活,但也更加依赖于提示的准确性和清晰性。

(4) 性能和应用场景的差异。T5 通常在特定翻译任务上表现得更好,尤其是当模型经过微调后。T5 适合用在需要高质量、稳定翻译的场景,如机器翻译系统、跨语言信息检索等;虽然 GPT-3 在翻译任务上表现得也不错,但它更擅长处理需要生成文本的其他任务,如创意写作、对话生成等。它的灵活性使其适合用在多任务场景中,特别是在需要生成多种不同类型文本的应用中。

BERT 是编码器模型,主要用于理解自然语言,而不是直接翻译。它通过上下文来理解句子的含义,但不适合单独翻译任务。在翻译任务中,BERT 通常与其他模型结合使用,例如与 Seq2Seq 模型配合工作。具体来说,BERT 负责将输入的中文句子编码成一个上下文向量,然后这个向量被其他模型(如 LSTM)解码为英文句子。通过这种方式,BERT 在翻译任务中起到辅助作用,帮助提高翻译的准确性。

2. 问答场景

BERT 在问答系统中主要用于提取式问答,能够准确从文本中找到并提取答案,适合处理直接、明确的问题。T5 处理生成式问答,能够生成自然的、完整的句子作为答案,适合处理复杂或没有直接答案的问题。GPT-3 擅长对话式生成问答,能够生成详细、连贯的回答,并能够处理需要推理或解释的问题,适合用于需要自然对话和互动的场景。

这三种模型在问答系统中各有优劣,具体的选择取决于应用场景的需求。BERT 是一种基于文本匹配的问答系统,它擅长处理提取式问答任务。对于明确的、直接的答案,BERT 能够从文本中找到并提取出来。比如,给定问题"中国的首都是哪里?"并且上下文包含"中国的首都是北京",BERT 会准确地从上下文中提取出"北京"作为答案。T5 是一个生成式问答系统,能够处理生成式问答任务,T5 采用编码器-解码器架构,能够生成更加自然、连贯的答案,适用于那些没有明确答案或需要更复杂推理的问题。当问题要求生成完整句子的答案时,T5 可以根据上下文生成更加详细的回答。比如,在给定上下文"中国的首都是北京,它是中国的政治和文化中心。"时,当问题是"中国的首都是哪里",T5 会生成完整的句子"中国的首都是北京。"GPT-3 是一个对话式生成问答系统,通过自然语言生成技术,能够在对话上下文中生成详细、连贯的回答。GPT-3 的优势在于能够生成更为详细和解释性的答案,适合需要推理或解释的复杂问题。例如,当给定上下文"中国的首都是北京,拥有丰富的历史和文化。"并提问"中国的首都是哪里",GPT-3 会生成更为详细的回答:"中国的首都是北京,它不仅是中国的政治中心,也是文化和历史的象征。"

14.4 大语言模型应用

14.4.1 大语言模型评价

LLM 提示评估是针对特定应用进行的,评估标准根据输出质量衡量提示的有效性。评估涉及输入(如提示和上下文)对模型输出的影响,通常在构建"黄金数据集"后进行,包括输入、预期输出和相关提示模板。RAG(检索增强生成)技术结合 LLM 和检索机制,允许模型在生成时提取外部信息,提升输出相关性和基础性。

评估标准包括接地性、相关性、效率、多功能性、幻觉、毒性等维度。接地性衡量输出的准确性;相关性评估输出与提示的匹配度;效率评估生成速度和计算消耗;多功能性关注模型处理多类型查询的能力;幻觉评估是否生成虚假信息;毒性则检查不当内容,如偏见和威胁。常用的性能指标包括准确度、精度、召回率和 F1 分数,它们构成混淆矩阵,帮助衡量模型的综合表现。

LLM 评估方法包括人工评估和 LLM 辅助评估。人工评估通过参考、评分和 A/B 测试手动分析输出,这种方法主观且资源密集。LLM 辅助评估利用 LLM 自动评估输出,节省资源并能扩展,但可能受到训练数据偏见的影响。

在评估 LLM 产品时,通常会考虑多个因素:质量、速度、价格、延迟、上下文窗口和多维评价。质量评估反映模型在各领域(如推理和数学能力)的表现,速度通过每秒生成的令牌数衡量,价格则基于每百万令牌的费用衡量。延迟评估模型响应的速度,上下文窗口则衡量模型处理最大输入输出长度的能力。模型的质量与价格并非总成正比,尤其在高质量模型中,价格可能更高。多个模型的实时比较可以通过人工智能模型分析网站(artificialanalysis.ai/leaderboards/models)等排行榜获取。

14.4.2 国内大语言模型

国内先后诞生了许多优秀的 LLM 产品,例如讯飞星火、文心一言、通义千问等。国内其他大语言模型的参数和特点等信息如表 14-4 所示。

表 14-4 国内大语言模型列表

模　型	厂家	时间	参数能力	特　　点
小冰 Xiaoice	微软后独立	2014	20 亿	侧重情感计算和自然语言生成,广泛应用于社交机器人、智能助理等,具有情感互动能力
言犀 MindSpore	华为	2020	未公布	侧重深度学习框架的开发和优化,应用于各类 AI 任务,支持跨平台开发和分布式训练
达摩院 M6	阿里巴巴达摩院	2020.7	1000 亿	超大规模多模态预训练模型,支持文本、图像和视频生成,应用于创意设计、广告制作等领域
清华 Thudm	清华大学	2021	1000 亿	主要用于学术研究和技术探索,致力于推动中文自然语言处理技术的发展
火山智能	字节跳动	2021	未公布	强调在短视频和社交媒体内容生成上的应用,支持个性化推荐和内容创作
盘古大模型	华为	2021.4	2000 亿	针对中文语言优化,适用于多种 NLP 任务,包括文本分类、情感分析、机器翻译等。在气象矿山、OCR 等领域也有应用
悟道 2.0	北京智源	2021.6	1.75 万亿	超大规模预训练模型,支持多模态任务,如文本、图像、视频生成,具有广泛的应用场景
紫东·太初	京东	2021.8	1.50 万亿	多模态大模型,支持图像和文本生成,专注于智能营销、推荐系统等商业应用
讯飞星火	科大讯飞	2022	未公布	专注于语音识别和自然语言理解,广泛应用于智能语音助手、教育和医疗领域
Noah's Ark	华为 Lab	2022	未公布	强调在自然语言处理和深度学习算法上的创新,主要应用于智能设备和通信领域
混元大模型	腾讯	2022.4	2 万亿	NLP、CV、多模态大模型等,支持多种场景和应用,具有强大的跨模态能力
盘古 3.0	鹏程 Lab	2023	未公布	专注于解决复杂 AI 问题,推动基础研究和技术创新,应用于高精度任务,如科研、医学成像等
百川大模型	百川智能	2023	未明确	支持中英双语,使用高质量训练数据,在多个基准测试上表现优秀
SenseCore	商汤	2023.2	不明确	自然语言、内容生成等,从基础设施到模型研发的全栈能力

模　型	厂家	时间	参数能力	特　点
文心一言	百度	2023.3	1.8万亿	对话式 AI 模型,侧重自然语言理解和生成,适用于智能客服、文本创作、对话系统等多种场景
通义千问	阿里巴巴	2023.4	2350亿	集成阿里巴巴多项 AI 技术,主要用于企业服务、智能办公、电子商务等领域
Kimi	月之暗面	2023.10	不明确	多语言对话、文档阅读、信息检索、数学计算等
GLM-4	智谱	2024	320亿	语义理解、智能体能力,表现亮眼,与国际一流模型水平接近

2025 年 1 月,杭州深度求索公司推出 AI 模型 DeepSeek-V3,免费商用,超越多数模拟,参数多、能力强,使用 NVIDIA H800 训练,训练成本 550 万美元。在技术方面,DeepSeek-V3 是一个拥有 6710 亿参数的 MoE 模型,吞吐量高达 60 token/s,比上一代 V2 直接飙升 3 倍。在多项基准测试中,V3 性能直接与 Claude 3.5 Sonnet、GPT-4o 相匹敌。在数学代码方面,DeepSeek V3 完全碾压 GPT-4o。DeepSeek V3 可以处理各种文字处理任务,包括撰写文章、电子邮件、翻译和生成代码。开发人员进行的测试结果显示,该模型超越大多数开放式和封闭式模拟。尤其是中文能力,全面领先于国外的领先大模型。在编程相关任务中,它比 Meta 的 Llama3.1-405B、OpenAI 的 GPT-4o 和阿里巴巴 Qwen2.5-72B 表现更好。DeepSeek V3 在 Aider Polyglot 测试中的表现也优于其竞争对手,该测试检测为现有项目生成代码的能力。

14.4.3　大语言模型的实际应用

1. 生态系统

LLM 的应用不是单一功能或单一平台的实现,而是包含与 LLM 相关的多个功能甚至多个平台或链接。表 14-5 是一个基于百度飞桨(PaddlePaddle)的应用生态示例,包括应用名称、功能和来源模型类型。应用名称列出百度飞桨平台上的一些常见应用。主要功能包括文本分类、生成、翻译等。来源模型类型说明该应用使用的底层模型架构类型,如 BERT(编码器)、GPT(解码器)或 T5(编码器-解码器)等。

表 14-5　百度飞桨应用

应用名称	主要功能	来源模型类型
飞桨 AI Studio	使用 BERT 文本分类,支持情感分析、主题分类等	BERT-Enc
ERNIE 模型	中文自然语言理解,支持命名实体识别、阅读理解等	ERNIE-Enc
Paddle GPT-3	基于 GPT-3 的自然语言生成,支持对话、文本创作等	GPT-Dec
Paddle T5	支持文本翻译、摘要生成、文本改写等	T5-Enc＋Dec
SKEP 模型	情感分析、情感倾向检测,适合多任务学习	BERT-Enc
PaddleNLP 翻译	基于 RNN 的机器翻译,支持中英文翻译	RNN-Enc＋Dec
TinyBERT	轻量化 BERT 模型,用于移动设备文本理解 https://aistudio.baidu.com/	BERT-Enc
ERNIE-GEN	专用于文本生成模型,支持写作、摘要等 https://www.paddlepaddle.org.cn/model/	ERNIE-Dec

应用名称	主要功能	来源模型类型
PaddleOCR	文字检测与识别,适用于 OCR 任务 https://github.com/PaddlePaddle/PaddleOCR	CNN+RNN-混合
SimBERT	基于 BERT 的文本相似度计算,适合文本检索与匹配	BERT-Enc

百度飞桨是百度开发的一个开源深度学习平台和生态系统。它是中国首个自主研发的产业级深度学习平台,致力于为开发者提供完整的、易用的、高效的深度学习解决方案。飞桨在各种 AI 任务中都有广泛应用,包括自然语言处理、计算机视觉、语音识别等领域。

(1) 深度学习。飞桨深度学习框架提供高性能的神经网络构建和训练工具,支持大规模并行计算,并优化分布式训练的效率。它支持多种神经网络架构,包括卷积神经网络、循环神经网络、Transformer 等,适用于图像识别、自然语言处理等多种任务。PaddleHub 是飞桨的预训练模型库,提供大量的预训练模型,开发者可以通过迁移学习快速应用于自己的任务。该库支持图像分类、目标检测、文本分类、机器翻译等多种任务,极大地降低了深度学习的门槛。PaddleOCR 是专注于光学字符识别(OCR)的一部分功能,提供强大的文本检测和识别能力,适用于票据识别、证件识别等场景。PaddleSeg 是飞桨的图像分割工具包,提供多种预训练模型和丰富的工具集,用于医学影像、自动驾驶等场景中的图像分割任务。PaddleGAN 提供生成对抗网络的多种应用,例如图像超分辨率、图像风格迁移等,为创意和设计提供强大的工具。

(2) 生态系统。飞桨不仅是一个深度学习框架,还涵盖丰富的工具和组件,形成一个完整的 AI 开发生态系统,包括模型库(PaddleHub)、开发套件(PaddleLite)、服务部署平台(Paddle Serving)等,帮助开发者从模型开发到部署实现端到端的 AI 应用。

(3) 应用场景。飞桨被广泛应用于各种工业和商业场景,包括但不限于以下几方面:
① 智能客服。自然语言处理技术帮助企业构建智能客服系统。
② 自动驾驶。通过计算机视觉和深度学习技术,提高自动驾驶系统的感知能力。
③ 智能城市。在人脸识别、视频监控等领域,飞桨技术助力构建智慧城市。

除了百度飞桨外,全球还有几个非常知名且广泛使用的开源深度学习平台和生态系统。这些开源深度学习平台各有特点和强项,开发者可以根据具体需求选择合适的框架。例如,TensorFlow 和 PyTorch 适合广泛的研究和工业应用,Keras 提供快速原型开发的便利性,JAX 适合探索前沿研究。飞桨作为中国自主研发的平台,在国内应用广泛,尤其适合希望使用本地化资源和服务的开发者。

TensorFlow 由 Google 开发,2015 年发布,支持多种编程语言,并能在多个平台上运行。其计算图构建和自动微分功能非常强大,且支持分布式计算。TensorFlow 的生态系统丰富,包含 TensorFlow Lite(移动设备)、TensorFlow. js(浏览器)、TensorFlow Serving(模型部署)等工具。PyTorch 由 Facebook AI Research(FAIR)开发,2016 年发布,灵活且易于使用。它使用动态计算图,适合 Python 开发者,广泛应用于学术和生产环境。其生态系统包括 TorchServe(模型部署)、TorchVision(计算机视觉)、TorchText(文本处理)等。Caffe 发布于 2014 年,由伯克利视觉与学习中心(BVLC)开发,以其速度和模块化设计而闻名,特别适合图像分类任务。尽管被 TensorFlow 和 PyTorch 超越,Caffe 在特定领域仍被广泛使用。MXNet 由 Apache 开发,支持静态和动态计算图,适用于分布式计算。它是 Amazon 官方的深度学习框架,深度集成于 AWS。其 Gluon API 提供类似 Python 的神经网络编写风格。Keras 由 François Chollet 开发,最初作为独立的高级神经网络 API,后来成为 TensorFlow 的官方高级 API。Keras 以简洁、模块化著称,专注于快速实验。Theano 发布于 2007 年,是深度学习的先驱,支持高效的数值计算和符号微分。尽管 2017 年停止更新,它对 TensorFlow 和 PyTorch 的发展起到基础作用。Chainer 由 Preferred Networks 开发,基于动态计算图,支持灵活定义神经网络。Chainer 在科研领域具有较高的知名度,其生态系统包括 ChainerMN(分布式学习)和 ChainerRL(强化学习)等。JAX 由 Google 开发,结合 NumPy 的简洁性与 TensorFlow 的自动微分和 GPU 加速能力,适用于高效数值计算和机器学习研究。JAX 的生态系统正快速发展,主要包括 Flax 和 Haiku 等库。

2. 智能体

大模型的智能体(AI agent)是基于大规模预训练模型(如 GPT-4、PaLM 2 等)开发的智能系统或软件。智能体能够自主执行各种复杂任务,包括自然语言处理、决策制定、信息检索、自动化执行等。依托大模型的强大算力和广泛的知识储备,智能体可以理解和生成人类语言,解决问题并完成用户指示的任务。大模型的智能体特点如下:

(1)自主性。智能体可以在给定目标或指令下自主执行任务,能够根据上下文、自身的知识和训练经验作出合理的判断和行动,不需要持续的人工干预。

(2)多任务处理。智能体可以处理多种类型的任务,例如对话生成、信息提取、数据分析、内容生成、编程辅助等。它们能够在不同领域或应用场景中表现出色。

(3)自然语言处理能力。智能体依赖于大模型强大的自然语言理解和生成能力,能够理解复杂的语言输入,并生成自然且连贯的输出。这使它们能够有效地与用户互动,完成对话,回答问题,提供建议。

(4)知识整合与应用。大模型的智能体可以利用其广泛的知识库,在不同的任务和情境下灵活应用这些知识。例如,智能体可以在对话中结合科学知识、社会常识、用户历史数据等,提供更加个性化和精准的响应。

(5)可扩展性。智能体可以通过进一步训练或微调来适应特定领域的需求。例如,可以对一个通用的语言模型微调,使其专注于法律、医学、金融等专业领域的任务。

基于大模型的智能体是 AI 应用的重要部分,其能够在各类任务中表现出强大的自主决策能力和自然语言处理能力,广泛应用于个人、企业和行业事务当中的虚拟助手、对话机器人、编程助手、内容生成和自动化任务等(见表 14-6)。虚拟助手帮助用户管理日常任务、安排日程、提供建议,如苹果的 Siri 或微软的 Cortana。对话机器人用于客户服务、在线支持或社交互动,如客服聊天机器人。编程助手辅助开发人员编写代码、调试错误、生成文档,如 GitHub Copilot。内容生成可以自动撰写文章,生成营销文案,创作文学作品等。自动化任务执行可以处理数据、生成报告、执行命令等,用于企业级解决方案。

表 14-6 部分大模型支持的智能体类型及其主要功能

模 型 名 称	支持的智能体类型	主 要 功 能
OpenAI：GPT-4	对话、编程、内容生成	NLP、编程辅助、文本生成、问答系统
Google：PaLM 2	对话、内容推荐系统	多语言处理、多任务执行、对话生成、信息检索
Anthropic：Claude	对话、任务执行	自然语言理解、上下文处理、任务自动化

模 型 名 称	支持的智能体类型	主 要 功 能
Meta：LLaMA 2	定制化对话、研究	NLP、多模态处理、任务执行
Microsoft：Azure OpenAI Service	云端、企业	NLP、对话生成、智能搜索、数据分析
百度：文心一言	对话、知识问答	多模态处理、文本生成、知识问答、NLP
阿里巴巴：通义千问	多模态、内容生成	文本生成、图像理解与生成、对话生成
华为：盘古大模型	企业级、NLP	NLP、文本生成、智能搜索、信息抽取
智源：悟道	多模态、虚拟助手	多模态处理、文本生成、图像生成、语音处理
讯飞：星火	语音助手、智能对话系统	语音识别与生成、自然语言处理、对话生成

14.5　其他大模型

14.5.1　各类大模型

大模型发展迅速，与大语言模型并进发展的还有视觉、多模态、生成对抗网络、神经网络、强化学习等各类大模型，如表 14-7 所示。

表 14-7　各类大模型相关信息

模型种类	应　用	代表模型	上市时间
语言大模型	NLP、文本生成、问答系统	GPT-3/4	GPT-3：2020，GPT-4：2023
	机器翻译、对话系统、文本摘要	BERT	Google：2018
视觉大模型	图像分类、目标检测、图像生成、图像分割	Vision Transformers	Google Research：2020
	图像分类、图像识别	ResNet	Microsoft Research：2015
	实时目标检测	YOLO	Joseph Redmon（开源）：2016
多模态模型	图文生成、视频理解、语音识别	CLIP	OpenAI：2021
	文本到图像生成	DALL-E	OpenAI：2021
	图像-文本联合表示学习	ALIGN	Google Research：2021
生成对抗网络（GAN）	图像生成、视频生成、图像修复、风格迁移	StyleGAN	NVIDIA：2019
	图像到图像翻译	CycleGAN	UC Berkeley（开源）：2017
	高分辨率图像生成	BigGAN	DeepMind：2018
图神经网络（GNN）	社交网络分析、推荐系统	GCN	Thomas Kipf（开源）：2016
	加权邻居节点信息	GAT	Petar Velickovic（开源）：2017
	大规模图上的学习	GraphSAGE	Stanford Univ.（开源）：2017
强化学习大模型	游戏 AI、机器人控制、推荐系统	AlphaGo/AlphaZero	AlphaGo：2016，AlphaZero：2017
	复杂环境中的决策	DQN	DeepMind：2015
	策略优化算法	PPO	OpenAI：2017
蛋白质折叠模型	蛋白质结构预测、药物开发、疾病研究	AlphaFold	DeepMind：2020

模型种类	应 用	代表模型	上 市 时 间
时序模型	时间序列、金融市场和天气预测,故障检测	LSTM	Sepp Hochreiter & Jürgen Schmidhuber(开源):1997
	时间序列预测	Transformer Time Series	多家厂商(开源):2020
	商业预测	Prophet	Facebook:2017
语音大模型	语音识别、语音生成、语音转换	Wav2Vec	Facebook AI Research:2019
	文本到语音生成	Tacotron	Google:2017
	语音识别	DeepSpeech	Mozilla(开源):2017
推荐模型	个性化推荐、内容推荐、商品推荐	DeepFM	Huawei(开源):2017
	视频推荐	YouTube DNN	Google:2016
	推荐系统	Wide & Deep	Google:2016

14.5.2 语音大模型

语音大模型是一种基于大规模语音数据训练的深度神经网络模型,能够理解和生成自然语言中的语音信息。语音大模型是 NLP 和 AI 领域的一个重要发展方向。它们基于深度学习技术,旨在通过处理大量语音数据,生成高质量的语音合成、语音识别、语音转换等功能,通常用于语音识别(ASR)、文本转语音(TTS)、语音转换(VC),以及语音合成等任务。语音大模型的发展也经历过如下四个阶段:

(1) 20 世纪 90 年代—21 世纪 10 年代,早期阶段。早期语音处理技术依赖于基于规则的方法,如隐马尔可夫模型(HMM)和高斯混合模型(GMM)。这些方法的表现有限,尤其是在应对自然语言的多样性和复杂性时。

(2) 21 世纪 10 年代,深度学习的引入。深度神经网络(DNN)在语音识别和合成领域开始取代传统方法。尤其是卷积神经网络(CNN)和循环神经网络(RNN)的应用,极大地提升了模型的性能。

(3) 2017 年,Transformer 模型的出现。以 Transformer 为基础的架构(如 BERT、GPT 等)引入更强大的语音建模能力。这些模型可以更好地处理长序列数据,在语音生成和识别任务中表现出色。

(4) 2020 年至今,大规模预训练模型。伴随着算力和数据量的增长,研究者开发了如 Whisper、VALL-E 等专门用于语音处理的大规模预训练模型。这些模型具备跨语言、多任务处理能力,表现出接近甚至超过人类的语音理解与生成能力。

与语音大模型相关的核心概念主要有自监督学习、多模态学习、细调与迁移学习、Transformer 架构、TTS 和 ASR 等。

(1) 自监督学习。语音大模型通常采用自监督学习方法,即模型通过大量未标注的语音数据预训练,从中学习语音模式。这种方法可减少对大量标注数据的依赖,同时提升模型的泛化能力。

(2) 多模态学习。现代语音大模型常常结合多模态数据(如语音、文本、图像),提升模型在不同任务中的表现。例如,结合文本和语音信息可以使模型更好地理解上下文,生成更加自然的语音。

（3）细调与迁移学习。预训练模型经过训练后，可以针对特定任务细调（fine-tuning），或迁移到新领域中使用。这种方式使得模型能够在少量数据下快速适应新任务，具有较强的通用性。

（4）Transformer 架构。大多数语音大模型采用 Transformer 架构，它基于注意力机制，能够更好地捕捉语音中的长程依赖关系。与传统的 RNN 不同，Transformer 可以并行处理数据，提升训练和推理效率。

（5）文本转语音（TTS）与语音识别（ASR）。TTS 生成自然语音，ASR 将语音转换为文本。语音大模型通常可以在这两个任务上表现出色，并且可以处理复杂的自然语言场景。表 14-8 列举了现有的一些语音大模型产品。

表 14-8　一些语音大模型产品列表

厂　　商	语音大模型产品	功　　能	上市时间
Apple	Siri	语音识别、语音合成、语音助手、智能家居控制	2011
Amazon	Alexa	语音识别、语音合成、语音助手、智能家居控制	2014
Microsoft	Azure Cognitive Services	语音识别、语音合成、语音翻译、语音分析	2015
IBM	Watson Speech to Text，Text to Speech	语音识别、语音合成	2015
科大讯飞	讯飞语音云	语音识别、语音合成、机器翻译、语音评测	2016
Google	Google Assistant	语音识别、语音合成、语音助手、智能家居控制	2016
小米	小爱同学	语音识别、语音合成、语音助手、智能家居控制	2017
阿里巴巴	阿里云智能语音交互	语音识别、语音合成、语音交互、智能客服	2017
腾讯	腾讯云智能语音	语音识别、语音合成、语音翻译、语音交互	2018
百度	Deep Voice、ERNIE-SAT	语音识别（ASR）、语音合成（TTS）、语音翻译、语音增强	2019
华为	华为语音、小艺	语音识别、语音合成、语音助手	2020
商汤科技	SenseTime 语音技术	语音识别、语音合成、多模态语音处理	2020
OpenAI	Whisper	语音识别、多语言处理	2022
Meta（Facebook）	Meta Voice AI	语音识别、语音合成、语音交互	2022

语音大模型也面临数据与隐私、跨语言能力、实时处理能力等多方面挑战。语音大模型的训练需要大量数据，这引发了关于数据隐私与安全的担忧。如何在保证隐私的前提下获取和使用数据是一个重要的挑战；尽管语音大模型在英语等主要语言上的表现已非常出色，但在处理资源较少的语言时，仍存在一定困难。如何提升跨语言的通用性是未来发展的一个重点。语音处理的实时性要求很高，如何在保证模型性能的同时提升处理速度也是一个重要研究方向。

14.5.3　视觉大模型

视觉大模型（vision large models）是用于图像和视频处理的深度学习模型，通常基于卷积神经网络（CNN）、视觉 Transformer（ViT）等架构，处理复杂的视觉任务，如图像分类、目标检测、图像分割、图像生成等。其发展历程大致可分为四个阶段。

（1）21 世纪初—2012 年，早期阶段。最早的深度学习模型基于 CNN 架构，如 LeNet（1998 年）和 AlexNet（2012 年），其中 LeNet 用于手写数字识别，AlexNet 在 ImageNet 挑战赛中取得突破性成果,推动深度学习在视觉领域的应用。

(2) 2012—2017 年,中期发展。更深更复杂的 CNN 模型,如 VGGNet(2014 年)、GoogLeNet(2014 年)、ResNet(2015 年)相继出现,ResNet 引入残差连接,成功训练非常深的网络,提升模型性能。

(3) 2017 年至今,Transformer 架构引入。Transformer 模型最初用于 NLP,后被引入计算机视觉,产生视觉 Transformer(ViT)。ViT(2020 年)应用于图像分类任务,并取得与 CNN 媲美的成绩,后续结合 CNN 和 Transformer 优点的模型,如 Swin Transformer 和 DETR(2020 年)也相继问世。

(4) 2020 年至今,大规模预训练模型。随着计算力和数据量的增加,研究者开发大规模预训练视觉模型,如 OpenAI 的 CLIP、DALL-E 和 Meta 的 SAM,这些模型在海量数据上预训练,展现出卓越的泛化能力,能够处理多种视觉任务。

视觉大模型领域常用的核心概念包括卷积神经网络(CNN)、视觉 Transformer(vision Transformer,ViT)、多模态学习(如 CLIP)、自监督学习(如 SimCLR、MoCo、大规模预训练和微调。视觉大模型主要应用领域是图像分类、目标检测和图像分割(如 YOLO、Faster R-CNN、Mask R-CNN、UNet)、图像生成、多模态应用(如 DALL-E)。

视觉大模型在产品研发和应用方面发展迅速,但同时也面临一些挑战。训练和部署大规模视觉模型需要大量的计算资源,这导致高昂的能耗和成本。如何提高模型的效率,减少能耗是一个关键挑战;大规模数据集的使用涉及隐私和伦理问题,特别是当数据包含个人信息时。这要求在数据收集和模型开发过程中考虑隐私保护和伦理规范;尽管视觉大模型在很多任务中表现出色,但它们在面对现实世界中的噪声、遮挡和变形时,可能表现出较差的鲁棒性。提升模型的泛化能力和鲁棒性仍是未来研究的重要方向。

视觉大模型的发展推动计算机视觉领域的巨大进步,其广泛应用和强大性能为人工智能在各行各业中的应用奠定坚实基础。未来,随着技术的进一步发展,视觉大模型有望在更多复杂任务和实际场景中展现其潜力。

※ 思考题

1. 大语言模型 LLM 爆发式增长的背景是什么? LLM 是如何演化的?

2. LLM 与搜索引擎和其他知识库有何本质区别?

3. LLM 有哪些重要技术?

4. Transformer 的工作原理是什么? 有哪些主要模型? 它们之间有何区别?

5. LLM 的评价指标有哪些? 为什么要对 LLM 进行这样一些性能评价? 对应用有何参考?

6. LLM 在问答和翻译两类场景的应用上有何不同?

7. 为什么 LLM 比语音大模型和视觉大模型发展更快、更成熟?

8. 你觉得大模型技术与你未来的工作有何关系?

9. 你最喜欢使用哪些 LLM 产品? 它的特点和优势是什么?

10. 在 LLM 的发展和应用中,存在哪些科技伦理和社会伦理问题?

11. LLM 和其他大模型对未来的工业发展具有哪些机遇和挑战?

第15章

管理信息系统应用与研究

主要内容：决策支持系统、供应链、电子商务、电子政务、商务智能、数字经济
重点掌握：DSS、SCM 和 BI 等概念和应用场景
综合应用：使用相关工具和平台进行相关应用场景的分析

15.1 决策支持系统

20世纪60年代末至70年代初，管理信息系统(MIS)旨在通过信息技术提升企业管理水平，但难以解决企业半结构化和非结构化决策问题。在这种背景下，决策支持系统(DSS)应运而生。20世纪70年代中期，Keen 和 Scott Morton 首次提出 DSS 一词，标志着计算机与信息在决策中的应用进入新阶段。到70年代末，DSS 成为流行概念，通常由模型库、数据库和人机交互系统三个部件组成。20世纪80年代初，DSS 增加了知识库、方法库等组成部分，形成三库或四库系统。到了80年代后期，人工智能与 DSS 结合，形成智能决策支持系统(IDSS)，提高了 DSS 在非结构化决策中的能力。此后，DSS 与计算机网络技术结合，形成群体决策支持系统(GDSS)。GDSS 利用网络通信技术支持异地决策者协同工作，提供协商和决策环境，适用于需要集体决策的情况。DSS 的发展主要体现在其组成部件和结构的扩展上，从专用到通用、从简单到复杂，反映其不断发展的过程。随着新技术和方法的引入，DSS 的形式和功能将继续走向成熟，提高其实用性和有效性。

15.1.1 决策支持系统模型

1. 决策支持系统的定义

决策支持系统在人类思维分析与判断能力的基础上，借助计算机与科学方法，通过人机交互方式辅助决策者对半结构和非结构化问题进行有效决策，以获得尽可能令人满意的客观解决方案。DSS 目标需要通过其所提供的功能来实现，而系统功能通常由系统结构所决定，不同结构的 DSS 功能也不尽相同。一般而言，决策支持系统的功能可归纳为十个方面：

(1) 内部信息支持。如订单要求、库存动态、生产能力及财务情况等。

(2) 外部信息支持。如政策法规、经济统计、市场行情、同行动态与科技进展等。

(3) 反馈信息支持。如订单或合同执行进程、物料供应计划落实情况、生产计划完成情况等。

（4）模型求解。如定价模型、库存控制模型与生产调度模型等。

（5）方法和算法储存。如回归分析方法、线性规划、最短路径算法等。

（6）数据、模型与方法更新。如数据模式的变更、模型的联接或修改、各种方法的修改等。

（7）预测。如销量预测、价格预测等。

（8）交互式浏览和查询。

（9）远程交流。

（10）快速响应。

DSS 的定义是建立在对象所具有的特征之上的。一般地，DSS 的特征可归纳为六个方面：

（1）面向半结构化和非结构化问题。针对上层管理人员经常面临的结构化程度不高、说明不够充分的问题提出解决方案。

（2）综合性建模与分析。把模型或分析技术与传统的数据存储技术及检索技术结合起来。

（3）良好的人机交互。易于为非计算机专业人员以及交互会话的方式使用。

（4）重视环境参数对决策支持的作用。强调对环境及用户决策方法改变的灵活性和适应性。

（5）输出结果仅供参考。支持但不代替高层决策者制定决策。

（6）快速网络通信响应。充分利用先进的信息技术快速传递和处理信息。

2. 决策支持系统的模型

决策支持系统的组成要件模型（见图 15-1）至少包括一个用于查找和分析数据的数据库，一个包含模型、数据挖掘和其他分析工具的软件系统，以及一个用户接口。DSS 数据库是由大量的应用或群体中当前数据或历史数据组成的集合。它可能是一台个人计算机上的一个小型的数据库，包含一些被下载下来并可能结合外部数据的公司数据。DSS 数据库还可能是一个被主要的公司交易系统（包括企业系统和网站交易产生的数据）不断更新的大型数据仓库。DSS 数据库中的数据一般是从基础业务数据库中提取或复制过来的，所以使用 DSS 并不会影响或干扰关键的操作系统。DSS 软件系统包括用于数据分析的软件工具。它可能会含有各种 OLAP 工具、数据挖掘工具或者是一个容易被 DSS 用户所理解的数学模型和分析模型的结合体。一个模型（model）是对一个对象的组成或关系的抽象表示。模型可以是一个实体模型（如飞机模型）、一个数学模型（如代数式）或者一个口头模型（如订单程序的描述）。

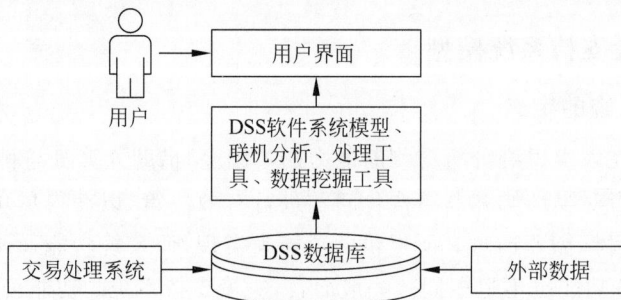

图 15-1　决策支持系统的组成

（1）关联分析。使用统计模型将产品销售与社区之间在年龄、收入或其他因素方面的差异联系起来。优化模型决定优化的资源分配以使成本、时间等具体的变量最大化或最小化。对优化模型的一个经典应用就是：决定一个既定市场上各种产品的适当比例，以使利润最大化。例如,宝洁公司使用优化模型来决定如何让组织供应链以使其投资最大化。

(2)预测模型。销售预测模型的用户可能会使用一组历史数据预测未来的情况以及在这些情况下的销售额。决策制定者可以改变这些未来的情形,判断新的情形如何影响销售。例如,一种原材料的成本上升或一个新的低价格的竞争者进入市场。

(3)敏感性分析(sensitivity analysis)。通过模型反复提出假设问题来判断一个或多个变量的变化对结果的影响。假设分析的方法是根据已知或假设的情形前推,允许用户改变某些变量来预测结果。如果将产品价格提高5%或将广告预测增加10万元,将会带来怎样的结果?如果保持价格和广告预算不变,又会怎样?桌面电子表格软件(Microsoft Excel)经常被用来进行这样的分析(见图15-2)。倒推的敏感性分析软件帮助决策者寻找目标:如果希望明年销售100万件产品,需要将这种产品的价格下调多少?

总固定成本 f	19000.0				
单位变动成本 c	3.0				
平均售价 p	17.0				
边际贡献 m	14.0				
盈亏平衡点 b	1357.14	$Qp=f+Qc,\ Q=f/(p-c)=f/m$			
		单位变动成本			
$b\sim$	2	3	4	5	6
销 14	1583.3	1727.3	1900.0	2111.1	2375.0
售 15	1461.5	1583.3	1727.3	1900.0	2111.1
价 16	1357.1	1461.5	1583.3	1727.3	1900.0
格 17	1266.7	1357.1	1461.5	1583.3	1727.3
18	1187.5	1266.7	1357.1	1461.5	1583.3

图 15-2 敏感性分析(单位:元)

这个表格显示了敏感性分析的结果,以及改变产品的售价和单位成本对产品的盈亏平衡点的影响。它回答了这个问题:"如果提高或降低每单位的售价或成本,盈亏平衡点将会发生什么变化?"

DSS用户界面使系统使用者和DSS软件工具可以很容易地交互。如今许多DSS都有网站界面,充分利用它的图片展示功能、交互性和使用的便利性。

15.1.2 决策支持系统应用

DSS的功能已经非常强大和精良,可以为决策提供详细的信息,使公司可以更精确地协调内部和外部的企业流程。一些DSS能帮助公司进行供应链管理决策或客户关系管理。一些决策利用由企业系统提供的企业范围的数据。如今,DSS还可以利用网络的交互功能来向员工和客户提供决策支持工具。

1. 数据可视化与地理信息系统

MIS数据可以通过使用图形、表格、地图、数字化图像、三维影像和动画以及数据可视化技术,令用户易于消化和利用。数据可视化工具用图表展示数据,帮助用户在大量数据中发现其中的模式和关系。有些数据可视化工具具有交互性,客户可以操控数据,并看到数据变化后图表的相应改变。

地理信息系统(geographic information systems,GIS)是一种特殊的DSS,它使用数据

可视化技术分析和展示数据,以数字化地图形式显示,供计划和决策使用。GIS 软件收集、存储、操纵和显示与地理相关的信息,将数据记录为地图上的点、线及地区。GIS 具有建模功能,管理者可改变数据,自动修改商业场景,寻找更好的方案。例如,百度地图和腾讯地图提供的驾车或步行导航,都可以非常方便地帮助用户找到目的地。在导航过程中,App 会推荐最佳路线,如果遇到偏航,则会自动将用户导航到另一条路线中。目前导航地图还增加了各类交通提示,而且与交通信号灯的等待信息对接,实时显示用户等待红绿灯的倒计时情况。

2. 基于互联网的客户决策支持系统

电子商务蓬勃发展,很多公司积极开发针对网上客户信息资源的决策支持系统,这些系统具有交互性并且个性化,能够帮助用户挑选产品和服务。人们在与产品或销售人员接触之前,利用多种来源得到信息,做出购买决定。几乎所有的汽车公司都使用客户决策支持系统,帮助客户浏览网站,找到喜爱的汽车。客户决策支持系统(customer decision-support system,CDSS)是帮助现有客户或者潜在客户做出决策的系统。

想要购买产品或服务的人可以通过互联网搜索引擎、智能代理、在线目录、网页索引、新闻讨论组、电子邮件和其他工具找到需要的信息,帮助自己做出决策。各公司设计出专门的客户网站,在一处集合所有用于评价各种购买方案的信息、模型或其他分析工具。基于万维网的决策支持系统在金融服务行业尤为盛行,因为很多人想要管理自己的资产和退休储蓄。

3. 群体决策支持系统

上述系统主要用于帮助用户单独制定一项决策。然而,大部分公司内部工作是由团队来完成的,因此,群体决策支持系统(group decision-support system,GDSS)应运而生。GDSS 是一个交互式计算机系统,便于在同一地点或不同地点帮助作为一个小组工作的一群决策制定者解决非结构化问题。GDSS 指导的会议在有专门硬件和软件工具的会议室中进行,以方便集体决策。硬件包括计算机和网络设备、投影仪以及显示屏。专门的电子会议软件搜集、记载、归类、编辑和存储决策制定会议中提出的观点。更复杂的 GDSS 有专业的服务和支持人员。服务人员选择工具并组织召开会议。

一个精密的 GDSS 会为每个与会者提供一台专用的桌面计算机,并由每个人单独控制。在参与者准备分享信息之前,没有人知道其他人在他们的计算机上做些什么。他们输入的内容通过网络传输到一台中央服务器,中央服务器存储由会议产生的信息,并将其提供给会议网络中的所有人。数据也可以被投影在会议室的大屏幕上。图 15-3 描述了一个典型的 GDSS 会议的一系列活动、使用的工具类型及这些工具输出的内容。GDSS 使得在扩大会议规模的同时提高产出成为可能,因为在某个时刻作出贡献的是每一个个体而不是某一个人。GDSS 允许与会者匿名参加,因此他们可以集中精力评价与会者的想法,而不用担心被批评或自己的想法被否定,有利于形成一个合作的氛围。GDSS 软件工具采用结构化的方法来组织和评估观点并保存会议的结果,使未参加会议者可以在会后找到需要的信息。GDSS 的效果取决于问题和团队的性质以及计划和实施情况。

电子会议系统中包括一系列活动和合作工具,便于参与者之间交流及产生会议的完整记录。腾讯会议就是这样一套便捷的会议系统或群决策支持系统,用于各类组织和个人团队交流,比原来的电话会议、电视会议和其他网络会议先进很多。通义千问等 LLM 平台具有会议记录功能。

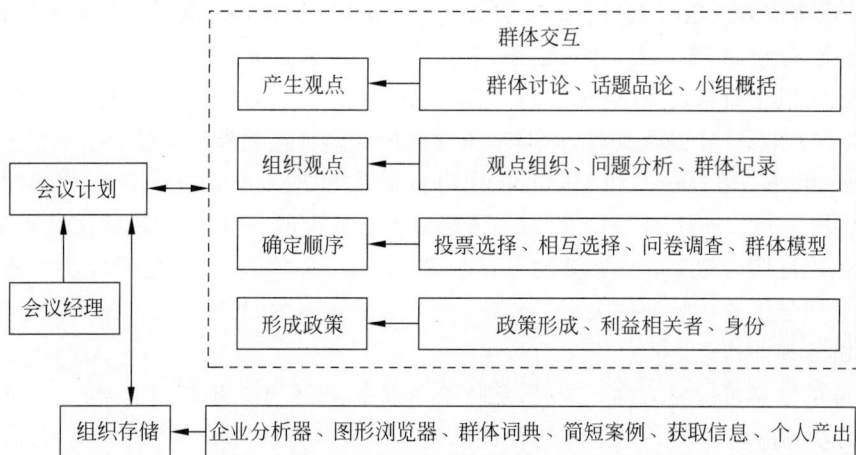

图 15-3　群体系统工具

4. 智能决策支持系统

智能决策支持系统(intelligent decision support systems, IDSS)是 DSS 与 AI 技术结合的产物,它将 AI 的知识表示与处理思想引入 DSS。AI 应用中的专家系统和人工神经网络已经成为两个最热门的研究领域。由于 AI 技术应用于 DSS 的程度与范围不同,因此,构成 IDSS 的结构也不同,较为完整与典型的 IDSS 结构是在传统三库(模型库、数据库、方法库) DSS 的基础上增设知识库与推理机,在人机对话子系统中加入自然语言处理系统(LS),形成智能人机接口,并于四库之间插入问题处理系统(PPS)而构成的四库系统结构(见图 15-4)。

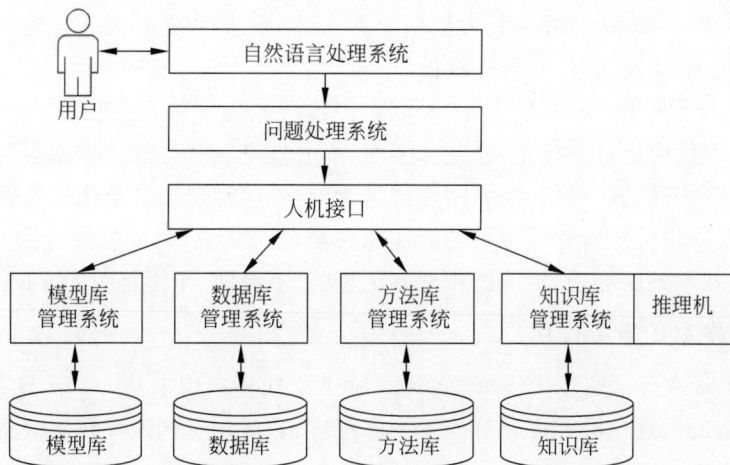

图 15-4　四库 IDSS 的基本结构

15.2　供应链系统

15.2.1　供应链系统概念

供应链系统(supply chain system)指从原材料供应商到最终消费者之间的所有活动和过程的网络,涉及原材料获取、产品生产、库存管理、运输、分销和交付给消费者。其目标是以高效、低成本的方式按时交付产品或服务,同时保持质量和客户满意度。关键组件包括供应商、制造商、分销商、零售商、物流服务、支付系统和信息系统等。

供应链的概念最早在 20 世纪中期出现,但作为系统化术语,直到较晚才被提出。供应链管理(SCM)作为一个独立的管理学科,正式提出时间可追溯到 20 世纪 80 年代末和 90 年代初。1982 年,Keith Oliver 和 Michael Webber 首次在 *Financial Times* 上提出"供应链管理"这一术语。1985 年,J. B. Houlihan 的《国际供应链管理》进一步探讨跨国公司如何通过整合全球供应链实现效率和成本节约。1990 年,Womack 等人在《改变世界的机器》一书中探讨精益生产与供应链管理的关系。Martin Christopher 的《物流与供应链管理》进一步系统化供应链管理的概念。

供应链的发展可以分为多个阶段,反映管理理念、技术和市场环境的变化:

(1)传统物流阶段(20 世纪 50 年代以前)。供应链的概念尚未形成,物流管理侧重于仓储和运输,主要目标是优化运输和存储、降低物流成本。

(2)内部整合阶段(20 世纪五六十年代)。大规模生产和消费的兴起,企业开始关注内部各功能部门的协调,重点优化内部资源利用率和生产效率,采用经济订购量模型、库存管理技术等。

(3)外部整合阶段(20 世纪七八十年代)。全球竞争加剧,企业开始重视供应链的外部整合,与供应商和分销商合作,使用物料需求计划、供应商管理库存等信息系统。

(4)供应链管理阶段(20 世纪 90 年代)。供应链管理成为独立学科,企业开始系统规划各个环节,重视供应链战略管理和整体优化,采用 ERP、CRM 等系统。

(5)数字化与网络化阶段(21 世纪初至今)。信息技术的发展使得供应链管理逐步数字化和网络化。新兴技术如物联网、大数据分析、云计算、区块链和人工智能广泛应用,提高供应链的透明度、敏捷性、韧性和可持续性。

(6)智能供应链阶段(未来趋势)。智能供应链将成为未来发展趋势,采用先进技术和自动化设备,实现供应链自我优化、修复和学习,提升效率、响应速度,降低运营成本,预计将包括人工智能、区块链、5G 通信、物联网等技术,推动供应链向全自动化和智能化发展。

这些阶段反映供应链管理从单一功能优化到全链条集成,再向数字化和智能化演进的过程。未来,新技术不断涌现,供应链将朝着更智能、更灵活、更可持续的方向发展。

1. 供应链发展的重要作用

(1)提升运营效率。通过优化资源配置、简化流程和减少浪费,SCM 显著提升企业的运营效率。精准的需求预测和库存管理减少库存成本,优化生产流程和运输路线,提高市场响应速度和物流效率。

(2)增强市场竞争力。高效的 SCM 使企业能更快速响应市场变化和客户需求。敏捷供应链能够快速调整生产和物流,满足定制需求,提升客户满意度和品牌忠诚度。与供应商的协同创新推动新产品开发和市场拓展。

(3)降低运营风险。SCM 通过提高可视性和透明度,帮助企业识别和管理潜在风险。使用数据分析预警供应中断、物流延误等风险,利用全球化分散风险,提高韧性和稳定性。

(4)支持战略决策。SCM 提供数据支持和分析工具,帮助企业战略决策。通过数据分析,企业可以深入了解市场动态、客户需求和供应链绩效,支持战略规划和市场扩展。

（5）推动技术创新和应用。供应链的发展促进新技术的应用，提高智能化和自动化水平。物联网、大数据、人工智能等技术推动数字化转型，提升运营效率并降低环境影响，推动绿色供应链发展。

（6）促进全球化和市场一体化。SCM推动全球资源配置和经济全球化，企业通过跨国供应链优化布局和运营，提升全球竞争力和国际市场扩展能力。

（7）促进可持续发展。通过绿色采购、节能减排和废弃物管理，SCM推动资源优化和环境保护，支持循环经济，实现可持续发展。

2. 供应链研究的核心问题

供应链研究的核心问题和解决办法涉及多个领域，包括供应链设计、运营、管理、协调、风险管理和技术应用等。

（1）供应链网络设计。优化供应链网络布局，涉及选址决策、设施规模和运输网络设计等。通过数学优化模型（如线性规划、整数规划等）和仿真模型，可以评估不同设计方案的效果，找到最优方案以降低成本。

（2）供应链协调与整合。为实现整体最优，需协调采购、生产、库存和分销等环节。通过合同和激励机制（如批发价合同、收益共享合同等）协调各成员利益，信息系统的应用则促进实时数据共享，提高整体效率。

（3）供应链风险管理。识别和应对供应链中的各种风险（如供应、需求、操作等）。通过情景分析、敏感性分析等方法进行风险评估，并采用冗余供应商、库存缓冲等应急策略来降低风险影响。

（4）供应链弹性与响应能力。为应对市场变化和突发事件，采用灵活的供应链设计和备用供应商网络，增强供应链的弹性和快速响应能力。

（5）供应链可持续性。平衡经济效益、环境责任和社会责任，通过绿色SCM（绿色采购、环保生产等）推动可持续发展，实施企业社会责任（CSR），确保供应商符合环保和社会标准。

（6）供应链数字化转型。利用大数据、物联网、区块链和人工智能等技术，优化需求预测、库存管理和运输路线，提高供应链效率，增强透明度和可追溯性，防止欺诈和造假。

供应链优化是SCM的重要研究方向，通过优化供应链各个环节的决策，可以提高整体效率，降低成本，提升服务水平和响应速度。优化内容和方法主要涉及供应链网络设计优化（MILP/混合整数线性规划、遗传算法、模拟退火、禁忌搜索等启发式和元启发式算法）、库存管理优化（EOQ）、生产计划与调度优化（MILP、动态规划、约束编程）、运输与配送优化（运输问题、MIP/混合整数规划）、供应链协调与整合优化（博弈论模型）、供应链弹性与风险管理优化（冗余模型、概率风险模型）、供应链可持续性优化（生命周期评估）。这些供应链优化问题和模型方法反映SCM的复杂性和多样性。

3. 不同行业的供应链

供应链按照产业划分，可以根据不同产业的特性和需求形成不同的供应链场景。以下是一些主要产业的供应链场景，这些供应链场景根据产业特点划分，每个产业的供应链具有不同的特征和管理重点。通过解读这些不同的供应链场景，可以更好地制定SCM策略，优化运营效率，满足特定行业的需求和挑战。

（1）制造业供应链。涉及原材料采购、零部件生产、组装、成品生产、库存管理、分销和物流等环节，特点为高复杂性、高精度要求、广泛的全球网络和多层级供应商管理，例如汽车、电子产品和家电制造供应链等。

（2）零售业供应链。包括供应商、零售商和消费者之间的环节，重点在库存管理、物流配送和客户服务上。特点是需求波动大、库存管理复杂、需快速响应市场变化，例如大型超市、电商平台和时尚零售供应链等。

（3）农业和食品供应链。从农场到消费者的全过程，涉及生产、加工、储存、运输和销售，特点是保质期短、质量要求高、对温控和存储要求严格，例如新鲜蔬果、肉类、乳制品和加工食品等。

（4）医药和医疗器械供应链。包括从原材料采购到生产、制造和分销，要求严格的质量控制和监管。特点是高度监管、高精度要求、敏感性高、溯源性强，例如疫苗、药品和医疗设备供应链等。

（5）时尚和纺织品供应链。涉及纤维生产、纺织制造、服装设计、生产、分销和零售，强调速度和灵活性。特点是时效性强、需求波动大、产品生命周期短，例如快时尚品牌和高端时装供应链等。

（6）高科技电子供应链。包括半导体制造、电子元件生产到最终产品的组装和销售，特点为技术密集型、高复杂度、产品更新换代快，例如智能手机和计算机硬件供应链等。

（7）能源和公用事业供应链。涵盖能源的生产、分配和消费，涉及从原材料开采到终端用户的整个过程，特点是资本密集型、设施要求高，例如石油、天然气和电力供应链等。

（8）建筑和工程供应链。从材料采购到施工，再到项目管理和交付，特点为项目驱动、定制化需求高、依赖多个供应商和承包商，例如基础设施建设和商业地产开发供应链等。

（9）航空航天供应链。涉及飞机和航天器的设计、制造、组装和维护，特点为技术密集、复杂性高、质量和安全标准严格。包括商用飞机和航天器制造供应链。

（10）化工和石化供应链。从原材料开采和加工到化工产品的生产和分销，特点为资本密集、工艺复杂、安全和环保要求严格，例如塑料、石油炼制和特种化学品供应链等。

15.2.2 数字技术对供应链的支持

与数字技术相结合已经成为现代 SCM 的一个重要趋势。通过数字化转型，企业能够更好地优化供应链运营，提高效率，降低成本，并增强响应能力。以下是各种数字技术对供应链的支持情况。

1. 大数据分析

（1）通过分析历史销售数据、市场趋势和消费者行为，大数据技术帮助企业进行精准的需求预测，优化库存管理和生产计划。

（2）用于优化供应链的各个环节，包括采购、生产、运输和库存管理，通过分析海量数据提高整体效率。

（3）识别供应链中潜在的风险因素，如供应商信用问题、运输延误等，制定应对策略。

2. 物联网

（1）通过 IoT 设备（如 RFID 标签、GPS 传感器），供应链中的货物可以实现实时追踪，

确保物品从生产到交付的全过程透明化;

（2）用于监控仓库库存水平,自动更新库存数据,减少人工干预,提高库存管理的准确性和效率;

（3）通过物联网传感器监控生产设备的状态,提前预知故障并进行预防性维护,减少生产停机时间。

3. 区块链技术

（1）不可篡改性和分布式账本技术确保供应链中每一个环节的信息透明和可追溯,提升供应链的信任度;

（2）智能合约可以自动执行交易和协议,减少人工干预,提高交易效率和可靠性;

（3）用于防止假冒伪劣产品的流通,确保产品的真实性和来源的合法性。

4. 人工智能和机器学习

（1）用于分析历史数据和外部环境,预测市场需求和供应链变化,优化供应链决策;

（2）用于自动化仓储、物流和生产流程,提高供应链的效率和准确性;

（3）分析供应商绩效和风险,优化供应商选择和管理策略。

5. 云计算

（1）提供供应链各方的实时协作和信息共享,提高供应链的透明度和响应速度;

（2）用于存储和处理大量的供应链数据,可实现实时数据分析和决策支持;

（3）通过云计算提供灵活的 IT 基础设施,支持供应链系统的快速扩展和升级。

6. 机器人过程自动化

（1）用于自动化订单处理和文档管理,减少人工干预和错误,提高订单处理效率;

（2）用于自动化仓储操作,如拣货、打包和运输,减少人力成本,提高效率;

（3）实现自动化数据收集、整理和报表生成,提高数据处理效率和准确性。

7. 增强现实和虚拟现实

（1）AR 用于仓储和拣货过程,提供拣货指示和实时导航,减少错误,提高效率;

（2）VR 用于设备维修和操作培训,提供沉浸式学习体验,增强培训效果和维修效率;

（3）VR 技术用于供应链过程的可视化和模拟,帮助管理者更好地理解供应链的运行和优化策略。

15.2.3　供应链应用数字技术案例

现代公司通过数字技术提升 SCM 的效率、透明度和响应能力,这些技术的应用不仅能够优化供应链的各个环节,还可以提升企业竞争力和客户满意度。以下是一些著名公司将数字技术应用于 SCM 的案例。

阿里巴巴的菜鸟网络成立于 2013 年,旨在通过数字化技术提升物流和供应链的效率。菜鸟网络不仅是一家物流公司,更是一个数据驱动的智能物流平台。菜鸟网络通过大数据分析优化物流路径,预测包裹数量,调度仓库和配送人员。这种基于数据的决策可减少运输时间和成本,提高整体效率。通过云计算平台,菜鸟网络整合海量的数据,实现跨境物流的实时跟踪。同时,物联网技术的应用使得物流节点之间的信息可以实时传递,确保包裹的状态可以被随时监控。在配送环节,菜鸟网络使用人工智能技术进行仓储自动化管理,通过机器人分拣、包装等操作,大幅提高仓库运作的效率。菜鸟网络通过这些数字化技术的应用,实现物流全过程的可视化,极大地提高配送效率。通过智能算法优化,菜鸟网络的包裹投递时间得到大幅缩短,极大地提升了用户体验。

京东作为中国最大的零售平台之一,近年来大力投资于智能供应链,通过技术创新提升整个供应链的效率和灵活性。京东在其物流中心部署大量自动化设备和机器人,如AGV(自动导引运输车)和机械臂,用于自动化搬运和分拣商品。这些设备通过物联网技术连接,能够实现高度的协同和自动化操作。京东利用其平台积累的消费者数据,通过大数据分析预测消费者需求。这种预测不仅帮助京东优化库存管理,减少过量库存和缺货的风险,还可以通过精准的需求预测,调整供应链各环节的运作策略。京东还在供应链中引入区块链技术,以提高产品溯源的透明度和可信度。例如,京东的区块链食品溯源平台可以让消费者通过扫描二维码了解产品的生产、加工、运输等环节的详细信息。通过智能化和数字化的 SCM,京东的订单履行时间大幅缩短,库存周转率显著提升。区块链技术的应用增强了消费者对产品的信任度,有效地优化了用户的购物体验,提高了品牌忠诚度。

亚马逊利用大数据分析优化其库存管理和需求预测。这些数据来自多种来源,包括历史销售数据、客户行为、市场趋势、供应商数据等。亚马逊使用复杂的算法和机器学习模型分析这些数据,预测未来的需求变化。比如,亚马逊的预测引擎能够在几毫秒内分析数百万个数据点,为每个产品推荐最佳的库存水平。在效果方面,这种精准的需求预测使亚马逊能够减少库存积压,提高库存周转率,同时确保产品的高可得性,提升客户满意度。亚马逊在其仓库中使用 AI 驱动的机器人技术实现仓储和拣货自动化。这些机器人通过人工智能技术自动识别库存位置,优化拣货路径,自动搬运和摆放货物。它们与仓库管理系统(WMS)集成,共享库存信息和订单数据,自动完成从拣货到包装的全过程。通过机器人和 AI 技术的应用,亚马逊大幅提高仓储效率,减少人工成本和错误率,提高订单处理速度,提升整体供应链运营效率。亚马逊使用 AR 技术帮助员工快速找到和拣取仓库中的物品,提高仓储效率。通过 AR 眼镜,仓库员工可以实时查看拣货清单,AR 系统会在眼镜显示屏上显示物品的位置和最佳路线。员工根据 AR 指引完成拣货操作,减少寻找时间和错误率。AR 技术的应用显著提升仓库操作的效率和准确性,减少拣货时间,提高订单处理速度和客户满意度。

海尔是中国领先的家电制造商,近年来通过其 COSMOPlat 工业互联网平台,致力于打造一个开放的生态系统,连接生产者与消费者,推动制造业的数字化转型。COSMOPlat 平台通过连接工厂的机器设备和生产线,收集和分析制造过程中的数据,优化生产工艺,提升生产效率和质量。平台利用大数据分析和云计算技术,为不同的制造企业提供定制化的解决方案。例如,根据消费者的反馈和需求数据,优化产品设计和生产流程,实现大规模定制化生产。通过 AI 技术,海尔实现设备的预测性维护,减少设备故障率和停机时间。边缘计算的引入也提高了数据处理的效率和响应速度,减少延迟。COSMOPlat 平台帮助海尔实现从传统制造向智能制造的转型,极大地提升生产效率和产品质量。平台开放后,吸引超过4000 家企业参与,覆盖超过 20 个行业,形成一个庞大的产业生态圈。

沃尔玛利用大数据分析来优化产品供应和物流策略。通过分析销售数据和市场趋势,沃尔玛能够更好地预测产品需求,进行精确的库存管理。沃尔玛在其全球数据共享平台上集成来自不同渠道的数据,包括门店销售数据、电子商务交易、天气预报、社交媒体趋势等。这些数据被用来调整产品的库存策略和补货计划。通过大数据分析,沃尔玛能够显著降低库存水平,减少缺货和过库存现象,同时提高物流效率和供应链响应速度。沃尔玛利用区块链技术追踪其食品供应链,提高食品安全和供应链效率。沃尔玛与IBM合作,将其绿叶蔬菜供应链转移到区块链上。通过在每个供应链环节记录数据,沃尔玛能够实时跟踪蔬菜的来源、加工和运输过程。区块链技术使沃尔玛能够将食品召回时间从几天缩短到几秒,提高响应速度,增强食品安全管理能力,提升消费者信任度。

马士基(Maersk)使用物联网技术来实时监控集装箱的状态和位置,改善全球物流运营。马士基在集装箱上安装IoT传感器,能够实时监控集装箱的温度、湿度、位置和振动情况。这些数据通过卫星和移动网络传输到中央系统,供运营人员监控和分析。通过这些实时数据,马士基能够更有效地管理其运输网络,减少货物损坏和延误,提高客户满意度,同时优化运输路线,降低燃料消耗和运营成本。

Zara通过RFID技术(射频识别)来实时跟踪库存和销售情况,优化SCM和门店补货流程。Zara在每件衣服上附加一个RFID标签,使得每件商品在生产、仓储、运输和零售过程中都可以被实时跟踪。这些标签被门店扫描,实时更新库存数据。RFID技术帮助Zara大幅减少库存盘点时间和人工错误,提高库存管理效率,支持快速反应的供应链模式,使Zara能够快速补货和调整产品线,以适应不断变化的时尚趋势。

IBM Food Trust是一个基于区块链的食品供应链平台,旨在提供食品从农场到餐桌的全程追溯,提升食品安全性。该平台使用区块链技术记录食品供应链中的每一步操作,包括农场收割、加工、运输、存储和零售。所有参与者,包括农民、加工商、分销商和零售商,都会在区块链上记录信息,这些信息是透明且不可篡改的。区块链的应用提高食品供应链的透明度,减少食品安全事件的发生频率。在发生食品安全问题时,相关方可以快速追溯并锁定问题来源,减少召回的范围和成本。

SAP Ariba是一个基于云的SCM平台,支持采购、供应商管理和供应链协作。SAP Ariba提供一个云平台,允许企业与全球供应商进行实时协作和交易。平台集成了供应商管理、采购、支出分析和合同管理等功能,所有数据都存储在云端,便于供应链各方实时访问。通过SAP Ariba,企业能够简化采购流程,降低采购成本,优化供应商关系,提高供应链的透明度和效率。

微软Azure提供云计算服务,用于SCM中的数据存储、处理和分析,支持供应链优化和决策。企业利用Azure的云计算服务进行大规模数据分析和实时决策支持,包括库存管理、运输优化和需求预测等。Azure的高弹性计算能力帮助企业应对波动的市场需求和供应链复杂性。Azure云计算的应用帮助企业提高数据处理和分析的效率,支持供应链的数字化转型和优化决策,提高供应链的敏捷性和响应速度。

DHL使用RPA(机器人流程自动化)技术自动化处理物流订单和运输文档,优化其物流和供应链运营。DHL通过RPA软件机器人自动完成订单处理、运输文档生成和报关手续等重复性工作,这些任务以前需要大量人力来完成。RPA的应用帮助DHL减少手动操作,提高订单处理的速度和准确性,降低运营成本,同时释放员工,使其能够专注于更具增值性的工作。

联邦快递(FedEx)采用RPA自动化后台操作,如账单处理和客户服务。RPA机器人自动处理大量的日常后台任务,如客户信息更新、账单生成和发票核对等,确保数据的准确性和及时性。RPA 的应用帮助 FedEx 提高运营效率,减少错误率和处理时间,增强客户服务体验,提高整体供应链的管理效率。

通用电气(GE)使用 VR 进行设备维护培训和供应链流程优化,提高员工技能和供应链效率。GE 通过 VR 模拟设备的维护和操作场景,为员工提供沉浸式的培训体验。员工可以在虚拟环境中练习复杂的维修操作,熟悉设备结构和操作步骤。VR 培训提高员工的操作技能和应急反应能力,减少实际操作中的错误和事故,优化设备维护流程,提升供应链的整体效率。

15.3 电子商务

15.3.1 电子商务概念

电子商务(E-commerce, electronic commerce)是指通过互联网等电子手段进行商品和服务的交易活动。它涵盖产品和服务的广告、销售、支付、配送、客户服务等各个环节。电子商务的本质是通过数字技术和信息技术将传统商业流程进行电子化和网络化,实现更高效的交易和更广泛的市场覆盖。

1. 电子商务的分类

(1) 根据交易主体分类。

① B2C(business to consumer)。企业对消费者的电子商务模式,如京东、天猫、亚马逊,这类平台主要为消费者提供各种商品和服务。

② B2B(business to business)。企业对企业的电子商务模式,如阿里巴巴的 1688.com、敦煌网。这种模式主要是企业之间的批发采购和大宗商品交易。

③ C2C(consumer to consumer)。消费者对消费者的电子商务模式,如淘宝的闲鱼、eBay,这种模式通过平台使消费者之间能够直接交易二手商品或者个人定制商品。

④ C2B(consumer to business)。消费者对企业的电子商务模式,例如拼多多上的团购模式,消费者通过集体力量向企业提需求,企业根据订单生产产品。

⑤ O2O(online to offline)。线上到线下的电子商务模式,例如美团、饿了么,消费者线上下单,线下消费或者由企业提供配送服务。

⑥ B2G(business to government)。企业对政府的电子商务模式,主要涉及政府采购等领域。

(2) 根据交易模式分类。

① 直接销售模式。企业直接通过电子商务平台销售产品给消费者或其他企业,省去中间环节。

② 拍卖模式。买家通过竞价的方式购买产品,如 eBay 的拍卖功能。

③ 订阅模式。用户通过订阅方式定期获得产品或服务,如 Spotify 的音乐订阅服务、亚马逊的会员服务。

(3) 根据平台类型分类。

① 自营电商。如京东自营、网易严选,企业直接管理从供应链到销售的全过程,确保产品质量和服务。

②　平台电商。如淘宝、天猫,平台本身不直接销售商品,而是为第三方卖家提供一个交易的平台。

2. 电子商务的发展

(1) 起步阶段(20世纪90年代中期—21世纪初)。电商萌芽期以美国为主导,电子商务开始被尝试和探索。1994年,亚马逊成立,最早以在线书店起家,逐渐扩展到多品类零售,成为全球电商巨头。1995年,eBay成立,采用C2C模式,通过在线拍卖平台实现个人与个人之间的商品交易。1998年,PayPal成立,提供在线支付服务,解决早期电子商务支付不便的问题。1999年,阿里巴巴成立,最初是一个B2B平台,帮助中小企业进行跨境贸易和批发。2000年前后,中国出现了一些早期的电子商务网站,如易趣网(2003年被eBay收购)、卓越网(2004年被亚马逊收购)。这个阶段的电子商务主要依赖于早期的互联网技术和电子邮件系统,支付手段有限,物流和安全性也是主要障碍。

(2) 快速发展阶段(21世纪初—2010年)。电商快速发展期得益于互联网普及率的提高,支付和物流技术的成熟,以及大数据的初步应用。2003年,淘宝网成立,采用免费开店、集市模式,迅速吸引大量个人卖家,打败被eBay收购的易趣,奠定阿里巴巴在C2C领域的主导地位。2004年,京东从电子产品的线下销售转型为在线零售,开始大规模进军B2C市场,并于2007年正式推出京东商城。2004年,阿里巴巴推出支付宝,解决买卖双方的信任问题,通过第三方担保交易,极大地提升交易的安全性和便捷性。顺丰、申通等快递公司逐渐壮大,初步建立起全国性的物流网络,为电子商务的快速发展提供基础设施支持。电商平台开始利用大数据分析消费者行为,推荐算法和个性化服务开始萌芽。支付网关和第三方支付技术的发展也为电子商务提供了更为便捷的交易方式。

(3) 移动电商与社交电商阶段(2010年至今)。2010年以后,智能手机开始普及,4G网络的快速发展为移动电商的爆发提供基础。移动购物成为主流,阿里巴巴和京东等电商巨头纷纷推出移动端应用,消费者可以随时随地购物。微信支付和支付宝的普及使得移动支付极其便捷。微信内的"购物"功能、公众号、小程序等生态系统,使微信成为一个重要的电商平台。2015年成立的拼多多通过社交分享和拼团购买迅速崛起,用户可以通过微信等社交平台邀请好友拼团购买获得折扣。这种C2B模式颠覆了传统电商的玩法,迅速获得大量用户。2016年以后,直播电商开始流行。主播通过实时视频展示产品、互动和促销,消费者可以边看直播边购物。淘宝直播、抖音、快手等平台都在直播电商领域大力发展,形成巨大的市场。阿里巴巴在2016年提出"新零售"的概念,旨在融合线上和线下,结合大数据、人工智能和物联网等技术,提升消费者体验。例如,盒马鲜生是一个新零售的典型案例,结合线上点单和线下体验,提供生鲜食品的配送和到店服务。

(4) 后疫情时代的电子商务(2020年至今)。新型冠状病毒感染在全球范围内加速电商发展,改变消费者的购物习惯。由于封锁和社交距离的要求,线下购物受到限制,越来越多的消费者转向线上购物。无论是生活必需品、医疗用品还是娱乐服务,电子商务都成为主要的购买方式之一。传统企业被迫加速数字化转型,开设在线商店或通过电商平台销售产品。消费者行为的变化促使企业重视在线渠道的建设和运营。疫情期间,直播电商成为一种主要购物形式。淘宝直播、抖音、快手等平台的主播通过实时互动和产品展示,吸引大量消费者,销售额屡创新高。抖音和快手等短视频平台纷纷推出电商功能,通过短视频内容带动商品销售,形成内容与电商深度融合的新模式。社区团购在疫情期间迅速发展,通过微信等社交工具,社区居民可以组团购买新鲜食品和日用品,价格更实惠,配送更方便。美团、拼多多、滴滴等巨头纷纷进入社区团购领域。

可见,电子商务正快速发展,推动多元化、智能化和个性化。5G、AI、区块链等数字技术带来创新与机遇。无边界零售打破线上线下界限,实现全渠道购物体验;AI和大数据驱动个性化推荐与智能客服业务发展;社交媒体和UGC影响购买决策;企业更加关注绿色包装和社会责任;全球化与本地化并行,跨境电商与本地市场提供定制化服务。

3. 电子商务的技术与创新

电子商务的快速发展依赖于一系列核心技术的进步。高速稳定的互联网和移动互联网是电商运营的基础。4G和5G网络的普及提升移动电商的用户体验。云计算为电商平台提供强大的计算和存储能力,支持大规模用户访问和数据处理。电商平台通过收集和分析用户行为数据,进行精准营销和推荐,提升用户体验和转化率。AI技术被广泛应用于客服、推荐系统、搜索优化、图像识别等领域。智能客服机器人可以实时解答用户问题,个性化推荐算法可以提高产品的匹配度。物联网技术在仓储和物流中的应用,使得库存管理、货物追踪更加高效和准确。智能物流系统可以实时监控运输过程,优化配送路线。通过物联网,智能家电产品可以与电商平台连接,实现自动下单补货等功能,提升消费者的生活便利度。区块链技术在电子商务中的应用主要集中在SCM和支付安全领域。区块链的去中心化和不可篡改特性,可以提高供应链的透明度,防止出现假货。区块链技术还可以用于支付和智能合约,提供更安全和快捷的交易方式。支付宝、微信支付等第三方支付平台的兴起,使得在线支付变得更加便捷和安全。这些支付工具提供丰富的功能,如扫码支付、指纹识别、面部识别等,提升用户体验。数字货币未来可能会在电子商务中扮演重要角色,提供更多样化的支付方式。

电子商务的快速发展催生了许多新的商业模式:平台经济、社交电商、新零售与O2O、订阅经济,这些创新模式打破传统零售的界限,推动行业的变革。如淘宝、京东等电商平台,汇聚大量的卖家和买家,提供丰富的商品选择。平台经济通过规模效应,降低交易成本,提高市场效率;京东的自营模式和平台模式相结合,不仅可以保证产品质量,还可以通过平台模式扩展产品品类和服务范围。拼多多通过社交分享和拼团购买,形成强大的用户黏性。消费者不仅是购买者,也是推广者,通过社交网络传播品牌和产品;直播和短视频平台的电商化,如抖音、快手,利用内容驱动商品销售。通过创意内容和互动,增加用户的购物乐趣和体验。新零售打破线上和线下的边界,通过大数据和智能技术,实现全渠道的无缝对接。消费者可以线上下单,线下体验或配送到家,如盒马鲜生的模式;O2O模式结合线上的便利性和线下的体验感,提供到店自提和送货到家两种选择,提升消费者的灵活性。如亚马逊的Prime会员,通过订阅制为用户提供免费配送、特惠商品、影音娱乐等一系列增值服务,增加用户的黏性和忠诚度;如美妆、电商食品等行业的定期订购模式,消费者可以按月或季度收到精选商品,享受更便捷的服务。

15.3.2 电子商务购物平台

全球电子商务平台的流量排名通常根据网站访问量、用户活跃度、销售额等多个指标评估。以下是基于网站访问量的全球电子商务平台排名。

（1）亚马逊。月访问量超过 25 亿次，2023 年收入 5140 亿美元，全球最大的电商平台之一，涵盖广泛的产品类别，包括书籍、电子产品、时尚、家居、食品等。亚马逊以其强大的物流网络和 Prime 会员服务著称，坚持顾客至上理念，通过技术驱动创新（如云计算 AWS、人工智能 Alexa）和强大的 SCM，提供便捷的购物体验。亚马逊面向全球用户，主要市场包括北美、欧洲、亚太地区（印度、日本、澳大利亚等）。

（2）淘宝。月访问量超过 10 亿次，2023 年收入 1210 亿美元。淘宝是阿里巴巴旗下的 C2C 平台，主要面向中国市场，提供从服装、电子产品到家居用品的各种商品。淘宝以个人卖家为主，凭借丰富的商品种类和活跃的用户群体成为中国最受欢迎的电商平台之一。淘宝通过创新支付体系（支付宝）、完善的生态系统，并且依靠庞大的个人卖家群体和用户互动（如评价系统、直播带货）来提升购物体验。淘宝的主要用户为中国大陆地区的消费者和个人卖家，覆盖从一线城市到乡镇农村的广泛人群。

（3）eBay。月访问量超过 7 亿次，2023 年收入 98 亿美元。全球领先的 C2C 和 B2C 电商平台，提供拍卖和固定价销售模式，覆盖新旧商品交易。eBay 支持跨境交易，拥有庞大的国际买卖家社区，它重视用户社区建设，依靠用户评价体系和灵活支持跨境卖家，持续创新拍卖和固定价销售模式，同时提供物流支持和卖家服务。eBay 面向全球用户，主要集中在美国、欧洲、澳大利亚等地，包括个人买卖者和中小型企业。

（4）天猫。月访问量超过 5 亿次，2023 年"双十一"全周期累计访问用户数超 8 亿，阿里巴巴旗下的 B2C 平台，主要面向中国中高端消费者，提供品牌正品和优质商品，覆盖时尚、电子、家居等多个品类。天猫吸引大量国内外品牌入驻，是中国市场中高端消费的重要平台。天猫通过品牌授权和严格的入驻标准，保证商品质量和品牌形象，并通过创新购物节（如"双十一"）等促销活动，吸引大量消费流量。天猫主要服务中国大陆的中高端消费者，覆盖从一线城市到四五线城市。

（5）京东。月访问量超过 5 亿次，2023 年收入 1570 亿美元，中国第二大 B2C 电商平台，以自营和第三方卖家结合的模式提供电子产品、家电、时尚、日用商品等多种类别。京东以其自建的高效物流系统和品质保障吸引大量消费者，通过自营模式控制产品质量，建立用户信任，并凭借强大的物流网络支持快速配送（次日达、当日达），持续投入技术创新（如无人仓、无人机配送）。京东主要服务中国大陆中高端消费者，覆盖从一线城市到四五线城市。通过投资扩展至东南亚市场（如 Lazada）。

（6）沃尔玛。月访问量超过 4 亿次，2023 年收入 6110 亿美元，全球最大的零售商之一，线上平台结合线下门店提供全渠道购物体验。沃尔玛电商平台主要在美国市场活跃，提供日常用品、食品、电子产品等多种商品，并通过 Walmart＋会员计划增强用户黏性。它依托强大的供应链和全球采购能力，实行低价策略（天天平价），通过全渠道零售模式（线上线下整合）满足消费者需求，提升购物便利性。沃尔玛主要市场为美国，其他市场包括加拿大、墨西哥等。客户群体为家庭用户和大众消费者，注重性价比。

（7）速卖通。月访问量超过 4 亿次，2023 年收入 490 亿美元，面向国际市场的 B2C 平台，主要销售中国制造的商品，如电子产品、服装、家居用品等。速卖通以低价策略吸引全球消费者。它依托阿里巴巴的强大供应链和平台技术，专注于跨境电商市场，提供多语言支持、多种支付方式和全球物流解决方案（如菜鸟网络），吸引海外买家。主要客户群为国际市场，包括俄罗斯、巴西、西班牙等国家的价格敏感型消费者。

(8) 拼多多。月访问量超过 3 亿次,2023 年收入 349 亿美元。拼多多是通过社交分享和拼团购买模式快速崛起的电商平台,主要面向中国低线城市和农村地区消费者。拼多多以低价商品和农产品直供为特色,深受价格敏感型用户欢迎,用户可以通过微信等社交平台拼团获得折扣。它利用社交电商模式(如拼团),通过社交平台(如微信)传播和获取用户,专注于低价和社交互动,吸引大量价格敏感型用户,特别是下沉市场用户。

(9) 美国 Etsy。月访问量超过 3 亿次,2023 年收入 30 亿美元,是专注于手工艺品、复古商品和个性化定制商品的电商平台,吸引大量的创意设计师和手工艺者入驻。Etsy 通过品牌差异化(手工艺和独特商品),建立强大的社区和卖家支持系统,提供教育资源和工具,帮助小型卖家成功运营店铺,形成忠实卖家社区。主要市场为北美和欧洲,目标客户为偏好独特、手工制作和定制化商品的消费者。

(10) 阿根廷 MercadoLibre。月访问量超过 2 亿次,2023 年收入 105 亿美元,是拉丁美洲最大的电商平台,提供电子产品、时尚、家居、汽车配件等多种商品。平台集成支付和物流服务,促进当地的电商发展,提升用户购物体验。MercadoLibre 深耕本地化运营,根据拉美市场的特点,提供定制化服务和解决方案,拥有全方位的电商生态系统(如支付、物流、广告等),促进平台快速增长。主要市场为拉丁美洲,包括阿根廷、巴西、墨西哥、智利等国。客户群包括个人消费者和中小企业。

(11) 新加坡 Shopee。月访问量超过 2 亿次,2023 年收入 73 亿美元,是东南亚和中国台湾快速崛起的电商平台。Shopee 结合社交电商元素和游戏化购物体验,吸引大量年轻用户,并提供多种本地支付和物流服务支持。Shopee 采用本地化策略,根据各个市场特点提供定制化服务和推广活动,重视移动端体验,通过优化 App 界面和功能,提升用户的购物体验。主要市场为东南亚,包括新加坡、马来西亚、印尼、泰国、菲律宾、越南、中国台湾等,目标客户为年轻一代的消费者。

15.3.3 广泛意义的电子商务

电子商务在广泛意义上包括通过电子手段(如互联网、移动设备、电子邮件等)进行的商品和服务的交易。电子商务的类型和涉及的行业非常多样化,以下是电子商务在各个行业中的表现形式和应用特点。

(1) 零售业。零售业是电子商务最直接、最广泛的应用领域。通过在线平台,零售商能够直接向消费者销售各类商品,包括服装、电子产品、食品、家居用品、书籍等。在线零售主要有两种形式:

① 零售商自建在线商城或电商网站,直接销售商品给消费者,如 Nike 官网、苹果官网。

② 大型多商户电商平台,汇集多个零售商,消费者可以在一个平台上购买来自不同商家的商品,如亚马逊、天猫、京东。

零售电商的应用特点是:

① 产品种类广泛。满足消费者多样化需求。

② 购物体验便捷。通过个性化推荐、用户评价系统、快速配送等功能,提升消费者的购物体验。

③ 促销活动多样。线上零售平台常进行各种促销活动,如"双十一""黑色星期五"等,吸引消费者购买。

（2）制造业。制造企业通过 B2B 平台采购原材料、零部件,进行生产设备和服务的交易,如阿里 1688、环球资源。制造商通过 B2C 模式的电商平台直接销售产品给消费者,减少中间环节,提高利润率,如戴尔(Dell)利用官网进行直销。

这类应用的特点包括:

① 大宗商品交易。通常涉及大批量采购和销售,交易金额较大。

② 供应链管理。通过电商平台优化供应链流程,降低成本,提高效率。

③ 定制化生产。一些制造商通过电商平台接受消费者定制订单,提供个性化产品,如3D 打印服务。

（3）服务业。电子商务平台提供各种服务,如教育、金融、医疗、旅游等,消费者可以在线购买和享受服务。例如:

① Coursera、Udemy 等在线教育网站提供在线课程、培训和教育资源;

② PayPal、蚂蚁金服等金融服务平台提供在线支付、保险、贷款、股票交易等;

③ 携程、Booking.com、Expedia 等旅游服务平台提供机票、酒店预订和旅游套餐销售。

这些应用的特征是:

① 数字化直接支付,减少地域和时间限制;

② 通过用户数据分析,提供个性化推荐和定制化服务;

③ 通过网站、移动应用、社交媒体等多种渠道提供服务。

（4）金融行业。电子商务平台提供支付、转账、贷款、保险等各种金融服务,用户可以在线完成各种金融交易。例如:

① 微信支付、支付宝、PayPal 等提供安全便捷的支付服务;

② 东方财富网、Robinhood、Betterment 等提供在线股票交易、基金投资、财富管理服务等;

③ 中国人寿、太平洋保险、Lemonade 提供在线购买各类保险产品。

金融业电商应用的特点是:

① 高效便捷,用户可以随时随地进行金融交易,节省时间和精力;

② 透明化,电商平台通常提供详细的产品信息和费率,增强交易透明度;

③ 安全性,金融电商平台通过多层安全措施保护用户资金和个人信息。

（5）旅游与酒店。电子商务平台提供一站式预订和服务,用户可以在线完成从机票到酒店的所有预订。例如:

① Booking.com、TripAdvisor 等提供机票、酒店、租车、旅游套餐预订服务;

② Airbnb 的用户可以通过平台预订特色民宿和短租房;

③ GetYourGuide 旅游体验服务提供当地游玩项目、导游服务的预订。

旅游业电商有如下特征:

① 一站式服务,整合机票、酒店、旅游套餐等资源;

② 用户评价系统,通过用户评论和评分帮助其他消费者做出更好的选择;

③ 个性化推荐,基于用户历史行为和偏好,提供定制化的旅行建议。

（6）教育与培训。电子商务主要用于提供在线课程、考试报名、培训服务等。例如:

① Udemy、Khan Academy 等提供各种课程的在线学习和认证服务;

② LinkedIn Learning 企业培训公司为企业提供在线员工培训和职业发展课程;

③ Coursera 等学习、考试和认证平台可以提供在线考试报名和认证服务。

这类平台的特点是：

① 灵活学习，用户根据时间和进度选择学习内容，打破时空限制；

② 丰富的资源，平台提供多种学习资源，包括视频、文档、互动练习等，支持多种学习方式；

③ 成果认证，提供学习成果的认证和证书，增强课程的价值和吸引力。

（7）健康与医疗。康疗行业通过电子商务平台提供药品、保健品的在线销售，远程医疗服务和健康管理服务。例如：

① 药网、CVS Pharmacy 等在线药房提供药品和保健品的在线销售和配送；

② Teladoc、Doctor On Demand 等远程医疗提供医生在线咨询、诊断和治疗服务；

③ Fitbit 健康管理记录器提供在线健康监测、健身计划和营养建议等服务。

这类电商服务的特点是：

① 便捷性，用户可以在线购买或远程获取服务；

② 广泛覆盖偏远地区；

③ 个性化服务，通过健康数据监测和分析提供个性化的健康建议和管理方案。

（8）房地产。电子商务平台提供房产信息查询、在线看房、房产交易和租赁服务。例如：

① Zillow、贝壳找房等提供买卖双方房产信息的查询和发布服务；

② 在线看房提供 VR 看房、直播看房等技术，帮助用户在线了解房源；

③ Redfin 房产交易和租赁提供在线的房产交易、租赁服务，简化买卖流程。

房地产电商的特点主要有：

① 信息透明化，提供房产信息、价格走势和市场分析，帮助用户做出决策；

② 便捷看房，通过 VR 和直播技术远程看房，节省时间和成本；

③ 在线交易，提供在线交易和法律支持，简化买卖和租赁手续。

（9）汽车与交通。电子商务平台提供汽车销售、零部件销售和交通服务等。例如：

① 瓜子网、Carvana、AutoTrader 等平台提供新车、二手车在线展示和销售；

② RockAuto、京东汽车等零部件平台提供汽车零部件、配件的在线销售和配送；

③ Uber、Lyft、滴滴出行等企业提供在线打车、租车、共享单车等服务。

它们的特点是：

① 全面展示信息，提供详细的车辆信息、价格对比和用户评价，帮助消费者选择；

② 多样化交通服务，结合打车、租车、共享出行，提供灵活出行选择。

（10）农业。农业行业通过电商平台进行农产品的直销、采购和批发交易，直接连接农户和消费者。例如：

① 拼多多、每日优鲜等提供生鲜、农产品的在线销售和配送；

② 农产品网等 B2B 平台提供农业机械、化肥、种子等农资产品的在线交易。

农业电商的优势在于：

① 供应链优化，通过电商平台直接连接农户和消费者，缩短供应链，减少中间成本；

② 质量保证，通过平台对农产品进行溯源管理，确保产品质量和安全。

电子商务在各个行业中的应用展示了其强大的适应性和广泛的覆盖面，通过互联网技术和数字化手段,各行各业能够高效连接供应商与消费者,提升业务效率和用户体验。

15.3.4　电子商务的研究问题

电子商务作为一种基于互联网的新型商业模式,已经深刻地改变了传统商业活动和市场结构。研究电商的核心问题对于理解其发展趋势、商业模式创新、用户行为以及技术应用等方面具有重要意义。以下是电子商务研究的几个核心问题和相应的研究方向。

(1) 电子商务的商业模式。电子商务有哪些主要的商业模式? 这些模式如何影响企业的运营和市场策略? 研究方向有:

① B2C、B2B、C2C、C2B、O2O、B2G 等模式。分析不同商业模式的特点、优缺点及其在市场中的应用情况。

② 平台经济。研究平台型企业(如亚马逊、阿里巴巴)的商业模式及其网络效应和市场主导地位的形成。

③ 订阅经济。探讨订阅模式(如 Netflix、Spotify)在电子商务中的应用和用户黏性。

④ 社交电商与直播电商。分析社交媒体与电子商务融合的趋势,及其对用户购买决策的影响。

(2) 消费者行为分析。电子商务环境下,消费者的购买行为和决策过程如何变化? 哪些因素影响在线购物决策? 研究方向有:

① 消费者信任与忠诚,研究在线平台如何建立和维持消费者信任,影响消费者忠诚度的因素,强调信息安全、用户评价、品牌声誉等因素的作用。

② 个性化推荐与消费者偏好,分析大数据和人工智能在电子商务中的应用如何通过个性化推荐影响消费者的购物决策。

③ 跨境电商中的消费者行为,研究文化差异、支付习惯、物流服务对跨境电商消费者行为的影响,尤其是在支付习惯、信任机制、产品偏好等方面。

④ 动态行为模型,研究消费者行为的动态变化,特别是在多渠道购物环境下,如何通过实时数据分析和预测,精准把握消费者需求和行为变化。

⑤ 跨文化消费者行为,研究跨境电商背景下,不同文化的消费者行为差异。

(3) 电子商务技术应用。哪些新兴技术正在推动电子商务的发展? 这些技术如何改变电子商务的运营模式和用户体验? 研究方向有:

① 人工智能与机器学习。关注在个性化推荐、智能客服、图像识别等方面的应用。

② 大数据分析。研究如何通过数据分析优化库存管理,预测消费者需求,提升用户体验。

③ 移动技术与支付系统。探讨移动电商的发展及其对支付系统和安全性的影响。

④ 新技术的整合应用。进一步研究如何将新兴技术(如人工智能、区块链、物联网)整合应用于电子商务,提升平台智能化和安全性。

⑤ 技术伦理与隐私保护。在数据隐私和伦理问题日益突出的背景下,需要深入研究如何在提升服务个性化的同时,保障用户数据安全和隐私。

(4) 物流与供应链管理。电子商务的发展对物流和供应链管理提出哪些新的挑战? 如何通过优化物流和供应链提高运营效率? 研究方向有:

① "最后一公里"配送。研究如何解决电子商务中的"最后一公里"配送问题,提升物流

效率和用户体验。

② 逆向物流。研究退换货管理在电子商务中的重要性和挑战,如何优化逆向物流流程。随着环保意识的增强,逆向物流(退货、回收)和绿色供应链管理成为重要的研究领域,如何在降低成本的同时实现可持续发展日益受到关注。

③ 供应链数字化。探讨物联网、区块链等技术在供应链管理中的应用,如何提高供应链的透明度和效率。

④ 跨境电商物流。探讨跨境电商的物流策略,如何应对国际物流中的关税、法规和语言障碍。

(5) 电子商务的市场营销策略。在竞争激烈的电子商务市场中,企业如何制定有效的营销策略?数字营销在电子商务中的作用如何?研究方向有:

① 内容营销与品牌建设。研究分析内容营销、社交媒体营销、影响者营销在电子商务中的应用和效果。

② SEO 与 SEM。研究搜索引擎优化和搜索引擎营销如何影响电子商务平台的流量和转化率。

③ 用户体验设计。研究用户界面和用户体验设计对电子商务平台的影响,如何通过优化用户体验提升转化率。

④ 跨平台营销。研究和评估多平台协同营销的策略和效果。

⑤ 数字营销工具的普及。研究内容营销、社交媒体营销、搜索引擎优化(SEO)和搜索引擎营销(SEM)等数字营销工具在电子商务中广泛应用,提高品牌曝光和消费者转化率。

⑥ 个性化营销。基于大数据的个性化推荐和精准营销成为主流,通过分析用户行为和偏好,提供定制化产品和服务。

⑦ 全渠道营销策略。在多平台和多设备环境下,研究如何整合线上线下资源,优化全渠道营销策略。

⑧ 消费者体验优化。随着消费者对体验的要求提高,研究如何通过创新的营销手段(如互动式广告、游戏化营销)提升用户体验和品牌忠诚度。

(6) 数据隐私与安全。电子商务环境下的数据隐私和安全问题如何影响用户信任和平台发展?如何平衡个性化服务和隐私保护?研究方向有:

① 数据保护法规。例如,GDPR(欧盟《通用数据保护条例》)等数据保护法规对电子商务企业的影响,企业如何合规处理用户数据。

② 网络安全。研究平台面临的安全威胁及其应对策略,如防止数据泄露和网络攻击。

③ 隐私计算技术。分析如何通过差分隐私、同态加密等技术在保护用户隐私的同时提供个性化服务。

④ 全球数据合规性。研究全球不同地区数据保护法律的差异及其对跨境电商的影响,如何实现合规运营。

(7) 社会与经济影响。电子商务的发展对社会经济结构、就业模式、城乡差距等方面产生哪些影响?研究方向有:

① 就业结构变化。研究电子商务对传统零售业的冲击及其对就业市场的影响,如何通过技能培训适应新型就业模式。

② 城乡差距。分析电子商务在缩小城乡消费差距和推动农村经济发展中的作用。

③ 环保与可持续发展。分析电子商务对环境的影响,如包装垃圾、碳排放等,如何推动绿色电商发展。

④ 数字鸿沟。研究如何进一步缩小城乡和不同社会群体之间的数字鸿沟,推动电子商务的普惠发展。

⑤ 就业与技能转型。随着电子商务的发展,传统零售业的就业岗位减少,研究如何通过技能培训和教育,帮助劳动者适应新型就业模式。

(8) 跨境电子商务。跨境电子商务的快速增长对国际贸易和全球经济产生哪些影响? 面临哪些挑战? 研究方向有:

① 国际市场进入策略。研究企业如何进入不同的国际市场,面对文化差异、法律法规的挑战。

② 跨境支付与结算。分析跨境电商中支付和结算系统的选择及其影响。

③ 全球供应链管理。研究如何优化跨境物流和全球供应链管理,提升跨境电商的物流效率和用户体验。

④ 文化与法律挑战。分析不同国家的文化差异和法律法规对跨境电商的挑战情况。

⑤ 跨境支付与结算优化。研究如何简化跨境支付流程,降低交易成本,提升支付安全性。

⑥ 全球供应链优化。

(9) 法律与伦理问题。电子商务环境下的法律和伦理问题有哪些? 如何构建公正透明的电子商务法律框架? 研究方向有:

① 消费者权益保护。研究如何在电子商务环境下保护消费者权益,防止欺诈和虚假广告。

② 平台责任。关注电商平台的责任界定问题,如假货销售、用户隐私泄露等。

③ 伦理问题。随着平台型企业的崛起,平台责任和算法偏见等问题引发广泛关注。研究人工智能和自动化在电商中的应用引发的伦理问题,如算法偏见、数据滥用等;研究如何在电子商务中保证算法的透明性和公平性,防止算法歧视和数据滥用。

④ 法律框架完善。研究如何构建公正透明的电子商务法律框架,平衡平台利益和用户权益。

(10) 未来趋势与创新。电子商务的未来发展趋势如何? 哪些新技术和商业模式将引领未来? 研究方向有:

① 无人零售。关注无人店铺、自动售货机等新型零售形式的发展趋势和应用前景。

② 虚拟现实与增强现实。关注 VR/AR 技术在电商中的应用,如何提升消费者的购物体验。

③ 智能合同与区块链。关注智能合约在电子商务中的应用潜力,如何通过区块链技术提升交易的安全性和透明度。

④ 新技术创新应用。研究如何更好地将 VR/AR、智能合同、区块链等新技术应用于电子商务,提升用户体验和交易效率。

⑤ 未来发展趋势。研究电子商务的未来发展方向,预测新兴技术和商业模式对行业的影响。

这些核心问题反映电子商务研究的多维度性和复杂性,涵盖商业模式、技术应用、消费者行为、供应链管理、市场营销、安全与隐私、社会经济影响、法律伦理等多个方面。深入研究这些问题有助于理解电子商务的现状,预测未来发展,为企业和学术界提供有价值的参考。

15.4 电子政务

电子政务(E-government)指政府机构通过信息技术,尤其是互联网和移动技术,来提供公共服务和信息,改进内部管理,并增强与公众及其他政府部门的沟通与互动。电子政务的核心目的是提高政府的效率、透明度、参与度和服务质量,更好地满足公众和企业的需求。电子政务不仅包括政府网站的信息发布和在线服务,还涵盖政府内部的业务流程电子化、跨部门数据共享、电子化决策支持、公众参与和监督等多个方面。它的应用范围包括简单的在线信息查询和电子邮件通信,以及复杂的电子申报、在线审批、智能政务服务等。

电子政务通常分为下列类型:

(1) 政府对公众(G2C)。政府向公民提供的在线服务和信息,如税务申报、社会保障查询、执照申请、教育服务等。G2C方便公众获取政府服务,提高服务效率和透明度,增强公民对政府的信任和参与度。

(2) 政府对企业(G2B)。政府向企业提供的在线服务,如企业注册、电子招标、政府采购、许可证申请等。G2B为企业提供更便捷的服务,减少行政审批时间和成本,优化营商环境。

(3) 政府对政府(G2G)。政府部门之间的信息共享和协作,如跨部门的数据交换、协同办公、联合监管等。G2G的目的是打破信息孤岛,实现数据资源的整合和共享,提高政府内部的管理和决策效率。

(4) 政府对员工(G2E)。政府内部员工的管理和服务,如人力资源管理、内部培训、绩效考核、员工福利等。G2E通过信息化手段提高政府内部管理效率,增强员工的工作满意度和凝聚力。

与电子商务同步,电子政务的发展可以分为起步、发展、成熟、智能化几个阶段。

(1) 起步阶段(20世纪90年代初期)。许多国家尝试利用IT提升政府服务效率和透明度,以政府网站信息发布为主,提供基本的在线信息查询服务,政府内部信息化程度较低。例如:美国的"信息高速公路"计划(1993年)旨在通过IT提高政府效率,并为公众提供更便捷的服务。欧盟电子政务计划推动各成员国采用信息技术改善公共服务。

(2) 发展阶段(20世纪90年代末至21世纪初)。互联网迅速普及和IT的进步,为电子政务的发展提供技术基础和应用场景。这个阶段,政府开始向公众提供更多的电子邮件沟通、简单的在线申请和查询等服务。政府内部开始逐步实现业务流程的信息化和电子化。例如,美国的电子政府法案(2002年)通过信息技术改革联邦政府的管理和服务,提高公共服务质量。英国的电子政务白皮书(1999年)提出英国电子政务的目标和计划,推动政府服务的数字化转型。

(3) 成熟阶段(21世纪初至21世纪10年代初)。随着IT的成熟和用户需求的增长,电子政务从简单的信息发布和在线服务转向更复杂的在线交易和互动服务。成熟期的电子政务服务种类增多,涵盖社会保障、税务、教育、医疗等多个领域。政府内部的业务流程电子化程度提高,实现跨部门的数据共享和协同办公。例如,韩国政府通过信息化改革,建立全面的电子政务系统。新加坡实施"智能国家"计划,提出将信息技术与政府治理深度融合的计划,推动公共服务的智能化转型。

（4）智能化阶段（21世纪 10 年代至今）。智能化电子政务追求更高效的服务和更智能的决策支持。政府服务从传统的线上服务转向智能化、个性化服务，利用大数据分析、人工智能辅助决策，提升服务效率和质量。政府间的协同进一步增强，数据共享和开放成为重点。例如，中国政府施行"互联网＋政务服务"方案，建设全国统一的政务服务平台，实现"一网通办""一网通管"。

数字技术继续发展，电子政务将进一步加速数字化转型，推动政府服务全面线上化，提升政府治理的智能化水平。未来的电子政务将体现出以下几个特点。

（1）大数据和人工智能的应用。大数据和人工智能将广泛应用于电子政务，提升政府决策的科学性和精准性，提供个性化、智能化的公共服务。

（2）区块链技术的引入。区块链技术的去中心化、不可篡改特性，将在电子政务的身份认证、数据管理、公共安全等领域发挥重要作用，增强信息安全和可信度。

（3）政务服务的协同和整合。政府各部门间的协同和整合将进一步加强，打破信息孤岛，实现跨部门、跨地区的数据共享和业务协同，提高政务服务的效率和质量。

（4）公众参与和开放政府。电子政务将进一步推动公众参与和政府开放，利用社交媒体、在线平台等方式，增强公众与政府的互动，提升政府的透明度和可问责性。

（5）移动政务和远程办公。移动互联网的普及和 5G 技术的发展将驱动移动政务和远程办公成为新的发展方向，为公众和政府工作人员提供更加灵活便捷的服务和工作方式。

电子政务的不断发展和演进，不仅改变着政府的管理和服务方式，也推动着社会治理模式的变革。随着技术不断进步，应用场景不断丰富，电子政务将继续智能化、个性化、协同化，为公众和企业提供更加高效和优质的公共服务。

15.4.1　电子政务模式

电子政务平台根据服务对象、功能定位和技术应用的不同，具有多种模式和风格。这些模式和风格反映不同国家和地区在电子政务发展过程中的战略选择和技术应用特点。以下是电子政务平台的主要模式和应用说明。

（1）信息发布型。主要用于政府向公众发布信息，如政策、新闻公告等，特点是单向传播和低互动性。通过政府网站和门户网站发布信息，公众的互动以浏览为主。例如，美国的 usa.gov 和英国的 gov.uk 整合政府信息，便于公众查询。

（2）服务导向型。提供在线服务，如证件办理、税务申报等，减少办事时间和成本。通过简洁界面提升用户体验，例如，中国的国务院客户端和新加坡的 SingPass 支持一网通办和统一身份认证，方便用户办理各类事务。

（3）交互参与型。增强政府与公众的互动，促进公众参与和监督，设有在线咨询、意见征集等功能。例如，澳大利亚的 MyGov 和荷兰的 Overheid.nl 提供在线反馈和意见征集，增强政府决策的透明度和民主性。

（4）集成一体化型。通过整合不同部门的服务和信息，实现"一站式"服务，打破信息孤岛。例如，爱沙尼亚的 X-Road 和印度的 DigiLocker 实现数据共享和跨部门服务，提升政府服务的效率。

（5）智能化型。应用大数据、人工智能等技术，提高服务的智能化和个性化水平。例如，韩国的智能电子政府平台和迪拜的智慧城市项目通过 AI 和大数据优化公共服务提供个性化服务和智能化管理。

（6）移动政务型。通过移动应用提供便捷政务服务，支持随时随地的政务办理。例如，中国的"随手拍"App 和新西兰的 SmartStart 方便了用户在移动设备上办理各种政务事务，提升了公共服务的覆盖面和便捷性。

（7）区块链型。利用区块链技术的去中心化特性提高政务服务的安全性和透明度，简化政务流程，减少人为干预。例如，爱沙尼亚和迪拜采用区块链保护数据安全，确保政府事务的透明度和高效性，减少文书工作。

（8）开放数据型。通过开放政府数据促进社会创新和公众参与。例如，美国的 data.gov 和英国的 data.gov.uk 提供各类政府数据供公众和企业使用，推动创新应用和政府透明度提升。

通过以上电子政府模式和当前技术发展趋势，可以预知如下几种电子政务平台的未来发展方向。电子政务平台将进一步提升政府的服务能力和治理水平，为公众和企业提供更加便捷、高效、透明的公共服务。

（1）全渠道一体化服务。未来的电子政务平台将进一步整合线上线下、各级各部门的服务渠道，打造全渠道一体化的政府服务体系。

（2）智能化与个性化服务。随着人工智能和大数据技术的发展，电子政务平台将更注重智能化和个性化服务，为用户提供精准、高效的政务服务。

（3）数据驱动的决策与管理。通过大数据分析和预测，电子政务平台将为政府决策和管理提供强有力的支持，提高治理的科学性和有效性。

（4）跨界融合与协同创新。未来电子政务将打破部门、层级和领域的界限，通过政务数据的共享与融合，推动政府与社会、企业之间的协同创新。

（5）增强安全性与隐私保护。随着网络安全威胁的增加，未来电子政务平台将更加注重信息安全和用户隐私保护，确保政务服务的安全性和可信度。

15.4.2　各国电子政务

1. 中国电子政务

中国的电子政务发展始于 20 世纪 90 年代，经过几十年的探索和实践，现已成为全球电子政务发展的重要典范。中国政府积极推动"数字中国"建设，通过信息化手段提升政府管理能力和公共服务水平，打造一个覆盖全国的电子政务体系。在首届数字中国建设峰会上，习近平总书记关于"数字中国"建设的讲话（2018 年）强调建设"网络强国、数字中国、智慧社会"的重要性，指出要利用互联网、大数据等新技术提升政府管理和服务水平，为电子政务的智能化发展指明方向。同样在 2018 年，国务院印发《关于加快推进全国一体化在线政务服务平台建设的指导意见》强调：深入推进"互联网＋政务服务"，加快建设全国一体化在线政务服务平台，整合资源，优化流程，强化协同，着力解决企业和群众关心的热点难点问题，推动政务服务从政府供给导向向群众需求导向转变，从"线下跑"向"网上办"，"分头办"向"协同办"转变，全面推进"一网通办"，为优化营商环境、便利企业和群众办事、激发市场活力和社会创造力、建设人民满意的服务型政府提供有力支撑。中国的电子政务发展经历从无到有、从粗放到精细、从信息化到智能化的巨大转变。这一过程得到国家政策的大力支持和部分领导人的明确指示，为我国电子政务的建设提供战略方向和行动指南。

（1）初步探索阶段（20世纪90年代）。在信息化初期,电子政务建设以政府内部办公自动化和网站建设为主要形式,服务功能主要集中在信息发布和简单查询等方面。20世纪90年代末,中国政府开始制定信息化发展政策,强调政府信息化作为国家现代化的重要组成部分。

（2）稳步推进阶段（2000—2010年）。互联网普及,电子政务服务开始向在线办理和公众互动方向发展,建设功能更为全面的政府门户网站。《中华人民共和国国民经济和社会发展第十个五年计划纲要》（2001年）首次将电子政务作为信息化的重要内容,强调政府办公自动化和业务信息化的必要性。

（3）快速发展阶段（2010—2015年）。在"智慧城市"和"互联网＋"战略的推动下,电子政务加速向数字化、智能化方向发展,各地开展智慧城市试点,线上线下服务融合,公众服务逐渐增多。《关于加快推进"互联网＋政务服务"工作的指导意见》（2016年）发布,该文件是全面推进"互联网＋政务服务"的纲领性文件,要求各级政府加快政务服务事项在线办理,优化办事流程,形成线上线下一体化的政务服务体系。

（4）深化应用阶段（2016年至今）。以"互联网＋政务服务"为核心,全国范围内加快政务服务平台的整合和标准化建设,实现政务服务的"一网通办",并引入大数据、人工智能、区块链等新技术。《数字中国建设发展报告》（2018年）总结数字中国建设的成就,明确数字政府建设的未来方向。提出要进一步优化在线政务服务,提出深化政务数据共享和业务协同。《全国一体化政务服务平台建设总体方案》（2018年）要求加快全国一体化在线政务服务平台建设,实现政务服务跨地区、跨部门、跨层级的协同办理,提升公众和企业办事的便利度。《"十四五"数字经济发展规划》（2021年）等文件相继出台,强调数字政府的建设,推进政务数据开放共享和政务服务智能化,推动政务服务智能化、精准化发展,优化营商环境。

中国电子政务建设取得了很大成就。一方面,实现了全国政务服务的互联互通和数据共享,公众和企业可以通过统一平台办理各类政务服务,提高办事效率。另一方面,通过建设统一的政务数据共享平台,各级政府实现了数据的高效流通,支持跨部门协同办公和决策支持,同时促进社会创新和商业应用。再者,通过智慧城市建设,提高城市管理和公共服务水平,智慧交通、智慧医疗、智慧安防等新技术的应用显著改善市民的生活质量。

中国的电子政务在领导人引领和政策支持下,取得显著成就,未来将继续深化改革,推动技术创新和应用,完善全国一体化政务服务平台,提升跨部门协同能力,提升公共服务质量和政府治理能力。通过"数字中国"建设,进一步推动政务数据开放共享,提高数据的利用效率,促进社会创新和经济发展。强化网络安全与隐私保护,积极探索和应用区块链、人工智能等新技术,推动政务服务模式创新,提升政府治理现代化水平。

2. 世界部分国家电子政务

世界各国在电子政务的应用和发展方面各有特色,因各国政治环境、经济发展水平、技术基础和社会需求的不同,电子政务的成熟度和应用方式也存在显著差异。未来,随着技术的进一步发展和公众需求的变化,全球各国的电子政务将继续朝着更加智能化、个性化和高效化的方向发展。

美国的电子政务发展早且成熟,注重开放数据和公众参与。usa. gov是联邦政府的门户网站,提供各种政府服务和信息。美国的data. gov平台提供大量的开放数据集,鼓励公众和企业进行数据分析和创新。此外,电子税务申报系统已广泛应用,便捷了美国民众的税务处理。

英国的电子政务主要关注简化政府服务流程、提高效率和用户体验。gov.uk 整合所有政府服务,成为统一在线平台。英国的开放数据平台向公众开放政府数据,推动社会创新。数字化公共服务包括数字护照申请和驾驶执照更新等,使得公众的政府服务体验更加便捷。

爱沙尼亚被誉为电子政务的先锋,几乎所有政府服务都能在线完成。X-Road 平台实现政府数据库之间的跨部门信息共享和服务集成。爱沙尼亚提供全球公民电子身份(e-Residency),为非居民提供便利的政府服务。此外,爱沙尼亚应用区块链技术保障数据安全,进一步提升政府服务的透明度和公信力。

新加坡的电子政务注重全面性和用户友好性,通过数字化提升政府效率和公共服务质量。SingPass 系统是统一的电子身份认证系统,便于民众访问政府在线服务。新加坡的智能国家计划通过建设智能城市,整合智慧交通、医疗等领域的数字服务。政府还通过大数据优化决策,提升服务的精确性。

韩国在电子政务领域全球领先,注重信息技术的应用和公众参与。"政府 24"(Gov24)是韩国的综合在线服务门户,提供全面的政府服务。智能电子政府利用 AI 和大数据提供智能化服务,优化政府运营。公众参与度高,电子平台鼓励市民参与公共决策,增强政府透明度和民主性。

澳大利亚的电子政务注重跨部门合作和服务集成,以确保高效的用户体验。MyGov 平台集成社会保障、税务等服务,实现服务的便捷访问。政府通过电子政务提高透明度,同时推动数字创新,提升公共服务的效率和质量。

阿联酋率先推动智慧城市建设,致力于通过电子政务提升城市管理和公共服务的效率。智慧迪拜计划整合城市的数字化服务,如智慧交通和智慧医疗。阿联酋政府应用区块链战略,通过区块链技术管理政府文件和交易,确保透明性和高效性,优化城市治理。

加拿大注重以人为本,确保所有人平等享受政府服务。canada.ca 是提供全面政府服务的门户网站,涵盖社会保障、税务等各项服务。加拿大的 GCKey 数字身份认证系统确保在线服务的安全性。此外,电子健康记录的推进使得医疗服务数字化,提升公共卫生服务的效率。

芬兰的电子政务高效、透明且用户友好。电子身份证(eID)为芬兰居民提供安全的身份认证,确保政府服务的便捷性和安全性。suomi.fi 是芬兰综合公共服务门户,提供便捷的政府服务。芬兰的开放数据平台促进社会创新,提升政府透明度和民众的参与度。

印度的电子政务发展迅速,特别是在数字身份认证和在线公共服务方面。DigiLocker 是印度的数字存储平台,允许公民存储和验证官方文件。Aadhaar 系统是全球最大的生物识别系统,提供独特的身份认证服务。"数字印度"计划推动全国范围内电子政务的普及,改善政府服务的可达性和效率。

爱尔兰的电子政务注重简单、高效和透明的公共服务。gov.ie 是爱尔兰政府的门户网站,提供全面的政府服务和信息。爱尔兰的电子支付系统允许公民在线支付各类服务费用。政府还通过开放数据平台提供公共数据,促进社会创新和应用开发,提升政府的透明度和效率。

15.5　商务智能

商务智能(business intelligence,BI)是通过收集、处理和分析企业内外部数据,为决策者提供信息支持,帮助企业做出更明智决策的一系列技术和实践的总称。BI的目标是通过数据驱动的洞察提升企业的运营效率、竞争力和盈利能力。

商务智能的概念起源于20世纪60年代,当时计算机技术开始应用于商业领域,企业通过计算机系统简化业务操作。此时DSS开始萌芽,功能简单,仅限于数据收集和报告生成,缺乏深度分析能力。随着技术进步和对数据的需求增加,更复杂的分析工具出现,为BI发展奠定基础。进入80年代,RDBMS应用使得企业能够大规模管理数据,推动数据仓库的发展。DW整合不同业务系统的数据,便于统一分析。90年代,OLAP技术出现,使得多维数据分析成为可能,为企业提供了更深入的数据洞察。1990年,Gartner公司首次提出"商务智能"概念,描述这些数据分析工具和技术的集合,强调通过数据分析为决策提供支持。21世纪,BI技术逐渐成熟,功能不断扩展。随着互联网和云计算的兴起,BI向网络化、实时化发展。数据挖掘、机器学习和预测分析等技术的引入,使BI不仅能回顾过去,还能进行前瞻性预测和实时处理。自助式BI工具的出现降低了使用门槛,使非技术人员也能进行数据分析,BI在企业中的普及度因而提升,成为战略决策和日常运营的重要工具。

大数据和数字经济时代的到来使得商务智能正在迈向一个新高度。未来BI系统将更加智能化和实时化。增强分析(augmented analytics)将通过自动化数据准备、机器学习和自然语言处理等技术,进一步提升BI工具的易用性和分析能力。此外,随着移动设备的普及,移动商务智能(mobile BI)在逐渐成为主流,使得用户可以随时随地进行数据分析和决策支持。BI功能将更加紧密地集成到企业的日常应用中,使数据分析无处不在。最后,随着AI技术的不断成熟,BI将与AI深度融合,进一步提升企业的决策支持能力。这种融合不仅能够提升分析的精准度,还可以通过智能化建议和自动化决策,帮助企业在瞬息万变的市场环境中保持竞争优势。商务智能的核心概念包括以下六点:

(1)数据收集与整合。BI系统通常会从多源收集数据,包括企业内部数据库、ERP系统、CRM系统,甚至是社交媒体和外部市场数据。数据整合是将这些不同来源的数据汇总到一个统一的平台,以便进一步分析。

(2)数据仓库。这是BI的核心组成部分之一,指将收集到的数据存储在一个中央位置。数据仓库通常结构化良好,以便于查询和分析。数据在进入仓库前会经过清理、转换和整合,以确保其一致性和准确性。

(3)数据分析。BI工具使用统计分析、数据挖掘、机器学习等方法,对数据深入分析。通过这些技术,企业可以发现数据中的模式、趋势和相关性,获得有价值的洞察。

(4)报表与可视化。BI的一个关键功能是生成报表和可视化图表,使数据分析结果更易于理解和解读。常见的可视化工具包括仪表盘、折线图、柱状图、饼图等,这些图表可以实时展示关键绩效指标(KPI)和其他重要数据。

(5)决策支持。BI系统的最终目的是支持企业决策。通过提供基于数据的分析结果,BI帮助管理层预测未来趋势、识别风险、优化资源分配,最终提高决策的科学性和效率。

(6)实时BI与自助服务BI。现代BI不仅限于静态报表,还包括实时数据分析和自助服务 BI 工具。实时 BI 可以帮助企业在业务发生的同时进行分析和决策,而自助服务 BI 工具允许非技术用户也能够自己探索和分析数据,减少对 IT 部门的依赖。

15.5.1 商务智能模式和技术

不同的商务智能模式适用于企业在不同场景下的需求,从基本的报表生成到复杂的大数据分析,每种模式都依赖于特定的技术支持。这些技术共同构成企业决策支持的技术基础,推动着 BI 的广泛应用和发展。BI 模式主要包括以下几种,每种模式都需要特定的技术支持来实现其功能。

(1) 报表和查询模式。这是最基本的 BI 模式,用于生成标准化的报表和查询结果。企业利用这一模式可以从数据中提取出日常业务操作的关键指标。技术支持包括:

① 报表生成工具。如 SAP Crystal Reports、Microsoft SQL Server Reporting Services (SSRS)。

② 数据库管理系统。用于存储和管理数据,如 Oracle Database、Microsoft SQL Server。

③ 数据集成工具。用于从多个来源提取、转换和加载数据,如 ETL(Extract,Transform,Load)工具。

(2) OLAP(在线分析处理)模式。OLAP 模式允许用户通过多维分析数据,从不同的维度查看数据。它适用于复杂的数据分析需求,如市场分析、财务分析等。技术支持包括:

① OLAP 服务器。如 Microsoft Analysis Services、Oracle OLAP。

② 多维数据库。存储多维数据结构,支持快速的数据聚合和计算。

③ 数据仓库。作为 OLAP 的基础,数据仓库提供统一的数据来源。

(3) 数据挖掘模式。数据挖掘模式用于发现数据中的隐藏模式和关系,常用于预测性分析和分类分析。技术支持包括:

① 数据挖掘工具。如 IBM SPSS Modeler、SAS Enterprise Miner。

② 机器学习算法。支持分类、回归、聚类等分析,如决策树、神经网络、支持向量机(SVM)等。

③ 大数据平台。如 Apache Hadoop,用于处理和存储大规模数据集。

(4) 实时 BI 模式。实时 BI 模式提供对实时数据的分析和报告功能,帮助企业及时响应市场变化和业务动态。技术支持包括:

① 流处理平台。如 Apache Kafka、Apache Flink,用于实时数据处理。

② 内存数据库。如 Redis、SAP HANA,支持高速数据读取和写入。

③ 实时数据可视化工具。如 Tableau、Power BI,支持实时数据的动态展示。

(5) 自助式 BI 模式。自助式 BI 允许业务用户(非技术人员)通过直观的界面自行查询和分析数据,减少对 IT 部门的依赖。技术支持包括:

① 自助式 BI 工具。如 Tableau、Qlik Sense、Microsoft Power BI。

② 数据可视化工具。支持用户以图表形式呈现数据,便于理解和分析。

③ 数据连接器。用于连接各种数据源,如数据库、云服务、Excel 文件等。

(6) 预测分析模式。预测分析模式利用历史数据和统计模型预测未来趋势,帮助企业在决策过程中考虑未来的可能性。技术支持包括:

① 统计分析软件。如 R、Python(配合数据分析库,如 Pandas、Scikit-learn)。

② 高级分析工具。如 IBM Watson、SAS Predictive Analytics，提供复杂的预测模型支持。

③ 数据仓库和大数据平台。提供历史数据的存储和处理能力。

（7）大数据 BI 模式。随着数据量的爆炸式增长，大数据 BI 模式通过处理海量数据来支持复杂分析和实时决策。技术支持包括：

① 大数据存储和处理平台。如 Apache Hadoop、Apache Spark。

② 分布式计算。支持大规模数据处理的分布式架构。

③ 云计算平台。如 Amazon Web Services（AWS）、Google Cloud Platform（GCP），提供弹性计算和存储资源。

（8）移动 BI 模式。移动 BI 允许用户通过移动设备访问和分析数据，使决策不再受限于固定场所。技术支持包括：

① 移动 BI 应用。如 Tableau Mobile、Microsoft Power BI Mobile，支持跨平台访问。

② 响应式设计。确保在各种移动设备上良好的用户体验。

③ 数据安全措施。如 VPN、数据加密，保障移动访问的安全性。

15.5.2　商务智能应用产品和实验平台

1. 商务智能的应用产品

各大厂商提供的商务智能（BI）工具涵盖从数据可视化到高级分析的广泛功能，旨在提升企业决策和业务运营效率。Salesforce 的 Tableau Desktop/Server 提供数据可视化、自助式分析和仪表板制作，帮助企业提升报表制作和分析效率，例如德国汉莎航空利用 Tableau 提高 30% 的效率。Microsoft 的 Power BI 则专注于数据整合和交互式报告，支持跨系统数据整合，提高数据透明度，某跨国公司便通过 Power BI 提高准确性。SAP 的 Analytics Cloud 结合集成分析、计划与预测功能，帮助零售商优化销售预测，降低库存成本。Qlik 的 Qlik Sense 提供移动 BI 和自然语言处理，医疗保健机构通过该工具优化治疗流程，提升患者满意度。

IBM 的 Cognos Analytics 通过报表、仪表盘和移动 BI 支持提升风险管理能力，而 Oracle 的 Analytics Cloud 则引入高级分析和 AI 辅助，帮助电信运营商进行客户行为分析，提升营销活动的有效性。Sisense for Cloud Data Teams 利用实时分析和嵌入式 BI 支持大规模数据分析，而 Domo 的 Business Cloud 则促进跨部门协作，增强信息共享。SAS 的 Visual Analytics 通过高级分析和预测建模优化生产过程，减少浪费，而 MicroStrategy 的 Analytics Platform 帮助大型零售商实现供应链管理，减少缺货情况。

中国的东软集团的 Neusoft BI 为企业提供全面的 BI 解决方案，帮助企业构建数据驱动文化。网易星球和爱分析通过数据分析和用户行为追踪，帮助电商平台优化广告投放和提高转化率。百度的百度指数和搜狗的搜狗指数分别提供趋势分析和舆情监测，帮助企业优化营销策略。瓴羊科技的 Quick BI 帮助用户快速创建复杂的中国式报表，帆软软件的 FineReport/FineBI 则提升制造企业的生产数据监控效率。

以下将常用的 BI 产品功能合并后进行逐一描述。

（1）数据可视化。数据可视化是 BI 工具的核心功能之一，通过直观的图表、仪表盘和报表，将复杂的数据转换为易于理解的视觉形式，帮助用户快速洞察数据中的模式和趋势。代表产品包括 Microsoft Power BI、Tableau、SAP BusinessObjects、IBM Cognos Analytics、

Qlik Sense 和 SAS Visual Analytics。

（2）自助式 BI。自助式 BI 允许业务用户自行导入数据、创建报表并进行数据分析，不依赖 IT 部门。这种功能大大降低了数据分析的门槛，使更多非技术人员能够参与数据驱动的决策过程。代表产品包括 Microsoft Power BI、Tableau、Qlik Sense 和 IBM Cognos Analytics。

（3）数据集成与连接。BI 工具通过连接各种数据源（如数据库、云服务、Excel 文件等），将分散的数据整合在一起，提供统一的数据视图。这种功能支持用户从多个来源提取数据，进行综合分析。代表产品包括 Microsoft Power BI、SAP BusinessObjects 和 Oracle Analytics Cloud。

（4）AI 与机器学习。通过集成 AI 和机器学习技术，BI 工具可以进行高级数据分析、自动化数据预测，并提供智能化的决策支持。这些功能包括自然语言处理、自动模式识别和预测建模等。代表产品包括 Microsoft Power BI、IBM Cognos Analytics 和 Oracle Analytics Cloud。

（5）实时分析。实时分析功能允许用户处理和分析实时数据，提供即时的洞察。这对于需要快速响应市场变化或业务动态的企业尤为重要。代表产品有 Tableau、Qlik Sense。

（6）OLAP 分析。OLAP（在线分析处理）功能支持多维数据分析，用户可以从不同的角度查看和分析数据，进行复杂的数据切片和钻取操作。这种功能特别适合财务分析和市场分析。代表产品是 SAP BusinessObjects。

（7）数据准备与治理。数据准备与治理功能涉及数据的清理、转换、合并以及数据质量管理。这些功能确保数据的准确性和一致性，为后续的分析提供可靠的基础。代表产品包括 Tableau、Oracle Analytics Cloud 和 SAS Visual Analytics。

（8）报告与仪表盘。BI 工具提供丰富的报表和仪表盘功能，支持高度定制化的报告生成，帮助企业监控关键绩效指标（KPI）并进行日常运营管理。代表产品包括 SAP BusinessObjects、IBM Cognos Analytics。

（9）增强分析。增强分析功能利用 AI 和机器学习技术，自动发现数据中的相关性和模式，提供智能化的分析建议，帮助用户更快地获得数据洞察。代表产品包括 Qlik Sense、IBM Cognos Analytics。

（10）大数据处理。大数据处理功能支持对海量数据集的处理和分析，适合需要处理和分析大规模数据的企业。通常，这些工具会利用分布式计算和存储技术来处理大数据。代表产品是 SAS Visual Analytics。

（11）灵活的部署选项。BI 工具通常支持多种部署方式，包括云端、本地部署和混合云部署，以满足不同企业的需求。灵活的部署选项使得 BI 工具能够适应各种 IT 基础架构。代表产品是 Oracle Analytics Cloud。

（12）数据关联引擎。数据关联引擎允许用户从任何角度探索数据，自动识别数据之间的关联关系，帮助用户深入挖掘数据价值。代表产品是 Qlik Sense。

2. 商务智能的实验平台

下面介绍几个提供商务智能（BI）免费在线实验平台的工具和资源，这些平台允许用户在不需要安装本地软件的情况下，在线体验 BI 工具的功能，为用户提供学习和体验 BI 工具的机会，无须安装和维护复杂的软件。

（1）Microsoft Power BI(powerbi. microsoft. com)。免费版用户可以在线使用其基本功能。用户可以通过 Power BI 服务的网页版创建报表、仪表盘,并与他人分享。

（2）Tableau Public(public. tableau. com)。免费版允许用户在线创建、发布和分享数据可视化。尽管功能有限,但对于学习和实验 Tableau 可视化能力非常合适。

（3）Qlik Sense Cloud(qlik. com/us/products/qlik-sense)。免费版用户可以通过云端进行数据分析和可视化。

（4）Google Data Studio(datastudio. google. com)。完全免费的在线 BI 工具,用户可以通过 Google 账户登录,创建和分享数据报表和可视化。它支持与 Google Analytics、Google Sheets 等多种 Google 服务的集成。

（5）IBM Cognos Analytics-Trial(ibm. com/products/cognos-analytics)。免费试用版本,用户可以在线体验其报告生成、数据可视化和 AI 驱动的分析功能。

（6）SAP Analytics Cloud-Trial(sap. com/products/analytics-cloud. html)。提供 30 天免费试用,用户可以体验完整的 BI 和分析功能,包括数据连接、建模、可视化和预测分析。

（7）Zoho Analytics(www. zoho. com/analytics)。免费版用户可以创建报表和仪表盘,支持与多种数据源集成。

15.6 数字经济

数字经济是指基于数字技术,尤其是互联网、移动通信、大数据、云计算、人工智能等新一代信息技术的发展和应用,推动经济活动的数字化、网络化和智能化发展的经济形态。数字经济涵盖数字产品的生产、分配、交换、消费等各个环节,广泛应用于各行各业,如电子商务、金融科技、智能制造、共享经济等。

数字经济已经成为当今世界经济的重要组成部分,其发展不仅改变了传统的商业模式,也对社会、文化和政治产生了深远的影响。随着技术的不断进步,数字经济将进一步深化和扩展,成为推动全球经济和社会变革的核心动力。数字经济成为推动经济增长的新引擎,通过提高效率、降低成本,创造大量的新产品和新服务。数字经济会带来新的就业机会,但也对传统就业模式形成冲击,要求劳动力具备新的技能;数字经济能促进全球市场的整合,同时也推动本地化的创新和发展,形成全球化与本地化并行的趋势。数字经济还在改变人们的生活方式和社会互动方式,促进社会的数字化转型。

数字经济的核心特征是:

① 数字化。通过数字技术,传统产业的业务流程、产品和服务被数字化处理和管理,极大地提升效率。

② 网络化。数字经济依赖于互联网和通信网络的广泛连接,打破地域限制,使全球资源配置更加高效。

③ 智能化。依托大数据、人工智能等技术,数字经济实现生产和服务过程的智能化,提高决策的准确性和反应速度。

④ 平台化。许多企业依赖于平台模式,通过聚合供需双方,促进交易和合作。

⑤ 创新驱动。数字经济以技术创新为核心驱动力,不断推动新业态和新模式出现。

数字经济的发展过程大致经历形成、发展、深度融合等几个阶段。

（1）初步形成阶段（20 世纪 90 年代）——互联网的普及。20 世纪 90 年代，随着互联网的普及，电子商务开始兴起，标志着数字经济的萌芽。亚马逊、eBay 等早期互联网公司推动在线零售和支付的初步发展。企业开始进行信息化建设，引入 ERP 系统、CRM 系统等，提升内部管理效率。

（2）快速发展阶段（21 世纪 00 年代至 21 世纪 10 年代初）——移动互联网的崛起。21 世纪 00 年代后期，智能手机的普及和移动互联网的发展，使得数字经济进入快速增长期。应用程序经济、移动支付、社交网络等成为推动力。随着数据量的爆炸式增长，大数据技术应运而生，云计算则为数据存储和处理提供灵活的解决方案。企业开始大规模利用数据驱动的决策支持和业务优化。

（3）深度融合阶段（21 世纪 10 年代中后期至今）——人工智能的应用。人工智能技术逐渐成熟，并被广泛应用于金融、医疗、制造等领域。智能化生产、服务和管理成为数字经济的重要特征。在共享经济模式下，资源的使用权可以在不同用户之间灵活转换，Uber、Airbnb 等公司代表这种新经济模式。平台经济则通过打造连接供需双方的数字平台，如阿里巴巴、腾讯等企业的成功，展示其巨大潜力。物联网的广泛应用，使得物理世界与数字世界的界限进一步模糊。工业互联网通过连接机器、系统和人员，实现生产的智能化和高效化。

（4）未来趋势——5G 与边缘计算。5G 技术的推广将进一步提升网络传输速度和可靠性，而边缘计算可以将计算能力下沉到更接近数据源的位置，提升实时处理能力。现在和未来发展会关注这样两个领域：数字孪生技术使得虚拟世界能够精确映射现实世界，将在智能制造、城市规划等领域发挥重要作用；智能城市将通过集成数字技术，优化城市资源配置和管理。数据隐私和网络安全问题日益突出，如何在发展和保护之间找到平衡将是未来的重要挑战。

15.6.1 数字经济发展概况

1. 中国数字经济发展情况

2023 年，中国数字经济规模达到 53.9 万亿元，较上年增长 3.7 万亿元。数字经济占 GDP 比重达到 42.8%，较上年提升 1.3 个百分点。数字经济同比名义增长 7.39%，高于同期 GDP 名义增速 2.76 个百分点。数字产业化与产业数字化的比重由 2012 年的约 3∶7 发展为 2023 年的约 2∶8。数字产业化、产业数字化占数字经济的比重分别为 18.7% 和 81.3%。中国一、二、三产业数字经济渗透率分别为 10.78%、25.03% 和 45.63%，分别较上年增长 0.32、1.03 和 0.91 个百分点，第二产业数字经济渗透率增幅首次超过第三产业。经济基础较好、科技创新能力较强的地区，数字经济发展的规模经济、范围经济效应充分释放。北京、广东、上海三地数字经济发展指数优势较为明显。数字经济地区资本活力集中度较高，北京、广东、上海、浙江、江苏五地交易事件数量占全国 70% 左右。

2024 年，我国数字经济持续稳定增长，为国民经济"稳增长"注入源头活水，高质量发展根基不断夯实。同年 1—10 月份，规模以上电子信息制造业增加值同比增长 12.6%，增速分别比同期工业、高技术制造业高 6.8 个和 3.5 个百分点；软件业务收入 11.06 万亿元，同比增长 11.0%。电商平台成为消费品以旧换新重要渠道，拉动网络销售市场活力回升，1—10 月份，实物商品网上零售额同比增长 8.3%，增速快于社会消费品零售总额 3.5 个百分点。数字贸易对提升外贸效率和韧性形成重要的牵引作用，前三季度，跨境电商进出口 1.88 万亿美元，同比增长 11.5%，在亚马逊销售额超过 100 万美元的中国卖家数量近两年增长近55%,对我国推进高水平对外开放的支撑作用不断增强。

《中国数字经济发展报告(2023年)》显示,2023年,中国数字经济对经济增长的贡献率达到66.45%,显示数字经济作为经济新增长点的重要性。这意味着数字经济不仅是中国经济发展的支柱,而且在拉动就业、促进创新等方面发挥重要作用。《中国数字经济发展指数报告(2023年)》表明数字经济核心产业增加值占GDP比重达到10%,反映出电子信息制造业、软件和信息技术服务业等在国民经济中的地位愈发重要。《全国数据资源调查报告(2023年)》表明我国数据生产总量达到32.85ZB,这一数字较前一年有显著增长,体现中国在数据生成和处理能力上的巨大进步。随着数据量的增长,数据资源的价值日益凸显,为数字经济提供丰富的原料。《中国数字经济发展指数报告(2023年)》指出我国算力总规模达到230EFLOPS,位列全球第二,表明中国在高性能计算领域的竞争力不断提升。强大的算力基础为人工智能、大数据分析等前沿技术的应用提供支撑。该报告还显示,数字经济的发展指数从2008年的100上升到2022年的572.26,年复合增长率达到13.27%,这表明中国数字经济不仅在规模上有所扩大,而且在质量上也得到显著提升。数字经济核心产业销售收入同比增长8.7%,占全部销售收入的比重达到12.1%,表明数字经济相关产品和服务在市场上获得更广泛的认可和应用。

这些具体数据表明,中国的数字经济正在以较快的速度发展,并且已经成为推动经济增长的重要动力。随着5G、人工智能、大数据等新技术的持续应用,以及政策的强力支持,数字经济在中国的未来发展潜力巨大。中国在全球数字经济领域的地位也将继续提升,成为引领全球数字化进程的重要力量。

2. 世界数字经济发展情况

根据美国商务部的数据,2022年,美国数字经济的规模达到约2.0万亿美元,约占美国GDP的10%。这一比例远高于全球平均水平。美国的数字经济规模在全球处于领先地位,占全球数字经济总量的30%以上。美国拥有世界上最大的技术公司和最先进的数字基础设施,推动全球数字经济的发展。

美国在人工智能和大数据领域的投资和创新处于世界前沿。2022年,美国AI市场规模达到900亿美元,预计到2025年将超过1900亿美元。美国科技公司在AI算法、机器学习和大数据分析领域持续创新。虽然5G网络的覆盖范围和用户数量不如中国,但美国在5G技术研发和应用方面投入巨大。到2023年,主要电信公司(如Verizon、AT&T、T-Mobile)已经在全美部署超过25万个5G基站,覆盖大部分主要城市。美国的电子商务市场在全球名列前茅。2022年,美国电子商务销售额达到1.03万亿美元,占零售总额的14.7%。亚马逊是美国乃至全球最大的电子商务平台,市场占有率超过40%。美国的金融科技行业同样发达,移动支付、在线银行和数字货币在美国迅速普及。PayPal、Square(现为Block)等公司在全球金融科技市场中占据重要地位。2022年,美国的移动支付交易总额达到约3.5万亿美元,同比增长20%。加州硅谷是全球数字经济的核心,集聚大量技术公司和创业企业,推动数字经济的持续创新。其他重要的科技中心包括纽约、波士顿、西雅图和奥斯汀。除了主要城市,美国的其他地区也在积极推进数字经济的发展。例如,得克萨斯州和北卡罗来纳州的科技行业发展迅速,成为新的数字经济增长点。

根据欧盟统计局的数据,2022年,欧洲数字经济的规模约为1.5万亿欧元,占欧盟GDP

的 10% 左右。尽管与美国和中国相比,欧洲的数字经济规模相对较小,但其增速较快。欧洲各国的数字经济发展水平存在显著差异,北欧国家(如瑞典、丹麦、芬兰)和西欧国家(如德国、英国、法国)的数字经济发展相对较为领先,而南欧和东欧国家的数字经济发展相对滞后。

欧洲在人工智能领域的投入逐渐增加,2022 年,欧盟启动“欧洲 AI 计划”,旨在到 2030 年将 AI 技术的应用范围扩大一倍。德国、法国、英国是欧洲 AI 研发的主要国家,2022 年欧洲 AI 市场规模约为 250 亿欧元。欧洲的 5G 部署进展相对缓慢,但在 2022 年底,主要国家(如德国、英国、法国)已经开始大规模商用 5G 服务。预计到 2025 年,欧洲的 5G 用户将达到 2 亿,占移动用户总数的近 40%。电子商务在欧洲的发展较为成熟,2022 年,欧盟地区的电子商务市场规模达到 8700 亿欧元,同比增长 12%。英国是欧洲最大的电子商务市场,其在线零售额占零售总额的 30% 以上。欧洲在金融科技领域也取得显著进展,特别是在移动支付和数字银行领域。2022 年,欧洲的金融科技投资达到 230 亿欧元,英国的金融科技公司 Revolut 和 Wise 成为欧洲的领军企业。北欧国家在数字基础设施建设和数字经济发展方面处于领先地位。瑞典和芬兰在数字化和技术创新方面名列前茅,瑞典的数字经济占 GDP 的比重达到 12%。虽然东欧国家在数字经济发展上起步较晚,但近年来在数字基础设施建设和政策推动下,增速显著。例如,波兰和捷克共和国正在积极推动 5G 部署和数字化转型。

美国和欧洲在数字经济的发展上各有侧重。美国在技术创新、电子商务和金融科技领域处于全球领先地位,数字经济对 GDP 的贡献显著。欧洲则在数字基础设施和行业规范方面较为成熟,北欧和西欧国家表现尤为突出。尽管发展路径不同,但美欧都在通过政策支持和技术创新不断推动数字经济的增长和转型。

15.6.2 研究方向和研究模型

1. 研究方向

数字经济是一个广泛且不断发展的领域,随着技术进步和市场需求的变化,研究热点也在不断演进,涵盖技术创新、政策制定、社会影响等多方面,反映数字经济研究的多样性。

(1) 数据治理与数据隐私。随着数据成为数字经济的核心资产,如何有效治理数据、保护数据隐私成为重要的研究课题。不同国家和地区的法规(如欧洲的 GDPR、中国的《中华人民共和国数据安全法》)对数据处理提出严格要求。研究方向包括:

① 数据主权与跨境数据流动的监管;

② 隐私保护技术。如差分隐私、匿名化处理;

③ 数据治理框架与标准的制定和实施。

(2) 人工智能与自动化。人工智能和自动化技术在数字经济中扮演着关键角色,包括自动驾驶、智能客服等,AI 技术应用范围不断扩大。研究方向包括:

① AI 在不同产业中的应用与经济影响分析;

② 自动化对劳动力市场的影响及应对策略;

③ 伦理问题与 AI 技术的社会责任,包括偏见与歧视问题。

(3) 平台经济与垄断。亚马逊、阿里巴巴、谷歌等数字平台在全球范围内的扩展,带来关于市场垄断、平台治理和公平竞争的讨论。研究方向包括:

① 平台经济的市场结构与反垄断政策;

② 平台企业的责任与监管框架；

③ 平台劳工权益保障与新型劳动关系的探索。

（4）数字货币与金融科技。数字货币（如比特币、央行数字货币 CBDC）和金融科技（Fintech）正在重塑传统金融体系，引发对货币政策、支付系统和金融稳定性的广泛讨论。研究方向包括：

① 数字货币的经济影响及其对货币政策的挑战；

② 去中心化金融（DeFi）的发展与监管；

③ 金融科技在促进金融包容性方面的作用。

（5）5G 与物联网（IoT）。5G 技术的普及为物联网的发展提供更高的速度、更低的延迟和更大的连接能力，推动智能城市、智能制造等应用的发展。研究方向包括：

① 5G 与物联网技术的融合应用场景探索；

② 物联网设备的安全性与隐私保护；

③ 智能城市建设中的数据整合与治理挑战。

（6）数字经济与可持续发展。数字经济对环境、社会和经济的可持续发展具有双重影响，需要平衡其增长与可持续发展目标（SDG）之间的关系。研究方向包括：

① 数字经济对碳排放的影响分析及绿色技术的推广；

② 可持续数字基础设施建设与能源使用优化；

③ 数字技术在促进可持续发展目标（SDG）中的作用。

（7）工业互联网与智能制造。工业互联网和智能制造是数字经济的重要组成部分，将互联网技术与制造业深度融合，实现生产的智能化和效率提升。研究方向包括：

① 工业互联网平台的架构设计与实施策略；

② 智能制造在不同工业领域的应用与案例研究；

③ 供应链数字化与智能化的挑战与解决方案。

（8）共享经济与新型商业模式。共享经济以其独特的商业模式改变传统的消费和生产方式，尤其是在交通、住宿和服务领域（如 Uber、Airbnb）。研究方向包括：

① 共享经济的商业模式创新与市场扩展；

② 共享经济对传统行业的冲击与转型策略；

③ 共享经济中的信任机制与平台治理。

（9）边缘计算与云计算的结合。随着物联网和 5G 的普及，对边缘计算的需求逐渐增加，以满足低延迟和高实时性的应用需求。云计算与边缘计算的结合正在成为新的研究热点。研究方向包括：

① 边缘计算与云计算的协同架构与优化；

② 边缘计算在智能城市、自动驾驶等领域的应用研究；

③ 数据处理与分析在边缘计算中的挑战与解决方案。

（10）数字经济的社会影响。数字经济不仅改变商业和经济结构，也对社会结构、文化、教育等产生深远影响。研究方向包括：

① 数字经济对就业与劳动市场的结构性影响；

② 数字鸿沟与社会包容性问题的应对措施；

③ 教育数字化转型及其对未来劳动力的培养影响。

2. 研究模型

在数字经济的研究中,有不少研究模型和框架有助于分析不同层面的问题,为研究数字经济提供多角度的分析工具,包括技术发展、市场行为、政策影响以及社会效应。这些模型帮助理解技术变革、市场动态、企业战略和社会影响等复杂问题。通过运用这些模型,研究人员可以系统性地探讨数字经济中的关键议题,并为政策制定和商业实践提供科学依据。

(1) 技术接受模型(technology acceptance model,TAM)。TAM 是一个用于理解和预测用户接受新技术的模型,主要面向感知有用性(perceived usefulness)和感知易用性(perceived ease of use)两个关键因素。这个模型帮助研究者分析用户如何接受并使用数字经济中的新技术或平台。该模型广泛应用于研究用户对电子商务、移动支付、云计算、社交媒体等数字技术的接受程度。

(2) 创新扩散模型(diffusion of innovations theory)。由 Everett Rogers 提出的创新扩散理论解释新技术和创新在社会中的传播过程。该理论将采用者分为五类:创新者、早期采用者、早期大众、晚期大众和落后者,研究不同群体对新技术的接受速度和方式。该模型用于研究数字经济中的新技术(如人工智能、区块链、物联网)的扩散,以及企业或个人对这些技术的采用行为。

(3) 平台生态系统模型(platform ecosystem model)。平台生态系统模型分析数字平台如何通过双边或多边市场连接不同的用户群体(如供给方和需求方),并创建一个具有网络效应的生态系统。该模型探讨平台的治理、竞争、用户行为和市场动态。该模型常用于分析电子商务平台、社交媒体平台、金融科技平台等数字经济中的平台型企业的运作机制和竞争策略。

(4) 价值链分析模型(value chain analysis)。价值链分析模型用于分析企业或产业中的各个环节(如生产、营销、配送)如何创造和传递价值。随着数字化的深入,该模型被扩展为数字价值链,关注数字技术如何重塑传统价值链。该模型用于研究数字经济如何影响传统产业的价值链,尤其是在制造业、物流业和服务业中的数字化转型。

(5) 交易成本理论(transaction cost theory)。交易成本理论由 Ronald Coase 提出,用于解释企业为何存在以及它们如何通过内部化市场交易降低交易成本。该理论在数字经济中用于分析在线平台如何通过减少信息不对称、降低交易成本来创造价值。该模型适用于分析电子商务平台、共享经济平台(如 Uber、Airbnb)等如何通过减少交易成本来实现商业模式的创新。

(6) 网络外部性模型(network externalities model)。网络外部性模型探讨用户数量增加对产品或服务价值的影响,尤其是在数字平台上。当用户数量越多,产品或服务的价值就越高,形成正向的网络外部性。该模型常用于分析社交网络、在线支付系统、P2P 平台等数字经济领域的网络效应及其对市场扩展的影响。

(7) 波特五力模型(five forces model)。五力模型用于分析行业竞争态势,包括供应商议价能力、买方议价能力、潜在进入者威胁、替代品威胁和行业内部竞争。数字经济环境下,五力模型被扩展以考虑平台竞争和数字技术影响。该模型适用于分析数字经济中的行业竞争,例如分析电子商务行业、云计算市场竞争格局和发展前景。

（8）PEST 分析模型。PEST 分析模型通过分析政治（political）、经济（economic）、社会（social）、技术（technological）因素，帮助理解外部环境对数字经济企业或行业的影响。该模型广泛用于评估数字经济在不同国家或地区的发展前景，特别是分析政策变化、技术进步对市场影响。

（9）双重挑战模型（dual transformation model）。该模型提出企业在数字化转型过程中需要同时应对两个挑战：优化现有业务（A 模式）和探索新兴业务（B 模式）。模型强调在数字经济中，企业必须平衡短期盈利与长期创新。该模型用于分析传统企业在数字经济中的转型策略，尤其是在智能制造、金融科技等领域的应用。

（10）数据驱动决策模型（data-driven decision-making model，DDDM）。DDDM 强调通过数据分析支持企业决策过程，涵盖数据采集、分析、决策和执行四个阶段。随着大数据和 AI 的发展，数据驱动决策模型成为数字经济中企业制定战略和运营决策的重要工具。该模型适用于企业在数字营销、客户关系管理、供应链优化等方面决策分析。

※ 思考题

1. 管理决策学派的主要观点是什么？与决策支持系统有何关系？
2. 四库系统的决策支持系统如何实现？方法和模型的区别是什么？
3. 现代决策支持系统可以有哪些形式？与当代智库有何联系？
4. ERP 产品能完全解决供应链问题吗？供应链系统的常见问题和经典问题是什么？
5. 电子商务与管理信息系统有何关系？电子商务平台有哪些类型？
6. C/S、B/S 和 App/S 的共存原因是什么？它们之间有何分工？
7. 各国为什么都非常重视电子政务的发展？你访问过哪些政府网站？为什么？
8. 电子政务的未来发展趋势是什么？如何与大模型和其他数字技术相结合？
9. 商务智能等于办公自动化吗？为什么？它与办公自动化有何联系？
10. 管理驾驶舱有怎样的应用优势？国内外有哪些知名产品或平台？
11. 数字经济获得空前发展的背景是什么？我国目前处于什么样的经济发展阶段？
12. 政府、企业、媒体、IT 公司如何协同发展并提升我国数字经济发展水平？
13. 查找文献，整理一套数字经济计算指标体系，并收集数据进行分省计算和评价。

参 考 文 献

［1］　ALLAHVERDI A,NG C T,CHENG T C E,et al. A survey of scheduling problems with setup times or costs[J]. European Journal of Operational Research,2008,187(3): 985-1032.

［2］　ARMBRUST M,FOX A,GRIFFITH R,et al. A view of cloud computing[J]. Communications of the ACM,2010,53(4): 50-58.

［3］　BOEHM B W. A Spiral Model of Software Development and Enhancement[J]. Computer,1988,21 (5): 61-72.

［4］　BROWN T B,MANN B,RYDER N,et al. Language models are few-shot learners[J]. arXiv preprint arXiv: 2005. 14165,2020.

［5］　BUYYA R,YEO C S,VENUGOPAL S,et al. Cloud computing and emerging IT platforms: Vision, hype,and reality for delivering computing as the 5th utility[J]. Future Generation Computer Systems,2009,25(6): 599-616.

［6］　CACHON G P, LARIVIERE M A. Supply chain coordination with revenue-sharing contracts: Strengths and limitations[J]. Management Science,2005,51(1): 30-44.

［7］　CARION N,MASSA F,SYNNAEVE G,et al. End-to-end object detection with transformers[J]. European Conference on Computer Vision (ECCV),2020: 213-229.

［8］　CARTER C R,ROGERS D S. A framework of sustainable supply chain management: Moving toward new theory[J]. International Journal of Physical Distribution & Logistics Management,2008,38(5): 360-387.

［9］　CHAN W,JAITLY N,LE Q V,et al. Listen,attend and spell: A neural network for large vocabulary conversational speech recognition[J]. Proceedings of the 2016 IEEE International Conference on Acoustics,Speech and Signal Processing (ICASSP),2016: 4960-4964.

［10］　CHEN H,CHIANG R H L,STOREY V C. Business intelligence and analytics: From big data to big impact[J]. MIS Quarterly,2012,36(4): 1165-1188.

［11］　CHRISTOPHER M, PECK H. Building the resilient supply chain[J]. International Journal of Logistics Management,2004,15(2): 1-14.

［12］　COASE R H. The nature of the firm[J]. Economica,1937,4(16): 386-405.

［13］　CORDEAU J F,LAPORTE G,SAVELSBERGH M W P,et al. Vehicle routing[J]. Transportation, 2007: 367-428.

［14］　CORTES C,VAPNIK V. Support-vector networks[J]. Machine Learning,1995,20(3): 273-297.

［15］　DAVIS F D. Perceived usefulness, perceived ease of use, and user acceptance of information technology[J]. MIS Quarterly,1989,13(3): 319-340.

［16］　DEVLIN J,CHANG M W,LEE K,et al. BERT: Pre-training of deep bidirectional transformers for language understanding[J]. arXiv preprint arXiv: 1810. 04805,2019.

［17］　DOSOVITSKIY A, BEYER L, KOLESNIKOV A, et al. An image is worth 16x16 words: Transformers for image recognition at scale[J]. arXiv preprint arXiv: 2010. 11929,2020.

［18］　FAVARETTO J E R, MEIRELLES F S. Nolan's stage level measurement of Information and Communication Technology in modern organizations[C]. 46th Annual Southwest Decision Sciences Institute (SWDSI) Conference. USA: Houston,2015: 410-418.

［19］　GEFEN D,KARAHANNA E,STRAUB D W. Trust and TAM in online shopping: An integrated model[J]. MIS Quarterly,2003,27(1)：51-90.

[20] GOLDBERG Y. Neural network methods for natural language processing[J]. Synthesis Lectures on Human Language Technologies,2017,10(1)：1-309.

[21] GOODFELLOW I,POUGET-ABADIE J,MIRZA M,et al. Generative adversarial nets[J]. Advances in Neural Information Processing Systems,2014：2672-2680.

[22] GREGOR S,JONES D. The anatomy of a design theory[J]. Journal of the Association for Information Systems,2007,8(5)：312-335.

[23] HE K,ZHANG X,REN S,et al. Deep residual learning for image recognition[C]. Proceedings of the IEEE Conference on Computer Vision and Pattern Recognition (CVPR),2016：770-778.

[24] HINTON G E,OSINDERO S,TEH Y W. A fast learning algorithm for deep belief nets[J]. Neural Computation,2006,18(7)：1527-1554.

[25] HINTON G E,RUMELHART D E,WILLIAMS R J. Learning representations by back-propagating errors[J]. Nature,1986,323(6088)：533-536.

[26] HOCHREITER S,SCHMIDHUBER J. Long short-term memory[J]. Neural Computation,1997, 9(8)：1735-1780.

[27] IVANOV D,DOLGUI A,SOKOLOV B,et al. A dynamic model and an algorithm for short-term supply chain scheduling in the smart factory industry 4.0[J]. International Journal of Production Research,2016,54(2)：386-402.

[28] OYENIYI J,KAZEEM I,OMOTOSHO L,et al. COVID-19 and 5G network：Conspiracy theories [J]. Global Pandemic and Advancement in Technology,2020(1)：34-39.

[29] KAPLAN A,HAENLEIN M. Siri,Siri,in my hand：Who's the fairest in the land? On the interpretations,illustrations,and implications of artificial intelligence[J]. Business Horizons,2019, 62(1)：15-25.

[30] KATZ M L,SHAPIRO C. Network externalities,competition,and compatibility[J]. The American Economic Review,1985,75(3)：424-440.

[31] KENNEY M,ZYSMAN J. The rise of the platform economy[J]. Issues in Science and Technology, 2016,32(3)：61-69.

[32] KIM J,FORSYTHE S. Adoption of sensory enabling technology for online apparel shopping[J]. European Journal of Marketing,2008,42(9/10)：1101-1120.

[33] KOUFARIS M. Applying the technology acceptance model and flow theory to online consumer behavior[J]. Information Systems Research,2002,13(2)：205-223.

[34] KOUHIZADEH M,SARKIS J. Blockchain practices,potentials,and perspectives in greening supply chains[J]. Sustainability,2018,10(10)：3652.

[35] KRIZHEVSKY A,SUTSKEVER I,HINTON G E. ImageNet classification with deep convolutional neural networks[J]. Advances in Neural Information Processing Systems,2012：1097-1105.

[36] KSHETRI N. Blockchain's roles in meeting key supply chain management objectives[J]. International Journal of Information Management,2017,39：80-89.

[37] LEE H L,PADMANABHAN V,WHANG S. Information distortion in a supply chain：The bullwhip effect[J]. Management Science,1997,43(4)：546-558.

[38] MCCARTHY J,MINSKY M L,ROCHESTER N,et al. A proposal for the Dartmouth summer research project on artificial intelligence[J]. AI Magazine,2006,27(4)：12-14.

[39] MELO M T,NICKEL S,SALDANHA-DA-GAMA F. Facility location and supply chain management—A review[J]. European Journal of Operational Research,2009,196(2)：401-412.

[40] MERKEL D. Docker：Lightweight Linux containers for consistent development and deployment[J]. Linux Journal,2014,239：2.

[41] NEGASH S. Business intelligence[J]. Communications of the Association for Information Systems, 2004,13(1): 177-195.

[42] PAVLOU P A. Consumer acceptance of electronic commerce: Integrating trust and risk with the technology acceptance model[J]. International Journal of Electronic Commerce, 2003, 7 (3): 101-134.

[43] PORTER M E. How competitive forces shape strategy[J]. Harvard Business Review,1979,57(2): 137-145.

[44] QIN J,LIU Y,GROSVENOR R. A categorical framework of manufacturing for Industry 4. 0 and beyond[J]. Procedia CIRP,2016,52: 173-178.

[45] RADFORD A,KIM J W, HALLACY C, et al. Learning transferable visual models from natural language supervision[C]. Proceedings of the 38th International Conference on Machine Learning (ICML),2021: 8748-8763.

[46] RAFFEL C,SHAZEER N,ROBERTS A, et al. Exploring the limits of transfer learning with a unified text-to-text transformer[J]. Journal of Machine Learning Research,2020,21(140): 1-67.

[47] RAMESH A,PAVLOV M,GOH G, et al. Zero-shot text-to-image generation[J]. arXiv preprint arXiv: 2102. 12092,2021.

[48] RASIAH R,YAP X S. How much of Raymond Vernon's product cycle thesis is still relevant today: evidence from the integrated circuits industry[J]. International Journal of Technological Learning Innovation and Development,2019,11(1): 56-77.

[49] RUMELHART D E,HINTON G E,WILLIAMS R J. Learning representations by back-propagating errors[J]. Nature,1986,323(6088): 533-536.

[50] SAMUEL A L. Some studies in machine learning using the game of checkers[J]. IBM Journal of Research and Development,1959,3(3): 210-229.

[51] SCHWARTING W,ALONSO-MORA J,RUS D. Planning and decision-making for autonomous vehicles[J]. Annual Review of Control,Robotics,and Autonomous Systems,2018,1: 187-210.

[52] SEARLE J R. Minds,brains,and programs[J]. Behavioral and Brain Sciences,1980,3(3): 417-424.

[53] SEURING S, MÜLLER M. From a literature review to a conceptual framework for sustainable supply chain management[J]. Journal of Cleaner Production,2008,16(15): 1699-1710.

[54] SHEFFI Y,RICE J B. A supply chain view of the resilient enterprise[J]. MIT Sloan Management Review,2005,47(1): 41-48.

[55] TANG C S. Perspectives in supply chain risk management[J]. International Journal of Production Economics,2006,103(2): 451-488.

[56] TANG C S. Robust strategies for mitigating supply chain disruptions[J]. International Journal of Logistics Research and Applications,2006,9(1): 33-45.

[57] WANG T Q, LI N, LI H R. Design and development of human resource management computer system for enterprise employees[J]. PLoS One,2021,16(12): e0261594.

[58] TURING A M. Computing machinery and intelligence[J]. Mind,1950,59(236): 433-460.

[59] VASWANI A,SHAZEER N,PARMAR N,et al. Attention is all you need[J]. Advances in Neural Information Processing Systems,2017,30: 5998-6008.

[60] CHANG V, BACIGALUPO D, WILLS G, et al. A categorisation of cloud computing business models[C]. 10th IEEE/ACM International Conference on Cluster,Cloud and Grid Computing,2010.

[61] WIXOM B H,WATSON H J. The BI-based organization[J]. International Journal of Business Intelligence Research,2010,1(1): 13-28.

[62] ZHANG Q,CHENG L,BOUTABA R. Cloud computing: state-of-the-art and research challenges [J]. Journal of Internet Services and Applications,2010,1(1): 7-18.

[63] ZHANG X,ZHOU X. Security and privacy in cloud computing[J]. International Journal of Cloud Computing and Services Science,2019,8(3):510-520.

[64] XI Z H,CHEN W X,GUO X,et al. The rise and potential of large language model based agents:A survey. https://arxiv.org/pdf/2309.07864.pdf,2023.09.

[65] 蔡仁赫. 企业信息系统管理体系的构建浅析[J]. 消费导刊,2009(5):2.

[66] 韩珂. 浅谈企业管理信息系统分类、获取方式及应用[J]. 中国商贸,2011(23).

[67] 焦亚冰. 基于 RFID/EPC 技术的物联网 MIS 构建[J]. 包装工程,2010,31(23):4.

[68] 金晓. "老三论"和"新三论"[J]. 国防科工委继续工程教育,1987(2):33-34.

[69] 李晴,杨春,谢忠. 云计算环境下的管理信息系统发展趋势研究[J]. 科技管理研究,2011(9):140-143.

[70] 李如年. 基于 RFID 技术的物联网研究[J]. 中国电子科学研究院学报,2009(6):595-597.

[71] 王忠凯,史天运,张惟皎,贾志凯. 动车组管理信息系统的云计算支撑平台研究[C]. 第六届中国智能交通年会暨第七届国际节能与新能源汽车创新发展论坛优秀论文集(上册)——智能交通,2011.09.

[72] 魏宏森. 现代系统论的产生与发展[J]. 哲学研究,1982(5):62-67.

[73] ANTHONY S D,GILBERT C G,JOHNSON M W. Dual transformation:How to reposition today's business while creating the future[M]. Boston:Harvard Business Review Press,2017.

[74] BISHOP C M. Pattern Recognition and Machine Learning[M]. Berlin:Springer,2006.

[75] BRYNJOLFSSON E,MCAFEE A. Machine,platform,crowd:Harnessing our digital future[M]. New York:W. W. Norton & Company,2017.

[76] BRYNJOLFSSON E,MCAFEE A. The second machine age:Work,progress,and prosperity in a time of brilliant technologies[M]. New York:W. W. Norton & Company,2014.

[77] CASTELLS M. The rise of the network society[M]. 2nd ed. Hoboken:Wiley-Blackwell,2010.

[78] CHAFFEY D. Digital business and e-commerce management:strategy,implementation,and practice[M]. 7th ed. London:Pearson Education,2020.

[79] CHOPRA S,MEINDL P. Supply chain management:Strategy,planning,and operation[M]. 6th ed. London:Pearson,2016.

[80] DASKIN M S. Network and discrete location:Models,algorithms,and applications[M]. Hoboken:Wiley,2013.

[81] DAVENPORT T H,HARRIS J G. Competing on analytics:The new science of winning[M]. Boston:Harvard Business Review Press,2007.

[82] DEKKER R,FLEISCHMANN M,INDERFURTH K,et al. Reverse logistics:Quantitative models for closed-loop supply chains[M]. Berlin:Springer,2013.

[83] GAMMA E,HELM R,JOHNSON R,et al. Design patterns-Elements of reusable object-oriented software[M]. Boston:Addison-Wesley Professional,1994.

[84] GÉRON A. Hands-on machine learning with Scikit-Learn,Keras,and TensorFlow[M]. 2nd ed. Sebastopol:O'Reilly Media,2019.

[85] GOODFELLOW I,BENGIO Y,COURVILLE A. Deep Learning[M]. Cambridge:MIT Press,2016.

[86] HASTIE T,TIBSHIRANI R,FRIEDMAN J. The elements of statistical learning:Data mining,inference,and prediction[M]. 2nd ed. Berlin:Springer,2009.

[87] HAYKIN S. Neural networks and learning machines[M]. 3rd ed. London:Pearson Education,2008.

[88] HILTY L M,AEBISCHER B. ICT innovations for sustainability[M]. Berlin:Springer,2015.

[89] SENN J. Analysis & design of information systems[M]. New York:McGraw-Hill Publishing Company,2002.

[90] JURAFSKY D,MARTIN J H. Speech and language processing[M]. 3rd ed. London:Pearson,2019.

[91] LAUDON K C,LAUDON J P. Management Information Systems[M]. London:Pearson,2012.

[92] RUBIN K. Scrum 精髓：敏捷转型指南[M]. 信宝,米全喜,左洪斌,译. 北京：清华大学出版社,2014.

[93] LAUDON K C,TRAVER C G. E-commerce 2021:Business,technology,society（16th ed.）[M]. London:Pearson,2021.

[94] MOSS L T,ATRE S. Business Intelligence roadmap:The complete project lifecycle for decision-support applications[M]. Boston:Addison-Wesley Professional,2003.

[95] MURPHY K P. Machine learning:A probabilistic perspective[M]. Cambridge:MIT Press,2012.

[96] National Bureau of Economic Research（NBER）. The economics of artificial intelligence:An agenda[M]. Chicago:Univ. of Chicago Press,2020.

[97] PARKER G G,VAN ALSTYNE M W,CHOUDARY S P. Platform revolution:How networked markets are transforming the economy and how to make them work for you[M]. New York:W. W. Norton & Company,2016.

[98] PINEDO M. Scheduling:Theory,algorithms,and systems[M]. 5th ed. Berlin:Springer,2016.

[99] POWER D J. Decision support,analytics,and business intelligence [M]. Business Expert Press,2013.

[100] PROVOST F,FAWCETT T. Data science for business:What you need to know about data mining and data-analytic thinking[M]. Sebastopol:O'Reilly Media,2013.

[101] ROGERS E M. Diffusion of innovations[M]. 5th ed. Florence:Free Press,2003.

[102] RUSSELL S,NORVIG P. Artificial Intelligence:A Modern Approach[M]. 4th ed. London:Pearson,2020.

[103] SCHWAB K. The fourth industrial revolution[M]. New York:Crown Business,2017.

[104] SHEFFI Y. The resilient enterprise:Overcoming vulnerability for competitive advantage[M]. Cambridge:MIT Press,2005.

[105] SILVER E A,PYKE D F,THOMAS D J. Inventory and production management in supply chains[M]. 4th ed. Boca Raton:CRC Press,2016.

[106] SIMCHI-LEVI D,KAMINSKY P,SIMCHI-LEVIE. Designing and managing the supply chain:Concepts,strategies,and case studies[M]. 3rd ed. New York:McGraw-Hill Education,2008.

[107] SUNDARARAJAN A. The sharing economy:The end of employment and the rise of crowd-based capitalism[M]. Cambridge:MIT Press,2016.

[108] TAPSCOTT D. Grown up digital:How the Net generation is changing your world[M]. New York:McGraw-Hill,2008.

[109] TOTH P,VIGO D. Vehicle routing:Problems,methods,and applications [M]. 2nd ed. Philadelphia:SIAM,2014.

[110] TURBAN E,KING D,LEE J K,et al. Electronic commerce 2018:A managerial and social networks perspective[M]. 9th ed. Berlin:Springer,2018.

[111] TURBAN E,SHARDA R,DELEN D,et al. Business intelligence:A managerial approach[M]. 2nd ed. Upper Saddle River:Prentice Hall,2011.

[112] VAN DIJK J. The Digital Divide[M]. Cambridge:Polity Press,2020.

[113] 朝乐门. 数据分析原理与实践——基于经典算法及 Python 编程实现[M]. 北京：机械工业出版社,2022.

[114] 陈福集. 信息系统技术概论[M]. 北京：高等教育出版社,2008.

[115] 陈明志,于承新,石林. 管理信息系统[M]. 武汉：华中科技大学出版社,2009.07.

[116] 陈伟达. 管理信息系统[M]. 北京：科学出版社,2009.

[117] 陈文伟.决策支持系统教程[M].北京：清华大学出版社,2017.

[118] 程宏.管理信息系统基础[M].杭州：浙江大学出版社,2011.

[119] 程学先.管理信息系统及其开发[M].北京：清华大学出版社,2008.

[120] 段爱玲,张红梅.管理信息系统[M].2版.北京：机械工业出版社.2009.

[121] 高洪深.决策支持系统(DSS)：理论与方法[M].4版.北京：清华大学出版社,2009.

[122] 郭东强.现代管理信息系统[M].3版.北京：清华大学出版社,2013.12.

[123] 哈格,卡明斯.信息时代的管理信息系统[M].8版.严建援,等译.北京：机械工业出版社,2011.

[124] 黄敏学.电子商务[M].北京：高等教育出版社,2007.

[125] 黄梯云,李一军.管理信息系统[M].6版.北京：高等教育出版社,2009.

[126] 黎连业,吕小刚,王华.计算机管理信息系统设计与实施[M].北京：中国财政经济出版社,2011.

[127] 李东.管理信息系统的理论与应用[M].北京：北京大学出版社,2007.

[128] 李劲东,吕辉,姜遇姬.管理信息系统原理[M].西安：西安电子科技大学出版社,2008.

[129] 刘克兴,李宗民,李紫瑶.管理信息系统理论与开发[M].北京：中国电力出版社.2011.

[130] 马芸生,杜俊俐.决策支持系统与智能决策支持系统[M].北京：中国纺织出版社,1995.

[131] 慕静.管理信息系统开发方法、工具与应用[M].北京：清华大学出版社,2010.

[132] 戚桂杰,彭志忠.管理信息系统[M].济南：山东人民出版社,2007.

[133] 闪四清.ERP系统原理和实施[M].北京：清华大学出版社,2008.

[134] 上海市企业信息促进中心.协同商务[M].上海：上海科学技术出版社,2010.

[135] 石峰,宋红.面向对象方法[M].北京：高等教育出版社,2008.

[136] 石峰.程序设计基础[M].2版.北京：清华大学出版社,2010.

[137] ROBBINS S P. Management[M].北京：清华大学出版社,2013.

[138] 宋福根.现代企业决策与仿真[M].北京：科学出版社,2017.03.

[139] 孙福权.企业资源计划(ERP)[M].沈阳：东北大学出版社,2006.

[140] 孙元欣.管理学[M].北京：科学出版社,2011.

[141] 王虎,张骏.管理信息系统[M].武汉：武汉理工大学出版社,2007.

[142] 王珊,萨师煊.数据库系统概论[M].4版.北京：高等教育出版社,2006.

[143] 王永忠,阮培宁,赵杰,等.现代化管理方法及应用[M].天津：天津大学出版社,2006.

[144] 吴齐林.管理信息系统新编[M].西安：西北工业大学出版社,2007.

[145] 吴照云.管理学[M].5版.北京：中国社会科学出版社,2006.

[146] 希赛教育软考学院.系统架构设计师教程[M].4版.北京：电子工业出版社,2017.

[147] 薛华成.管理信息系统[M].6版.北京：清华大学出版社,2013.

[148] 苑海波.基于RFID军事物流的MIS可视化方案研究[D].济南：山东大学,2009.

[149] 张金城.管理信息系统[M].北京：清华大学出版社,2012.

[150] 张维明.信息技术及其应用[M].北京：中国人民大学出版社,2011.

[151] 张月玲,范丽亚.管理信息系统[M].2版.北京：北京交通大学出版社,2010.

[152] 赵晖.管理信息系统[M].北京：北京交通大学出版社,2008.

[153] 中国敏捷软件开发联盟ADBOK编写组.敏捷开发知识体系[M].北京：清华大学出版社,2013.

[154] 周三多,陈传明,鲁明泓.管理学：原理与方法[M].上海：复旦大学出版社,2009.

[155] 周三多,陈传明.管理学[M].5版.北京：高等教育出版社,2018.

[156] 周苏,张丽娜,王文.软件工程学教程[M].北京：科学出版社,2011.

[157] acorn labs. Best LLM：Benchmarks, Leaderboards, & the World's 8 Smartest LLMs[EB/OL].
(2024-06-04)[2025-09-01]. https://www.acorn.io/resources/learning-center/best-llm.

[158] Adrian Gibbons. From 1G to 5G：A Brief Evolution of Telephony and Wireless Networks[EB/OL].（2021-06-22）[2025-09-01]. https://www.allaboutcircuits.com/news/from-1g-to-5g-the-evolution-of-telephony-and-wireless-networks/.

[159] Alibaba Cloud. What is System Design Based on B/S and C/S architecture? [EB/OL]. (2018-12-03) [2025-09-01]. https://topic.alibabacloud.com/a/what-is-system-design-based-on-bs-and-cs-architecture_1_31_31768068.html.

[160] AlternativeTo. ASPMaker [EB/OL]. (2022-09-09) [2025-09-01]. https://alternativeto.net/software/aspmaker/about/.

[161] Amazon. 什么是 DevOps? [EB/OL]. [2025-09-01]. https://aws.amazon.com/cn/devops/what-is-devops/.

[162] Artificial Analysis. LLM Leaderboard-Comparison of over 100 AI models from OpenAI, Google, DeepSeek & others [EB/OL]. [2025-09-01]. https://artificialanalysis.ai/leaderboards/models.

[163] 百度文库. U/C 矩阵画法[EB/OL]. (2011-04-18)[2025-09-01]. https://wenku.baidu.com/view/d98992976bec0975f465e2cb.?_wkts_=1756732485069.

[164] WANG B X. From Transformer to LLM: Architecture, Training and Usage[EB/OL]. (2022-01-01)[2025-09-01]. https://binxuw.scholars.harvard.edu/class/machine-learning-scratch.

[165] CIO Wiki. IT Strategy (Information Technology Strategy)[EB/OL]. [2025-09-01]. https://cio-wiki.org/wiki/IT_Strategy_(Information_Technology_Strategy).

[166] Coursera Staff. Data Science vs. Machine Learning: What's the Difference? [EB/OL]. (2025-02-21) [2025-09-01]. https://www.coursera.org/ca/articles/data-science-vs-machine-learning.

[167] Coursera Staff. What Is the Software Development Life Cycle? SDLC Explained[EB/OL]. (2025-05-06)[2025-09-01]. https://www.coursera.org/articles/software-development-life-cycle.

[168] CSDN. 23 种设计模式(GOF)[EB/OL]. (2022-03-09)[2025-09-01]. https://blog.csdn.net/m0_61008247/article/details/120404880.

[169] CSDN. 软件工程——增量模型[EB/OL]. (2019-07-25)[2025-09-01]. https://blog.csdn.net/zjuwxx/article/details/97308688.

[170] CSDN. 大模型落地实战指南:从选择到训练,深度解析显卡选型、模型训练、模型选择技巧及 AI 未来展望[EB/OL]. (2024-07-13)[2025-09-01]. https://blog.csdn.net/yXIAOyu_/article/details/140403893.

[171] CSDN. 大语言模型(LLM)的进化树,学习 LLM 看明白这一张图就够了[EB/OL]. (2023-05-12) [2025-09-01]. https://blog.csdn.net/hawkman/article/details/130641688.

[172] CSDN. 快速原型模型(Rapid Prototype Model)[EB/OL]. (2009-06-04)[2025-09-01]. https://blog.csdn.net/dabingCN/article/details/4243269.

[173] BOEING. The System Engineering Vee is it Still Relevant in the Digital Age[EB/OL]. (2018-04-04) [2025-09-01]. https://www.nist.gov/system/files/documents/2018/04/10/4se7_seal_sysengvee_final.pdf.

[174] CHENG D. LLM Evaluation: Measuring the Quality of LLMs, Prompts, and Outputs. [EB/OL]. (2024-05-15)[2025-09-01]. https://www.codesmith.io/blog/llm-evaluation-guide.

[175] ASP.NET Maker. ASP.NET Maker 2025 - Code Generator for ASP.NET Core 8/9[EB/OL]. (2025-08-24)[2025-09-01]. https://aspnetmaker.dev/.

[176] LLM EXPLORER. LLM Leaderboards [EB/OL]. (2024-11-24) [2025-09-01]. https://llm.extractum.io/static/llm-leaderboards/.

[177] GeeksforGeeks. BART Model for Text Auto Completion in NLP[EB/OL]. (2025-06-23)[2025-09-01]. https://www.geeksforgeeks.org/artificial-intelligence/bart-model-for-text-auto-completion-in-nlp/.

[178] GeeksforGeeks. How to Generate Word Embedding using BERT? [EB/OL]. (2025-06-23)[2025-09-01]. https://www.geeksforgeeks.org/nlp/how-to-generate-word-embedding-using-bert/.

[179] GeeksforGeeks. Next Sentence Prediction using BERT [EB/OL]. (2025-06-23) [2025-09-01]. https://www.geeksforgeeks.org/machine-learning/next-sentence-prediction-using-bert/.

[180] GeeksforGeeks. Sentiment Classification Using BERT［EB/OL］.（2025-06-15）［2025-09-01］. https://www. geeksforgeeks. org/nlp/sentiment-classification-using-bert/.

[181] GeeksforGeeks. Toxic Comment Classification using BERT［EB/OL］.（2025-04-28）［2025-09-01］. https://www. geeksforgeeks. org/machine-learning/toxic-comment-classification-using-bert/.

[182] HARDESTY G. 5G,4G & 3G Standards：LTE,GSM CDMA,ISM,WCDMA,HSPA［EB/OL］.（2024-11-11）［2025-09-01］. https://www. data-alliance. net/blog/5g-4g-3g-standards-lte-gsm-cdma-ism-wcdma-hspa/.

[183] gitee. Gitee 企业版［EB/OL］.［2025-09-01］. https://gitee. com/enterprises? utm _ source ＝ 360&utm_medium＝sem&utm_term＝100686&utm_campaign＝enterprise.

[184] Hierarchy Structure. IT Management Hierarchy［EB/OL］.［2025-09-01］. https://www. hierarchystructure. com/it-management-hierarchy/.

[185] IBM. IBM Rational Rose［EB/OL］.［2025-09-01］. https://public. dhe. ibm. com/software/rational/web/datasheets/rose_ds. pdf.

[186] IBM. Rational Rose Release Notes［EB/OL］.［2025-09-01］. https://public. dhe. ibm. com/software/rational/docs/v2003/win_solutions/doc/rose_readme. html.

[187] IBM. What is Blockchain Technology?［EB/OL］.［2025-09-01］. https://www. ibm. com/think/topics/blockchain.

[188] IBM. What is DevOps?［EB/OL］.（2025-05-27）［2025-09-01］. https://www. ibm. com/think/topics/devops.

[189] Indeed Editorial Team. How To Become a System Architect［EB/OL］.（2025-03-26）［2025-09-01］. https://www. indeed. com/career-advice/finding-a-job/how-to-become-a-system-architect.

[190] ITGov. 什么是关键成功因素法［EB/OL］.（2011-06-09）［2025-09-01］. http://www. itgov. org. cn/Item/3067. aspx.

[191] ITGov. 什么是企业系统规划法［EB/OL］.（2011-06-09）［2025-09-01］. http://www. itgov. org. cn/Item/3077. aspx.

[192] ittbank. 1G→5G 通信简史［EB/OL］.（2019-08-10）［2025-09-01］. https://www. sohu. com/a/332840550_160923.

[193] WILES J. What Is a Metaverse? And Should You Be Buying In?［EB/OL］.（2024-06-04）［2025-09-01］. https://www. gartner. com/en/articles/what-is-a-metaverse.

[194] JUVILER J. What Is GitHub?（And What Is It Used For?）［EB/OL］.［2025-09-01］. https://blog. hubspot. com/website/what-is-github-used-for.

[195] 腾讯云. 一文掌握 14 种 UML 图［EB/OL］.（2020-08-21）［2025-09-01］. https://cloud. tencent. com/developer/article/1684161.

[196] https://jalammar. github. io.

[197] GUPTA J. AI Timeline［EB/OL］.（2021-05-09）［2025-09-01］. https://connectjaya. com/ai-timeline/.

[198] KISHORI J. AI Timeline［EB/OL］.（2021-05-09）［2025-09-01］. https://connectjaya. com/ai-timeline/.

[199] FOLGER J. What Does Metaverse Mean and How Does This Virtual World Work?［EB/OL］.（2022-08-05）［2025-09-01］. https://www. investopedia. com/metaverse-definition-5206578.

[200] Jeffrey LP. LLM Evaluation Metrics：The Ultimate LLM Evaluation Guide［EB/OL］.（2023-09-01）［2025-09-01］. https://www. confident-ai. com/blog/llm-evaluation-metrics-everything-you-need-for-llm-evaluation.

[201] FAKHROUTDINOV K. UML2. 5［EB/OL］.［2025-09-01］. http://lib. uml. com. cn/ebook/uml2. 5/uml. asp.

［202］ MIGUELAÑEZ C. The Ultimate LLM Leaderboard：Ranking the Best Language Models［EB/OL］.（2024-07-24）［2025-09-01］. https://blog. latitude. so/ultimate-llm-leaderboard/，2023.

［203］ WENG L L. Generalized Language Models［EB/OL］.（2019-01-31）［2025-09-01］. https://lilianweng. github. io/posts/2019-01-31-lm/.

［204］ TechTarget. What is business process management? An guide to BPM［EB/OL］.（2023-11-28）［2025-09-01］. https://www. techtarget. com/searchcio/definition/business-process-reengineering.

［205］ BELLIS M. The History of the Electric Telegraph and Telegraphy［EB/OL］.（2019-10-13）［2025-09-01］. https://www. thoughtco. com/the-history-of-the-electric-telegraph-and-telegraphy-1992542.

［206］ MANYIKA J，LUND S，BUGHIN J. Digital Globalization：The new era of global flows［EB/OL］.（2016-02-24）［2025-09-01］. https://www. mckinsey. com/mgi/overview/in-the-news/digital-globalization-the-new-era-of-global-flows.

［207］ Microsoft. Azure DevOps 文档［EB/OL］.［2025-09-01］. https://learn. microsoft. com/zh-cn/azure/devops/?view＝azure-devops.

［208］ 51CTO 博客. UML 2.5 版本与 UML 分类概述［EB/OL］.（2019-05-12）［2025-09-01］. https://blog. 51cto. com/u_15127688/4776579.

［209］ NASA. Systems Engineering Handbook［EB/OL］.（2019-02-04）［2025-09-01］. https://www. nasa. gov/reference/systems-engineering-handbook/.

［210］ coursera. 深度学习专项课程［EB/OL］.［2025-09-01］. https://www. coursera. org/specializations/deep-learning.

［211］ coursera. 有监督的机器学习：回归与分类［EB/OL］.［2025-09-01］. https://www. coursera. org/learn/machine-learning.

［212］ NVIDIA. A Beginner's Guide to Large Language Models［EB/OL］.［2025-09-01］. https://resources. nvidia. com/en-us-large-language-model-ebooks/llm-ebook-part1.

［213］ OECD. E-commerce in the time of COVID-19［EB/OL］.（2020-10-07）［2025-09-01］. https://www. oecd. org/en/publications/e-commerce-in-the-time-of-covid-19_3a2b78e8-en. html.

［214］ OECD. Measuring the Digital Transformation：A Roadmap for the Future［EB/OL］.（2019-03-11）［2025-09-01］. https://www. oecd. org/en/publications/measuring-the-digital-transformation_9789264311992-en. html.

［215］ DJURASKOVIC O. Big Data Statistics 2023：How Much Data is in The World?［EB/OL］.（2024-09-07）［2025-09-01］. https://firstsiteguide. com/big-data-stats/.

［216］ Openresource. What is open source?［EB/OL］.［2025-09-01］. https://opensource. com/resources/what-open-source.

［217］ ENAOHWO O M. Business Process Reengineering：Steps，Principles，and Examples［EB/OL］.（2025-05-01）［2025-09-01］. https://www. sweetprocess. com/business-process-reengineering/#chapter-8.

［218］ CSDN. PaddleOCR［EB/OL］.（2025-03-11）［2025-09-01］. https://blog. csdn. net/lou0720/article/details/146187791.

［219］ 飞桨. 模型库［EB/OL］.［2025-09-01］. https://aistudio. baidu. com/modelsoverview?lang＝zh_CN.

［220］ Pankaj. Gangs of 4 Design Patterns Creational，Structural，and Behavioral［EB/OL］.（2025-06-13）［2025-09-01］. https://www. digitalocean. com/community/tutorials/gangs-of-four-gof-design-patterns#gof-design-pattern-types.

［221］ geeksforgeeks. Centralized vs. Decentralized vs. Distributed Systems［EB/OL］.（2025-06-11）［2025-09-01］. https://www. geeksforgeeks. org/system-design/comparison-centralized-decentralized-and-distributed-systems/.

［222］ LAUNIAINEN P. A Brief History of Everything Wireless［EB/OL］.（2018-01-01）［2025-09-01］.

https://link. springer. com/book/10. 1007/978-3-319-78910-1.

[223] TAYLOR P. Big data-statistics & facts［EB/OL］. (2025-03-31)［2025-09-01］. https://www. statista. com/topics/1464/big-data/♯dossierContents_outerWrapper.

[224] CSDN. 一文彻底搞懂 Bert(代码＋手撕)［EB/OL］. (2024-08-16)［2025-09-01］. https://blog. csdn. net/Z4400840/article/details/141257335.

[225] RADFORD A,WU J,CHILD R. Language Models are Unsupervised Multitask Learners［EB/OL］. ［2025-09-01］. https://cdn. openai. com/better-language-models/language ＿ models ＿ are ＿ unsupervised_multitask_learners. pdf.

[226] Red Hat. What is open source? ［EB/OL］. (2019-10-24)［2025-09-01］. https://www. redhat. com/ en/topics/open-source/what-is-open-source.

[227] SAP. What is Big Data? ［EB/OL］. ［2025-09-01］. https://www. sap. com/products/technology-platform/what-is-big-data. html.

[228] scribble Data. Large Language Models 101：History,Evolution and Future ［EB/OL］. ［2025-09-01］. https://www. scribbledata. io/blog/large-language-models-history-evolutions-and-future/.

[229] JHA S. Web 3. 0 Explained：A Comprehensive Guide ［EB/OL］. (2025-06-09)［2025-09-01］. https://www. simplilearn. com/tutorials/blockchain-tutorial/what-is-web-3-0.

[230] KANADE V. What Is a Large Language Model (LLM)? Meaning,Types,Working,and Examples ［EB/OL］. (2024-06-04)［2025-09-01］. https://www. spiceworks. com/tech/artificial-intelligence/ articles/what-is-llm/♯_003.

[231] techpout. Tesla Mobile Phone-Tesla Smartphone Model,Price,Release Date 2022 ［EB/OL］. (2022-03-20)［2025-09-01］. https://www. techpout. com/tesla-mobile-phone/,2022-03-30.

[232] TechTarget. Agile software development ［EB/OL］. ［2025-09-01］. https://www. techtarget. com/ whatis/glossary/Agile-Scrum-XP-Programming.

[233] UZAYR S B. 15＋ Best Database Software and Systems：Full Analysis ［EB/OL］. (2023-10-17) ［2025-09-01］. https://themeisle. com/blog/best-database-software/.

[234] Thenewstack. DevOps ［EB/OL］. ［2025-09-01］. https://thenewstack. io/devops/.

[235] MARSTON T. What is the 3-Tier Architecture? ［EB/OL］. (2012-10-14)［2025-09-01］. https:// www. tonymarston. net/php-mysql/3-tier-architecture. html.

[236] NGUYEN T C. The History of Computers ［EB/OL］. (2025-04-29)［2025-09-01］. https:// inventors. about. com/od/famousinventions/fl/The-History-of-Computers. htm.

[237] TUMWEEG. 中小型企业大数据体系建设的核心技术选型［EB/OL］. (2018-05-08)［2025-09-01］. https://dbaplus. cn/news-73-2046-1. html.

[238] tutorialspoint. SDLC Tutorial［EB/OL］. (2024-06-04)［2025-09-01］. https://www. tutorialspoint. com/sdlc/index. htm.

[239] Typesofartstyles. Architecture-Definition,Concepts,Types and Characteristics［EB/OL］. (2021-05-19)［2025-09-01］. https://typesofartstyles. com/architecture/.

[240] Visual Paradigm. What is Unified Modeling Language (UML)? ［EB/OL］. ［2025-09-01］. https:// www. visual-paradigm. com/guide/uml-unified-modeling-language/what-is-uml/.

[241] ZHANG W. LLM：From Zero to Hero ［EB/OL］. (2024-02-22)［2025-09-01］. https:// waylandzhang. github. io/en/introduction. html.

[242] SCHWAB K,ZAHIDI S. The Future of Jobs Report 2020［EB/OL］. (2020-10-20)［2025-09-01］. https://www3. weforum. org/docs/WEF_Future_of_Jobs_2020. pdf.

[243] CSDN. 阿里十年服务端高并发分布式架构演进之路［EB/OL］. (2022-04-12)［2025-09-01］. https://blog. csdn. net/agonie201218/article/details/124135644.

[244] GUINNESS H. The best large language models (LLMs) in 2025 ［EB/OL］. (2025-05-27)［2025-09-

01]. https://zapier. com/blog/best-llm/.

[245]　ZKGAIA. 软件工程 01：软件工程概述［EB/OL］.（2018-05-07）［2025-09-01］. https://www. cnblogs. com/zkGaia/p/9002797. html.

[246]　CSDN. 软件架构概念与思想-组成派、决策派［EB/OL］.（2016-06-08）［2025-09-01］. https://blog. csdn. net/diaoju3333/article/details/101993816.

[247]　阿里巴巴云效团队. 阿里巴巴 DevOps 实践指南（2021）从 DevOps 到 BizDevOps［EB/OL］.（2024-08-06）［2025-09-01］. https://max. book118. com/html/2024/0805/8101050136006116. shtm.

[248]　SUN Y,WANG S H,LI Y K. Enhanced representation through knowledge integration［EB/OL］.（2019-04-19）［2025-09-01］. https://arxiv. org/abs/1904. 09223.

[249]　博文视点. 阿里开始"拆"中台?! 中台建设何去何从?［EB/OL］.（2021-01-26）［2025-09-01］. https://xie. infoq. cn/article/23cbba94746a064cc7c52393f.

[250]　蔡禹僧. 蔡禹僧：逻各斯（logos）与逻辑斯蒂（logistic）［EB/OL］.（2014-11-24）［2025-09-01］. http://m. aisixiang. com/data/80455. html.

[251]　耿祖. "红塔"里的 ERP［EB/OL］.（2003-08-20）［2025-09-01］. https://articles. e-works. net. cn/Category35/Article15251. htm.

[252]　CSDN. LLM 大模型学习：大模型评估框架详解［EB/OL］.（2024-06-27）［2025-09-01］. https://blog. csdn. net/m0_65555479/article/details/139701446.

[253]　菲宇. 敏捷开发之 Scrum 扫盲篇［EB/OL］.（2019-09-06）［2025-09-01］. https://cloud. tencent. com/developer/article/1499823.

[254]　新华网. 解析美国智慧的地球科技战略［EB/OL］.（2009-02-23）［2025-09-01］. https://news. sohu. com/20090223/n262410745. shtml.

[255]　何崚. 阿里巴巴中文站架构实践［EB/OL］.（2011-10-01）［2025-09-01］. https://max. book118. com/html/2019/0407/6144150224002021. shtm.

[256]　何明璐. 企业架构规划——从埃森哲 IT 规划咨询方法论里究竟可以学习什么［EB/OL］.［2025-09-01］. https://zhuanlan. zhihu. com/p/367842257.

[257]　搜狐网. ERP 仙境和企业家的眼泪［EB/OL］.（2023-08-27）［2025-09-01］. https://news. sohu. com/36/58/news212545836. shtml.

[258]　HUAWEI. 5G［EB/OL］.［2025-09-01］. https://carrier. huawei. com/cn/spotlight/5g.

[259]　HUAWEI. 5G 服务［EB/OL］.［2025-09-01］. https://carrier. huawei. com/cn/products/service-and-software/5G-Services.

[260]　极客公园. 进击的鸿蒙生态！ 华为联手万兴科技旗下亿图打好绘图创意应用牌！［EB/OL］.（2023-08-09）［2025-09-01］. https://www. geekpark. net/news/322958.

[261]　CSDN. 增量模型（incremental model）设计核心功能＋逐步累加［EB/OL］.（2019-01-21）［2025-09-01］. https://blog. csdn. net/qq_38262266/article/details/86585435.

[262]　前瞻产业研究院. 2021 年中国大数据产业市场现状及发展趋势分析 线下场景营销成为大数据应用新机遇［EB/OL］.（2021-02-24）［2025-09-01］. https://bg. qianzhan. com/trends/detail/506/210224-8ccd0b37. html.

[263]　祝颖丽. 运行八年后,阿里中台被彻底大拆分［EB/OL］.（2023-05-15）［2025-09-01］. https://baijiahao. baidu. com/s?id=1765964852171591352&wfr=spider&for=pc.

[264]　HUAWEI. 华为汪涛：定义 5. 5G,构建美好智能世界［EB/OL］.（2020-11-13）［2025-09-01］. https://www. huawei. com/cn/news/2020/11/mbbf-shanghai-huawei-david-wang-5dot5g.

[265]　邹善童. 关键成功因素法是个什么东东?［EB/OL］.［2025-09-01］. https://www. hrloo. com/dk/lshow/1000524?page=2.

[266]　闲醉山人. "中台之父"阿里巴巴大砍中台,中台还有未来吗?［EB/OL］.（2023-03-29）［2025-09-01］. https://baijiahao. baidu. com/s?id=1761676705281443503&wfr=spider&for=pc.

图书资源支持

感谢您一直以来对清华版图书的支持和爱护。为了配合本书的使用，本书提供配套的资源，有需求的读者请扫描下方的"书圈"微信公众号二维码，在图书专区下载，也可以拨打电话或发送电子邮件咨询。

如果您在使用本书的过程中遇到了什么问题，或者有相关图书出版计划，也请您发邮件告诉我们，以便我们更好地为您服务。

我们的联系方式：

清华大学出版社计算机与信息分社网站：https://www.shuimushuhui.com/

地　　址：北京市海淀区双清路学研大厦 A 座 714

邮　　编：100084

电　　话：010-83470236　010-83470237

客服邮箱：2301891038@qq.com

QQ：2301891038（请写明您的单位和姓名）

资源下载：关注公众号"书圈"下载配套资源。

资源下载、样书申请　　　　图书案例

书 圈　　　　清华计算机学堂　　　　观看课程直播